아들딸 일자리, 넘어야 할 3개의 산

노동시장 빅스텝

이기권
(전 고용노동부장관)

그토록 바라던 변화, 마침내 격차해소의 길!

중앙경제

노동시장 빅스텝

"아들딸 일자리, 넘어야 할 3개의 산"

◦ **초 판 인 쇄** 2022년 7월 12일
◦ **초판2쇄발행** 2022년 8월 12일

◦ **지 은 이** 이 기 권
◦ **펴 낸 이** 김 남 진
◦ **펴 낸 곳** 중앙경제
◦ **내지디자인** 이 지 훈
◦ **표지디자인** 최 가 영

◦ **주 소** 서울시 중구 다산로11길 19(신당동 355-8)
백석빌딩 신관 4층
◦ **전 화** 02)2231-7293
◦ **팩 스** 02)2235-5344
◦ **홈 페 이 지** www.elabor.co.kr
◦ **출 판 등 록** 80.6.21 제2-66호

◦ **I S B N** 978-89-7017-494-5 (93330)
◦ **정 가** 55,000원

노동시장 빅스텝

"아들딸 일자리, 넘어야 할 3개의 산"

이 기 권

중앙경제

추천사

이 책에서 이기권 장관은 오랜 고용노동 행정 경험을 바탕으로 거센 폭풍우를 헤쳐 나가는 노련한 선장처럼 지난한 노동시장제도 개혁 과제와 방향을 설득력 있게 제시한다. 그는 우리 아들딸들에 대한 사랑과, 그들의 일자리 위기를 극복하기 위한 의무감에서 이 책을 썼다. 이 책이 시대의 과제인 노동시장제도 개혁 성공에 크게 기여하리라 믿어 의심치 않는다.

이원덕(노사공포럼 상임대표, 전 청와대 사회정책수석)

우리 자녀들의 일자리를 위해서 우리는 무엇을 해야 할까? 불확실하고 경직적이며 고비용을 초래하는 노동시장제도를 개혁하는 것이 핵심이다. 이 책은 고용노동부 사무관에서 장관까지 35년 재직을 통해 이론과 실무를 축적한 경험에서 쓸 수 있는 생생한 증언이다. 국민과 노사가 공감할 노동시장제도 개혁방안을 옆에서 대화하듯이 쉽게 풀어가는 저자의 힘찬 호소가 절절히 와 닿는다.

정병석(한국기술교육대학교 명예교수, 전 고용노동부차관)

이기권 전 고용노동부장관과 대화를 해본 사람이면 먼저 학습과 경험에 기반을 둔 해박한 전문지식에 놀라고, 복잡한 쟁점을 알기 쉽게 정리해 내는 그의 논리력에 감탄하며, 문제해결을 위한 협상과 입법전략이 매우 구체적이고 치밀함에 두 손을 들게 된다. 그런 이 장관이기에 그가 주도하여 끌어낸 2015년 9.15. 노사정대타협은 (비록 정치적인 이유 때문에 결과적으로 실패했지만) 우리나라 노동법제도의 역사에서 드물게 거둔 개혁아젠다로 손꼽힐 수 있는 명작이었다. 경제 · 사회 · 노동의 대전환기에 노동시장제도 개혁을 통해 양질의 일자리를 창출하는 것은 여전히 우리 시대, 우리 사회의 핵심 과제이다. 9.15. 대타협의 역사는 아직도 계속되고 있는 것이다. 그렇기 때문에 이 장관이 그동안 묻어 두었던 초고를 용기 있게 세상에 내놓은데 감사의 말씀을 드린다. 노동시장제도 개혁의 콘텐츠를 묻는 분들에게 이 책을 추천한다.

박지순(고려대학교 노동대학원장)

서문

"의무가 사랑을 이긴다."

최근 넷플릭스에서 영국 엘리자베스 2세 여왕의 일대기를 다룬 미니시리즈 '더 크라운(The Crown)'을 본 적이 있다. 여왕은 동생이 23세 시절 이혼남이며 제2차 세계대전 전쟁 영웅인 공군 대령과 결혼하기를 간절히 원했다. 왕실 결혼법에 25세가 되면 자유선택권이 있다는 사실을 안 여왕은 동생에게 2년만 기다리라고 한다. 그리고 추문을 방지하고자 동생의 애인인 공군 대령을 주벨기에 대사관 무관으로 보낸다. 2년이 흘러 결혼시켜 주려고 하자 이혼남과 결혼하려면 주교단과 의회의 승인이 있어야 한다는 사실을 알게 된다. 주교단과 의회는 극구 반대한다. 국교 제도하에서는 주교단의 수장이 왕이다. 엘리자베스 여왕은 왕으로서 또 한편으로는 언니로서의 입장 사이에서 끝없는 갈등과 번민을 한다. 그래서 사랑을 위해 왕위를 하야한 큰아버지에게 조언을 구한 후 결국 동생의 결혼을 승낙할 수 없다고 결론 내린다. 남편 필립공이 시대에 맞지 않는다고 엄청나게 항의한다. 여왕은 자신의 고뇌를 한마디로 답한다. "의무가 사랑을 이긴다."

35년 넘게 노동 행정에 종사해 왔다. 공직 동료, 노동계, 경영계, 학계 등 다양한 영역에서 친구, 형제처럼 상의하는 분들도 적지 않았다. 이 책을 쓰면서 혹시라도 그분들의 마음을 상하게 하지 않을까 고민도 하였다. 그분들을 사랑한다. 그럼에도 공직을 마치고 이제 국민의 한 사람으로서 우리 노동시장 제도가 어떤 방향으로 나아가야 하는지에 대해 우둔하지만 나의 의견을 스스로 정리해 보는 것이 지난 날에 대한 나의 도리라 생각돼서 이 책을 썼다. 원래는 탄핵정국으로 갑자기 대선이 있게 된 2017년 5~7월 사이에 초고를 썼다. 그런데 2017년 이후 어려운 상황에서 논쟁에 휘말릴까 걱정하는 후배 동료들의 근심어린 얼굴이 떠올라 초고를 묻어 두었다. 사랑이 중요했다. 뒤늦게 다시 정리하게 된 것은 의무 또한 큼을 늘 마음에 담고 있어서다. 그래서 사례와 통계들이 5년 전 것들이 많은 이유이기도 하다. 양해를 부탁드린다.

"대한민국의 명성(Reputation)은 누가 만들어 갈까?"

나는 스스로에게 또는 강의와 토론 때, 걸프전쟁 시 나의 경험을 토대로 이 질문을 하게 된다. 필자는 1988년 주 쿠웨이트 대한민국대사관 노무관으로 중동에 근무하게 되었다. 그해 8월 아내, 어린 두 자녀와 함께 쿠웨이트 공항에 내렸는데 한증막에 들어온 느낌이었다. 집을 구하기 전 호텔에 머물던 3일 동안 모래바람이 불어 캄캄했다. 호텔이 바닷가에 있다는 것을 모래바람이 그치고서야 알게 되었다. 세월이 가면서 중동 나름의 장점을 익혀가며 의미 있게 생활하고 있었다. 오랜 기간 지속된 이란-이라크 전쟁은 막 끝났지만 늘 불안한 중동 정세였다. 1990년 무더운 8월 이라크의 사담 후세인이 쿠웨이트를 갑자기 침공하였다. 어려운 여건에 차량 100대를 이용해 당시 현지에서 일하던 우리나라 근로자와 한국건설회사 소속 제3국인 등 2,500여 명을 3차례에 걸쳐 1,500여 km 떨어진 요르단 암만 공항으로 철수시켰다. 대사님을 비롯한 대사관 직원들이 모두 고생했다. 대사관 가족과 한국인 학교 등 교민 몇 분들이 남아 있었다. 그런데 갑자기 침략국인 이라크 당국이 "쿠웨이트는 이라크가 되었다. 한 국가에 대사관이 2개일 수 없다. 쿠웨이트 내 외국 공관은 2~3일 내에 모두 떠나라"고 했다. 대사님은 이에 항의차 하루를 더 계시기로 하고 대사관 식구들과 남아 있던 일부 교민들이 함께 마지막 철수를 하게 되었다. 그런데 대사님께서 말씀하셨다. "이번 철수작전(?)의 지휘는 노무관이 수행해 주기 바랍니다." 내가 가장 어린 나이인데 이 무슨 말씀을? 의아해하는 나에게 대사님께서 "우리 중에 장교 출신은 노무관 한 사람이다. 또한 금번 전쟁통에 잃어버린 근로자를 찾는다고 격전지 등 위험지역을 다녀 본 사람 또한 노무관이다. 그래서 지휘해야 한다." 참 말이 안 된다고 생각했다. 그럼에도 결국 철수 대장을 맡게 되었다. 이틀에 걸쳐 이라크 바그다드를 거쳐 암만으로 차량 8대로 철수를 하게 되었다. 1박2일 동안 뜬눈으로 온갖 어려움을 겪으며 이라크 바그다드를 거쳐 요르단으로 가는 국경에 도착했다. 이라크 국경 보안 검색대만 지나면 마실 물도 많이 준비한 주요르단 한국대사관 직원이 마중 나와 있을 것이란 기대와 상상을 했다. 그래서 가지고 있던 물도 주변에 쓰러져 가는 외국인들에게 주었다. 그리고 눈을 부릅뜬 국경 보안검색대 직원에게 외교관 여권을 내밀었다. 통과되었다. 그리고나서 건물을 1km쯤 갔는데. 아! 이게 무슨 일인가? 많은 사람들이 쓰러져 있고 30만여 명의 피난민들이 잡혀 있었다. 사정인 즉 200만 명이 넘는 피난민들이 요르단으로 오자 요르단측이 사회 유지가 어렵다고 판단해서 국경을 폐쇄한 것이다. 이라크와 요르단 국경 사이엔 우리나라의 비무장지대처럼 50km 정도의 중립지대가 있었다. 우리는 그것을 몰라서 엉뚱한 희망의 상상을 한 것이다. 철수 대장이라는 중책을 맡은 만큼 요르단 국경수비대장에게 가서 거칠게 항의했다. "우리는 외교관인데 왜

잡아두느냐? 대한민국이 그냥 있지 않을 것이다." 등등 5분 간격으로 가서 항의하고 겁(?)을 주었다. 그 지휘관이 내 앞에서 사령부와 수차례 통화한 후 대답은 이랬다. "오케이. 가도 좋다. 그런데 여러분들이 움직여서 여기 잡혀 있는 군중들이 움직이면 우리는 국경을 지키는 수비대이니만큼 무조건 총을 쏠 것이다." 참 어처구니 없었다. 냉철히 생각해보니 그는 그의 임무를 수행한 것이다. 철수 대장으로서 어쩔 수 없이 "바그다드로 돌아가자"는 대사님 사모님 요청도 안 된다고 하였다. 군중동요를 피하기 위해 국경 길을 포기하고 사막을 통해 50km의 중립지대를 넘기로 했다. 10km쯤 사막을 달려 갔다. 갑자기 사막에서 매복조가 일어섰다. 나는 철수 대장이니만큼 맨 앞 차량을 몰고 인솔했다. 차에서 내리자마자 그 군인은 총구를 내 가슴에 대고 방아쇠 1단을 당겼다. 눈빛이 살벌함을 넘어섰다. 우리 차량은 외교관 번호판이고 차량 앞에는 큰 아랍글씨로 '대한민국 외교관'이라고 씌어 있었는데도 말이다. 나는 '머리카락이 선다'는 것을 그때 처음 경험했다. 이 상황을 어찌할꼬! 중동 군대는 물 마시면서도 총을 갈기는 군대라는 것을 경험한 터라 더욱 긴장되었다. 영어도 안 통한다. 현지어는 인사말 정도밖에 모르는 내가 어설픈 논리적 설명을 하다가는 황천길로 들어설 것 같았다. 속으로 '1분 안에 저 친구를 설득해야 한다'는 생각이 강하게 들었다. 순간 '저 친구의 적대감을 없애는 것이 무엇일까?'를 생각했다. 그래서 그 친구가 익숙하고 호감을 가질 것으로 생각되는 현지에서 많이 활동하는 우리나라 건설업체, 자동차회사 그리고 전자회사 등 3개 회사명을 불렀다. 그 순간 그 군인의 눈빛이 달라졌다. 그들 표현대로 우리들이 적이 아니라 친구일 것 같다는 눈빛 말이다. 그러자 총을 가슴에서 떼는 것이다. 그래서 국경 수비 대장과의 대화 내용을 차분히 설명해주었다. 비로소 통과허락을 받았다. 그리고 그러한 매복조를 한 번 더 만났다. 같은 방식으로 대처해서 통과했다. 그 이후 나는 항상 스스로에게 묻곤 한다. 나와 대사관 가족을 살린 대한민국의 명성(Reputation)은 누가 쌓았을까? 대한민국 정부? 나와 같은 공직자? 그렇다면 차량 앞 큰 아랍 글씨를 보고도 왜 가슴에 총구를 겨눴을까? 그것이 주역은 아닌 것 같았다. '중동에서 피땀 흘린 우리 근로자와 기업. 그들이 엄청 좋아하는 전자제품과 차량을 만들어 중동에 수출해 준 국내 제조업 근로자와 기업들이구나!'하고 자답했다. '그분들의 정성에 의한 호감과 이미지가 우리 일행이 적이 아니라 친구라는 생각을 갖게 했구나! 대한민국의 명성은 정부, 공직자에 의해서라기보다는 대한민국을 대표하는 기업의 근로자와 기업가에 의해서 형성되고 있구나!'라고 자답했다. 로히트 바르가바(Rohit Bhargava)의 "호감이 전략을 이긴다(LIKEONOMICS)"는 말을 실감한 것이다. 그래서 앞서 말한 강의나 토론에서 청년들과 그 경험을 자주 나누는 것이다. 원로 철학자이신 김형석 교수님이 어느 강의에서 "대한민국이 이만큼 발전한 것은 과거(근로자, 기업, 국민 모두로 이해)의 덕이다. 내 목숨보다 가정, 나라를 걱정한 더 큰 마음이 공감되었기 때문이다."라고 하신 말씀이 크게 와닿은 이유일 것이다. 필자가 경험한 대한민국이라는 호감과 명성을 우리 세대가 더 키워주어야만 우리 아들딸들에게 희망을 줄 수 있는 것이 아닐까라는 생각에서다.

"세 가지 반성"

2015년 오랜 산고 끝에 9.15. 노사정 대타협을 이뤘다. 2016년 이를 토대로 법 개정을 비롯한 제도 개선을 추진하였다. 참으로 힘든 과정이었다. 합의를 토대로 주 52시간제를 비롯한 5가지 입법을 추진하고 있었다. 19대 국회가 끝나고 20대 국회가 시작되려는 2016년 5월 입법을 호소하기 위해 중앙언론사에 노동 행정 35년의 반성문을 기고한 바 있다. 공직자로서 스스로에 대한 반성이었다.

첫 번째 반성은 이렇다. 필자는 35년 넘은 공직생활 중 노사관계 분야에 가장 많은 기간 동안 업무를 수행했다. 1986년~1987년 노동조합이 봇물 터지듯 설립되던 소위 민주화운동 시기에 '노사관계의 메카'라 불리는 울산에서 근무하며 그 갈등의 소용돌이를 직접 경험하였다. 그때 우리나라 노사관계가 새로운 시대에 걸맞게 그리고 원래의 기능을 하면서 노사 간 신뢰를 토대로 정립되려면 10년 정도 걸릴 것 같다고 생각하게 되었다. 그리고 1997년 다시 울산에서 노동 행정의 지역기관장으로 근무하면서 IMF를 맞았다. 현대자동차에서만 거의 1만 명에 가까운 근로자분들이 희망퇴직 등으로 일자리를 떠나야 했다. 1997년 이후 구조조정 등으로 몇 년간 전국적으로 다시 노사관계가 어려워졌다. IMF 경험을 계기로 기업들은 기간제, 파견, 도급을 중점적으로 활용하였고, 대기업 노조들은 자기 이익중심의 노동운동 경향이 더욱 두드러졌다. 이 경향은 지금도 여전히 진행 중이다. 그래서 노동시장의 이중구조화와 고용구조의 악화를 가져왔다. 이것이 오늘날 우리 아들딸들의 일자리를 어렵게 하는 큰 원인이다. 10여 년 정도면 선진국과 같은 노사관계가 정립될 것이라는 1987년의 생각이 왜 이루어지지 못했을까? 더 애절하게 당사자들과 대화하고 논쟁해서 제도와 관행을 개선하는 노력을 공직자로서 하지 못했을까? 아직도 우리나라 노사관계에 대한 국내외의 평가는 매우 부정적이다. 1987년 이후 한세대가 흘렀음에도 왜 대한민국 노사관계는 불안정성을 내재하고 있을까? 당초 예상했던 10년이, 아니 30년이 지나도 안정화되지 못하는데는 우리 세대 노사정 모두의 책임임을 실감한다.

두 번째 반성을 보자. 필자가 2006년 고용정책을 총괄하는 국장인 고용정책심의관(지금의 노동시장정책관)으로 재직할 때의 일이다. 대한민국의 국책기관, 민간연구소가 함께 2년 단위로 우리나라 장기 인력수급 전망을 한다. 많은 토론을 하여 추세변화라는 통계적 기법에 산업정책 등 정성적 요인을 고려하여 마지막 보정을 하여 완성한다. 그리고 국무회의에서 국민께 설명한다. 이를 토대로 대학 학과 정원 조정 등 다양한 공급계획 수립 시 활용한다. 그만큼 의미 있는 작업이다. 당시의 전망으로는 2015년이 되면(10년 전망이므로) 청년인력이 부족할 것이라고 전망했다. 그래서 조금 참으면 청년들의 일자리 고민도 해결될 수 있다는 희망 섞인 시그널을 주었다. 시간이 흘러 2015년이 되었다. 장관이 되어 노동시장 상황을 면밀히 살펴보니 청년들의 실질 실업률 등 청년 고용지표들이 2006년에 비해 훨씬 나빠졌다. 공급전망은 출산율 기준이므로 크게 벗어나지 않았을 것이다. 뒤돌아보니 수요예측이 틀린 것이다. 즉 기술 발전 속도가 고용에 미치는 영향에 대한 과소평가, 노동시장의 잘못된 관행, 불확실성, 이중구조 등이 일자리 증가를 가로막는 점을 크게 고려하지 못했던 것이다. 그동안 '이러한 영향이 청년일자리 창출에 부정적이었음을 더 애절하게 지적하고 당사자들과 머리를 맞대었더라면' 하는 반성을 10년이 흐른 뒤에 크게 하게 된 것이다.

세 번째 반성이다. 2008년 근로기준국장으로 재직할 때이다. 상여금이 통상임금에 해당한다는 지방법원 차원의 판결이 나오던 무렵이다. 노동시장제도의 불확실성을 해소해 주는 것이 시급함을 통감했다. 원로 교수님들과 상의해서 진보, 보수 성향 등 다양한 노선의 법학, 노사관계학, 노동경제학 등을 전공하신 학자분들을 모시고 소위 '근로기준 선진화 위원회'를 구성하여 토론식으로 운영되도록 지원했다. 밤새 토론하여 임금, 근로시간, 근로계약 등 노동시장제도의 근간이 되는 34개 과제에 대해 합의를 도출했다. 이견이 있으면 거수 투표로 정했다. 그 때 학자분들께서 "본인소신은 다르지만 청년 일자리 창출에 도움이 된다면 기꺼이 다수 의견에 동의한다"는 고뇌에 찬 말씀을 해주셨다. 지금도 감사드린다. 통상임금 개념, 평균임금 개념, 취업규칙 변경, 근로시간 유연화 방안 등 지금 문제가 되고 있는 사항을 다 망라한 것이었다. 예를 들어 보자. 20대 대통령선거에서 윤 대통령은 근로시간저축제를 공약으로 제시하였다. 근로시간저축제는 2008년 당시 선진화 위원회에서 합의한 34개 안건 중 하나였다. 34개 개선방안은 노사단체의 작은 기득권 의식과 이를 염두에 둔 정치권의 반대로 결국 입법화 되지 못했다. 가장 쟁점이 적은 근로시간저축제의 경우 휴일・연장・야간근로에 대해서는 할증률을 감안해서 저축이 되도록 하겠다고 하였음에도 정치권은 입법을 반대하였다. 당시에 통상임금 개선안도 담겨 있었으나 입법으로 완결되지 못했다. 이후 대법원 판결로 대기업, 중소기업 간 격차는 더 커졌다. 피해는 고스란히 중소기업 근로자, 그리고 일자리 찾는 청년들의 몫이 되었다고 본다. 만약 당시에 그리고 그 이후에라도 더 애절하게, 더 논리적으로 노사 당사자와 정치권을 설득・설명하여 입법하였더라면 오늘날 우리 청년들에게 덜 미안할 것인데 라는 반성을 하고 또 했다.

"우리 아들딸들의 일자리를 위해 넘어야 할 3개의 산 : 섀클턴의 마음에서"

1000년부터 1999년까지의 지난 1,000년 동안 가장 위대한 탐험가 10인 중 한 사람이 영국의 탐험가 어니스트 섀클턴(Ernest H. Shackleton)이라고 한다. 실패한 탐험가임에도 콜럼버스, 암스트롱 등 인류사를 빛낸 분들과 어깨를 나란히 하고 있는 이유는 무엇일까? 스토리는 이렇다. 지금 각 국가들이 우주 경쟁을 하듯이 1910년대에는 각 국가들이 남극, 북극 탐험과 선점 경쟁을 하던 시절이었다. 1914년 섀클턴은 인듀어런스호의 선장이 되어 남극 탐험을 지휘하였다. 엄청난 기후의 악조건으로 배가 빙하에 걸려 꼼짝 못하게 되었다. 영하 40도의 엄청난 추위였다. 추위를 견딜 수 있는 침낭은 새 것과 헌 것 그리고 머리가 삐져나오는 더 헌 것 등 딱 28명의 탐험대원 숫자만큼이었다고 한다. 섀클턴은 제비뽑기를 하여 침낭을 선택하도록 하였다. 결과는 새 침낭은 경험 없는 신출내기 탐험대원들에게, 헌 침낭은 고참 탐험대원들에게 가게 하고, 머리가 삐져나오는 가장 헌 침낭은 섀클턴 자신에게 돌아오게 한 것이다. 탐험대원 모두는 이것이 섀클턴이 미리 정해놓고 뽑게 한 것임을 알게 되었다. 이것을 계기로 스스로의 솔선과 헌신으로 극한 상황에서 모두의 협업을 이끌어냈다. 그러한 정신으로 선발대가 3,000m 넘는 빙산을 넘어 얼지 않은 항구에 도착하여 조난 사실과 위치를 알려 634일만에 한 명의 희생 없이 모두 구조되었다. 반면 비슷한 시기에 북극을 탐험하기 위해 칼락호가 떠났고 마찬가지의 어려움에 처했다. 안타깝게도 그 배의 탐험대원들은 자기가 살아남기 위해 서로 경쟁을 했다고 한다. 결과는 모두 죽고 겨우 선장만 살아 돌아왔다고 한다. 배려와 협업이 모두를 살린 것이다. 그래서 실패한 탐험가이지만 세계역사는 그를 1,000년의 위대한 탐험가로 선정한 것이다. 일자리 창출을 위해 9.15. 대타협을 하는 과정에서 필자가 가장 크게 느낀 점이 있다. 현재 일하는 대다수 중소기업 근로자 및 일자리를 구하는 청년들을 위한 진정한 의미의 대타협을 이뤄내기 위해 가장 필요한 것 하나를 꼽으라면 '접근의 전환'이라는 것이다. 협상을 할 때면 노사단체 대표들은 현재의 자기 조직원들의 입장에서 요구사항을 정리하고 끝없이 그 주장을 굽히지 않는다. 어렵게 합의하여도 다시 정치권도 정치적 이해득실을 따져 입법을 미루곤 한다. 그래서 필자가 얻은 교훈은 앞으로 대타협과 입법 등 일자리 창출과 격차를 줄일 수 있는 노동시장 제도 개선을 할 때는 섀클턴 선장처럼 해야 한다는 것이다. 즉 당사자들이 무엇을 요구할 것인가를 먼저 정리하는 방식이 아니라 '우리는 무엇을 양보할 수 있다'를 정리해서 협상에 임해야 한다는 것이다. 국민들도 정치인과 공직자를 평가할 때 당리당략보다는 멀리 보는 시각의 정치인, 공직자를 높게 평가하게 될 것이라 생각한다. 그래서 이 책의 제목을 '노동시장 빅스텝'으로 하였다.

글재주가 없는 필자가 이 책을 쓰게 된 것은 많은 분들의 도움으로 가능했다. 늘 현안에 동참해 준 노사단체, 현장의 노사간부들 그리고 학계 등 전문가들의 지적과 신뢰 덕분이다. 또한 오랜 공직생활을 함께 하며 토론과 고민을 같이 해준 공직 선배, 동료, 후배들의 무언의 가르침 덕이기도 하다. 특히 원고 정리하는데 통계와 사실관계 확인 등에 큰 노고를 해준 옛 장관비서실 동료들께 감사드린다. 어려운 여건에도 기꺼이 출간에 앞장서주신 중앙경제 김희성 회장님, 김남진 대표님, 수고해주신 많은 분들께 감사드린다. 많이 부족한 졸고에 대해 과분한 칭찬을 해주신 이원덕 전 수석님, 정병석 전 차관님, 박지순 고려대 노동대학원장님께 깊이 감사드린다. 늘 응원해준 아내와 가족들, 노트북을 빌려준 늦둥이도 고마웠다. 관심과 지적 · 격려해주신 모든 분들께 이 졸고를 출간하면서 깊은 감사의 말씀을 드린다.

차 례

• 추 천 사 4

• 서 문 6

제1장 [서론] 우리는 어떤 노동시장을 지향해야 할 것인가?

제2장 노동시장 핵심규범의 불확실성, 불투명성 해소

제1절

핵심규범의 불확실성이 문제다. 51

1. 핵심규범 불확실성이 일자리 부족의 원인 51

2. 우리나라 노동시장 핵심규율에 대한 국제사회의 인식 56

3. 선진국 노동개혁의 교훈 : 시기를 놓치지 말아야 61

제2절

통상임금제도를 개선하자. 66

1. 여전히 계속되는 통상임금 갈등 68

(1) 통상임금 관련 입법 노력과 대법원 판결 68

(2) 통상임금 판결이 노동시장에 미친 영향 : 대기업과 중소기업 간 격차와 갈등 확대 초래 75

(3) 2013년 대법원 판결 이후에도 통상임금 갈등은 계속되고 있다. 78

(4) 계속되는 갈등의 근원은 적시에 입법이 안 되고 있기 때문이다. 80

2. 통상임금과 관련한 주요 쟁점 해소를 위한 법률적 해결 방안 82

(1) 법에 정의 규정을 신설하는 것이다. 82

(2) 법에 제외되는 금품의 성격을 명확히 설정하는 것이다. 84

(3) 갈등 해소를 위한 궁극적 대안 : 적용범위에 대한 별도 노사합의 인정 85

제3절

다가오는 큰 파고의 평균임금 갈등을 미리 예방하자. 88

1. 산정기간이 짧은 데서 오는 문제점 89

2. 경영성과급의 평균임금 해당 여부에 대한 갈등 점증 90

(1) 국내 기업의 경영성과급(Profit Sharing) 제도 운영 상황 90

(2) 경영성과급의 임금성에 관한 정부와 대법원의 종전 입장 91

차 례

(3) 최근 상황의 변화 : 경영성과급의 평균임금 포함 소송 급증 91

(4) 경영성과급의 임금 해당 여부에 관한 하급심 판결 동향 92

(5) 임금성 요건에 의한 판결 분석 95

(6) 성과급 최근 판결에 대비한 기업들의 예상되는 대응 98

3. 평균임금 제외 임금 관련 시행령의 불확실성 100

4. 평균임금 산정 관련 다가오는 갈등의 심각성 101

5. 평균임금 갈등 해소 방안 101

제4절

최저임금제도의 보완이 절실하다. 104

1. 제도상의 문제점 106

2. 문재인 정부의 개선 노력과 한계 107

3. 여전한 최저임금제도의 문제점과 그 개선방안 111

(1) 통상임금과 최저임금을 최대한 일치시켜 나가야 한다. 111

(2) 최저임금의 급격한 인상으로 인한 일자리 감소, 소득5분위 격차 확대 요인 등 부작용을 깊이 성찰해야 한다. 114

(3) 최저임금 결정방식을 보다 투명하고 예측 가능성이 있도록 개선하자. 121

(4) 최저임금 위반 시 처벌방법을 개선하자. 123

(5) 유급주휴수당제도를 기본급 흡수 등 합리적인 방법으로 폐지하자. 124

(6) 지역 · 업종별 최저임금제는 새로운 갈등을 야기한다.
지역 · 업종별 협약임금제를 노사정 간 합의로 도입하자. 129

(7) 65세 장년에게는 10% 감액 적용으로
일자리 기회를 늘려주자. 131

제5절

근로시간의 자율성과 유연성을 높여주자. 133

1. 개선 필요성 135

2. 그간의 개선사항 137

3. 추가적인 개선과제 : 탄력성과 당사자 자율성을 확대하자. 149

(1) 연간 총근로시간 단축이 일자리 증가, 근로자 건강보호 및
산업재해 예방 등으로 이어질 수 있도록 노력해 나가야 한다. 149

(2) 상시적인 근로시간 위반만을
처벌 대상으로 보는 것이 바람직하다. 152

(3) 근로시간 유연성을 더 확대해야 한다. 154

(4) 포괄임금제의 남용을 막고
합리적인 방향으로 개선하여야 한다. 157

(5) 화이트칼라 이그젬션(White Collar Exemptions)을
도입하는 방안을 적극 검토할 필요가 있다. 160

(6) 근로시간 특례업종은 줄여나가되,
근로시간 총량을 규제하는 방향으로 개선하여야 한다. 161

(7) 근로시간저축계좌제를 도입하자. 162

차 례

(8) 노사정 협의를 거쳐
4인 이하 사업장에 대해 가산임금을 적용하자. 168

제6절

취업규칙 변경에서 사회통념상 합리성을 인정하자. 169

1. 취업규칙의 성격 172

2. 취업규칙의 변경 174

3. 불이익 변경이더라도 사회통념상 합리성이 인정되면
동의권이 남용되어서는 아니된다. 177

제7절

**근로계약의 해지 관련 갈등을 줄여야
정규직 채용이 늘게 된다.** 185

1. 통상해고 189

(1) 통상해고에 대한 그간의 판결 189

(2) 노사정 합의를 통한 지침 마련 192

(3) 문재인 정부의 지침 폐기 200

(4) 대법원의 통상해고 인정 판결 202

(5) 조속한 시일 내에
"직무 · 성과 중심의 인력운용지침"을 정립해야 205

2. 경영상 해고제도는 노사 모두 일관성 있는 원칙 준수가 먼저다. 205

3. 사용자에 대한 금전보상 청구권 212

4. 고용 확대와 직접고용 유도를 위한
2대 지침 관련 방향을 조속히 재정립해야 한다. 214

제8절

**근로기준법 4인 이하 사업장 적용을
단계적으로 설계하자.** 220

1. 근로기준법 미적용 연혁과 현재 상황 223

2. 미적용 조항에 대한 실태 227

3. 선진국의 사례 228

4. 확대 적용방안 229

제9절

일자리 전체 시각에서 비정규직법을 바라보자. 233

1. 비정규직 현황 236

(1) 비정규직 현실의 대명사 '인국공사태' 236

(2) 비정규직의 현황 237

2. 문재인 정부에서 강력한 비정규직 감축을 추진했음에도,
왜 비정규직이 크게 늘었을까? 241

3. 비정규직 분포 및 근로조건 등 분석 245

차 례

4. 비정규직 문제에 대한 접근 방법 : 규모 축소와 격차해소 방안 249

(1) 비정규직을 선호하는 원인을 제거하자. 251

(2) 차별시정제도를 확대하자. 255

(3) 무기계약 전환 유도장치를 마련하자. 258

5. 파견대상, 기간 확대와 차별방지 장치 보완 266

(1) 현행 파견제도 266

(2) 파견대상 및 기간 확대, 처우개선 및 차별방지 장치 보완으로 용역화 방지 271

6. 적법한 도급과 불법파견의 구분의 현실화 281

7. 유연성 차원의 비정규직 채용은 용인, 인건비 절약목적은 불용 288

8. 20년이 넘은 비정규직의 개념을 해체하자(격차해소 차원의 재정립). 289

제10절

근로자대표제도를 정비하자. 294

1. 현장의 혼란 상황 296

2. 근로자대표제도 관련 노사정위원회 합의와 국회 논의 301

3. 근로자대표와 관련된 쟁점에 대한 정리방향 307

(1) 과반수 노동조합인가, 과반수 노동조합의 대표자인가? 307

(2) 부분 근로자대표를 인정할 것인가? 309

제3장 | 두 번째로 넘어야 할 산 : 집단적 노사관계 시스템의 개선

제1절

노사관계 시스템 재정립이 절실한 이유 315

제2절

선진국의 노사관계 체제 모형 323

1. 자유시장에 기초한 영미형 노사관계 체제 323
2. 사회적 시장경제와 파트너십에 기초한 북유럽형 노사관계 체제 324
3. 상시적인 협의와 갈등 조정을 중시하는 일본형 노사관계 체제 325

제3절

우리나라 노사관계 체제 모형과 문제점 327

1. 외환위기 이전의 법 · 제도 328
2. 외환위기 이후의 법 · 제도 변화 330
3. 현행 우리나라의 노사관계 체제 모형과 특징 334
4. 문재인 정부의 법 개정 등 정책 변화와 그 영향 전망 337

차례

제4절

우리나라 집단적 노사관계의 미래 모형 설정 342

1. 노사관계 상황 진단 344
   (1) 대기업 · 공기업 중심의 노동조합 활동 344
   (2) 산업의 변화에 따라가지 못하는 제도 및 관행 345
   (3) 대기업 · 중소기업 간 격차 확대의 핵심 원인 346
2. 우리나라 집단적 노사관계의 미래 모형 347
   (1) 노동조합 설립 및 가입범위에 관한 명확성 확보 349
   (2) 단체교섭 대상 363
   (3) 쟁의행위의 정당성과 법적 책임 372
   (4) 부당노동행위제도 385
   (5) 파업 시 대체근로 제도 391
   (6) 사업장 내 파업 특징 등을 감안하여 직장폐쇄 요건은 현행 유지 395
   (7) 필수유지업무 범위 축소 여부 398
   (8) 노동위원회 분쟁조정 기능 강화 여부 401
3. 단체교섭제도에 대한 소결 405

제5절

노사협의회 제도의 활성화 : 2개의 수레바퀴의 작동 407

1. 한국 노사관계의 특징 : 2개의 수레바퀴 시스템 408

2. 외국의 노사협의회 운용 사례 410
(1) 독일의 종업원평의회 410
(2) 프랑스의 기업위원회 411
3. 사업장 단위 노사협의회 제도의 개선 방향 412
(1) 노사협의회 근로자위원 선출의 대표성 · 민주성 강화 412
(2) 원 · 하청 관계 등을 고려한 노사협의회 참여범위 확대 여부 414
4. 지역별, 업종별, 전국단위 노사협의회 연합회 활성화 검토 415
5. 노사협의회 제도와 노동이사제의 충돌 가능성 및 격차확대 소지 417

제6절
미래 노사관계의 지향점 : 이중구조 해소 419

1. 현황과 원인 420
2. 정부와 사회의 역할 방향 426
(1) 대기업 · 정규직 부문의 경직성, 불공정성 개선 426
(2) 상생고용을 위한 대 · 중소기업 노사의 협력 확산 429
(3) 비정규직 등 취약계층 처우개선 강화 431
(4) 중소기업 근로자에 대한 정부지원 강화 431
(5) 격차해소를 위한 사업장 감독 강화 433

차례

제7절

중층적 협의 시스템 구축이 절실하다. 435

1. 현재의 시스템으로 급변하고 있는 사회 · 경제적 변화에 대응할 수 있는가? 436

2. 산업별 단체교섭은 우리의 대안이 되기 어렵다. 439

3. 개선 방안 444

(1) 중층적인 노사 간 자율적인 대화와 협의가 가능한 체계로 개편 444

(2) 고용형태 변화 등에 따른 참여 주체의 확대 447

(3) 위기에 선제적으로 대응하기 위한 대화 · 합의 449

4. 법과 원칙의 준수, 합리적 노사관계 관행 형성도 중요하다. 450

제8절

임금체계 개선이 반드시 필요하다. 454

1. 임금체계의 합리화 노력과 필요성 456

2. 성과급제에 대해 460

3. 신정부의 세대 상생형 임금체계 개선 : 공무원, 공공부문이 앞장서야 465

제4장 | 세 번째로 넘어야 할 산 : 4차 산업혁명

제1절

급격한 기술의 진보는
우리 일자리를 늘릴 것인가, 줄일 것인가? 476

제2절

생산방식이 달라지면
우리의 일자리는 어떻게 달라질까? 482

제3절

선진국은 이러한 변화에 어떻게 대응하고 있는가? 485

제4절

디지털 대전환은 우리 노동시장에
어떠한 변화를 가져올까? 489

차례

제5절

4차 산업혁명이 가져오는 새로운 고용형태 492

1. 호출 근로(On-call Work) 493
2. O2O 근로(Online to Offline) 495
3. 크라우드 워크(Crowd Work) 497
4. 새로운 고용형태의 성격 498

제6절

새로운 고용형태, 어떻게 (보호)할 것인가? 502

1. 법적인 보호의 방법 504
   (1) 보호영역과 내용 508
   (2) 입법 방식 512
2. 사회안전망 강화 : 근로자(employee) 보호에서 일하는 사람(worker) 보호로 515
3. 전통적 산업분야 근로자들의 이 · 전직에 대한 획기적 지원 518
4. 혁신적인 리스킬링(Reskilling) 시스템 구축 519
   (1) 기존의 시스템의 보완 519
   (2) 디지털 대전환에 선제적 대응을 위한 리스킬링(Reskilling) 구축 521
5. 일하는 방식과 근로시간 유연화에 대한 선제적 대응 526
6. 다양한 고용형태 인정 : 근로계약법제 적극 검토 527

제5장 [결론] 아들딸 일자리를 위해 우리는 지금 무엇을, 어떻게 해야 하는가?

1. 그 첫 번째는 개별적 근로관계를 규율하는 법제도의 불확실성을 해소해 주는 문제이다. 536

2. 두 번째 산, 즉 집단적 노사관계 시스템을 재구축하는 방안을 정리해본다. 547

3. 세 번째 산을 함께 넘어보자. 554

노동시장 빅스텝

아들딸 일자리,
——— 넘어야 할 3개의 산

CONTENTS

첫 번째로 넘어야 할 산,

임금, 근로시간, 휴가 등에 대한
불확실성, 경직성을 해소해 나가는 것!

두 번째로 넘어야 할 산,

집단적 노사관계 시스템의 개선!!

세 번째로 넘어야 할 산,

4차 산업혁명,
즉 디지털 대전환에 빠르게 대비하는 것!!!

제1장

[서론] 우리는 어떤 노동시장을 지향해야 할 것인가?

서론

우리는 어떤 노동시장을 지향해야 할 것인가?

필자가 서울에서 편안하게 생각할 수 있는 곳이 국립묘지가 있는 서달산이다. 서울의 다른 지역에 비해 상대적으로 맑은 공기 가득한 서달산 남쪽 기슭에 사는 관계로 주말이면 자주 산 넘어 국립묘지를 산책하면서 생각을 정리해 보는 습관을 갖게 되었다. 국가를 위해 고귀한 생명을 바치신 영령들을 보면서 죽음이란 무엇인가를 고민해보기도 했다. 누구도 죽음을 경험해 보고 정의할 수는 없기에 죽음이란 무엇인가는 결국 '삶이란 무엇인가?'에 관한 고민이라는 것을 깨닫게 되었다. 필자가 삶과 죽음에 관한 철학자들의 책을 통해 배우고 청년들과 대화하면서 공감한 삶이란 "사랑, 가족, 성취 등 삶의 궁극적 가치를 추구하는 것"이라는 점이다. 그러면 일자리와 삶의 궁극적 가치는 어떤 관계가 있을까? 과거에 일자리는 사랑 등 궁극적 가치를 실현하기 위한 도구적 가치로 볼 수 있었을 터이다. 그러나 N포세대라 불리우는 지금의 우리 아들딸 입장에서는 안정된 일자리는 그 자체가 성취는 물론 사랑, 우정, 결혼, 가족과 직결되어 있을 만큼 삶의 궁극적 가치의 중심이라 판단되었다. 짐 클리프턴(Jim Clifton)의 저서 It's The Manager(강점으로 이끌어라)에 잘 표현되어 있다. 즉 갤럽조사에 의하면 MZ세대는 가족・자녀 평안보다 최우선순위로 좋은 직업을 두고 있다는 것이다. 그래서 늘 필자의 고민과 생각의 종착점은 우리 아들딸들에게 괜찮은 일자리를 갖게 해주기 위해서 대한민국 노동시장이 어떤 노동시장으로 발전하여야 할 것인가로 귀결되었다.

2014년 이후 당시 여당과 아무런 인연도 없었음에도 고용노동부 장관이 되어 노동시장제도 개혁을 추진하기 시작할 때 공감했던 글들이 있었다. 먼저 2015년 서울대 김난도 교수가 신입생 입학식 자리에서 총장을 대신한 축사였다. 축사의 내용을 일부 소개해드린다.

'노블레스 오블리주(noblesse oblige)'라는 말이 있습니다. 다들 알고 계시겠지만, 높은 자의 책무라는 뜻입니다. 지금 우리에게 더 필요한 말은 어느 언론인의 표현을 빌리면 '세니오르 오블리주(senior oblige)', 즉 나이 든 자의 책무가 아닐까 싶습니다. 젊은 자들은 나이 든 자들과 경쟁의 상대가 되지 못합니다. 기성세대가 정치・경제・사회적으로 가지고 있는 자원과 정보와 인맥의 차원이 다르기 때문입니다. 그래서 기성세대는 젊은 세대에게 어느 정도 양보해야 합니다. 젊은이들은 단지 경쟁의 상대가 아니라, 나라의 미래를 짊어지고 나갈 희망의 불씨이기 때문입니다. 젊은 세대에게 투자하고, 양보하고, 그들의 미숙함을 배려하지 않는 사회에 내일은 없습니다. 청년들이 우리의 미래입니다.

그때 세대가 지금보다 더 행복했는지도 모르겠습니다. 기회는 많았기 때문입니다. 졸업을 하면 어디든 일자리를 골라서 갈 수 있었습니다. 어떤 영역이든 조금만 진지하게 계속하면 나름 전문가 소리를 들을 수도 있었습니다. 물론 우리 세대가 더 총명하거나 열심히 해서 그런 것은 아니었습니다. 시대의 행운이었습니다. 1960년대 1인당 국민소득 100달러가 되지 않던 대한민국이 지금 3만 달러에 육박하기까지, 단군 이래 가장 높은 성장을 누리는 30년 동안 우리는 청춘을 보낼 수 있었던 것입니다.

지금 대한민국 젊은 세대가 힘들다고 합니다. 좋은 데 취직하는 것이 어렵고, 제때 결혼하는 것이 어렵고, 제대로 된 방 한 칸 마련하는 것이 어렵습니다. 유사 이래 최고의 스펙을 가졌다고 하는 이 세대가 말이지요. 물론 이것은 시대적 변화 때문입니다. 대한민국이 더 이상 과거와 같은 고도성장을 누릴 수 없게 됐습니다. 성장의 시대에서 침체의 시대로 접어들고 있습니다. 경제와 인구의 구조가 변화하면서 그 많았던 기회들이 점차 사라지고 있습니다.

하지만 우리를 좌절하게 하는 것은 단지 경제성장률이 떨어지고 실업률이 올라간다는 점 때문만은 아닙니다. 경기는 좋을 수도 있고 나쁠 수도 있습니다. 지금보다 훨씬 더 힘들었지만 전 국민이 금반지를 꺼내 모으며 재기를 꿈꿨던 때도 있었습니다. 현재 우리를 정말 힘들게 하는 것은 희망이 보이지 않는다는 것입니다. 이런 경기침체가 영구히 지속될지도 모른다는 우려 속에서, 이 나라가 난국을 타개할 변화의 역량을 상실해가고 있다는 절망이 정녕 우리를 힘들게 합니다.

얼마 전 인기 있었던 웹툰 드라마 미생에 '사업놀이'라는 말이 있었습니다. 진짜로 문제를 해결하지는 않고 그저 열심히 하는 흉내만 내고 있다는 뜻일 겁니다. 하지만 '놀이'를 하고 있는 것은 드라마에서 뿐만이 아닌 것 같습니다. 정치인들은 나라의 분열을 걱정한다면서 실은 자기 재선을 위해 국민을 이념으로 지역으로 갈라놓고 갈등을 이용하는 '정파놀이'를, 관료들은 공익을 도모한다면서 실은 자기 예산과 영향력을 확대시키기 위해 나라의 시스템을 비효율로 몰아넣는 '규제놀이'를, 대기업은 국가경제에 이바지한다면서 단가 후려치기, 사람·기술 빼앗기 등 각종 불공정한 관행으로 시장을 황폐화시키는 '갑질놀이'를, 일부 고용주들은 취업난을 악용해 '열정페이'다 뭐다 해서 청년 구직자의 노동을 약탈하는 '착취놀이'를, 저를 비롯한 교수들은 이러한 현실적 문제를 수수방관하며 자기 연구실적만 채우는 '논문놀이'를 하고 있습니다. 옴짝달싹하지 못하는 이 교착상태를 풀어낼 리더십은 나라 어디에서도 찾아보기 어렵습니다.

두 번째로 비슷한 시기의 미국 노트르담 대학 졸업식에서 해당 대학의 미식 축구 코치였던 루이 홀츠(Louis Holtz)의 졸업식 축사 연설이다. 노트르담 대학은 루이 홀츠의 지도로 미국 대학축구에서 9년 연속 우승이라는 전설적 기록을 이루었다. 그의 축사 동영상을 축약해본다.

나는 금수저입니다(I was born with silver spoon).[1] 왜냐하면 초등학교 3학년밖에 나오지 못한 아버지는 단칸방에서 부모형제들과 7년 세월을 보냈고 복지 지원도 없었습니다. 그럼에도 나는 나의 모든 것을 스스로 결정할 수 있는 교육(대학교육)을 받았으니까. 그래서 나는 금수저입니다.

여러분이 실패해도 되는 적절한 시간은 없습니다(There is never a right time to do the wrong thing). 옳다고 생각되면 그냥 하세요(Just do what's right).

삶을 즐기세요. 즐거움을 누리세요. 살면서 문제도 생기고 고난도 찾아옵니다. 이것도 인생의 한 부문입니다. 그렇다고 다른 사람들에게 이야기하지 마세요. 90%는 무관심하고 10%는 기뻐할 테니까. 우리 모두 미국의 1등이 될 수는 없습니다. 그러나 우리가 해낼 수 있는 최고가 될 수 있어요(Everybody can be the best you are capable of being).

여러분은 실패할 권리를 가지고 있을 수 있습니다. 그러나 다른 사람을 실패하게 할 권리는 갖고 있지 않습니다. 미국은 위대한 나라이기 때문에 여러분이 무엇인가를 하고자 한다면 이룰 수 있게 하기 때문입니다(금수저다). 인생에는 한 가지 규칙이 있습니다. 성장하거나 그렇지 않으면 죽어갑니다.

---

1) 서양에서는 고대로부터 귀족 등 풍요로운 집안들이 은수저를 사용해서인지 우리나라의 금수저의 개념을 silver spoon으로 표현한 것으로 보인다.

성장하기 위해서는 ① 희망을 꿈꿀 무엇인가를 계속 가져야 합니다. ② 삶을 심플하게 만들어야 합니다. 미켈란젤로는 7가지 색깔로, 모차르트는 7가지 음계로 위대한 것을 창조했습니다. ③ 인생에서 필요한 것은 4가지입니다. 이 4가지 중 하나라도 없으면 공허함에 시달리게 됩니다. 즉 "해야 할 일", "사랑할 사람", "종교적 믿음", "희망을 품을 수 있는 그 무엇"입니다.

이와 같은 우리 사회의 현실을 반영하듯 당시 모 일간지에는 벨 에포크(Belle Époque, 아름다운 시절)의 끝[2]이라는 기사도 있었다. 마음이 많이 억눌렸다. 필자도 관료로서 "규제놀이"로 평가받는 현실에서 크게 벗어나지 못하는 것은 아닌지 고민하게 해주었다. 그래서 같은 성장으로도 일자리를 늘리는 노동시장제도를 형성해주는 길이 '세니오르 오블리주'라고 함께 일했던 공무원 동료들에게 강조한 바 있었다. 그런데 루이 홀츠는 우리 식으로 생각하면 방 한 칸에 초등학교도 졸업하지 못한 아버지를 둔 가정에서 태어났으면 미국에서 흙수저 중의 흙수저라 할 것이다. 그런데 왜 그는 금수저를 물고 태어났다고 할까? 그것은 본인이 능력만 있고 노력만 하면 그 무엇이든 성취할 수 있는 사회이기 때문이라고 했다. 즉 희망을 줄 수 있기 때문이다. 로마의 황제 마르크스 아우렐리우스[3]는 사명에 대해 이렇게 말했다.[4] "매일 침대에서 나오는 것은 사명 때문이다. 사명은 세상에 태어난 목적이다. 사명은 내부에서 온다. 의무는 외부에서 온다. 빈둥거리는 것은 자신을 배반하는 것이다." 우리도 우리 다음 세대에게 희망을 줄 수 있어야 하는 것이 베이비부머 세대

2) 중앙일보 2015.3.11.자

3) Marcus Aurelius Antoninus

4) 에릭와이어 〈소크라테스 익스프레스〉에서

의 가장 큰 소중한 사명일 것이라고 필자는 굳게 믿는다.

지구상에 가장 스마트한 기업으로 불리는 기업인 아마존의 성공원칙과 비결을 담은 책이 〈WORKING BACKWARD(순서 파괴)〉이다. 저자들은 아마존에서 제프 베조스(Jeff Bezos)의 그림자라 불리는 측근들이었던 콜린 브라이어(Colin Bryer), 빌 카이(Bill Carr)다. 우리가 잘 알고 있는 아마존의 비밀 병기라 불리는 bar raiser, 즉 채용에 있어 각 분야별로 중간 전문가가 참여하여 최종 결정하는 시스템이 강조된다. 회의 시 형식에 구애하는 파워포인트를 몰아내고 논리가 정확한 6페이지짜리 내러티브(서술형 보고서)를 20분간 함께 읽고 난 후 토론하는 방식[5] 등도 우리에게 많이 알려져 있다. 특히 필자에게 와닿은 부분은 이 책의 원제목 WORKING BACKWARD와 같이 "거꾸로 일을 진행해보는 방식"이었다. 즉 "거꾸로 일하라."이다. 상품을 개발하고 난 후 고객들에게 이것을 홍보하는 것이 전통 방식이다. 아마존은 이와 반대로 한다는 것이다. 즉 고객들이 무엇을 원하는지를 먼저 명확히 확인한다. 기술 여부와 관계없이 제품의 활용목적을 설정하는 것이다. 먼저 이를 알리기 위한 내・외부용 언론 보도자료를 작성한다. 그 다음 개발자들이 그에 맞게끔 개발을 하고, 그 다음 마켓팅 후속작업과 고객 설명을 위한 스토리를 짠다. 즉 먼저 고객의 희망을 토대로 그림을 그려 놓고 시작한다는 점이다. 그렇게 거꾸로 작업한 대표적인 것이 전자책 '킨들(Kindle)'이라고 한다. 그 결과 그 제품은 고객에 가장 가까운 제품일 수밖에 없는 것이다. 고객이 원하는 지향점을 정하는 것이 최우선이라는 점이다.

필자는 이 책을 집필하기 앞서 설명한 working backward 방식으로 생

5) 서술형이라서 파워포인트보다 논리적이라고 한다.

각해 보았다. 노동시장의 고객들이 가장 원하는 것이 무엇일까를 먼저 곰곰이 생각해 보았다. 즉 우리 노동시장의 가장 바람직한 미래 모습을 정하는 것이 우선인 것이다. 내가 꿈꾸는 노동시장은 우선 노동분배율이 선진국 수준으로 올라가는 것이다. 노동분배율이란 부가가치 중 일하는 분들의 몫, 즉 국민소득에서 임금소득이 차지하는 비율이다. 그러기 위해서는 우선 일하는 사람 비중인 고용률이 선진국 수준인 70%+α가 되어야 한다. 고용률이 70% 이상인 국가와 우리 노동시장을 냉철히 비교해서 문제점을 직시하고 고쳐나가야 한다. 그리고 상대적으로 저임금 수준에 있는 근로자들의 소득을 끌어올리는 것이다. 다음으로는 3대 상생이 가능한 노동시장이 되게 하는 것이다. 즉 ① 현재 일하는 근로자와 앞으로 일하게 될 우리 아들딸, 즉 장년과 청년의 상생이 가능한 노동시장이어야 하고, ② 현재 일하는 분들의 경우도 대기업과 중소기업 근로자 간 또한 정규직과 비정규직 간의 상생이 가능해야 한다. ③ 아울러 일자리의 지속을 위해서는 일하는 근로자와 기업 간의 상생도 가능한 노동시장이어야 한다.

일자리를 늘리는 것은 한마디로 정의해 보면, '일자리=성장(투자 등)×고용탄성치'이다. 한 나라의 일자리를 늘리기 위해서는 기본적으로 투자, 소비 등을 통한 성장이 지속적으로 이루어져야 한다. 이를 모두가 인정하면서도 노사정 경제주체들과 정치권이 구체적인 부문에서는 그 핵심을 간과하는 경우가 허다하다. 기본적으로 우리나라의 낮아지는 성장률을 다시 반전시키기 위해서는 기업이 투자할만한 매력을 느끼게 해주어야 한다. 하늘이 두 쪽 나도 기업은 손해가 예상되는 곳에 투자하지는 않을 것이다. 미래에 성장할만한 의료, 관광 등 핵심 서비스 분야나 4차 산업혁명의 중심이 되는 분야에 대한 투자가 민간부문에서 이루어지도록 걸림돌을 해결해 주어야 한다. 획기적인 규제완화가 절실한 이유다. 이 부문은 경제 전문가들이 다루어야 할 영역이라 필요성만 한마디로 정리했다.

여기서 꼭 강조하고 싶은 것은 노동시장의 불확실성, 경직성이 국내 투자를 주저하게 하고 있다는 것이다. 즉 성장의 저해 요인이 된다. 또한 정규직 직접고용을 회피하게 하는 요인이 되기도 한다. 즉 고용탄성치를 높이지 못하는 원인이기도 하다. 한국경제연구원 자료와 2016년 10월 KBS 스페셜 보도에 따르면 2005년부터 2015년까지 지난 10년간 국내기업이 해외에 투자한 금액은 250조 원에 이르나, 외투기업이 국내에 투자한 금액은 96조 원 정도이다. 순수하게 154조 원이 해외로 더 나갔다. 이를 일자리로 환산하면 130만 개이다. 연 평균 13만 개로 2016년 증가한 일자리 약 30만 개의 1/3이 해외로 나간 것이다. 국내기업이 해외 투자를 선택한 데에는 인건비, 물류비 절약, 세제 혜택 등의 불가피한 현실적인 문제도 있지만, 우리 노동시장의 불확실성, 경직성, 대기업 노동조합의 자기중심적 노동운동 등이 분명 적지 않은 원인이 되고 있음을 대부분 인정한다. 이러한 요인이 30%가 된다고 가정하면, 이를 우리가 고치면 매년 39,000개(13만 개×0.3)의 좋은 일자리를 국내에서 추가로 만들어 낼 수 있다. 2017년 한국경제연구원[6]에 따르면 국내기업 11,953개사가 해외에 진출하여 현지에서 296만7천 명을 채용하고 있다고 한다. 이 중 제조업 분야는 256만 명이고, 10%만 유턴해도 25만 개 이상의 일자리가 국내에 생겨난다는 것이다. 전문가들은 이것을 '규제차익거래'라고 부르기도 한다. 즉 어떤 거래가 특정 국가에서 금지되거나 원치 않는 방식의 규제와 과세가 적용될 때 이 국가를 피해 더 유익한 국가로 가는 것을 의미한다. 노동시장의

6) 한국 제조업 해외직접투자의 특징분석 및 U턴 촉진방안(KERI Brief, 2017.5.23.)

불확실성, 경직성을 해소하는 노동시장제도 개혁은 국내 투자 확대와 성장률을 높이면서 또한 고용탄성치를 높이기 위해 반드시 필요함을 인식하여야 한다. 안타깝게도 최근 3~4년은 외국기업의 국내투자보다 우리 기업의 해외투자가 더 가파르게 증가하고 있다. 수출입은행 통계에 따르면 국내기업의 해외투자가 2014년 359억 달러에서 2017년 592억 달러로 급증했고 2018년에는 다시 2017년 대비 70% 이상 증가하였다. 한국경제연구원은 그 이유를 노동시장의 경직성과 높은 규제 부담 때문이라고 한다. 즉 규제차익거래가 심해지고 있다는 것이다. 우리 기업이 국내투자보다 해외투자에 치중하는 것이 일자리에 미치는 영향은 2~3년 후에 나타날 것이다. 즉 미래의 우리 아들딸의 일자리 어려움은 더 커질 것이라는 점이다.

다른 한편으로는 우리나라의 경우 대기업과 하청업체 간 임금 격차가 크다. 자동차 업종의 경우 2~3차 협력업체는 원청의 절반 수준에 불과하다. 자동차 업계에 따르면 우리나라는 일본, 미국에 비해 부품가격이 60% 수준이라고 한다. 그것은 다단계 구조하의 협력업체의 인건비 차이에서 비롯된 것이다. 협력업체의 임금 수준을 올려야 청년들이 자발적으로 가게 되고 그래야 일자리 문제가 해결된다. 급격한 인건비 상승은 전체 산업의 대외 경쟁력을 약화시키는 요인이 될 수 있다. 그래서 호봉제를 등에 업고 국민소득 대비 동일 업종의 일본보다 더 많이 받고 있는 상위 10% 대기업·공기업 근로자들의 양보가 필요한 것이다.

선진국이나 우리나라의 경우 이미 저성장기에 돌입했으므로 결국 일자리를 늘리려면 고용탄성치를 높여야 한다. 1% 성장했을 때 얼마나 일자리가 늘어나느냐를 나타내는 것이 소위 고용탄성치이다. 저성장 기조인 선진국의 경우 1% 성장 시 고용탄성치, 즉 고용증가율/성장률이 0.7 정도이다. 우리나라는 2003년부터 2012년의 10년간 평균이 0.3이었고, 2013년부터 2015년까지의 평균은 0.5 수준으로 다소 개선되었지만 2018년에는 0.136까지 떨어졌다[7]. 이렇듯 우리나라의 고용탄성치는 시기에 따라 등락은 있지만, 여전히 선진국에 미치지 못한다. 이는 우리나라가 고용 없는 성장의 대표적인 나라가 되었다는 것을 보여준다. 우리의 고용탄성치가 선진국 수준인 0.7 정도가 되면 2000년대 초반의 고용탄성치의 2배가 되기 때문에 1% 성장이 일자리 17만 개 이상을 더 만들 수 있다. 따라서 3% 성장할 경우에는 매년 50만 개 이상의 일자리가 추가로 늘어날 수 있으므로 악화되어 온 청년취업을 점차 해결하는 방향으로 반전시킬 수 있을 것이다. 무엇보다도 늘어날 일자리가 대기업과 중소기업 간에 격차가 줄어든 상황이므로 청년들이 기피하지 않을 일자리가 될 것이다.

그러면 고용탄성치를 올리는 핵심은 무엇일까? 필자는 노동시장의 핵심 규율을 투명하게 하고 유연하게 해주며 미래지향적으로 하는 것이라 생각한다. 시장의 룰과 관행을 미래지향적으로 고치는 노동시장제도 개혁은 그래서 장기적으로는 엄청난 일자리 창출의 원동력이 되는 것이다. 노동시장제도 개혁을 한마디로 정의해 보면 경제의 일자리 창출력을 높여주는 것이라 할 수 있다. 이는 독일, 일본, 영국 그리고 최근 프랑스, 스페인, 이탈리아 등이 많은 어려움 속에서도 앞장서 노동시장 개혁을 당차게 했던 이유인 것이다.

우리 경제의 일자리 창출력, 즉 고용탄성치를 높이려면 노동시장 개혁이라는 3개의 산을 함께 넘을 포용과 용기가 있어야 한다고 본다.

첫째로 넘어야 할 산은 현재 우리 노동시장을 규율하고 있는 핵심 규범인

---

7) 2020년, 2021년은 코로나19라는 특수 상황이라 비교하는 것이 적절치 않아 제외하였다.

임금, 근로시간, 휴가 등에 대한 불확실성, 경직성을 해소해 나가는 것이다. 지난 50년간 압축 성장하면서 종합적으로 접근하지 못했고, 노사 간 이해관계 대립으로 적기에 고쳐나가지 못했다. 이러한 근로기준법상 노동시장제도의 불확실성과 경직성은 기업들이 직접 정규직으로 채용하기보다는 비정규직 채용이나 다단계 하도급화, 심지어는 개인 도급화를 선호하는 요인으로 작용하고 있다. 기업 내 많은 사항을 근로자를 대표하는 자와 협의해야 하므로 대표권에 관한 사항도 손질해서 의사결정이 빠르게 이루어지도록 해주어야 한다.

둘째로 넘어야 할 산은 집단적 노사관계 시스템의 개선이다. 우리 노동시장에는 격차가 늘 현존한다. 대기업 근로자와 중소기업 근로자 간, 정규직과 비정규직 간, 대졸과 고졸 이하 간, 남성과 여성 간 격차이다. 그중에서 가장 심각한 격차가 대기업과 중소기업 간 격차이다. 1990년대 초 대기업과 중소기업 간 격차는 100 대 90 수준이었는데 지금은 절반 수준이 되어 버렸다. 이런 상태에서 우리 아들딸들에게 중소기업 취업을 권할 수 있겠는가? 그러니 우리 경제의 일자리 창출력, 즉 고용탄성치가 낮을 수밖에 없다. 집단적 노사관계의 시급한 개선이 절실한 이유다. 노동계 전국단위 총연합단체 간부가 언론 기고문[8]에서 “양노총 소속 조합원 평균임금은 상위 20% 안에 들고 있다. 이는 노동조합을 만들어 투쟁과 협상한 결과이기도 하지만 하청기업의 희생의 몫이 포함되어 있다.”라고 말하면서 “2017년도 임금 인상분을 사회기금으로 내놓아 아래층의 처우개선에 활용하자.”라고 제안한 바 있다. 격차를 줄이지 않고는 일자리 창출력을 높이는 것은 불가능하다는 것을 노동계도 인식하고 있다는 증표다. 집단적 노사관계 제도 또한 노사단체가 각국의 제도 중에서

---

8) 내일신문(2016.12.28.)

자신들에게 유리한 제도만을 도입하자고 해서는 일자리 해결의 길이 없다. 예를 들어 유럽은 노동조합 결성이 비교적 자유롭다. 그렇지만 사업주의 부당노동행위에 대해서 처벌하는 제도가 없고 파업 시 얼마든지 대체가 가능하다. 미국은 근로조건 결정 대상의 절반 이상이 노조에 가입되어야 교섭을 요구할 수 있다. 대신 사업주에 대한 부당노동행위제도를 두고 있다. 일본과 미국은 부당노동행위제도를 두면서도 원상회복주의를 통해 시정한다. 즉 부당노동행위가 법원의 판결로 확정되면 시정토록 한다. 우리는 부당노동행위 시 형사처벌까지 하도록 하고 있다. 우리의 노사단체는 자신들에게 유리한 요소만을 도입하자고 한다. 즉 노조는 노조결성의 자유에 방점을 두고 있고, 사용자단체는 부당노동행위 완화 및 파업 시 대체근로 허용을 요구하고 있다.

세 번째로 넘어야 할 산은 눈앞에 온 4차 산업혁명 즉 디지털 대전환에 빠르게 대비하는 것이다. 4차 산업혁명 시기에는 지금과 같은 사용자와 근로자라는 관계, 즉 근로계약관계를 전제로 하는 전형적 일자리가 크게 변할 수 밖에 없다. 일하는 계약관계, 일하는 방식, 일하는 장소의 다양성, 당사자 자율결정성이 요구될 수밖에 없고 격차는 더 커질 수밖에 없다. 최근 미국의 늘어난 일자리 대부분이 긱 경제(gig economy) 영역이라는 점은 우리에게 주는 시사점이 크다. 일본은 2015년 6월 '제4차 산업혁명 선도를 위한 일본의 전략'을 발표하였다. 이 전략에서는 4차 산업혁명을 어떻게 대비하는가에 따라 일자리 증감이 현저히 달라진다는 것을 보여주고 있다. 현재 상태로 그대로 놔두면, 즉 사전적 대응이 미흡하면 2030년에는 일본 취업자 수의 11% 수준에 해당하는 735만 개의 일자리가 줄어들게 된다. 그러나 4차 산업구조 개편과 더불어 인력 육성 및 고용유연성을 증진하면 일본 취업자 수의 약 2%에 해당하는 161만 개 정도만 줄어들 것이라고 예측했다.

독일의 경우는 산업 4.0(Industry 4.0)을 추진하면서 이를 선도적으로 수행하면서 일자리 문제도 함께 해결하기 위한 노동 4.0(Arbeiten 4.0)을 함께 추진키로 합의한 백서(Weissbuch)를 발간하였다. 그에 따르면 독일은 4차 산업혁명에도 일자리가 줄어들지 않고 오히려 조금 늘어날 수 있다고 예측하고 있다. 필자가 2017년 봄, 독일에 가서 날레스(Andrea Nahles) 연방노동사회부 장관 등 협상을 주도한 팀과 장시간 간담회를 가졌다. 결론은 금속노조 등 노사가 함께 참여하여 근로시간·장소의 유연화, 다양한 근로계약과 형태 수용, 노동의 참여 확대, 사회안전망 강화 등에 합의하여 사전에 대처해가는 독일의 장점이 일자리에 대한 낙관을 하게 된 근거가 되었음을 날레스 장관은 부인하지 않았다.

힐러리 국무장관의 혁신담당관 알렉 로스(Alec Ross)는 미래산업보고서에서 4차 산업혁명으로 인해 세계 5룡 즉 미국, 일본, 한국, 독일, 중국만이 살아남는다고 했다. 그는 힐러리의 혁신 자문관으로 임명되어 세계 41개국을 돌아다니며 IT혁명에 이어 4차 산업혁명이 눈앞에 다가왔음을 실감했다고 한다. 먹고 입을 것 없는 아프리카 난민촌에서도 휴대전화를 쓰고 있는 사실이 이를 반증한단다. 선진국이나 우리나라 모두 디지털 전환에 대응하기 위해서는 노동시장제도가 일하는 방식, 고용계약 형태, 일하는 장소, 일하는 시간의 유연성을 갖게 해주고, 그리고 급속한 변화에서 어려움을 겪게 될 노동자에게 지금보다 훨씬 촘촘한 사회안전망을 갖추어 주어야 한다는 점을 전제하고 있다. 그런데 여기서 우리가 냉철히 고민해보아야 할 점이 있다. 대한민국이 디지털 대전환 시대에서 살아남는 5개 국가가 되기 위해서는 선진국보다 한 가지 더 개혁해야 할 사항이 있다는 점이다. 선진국은 이로 인한 갈등이나 문제점이 비교적 적지만 우리나라는 유독 현재의 갈등과 일자리 전환과 창출에 걸림돌이 되는 중요한 사항이기 때문이다. 앞서 설명한 첫 번째 산과 두 번째 산이 이에 해당한다. 즉 노동시장 핵심 규범의 불확실성의 해소라는 과제와 노사관계 시스템의 개선과제가 선진국에는 비교적 작고 우리에게는 큰 과제인 것이다.

우스갯소리 하나 하겠다. 개그맨이 "소는 누가 키울 거야?"라고 물었다. 과학적으로 답은 "소는 다양한 미생물이 힘을 합쳐 키운다"이다. "무슨 소리! 여물은 농부가 쑤는데"라고 반문할 것이다. 그렇다. 농부의 역할은 딱 거기까지라고 한다. 지구상에 섬유소를 소화할 수 있는 반추동물은 아직 발견되지 않고 있다고 한다. 미생물이 섬유소 분해를 대신해준다고 한다. 미국의 유명한 생물학 교수 린 마굴리스(Lynn Margulis)는 15번이나 퇴짜를 맞고 진화론의 큰 획을 그은 그녀의 역저 〈공생자 행성〉을 발표했다. 여기서 지구상의 모든 생명체의 큰 변화와 발전은 공생, 즉 협력에 의해 이뤄져 왔다는 것을 밝혔다. 이제까지 진화의 근간을 경쟁으로 보았던 시각의 일대 변화였다. 그녀는 지구상에 '단세포 생물이 다세포 생물로', '해양생물이 육지 생물로', '육지 생물이 포유류로', '포유류 중 침팬지가 인류로' 각각 진화하는 데는 공생이라는 대협력이 있었기 때문에 가능하다고 역설하고 있다. 물론 공생에는 경쟁도 포함되어 있다. 즉 생물이 몸이 커지는 등 점진적 발전은 경쟁에 의해서 이뤄지나, 단세포 생물이 다세포 생물이 되는 등 근본적 진화는 협력에 의해서 이뤄진다는 것이다. 자본주의의 핵심도 경쟁과 협력(competition and cooperation)이라 한다. 세계는 오래전부터 역동적인 공진화의 멋진 공화국이었다고 한다.[9] 기업이 다른 기업과 고객까지 하나의 생태계로 바라보고 공진화할 때 새

9) 진화생물학자 폴 에일릭이 1964년 공진화란 단어를 처음 사용했다. 共進化, coevolution

로운 가치 창조와 성장이 가능하다고 한다.[10)]

브라이언 헤어(Brian Hare), 버네사 우즈(Vanessa Woods)는 〈다정한 것이 살아 남는다〉에서 힘이 센 늑대나 IQ가 높은 원숭이보다 개가 번창한 이유는 친화력 때문이라고 분석하고 있다. 즉 "친화성이 높은 종이 번성한다"고 강조한다. 우리 경제주체들이 꼭 염두에 둘 사항이라 판단된다.

우리 사회는 대변혁을 해야만 생존하는 기로에 있다. 모든 경제주체들이 시급히 머리를 맞대고 지혜를 모아야 하는 이유다. 대한민국은 2차 세계대전 이후 민주화와 산업화를 함께 이룬 세계 유일의 국가다. 그것도 세계가 놀라워할 정도로 빠른 기간에 이룩하였다. 그 절대 다수 근로자들의 피땀어린 노력과 기업의 진취성, 정부의 제도적 지원이라는 3박자의 협업이 크게 기여했음을 부인할 수 없다. 세계 유례없는 빠른 압축성장을 하다 보니 이제 다양한 문제점이 나타나고 있다. 누구를 탓하기보다는 그 불가피성을 인정하고 우리가 안고 있는 문제점을 국제적 흐름과 연관해서 찾아내고 선제적으로 개선해 나가야 한다. 그래서 4차 산업혁명 즉 디지털 대전환 시기에 살아남는 국가가 되어 우리 아들딸들의 일자리 걱정을 해소해 주어야 한다. 이 책을 통해 필자는 일자리의 공진화 방안을 독자 여러분들과 함께 고민해보고자 한다.

---

10) 제임스 무어 〈경쟁의 종말〉에서

노동시장 빅스텝

아들딸 일자리,
——— 넘어야 할 3개의 산

CONTENTS

제1절 핵심규범의 불확실성이 문제다.

제2절 통상임금제도를 개선하자.

제3절 다가오는 큰 파고의 평균임금 갈등을
미리 예방하자.

제4절 최저임금제도의 보완이 절실하다.

제5절 근로시간의 자율성과 유연성을 높여주자.

제6절 취업규칙 변경에서 사회통념상 합리성을 인정하자.

제7절 근로계약의 해지 관련 갈등을 줄여야
정규직 채용이 늘게 된다.

제8절 근로기준법 4인 이하 사업장 적용을
단계적으로 설계하자.

제9절 일자리 전체 시각에서 비정규직법을 바라보자.

제10절 근로자대표제도를 정비하자.

제2장

노동시장 핵심규범의 불확실성, 불투명성 해소

제1절

핵심규범의 불확실성이 문제다.

1. 핵심규범 불확실성이 일자리 부족의 원인

독일은 라인강이라는 남북으로 흐르는 큰 강을 가지고 있어 물류 측면에서 큰 이점이 있으면서도 중세 시대에 프랑스 등 주변국보다 발전하지 못했다고 한다. 그 이유가 라인강을 따라 곳곳에 작은 영주들이 성을 쌓아서 지나가는 배들로부터 통행세를 받는 바람에 오히려 물류의 흐름을 방해했기 때문이라고 한다. 이를 gridlock(정체)이라 부른다. 지나치게 작게 나누어 소유하게 하면 오히려 전체적인 발전을 더디게 한다는 의미다. 컬럼비아 대학 법대 교수인 마이클 헬러(Michael Heller)는 이와 같은 상황을 '소유의 역습(The Gridlock Economy)'이라고 했다.

근로기준법 등 우리 노동시장을 규율하는 근로계약, 임금·근로시간 등에 관한 규정과 근로자 보호조항들이 지나치게 복잡한 면이 있다. 사례를 하나 들어 보자. 다른 나라에는 거의 없는데 우리나라의 경우는 1주간 소정근로를 하면 1일의 유급주휴를 주도록 되어 있다. 과거 통상적으로 6일 근무하면 1일은 쉬어도 급여를 주게 하여 근로자 생활을 돕자는 취지에서 출발했다. 세월이 흐르면서 근로형태가 다양화되고 있다. 주 5일 근무제도가 정착되면서 많은 기업들이 2일 휴일 중 1일은 유급휴일이고 또 하루는 무급휴일(휴무일이라 부름)로 하고 있다. 유급휴일에 일하면 기본 100%에다 주휴수당 100% 그리고 휴일가산수당 50%를 받게 되어 250%를 받게 된다. 그런데 휴무일 즉 무급휴일에 일하면 150%를 받는다. 다른 나라에 거의 없는 현상이다. 또한 최근 들어 일·가정 양립을 위해 또는 주된 일자리를 갖기 전 파트타임으로 아르바이트 하는 근로자들도 전체 근로자의 10%가 넘는다. 이 경우 3시간씩 5일 근무하면 3시간의 유급주휴를 주어야 한다. 1주에 8시간씩 2일 근무하기로 서로 약정한 경우에도 3.2시간의 주휴수당을 지급해야 한다. 결과적으로 이러한 사실을 잘 아는 기업은 계약을 할 때, 총 인건비 중 기본급 16% 정도에 해당하는 주휴수당을 고려해서 기본 시급을 정한다. 그러나 현장에서는 단시간 근무의 경우에도 비례해서 유급주휴를 주어야 한다는 사실을 정확히 모르는 경우가 허다하다. 그래서 감독을 해보면 주휴수당 미지급 위반이 많다. 더욱 아쉬운 것은 주휴수당이 적용되지 않는 15시간 미만 초단시간으로 계약을 맺는 경우가 급증하고 있다. 이처럼 근로시간 한도, 최저임금·통상임금·평균임금에 포함되는지 여부 등의 불확실성 때문에 노무관리 책임을 피하고자 기업들은 비정규직을 채용하거나 다단계 하도급화를 하고 있다. 이것이 오늘날 우리나라가 선진국보다 대기업과 중소기업 간 격차를 급속도로 크게 만드는 원인 중의 하나가 되고 있다. '작은 소유'가 큰 발전을 저해하는 전형적인 모습이다. 예를 들어 노사단체의 신뢰하에 주휴수당에 해당하는 금액을 기본시급화 하면서(임금손실 없이) 유급주휴제를 무급주휴제로 한다면 규율이 단순 명료해져서 법 위반 문제도 줄어들고 기업들이 직접 정규직으로 채용하려는 경향을 조금이라도 높여줄 수 있을 것이다. 특히 단시간 아르바이트를 하는 청년들에게는 큰 혜택이 될 것이다. 이처럼 개별 근로계약관계에서 선진국과 달리 지나치게 세분화된 또는 불투명한 요소를 투명화하고 단순 명료화해서 기업들이 노무관리 부담 때문에 직접채용을 꺼리는 원인을 해소해 주는 것이 장기적으로 전체 근로자를 위하는 길이다. 첫 번째 우리가 넘어야 할 산이다.

유사 이래 최고의 경쟁력을 가지고 있다는 우리 청년들은 왜 고용절벽을 마주하고 있을까? 원인을 정확히 진단할 필요가 있다. 우선 청년들이 가고 싶어하는 양질의 일자리가 절대적으로 늘지 않고 있기 때문이다. 청년일자리를 고민하면서 필자가 고용노동부 근무 시절 한국은행과 함께 괜찮은 일자리 수급상황에 대한 분석을 해보았다. 1997년 말 기준으로 공공·대기업 및 동일 업종의 평균임금 이상의 급여를 주는 일자리를 양질의 일자리로 규정하고 이러한 일자리를 찾는 근로자의 경우 여러 변수가 있을 수 있으나 학력을 기준으로 현재 일하고 있는 근로자나 학교를 갓 졸업해서 일자리를 구하는 청년들 중 전문대졸 이상을 수요로 보았다. 1997년 기준으로 양질의 일자리는 약 530만 개였고, 이러한 일자리에 일하고 있거나 찾고 있는 인력(노동력 중 전문대졸 이상)은 495만 명이었다. 35만 개 정도 양질의 일자리가 많았다. 그러니 웬만한 전문대 졸업장만 있으면 취업 걱정이 없었다. 그때까지는 우리나라가 고도성장을 거듭하고 있었기 때문에 이들 인재보다는 그들을 기다리는 좋은 일자리가 많았던 것이다. 그런데 15년 정도가 흐른 2013년 기준으로는 양질의 일자리가 605만 개 정도로 아주 더디게 증가했다. 반면 이 일자리에 가고자 하는 전문대졸 이상 학력자의 숫자는 1,050만 명이 되었다. 즉, 400만 개의 격차가 있는 것이다. 그러니 이제 신규로 일자리 시장에 뛰어든 청년들이 이러한 양질의 일자리에 들어가는 것은 정말 낙타가 바늘구멍에 들어가기만큼 어려운 상황이 된 것이다. 양질의 일자리 증가가 거의 없게 된 원인은 다각적일 수 있지만, 크게 보면 대한민국이 그간 고성장기, 중성장기를 지나 이제 저성장기로 들어서면서 기본적으로 나타난 측면이 하나의 원인이기도 하다. 이것은 선진국의 사례에서 보면 불가피한 현상이라고 하겠다.

그러나 여기에 우리 노동시장만의 특수한 제도와 관행이 복잡하게 추가로 작용하고 있다고 본다. 노동시장 질서의 근간이 되는 고용계약의 기본내용, 즉 임금, 근로시간, 근로계약에 대한 규율과 관행의 불확실성과 비예측성이 문제점으로 작용하고 있는 것이다. 1997년 IMF 외환위기 이전에는 고도성장기였기 때문에, 기업들이 대부분 정규직으로 채용했다. IMF 외환위기를 겪으면서 기업이 경영이 어려울 경우 경영상 이유에 의한 인력조정이 정말 어렵다는 사실을 알게 되었다. 근로자들의 경우 사회안전망 부족 때문에 해고에 대한 극도의 불안감으로 극단적으로 반대할 수밖에 없는 상황이기도 했다. 결과는 1998년부터 기업들은 정규직 대신 기간제근로자, 일부 용역 파견을 선호하게 되었다. 기업들이 1년씩 기간제근로자를 여러 번 반복해서 갱신계약 형태로 채용하였다. 2000년대 초 법원은 수차례 반복갱신한 경우 기간 만료 시 재계약을 안하면 특별한 사정이 없으면 계속 근무할 갱신 기대권이 있다고 판결하였다. 근로자를 보호하기 위함이었다. 그 결과에 대한 기업들의 대응은 갱신 기대권이 생기지 않도록 조치하는 것이었다. 갱신 기대권을 우려해서 그동안 반복 갱신해서 그래도 장기 근속해오던 근로자들에 대해서 은행권을 중심으로 기간제근로자들의 최대 근속을 3년 이내로 줄여가기 시작했다. 결국은 근로자 전체로 보면 부작용도 커진 것이다. 사례에서 보듯이 기업경쟁력이 치열해지고 정보화사회가 되면서 고용형태, 채용방법이 다양화되고 근로시간, 임금 등 근로조건의 변경요인이 증가하면서 근로관계의 개별화가 확대되고 있다. 그러나 현행 근로기준법의 근로계약, 임금 등의 규정이 변화에 맞게 적시에 보완되지 못하였다. 2013년 법원이 행정해석과 달리 상여금이 통상임금에 포함된다고 최종 판단하여 시장의 혼란이 적지 않았다. 법의 준수 여부를 둘러싼 분쟁은 사안별로 법원의 판단에 의해 사후적으로 크게 바뀌는 경우가 우리나라에는 많다. 그 후 기간제・단시간근로자 보호법 및 파견근로자 보호법이 제정되어 기간 2년 제한과 차별금지가 작동되자 소수는 무기계약직화라는 혜택도 입었지만 2년이 넘으면 다른 직장을 알아보아야 하는 불안정이 커졌고, 특히 사내하도급이 급격히 증가하게 되었다. 통상해고에 관해서도 사례를 들어 보자. 우리나라의 경우 근로조건의 결정과 근로계약의 체결·변경·해지에 있어 투명성과 예측가능성이 매우 낮은 상황이다. 근로계약의 성립, 변경, 해지에 관한 규율도 곳곳에 경직성과 불확실성이 발견된다. 근로계약은 일정 수준의 근로와 그에 걸맞는 보수 지급을 그 근간으로 한다. 어떠한 경우에 근로관계 유지를 기대할 수 없는 업무 부적응자와 계약을 해지할 수 있는가는 가장 기본적인 질문이다. 하지만 선뜻 대답하기 어렵다.

호봉제 중심의 임금체계는 오히려 중장년층의 조기 퇴직을 부추기고 있고, 기업들이 정규직 직접 채용을 회피하는 유인이 된다. 그 결과 하도급이나 비정규직 등 간접 채용이 확대돼서 다른 근로자와의 격차가 심해지고, 노동시장 바깥에 있는 청년들에게는 안으로 진입할 수 있는 기회조차 열리지 않고 있는 것이다. 근로시간 규제도 시대의 변화를 반영하지 못해 장시간 근로가 여전하고 생산성은 선진국보다 낮다.

이러한 노동시장의 불확실성, 비예측성을 없애주는 것이 비정규직 선호의 원인을 해소해 주는 길이다. 무엇보다 지난 10년간 확산되어 온 다단계 하도급화 원인을 해소해 주는 길이다. 임금, 근로시간, 근로계약 등 노동시장 규범의 공정성, 투명성, 예측가능성을 높여 기업에서 청년을 정규직으로 직접 채용하는데 두려움을 갖지 않도록 하기 위한 개혁은 그만큼 중요하고 시급한 것이다. 선진국은 일·가정 양립 등을 위한 자발적 파트타임근로자를 비정규직이라 보지 않는다. 이 그룹을 제외하고 비정규직 규모를 비교했을 때에도 우리가 유럽 국가들에 비해 높다. 그래서 문재인 정부에서 비정규직을 공공부문부터 솔선해서 획기적으로 줄이려고 노력했다. 공감한다. 몹시 가뭄이 심하면 양수기를 동원해서라도 일시적인 해갈 노력을 해야 한다. 그러나 관계수로를 더 만드는 항구적 대책이 중요하다. 비정규직 채용 원인을 해소해 주는 것이 중요하다.

현장에서 만나는 청년 대부분은 정부에 특별한 지원을 요구하지 않았다. 다만, 어른 세대와 공평하게 일할 기회를 달라고 이야기한다. 청년은 우리의 미래다. 모든 것을 포기한 N포 세대 청년에게 우리 어른 세대가 해야 할 일은 '일자리 희망'을 주는 것이다. 일자리에 대한 희망을 보여줘 'MD(more dream)' 세대로 거듭날 수 있도록 해야 한다. 청년들이 잃어버린 세대가 되면 지금의 어른 세대를 평생 용서하지 않을 것이다.

2. 우리나라 노동시장 핵심규율에 대한 국제사회의 인식

생각의 한계를 말해주는 몇 가지 실화가 있다.

첫째는 코끼리 말뚝이론이다. 즉 코끼리가 어렸을 때 길들이기 위해서 50m쯤 되는 줄을 쇠말뚝에 매달아 놓으면, 다 커서도 그 줄의 길이인 50m를 넘어서 나가지 않고 그 안에서 지낸다는 것이다.

둘째는 천재수학자 존 밀러(John W. Milnor) 이야기이다. 존 밀러는 어느 날 프린스턴 대학교 학생시절 수학 수업강의에 늦었다. 수업은 끝났고 흑판엔 여러 개의 수학문제들이 적혀 있었다. 내성적인 성격으로 동료들에게 물어보지못한 밀러는 숙제라 생각하고 적어 와서 숙소에서 답을 내기 위해 고심을 다하였다. 천신만고 끝에 한 문제를 풀었고 다음 수업시간에 그 과정을 설명했다. 교수님, 학생 모두가 놀라 뒤집어졌다. 그것은 당시까지 풀어내지 못한 수학계의 난제였기 때문이었다. 밀러는 수학계의 노벨상이라는 아벨상 등을 수상했다. 그가 수상소감에서 “그것이 수학계의 난제라는 것을 알았다면 풀려고 시도도 안 했을 것이다. 숙제라 생각했기 때문에 풀 수 있었다.”라고 회고했다. 그것이 그 유명한 페리-밀러 정리(fary-milnor theorem)이다.

셋째는 달리기의 한계에 관한 이야기이다. 1950년대 1마일(1,600미터)은 인간의 신체적·심리적 한계상 4분 안에는 불가하다고 믿었다. 즉 4분 안에 달리면 근육 파열로 죽을 수 있다고 다들 믿었다. 옥스퍼드대 의대생이며 육상 아마추어 선수인 베니스터(Roger Bannister)는 스피드와 지구력을 함께 높일 수 있는 과거와 전혀 다른 의학적, 과학적 훈련을 했다. 그는 1954년 3분 59초에 돌파했다. 이후 1개월 안에 10명이 기록을 돌파했다.

결국 생각의 차이라는 것이다. 우리나라 노동시장의 불확실성에 대한 WEF, IMF 등의 부정적인 평가는 오랜 세월동안 계속되고 있다. 우리는 이러한 평가 때문에 체념해서는 안 된다. 우리가 먼저 고칠 것은 고쳐서(우리 내부적으로 전략적 접근을 해서) 국제사회의 인식을 충분히 빨리 개선할 수 있다고 본다. 우리 노동시장제도에 대한 인식의 ‘1마일의 한계’를 바꾸어야 한다.

우리나라는 1960년대에서 1970년대를 거쳐 선진국 추격형 전략을 통해 고도성장을 이루었다. 경제성장이라는 목표를 집중적으로 달성하기 위해서 당시 정부는 안정적인 노사관계를 지향하였다. 따라서 노동3권은 상대적으로 제한하였고, 반면 근로시간, 임금 할증률, 해고 등 근로기준법 등 개별법을 통해서 근로자를 보호하는 방식으로 노동시장을 규율하였다. 이후 민주화 요구로 1987년 노동관계법을 개정하면서 노동3권에 대해서는 단결권 등 노동조합의 활동을 좀 더 자유롭게 인정하는 방향으로 법 개정이 이루어졌다. 근로기준법 등도 몇 차례에 걸쳐 소정 근로시간을 단축하는 등의 일부 개정이 있었지만, 전통 제조업 중심의 법체계에서 정보화사회 및 앞으로 4차 산업혁명에 맞는 규율로의 변화에는 더뎌왔다. 지나친 노사의 자기 입장 고수가 이를 어렵게 한 원인이 되었다.

개별근로관계를 규율하는 근로기준법은 1990년대 후반 외환위기를 겪으면서 구조조정이 계속되고 노사관계가 경직되면서 개정에 대해 합의를 이루지 못하고 핵심규범의 불확실성을 그대로 유지한 채 현재까지 그 체제가 이어져오고 있는 것이다.

이러한 핵심 규범과 노사관행은 안타깝게 국제적으로도 낮은 평가를 받고 있다. 세계경제포럼(World Economic Forum)에서 매년 실시하고 있는 국가경쟁력 평가를 보면, 우리나라의 노동시장 부문 평가는 2019년 141개국 중 51위에 불과하다. 특히, '고용 및 해고 관행' 항목에서는 87위로 우간다(29위)보다도 한참 뒤처지는 수준이다.[11] 물론 이 평가가 자국 기업을 대상으로 하는 설문조사가 70%를 차지하는 방식이라는 점은 고려해야 하겠지만 이렇게 낮은 순위가 나오는 데 대해서는 진지한 고민이 필요하다.

OECD는 여러 차례 〈한국경제보고서〉를 통해 우리의 노동시장 규율을 고쳐나갈 것을 권고하고 있다. 즉 고도성장기에 형성된 현재의 한국 노동시장은 미래의 경제를 발전시키는데 적합하지 않고 청년 일자리 창출 등을 위한 노동시장제도 개혁이 요구됨을 지적하고 있다. 더 이상 고용안정과 소득보장

11) 2016.9.29. 국민일보 「한국 금융경쟁력 80위, 우간다는 77위」
2016년 국가경쟁력 평가의 '고용 및 해고 관행' 항목에서 우리나라는 113위, 우간다는 41위를 차지했었다.

을 제공하지 못하는 일자리 보호(protecting jobs)에서 근로자 보호(protecting individuals)로 전환할 필요가 있다는 것이다. 주요 권고사항은 ① 고용 유연성 증대(경기 둔화 시 해고비용 감축 등) 및 정규직-비정규직 간 인건비 격차 축소로 비정규직 고용유인 축소, ② 비정규직 사회보험 적용을 확대(가입의무 위반 시 처벌 강화 등)하여 정규직-비정규직 간 격차 완화, ③ 정규직 근로자 고용보호 완화 및 해고 투명성 제고와 함께 사회안전망 확충, 비정규직 근로자 훈련 등 필요에 관한 것이었다. 이처럼 노동시장제도 개혁 등 혁신이 신속하고 온전하게 실행될 경우 생산성 향상과 고용 증대를 통해 십 년 내에 GDP가 추가적으로 3% 증가할 것이나, 지체되거나 부분적으로만 이행된다면 성장률 개선에 따른 이득은 축소될 것임을 경고한 바 있다.

여기서 고용유연성에 대한 시각은 다양하다. 우리나라 법에는 "정당한 이유 없이 해고하지 못한다."라고 규정하고 있고, 일본도 비슷하게 "객관적 합리성과 사회통념상 상당성이 없으면 해고하지 못한다."라고 규정하고 있어 우리와 비슷한 법규 내용을 가지고 있다. 그런데 일본은 시대 흐름에 맞춰 행정지침인 통상해고지침을 만들어 노사가 참조토록 하고 있다. 우리는 법원에서 상당한 판결이 있음에도 그에 대해 논란을 하고 있다. 그래서 법 개정을 통한 유연성 추구보다는 명확한 안내를 통해 불확실성을 없애주는 것이 중요하다고 본다.

아울러 OECD는 고용유연성과 일자리, 그것도 괜찮은 일자리 증가와의 상관관계를 추적하는 의미있는 연구를 진행하여 2016년 〈고용전망보고서(Employment Outlook)〉[12]를 발표하였다. 여러 나라 사례를 통해 정규직 과보

12) OECD Employment Outlook 2016 「Short-term labour market effects of structural reforms : Pains

호를 완화(reforms lowering barriers to entry and the cost of dismissal)하는 노동시장제도 개혁은 장기적으로 생산성을 높이고 경제성장에 기여한다는 사실을 밝히고 있다. 단기적으로는 일정 기간 실업 등 고용손실이 발생할 수 있으나 3년째부터는 회복되는 것으로 나타났으며, 정규직과 비정규직 간 격차가 심한 국가일수록 이러한 단기적 고용손실이 적다는 것이다. 비정규직의 경우 주로 불안정한 직무에 근로하는데, 이는 개혁에 상대적으로 영향을 받지 않기 때문에 단기적 손실이 작게 나타난다는 것인데 그 사례로 정규직에 대한 고용보호법제 완화를 핵심으로 하는 노동시장제도 개혁을 추진한 바 있는 스페인(2012년 2월), 에스토니아(2009년 7월), 슬로베니아(2013년 4월)를 들고 있다. 기간제의 비중이 높은 국가의 경우 해고규정 완화 이후에도 실업률 증가가 거의 없었다(각각 0.08%p, 0.55%p 증가). 반면, 개혁 추진 2년 후에는 오히려 신규 고용 중 정규직 고용이 늘어났다. 스페인은 3.1%포인트, 슬로베니아는 10.8%포인트가 증가했고, 에스토니아는 개혁 당시 63.8%이던 고용률이 다음 해에 61.3%로 떨어졌지만 2011년 65.3%로 오른 뒤 2015년에는 71.9%까지 올랐다. OECD는 조금이라도 이러한 개혁에 따른 단기손실을 줄이려면 경기상승 국면일 때 추진하는 것이 좋다고 권고했다.

---

before the gain?」

3. 선진국 노동개혁의 교훈 : 시기를 놓치지 말아야

영화 '관상'을 보면 문종 시절 조선 최고의 관상가인 김내경(송강호)은 관상을 바꾸어 수양대군의 등극을 막고자 했지만 실패했다. 한명회가 귀양 가는 그에게 "최고의 관상가라면서 왜 실패했나?"라며 조롱 섞인 질문을 하였다. 그는 귀양지에서 많은 사색 끝에 스스로 결론을 내린다. "관상은 바다에 생겼다 사라지는 파도를 볼 뿐 시대의 흐름인 파도를 일으키는 바람을 보지 못했기 때문"이라고 했다. 노동시장제도 개혁의 선진사례를 보면 효과는 세월을 두고 나타난다. 그리고 선제적으로 대응한 경우 효과가 더 크다. 그것이 파도를 일으키는 바람을 파악하는 것과 같은 것일 것이다.

시기도 매우 중요하다.

코카콜라 CEO 더글라스 데프트(Douglas N. Daft)의 시간의 중요성에 관한 유명한 연설을 생각해 본다. 그는 1995년 코카콜라가 위기를 겪게 되자 나라별, 지역별로 특성과 소비 성향을 고려한 다양한 제품을 만들어 재기에 성공한 CEO이다. 그는 "우리 삶은 5개의 공(일, 가족, 친구, 자신, 건강)을 돌리는 저글링이다. 하나라도 땅에 떨어지면 긁히고 깨진다. 삶의 균형을 찾도록 노력해야 한다."라고 강조한다. 특히 그는 "1시간의 소중함을 알고 싶으면 약속장소에서 애인을 기다리는 사람에게 물어보세요. 1분의 소중함을 알고 싶거든 1분 전 기차를 놓친 사람에게 물어보세요. 1초의 소중함을 알고 싶거든 간발의 차이로 교통사고를 면한 사람에게 물어보세요." "과거나 미래에 집착해 삶이 손가락 사이로 빠져나가게 하지 마세요. 어제는 역사이고 내일은 미스테리이며 오늘은 선물(present)입니다."라고 오늘 현재의 현실을 최우선으로 해야 함을 강조하고 있다.

서문의 반성문에서 언급한 것처럼 필자가 고용노동부 근로기준국장 시절인 2007년 통상임금과 관련한 판결의 변화 가능성(바람)을 인식하였다. 그러나 노사정이 진정성을 갖고 협의하고 정치권이 시기를 놓치지 않고 입법하였다면 대법원 판결로 대한민국 노동시장의 격차가 더 커지는 악영향을 막을 수 있었을 것이다. 입법적으로 실기를 하여 대법원 판결로 인한 산업현장의 혼란은 지금까지도 이어지고 있다. 무엇보다도 이를 감내할 수 있는 대기업은 통상임금에 포함해주어 임금상승 효과를 가져왔다. 반면 감내할 수 없는 중소기업은 재직자 기준으로 지급조건을 바꾸어 통상임금에 포함되지 않게 고쳐나가거나 아예 상여금 등이 미미한 중소기업은 임금인상 효과가 거의 없었다. 그로 인해 대기업과 중소기업 간에 격차가 더 커진 결과가 나타나게 되었다. 필자가 장관으로 재직하던 시절(2014~2017년) 분석해보니, 통상임금 판결 이후 대기업과 중소기업 간 격차가 100:53 정도에서 100:50 정도로 악화되는 것을 통계로 확인할 수 있었다. 10년 전 바람의 방향을 알고도 이를 실천하지 못한 결과로 파도가 얼마나 거세졌는지를 실감했다. 시대 흐름을 읽고 사전적으로 적절하게 대응하는 것이 얼마나 중요한지를 보여주는 단적인 예이다.

최근 유럽국가들도 2020년부터 계속되고 있는 코로나19 대응에 모든 역량을 집중해 왔다. 코로나19로 인해 경제사회적 여건들이 불확실하고 급변하고 있기 때문에 코로나19가 안정화된 이후에 각 분야 정책들도 안정적으로 추진될 수 있을 것으로 보인다. 여기서는 코로나19 이전에 유럽국가들이 당시의 심각한 경제·노동시장 상황을 타개하기 위해 추진했던 노동시장제도 개혁을 살펴보고 그 시사점을 찾고자 한다.

프랑스는 2012년부터 프랑수아 올랑드 대통령이 이끄는 사회당 정부가 0%대의 성장, 높은 청년실업 등 위기극복을 위해 노동시장제도 개혁을 추진해왔다. 먼저 경영상 위기 시에 근로시간 및 임금 조정과 전환배치를 가능토록 하고 거부 시에는 경제적 사유로 해고가 가능하며, 노동분쟁 해결기간을 단축(5년 → 2년)하는 등을 내용으로 하는 「고용안정화법」을 2013년 6월부터 시행했다. 2016년에는 노사협상으로 주당 근로시간 연장(35시간 → 44~46시간) 및 초과근무수당을 조정할 수 있도록 하고, 경제적 사유로 인한 해고의 인정범위를 확대하는 안을 정부가 확정하고 개정을 추진하였다. 2017년 대통령에 당선된 마크롱 대통령도 당선 직후 노동계, 재계를 직접 만나 설득하는 등 개혁에 박차를 가했다. 마크롱 대통령의 노동시장제도 개혁은 노동시장 유연성 확보가 핵심이다. 해고·감원 요건 완화와 부당해고 배상금의 상·하한선 지정을 통해 기업의 해고 부담을 줄였다. 근로협상 권한을 산별노조에서 개별노조로 이관하여 기업의 재량권을 확대하였다. 이러한 개혁으로 10%를 넘던 실업률은 2019년에 8%대로 낮아졌다.

스페인의 경우는 2011년 라호이 총리가 2008년 금융위기 이후 계속된 심각한 고용위기를 극복하기 위해 노동시장제도 개혁을 실시하였다. 해고의 대안으로 기업의 독자적인 근무조건·직종·근무지 변경을 허용하고, 부당해고에 따른 보상금을 인하하였으며, 신규로 정규직을 채용할 경우에는 세금과 사회보장세에 대한 혜택을 주었다.

2014년 이탈리아의 마테오 렌치 총리는 "개혁만이 살 길"이라는 신념하에 경제·노동시장 활력회복을 위한 노동시장제도 개혁을 단행하였다. 경제적 이유로 해고된 근로자는 금전보상을 요구할 수 있으나 사업주에 대해 재고용 의무는 면제(법 시행후 신규고용 근로자에 한함)하고, 부당해고소송 제기 전

조정제도를 의무화하는 등의 내용을 담은 「Job Act」를 2015년에 시행하였다.

한편, 이들 국가보다 앞서 2000년대 초반부터 이미 노동시장제도 개혁을 시행한 독일과 영국의 최근 고용상황은 높은 고용률, 실업률 하락 등 양호한 모습을 보이고 있다. 독일은 통일 이후 성장 하락, 실업 급등 등 문제에 직면하여 2002년 노동시장 개혁위에서 「노동개혁 방안」을 발표하였다. 이에 근거하여 2003~2005년까지 하르츠법 Ⅰ~Ⅳ를 순차적으로 시행하고 2005년 메르켈 정부로 정권교체된 이후에도 하르츠 개혁을 일관성 있게 추진하였는데 그 내용은 신규 고용 시 해고보호 조항에 대한 적용제외 사업장을 5인 미만에서 10인 미만으로 확대하고 파견 상한기간 폐지, 미니잡 등 다양한 고용형태 도입 등 노동시장의 유연성을 확대하는 방향이었다.

영국의 캐머런 정부는 2015년 노동조합에게 과도하게 유리한 관행을 개선하고, 생활임금정책을 도입하는 등의 노동시장제도 개혁을 강력하게 추진하였다. 주요 내용은 파업결의를 위한 투표요건 강화, 파업기간 중 파견근로자 고용허용, 조합원의 정치자금 납부절차를 개별선택 방식으로 전환하는 것 등이었다.

독일, 영국의 경우 그간의 선제적인 개혁 조치로 2008년 금융위기 당시에도 노동시장에 비교적 영향이 적었고 위기를 신속히 극복했다는 평가를 받았다. 독일은 금융위기 당시 경제성장률이 대폭 하락했음에도 노동시장에 미치는 영향은 적었고 곧바로 회복한 바 있다. 영국의 경우에는 2008년 금융위기 당시에도 노동시장은 비교적 큰 충격 없이 견고한 모습을 이어나갔다. 이와는 대조적으로, 프랑스, 스페인, 이탈리아는 2008년 금융위기로 고실업 등 극심한 후유증을 경험하였고 앞서 설명한 것처럼 그 후 개혁 추진으로 노동시장 지표들이 일부 개선되었다.

이러한 유럽국가들의 사례를 볼 때 노동시장제도 개혁의 효과는 일정 기간 후에 나타난다는 것과, 선제적·미래지향적으로 이미 개혁을 추진한 독일, 영국 등의 국가들은 높은 고용률, 실업률 하락세 등 긍정적인 효과가 커진다는 사실이다. 반면, 0%대 또는 마이너스 성장, 청년실업률 급증 등 노동시장의 위기에 맞닥뜨려 노동시장제도 개혁을 시작한 프랑스, 스페인, 이탈리아 등의 국가들은 그 효과가 적다는 점을 알 수 있다. 이미 노동시장 문제가 극도로 악화된 상황에서는 강력한 개혁 추진에도 그 효과가 반감되고 노동시장 지표를 긍정적으로 반전시키는 데는 일정한 시간이 필요함을 의미한다고 볼 수 있다. 이는 앞서 언급한 OECD의 권고사항과도 일맥상통한다. 사전에 경제·노동시장의 변화를 읽고 노동시장제도 개혁을 통해 대응력을 키워나가야 성장잠재력 및 고용창출력을 제고할 수 있는 것이다.

제2절

통상임금제도를 개선하자.

약속은 소중하다.

필자는 친구, 동료들에게 박신양, 전도연 주연의 로맨틱 영화 <약속> 이야기를 가끔씩 한다. 조폭세계에서도 주인공 공상두(박신양)가 약속을 지키려는 모습에 눈시울을 적시게 된다. "조폭도 약속을 지키려 노력하는데 하물며 우리가 일상에서 약속을 소홀히 하면 안 되는 것이다."가 나의 어설픈 유머 겸 강조점이다.

약속에 관한 영화 한 편을 더 소개한다. 멜 깁슨(Mel Gibson) 감독의 핵소고지(Hacksaw Ridge) 스토리이다. 주인공 데스몬드(앤드류 가필드)는 종교적 신념으로 총기 들기를 거부한다. 그래서 위생병으로 2차 세계대전에 참가하여 오키나와 전투에 참가한다. 그는 부상병들에게 "집에 보내준다."라는 약속을 한다. 핵소 고지 위의 일본군의 완강한 저항으로 미군의 부상병이 속출하자 소속부대는 퇴각을 결정한다. 데스몬드는 약속을 지키기 위해 부대원들과 반대로 핵소 고지에 올라 버려진 부상병들을 서로를 밧줄로 묶어서 해안가로 내려 보낸다. 감동을 받은 부대원들이 합류하여 부상병들을 무사히 구출한다. 무려 75 명의 부상병을 탈출시킨 실화이다. 약속을 지키는 것이 소중함을 일깨워 준다.

필자는 세상에서 사람 간의 수많은 약속 중 가장 중요한 약속은 결혼 때 부부 간의 약속이고 그 다음이 고용계약에 관한 상호 약속이라 생각한다. 그만큼 고용계약은 이를 지키기 위해 최선을 다하는 것이 도리라고 생각해서이다. 그 근간은 근로자는 기업이 필요로 하는 근로를 제공하고 기업은 그에 상응하는 임금 등을 보장하는 것이다. 그래서 근로자 보호법의 근간인 근로기준법은 "임금이란 사용자가 근로의 대가로 근로자에게 임금, 봉급, 그 밖에 어떠한 명칭으로든지 지급하는 일체의 금품을 말한다."라고 규정하고 있다. 그런데 세월이 지나면서 제공하는 노동의 가치와 지급임금이 불일치하게 되면 결국 갈등과 결별이 생기기도 하지만 노사는 당초의 약속을 지키려 노력해야 한다. 우리나라만큼 약속을 지키기 어렵게 하는 제도상 갈등이 많은 나라도 드물다.

임금관련 갈등은 ① 연장·야간근로 시 가산금을 지급하는 등의 기준이 되는 통상임금을 둘러싼 법적 다툼, ② 성과급이나 연봉제 시행에 따른 퇴직금 지급산정이 되는 등의 평균임금 산정범위 문제, ③ 반드시 지켜야 하는 최저임금 수준과 산입범위 문제, ④ 호봉제 중심에서 직무·성과 중심 임금체계로의 전환 문제, ⑤ 갈수록 격차가 커져 우리나라 노동시장의 근본적 문제를 야기시키고 있는 대기업과 중소기업 간 임금 격차 해소 문제 등으로 크게 대별될 수 있다. 행정해석과 판결이 서로 간에 기존의 약속을 지키기 어렵게 만드는 경우도 적지 않다. 타 선진국에 비해 비교가 안 될 만큼 임금 관련 갈등이 크다. 4차 산업혁명에 각국이 사활을 거는 것도 양질의 일자리를 자국에 유지하거나 유치하려는 것이다. 그래서 선진 각국은 미래지향적인 노동시장을 구축하고자 서로 머리를 맞대고 있는데 우리는 기본적인 임금에 관해서도 갈등이 많으니 참으로 안타깝다.

시급히 제도개선을 해서 임금을 둘러싼 갈등이 최소화 되도록 해주어야 한다. 그래서 각자의 인생에 있어 두 번째로 중요한 근로계약이라는 약속이 신뢰 속에서 지켜지는 문화가 형성되어야 한다. 그래야 우리 청년들이 인생에 있어 가장 큰 약속인 결혼 약속도 할 수 있을 것이다.

1. 여전히 계속되는 통상임금 갈등

(1) 통상임금 관련 입법 노력과 대법원 판결

임금은 기업이 근로자가 맡은 직무나 능력, 성과에 따라 지불하는 모든 형태의 급부인 '보상'의 핵심요소이다. 근로자의 안정적인 근로생활을 보장하고 동기부여를 통한 생산성 향상 및 노사관계 안정화에도 중요한 역할을 한다.

통상임금이란 "근로계약에서 정한 근로를 제공하면 확정적으로 지급되는 임금"으로서, 연장근로 등에 대한 가산임금, 구직급여 기초일액 등 각종 수당 산정의 기준이 된다.

▎근로기준법 시행령 제6조 (통상임금)

① 법과 이 영에서 "통상임금"이란 근로자에게 정기적이고 일률적으로 소정(所定)근로 또는 총 근로에 대하여 지급하기로 정한 시간급 금액, 일급 금액, 주급 금액, 월급 금액 또는 도급 금액을 말한다.

<표 1> 통상임금을 산정기초로 활용하는 수당

가산임금 산정기초	• 연장근로가산수당(근로기준법 제56조) • 야간근로가산수당(근로기준법 제56조) • 휴일근로가산수당(근로기준법 제56조)
법률에 규정된 경우	• 해고예고수당(근로기준법 제26조) • 구직급여 기초일액(고용보험법 제45조 제2항) • 육아휴직급여(고용보험법 시행령 제95조) • 출산전후휴가급여(고용보험법 제76조) • 휴업수당(법 제46조) (평균임금 또는 통상임금) • 연차휴가수당(법 제60조) (평균임금 또는 통상임금)
해석으로 활용하는 경우	• 주휴수당(근로기준법 제55조)

1953년 제정 근로기준법에 연장근로 가산수당 등의 기초로 통상임금이라는 용어가 도입되었으나[13] 통상임금에 관한 정의 규정을 별도로 두고 있지 않았다. 법원은 근로기준법에서 사용하고 있는 통상임금에 대하여 "실제 근무일수나 실제 수령한 임금에 구애됨이 없이 고정적이고 평균적인 일반임금 즉, 기본적 임금과 이에 준하는 고정적으로 지급되는 수당의 1일 평균치를 의미한다."라고 판시하였다.[14]

이후 1982년 근로기준법에 명확한 정의 규정 또는 위임근거가 없는 상태로 시행령에 "통상임금이라 함은 근로자에게 정기적·일률적으로 소정근로 또는 총근로에 대하여 지급하기로 정하여진 시간급금액·일급금액·주급금액·월급금액 또는 도급금액을 말한다."라고 정의 규정이 신설되었다. 정부에서는 1988년부터 통상임금 산정지침(예규)을 제정하여 통상임금에 포함되는 임금의 범위를 별표로 예시하고 행정지도의 기준으로 삼고 있었다. 위 예규에서 통상임금은 "소정근로의 대가로서 1임금지급기 내(매월) 정기적, 일률적, 고정적으로 지급되는 금품"으로 일관되게 해석하여 왔다.

과거에는 산업현장의 임금체계가 복잡하지 않아 행정지침과 행정해석을 통한 지도가 가능하였다. 그러나 임금체계가 점차 복잡해지고 노사관계의 양상도 다양해지면서 임단협 교섭과정에서 각종 수당과 상여금의 지급실태도 복잡 다양해졌다. 기업의 노사는 협상과정에서 기본급 인상보다는 연장급여

13) 1953년 근로기준법 제46조 (시간외휴일근로) 사용자는 연장시간근로(제42조, 제43조의 규정에 의하여 연장된 시간의 근로)와 야간근로(하오 10시부터 상오 6시까지의 사이의 근로)에 대하여는 통상임금의 100분의 50이상을 가산하여 지급하여야 하며 휴일근로(본법에서 정한 임금지급휴일의 근로)에 대하여는 사용자는 당해일에 소당임금을 지급하는 것을 이유로 본법에서 정한 휴일에 지급할 임금의 지급을 거절할 수 없다.

14) 대법원 1978.10.10. 선고 78다1372

등 가산금의 기준이 되는 통상임금에 포함되지 않는 상여금 인상, 각종 수당 신설 등을 활용하여 왔다. 이로 인해 임금체계가 비합리적으로 악화되는 결과를 초래하게 되었다. 기업은 장시간근로에 대한 가산수당 지급 부담을 줄이기 위해 통상임금에 산입되지 않는 명목상 새로운 수당들을 선호하고 노동계는 임단협 교섭의 가시적 성과를 보이기 위해 이에 협력했기 때문이다.

<표 2> 우리나라 월 평균임금, 임금구성 현황

(단위 : 천원)

연도	전체	상용	정액급여		초과급여		특별급여		임시 · 일용
2017	3,207	3,418	2,764	(80.9)	190	(5.5)	464	(13.6)	1,353
2018	3,376	3,592	2,891	(80.5)	197	(5.5)	504	(14.0)	1,428
2019	3,490	3,702	3,010	(81.3)	202	(5.5)	490	(13.2)	1,517
2020	3,527	3.719	3,077	(82.7)	200	(5.4)	441	(11.9)	1,636

※ 자료 : 고용노동부 사업체노동력조사

※ 주 : (　　)는 임금총액에서 차지하는 비중(%)

한편, 1990년대 중반 이후 법원은 이 같은 복잡한 임금체계와 노사관행에 대한 고려 없이 통상임금에 대한 산입범위를 행정해석보다 넓게 인정하기 시작했다. 대법원은 1995년 12월 전원합의체 판결을 통해 “모든 임금은 근로의 대가로서 ‘근로자가 사용자의 지휘 · 감독을 받으며 근로를 제공하는 것에 대한 보수’를 의미하므로 현실의 근로 제공을 전제로 하지 않고 단순히 근로자로서의 지위에 기하여 발생하는 이른바 ‘생활보장적 임금’이란 있을 수 없고, 임금을 근로의 제공 대가로 지급받는 교환적 부분과 근로자의 지위에서 받는 생활보장적 부분으로 구별할 아무런 법적 근거도 없으며, 실제로 임금을 근로의 대가로서의 성질을 갖는 교환적 부분과 단순히 근로자의 지위에 기하여 발생하는 생활보장적 부분으로 구분하고 있었으나, 실제로 임금 항목 모두를 양자로 준별하는 것이 불가능한 경우가 적지 않다."라고 판시하였다. 즉, 기존의 임금이분설을 폐기한 것이다. 임금이분설 폐기 이후에도 대법원은 더 나아가 1임금지급기를 초과하여 지급하는 고정적·일률적 지급 금품뿐만 아니라 분기별·반기별 지급하는 정기상여금까지 통상임금에 포함하기에 이른다. 하지만 산업현장에서는 노사가 기존 통상임금 범위를 전제로 임금교섭을 타결해 온 관행이 계속되면서 판례와 행정해석 간 차이가 산업현장에도 혼란을 일으키게 된 것이다. 장시간근로 관행으로 연장근로수당이 근로자의 임금 중 큰 비중을 차지하고 있고 통상임금 범위를 확대할 경우 기업부담이 증가되면서 고용불안과 양극화 심화 등을 초래하는 것도 문제해결의 어려움을 가중시키고 있었다.

이 같은 가운데 2012년 3월 정기상여금도 통상임금에 해당할 수 있다는 금아리무진 판결로 통상임금 산입범위에 대한 논란이 본격화되었다. 먼저 이 판결 이전의 해석기준에 대해 행정해석과 법원의 판례를 살펴볼 필요가 있다.

정부에서는 1988년 「통상임금산정지침」(예규)에 통상임금에 포함되는 임금의 범위를 별표로 예시하고 명칭만이 아니라 성질을 기준으로 종합적으로 판단하도록 하였다. 그러나 사업장에서는 예시에 따라 명칭으로만 판단하는 경향이 있었다. 한편, 법원은 시행령과 무관하게 1978년부터 독자적인 징표를 사용해오다 이후 시행령을 인용하였으나, 1990년대 말부터는 시행령 언급 없이 '근로기준법에 따른 통상임금이란 무엇이다.'로 표현하였다.

❙ 통상임금산정지침 제3조 제1항

통상임금의 산정기초가 되는 임금은 근로계약이나 취업규칙 또는 단체협약 등에 의하여 소정근로시간에 대하여 근로자에게 지급하기로 정하여진 기본급 임금과 정기적 · 일률적으로 1임금산정기간에 지급하기로 정하여진 고정급 임금

이러한 해석상의 혼란을 제거하기 위해 정부는 노사관계제도 선진화 연구위원회(2003년 5월~11월), 근로기준연구회(2005년 5월~2007년 11월) 등을 운영해 제도개선안을 논의하고 권고안을 제시하는 등의 노력이 있었다. 특히 필자가 근로기준국장 시절 반드시 해결하고자 다양한 학자들과 밤새 토론을 하고 서로 의견이 다를 때는 청년일자리 창출이라는 목표를 위해 투표로써 대안을 확정하는 등 개선안을 마련하였다. 그러나 근로자들의 일 · 가정 양립을 위해 절실한 근로시간저축계좌제마저 노사 및 정치권의 소수가 반대해서 입법하지 못했듯이 이해관계자 및 전문가의 상반된 견해 차이로 구체적 제도 개선에는 이르지 못하였다. 평생 공직에 몸담아온 필자는 뼈아프게 반성한다. 어떠한 어려움 속에서도 선제적으로 개선했어야 했다. 입법이 어렵다고 판단한 정부는 행정해석 · 지침 변경에는 신중한 입장을 취하되, 개별사업장 사정에 따라 임금체계를 단순화하고 성과주의가 강화되는 방향으로 지도해왔지만 근원적 해결을 하지 못했다.

❙ 통상임금 관련 논의 및 개선방안

- 제2차 노사관계개혁안(1997년, 노사관계개혁위원회)

  ① 통상임금의 정의 규정을 법률에 두고, 평균임금 산정 시 제외되는 기간과 금품을 시행령에 규정하는 방안, ② 평균임금보다는 범위가 좁고 통상임금보다는 넓은

'표준임금'(기본급+고정수당+고정상여금) 제도를 도입하여 일원화하는 방안을 제시하되 법적 안정성 등을 고려하여 1안을 권고

- 노사관계법 · 제도 선진화 방안(2003년)
  - ◦ 고정적으로 지급되는 모든 급여를 통상임금에 포함하도록 개정하되, 단기적인 기업 인건비 부담에 대한 보완책 마련
- 근로기준법제의 중장기적 개선방안(2007년)
  - ◦ 평균임금과 통상임금 항목을 가급적 일치(필요한 경우 통상임금 개념 폐지)시키고, 가급적 판례 법리를 충실히 반영

한편, 금아리무진 사건으로 통상임금에 대한 논란이 본격화되자 2012년 5월 정부는 통상임금 논의를 위한 노사정 협의체 구성을 제안하였다. 이후 5월 30일 노사정이 모여 고용률 70% 달성을 위한 노사정 협약을 체결하고, 고용노동부 장관이 민주노총을 방문(6월 8일)하는 등 통상임금 논의의 물꼬를 트기 위해 노력하였다. 이 결과 6월 21일 정부는 통상임금 관련 노사 및 각계 전문가 의견을 폭넓게 수렴하고 통상임금 및 임금체계 문제를 공론화하기 위해 임금제도개선위원회(위원장 : 임종률 성균관대 명예교수)를 발족하여, 현장 노사의 논란에 대해 중앙에서 논의할 수 있는 계기를 마련하였다. 임금제도개선위원회는 이후 약 5개월 동안 총 16회의 회의와 워크숍을 통해 우리나라 임금제도 및 임금체계 문제점을 분석하고, 임금구성 실태조사(1,000개소 대상)를 실시하는 등 활발히 활동하여 통상임금 제도개선안들을 제시하였다. 그러나 입법으로까지 이어지지 못했다. 결국 2013년 8월 5일 대법원은 통상임금 논란을 해소하기 위해 통상임금 쟁점을 다수 포함하고 있는 "갑을오토텍" 관련사건 2건을 전원합의체에 회부하고 9월 5일 공개변론을 진행(임금제도개선위원회 위원 2인이 참고인으로 출석)하는 등의 절차를 거쳐, 12월

18일 전원합의체 판결을 제시하였다. 주요 내용은 (i) 통상임금 개념 및 요건을 명확하고 구체적으로 제시하면서, (ii) 통상임금에 포함되는 금품을 제외하는 노사합의는 원칙적으로 무효지만, (iii) 신의성실 원칙 적용요건에 해당하는 경우의 추가임금 청구는 제한될 수 있다는 내용이다.

대법원 전원합의체 판결 요지

- 노사관행을 고려해 과거분(정기상여금) 부담은 완화하면서도, 기존 통상임금 법리를 재확인해 임금체계 개편 필요성 · 방향 제시
  - 1임금지급기(1개월)를 초과 지급해도 통상임금에 포함, 통상임금에 관한 노사합의 부정 → 정기상여금의 통상임금성 확인
    - 예규와 관련한 쟁점사항에 대해 세부 금품항목별로 구체적 기준과 법리 제시
  - 다만, 전원합의체 판결 이전에 한해 노사가 정기상여금이 통상임금에 해당하지 않는다고 합의를 한 경우 소급분 청구 불허(신의칙 적용)
    - 신의칙 적용요건 : ① 정기상여금에 한정, ② 노사신뢰 旣 형성, ③ 중대한 경영상 어려움 초래
  - 특정 시점의 재직자에게만 지급하는 경우에는 통상임금에서 제외

2013년 판결로 대법원은 통상임금의 요건인 정기성 · 일률성 · 고정성에 대해 재정의한 것이다. 정기성에 대해 1개월을 초과하는 기간마다 지급되더라도 일정한 기간마다 정기적으로 지급되는 것이면 통상임금에 포함된다고 본 것이다. 즉 1임금지급기(1개월) 이내 지급하는 임금만 통상임금에 해당되는지가 논란이었으나, 1임금지급기를 초과하는 기간도 일정한 기간마다 정기적으로 지급 시 통상임금으로 인정한 것이다. 일률성에 대해서는 모든 근로자에게 지급되는 것은 아니더라도 일정한 조건이나 기준에 달한 근로자에게 모두 지급되는 것이면 일률성이 인정된다는 것이다. 고정성에 대해서는 초과근로를

제공할 당시에 그 지급 여부가 업적, 성과, 기타 추가적인 조건과 관계없이 사전에 이미 확정되어 있는 것이어야 한다고 보았다. 즉 특정 시점에 재직 중인 근로자에게만 지급하는 임금은 실제로 초과근로를 제공하기 전 미리 확정되어 있는 지급조건이 아니므로 고정성이 결여되어 있다고 판단하였다.

(2) 통상임금 판결이 노동시장에 미친 영향 : 대기업과 중소기업 간 격차와 갈등 확대 초래

판결 이후 현상에 대해 우리가 깊이 생각해 보아야 할 사항이 있다. 그 시작은 2006년 환경미화원들과 지방자치단체의 소송이다. 최근까지 이어진 소송에서 법원은 통상임금에 포함되는 범위를 계속해서 확대해왔다. 예를 들어 기말수당, 정근수당, 체력단련비와 간식수당 등 복리후생비의 성격을 갖는 수당까지 통상임금에 포함된다고 보았다. 이에 따라 통상임금을 기초로 산정되는 휴일근무수당, 연차휴가, 시간외수당 등에 대해 이미 지급된 수당과의 차액을 지급할 것을 판시했다. 그러나 이러한 통상임금 산입범위의 확대는 취약 근로자보다는 대기업 근로자들을 중심으로 적용되면서 결과적으로 임금격차를 더욱 확대시켰다고 본다. 2012년 금아리무진 대법원의 통상임금 확정판결 이후 공공부문과 대기업은 판결에 따라 상여금 및 해당 수당들을 통상임금에 포함하였다. 그러나 대부분의 중소기업은 취업규칙 등을 개정해서 상여금에 대해 지급조건을 달아 통상임금에 포함되지 않도록 하였다. 그 결과 당시 원청 대기업과 협력업체 간의 임금 격차가 더 커지는 주요 원인으로 작용하였다. 2013년 말 원청대기업과 협력업체 간 임금수준이 100:53 수준이었으나 2015년 말에는 100:49.7이었다. 무엇보다도 대법원 판결 이후 현장의 갈등이 해소되었는가? 아니다. 재직자에게만 지급한다는 조건이 있는 경우 통상임금에서 제외한다는 대법원 판결 취지도 하급법원에서 부정하는 경향이다. 또한 과거 3년치의 상여금을 통상임금에 반영하였을 경우 중대한 경영상의 어려움을 줄 상황이라면 지급하지 않아도 된다는 신의칙의 해석을 놓고 또 다른 갈등이 계속되고 있다.

우리나라 근로기준법과 유사한 법제도를 가지고 있는 일본의 경우 대형로펌에 노동팀이라는 것이 존재하지 않는다. 기업의 합병·양도 등을 주관하는 팀에 노동전문 변호사가 함께 참여하는 정도라고 한다. 우리는 대형로펌에는 대부분 노동팀이 있다. 왜 그럴까? 우리 노동법제 특히 근로관계의 핵심에 해당하는 해고·징계·임금을 둘러싼 법령의 불명확성에서 비롯된 갈등의 상존에서 나온 것이다.

왜 그럴까? 그 첫째는 불확실성으로 갈등이 시작되면 정부는 사전적으로 입법적으로 해결해야 하는데 대법원 최종적인 판결을 보고 진행하려는 경향성이 있다. 둘째는 법원의 노동규범에 대한 지나친 개입이다. 행정해석이 명확하게 잘못된 것이 아니면 노사 간에 관행화된 합의를 인정해 줄 필요가 있다. 통상 당사자가 임금인상을 할 때 기본급 인상과 상여금 및 각종 수당 등을 조정하여 연간 총 급여 인상을 정해서 합의해 왔다. 당사자 간 합의에 의해 임금 인상과 총노무비를 산정했는데, 법원이 나중에 판결을 통해 통상임금 기준을 확대해 버리면 기본적인 전제들이 무너져 버리는 것이다. 이것이 과연 올바른 방향일까? 통상임금 산정기준 확대 사건은 택시회사 및 공공기관의 청소하시는 분들이 제기한 것이다. 그래서 법원은 가급적 이를 인정하는 것이 사회정의에 부합한다고 볼 수 있었을 것이다. 그런데 우리 사회에 정기적으로 상여금을 받고 각종 수당을 받는 근로자가 차지하는 비중이 얼마나 될까? 판결 결과는 연간 수백% 상여금을 받는 대기업·공기업에 종사하시는 분들께는 이익이 되었을 것이다. 그러나 통상임금이 연장·야간·휴일수당의 가산지급에 주로 적용되는데 중소기업의 경우 정기적 상여금은 미미하다. 그래서 그 판결로 대기업과 중소기업 간 격차가 더 커졌다. 더구나 5인 미만 사업장은 근로시간 적용이 제외되어 연장·휴일 가산수당 지급대상이 아니다. 즉 그 분들은 아무런 혜택이 없게 된다. 그런데 5인 미만 사업장에 종사하는 근로자가 전체 근로자의 15%에 이른다.[15] 법원 판결 이후 많은 중소기업의 경우 지급 능력의 한계로 노사가 어쩔 수 없이 취업규칙을 고쳐 상여금 지급조건에 재직자 요건을 넣어 통상임금에 포함되지 않도록 했다. 그 결과 통상임금 판결 2~3년 후엔 대기업과 중소기업의 격차가 더 벌어져 버렸다. 우리나라의 경우 노동시장의 가장 큰 문제는 대기업과 중소기업의 격차이다. 1990년대 초까지만 해도 대기업과 중소기업 간 격차는 10% 미만이었다. 즉 중소기업에 다녀도 대기업의 90% 이상 수준을 받았다. 그러나 20년이 지나면서 2010년대 초반 임금만을 비교했을 때 절반 수준으로 떨어졌다. 여기에 복지 혜택까지 넣어서 비교하면 격차는 더 커진다. 통상임금에 1임금지급기 기준을 넘는 정기적 금품을 넣어 판결할 경우 이러한 결과를 초래할 것이라는 것을 정말 알고 고민했을까? 몰랐을까?

15) 2019년 12월 사업체노동실태현황 자료에 따르면 5인 미만 사업체는 132만 개소로 전체 사업체의 61%를 차지하고, 종사자 수는 264.7만 명으로 전체 종사자의 15%에 해당한다.

(3) 2013년 대법원 판결 이후에도 통상임금 갈등은 계속되고 있다.

우선 신의칙의 원칙을 둘러싼 경영상 어려움을 어떻게 볼 것인가이다. 현대중공업, 기아자동차, 만도 등 국내 굴지의 대기업들과 관련된 소송이 진행되었고 하급심에서 신의칙이 인정되었지만 상급심에서 부정되는 등 갈등이 지속되어 왔다. 2019년 대법원은 이 신의칙 적용을 매우 엄격하게 해석하는 판결을 다시 내렸다.

▎통상임금 관련 신의칙 요건 판단기준

- (2013년 전합 판결) 근로기준법을 하회하는 노사합의는 무효이나, 정기상여금에 한해 노사 간 신의칙*이 존중되어야 하므로 추가청구는 불허
  - * 신의칙 요건 : ① 정기상여금에 한정, ② 노사신뢰 旣형성, ③ 추가금액 지급에 따른 중대한 경영상의 어려움 또는 기업의 존립 위태(2012다89399)
- (2019년 전합 판결) 중대한 경영상의 어려움이나 기업의 존립을 위태롭게 하여 신의칙에 위반되는지는 신중하고 엄격하게 판단하여야 함
  - ◦ 신의칙을 적용하여 추가청구를 불가능하게 한다면 기업 경영 위험을 근로자에게 전가하는 결과 초래 가능(2015다217287)

<표 3> 통상임금 신의칙 주요 판결 현황

회사	접수일	1심	2심	3심
현대중공업	2016.2.12.	신의칙 부정	신의칙 인정	신의칙 부정
현대미포조선	2016.2.23.	신의칙 부정	신의칙 인정	신의칙 부정
기아자동차	2011년	신의칙 부정	신의칙 부정	신의칙 부정
쌍용자동차	2013년	신의칙 인정	신의칙 인정	신의칙 인정
한국지엠(생산직)	2015.12.1.	-	신의칙 인정	신의칙 인정
아시아나항공	2015.10.15.	신의칙 부정	신의칙 인정	신의칙 인정
시영운수	2015.5.28.	신의칙 인정	신의칙 인정	신의칙 부정(전원합의체)

남부발전	2015.12.15.	신의칙 부정	신의칙 부정	신의칙 부정
다스	2016.2.22.	신의칙 부정	신의칙 부정	신의칙 부정
한진중공업	2016.8.25.	신의칙 인정	신의칙 인정	신의칙 부정
금호타이어	2017.9.8.	신의칙 부정	신의칙 인정	신의칙 부정
현대자동차	2015.12.28.	신의칙 부정	신의칙 부정	2019년 합의 취하
만도	2017.12.19.	신의칙 인정	신의칙 부정	계류 중
보쉬전장	2019.1.25.	신의칙 인정	신의칙 부정	파기환송

둘째는 통상임금의 고정성 요건과 관련하여 노사 간 이견 등으로 첨예하게 대립되고 있다. 즉 경영계는 재직자에게만 지급한다는 조건이 있으면 고정성이 제한되어 있어 통상임금이 아니라고 주장하고 있다. 일부 기업, 특히 임금 부담을 감당할 수 없는 중소기업에서는 취업규칙 등을 변경하여 2013년 대법원 판결을 토대로 상여금 지급기준에 재직자 요건을 넣어 왔다. 하지만 노동계는 특정 시점의 재직자에게만 지급하는 금품을 통상임금에서 제외하는 것에 대해 문제제기를 해 왔다. 최근의 상당수 하급심 판결에서는 특정 시점의 재직자에게만 지급하는 경우 통상임금에서 제외하여 왔던 2013년 대법원 판결에도 불구하고, 재직자 요건이 있음에도 통상임금으로 인정하는 판결을 하고 있다.

셋째는 통상임금 범위가 지속적으로 판결에 의해 확장되고 있어 불확실성이 현존한다는 것이다. 실례로 최근 대법원은 임금인상 소급분이 통상임금에 해당되는지에 대하여 포함한다고 판결한 바 있다〈대법 2017다56226(2021.8.19. 선고 대우자일버스), 대법 2017다269145(2021.8.26. 선고 근로복지공단)〉. 원심인 부산고법은 임금협상으로 타결된 소급분에 대해 통상임금을 부정하였다. 그 이유로는 ① 임금소급분은 사후적인 합의에 의해 지급 여부가 결정되고,

② 그 금액도 사후에 결정되어 최소한의 금액도 확정되지 않으며, ③ 그 지급도 체결 당시 재직 중인 자에게만 지급되는 것을 이유로 들었다. 즉 임금인상 소급분은 연장근로 등을 하기 전에 그 지급 여부나 지급액이 확정된 것이 아니므로 고정성이 인정되지 않아 통상임금이 아니라고 판단한 것이다. 그러나 이에 대해 대법원은 통상임금으로 인정한 판결을 한 것이다. 임금인상 소급분은 소정근로와 무관하게 지급된 것이 아니라 소정근로의 가치를 평가하여 그 대가로 지급된 것으로 보았기 때문이다. 임금협상의 지연이라는 우연한 사정으로 소급 적용되었다 하더라도, 노사가 소정근로의 가치를 평가하여 그에 대한 대가로 정한 이상 통상임금이 아니라고 할 수는 없다는 것이다.

(4) 계속되는 갈등의 근원은 적시에 입법이 안 되고 있기 때문이다.

통상임금 범위의 그 불확실성이 1심, 2심 판결 등에서 문제로 지적되어 정부가 요청하면 정치권도 협력해서 사전에 입법적으로 해결해 주어야 하는데, 노사 양측의 눈앞의 이익에만 집착하는 주장에 책임을 방기하여 입법적 해결을 해주지 못하고 있다. 앞서 설명한 대로 필자가 근로기준국장 시절 통상임금 초심판결이 가져올 여파를 감안하여 이를 해소하고자 근로기준 선진화과제를 학계와 함께 논의·협의하고, 이를 입법화하고자 국회에 제출하려고 사전에 협의해 보았다. 통상임금 및 평균임금 기준에 대해서는 말할 것도 없고 근로자에게 전혀 불이익이 없는 근로시간 계좌제(이것은 20대 대선시 윤석열 대통령의 선거공약이기도 함)마저도 수용해 주지 않았으니… 노동법 개정이 헌법 개정보다 더 어렵다는 말이 그래서 나온 것이다.

요약해 보면 노사 양측이 바로 눈앞의 이익에만 집착하는 경향과 함께 행정부, 입법부, 사법부의 결단력 부족과 노동시장에 미치는 영향에 대한 깊이 있는 고뇌의 부족이 결국 격차를 키웠다. 이것은 또한 기업이 고용 친화적이지 않게 되는 결과를 초래하였다. 청년들의 일자리 희망을 빼앗은 것이다. 필자를 비롯한 우리 어른 세대가 통렬히 반성해야 하는 부분이다. 혹자는 대법원 판결로 대기업, 공기업 및 일부 중소기업의 근로자들이 수혜를 입었으니 노동계 친화적이라고 할 것이다. 일면 그렇다. 그러나 임금 총액은 가산 수당만을 가지고 결정되는 것이 아니다. 이와 관련한 필자의 일화를 소개해 본다. 2003년 필자가 노사정위원회 운영국장을 하고 있을 당시 주 5일제 근무, 즉 법정근로시간을 주 44시간에서 40시간으로 축소하는 방안을 논의해 왔다. 당시 경영계 대표 중 한 분이 "근로시간이 축소되어도 기업의 현실상 그만큼 임금을 줄일 수 없어 결국 인건비가 상승하므로 안된다."라고 끝까지 합의문에 반대를 하고 있었다. 그래서 필자는 당시 노사정위원장님을 모시고 그분의 사무실로 찾아가 이렇게 말씀드렸다. "회장님의 말씀이 맞습니다. 주 44시간에서 40시간으로 법정근로시간을 단축하면서 월급을 삭감하지 않으면 약 12%의 인건비 인상 효과가 나타납니다." 실제 급여를 낮추기란 현실적으로 어려웠기 때문이다. "법정근로시간이 시행되면 현장에서는 이러한 인건비 상승을 고려하여 교섭 및 노사협의를 통해 임금인상 시 그 이전보다는 상승률을 낮게 가져갈 것이므로 경영계의 비용부담은 수치보다는 크지 않습니다. 정부도 교섭 지도 시 이러한 취지를 감안하도록 하겠습니다."라고 말씀드렸다. 그랬더니 명시적 합의에는 동의하지 않았지만 노사정위원회 공익위원안으로 정부에 이송하고 정부가 이를 입법하는데 묵시적으로 인정하게 되었다. 실제 법정근로시간 주 40시간 시행 이후 그 이전보다 협약 임금 인상률이 낮아진 것을 확인할 수 있다. 이 사례에서 보듯이 근로조건 향상 및 유지는 당사자 합의에 의한 임금인상, 법정 가산수당, 최저임금 등 여러 가지 요인들이 복합적으로 작용하여 결정된다. 이것은 노동분배율과 관련하여 중요한 시사점을 준다. 정부나 법원이 가산수당 등으로 노동분배율을 높이려 해도 한계가 있음을 인식해야 한다. 이로 인한 갈등이나 고용축소 등의 악영향이 크다면 더더욱 깊이 고민해야 할 것이다.

2. 통상임금과 관련한 주요 쟁점 해소를 위한 법률적 해결 방안

(1) 법에 정의 규정을 신설하는 것이다.

2013년 12월 18일 갑을오토텍 대법원 판결 이후 19대, 20대 국회 환경노동위원회 여야의원은 "노사정 사회적 논의 촉진을 위한 소위원회"를 구성하였다. 통상임금과 관련한 제도개선 논의를 시작한 후 수차례에 걸친 협의를 진행하였고, 노사 간 논쟁을 줄인다는 의미에서 대법원 판결을 충실히 반영하는 방향으로 입법하는 것으로 가닥을 잡았다.

이러한 통상임금 입법방안에 대해 노동계는 정기 · 일률 · 고정성 요건을 배제하고, 모든 금품을 통상임금에 포함하여 통상임금 범위를 확대하고자 했다. 그러나 법률전문가들은 "지급하기로 정한"이란 문구가 고정성 요건을 내포[16)]하고 있으며, 통상임금의 목적과 성질상 정기 · 일률성도 법원이 지속적으로 통상임금 요건으로 해석할 것이라는 의견이었다. 반면, 경영계는 전원합의

16) 고정성은 통상임금이 연장 · 야간 · 휴일 근로에 대한 가산임금을 산정하는 기준임금으로 기능하기 위해서는 그것이 미리 확정되어 있어야 한다는 요청에서 도출되는 본질적인 성격이다. 일정 근무일수를 충족하여야만 지급되는 임금, 특정 시점에 재직 중인 근로자에게만 지급하는 임금 등은 고정성을 갖춘 것이라 할 수 없다. (대법원 2013. 12.18. 선고 2012다89399 전원합의체 판결)

체 판결 수준에 1임금지급기 요건을 추가하고자 했다. 그러나 1개월 초과지급 임금도 통상임금에 해당한다는 그간의 입장을 전원합의체 판결에서 재확인하였고, 노동계 및 많은 전문가들의 반대를 고려하면 현실적으로 입법 가능성이 낮다고 보았다. 한편 정치권에서는 고정성 요건을 두어 재직자에게만 지급하는 정기상여금, 일정 근무일수를 충족해야 지급하는 임금을 통상임금에서 제외하는 것은 문제라고 인식하고 있었다. 다수 노동법 전문가들은 임금체계 개편 장시간근로 개선과 근로기준법상 통상임금 및 평균임금 등 임금의 정의 규정을 함께 정비해나가는 것이 바람직하다고 보고 있었다.

따라서 이러한 여건을 감안하여 통상임금 갈등을 해소하는 방안은 전원합의체 판결을 기본으로 하면서, 근로기준법에 통상임금 정의 및 산입범위를 규정하고, 임금의 객관적 성질에 따라 통상임금에 포함되지 않는 임금을 법에 위임근거를 두고 시행령에 열거(negative list)하는 방법이 타당하다고 본다.

즉, 법에 정의 규정을 신설하는 것이다. 시행령에 정의 규정을 두기 전에도 판례에서 통상임금 개념을 정의해왔으며, 오랜 기간 동안 현행 시행령 규정에 기초해 판례와 행정해석이 발전해왔다. 그러나 위임근거 미비로 인한 논란이 계속될 가능성이 있으며 할증임금 산정 기초 등 여러 곳에서 통상임금이 사용되고 있으므로 법률에 통상임금에 관한 개념 정의를 할 필요가 있다.

이러한 정의 규정에 논란이 되어온 정기·일률·고정성 요건을 어디까지 반영할 것인지에 대해서도 각각 다른 주장이 있다. 조속한 입법을 위해 2015년 9.15. 노사정 대타협 시 대법원 전원합의체 판결의 취지를 반영하기로 합의했고 입법안도 정의 규정에 그 취지대로 법안을 강구하였다. "사용자가 근로자에게 소정근로 또는 총근로(도급근로자의 경우)에 대하여 정기적·일률적으로 지급하기로 사전에 정한 일체의 금품"으로 규정하였다.

이와 함께 '소정근로'와 '총근로'의 개념을 명확하게 할 필요성이 있었다. 법률에 '소정근로'라는 용어가 없어 불명확하고 총근로는 불필요하다는 의견도 있으나 명확하게 법에 의미를 정할 필요가 있다. 대법원 전원합의체 판결은 '소정근로'를 '소정근로시간에 이루어진 근로'로, '총근로'는 도급근로자에 한한다고 명시적으로 판시하였으므로 이를 법에 규정해 논란을 제거키로 하였다.

(2) 법에 제외되는 금품의 성격을 명확히 설정하는 것이다.

법 체계상 법에 위임근거를 두고, 시행령에 열거하는 방식이다. 즉 "근로자의 개인적 사정 또는 업적·성과, 그 밖의 추가적인 조건 등에 따라 지급 여부나 지급액이 달라지는 등 대통령으로 정하는 금품"은 제외되도록 하였다. 이 경우 중요한 것은 명칭이 아닌 수당의 실질을 기준으로 판단해야 한다는 것이다. 시행령에서는 전원합의체 판결에서 제시한 통상임금에 포함되지 않은 대표적인 임금의 지급조건 등을 열거할 수 있을 것으로 생각된다. 즉, 법률과 시행령을 통해 통상임금에서 제외되는 금품을 명확히 해줌으로써 산업현장에서 해석을 둘러싼 갈등을 최소화 하자는 것이다. 이에 대해 통상임금 요건에서 재직자 요건 등 고정성을 배제해야 한다는 주장도 있다. 그러나 갈등을 줄이고 조속한 입법을 위해서는 대법원 전원합의체 판결에 충실히 따르면서 2015년 9.15. 노사정 대타협 내용을 반영하는 것이 바람직하다. 또한 시행령에 위임할 제외금품에 "그 밖에 추가적인 조건 등"을 규정하여 마치 일정 수당이 통상임금에서 제외될 수 있다는 우려를 하는 경우도 있다. 그러나 그 취지는 법문안과 현실 간의 간극을 완화하려는 것이다.

(3) 갈등 해소를 위한 궁극적 대안 : 적용범위에 대한 별도 노사합의 인정

통상임금 대법원 전원합의체 판결과 그에 따른 입법이 되어도 각종 수당의 경우 구체적 사례별로 통상임금에 해당되는지를 놓고 다툼은 이어질 수 있다. 공공기관의 복지포인트가 통상임금에 해당되는지를 놓고 복지포인트 성격의 어느 면을 강조하느냐에 따라 국민건강보험공단의 경우 통상임금에 해당되지 않는다고 판결[17]한 사례도 있고, 서울의료원의 경우처럼 통상임금에 해당된다고 판결[18]한 사례도 있다. 이는 입법이 되어도 해석을 둘러싼 상당한 갈등 여지가 있게 됨을 의미한다. 이를 해소하기 위한 대안은 통상임금 적용범위에 관한 노사합의를 인정하는 것이다. 학계에서도 대안으로 제시된 바 있다. 기업의 임금구조가 복잡하고, 구성하고 있는 금품들의 성질이 분명하지 않아 전원합의체 판결대로 정하거나 입법을 하더라도 기업의 다양한 수당 등을 해석으로 해결하는 것에 여전히 한계가 있을 수밖에 없는 문제를 해소할 수 있는 방안이다. 노사가 통상임금 항목에 포함하거나 포함하지 않기로 하면서 각종 수당의 지급조건을 합의하였음에도 나중에 원래는 통상임금에 포함되지 않는 항목인데 행정해석이나 판결로 통상임금으로 인정되거나, 통상임금에 포함하기로 한 항목이 통상임금에 포함되지 않는 것으로 해석될 수 있는 등 통상임금을 둘러싼 혼란을 방지할 수 있다. 따라서 최소한의 법적 기준을 충족한다면, 개별 기업마다 다양한 특성과 사정을 고려하여 당사자인 노사가 적합한 임금체계를 설정하도록 하는 것이 합리적이다. 임·단협을 통해 임금

---

17) 서울고법 2016.1.15. 선고 2015나2016215

18) 서울고법 2010.10.12. 선고 2016나3364

인상률과 상여금, 각종 수당을 정하고 있으며, 특히 전원합의체 판결 이후에는 임금의 지급조건도 임·단협 시 중요 합의 내용으로 포함될 수 있다. 임금은 노동의 대가이다. 그런데 기준이 되는 통상임금의 범위는 법으로 규율하고 인상률은 당사자가 정한다. 임금인상률은 노사가 합의로 정하면서 가산임금의 기준인 통상임금을 노사가 합의로 정하지 못할 이유는 없다고 보며 그래야 통상임금을 둘러싼 혼란이 없을 것으로 생각된다. 어느 한쪽에 유리하거나 불리하게 하기 위하여 노사합의를 인정하자는 것이 아니라 통상임금의 불명확성으로 인한 분쟁의 소지를 줄이고 임금에 관하여 투명하고 명확하게 정하자는 것이다. 노사자치를 법으로 인정할 경우 노사의 대등성과 노사합의 시 실현성 모두를 확보할 수 있도록 단체협약 또는 취업규칙 불이익 변경 방식을 원용할 수 있을 것이다. 통상임금은 주로 연장·휴일근로 시 가산임금에 적용된다. 일본은 연장 25%, 휴일 35% 가산, 미국은 50% 가산이 법정이지만 독일과 영국은 법으로 정하지 않고 단체협약으로 통상 25% 가산을 하고 있다. 프랑스는 8시간까지 25%, 8시간 초과 시 50%로 규정하면서도 다만 당사자가 달리 정할 수 있도록 하고 있다. 자율에 맡겨진 독일, 영국, 프랑스가 그로 인해 임금이 낮거나 근로자가 피해를 입고 있다고 보지 않는다. 국제적 추세도 자율성을 인정하여 갈등을 줄여주고 있음이다. 한국노동연구원에서 기업의 노사를 상대로 의견조사를 한 바 있는데, 노사도 73.5%가 찬성을 하고 있다[19]는 점도 설득력을 더해준다. 조사 당시 오히려 대기업에서 찬성비율이 64%로 낮았는데, 이는 사업주 측에서 합의에 대한 부담감을 느끼기 때문이었다.

다만, 통상임금에 관한 노사합의 남용을 방지하기 위해서 통상시급으로

19) 한국노동연구원, 근로기준선진화 방안의 고용효과 등 분석(2008년 12월) 107쪽

산정하였을 경우 일정 금액 이상(예를 들어 산업 전체 통상임금의 평균 이상의 경우) 근로자의 경우에만 통상임금에 관한 노사합의를 인정하는 방식을 설계하면 될 것이다. 미국의 경우 일찍이 white collar exemption(일정 소득 이상의 사무직에게 근로시간 적용 안함)을 도입하였고, 일본의 경우 최근 유사한 사항을 입법으로 도입하였다. 근로조건이 일정 수준 이상이면 당사자에게 맡기는 것이 갈등을 줄이고 결국은 기업이 고용 친화적으로 갈 수 있기 때문일 것이다.

제3절

다가오는 큰 파고의 평균임금 갈등을 미리 예방하자.

휴브리스(Hubris)의 과오를 반복해서는 안 된다.

영국의 역사학자인 토인비(Arnold J. Toynbee)는 역사는 창조적 소수가 창조해 가지만 그들은 과거에 성공한 자신의 능력이나 방법을 과신하여 오류를 범한다고 했다. 이를 그리스어로 지나친 자기과신, 극단적 오만 등의 의미를 담은 휴브리스라고 규정하였다. 역사적 예를 들었다. 수웨즈 운하는 1800년대 나폴레옹이 제안하고 토목전문가 레셉스(Ferdinand Marie de Lesseps)가 설계·감독하였다. 10년 만에 완공하여 대성공을 거두었다. 그래서 그는 부자가 되었다. 그 이후 파나마 운하를 설계하게 되었다. 레셉스는 파나마는 열대우림지역이면서 150m 높이라는 다른 특징을 가지고 있음을 알고 있었다. 그래서 물을 중간 중간 가두는 방식도 고안해 보았다. 최종적으로는 그는 수웨즈 운하에서 성공한 것에 기대어 수웨즈 운하 방식으로 결정했다. 결과는 대실패였다. 25년이 지난 후 미국이 레셉스가 처음 수웨즈 운하와 다르게 생각했던 방식, 즉 물을 가두는 방식으로 개발하여 성공하였다.

이처럼 사회지도층이 지나친 자기과신으로 큰 실수를 저지르는 것을 경계해야 함을 토인비는 지적한 것이다. 우리 노동시장의 임금을 둘러싼 갈등 등으로 "기업들이 견디기 힘들다."라고 한다.

정부와 노동계는 통상임금 때도 기업은 힘들다고 말했지만 어느 정도 수습되고 있다고 판단할 수 있다. 또한 다가오는 평균임금의 파고도 논란은 있겠지만 수습될 것이라고 생각, 즉 휴브리스적 사고를 할 가능성이 있다. 평균임금은 퇴직금 산정의 기초다. 성과급이 포함되는 것으로 최종 판정되면 30년 근무한 대기업·공기업 근로자의 경우 중소기업 근로자에 비해 엄청난 차액을 받게 될 것이다. 통상임금에 비하면 그 차이가 훨씬 클 것이다. 그 결과는 다시 한번 대기업·중소기업 간 격차 확대라는 우리 노동시장에 극복하기 어려운 결과를 가져올 수 있다. 이와 관련된 당사자 간 갈등도 엄청날 것이다. 휴브리스를 반복해서는 안 된다고 본다. 지혜를 모아야 하는 이유이다.

1. 산정기간이 짧은 데서 오는 문제점

근로기준법 제2조제1항에 따르면 평균임금은 산정사유가 발생한 날 이전 3개월간에 그 근로자에 대하여 지급된 임금의 총액을 그 기간의 총 일수로 나누어 산정하도록 되어 있다. 최초에 평균임금 산정기간을 3개월로 규정한 명확한 이유를 찾기는 어렵지만, 종래 연공서열형 임금처럼 상대적으로 안정되고 예측 가능한 체제에서는 적절한 수준의 기간을 정한 것으로 보인다. 그러나 평균임금 산정기간이 3개월로 너무 짧아 일시적으로 임금의 변동 폭이 큰 경우에는 평균임금이 크게 변동되어 근로자에게 불합리한 경우가 많다. 기업이 점차 어려워져 연장근로 등이 점차 줄어들다가 문 닫는 경우를 보자. 마지막 3개월 수입이 줄어든 상태에서 퇴직금 산정의 기준인 평균임금이 정해진다. 반대로 이를 악용하는 경우도 있다. 퇴직을 계획하고 퇴직 전 3개월 동안 지나치게 연장·야간근로 등을 자청하는 경우이다.

▌관련 판례

근로자가 퇴직일을 예정하고 고의적으로 3개월 동안 월등히 많은 운송수입금을 회사에 입금한 경우 이를 토대로 평균임금을 산정하는 것은 부당하다고 판시한 사례(대법원 1995.2.28. 선고 94다8631)

2. 경영성과급의 평균임금 해당 여부에 대한 갈등 점증

(1) 국내 기업의 경영성과급(Profit Sharing) 제도 운영 상황

현재 우리나라 1,000인 이상 대기업의 절반 정도가 경영성과급 제도를 운용 중이다. 경영성과급은 기업 전체 또는 부서 단위로 정해놓은 경영목표를 달성하거나 상회하는 경우나 생산비용이 절감된 경우에 근로자들에게 현금, 주식, 복지기금 등의 형태로 배분하는 집단적 성과급 제도(개인별 성과평가를 통한 배분이 아닌 경우)이다. 근로복지기본법 제84조는 "사업주는 해당 사업의 근로자와 협의하여 정한 해당 연도 이익 등의 경영목표가 초과 달성된 경우 그 초과된 성과를 근로자에게 지급하거나 근로자의 복지 증진을 위하여 사용하도록 노력하여야 한다."라고 규정하여 경영성과급의 지급을 장려하고 있다. 노력조항으로 규정한 것은 기본적으로 당연지급 의무가 있는 임금이 아닌 것을 전제로 하고 있다고 본다. 통계에 의하면 경영성과급은 주로 1990년대 말부터 도입이 시작되어 2020년 6월 현재 100인 이상 사업체의 35%, 300인 이상 42%, 1,000인 이상 49%가 도입하고 있는 등 기업에서 널리 활용되고 있다. 실제 현장은 더 다양한 형태로 운용 중일 것으로 추정된다.

(2) 경영성과급의 임금성에 관한 정부와 대법원의 종전 입장

고용노동부는 경영성과급이 목표달성 또는 경영이익의 발생 여부에 따라 지급 기준·시기·금액이 확정되는 경우에는 이익공유 또는 성과 배당의 성격을 가지므로 근로의 대가성이 인정되지 않아 임금에 해당하지 않는다는 입장이다(근로조건지도과-2108, 2008.6.18.). 즉, 단체협약·취업규칙 등에 지급조건, 금액, 지급시기 등에 관하여 아무런 규정도 없이 사용자의 재량에 의해 매년 그 지급시기 및 지급액을 달리하거나 지급되지 아니하는 경우에는 근로자의 근로제공 자체의 대가라고 볼 수 없고, 사용자에게 그 지급의무가 확정되는 임금성을 갖는다고 보기 어렵다는 것이다(근로기준과-426, 2011.1.25.).

대법원은 ① 상여금이라 하더라도 계속적, 정기적으로 지급되고 지급대상, 지급조건 등이 확정되어 있다면 이는 근로의 대가로 지급되는 임금의 성질을 가지나, ② 그 지급사유의 발생이 불확정적이고 지급조건이 경영성과나 노사관계의 안정 등과 같이 근로자 개인의 업무실적 및 근로의 제공과는 관련이 없는 요소에 의하여 결정되도록 되어 있어 그 지급여부 및 대상자 등이 유동적인 경우에는 이를 임금이라 볼 수 없다고 판시하였다(대법원 2013.4.11. 선고 2012다48077).

(3) 최근 상황의 변화 : 경영성과급의 평균임금 포함 소송 급증

이처럼 지금까지의 경영성과급은 임금이 아니라는 것이 지배적이었으나 원칙적 기준이 추상적이고 개별 사안마다 조건들이 다른 상황이고, 무엇보다도 최근 기업실무에서 기업이익 증가 및 실적에 따른 보상을 중요하게 여기는 경향으로 경영성과급이 전체 보상에서 차지하는 비중이 커지게 됨에 따라 경영성과급이 근로기준법상 임금 즉 평균임금 산입범위에 포함된다는 주장을 하며 소송이나 분쟁을 제기하는 사례가 증가하고 있다.

<표 4> 소송 진행 중인 사례

심급	회사
1심	S카드, H반도체 2·3차 소송
항소심	H보험, S전자 2차 소송, S디스플레이
대법원	S전자 1차 소송, H반도체 1차 소송, L디스플레이

※ ○○그룹의 경우 계열사 노조가 연합한 그룹 노동조합연대가 집단소송을 준비 중인 것으로도 보도되고 있다.

(4) 경영성과급의 임금 해당 여부에 관한 하급심 판결 동향

가. Profit Sharing의 임금성을 부정한 판결

- H반도체(수원지법 2021.2.4. 선고 2020나55510)

① 이 회사의 Profit Sharing은 EVA(Economic Value Added)가 발생한 것을 지급조건으로 하는데 이는 경영성과를 근로자에게 배분하는 성격이 강하다. Profit Sharing 지급 여부가 근로의 제공과는 직접적인 관련이 없는 불확정한 경영 조건에 의존하는 경우에는 근로의 대가라 평가하기 어렵다.

② 단체협약, 취업규칙, 급여규정 등에 그 지급 근거가 명시되어 있지 않고 매년 노동조합과의 임금 교섭에 따라 지급 여부 및 구체적인 지급조건을 결정하였다. 임금 교섭 결과에 따라 지급할지 여부나 지급기준, 지급액수 등이 달라졌다. 따라서 지급사유나 지급조건이 불확정적, 유동적으로 보여 지급이 확정적이라고 보기 어렵다.

• S전자(수원고법 2021.6.17. 선고 2020나26085)

① Profit Sharing은 회사의 전반적인 경영실적이나 재무성과에 따라 그 지급 여부나 지급 금액이 달라지는, 근로복지기본법 제84조가 규정한 경영성과(이익)의 일부 분배에 해당할 뿐이고 근로의 대가가 아니다.

② Profit Sharing을 지급할 대상이 확정되어 있다고 보려면, 일정한 지급 기초금액 및 기준 등이 마련되어 있어야 하는데, 구체적으로 정해져 있지도 않고 기준도 없이 회사의 재량에 의하고 있다.

③ 회사가 현재까지 거의 매년 지속적으로 Profit Sharing을 지급하여 왔으나, 그것만으로 그 지급에 있어 노동관행을 인정하기 어렵다.

• L디스플레이(서울서부지법 2021.8.20. 선고 2020나72026)

① 경영성과급(PS/PI)은 경영실적(당해 연도 사업계획목표와 이전 연도 실적대비 재무성과와 경쟁성과 등)을 고려하여 지급 여부 및 지급률을 확정하고,

② 단체협약, 취업규칙 등에 그 지급근거가 명시되어 있지 않고 매년 경영실적에 따라 지급조건이 결정되어 확정적으로 지급된 것이라 보기 어렵고, 동종업계의 동향, 전체 시장상황, 회사의 영업상황과 경영자의 경영판단 등과 같이 근로자가 통제할 수 없는 요인에 의해 결정되는 것인 점을 고려하면 개별 근로자의 근로제공 그 자체와 직접적이거나 밀접하게 관련된 것이라고 보기 어렵다.

③ 회사는 2005년부터 2019년까지 기간 중 4개년에는 경영성과급을 지급하지 않기도 하여 계속적, 정기적으로 지급된 경우에 해당한다고 볼 수도 없고,

④ 주식회사에서 경영성과는 본래 주주들의 몫이나 경영진의 판단에 따라 회사 전체의 성과향상 도모를 위해 성과급으로 근로자들에게 지급한 것이므

로 경영성과급이 퇴직금 산정의 기초가 되는 평균임금에 해당한다고 보기 어렵다고 판시하였다.

나. Profit Sharing의 임금성을 인정한 판결

- H보험(서울중앙지법 2021.4.14. 선고 2019가합538253)

① 사용자가 근로자 집단에 대하여 회사의 목표나 성과 달성을 위한 근로 동기와 의욕을 고취하고 장려하기 위하여 집단적 성과급을 지급하였다면, 협업의 질까지 포함하여 회사가 요구하는 근로의 질을 높인 것에 대한 대가로 볼 수 있다. 경영실적에 기초하여 지급되었다는 사정만으로 경영성과급이 근로제공과 밀접한 관련이 없다고 단정하기 어렵다.

② 경영성과급이 2007년도부터 현재까지 매년 계속적으로 지급되어 왔다. 매년 전년도와 동일한 지급기준에 의하여 경영성과급이 지급되어야 한다는 관례가 형성되었다고 보기는 어렵지만, 적어도 매년 한 차례씩 경영실적에 따라 경영성과급을 지급하는 것이 당연하다고 여겨질 정도의 노동관행이 성립되었다고 판단하였다.

- S전자(서울중앙지법 2021.6.17. 선고 2019가합542535)

① Profit Sharing은 근로자들이 집단으로 제공한 협업근로가 경영성과에 기여한 가치를 평가하여 근로자에게 그 몫을 지급하는 것이므로 근로의 양이나 질과 밀접한 관련이 있는 것이다. 근로자들이 제공한 근로 외에 회사가 Profit Sharing을 지급할 다른 이유나 동기를 찾기 어렵다.

② 회사의 HR규정에 Profit Sharing의 지급 대상과 산정기준, 지급일을 구체

적으로 상세하게 정하고 있으므로 회사는 매년 일정한 시기마다 HR규정에서 정한 바에 따라 Profit Sharing을 산정, 지급할 의무를 부담하였다. 회사 경영진에게 Profit Sharing의 지급률을 결정할 재량권이 있다는 점을 들어 회사에게 Profit Sharing을 지급할 의무가 없다거나 은혜적인 금품에 불과하다고 볼 수는 없다. Profit Sharing은 회사 임금체계의 일부분으로 확고히 편입되었고 노사 간 장기간 동안 그 지급이 당연한 것으로 여겨질 정도의 인식과 확신이 형성되어 있다.

(5) 임금성 요건에 의한 판결 분석

가. 근로의 대가성 기준 관련

대법원은 금품지급 의무의 발생이 근로제공과 직접적으로 관련되거나 그것과 밀접하게 관련된 것으로 볼 수 있어야만 근로의 대상으로 지급되는 것이라는 입장이다(2011.7.4. 선고 2011다23149). 전통적으로 경영성과급의 지급 여부나 지급액 등이 개별 근로자들의 실적, 평가와 관계없이 회사 전체(또는 개별부서)의 경영성과에 따라 달라질 수 있는 경우에는 근로제공과 직접, 밀접한 관련이 없어 근로의 대가가 아니라고 보았다. 그러나 최근 하급심 판결들은 ⓐ "회사 경영성과나 개별부서의 성과"는 경영요소 외에도 전체 근로자들의 집단적인 기여에 따른 부분도 포함되어 있는 점을 고려하고 있다. ⓑ 경영성과급의 지급목적도 회사의 목표나 성과 달성을 위한 근로자들의 근로 동기와 의욕을 고취하고 장려하기 위한 것인 점 등을 들어 경영성과급이 근로제공과 밀접한 관련이 없다고 단정할 수 없다는 시각이다. 즉 근로자들의 기여를 강조하고 근로의 대가의 범위를 넓히는 견해에 입각한 것이다.

나. 지급의무의 존재 여부 관련

단체협약, 취업규칙, 근로계약, 노동관행 어디에 의하든지 회사의 지급의무가 인정될 수 있는데, 공식적인 규정 형태가 아닌 기업 내부의 경영성과급 지급기준이나 매뉴얼, 지급품의 등도 실질적으로 근로조건을 규율하는 규범적 효력이 있으므로 취업규칙이라고 주장되고 있다. 나아가 경영성과급 지급의무를 규정한 단체협약, 취업규칙, 근로계약이 전혀 없더라도 회사가 명문의 규정 없이 사실상 '경영성과급제도'를 두고 매년 경영성과급 지급기준에 따라 그 지급기준에 충족하는 경우에는 경영성과급을 지급하여 왔다면(설혹 그 지급기준 미충족으로 경영성과급이 지급되지 않은 해가 있더라도), 노동관행으로서 경영성과급 지급에 회사가 구속되어 경영성과급 지급의무를 부담한다는 시각에 이르기도 한다(앞의 H보험 사례).

다. 계속적, 정기적 지급 관련

상당수 회사들이 경영성과급의 지급기준이 경영성과에 따라 달라질 수 있고 지급률도 매년 편차가 심하기는 하지만, 전체 보수에서 상당한 비중을 차지하는 경영성과급을 대체로 매년 일부라도 지급해 오고 있는 것이 기업실무에서의 현실이다. 즉 계속적, 정기적 지급을 넓게 해석할 소지가 크다. 이에 관하여 "만일 경영성과급이 임금이 아니라면 왜 기업에서 아무런 의무도 없이 근로자에게 매년 이렇게 상당한 금액을 지급하는 것인가? 근로자가 받는 금품은 원칙적으로 근로를 제공하였기 때문에 그 대가로 받은 것이라고 추정하는 것이 경험칙상 합리적인 것 아닌가?"라는 문제제기가 계속되고 있다. 그러나 그에 대한 명쾌한 답이 쉽지 않아 경영성과급을 임금으로 보려는 입장이 점점 힘을 얻어갈 가능성이 크다.

라. 임금성 요건에 대한 대법원의 판결 전망

위와 같이 임금성 요건 3가지에 관해 하급심들이 경영성과급의 임금성을 매우 넓게 인정해 나가고 있어 그간 대법원도 임금성의 인정 범위를 넓혀 왔다는 점에서 일맥상통할 여지가 적지 않아 보인다. 또한 현재 발생한 사기업의 경영성과급의 임금성에 관한 분쟁도 대법원이 최근 공기업에 대한 경영성과급을 임금으로 본 판결(대법원 2018.12.13. 선고 2018다231536, H공항공사 판결)에서 촉발된 점을 감안할 때, 향후 대법원이 다툼이 진행 중인 대기업의 경영성과급에 대해 어떤 입장을 취할지는 예측하기 매우 어려우나 기존의 입장에서 변화할 가능성이 적지 않아 보인다.

<표 5> 경영성과급의 임금성 관련 예상되는 분쟁 유형과 영향

분쟁유형	노사관계 영향
1) 퇴직금 재산정 줄소송 • 경영성과급이 임금에 해당되므로 이를 평균임금에 산입하여 퇴직금을 재산정해서 지급해 달라는 소송이 기존 퇴직자를 중심으로 다수 제기될 소지	- 퇴직자에 대한 추가 퇴직금 지급 요구 가능성 - 재직자에 대한 퇴직금 지급 예정액이 늘어나고 관련된 퇴직급여 충당부채 부담 증가
2) 관련된 취업규칙 불이익 변경 절차 준수 요구 • 경영성과급이 임금에 해당한다고 볼 경우 이를 해소하고자 관련 취업규칙을 변경할 경우에는 근로자에게 불이익 변경이므로 그 절차를 거치는 과정에서 분쟁가능성이 발생 • 취업규칙 변경 전의 지급기준이나 지급조건에 따른 추가 소송 등 가능성	- 경영성과급을 임금으로 본다는 판결이 확정되면 그 지급기준이나 지급조건도 근로조건에 해당될 가능성이 커서 회사가 이를 변경, 조정, 폐지할 재량이 없어짐 - 경영성과 변동에 탄력적으로 대응이 어려워짐 - 종전의 지급기준, 지급조건에 따른 경영성과급의 보장요구로 경영상 제약

(6) 성과급 최근 판결에 대비한 기업들의 예상되는 대응

가. 경영성과급을 폐지하는 방안

관련 분쟁이 발생하기 전에 선제적으로 임금체계를 종합적으로 개편하여 경영성과급을 폐지하는 방안을 고려할 수 있을 것이다. 이때 경영성과급의 폐지 절차는 기업별 지급근거가 어떻게 규정되어 있느냐에 따라 상당히 달라질 수 있다. 한편, 경영성과급 폐지를 위한 내부규정 개정 절차를 개시할 경우, 노동조합 또는 근로자 과반수 동의를 받는 어려움이 클 것이다. 특히 경영성과급이 구성원의 노력을 촉구하는 동기부여를 하는 역할이 적지 않음을 감안해야 하고 폐지할 때 충분한 반대급부를 제시하여야 하는 점도 큰 고민거리일 것이다. 특히 우리나라의 경우 연공서열식 임금체계를 직무·성과급으로 개정해 나가야 한다는 큰 흐름에서 볼 때 성과급을 아예 폐지하는 것은 적절한 대안으로 보이지 않는다.

나. 현재의 성과급 제도를 개편하는 방안

현재의 판례 경향으로 보면 ⓐ 근로자 개인별 성과가 반영되는 경우에는 개인의 노동의 질과 직접 연관된 것이라 볼 것이므로 대체로 임금으로 인정될 가능성이 매우 높고, ⓑ 순수하게 경영성과에 따라 집단으로 지급되는 성과급은 임금에 해당될지가 아직은 불확실하다. 각 기업별 상황에서는 ⓐ와 ⓑ가 결합되어 성과급을 지급하는 경우가 다수(예 : 당기 순이익의 정도에 따라 기본 지급률을 정하고 개인성과 등급에 따라 지급률을 가감하는 형태 등)인바, ⓐ와 ⓑ가 임금으로 인정될 가능성(risk)에 차이가 있으므로 이를 별도의 성과급체계로 재편하여 불확실성을 줄이는 시도도 할 것으로 보인다. 즉 ㉮ 근로자의 개인 성과급은 평균임금에 산입되는 것을 전제로 퇴직급여 부담까지 고려하여 지급조건을 정하고, ㉯ 경영성과급은 전적으로 당기순이익, 회사 전체 KPI 등 경영성과 지표와 연동시키되, 임금으로 보는 판결과 기존의 대법원의 판결대로 임금으로 보지 않는 판결이 성과급에 대한 시각의 차이에서도 비롯되지만, 순수 경영성과급은 그 지급조건과 절차가 명문화, 구체화되어 있느냐 여부도 중요한 기준으로 보고 있으므로 그 지급 여부, 지급기준, 지급시기, 지급률 등을 유동적인 상태로 두어 ㉮와 ㉯의 총액을 경영성과에 따라 조절할 수 있는 유연한 성과급제도를 두는 것도 방안을 우선적인 대안으로 모색할 것으로 보인다. 다만, 이 방법 또한 갈등의 소지가 남아있게 되는 불안정성이 내재되어 있다고 보며 관련된 단체협약이나 취업규칙 변경이 쉽지 않을 것이다.

다. 확정기여형(DC형) 퇴직연금제도를 도입하는 방안

궁극적으로 성과급 액수의 변동에 따른 퇴직 시 부담은 물론 추후에 닥쳐올 불확실성을 해소하기 위해서는 확정기여형 퇴직금제도(DC형)를 도입하는 것이 바람직해 보인다. 특히 2021년 국회에서 퇴직연금제도의 디폴트옵션(원금보장형 포함) 등과 관련된 법 개정이 이루어졌으므로 법 개정 이후 관련 제도를 종합적으로 반영하여, 현재 대부분의 기업이 도입한 확정급여형 퇴직금제도(DB형)를 점차 확정기여형 퇴직금제도(DC형)로 바꾸어 나가는 것이 갈등을 그나마 줄이는 방안일 것으로 전문가들은 보고 있다. 그러나 이 방안 또한 취업규칙 변경을 둘러싼 갈등과 대기업·공기업의 경우 단체협약 개정이라는 어려움이 내재되어 있다.

라. 차제에 임금·복리 후생체계를 종합적으로 개편

성과급의 임금성에 관한 다툼은 물론, 자율출퇴근제 하에서 연장근로시간 인정 문제 등 새로이 부각되는 문제점 등을 종합적으로 감안한 접근도 추진될 것으로 보인다. 성과급체계, OT제도, 기타 복리후생 등 전체적인 급여체계를 종합적으로 개편하여 미래 불확실성을 줄이되, 총 인건비 또는 노무비는 감액되지 않게 하는 방안이다. 즉, 개편된 성과급제도의 법적, 현실적 시행을 위해 직원들의 동의가 필요하기 때문에 근로조건과 관련된 최근 법 개정 사항의 반영 등 여러 제도의 변경을 새로운 복리 후생제도, 근로시간 제도 등과 묶어서 제시하고, 필요시 On Time 보너스 지급 등을 활용하여 동의를 확보해 나갈 것으로 보인다. 문제를 줄이는 대안으로 보이지만 근원적 해결에는 한계가 있다.

3. 평균임금 제외 임금 관련 시행령의 불확실성

평균임금 산정 시 임금총액에서 제외되는 임금에 대한 시행령 제2조제2항의 규정도 명확히 할 필요가 있다. 현재 임시로 지급된 임금과 수당, 통화 외의 것으로 지급된 임금은 임금총액 산정 시 제외토록 하고 있다. 임시로 지급된 임금·수당은 그 자체가 근로기준법상 임금에 해당되지 않는다고 해석하여 제외하고 있지만, 그 범위 등에 대한 논란이 지속되어 왔다. 평균임금에 포함하지 않도록 시행령에 규정하고 있는 "통화 이외의 것으로 지급된 임금"은 법에 위임 근거가 없고, 판례에서도 점차 인정하고 있지 않아서 이에 대한 보완도 필요하다.

4. 평균임금 산정 관련 다가오는 갈등의 심각성

종합해 보면 평균임금 갈등은 넘기 벅찬 큰 난관이 될 것이다. 우리나라 대기업, 공기업에서 취업규칙 불이익 변경이 하늘에 별따기인 점을 감안해 보면 당사자에게 대법원 판결 이후 스스로 해결하라고 한다면 엄청난 혼란이 예상된다. 무엇보다도 기존 퇴직자들의 줄소송이 예상된다. 퇴직금은 통상임금과 달리 근무한 전 기간에 대해 영향을 미치므로 그 부담은 상상을 초월할 것이다.

5. 평균임금 갈등 해소 방안

첫째, 그간 근로기준연구회(2007년 11월), 노사관계선진화연구회(2003년 12월) 등 다양한 전문가 논의결과에서도 제시하였듯이 평균임금 산정기간을 현행 3개월에서 1년까지 확대할 필요가 있다. 이미 3개월 기간에 들어있지 않는 연말 상여금의 경우 평균임금 산정 시 1/12을 반영하고 있다. 2013년 대법원은 퇴직 직전 약 2년간 대기발령으로 정상적인 임금을 지급받지 못한 경우 평균임금 산정기간에 대하여 "정상적으로 임금을 지급받은 최종 시점을 기준으로 소급하여 1년간의 임금의 3/12을 월 평균임금으로 산정할 수 있다."라고 판시하여 평균임금 산정기간을 실질적으로 1년으로 확대 인정한 바 있다.

둘째, 실비변상적 성격, 순수한 경영성과급 등 근로의 대가 여부를 놓고 갈등을 겪고 있는 영역에 대해서는 분명하게 입법을 통해 명확히 할 필요가 있다. 나중에 발생할 수 있는 갈등을 미연에 방지해야 한다. 2008년 노동연구원의 실태조사에서도 평균임금에 무엇을 포함할지 아니면 무엇을 제외할지를 명확히 규정하자는데 65.7%가 찬성했고, 특히 제조업은 72%가 100~299인 규모에서는 76%가 찬성했었다.

셋째, 현행 퇴직금제도를 퇴직연금제로 일원화할 필요가 있다. 평균임금 개념은 주로 퇴직금 산정과 산재보상금 지급기준으로 사용되고 있다. 따라서 모든 근로자에게 적용되는 것이 퇴직금이다. 퇴직 시 일시불로 지급되는 법정퇴직금제도는 우리나라의 독특한 제도이다. 대부분의 경우 퇴직연금제도를 운영하고 있다. IMF나 World Bank 등에서 우리나라 노동시장 경쟁력을 낮게 보는 이유 중의 하나도 법정퇴직금제도 때문이다. 현행 근로자퇴직급여보장법에는 기업체가 퇴직금제도나 퇴직연금제도 중 어느 하나를 선택해서 운용할 수 있도록 하고 있다. 근로자 기준으로 절반이 퇴직금제도를 택하고 있다. IMF 등은 이것을 해고 비용이라 보아 우리 노동시장을 경직적으로 평가하고 있다. 경직적 평가요소를 해소하면서 근로자들의 퇴직 이후 노후안정을 위해서도 일정기간을 정해서 퇴직금제도를 퇴직연금제도로 전환토록 하고 매년 평균임금의 1개월 정도를 금융기관에 예치토록 함으로써 추후에 발생할 퇴직금 관련 부담과 평균임금 갈등을 줄여주는 것이 필요하다고 본다.

넷째, 일정 조건 이상 근로자에게는 자율 결정권을 주자. 노사 당사자가 단체협약 및 취업규칙으로 월평균 임금이 일정액 이상(고용노동부 장관이 동일 업종 등을 고려하여 고시)으로 당사자가 합의한 경우에는 이를 인정하는 입법으로 갈등을 풀어줄 필요가 있다. 평균임금 산입범위를 둘러싼 갈등도 대부분 대기업·공기업에서 발생하고 있고 그 경향도 과거에는 포함되어 있지 않는 복리후생성 금품, 성과급 등이다. 결국 이것을 모두 인정하는 방향으로 가면 결국은 대기업·공기업과 중소기업 간 격차는 엄청나게 더 커지게 된다. 이것이 대한민국 갈등과 청년 문제의 본질을 키우게 될 수 있음을 명심해야 한다. 여러 번 강조하지만 필자는 국민소득을 자본소득과 노동소득으로 나눌 경우 노동소득, 즉 노동소득분배율을 OECD 선진국 수준으로 올려야 한다는 것이 지론이다. 그래서 가급적이면 열악한 중소기업의 임금이나 복리가 상승되도록 해야 한다. 이를 통해 선진국에는 거의 없으나 우리나라에 특히 심각하면서 대한민국의 갈등의 중심에 있는 대기업·공기업과 중소기업·영세자영업자 간 격차를 줄이면서 노동분배율이 상승되도록 해야 한다. 그 방법의 하나가 노사 당사자가 합의로 일정금액 이상으로 평균임금을 정한 경우 이를 인정하는 방안이라고 본다.

제4절

최저임금제도의 보완이 절실하다.

<미움 받을 용기>가 필요하다.

알프레드 아들러(Alfred W. Adler)는 세계 심리학계의 3대 거장 중의 한 분이며 우리가 많이 느끼고 쓰는 소위 콤플렉스라는 개념을 정립한 개인심리학의 창시자이다. 그의 철학에 의하면 인간은 과거의 원인에 의해 영향을 받아 행동하는 것이 아니라 스스로 정한 목적을 향해 움직이는 것임을 강조한다. 따라서 주체적이고 자유로운 삶을 살기 위해서는 타인에게 미움 받을 것을 두려워해서는 안된다. 즉 미움받을 용기가 필요함을 강조한다.[20] 아들러는 개인의 자유롭고 주체적인 그래서 행복을 느끼는 삶을 살기 위해서는 타인으로부터 일정 부분 미움받을 용기가 필요함을 강조했지만, 필자는 현직에 있을 때 동료들과 노사단체 대표분들께 사회적 행복을 위해 미움받을 용기를 갖자고 자주 말씀드린 바 있다. 즉 "미래의 우리 아들딸들의 안정된 일자리와 행복을 위해 과감히 제도를 바꾸자. 그 과정에서 이해관계자들로부터 미움을 받는 한이 있더라도"를 강조한 것이다. 또한 필자가 2017년 7월 정부가 바뀐 상황에서 전 정부에서 임명된 국무위원으로서 최저임금 1만 원 공약에 대해 "현 제도를 그대로 두고 1만 원이 되면 일자리 감소, 1분위와 5분위 간 소득격차

20) '미움받을 용기'(구가후미타케, 기시미 이치로 공저)

확대라는 악영향이 매우 클 것"임을 설명한 바 있다. 1만 원을 실천하고 싶으면 먼저 산입범위와 주휴제도 개선 등 제도적 보완을 먼저 해야 함을 길게 설명하였다. 그 설명을 듣고 있던 새로 임명된 다른 국무위원들의 표정을 보면서 '미움받을 용기'가 어떠한 것인지 속으로 실감했다.

이 책에서 제시하고자 하는 최저임금제도의 개선 방안에 대해서도 어쩌면 많은 이의제기 등 미움을 받을지 모른다. 그렇지만 용기를 내야 한다.

'도리불언하자성혜(桃李不言下自成蹊)'의 심정으로 접근하자.

필자가 사마천의 사기를 읽으면서 가장 감명받았던 부문이 이광열전이다. 이광은 평생 나라의 가장 큰 근심거리인 흉노족을 토벌하면서 무장으로서의 직무를 수행하여 왔다. 그러나 마지막엔 정치군인들에 의해 희생되어 부하들에게 책임이 돌아가지 않도록 하기 위해 스스로 자결하였다. 그는 적을 만나서는 용감하고 부하들에게는 어질게 대하여 장수와 사병 모두 그를 사랑했다. 적군인 흉노족조차도 그를 존경했다. 그가 죽자 천하 사람들이 슬퍼하고 사마천은 사기에서 그를 칭송하며 "도리불언하자성혜"라 했다. 복숭아나무와 오얏나무는 말이 없지만 그 밑으로 길이 만들어진다. 이는 자기직무를 묵묵히 수행하는 사람 밑에는 저절로 주위에 많은 사람들이 모여든다는 의미로 해석하고 있다.

최저임금제도는 노사정 대표들이 이광의 심정으로 가급적 감성적 요소를 접고 일자리 창출과 격차해소라는 목적에 얼마나 부합될 수 있는가를 기준으로 개선해 나가야 한다.

1. 제도상의 문제점

헌법 제32조제1항은 “법률이 정하는 바에 의하여 최저임금제를 시행하여야 한다.”라고 규정하고 있다. 이에 따라 1986년 12월 최저임금법이 제정되고, 최초의 최저임금이 1987년 12월에 1시간당 462.5원으로 결정되어 1988년 1월 1일부터 최저임금이 적용되었다. 이후 매년 인상되어 2022년 올해의 최저임금은 시간급 9,160원이다. 월급으로 환산할 경우 1주 소정근로 40시간을 근무(유급주휴 포함, 월 209시간 기준)할 때, 1,914,440원이다. 특히, 문재인 정부 초기인 2018년 16.4%, 2019년 10.9% 큰 폭으로 인상된 바 있다.

최저임금법이 만들어진 1986년 당시에는 임금항목이 매우 단순하여 최저임금에 포함되는 임금에는 기본급과 직책수당 등 일부 수당만 들어가고 상여금, 복리후생비 등은 제외되었다. 사회 변화로 그 이후 임금항목들이 복잡 다양해지고, 1995년 대법원이 전원합의체 판결로 임금이분설을 폐기하여 상여금과 복리후생비 등도 임금에 포함되었다. 그러나 최저임금 산입범위는 1986년 법 제정 이후 계속 유지되어 실제 받은 임금과의 괴리가 너무 커지게 되는 상황이 발생하였다. 또한, 최저임금제도는 임금의 최저 수준을 국가가 정한 금액 이상으로 지급하여 저임금근로자의 최소한의 생계 및 생활안정을 보장하기 위한 제도이다. 그런데 극단적인 경우 고임금을 받는 근로자라 하더라도 정기상여금, 복리후생비는 높으나 기본급이 최저임금 수준으로 낮으면 최저임금법에 위반되는 불합리한 사례가 발생하였다. 또한, 정기상여금, 복리후생비는 기본급에 연동되는 경우가 많아서 최저임금 인상이 정기상여금을 받는 근로자와 받지 못하는 근로자 간의 임금격차를 심화시키는 결과를 초래하기도 하였다. 최저임금을 인상하였을 경우 기본급만 받는 근로자 등의 소규모 사업장은 그만큼만 인상되지만, 대기업은 최저임금 인상에 의한 기본급뿐만 아니라 그와 연동된 상여금 및 각종 수당이 인상되므로 근로조건이 좋은 대기업이 오히려 수혜를 더 받게 된다. 이는 대기업과 중소기업 간 격차가 더 커지는 현상을 초래하고 있다.

최저임금 수준에 대한 노사정 간 시각차가 너무나 다르다. 노동계 및 문재인 정부는 최저임금을 올려야 일하는 근로자 간에 격차를 줄일 수 있다고 판단하고 임기 초 3년까지 최저임금 1만 원을 공약하였고, 경영계 및 다수 학계에서는 일자리 감소 및 전체 소득구간의 격차 확대를 우려하였다.

2. 문재인 정부의 개선 노력과 한계

2017년 7월 15일 최저임금위원회에서는 2018년 적용 최저임금을 의결하면서 최저임금 산입범위를 포함한 제도개선 과제를 논의해 정부에 건의하기로 합의하였다. 2017년 9월부터 12월까지 전문가들로 구성된 최저임금 제도개선 TF를 운영하고, 노사가 제기한 최저임금 산입범위 등 제도개선 과제를 논의하여 2017년 12월 22일 TF안을 발표하였으나, 최저임금위원회에서 최종합의를 도출하지 못하고 2018년 3월 7일 정부로 이송하였다. 이후 논의는 국회로 옮겨가 TF안을 토대로 최저임금 산입범위 확대에 대한 여야 논의가 진행되었고 2018년 5월 28일 최저임금법 개정안이 국회를 통과하게 된다.

근로자에게 지급된 임금이 최저임금에 미달하는지 여부는 지급된 임금 중 최저임금법 제6조제4항 및 시행규칙 제2조 별표1에서 정한 임금 또는 수당을 제외한 임금액과 최저임금액을 비교하여 판단하여야 한다.[21] 종전 최저임금법은 매월 1회 이상 정기적으로 지급하는 임금이 아닌 임금(예 : 1개월을 초과해서 주거나 산정단위가 1개월을 초과하는 상여금 등), 소정근로시간 또는 소정의 근로일에 대하여 지급하는 임금 외의 임금(예 : 유급휴일 근로수당, 연차수당, 연장수당 등), 그 밖에 최저임금액에 산입하는 것이 적당하지 아니하다고 인정하는 임금 중 고용노동부장관이 정하는 것(예 : 가족수당, 급식수당, 통근수당 등)은 최저임금에 포함하지 않는다고 규정하고 있었다. 즉, 근로자가 받는 모든 대가를 합하여 최저임금에 미달되는지를 비교하는 것이 아니라 근로자가 받는 임금에서 앞서 열거한 것들은 제외한 임금이 법정최저임금 이상인지를 따졌다. 이러한 규정으로 인해 연 600%의 상여금을 매월 50%씩 나누어 지급하는 경우 매월 지급하여도 지급 사유 또는 산정단위가 1개월을 초과한다고 보아 산입하지 않았다. 일부 기업에서 고졸 연봉이 상여금 등을 포함하여 4천만원이 넘음에도 기본급 비중이 낮아 최저임금 위반이 발생하는 웃지 못할 사례도 있었다. 또한 2015년 지방자치단체가 소속 비공무원 근로자에 대해 최저임금을 준수하고 있는지를 점검했는데 ○○도의 경우 정액급식비와 교통보조비를 최저임금에 포함하여 위반이 아니라고 보았고 고용노동부는 이는 복리후생적 임금이라고 보아 제외하여야 한다고 보아 논란이 된 바 있다. 개정 최저임금법은 매월 1회 이상 정기적으로 지급하는 임금은 최저임금에 산입하는 것으로 원칙으로 한다. 다만, 소정근로시간 또는 소정의 근로일에 대하여 지급하는 임금 외의 임금(예 : 유급휴일 근로수당, 연차수당, 연장수당 등), 통화 이외의 것으로 지급하는 생활보조 또는 복리후생 임금을 제외하였다. 매월 1회 이상 정기적으로 지급하는 상여금과 통화로 지급되는 복리후생비는 단계적으로 미산입되는 비율을 축소하여 2024년 이후에는 전부

21) 대법원 2007.1.11. 선고 2006다64245

산입되는 것으로 하였다. 이제는 연 600%의 상여금을 매월 50%씩 나누어 지급하는 경우에도 최저임금에 산입된다. 최저임금 산입범위 개선은 저임금 근로자를 보호하는 한편, 고임금 근로자까지 최저임금 인상의 혜택을 받는 불합리성을 해소하여 소득격차 해소에 기여할 것이라고 내다보았다. 매월 1회 이상 정기적으로 지급되는 임금은 명칭에 상관없이 최저임금에 산입되도록 하여 앞으로 임금체계가 단순화되고 합리적으로 개편될 것으로 예상한 것으로 보인다.

<표 6> 상여금, 현금성 복리후생비의 최저임금 미산입 비율

연도	2019년	2020년	2021년	2022년	2023년	2024년~
매월 지급 상여금	25%	20%	15%	10%	5%	0%
현금성 복리후생비	7%	5%	3%	2%	1%	0%

※ 상여금, 현금성 복리후생비 중 해당 연도 시간급 최저임금액을 월 단위로 환산한 금액의 아래 비율

둘째, 최저임금 적용기준 시간 수를 놓고 갈등이 있었는데 이를 개선하였다. 근로자에게 주급 또는 월급으로 지급된 임금이 시급으로 정해진 법정 최저임금 이상인지 여부를 판단하기 위해서는 주급 또는 월급을 시간당 임금으로 환산해야 한다. 종전 최저임금법 시행령은 통상임금과 달리 유급주휴시간을 명시하지 않고 소정근로시간으로 나누도록 규정되어 있었다. 행정해석은 1986년 최저임금법 제정된 이후 주급 또는 월급에는 법정 주휴수당이 포함되어 있으므로 시급 환산 시에도 유급주휴시간을 포함해서 나누도록 하고 있었다.[22] 즉 통상적으로 주 40시간, 5일 근무자의 경우 (소정근로시간 40시간+유

22) 유급 처리된 임금이 포함된 주급 또는 월급금액을 시간급 임금으로 환산하는 경우에는 해당 임금 산정기간의

급주휴시간 8시간)×(365÷7일÷12월)[23]=209시간으로 계산하였다. 대법원 판례도 행정해석과 동일한 입장이었으나, 2007년 법정 주휴시간을 제외한 소정근로시간으로만 나누도록 판결[24]을 내려 현장에서 혼란이 있었다. 이 경우는 40시간×365÷7일÷12월=173.8시간이 되어, 행정해석에 따르면 최저임금 위반이 되는 사례도 대법원 판례에 의하면 최저임금 위반이 되지 않는 결과가 되었다. 개정 최저임금법 시행령은 주 또는 월 단위로 정해진 임금을 최저임금의 적용을 위한 시간급으로 환산할 때, 주급 또는 월급을 소정근로시간과 근로기준법 제55조제1항에 따라 유급으로 처리되는 법정 주휴시간을 합산한 최저임금 적용기준 시간 수로 나누도록 하였다. 법정 주휴시간이 합산됨을 분명히 하여 불필요한 현장 갈등과 혼란의 요인을 제거하였다.

셋째, 최저임금 수준이 인상되는 진전이 있었다. 2017년 최저임금 시간급은 6,470원이었다. 문재인 정부는 국정과제로 2020년까지 최저임금 1만 원 달성을 제시하였다. 이를 위해 2018년 16.4%, 2019년 10.9%로 큰 폭으로 인상하면서, 소상공인 등의 최저임금 부담을 완화하기 위해 2018년부터 수조 원에 이르는 대규모의 일자리안정자금을 정부 예산으로 지원하였다. 그러나 시장에서는 이를 감당하지 못하여 일자리 축소, 아르바이트 쪼개기 현상이 심

소정근로시간에 유급 처리되는 시간을 합산한다.(「최저임금제도 업무처리지침」, 2007.11.26.)

23) 법으로 근무시간이 1주 단위로 계산되어 있고 급여는 월급으로 되어 있기 때문에 월 1개월이 정확히 몇 주인지를 계산하는 방식으로, 이 계산에 의하면 1개월은 4.34주에 해당한다.

24) 최저임금법 시행령 제5조 제1항 제2호 및 제3호는 주 단위 또는 월 단위로 지급된 임금에 대하여 '1주 또는 월의 소정근로시간 수'로 나눈 금액을 시간에 대한 임금으로 하도록 규정하고 있는바, (중략) 주휴수당 이외에 주별 혹은 월별로 지급된 다른 수당들을 시간에 대한 임금으로 산정함에 있어서는 주휴수당 관련 근로시간을 고려할 필요가 없으므로 여기에서 말하는 '1주 또는 월의 소정근로시간'은 근로기준법 제20조에서 정한 근로시간을 말하고 이는 (중략) '1주 또는 월의 통상임금 산정기준시간수'와 같을 수 없음을 아울러 지적해 둔다. (대법원 2007.1.11. 선고 2006다64245)

화되었다.[25] 또한 2020년부터는 코로나19로 인한 경기침체 등을 고려하여 예년보다 낮은 인상 폭으로 결정되어, 2022년 최저임금 시간급은 9,160원이다. 그런데 중소기업에 근무하는 외국인의 경우에도 일자리안정자금을 통해 최저임금 보조를 하고 있다. 세계 어느 국가를 가도 외국인의 임금을 국가가 보조해 주는 나라가 없다. 어떻게 해석해야 할까?

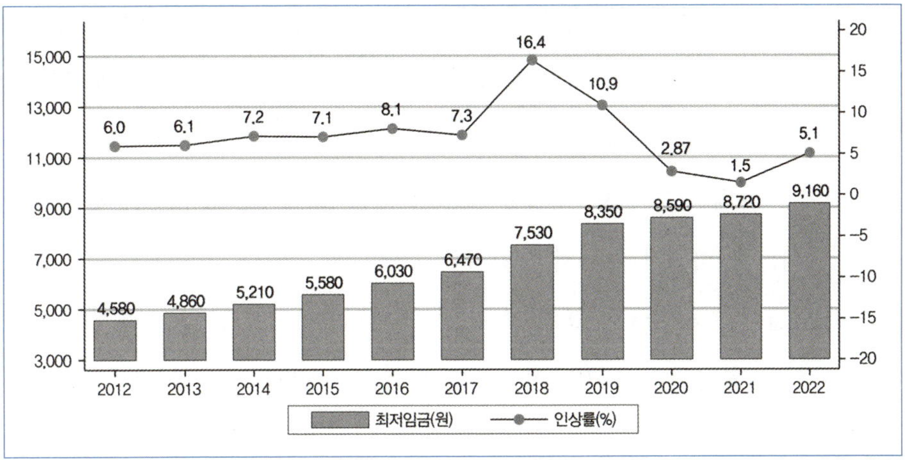

그림 1 | 최근 10년간 최저임금 인상 추이(2012년~2022년)

3. 여전한 최저임금제도의 문제점과 그 개선방안

(1) 통상임금과 최저임금을 최대한 일치시켜 나가야 한다.

최저임금법 개정으로 2024년부터는 지급 사유 또는 산정단위와 관계없이 매월 1회 이상 정기적으로 지급하는 상여금과 통화로 지급되는 복리후생비

25) 주당 15시간 미만 일하는 형태로 아르바이트를 쪼개기 하면 주휴수당 지급의무가 없으므로 2017년 최저임금 16.9% 인상 결정 이후 급격히 쪼개기 아르바이트 현상이 나타났다.

는 모두 최저임금에 산입된다. 일부에서는 최저임금 산입범위 확대에서 더 나아가서 최저임금 산입범위를 통상임금 범위와 일치시키거나, 최저임금 산입임금을 통상임금으로 간주해야 한다고 주장한다. 이를 통해 우리나라의 노동시장에서 최저임금, 통상임금, 평균임금의 범위를 둘러싼 사후 해석 및 판결의 다양화로 인한 여러 가지 소송과 갈등, 법 위반 문제를 해소할 수 있다고 제시한다. 연혁적으로 소정근로의 대가, 1월 이내 임금이라는 점에서 최저임금과 통상임금의 산입범위는 유사했다. 그러나 통상임금 소송과정에서 대법원 전원합의체 판결에 의해 1995년 임금이분설이 폐기되어 복리후생비도 통상임금에 포함되고, 2013년 매월 지급되지 않는 상여금도 통상임금에 포함되는 등 통상임금 범위가 확대되면서 차이가 커지게 되었다. 그러면서도 대법원은 통상임금과 최저임금은 그 취지, 기능과 산정방법이 다른 별개의 개념이라고 보아왔고 통상임금이 최저임금보다 낮을 수 있다는 입장이다.[26)]

<표 7> 통상임금 요건 및 최저임금 산입 임금

구분	통상임금 요건	최저임금 산입 임금
소정근로 대가	소정근로에 대해 지급하는 임금 중 아래의 3가지 요건을 충족하는 경우 포함	소정근로에 대해 매월 지급하는 임금 중 시행규칙에서 명시한 임금은 제외
정기성	1개월을 초과하여 지급하더라도 일정한 간격을 두고 계속 지급	1개월을 초과하여 지급하면 미 산입
일률성	소정근로의 가치 평가와 관련된 조건에 달한 모든 근로자에게 지급	고려 안함
고정성	근로자가 임의의 날에 소정근로를 제공하면 추가조건 충족 여부와 관계없이 당연히 지급될 것이 확정	고려 안함

26) 최저임금이나 최저임금의 적용을 위한 비교대상 임금은 통상임금과는 그 기능과 산정 방법이 다른 별개의 개념이므로, 사용자가 최저임금의 적용을 받는 근로자에게 최저임금액 이상의 임금을 지급하여야 한다고 하여 곧바로 통상임금 자체가 최저임금액을 그 최하한으로 한다고 볼 수 없다. (대법원 2017.12.28. 선고 2014다49074)

통상임금과 최저임금의 산입범위를 일치시키면 임금제도 단순화를 통해 운용상 편의를 도모할 수 있다. 국제적으로 비교하여도 우리나라 최저임금은 산입범위가 한정되어 있다. 대부분의 최저임금제를 시행하고 있는 나라는 상여금, 장려금, 숙식 관련 복지비 등을 포함하고 있다. 우리나라도 앞서 설명한 대로 매월 지급하는 상여금 및 복지비는 포함하도록 문재인 정부에서 개정하여 어느 정도 제도상 개선은 하였다고 할 수 있으나, 그 범위를 한정함으로써 이것이 상여금의 통상임금 대법원 판결처럼 대기업·공기업과 중소기업 간의 격차를 더 키우는 결과를 초래할 것으로 보인다. 즉 2개월에 한번씩 600% 정기상여금과 명절 상여금 200%를 받고 있는 대기업, 공기업의 경우 어느 노동조합에서 개정된 법 취지를 반영하여 그 상여금을 매월 지급하는 것으로 취업규칙이나 단체협약을 갱신하겠는가? 대부분의 대기업, 공기업은 상여금을 매월 지급하는 것으로 고치지 않았을 것이다. 반면 중소기업은 근로자들도 그렇게 개정하지 않으면 기업의 생존이 어렵다는 것을 알기에 또한 조직력이 낮기 때문에 취업규칙 변경에 응해 매월 지급하는 방식으로 변경하고 있다. 결국 문재인 정부에서 급격한 최저임금 인상으로 사람을 내보내는 현상이 두드러지자 산입범위를 점차 넓혀 기업의 부담을 줄여 주려 했지만 결국은 대기업·공기업과 중소기업 간 격차가 확대되는 악영향이 나타났다고 본다. 이를 해결하는 방안은 2가지다. 한 가지 방안은 정기적으로 지급하는 상여금, 수당 등은 1개월을 초과하여 지급하여도 최저임금에 포함하는 방안이다. 또한 취업규칙 변경 시 법에서 정한 취지를 반영하는 경우에는 불이익 변경으로 보지 않거나 설사 불이익 변경에 해당한다 하여도 사회통념상 합리성이 있을 경우 동의 없이 개정이 가능하도록 인정해주어야 한다. 즉 전체적인 사회통념상 합리성이 있을 경우 과반수 노조 및 근로자 과반의 동의를 얻기 위해 최선의 노력을 다하였다면 동의를 얻지 못하더라도 취업규칙 변경을 인정해 주어야 한다. 또한 단체협약에 상여금 및 각종 수당이 정해진 기업의 경우 사회적 여론을 통해서 정부의 강한 의지에 의해 개정된 법의 취지를 반영하여 매월 지급하는 것으로 교섭을 통해 개선해 나가도록 하여야 한다. 이것은 임금체계의 합리화를 가져오기 때문에 장기적으로 근로자들에게 절대 불리하지는 않을 것이다. 그럼에도 이렇게 개선되면 최저임금을 둘러싼 갈등은 훨씬 줄어들 수 있을 것으로 기대된다.

선진국의 사례에서 보듯이 입법론적으로 가장 바람직한 것은 1개월을 넘는 상여금도 통상임금에 포함되어 있듯이 최저임금에도 포함해 주고, 최저임금에 포함되어 있는 매월 지급하는 복리비는 통상임금에 포함되게 하여 가급적 통상임금의 산입범위와 최저임금의 산입범위를 일치시켜 나가는 것이다. 기업들도 과감히 임금체계를 단순화하고 직무·성과급으로 개선해 나가는 노력을 할 때 이러한 문제를 해소할 수 있다는 점을 깊이 인식해야 한다.

(2) 최저임금의 급격한 인상으로 인한 일자리 감소, 소득5분위 격차 확대 요인 등 부작용을 깊이 성찰해야 한다.

최저임금은 매년 적정 수준 인상되어야 하겠지만, 일자리 특히 근로빈곤층이나 장년 고용에 미치는 현상 등을 고려하면서 인상시켜 나가야 한다. 최저임금 인상이 격차해소를 위한 가장 적절한 수단인지, 일자리 축소에는 어느 정도 영향을 미칠 것인지 충분히 고려되어야 한다는 점이다. 2019년 기준으로 우리나라 중위임금 대비 최저임금 수준은 62.4%로 OECD 국가 중 7위이고, 평균임금 대비 최저임금 수준은 49.4%로 4위에 해당한다. 영국, 독일, 일본,

미국보다도 높은 수준이다. 앞서 설명한 대로 선진국에 비해 우리는 최저임금 산입범위가 작게 반영하여 비교해도 그렇다. 더욱이 우리는 유급주휴제도가 있다. 주 5일 40시간 소정근로를 하면 8시간분 유급주휴수당을 주어야 하고 하루에 3시간 5일간 아르바이트를 한 경우에 2018년 기준 최저임금 시급 7,530원×15시간 외에 소정근로시간에 비례한 3시간분의 주휴수당을 추가로 지급해야 최저임금법 위반이 안 된다. 즉 정확히 비교하자면 현재의 최저임금 시간급에 약 16.7%만큼 올려서 국제 비교를 해야 한다는 것이다. 정리해 보면 우리나라의 최저임금은 주 8시간 일한 경우 다른 나라에 비해 최저임금 시간급의 16.7%에 해당하는 주휴수당, 최저임금에 산입되지 않은 1개월을 넘는 상여금 등을 제외한 상태에서 주요국 최저임금과 비교해도 높다. 주요 선진국처럼 주휴수당을 포함하고 1개월 넘는 상여금 등을 포함하면 OECD 국가 중 가히 최고 수준이라 해도 과언이 아니다.

이러한 상황을 고려해 보면 최저임금 인상이 일자리 축소 및 실질적인 국민 전체의 격차해소에 과연 도움이 될까를 냉정히 판단해 보아야 한다. 그간 우리나라의 급격한 최저임금 인상의 근거로 격차해소를 들고 있다. 실제로 급격한 최저임금 인상은 일견 통계상으로는 격차해소의 효과가 있는 것으로 보인다. 중위임금의 2/3 미만자의 비중을 나타내는 저임금근로자 비중은 2017년 22.3%에서 2020년 16.0%로 감소하였다. 5분위 배율(상위 20% 평균임금 / 하위 20% 평균임금)도 2017년 5.06배에서 2020년 4.35배로 떨어졌다고 문재인 정부는 홍보한 바 있다.

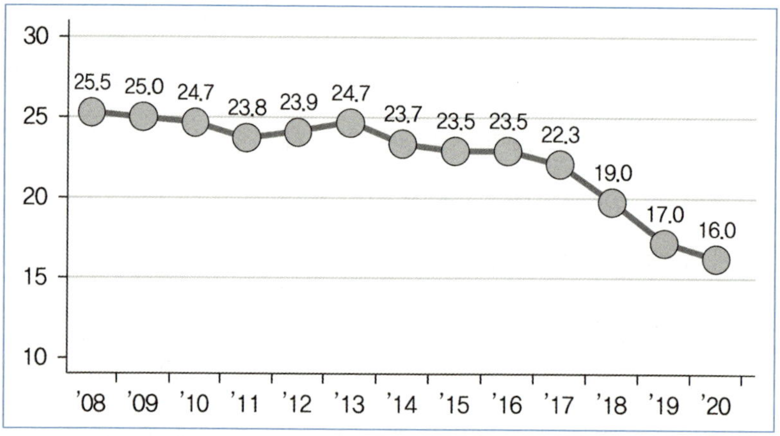

그림 2 | 저임금근로자 비중(%)

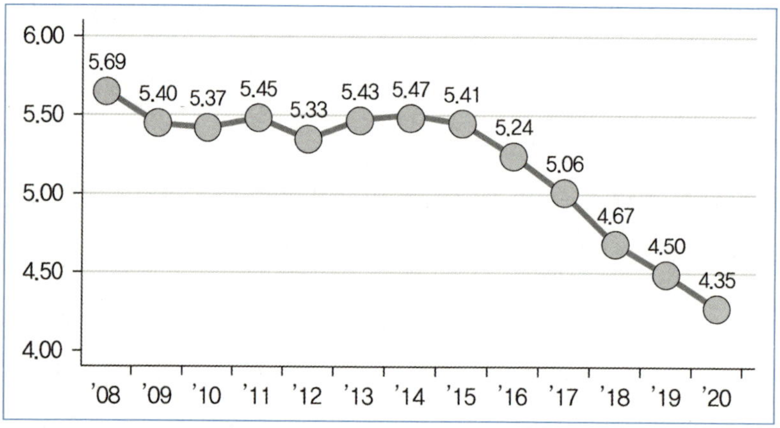

그림 3 | 임금 5분위 배율(배)

그런데 여기서 좀 더 깊게 생각해 보아야 한다. 이것은 상시적으로 일하는 근로자 내의 분석일 뿐이다. 일자리를 잃은 사람을 포함한 전체 국민 즉 가구소득으로 분석해보면 전혀 다른 격차 확대 요인이 됨을 알 수 있다. 임금근로자 내 통계상의 개선 효과는 임금근로자로서 일자리를 계속 가지고 있어야 향유할 수 있다. 최저임금 인상으로 인해 일자리를 잃거나 상시직에서 임시・일용직으로 전환된 사람들에게는 의미가 없는 것이다. 2019년 2/4분기 소득 5분위 중 1분위 가계소득이 132.6만 원이다. 매일 가구당 한사람이라도 8시간 상시적으로 일하면 월 175만 원, 연 2,100만 원의 가계소득이 있어야 한다. 즉 가구당 최소 1명 이상이 상시적 일자리를 갖고 있는 상태라면 최저임금 인상으로 소득 5분위와 1분위의 격차가 줄어들게 된다. 그런데 2019년 8월 통계청이 발표한 1분위 가구당 월 소득은 132.6만 원으로 근로소득은 오히려 29% 줄었고 정부에 의한 공적 연금 등 이전소득으로 보전하고 있는 상태였다. 즉 1분위 중 1명이라도 8시간 일하는 가구 비중이 2017년 54.4%에서 2018년 말 44.3%로 급격히 줄었다. 최저임금 인상이 취업하기 어려운 1분위 가구에 있는 분들의 일자리를 없애는 영향으로 매우 크게 작용했음을 반증하는 것이다. 2018년 소득 1분위 가구 근로자의 평균 연봉은 689만 원, 2분위가 1,562만 원이다.[27] 1분위 대부분은 최저임금을 받는 일자리에 상시적으로 일하지 못하고 있음을 알 수 있다. 비록 기간제근로자, 파견근로자 등이 최저임금을 받으며 주 40시간 일자리에서 근무하더라도 2018년 연소득이 1,889만 원인데, 소득 1~2분위에 있는 분들의 연소득이 이에 미치지 못한다. 한국노동연구원, 한국보건사회연구원 등 연구기관들의 분석에 의하면 근로빈곤층의 83%가 임시・일용근로자, 영세자영업자 등 불안정한 취업빈곤층이기 때문이다. 이분들이 빈곤층을 벗어난 경우와 다시 빈곤층으로 떨어지는 경우 그 원인의 대부분이 상시적인 일자리를 갖느냐의 여부에 달려 있다고 분석하고 있다. 즉 상시적 일자리를 갖게 되면 근로빈곤층에서 벗어나고 상시적 일자리를 잃게 되면 다시 빈곤층으로 전락한다는 것이다.

27) KERI, '임금근로자 소득분위별 연봉 분석 보도자료' (2019.9.23.)

필자는 고용노동부 장관 재임기간 동안 격차해소 방안으로 가급적 최저임금 인상을 높게 가지고 가려고 노력한 바 있다. 2015년 7.1%, 2016년 8.1%, 2017년 7.3% 인상되어 적용되었다. 그러자 아파트 경비원분들의 일자리가 위기에 직면하였다. 경비원 대신 카메라 설치 등으로 인건비를 줄이려는 움직임이 확산되었다. 그래서 전국 24,000여 개 아파트 단지의 아파트대표자 및 관리소장님들께 호소문을 보냈다. "평균 잡아 한 세대당 3,000원 정도 관리비를 더 부담하면 경비아저씨들의 일자리가 보전된다. 정부도 보조금을 확대할 터이니 일자리가 유지되도록 함께 노력하자."라는 취지였다. 그때 필자는 최저임금이 일자리에 주는 영향이 매우 크다는 것을 실감했다.

문재인 정부의 최저임금 1만 원 공약 시 일부 학자들은 최저임금을 급격히 인상하여도 일자리에 미치는 영향이 크지 않다고 주장했다. 그 근거로 다른 선진국 사례 및 국제기구 연구 등을 제시하였다. 그러나 거기에는 당시 성장률 등에 어떤 차이가 있었는지, 즉 최저임금 외에 일자리에 영향을 미치는 주요 요인을 명확히 통제하였는지가 좀 불분명해서 한계가 있다고 보여진다. 더욱이 중요한 점은 여타 선진국과 우리나라의 최저임금 영향률의 현격한 차이를 간과하고 있는 점이다. 최저임금 영향률이 선진국의 경우 2% 전후, 높은 국가의 경우 4% 수준이다. 문재인 정부 출범 직전 2016년 우리나라의 최저임금 영향률은 이미 18.2%였다. 이는 최저임금 인상이 여타 선진국에 비해 일자리에 4~7배의 영향을 미치고 있음이다. 이를 애써 부인한 것은 아닐까? 그 이후 급격한 최저임금 인상으로 인해 최저임금 영향률이 2019년 경활 부가조사에 의하면 25.0%, 고용형태별 근로실태조사에 의하면 18.3% 정도에 이르고 있다.

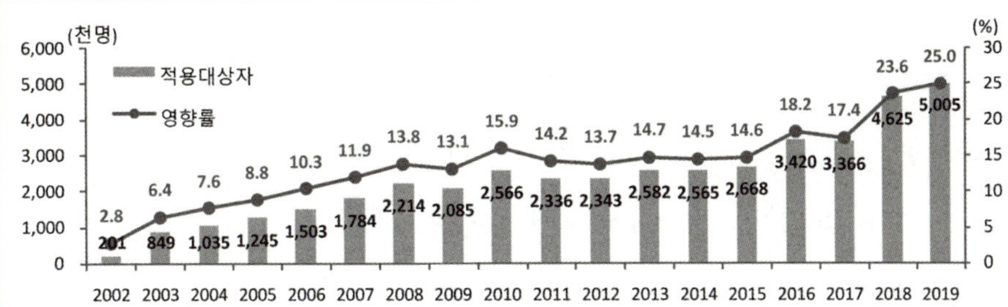

※ 출처 : 최저임금 심의를 위한 임금실태 등 분석(최임위, 각년도)

그림 4 | 최저임금 적용대상 근로자 수 및 영향률(경활 부가조사 기준)

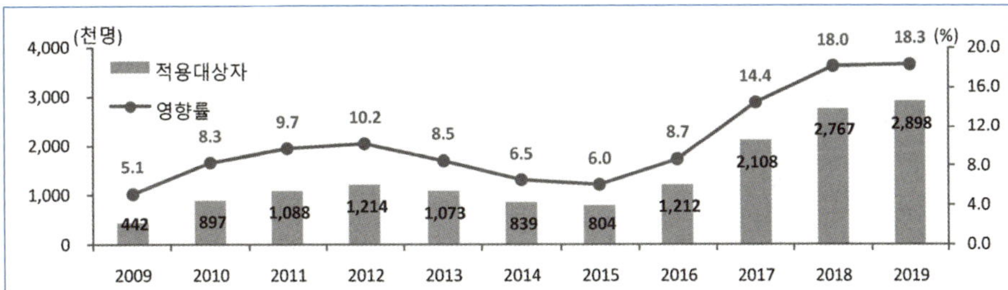

※ 출처 : 최저임금 심의를 위한 임금실태 등 분석(최임위, 각년도)

그림 5 | 최저임금 적용대상 근로자 수 및 영향률(고용형태별 근로실태조사 기준)

그만큼 일자리 축소 가능성이 선진국에 비해 커질 수 있다는 반증이다. 특히 5인 미만 사업장은 최저임금 영향률이 51.8%, 19세 이하 청소년은 74.7%, 60세 이상 장년의 경우는 58.5%에 이른다. 즉 최저임금의 급격한 인상이 가장 일자리 사정이 어려운 계층에게 더 크게 영향을 미칠 수 있다는 점이다. 최저임금이 1% 오를 때 주당 44시간 근로자의 일자리 0.14%가 줄어든다는 분석도 있다.[28] 최저임금의 급격한 인상에 따라 서비스업에서 자동주문기계,

키오스크를 도입하는 매장이 부쩍 늘어나고 있다. 아르바이트를 하고 있는 청년들의 경우에는 최저임금 인상을 희망지만, 새로 아르바이트 일자리를 구하려고 하는 청년들의 경우는 더 올려서 내 아르바이트 자리마저 없으면 어떡하느냐는 이야기도 한다. 단속적 근로관계인 경비직, 택시운송의 경우에도 폐쇄회로 텔레비전(CCTV)으로의 대체, 근로시간이 단축될 가능성이 더 커지고 있다. 이처럼 가급적 사람을 덜 쓰는 방식의 생산과 서비스 운용방법으로의 급격한 변화가 예상된다. 최저임금의 급격한 인상으로 취약한 계층의 일자리를 잃게 할 경우의 충격을 고려해야 한다는 점이다. 예를 들어 급격한 최저임금 인상은 60세 이상 장년들의 채용기피가 일어나고 외국인근로자 활용 선호도를 더 커지게 할 것이다. 결국 장기적으로는 근로자들에게 손해가 될 수 있다. 또한, 급격한 최저임금 인상은 제조업 경쟁력을 약화시킬 수 있다. 지방에 있는 공단의 중소제조업체에서 이제는 임계점에 왔다는 이야기도 많이 나오고 있다. 신규직원의 임금이 상승하고 근속연수 또는 숙련도에 따라 비례적으로 임금을 상승시키기 어려워짐에 따라 근속연수별, 숙련도별 임금 차이가 축소되는 임금 압착(wage compression) 경향이 나타나고 있다. 이로 인해 제조업에 종사하는 근로자들의 근로의욕이 크게 떨어지고, 임금에 대한 불만족으로 서비스업으로 이동하는 현상도 발생한다. 따라서 최저임금 인상 수준은 근로빈곤층, 청년과 장년의 고용에 미치는 영향, 사업주의 지불능력도 감안하고 우리나라의 저임금근로자 비중이 여전히 높다는 점도 함께 종합적으로 고려해서 결정되어야 할 것이다.

무엇보다도 최저임금을 급격히 올려놓고 중소기업의 지불능력이 안되자

---

28) 서울대 이정민 교수, '최저임금이 고용에 미치는 영향' (2016년)

앞서 설명한 바대로 외국인의 임금까지 포함하여 수조 원에 이르는 재원으로 보조금을 지급하고 있다. 이것이 우리나라 장년들의 취업을 더 어렵게 하는 원인이 되고 있다. 즉 상당수 사업주들이 똑같은 최저임금을 주고 일하게 할 수 있다면 우리나라 장년보다는 외국인 청년을 더 원할 것이라는 점은 불 보듯이 뻔한 것이다. 여기서 우리가 가장 깊게 고민해야 할 점은 선진국들은 국민연금 역사가 100년이 넘어서 65세 전후해서 국민연금을 받으며 노후생활이 가능하다. 그래서 경제활동인구가 64세까지이다. 그러나 우리나라는 65세 이후 비경제활동인구가 되어도 국민연금의 역사가 짧아 연금소득이 생활비에 미치지 못한다. 그래서 우리 국민이 일자리를 떠나는 평균 나이가 73세 전후이다. 더욱이 심각한 것은 매년 0.3년 정도씩 늘어난다는 점이다. 최저임금 수준을 결정할 때 이 점을 깊이 고민해야 한다.

따라서 이처럼 가계소득 전체의 격차해소와 65세 이상의 일자리, 아르바이트 하는 청년들의 일자리에 미치는 영향 등을 종합해 보면, 최저임금의 급격한 인상보다는 근로장려세제(EITC)의 획기적 인상이 근로의욕을 고취시켜 일자리 증대와 격차해소에 더 도움이 될 수 있다고 본다. 즉 최저임금과 근로장려세제의 확대를 적절하게 병행하는 방안이 더 효과적이라 본다.

(3) 최저임금 결정방식을 보다 투명하고 예측 가능성이 있도록 개선하자.

최저임금법 제4조제1항은 최저임금은 근로자의 생계비, 유사 근로자의 임금, 노동생산성 및 소득분배율 등을 고려하여 정하도록 규정하고 있다. 하지만, 이러한 객관적 지표들이 적절하게 반영되었는지에 대해 의문이 있다. 최저임금위원회는 매년 최저임금을 결정하면 그 근거가 되는 최저임금 인상 결정기준도 발표한다. 2017년 최저임금 7.3% 인상의 근거로 유사근로자 임금 인상률 3.7%, 소득분배 개선분 2.4%, 협상 배려(조정)분 1.2%를 제시하였다. 매년 반영되고 있는 협상 배려(조정)분의 객관성도 문제[29]이기도 하지만, 2018년 최저임금 16.4% 인상, 2020년 2.87% 인상 시에는 아예 최저임금 인상 결정기준을 제시하지 않았다. 아울러 최저임금 결정에서 소모적인 논쟁들이 반복되고 마지막에 노사 간 힘겨루기로 결정되는 듯한 모습을 보여주고 있는 점도 문제라고 할 것이다. 이러한 문제점을 해결하기 위해 2017년 12월 최저임금 제도개선 TF에서는 최저임금 결정의 객관성·공정성을 높이기 위해 최저임금 결정체계 이원화를 제시하였다. 현행 최저임금위원회를 다음년도 최저임금 상·하한선을 정하는 최저임금구간설정위원회와 상·하한선 범위에서 최저임금을 결정하는 최저임금결정위원회로 이원화하자는 것이다. 최저임금구간설정위원회는 공익위원들만으로 구성하고, 최저임금결정위원회는 현재와 같이 노·사·공익위원 동수로 구성하는 안을 제시하였다. 20대 국회에서 TF 제도개선안을 토대로 법안 논의가 이뤄졌지만 통과되지는 못했다. 이 방안은 최저임금 결정방식을 중층화하여 다소 번잡스러워질 수 있어 보이긴 하지만, 최저임금 결정에서 반복되어왔던 소모적인 논쟁들이 상당 부분 해소될 수 있는 대안으로 판단된다. 다만, 경제성장률, 소비자물가상승률, 협약 임금 상승률 등 객관적 지표들로 구성된 최저임금 인상 산식(formula)을 통해 계산된 최저임금안을 먼저 산출하고, 최저임금위원회가 이 최저임금안을 토대로 ±3% 범위 내에서 결정하도록 하면 굳이 최저임금 결정체계를 이원화하지 않

29) 협상 배려(조정)분은 2014년 0.1%, 2015년 0.2%, 2016년 1.6%, 2017년과 2019년에는 1.2%가 반영된 바 있다.

더라도 현행보다 최저임금의 객관성과 예측가능성을 높일 수 있다고 본다. 이를 입법으로 명문화하여 강제할 수도 있으나, 최저임금위원회 노·사·공익위원의 합의로 관행화하더라도 충분히 가능할 것이다. 2018년 9월 28일 대한상공회의소에서도 산식을 활용한 최저임금 인상방안을 제시한 바 있었다.[30] 당시 전문가가 인상구간을 제시하고 그 구간 내에서 노사협의를 진행한 후 정부가 결정하는 최저임금 결정 3단계 프로세스를 제안했는데, 프랑스는 소비자 물가지수와 근로자의 구매력 상승률을 기준으로, 독일은 협약임금 인상률을 기반으로 하고 있는 점을 고려하여 전문가 그룹이 객관적인 지표를 근거로 산식에 따라 최저임금 인상구간을 제시할 수 있다고 보았다.

(4) 최저임금 위반 시 처벌방법을 개선하자.

최저임금 수준과 함께 이를 반드시 지키도록 하는 것도 가장 기본이 되는 요소이다. 그래서 우리 사회에 아무리 어려워도 최저임금은 반드시 지킨다는 문화가 형성될 필요가 있다. 이러한 차원에서 정부가 캠페인도 벌이고 있으며 청소년 단체에 신고센터도 만들어 아르바이트 임금을 제대로 못 받는 청년들도 돕고 있다. 그럼에도 불구하고 최저임금을 덜 준 금액이 한 달에 20만 원 정도 되면 고용노동부에서 기소를 하더라도 실제 약한 처벌을 받는다. 그러다 보니 일부 사업주들은 일단 덜 주고 위반되면 그때 주겠다는 생각도 갖게 된다. 고의적 최저임금 미만 사례를 줄이려면 처벌 방법의 실효성을 높여야 한다. 따라서 최저임금 위반 시 처벌을 위반 적발 현장에서 즉시 500만 원의 과징금을 부과하는 방식으로 개선할 필요가 있다. 일부에서는 형사처벌 대신

30) 대한상의, "최저임금 결정방식 예측가능한 구조로 바꿔야" (대한상공회의소 보도자료, 2018.9.28.)

과징금을 부과하면 처벌이 약해진다고 생각할 수 있으나 최저임금 위반은 근로기준법상 임금 미지급 위반이 동시에 되므로 형사처벌은 언제든 가능하다. 유급주휴 계산 등을 잘 몰라서 또는 위반이 적발되어 시정명령이 내려오면 그때 시정하겠다는 일부 사업주들의 잘못된 인식으로 소액 특히 아르바이트 청년들에 대한 20~30만 원 체불이 많이 발생한다. 이를 현장에서 적발 시 바로 위반 건수별로 500만 원 과징금을 부과하는 방식으로 바꾸면 악의적인 최저임금 미지급을 상당히 방지할 수 있을 것이다.

(5) 유급주휴수당제도를 기본급 흡수 등 합리적인 방법으로 폐지하자.

1953년 제정 근로기준법에서는 "휴일은 임금산출의 근로일로 인정한다."라고 규정하였다.[31] 이 유급주휴일제도의 본래의 취지는 별도의 수당을 더하여 주라는 것이 아니라 월급제 등의 경우에 휴일에 근로를 제공하지 않는다고 하여 임금을 삭감하지 않도록 하려는 취지였으리라 생각된다. 즉 6일을 일하면 하루는 쉬게 하기 위해서 쉬더라도 급여를 주게 하자는 취지였다.[32] 그러나 이 제도가 주 48시간 근무제에서 주 44시간으로 그리고 주 40시간 즉 주 5일제로 법 개정을 통해서 단축하면서 근로자들의 임금 손실 없이 조정을 했어야 하는데 그렇지 못해서 많은 복잡한 갈등을 야기하고 있다. 주 5일의 근무제 기업의 경우 하루는 유급휴일이고 하루는 무급휴일 또는 휴무일로 규정하고

---

31) 현재의 근로기준법 제55조는 사용자는 근로자에게 1주에 평균 1회 이상의 유급휴일을 보장하여야 한다고 규정하고 있다. 다만, 1주에 15시간 미만 근로하는 초단시간근로자에게는 적용되지 않는다.

32) 유급주휴제도는 연속된 근로에서 근로자의 피로회복과 건강회복 및 여가활용을 통한 사회·문화적 생활의 향유를 위한 것이며, 근로자가 이를 충분히 활용할 수 있도록 휴식을 취하더라도 통상적 근로를 한 것처럼 임금이 지급되도록 유급으로 하는 것이다. (대법원 2013.11.28. 선고 2011다39946)

있다. 이러한 유급주휴제도는 선진국에서는 거의 찾아볼 수 없는 제도이다. 주 5일제를 도입하면서 유급주휴제도를 없애는 것이 논리적 타당하다고 보아 제의되었으나, 혹시 임금이 줄어들 것을 우려해 그대로 두게 되어 2일의 휴일 중 하루는 유급휴일이고 하루는 무급휴일 또는 휴무일이 되고 있다.

하지만, 문제는 소기업에서 법 내용을 잘 몰라 위반사례들이 많다는 점이다. 실제 월급을 책정할 때 사용자는 주휴수당을 고려하여 임금을 책정하므로 유급이 실질적으로 보장된다고 말하기도 어렵다. 다만 임금계산이 복잡해지는 등의 문제가 야기되고 있는 것이다. 무엇보다 최저임금 위반이 잦다. 급여를 시급으로 정한 경우 특히 아르바이트를 하는 경우에도 소정근로시간에 비례해서 유급휴일을 주어야 하는데 이를 모르는 사업주가 많다. 즉 하루에 3시간씩 아르바이트를 주 5일 한 경우 유급주휴 규정 해석에 의해 소정근로시간에 비례해서 3시간분의 유급휴가수당을 추가로 지급해야 한다. 그런데 모르기 때문에 '시급×아르바이트시간'으로 계산하여 급여를 주는 경우가 있다. 또한, 유급주휴제도, 연장근로와 휴일근로시간 규정이 별도로 되어 있어서 같은 휴일에 일해도 그 기업의 단체협약 및 취업규칙 규정에 의해 가산임금 기준이 다른 문제가 있다. 사례로 설명해 본다. 주 5일제가 도입되면서 A기업은 1일은 휴일로 규정하고 1일은 휴무일(휴일이 아니지만 40시간을 5일간 일함으로써 일하지 않게 되는 날)로 취업규칙이나 단체협약에 정한 경우이다. 휴일날은 당연히 유급휴일이므로 10시간 근무할 경우 주간의 8시간은 '유급주휴 100%+근무 100%+휴일 가산 50%'로 계산하여 250%를 받게 되고 연장 2시간은 휴일 가산 100%를 적용하여 300%를 받는다. 휴무일로 정해진 경우에는 10시간 일할 경우 8시간은 물론 8시간 넘은 2시간의 경우에도 모두 연장근로에 해당하여 '일한 것 100%+가산금 50%=150%'를 지급받게 된다. 고용노동부의 사례조사에 의하면 80% 정도의 기업들이 취업규칙 등에 이렇게 규정하고 있다. B기업 사례의 경우를 보자. 대규모 강한 노조가 있는 경우 단체협약에 주 5일 근무제를 도입하면서 2일 모두 유급휴일로 규정한 경우이다. 이 경우는 어느 휴일날 10시간 일해도 주간 8시간은 250%를, 나머지 2시간은 300%를 받게 된다. 이처럼 사업장의 노조 유무에 따라 취업규칙 규정에 의해 가산임금이 차등되는 불합리한 경우가 발생할 수 있다. 중소기업 등 80% 정도의 기업의 근로자는 1일의 유급휴가를 받고 있다. 즉 주 5일제 하에서 1일은 유급휴일, 다른 1일은 무급휴일로 정해져 있다. 그런데 20%의 대기업 · 공기업 근로자들의 경우 주 5일제 근무로 전환하면서 2일을 모두 유급휴일로 정했다. 그 결과 법적으로 지급해야 할 최저임금을 월 단위로 환산할 때 1일 유급휴일 근로자는 209시간인 반면, 주2일 유급휴일인 대기업 · 공기업 근로자는 243시간을 곱해야 한다.[33] 이것이 대기업 · 공기업과 중소기업 간의 격차를 키우는 또 하나의 원인이 되고 있다.

아울러, 노동시간 단축, 관공서공휴일의 유급휴일화 등에 따라 유급주휴일 보장의 당위성이 낮아졌다. 최저임금 인상에 따라 저임금 시대에 주장되었던 유급주휴일의 생계보전 기능도 약화되었고, 소상공인의 지급능력도 부족한 상황이다. 주휴수당을 회피하기 위한 수단으로 주 15시간 미만 초단시간 근로자가 계속 증가하고 있어, 주휴수당의 존재로 인해 취약 노동자의 근로조건이 더욱 악화되는 문제도 발생하고 있다. 2015년 초단시간 근로자수는 86만 3천 명이었으나, 2021년에는 108만 명으로 증가하였다. ILO협약, EU '근로시간 및 휴일에 관한 입법지침'에는 주휴일의 보장만 규정할 뿐 유급에 대

33) 최저임금 미지급에 대한 형사처벌 기준은 2019년 시행령으로 209시간으로 통일하였다.

한 규정은 없고, 비교법 연구의 주요 대상 국가인 독일, 프랑스, 미국, 일본에서도 주휴일을 보장하지만 유급으로는 하고 있지 않다.

장기적으로 유급주휴수당을 없애자. 다만, 유급주휴일제도가 지난 70여 년간 운영되어 산업현장의 임금제도 역시 유급주휴일 제도를 전제로 형성되어 왔다는 점을 고려할 필요가 있다. 임금 교섭관행도 노사가 유급주휴일을 고려하고 있으며, 통상임금 산정시간 등과 연계된 점을 감안할 때 폐지 시 파급효과가 상당히 클 것으로 예상된다. 노동계는 주휴수당 폐지 시 16.7%의 임금이 감소[34)]될 우려가 있어 저임금근로자 생계위협 등을 이유로 제도개선에 반대하는 입장이다. 도소매업, 음식숙박업 등 최저임금 영향이 큰 업종의 소상공인을 대표하는 단체는 최저임금 인상에 따른 인건비 부담을 덜기 위해 주휴수당 폐지를 강하게 주장한다. 다른 사용자단체도 주휴수당 폐지에는 동의하나, 통상임금 상승요인으로 작용하지는 않도록 해야 한다는 입장이다.

따라서, 유급주휴일 무급화는 월급·시급제 임금지급 형태별 노사 입장을 반영하여 노사갈등을 최소화하되, 최저임금 반영 또는 임금보전 등을 통해 16.7% 임금감소 효과를 긴 호흡으로 조금씩 흡수하도록 하여 현장에 안착시킬 필요가 있다. 이를 통해 임금 손실을 없게 하면서 유급주휴일제를 선진국처럼 무급휴일화해서 여러 가지 혼란과 불평등을 없애주자. 이는 입법을 통해서 해야 할 사항이다. 필요한 경우에는 경제사회노동위원회 등 사회적 대화틀을 활용하여 제도개선 논의를 진행해도 좋겠다.

유급주휴일 무급화를 위한 방안을 예시적으로 제시하면 다음과 같다. 먼

34) 월 소정근로시간 208.57시간에서 주휴일 34.76시간이 차지하는 비율인 16.7%만큼의 임금감소 효과가 발생하게 된다.

저, 유급주휴시간을 매년 1/8만큼, 즉 1시간씩 감소시켜 8년에 거쳐 단계적으로 주휴수당을 폐지하는 것이다. 최저임금 산입범위를 개선할 때 매월 1회 이상 정기적으로 지급하는 상여금과 현금으로 지급하는 복리후생비의 미산입 비율을 단계적으로 축소하면서 2024년부터는 전부 산입되도록 한 사례와 유사한 방식이다.[35)]

<표 8> 유급주휴시간 단계적 감소에 따른 월 소정근로시간 변화

구분	현재	1년	2년	3년	4년	5년	6년	7년	8년
월 시간	208.57	204.23	199.88	195.54	191.19	186.85	182.50	178.15	173.81

주휴수당을 단계적으로 폐지하면서, 최저임금액을 결정할 때 감소하는 주휴수당에 해당하는 매년 2.09%를 인상분으로 추가 반영하면 된다. 최저임금위원회는 8년간 2.09% 인상분을 토대로, 근로자의 생계비, 유사 근로자의 임금, 노동생산성 및 소득분배율 등을 추가로 고려하여 최저임금 인상률을 결정하면 된다. 이렇게 하면 최저임금 선상에 있는 시급제 또는 월급제 근로자의 경우 종전 임금수준이 유지되는 임금보전 효과가 발생한다. 소상공인, 중소제조업체 등에게도 주휴수당 감소와 최저임금 인상 효과가 상쇄되는 효과가 발생한다. 월급직의 경우에는 유급주휴시간 감소를 이유로 종전 임금을 낮추게 되면 노사갈등이 발생할 수 있으므로 이를 방지하기 위하여 사용자에게 임금보전 조치를 강구하도록 할 수 있다. 다만, 임금수준 저하를 금지해 버리

---

35) 상여금, 현금성 복리후생비의 최저임금 미산입 비율 : 상여금, 현금성 복리후생비 중 해당 연도 시간급 최저임금액을 월 단위로 환산한 금액의 아래 비율

연도	2019년	2020년	2021년	2022년	2023년	2024년~
매월 지급 상여금	25%	20%	15%	10%	5%	0%
현금성 복리후생비	7%	5%	3%	2%	1%	0%

면, 월급은 그대로인 상태에서 주휴시간만큼 통상임금 산정시간이 감소되어 통상시급이 상승하는 결과가 초래될 수 있다. 따라서 임금보전 조치를 의무화하고 처벌규정을 두기보다는 2004년 주 5일제 도입 때와 같이 임금이 저하되지 않도록 해야 한다는 규정[36]을 두는 정도면 되겠다. 이러면 사용자가 임금보전 조치, 통상시급 상승효과 등을 반영하여 협약임금 인상률 등을 조정하거나, 노사 간 합의를 통해 종전 법정주휴일을 약정유급휴일로 정하여 임금보전과 함께 통상시급을 유지하는 등의 다양한 방법들이 고려될 수 있겠다.

이처럼 주휴수당제도를 없애면 최저임금을 그 금액만큼 올릴 수 있어 상여금이나 다양한 수당 없이 기본급에 의존하는 중소기업 근로자 및 아르바이트 하는 청년에게 더 혜택이 돌아갈 수 있다. 또한 문재인 정부 들어 처음 2년 급격한 최저임금 인상 후 주휴수당을 주지 않으려고 1주 15시간 이내로 아르바이트를 쪼개기 하는 현상이 두드러졌는데 이러한 문제점도 해소할 수 있다.

(6) 지역 · 업종별 최저임금제는 새로운 갈등을 야기한다. 지역 · 업종별 협약임금제를 노사정 간 합의로 도입하자.

윤석열 후보는 선거운동 과정에서 최저임금의 업종별 · 지역별 차등적용을 언급한 바 있다. 그리고 2023년 최저임금 결정을 위한 최저임금위원회가 2022년 4월 심의를 시작하자 상당수 언론에서 업종별 · 지역별 최저임금제 시

36) 부칙 제4조제1항 사용자는 이 법의 시행으로 인하여 기존의 임금수준 및 시간당 통상임금이 저하되지 아니하도록 하여야 한다.

행을 강조하였다. 취지와 그것으로부터 얻고자 하는 긍정적인 효과에 대해서는 공감한다. 그렇지만 실현되기 어려운 과제이다. 이유는 우리나라 최저임금의 영향률과 지역정서를 깊게 고려하지 않았기 때문이라고 본다. 앞서 설명한 것처럼 우리나라 최저임금 영향률은 2019년 기준으로 경제활동부가조사에 의하면 25%이고 고용형태별 부가조사에 의하면 18.3%이다. 이는 일본 등 여타 OECD 선진국들이 통상 2~3%인 점, 즉 우리가 거의 10배 정도 높다는 점을 깊게 살펴야 한다. 상당 기간 최저임금 인상 수준을 낮게 가져가거나 또한 앞서 설명한 바와 같이 산입범위를 과감히 확대하여 영향률이 어느 정도 낮아져서 일자리를 줄이지 않고 올릴 수 있는 여력이 될 때 업종별 차등이 가능해질 것이라 판단된다. 지역별 최저임금은 각 지방자치단체별로 조례로 생활임금제를 도입한 사례가 있다. 이 사례들을 보면 중앙정부가 기준으로 정한 최저임금보다 상당히 높은 임금을 생활임금으로 정하고 있음을 알 수 있다. 우리나라의 국민 정서를 감안해 보면 어느 지역에 사는 근로자가 같은 일을 하는데 최저임금을 낮게 결정하는 것은 정치적으로 불가능하다고 본다. 단체장들이 견뎌내지 못할 것이다. 오히려 자칫 지방자치단체별로 서로 최저임금을 더 올리려는 요인이 될 수 있다. 대안으로 법정 최저임금은 급격한 인상보다는 감당할 수준 정도로 인상하면서 사회적으로 서로 신뢰하고 지키는 사회적 협약임금을 노사정 간 합의로 활성화해 볼 필요가 있다. 특히 업종별, 지역별 협약임금을 정해 나가는 것도 좋은 대안이 될 수 있다. 즉 법정 최저임금 인상은 일정기간 비교적 안정적으로 낮게 가져가 영향률을 낮게 하면 일자리 축소 우려가 줄어들게 되고 법 위반도 줄어들게 된다. 그러면서 법정 최저임금을 기준으로 하여 업종별, 지역별 노사정 협의체를 토대로 지급여력을 토대로 법정 최저임금보다는 다소 높게 지역·업종별 사회적 협약임금 또는 연대임금을 설정하여 당사자들이 자율적으로 지켜나가도록 하는 것이다. 이를 위해서는 지역별, 업종별 노사정 협의체의 활성화가 필요하다. 필자는 중소기업의 노조 가입률이 매우 낮음을 감안하여 30인 이상 설치가 의무화되어 있는 노사협의회 노사대표들이 주축이 되는 지역별, 업종별 대표협의체를 결성하여 활용하는 방안을 대안으로 제시하고자 한다. 전국 단위 노사협의회 대표가 선출되면 전국 단위 노사민정 대표로도 참석할 수 있어, 그간 노조 조직률 14%의 양 노총이 노동계 대표가 맞는가에 대한 문제제기에 대한 보완방안이 되기도 할 것이다. 필자가 장관 시절 이 점을 강화해 보고자 지역별로 각 기업의 노사협의회 대표들을 초청하여 간담회를 시도한 바 있었다. 활성화되려면 당사자들의 인식 전환이 필요함을 느꼈다. 참고로 인력수입국인 싱가포르는 최저임금이 아주 낮다. 그러면서 자국민들에게는 직종별로 일정 수준 이상의 임금이 지급되도록 협약으로 유도하고 있다. 우리도 직종별로 노사 간 자율적 사회적 협약임금을 합의하고 서로 지키는 노력을 하는 방안이 여러 가지 효과가 있을 것이다.

(7) 65세 장년에게는 10% 감액 적용으로 일자리 기회를 늘려주자.

65세 장년들에 대한 10% 정도의 감액제도를 운용해보자. 앞서 설명한대로 우리나라는 국민연금 지급수준이 평균 1인당 60만 원 이하이다. 따라서 불가피하게 건강이 허용하는 한 일을 해야만 하는 상황이다. 필자가 근로기준국장 시절 단순업무 종사자에 대해서 수습기간 중 10% 감액제도는 없애면서 대신 일자리 구하기 어려운 65세 이상 장년에 대해서는 10% 감액제도를 시행해보자고 언론에 밝힌 바 있다. 그 근간에는 당시 대한노인회장님께서 감액제도를 활용해서라도 상시적인 일자리를 마련해 달라는 간절한 말씀을 주신 것도 크게 작용했다. 이에 대한 전반적인 여론을 살펴보려고 언론에 밝혔는데, 모 노동단체에서 "벼룩의 간을 빼 먹어라."라는 반응을 보였다. 그래서 대한노인회장님의 간절한 호소를 다시 한번 설명한 바 있다. 현재의 최저임금제하에서는 65세 이상 장년들보다는 외국인을 선호하는 경향을 바꾸기 어렵다. 그분들 시각에서 접근하는 것이 정책의 올바른 지향점일 것이다.

제5절

근로시간의 자율성과 유연성을 높여주자.

우리가 이 검의 주인이 아니라 이 검이 우리의 주인이구나!

영화 아카데미상에 빛나는 중국의 무협영화 <와호장룡>에서 주인공 이모백이 스승에게 배운 말이라며 스승의 딸이자 자신의 평생 짝사랑 연인 유수련에게 해준 말이 있다. “세상엔 영원한 것은 없어! 주먹을 꽉 쥐면 그 안에 아무것도 없지만 주먹을 놓으면 모든 게 있어.”라는 대사에 깊은 감명을 받은 바 있다. 그 후속편 <와호장룡-운명의 검>에서는 무당파의 400년 된 청명보검을 차지하려고 강호의 고수들이 싸운다. 마지막 고수가 청명보검을 차지하려 싸우다 죽으며 깨닫고 하는 말이 “우리가 이 검의 주인이 아니라 이 검이 우리의 주인이구나!”였다. 그 검에 집착하느라 무예인으로 지켜야 할 의무인 ‘예법, 도리, 명예’를 잃어버렸다는 회한의 말이 크게 와닿는다. 비유하기에 딱 맞는 것은 아니지만 우리가 제도에 집착하다 보면 그 제도의 목적을 잃어버릴 수 있음을 상기시켜준다. 근로시간제도에 관한 노사단체의 시각에 그런 측면이 있어 안타깝다. 현장의 당사자는 자율성을 원하는데, 상급단체, 또는 정부도 현 제도를 지키는 것이 최고인 것으로 생각하는 면이 있어서이다.

OECD 주요 국가의 고용률을 보면 소득 3만 불이 넘는 국가의 경우 15세에서 64세까지의 고용률이 70%를 넘는다. 2019년도 OECD 평균 고용률이 70.6%이고, 네덜란드, 독일 및 일본이 76~78% 수준이다. 우리나라는 66.8%

에 그치고 있다. 우리나라가 OECD 국가들보다 5%p에서 10%p 정도 낮다. 그 원인에는 장시간근로와 일·가정 양립형 파트타임일자리 비율의 저조가 자리 잡고 있다. 일하는 사람의 총근로시간을 1일 8시간, 주 40시간으로 환산해 보면, 우리나라가 57% 수준이고 네덜란드의 경우 59% 정도로 우리에 비해 불과 2%p 정도 높은 수준에 불과하다.

이는 우리나라의 경우 연장·휴일근로가 많아서, 그리고 일·가정 양립에 필수적인 자발적 단시간근로와 탄력적인 근로시간 활용이 낮아서이다. 2017년 4월 4차 산업혁명에 대비하여 노사정이 협의를 통해 미래를 가장 잘 준비해 나가고 있는 독일을 방문하였다. 그들의 근로시간제도 변화 합의배경에 대해 독일 장관 및 노사정 협의 진행팀과 장시간 토론한 적이 있다. 독일은 4차 산업혁명에 대비하여 근로시간을 감축시켜나가되, 근로시간과 장소에 대한 유연성과 탄력성 그리고 당사자 자율 결정성을 높여간다는 데 원칙적 합의를 했다. 우리는 탄력적 근로시간제, 재량근로제 등이 마치 기업의 생산유연성을 위해 존재하는 것으로 이해되고 있지만, 독일의 경우는 근로시간 주권, 즉 일하는 시간과 장소에 대한 근로자의 자기결정권 강화라는 차원에서 더 많이 이해되고 있었다.

2008년 근로기준국장 재직 시 근로시간저축계좌제라도 도입하려고 노력했지만, 정치권이 입법안 제출도 하지 말라는 분위기여서 시도하지 못했다. 우리나라가 근로시간과 관련해서 해결해야 할 과제들은 장시간근로에 대한 단계적이지만 강력한 축소, 근로시간 유연·탄력성 강화와 노사 당사자 결정성 확대일 것이다.

1. 개선 필요성

노동법의 역사는 근로시간 단축의 역사라고 해도 과언이 아니다. 1953년 제정된 근로기준법은 1일에 8시간, 1주일에 48시간을 기준으로 하면서 당사자의 합의에 의해 60시간을 한도로 근로할 수 있도록 하고 있었다. 이후 산업구조의 변화와 함께 근로시간이 국제 기준에 부합해야 한다는 요구 등에 따라 법정 근로시간을 주 48시간에서 1989년 주 44시간으로 단축하고, 2003년 주 40시간으로 단축하면서 주 5일제를 시행하였다. 당시 근로시간 단축이 원활하게 정착할 수 있도록 각각 3년, 8년에 걸쳐 기업 규모별로 단계적으로 시행된 바 있다.

그러나, 법정 근로시간의 단축에도 불구하고 현장에서는 연장근로와 휴일근로에 의존함으로써 뿌리 깊은 장시간근로 관행을 개선하고 실 근로시간 단축을 유도하는 데에는 한계가 있었다. 2015년 기준으로 우리나라 근로자의 연간 근로시간은 2,071시간에 달해 OECD 국가 중 두 번째로 높은 수준으로 장시간근로 관행이 만연해 있었다.[37] 장시간근로는 근로자의 건강권과 휴식권을 훼손하고 근로자의 삶의 질을 떨어뜨리며, 결과적으로 생산성 저하와 기업 경쟁력 약화를 초래한다.

---

37) 멕시코가 2,346시간으로 근로자의 연간 근로시간이 가장 높았다. OECD 평균은 1,691시간이었고, 독일 1,304시간, 일본 1,734시간, 미국이 1,795시간이었다.

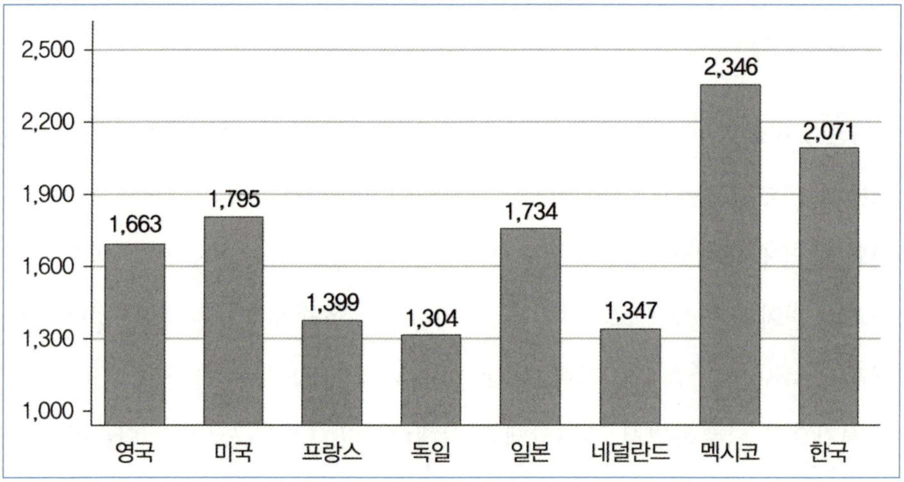

그림 6 | OECD 국가별 연간 근로시간(2015년 기준)

근로시간에 있어서도 2015년 노사정이 합의한 바와 같이 1,800시간대로 단축하기 위하여 조속한 시일 내에 연장·휴일 근로 통합 등 근로시간의 총량 규제 강화와 단계적 시행, 특례업종 축소 등 제도개선과 행정적 조치를 적극 추진하는 것이 필요했다. 아울러 총량 제한 범위 내에서는 수요변동이나 직무 특성을 반영할 수 있도록 노사자율로 탄력근로, 재택근로 등 근로시간 운영의 유연성을 확대하는 방향으로 개선할 필요성도 있다. 특히, 미래사회에 대비하기 위해 재량적인 업무 등을 담당하는 고임금 전문직 근로자, 온라인상에서 노동 수요·공급이 연결되고 일하는 방식도 온라인상에서 이뤄지는 소위 플랫폼종사자 등에 대해서 근로시간 산정과 보상을 일반근로자와 같이 획일적으로 규제하기보다는 당사자 간 합의와 재량에 맡기는 국제적 추세도 논의과정에서 고려할 필요가 있다.

이를 제도적으로 해결하기 위한 입법 시도가 2015년부터 지속되었고, 2018년 여야 합의를 통해 주 최대 근로시간을 52시간으로 단축하고 근로시간 특례업종을 축소하는 등의 내용을 담은 입법으로 상당 부분 개선되고 있는 상황이다.

2. 그간의 개선사항

노사정은 그간 장시간근로의 문제점을 공감하고 2009년부터 수차례 특별위원회를 구성하여 논의하였다.[38] 2015년 9월 15일 필자가 장관으로 재직 시 수많은 어려움을 극복하고 노사정위원회는 휴일근로를 연장근로에 포함하여 주당 근로시간 한도를 기존 68시간에서 52시간으로 줄이고, 근로시간 한도의 적용을 받지 않는 특례업종을 26개에서 10개로 줄이는 등 근로시간 단축 제도개선을 위한 "노사정 대타협"을 도출한 바 있다.

❙ 2015.9.15. 노사정 대타협 내용

IV. 3대 현안의 해결을 통한 불확실성 제거

2. 실근로시간 단축을 위한 법제도 정비

2-1 장시간근로 관행 개선과 근로문화 선진화를 위하여 2020년까지 전 산업 근로자의 연평균 실근로시간이 1800시간대로 단축될 수 있도록 적극 협력한다.

- 노사정은 근로시간 현안문제에 관한 입법이 조속이 이루어질 수 있도록 협력하고, 근로시간 단축과 일 · 가정 양립을 위한 근로문화 개선 및 생산성 향상 운동을 전사회적으로 전개한다.

2-2 휴일근로의 연장근로 포함

- 1주일은 7일로 하여 휴일근로시간을 연장근로시간에 포함하고, 주당 근로시

38) 근로시간 · 임금제도 개선위원회(2009년 6월 ~ 2010년 9월), 근로시간 특례업종 개선위원회(2011년 8월 ~ 2012년 1월), 실근로시간 단축 위원회(2012년 2월 ~ 2013년 4월), 노동시장 구조개선 특별위원회(2014년 9월 ~ 2015년 9월)

간은 52시간(기준근로시간 40시간+연장근로시간 12시간)으로 한다.

2-3 단계적 적용

- 휴일근로의 연장근로 포함은 법 개정 후 1년이 경과한 시점부터 시작하여 기업규모를 기준으로 하여 1년씩 4단계에 걸쳐 시행한다.
  - 1단계 : 1000인 이상, 2단계 : 300~999인, 3단계 : 100~299인, 4단계 : 5~99인

2-4 특별연장근로

- 휴일근로가 연장근로에 포함되는 시점부터 특별연장근로(52+α)를 허용하되, 남용방지를 위하여 사유(주문량 증가 등), 절차(노사대표 서면합의), 상한(1주 8시간)을 설정한다. 그리고 휴일근로의 연장근로 포함이 모두 완료되는 시점부터 일몰을 전제로 4년간 허용한 후, 특별연장근로제도의 지속 여부를 재검토하기로 한다.

2-5 정부는 근로시간이 급격히 단축됨에 따라 발생하는 중소기업의 경영상 애로와 중소기업 근로자의 임금소득 감소에 대해 설비투자지원 및 인건비 보조금 등을 지원한다.

2-6 근로시간 특례업종 축소

- 근로시간 특례업종은 현재 26개 업종에서 10개 업종으로 축소하고, 남아있는 특례업종의 근로시간 상한선 수준 및 최소휴식시간 보장 등 장시간근로 개선방안은 2016년 5월 말까지 업종별 실태조사 및 노사정위원회 논의 등을 통해 마련한다.

2-7 근로시간 적용제외제도의 개선

- 5인 미만 사업장, 농업 등에 대한 근로시간 적용제외제도 개선방안을 2016년 5월 말까지 실태조사 및 노사정 논의 등을 통해 마련한다.

2-8 실근로시간 단축의 보완 조치

- 실근로시간을 단축하고, 근로시간 규제의 사각지대를 해소해 나가되, 총 근로시간 범위 내에서 노사가 자율적으로 근로시간제도를 운영할 수 있도록 한다. 다만, 근로자 건강보호 등을 위해 남용방지 방안을 강구한다.

2-9 탄력적 근로시간제

- 탄력적 근로시간제의 단위기간은 1개월(취업규칙) 6개월(노사합의)로 하되,

특별연장근로의 허용이 종료되는 시점부터 적용한다.

2-10 재량근로시간제

- 정부는 실태조사 및 노사와의 협의를 거쳐, 업무의 성격에 비추어 근로자의 재량에 위임할 필요가 있는지 등을 기준으로 대상업무를 조정하기로 한다.

2-11 휴가 소진

- 노사정은 휴가제도의 본래 취지에 맞추어 연속 연차휴가 사용 등을 통한 휴가 소진을 촉진하고, 일터 문화를 일·가정 양립형으로 전환하는데 함께 노력하기로 하며, 특히 정부가 솔선수범하여 이러한 분위기가 전사회적으로 확산될 수 있도록 한다.

19대 국회에서 근로시간 단축 제도개선을 위한 노사정 대타협을 토대로 입법을 추진하였으나 상임위에서 논의 중에 정국이 탄핵국면으로 들어서면서 입법추진이 어렵게 됨으로써 성사되지는 못했다. 문재인 정부도 그간의 노사정 대타협과 입법추진의 전반적 상황을 토대로 국정과제 및 경제정책 방향으로 1,800시간대 근로시간 실현을 주요 목표로 설정했다. 20대 국회에서 근로시간 단축에 대한 여야 논의가 계속되었고 2018년 2월 28일 국회를 통과하게 된다.

❙ 근로기준법 개정 주요 내용(2018.3.20. 공포)

① 연장 · 휴일근로 포함 1주 최대 52시간 실시(기업규모별 단계적 시행)
- (2018.7.1.) 300인 이상 사업장 및 국가 · 지자체 · 공공기관
- (2020.1.1.) 50~300인 미만 사업장
- (2021.7.1.) 5~50인 미만 사업장

② 30인 미만 사업장은 8시간 추가 연장근로 한시적 인정(2021.7.1.~2022.12.31.)

③ 18세 미만 연소근로자 최대 근로시간 단축(2018.7.1. 시행)

- 법정 근로시간 : 1주 40시간 → 1주 35시간
  연장근로 한도 : 1주 6시간 → 1주 5시간

④ 휴일근로 가산수당 할증률 명시(공포 즉시 시행, 2018.3.20.)
- 8시간 이내 50%, 8시간 초과 100%

⑤ 특례업종 축소(2018.7.1. 시행) 및 특례도입 사업장 11시간 연속 휴식시간 보장(2018.9.1. 시행)
- 특례 유지 5개 업종 : 1. 육상운송업(「여객자동차 운수사업법」의 노선여객자동차운송사업 제외), 2. 수상운송업, 3. 항공운송업, 4. 기타 운송관련 서비스업, 5. 보건업

⑥ 관공서의 공휴일을 유급휴일로 의무 적용(기업규모별 단계적 시행)
- (2020.1.1.) 300인 이상
  (2021.1.1.) 30~300인 미만
  (2022.1.1.) 5~30인 미만

우리나라는 연장·휴일근로가 예외가 아니라 상시적으로 활용됨에 따라 세계 최고 수준의 장시간근로 국가라는 오명을 안고 있었다. 우리나라 근로자의 연간 근로시간은 2015년 기준으로 2,071시간에 달해, OECD 국가 중 멕시코에 이어 두 번째로 높은 수준이었다. 2003년 주 5일제를 통해 법정 근로시간을 단축한 이후 연간 실근로시간이 점진적으로 단축되었으나, 그 속도는 매우 더딘 상황이었다. 2015년 고용형태별 근로실태조사 결과를 보면, 법정 근로시간인 40시간을 초과해 연장근로하는 근로자 비율은 80%에 이르고, 52시간을 넘는 근로자도 10.2%였다. 초과근로(연장+휴일)시간이 주 12시간을 초과하면서 휴일근로를 하는 근로자는 약 79.8만 명(7.6%)이었고, 주 52시간 초과 근로자 중 100인 미만 중소기업(64.8%), 제조업(52.9%)에 절반이 넘게 나타나고 있었다. 이러한 장시간근로에는 가정·삶보다는 일을 중시하는 문

화, 임금 및 생산량 상승에 대한 근로자·기업의 수요 등 여러 가지가 있겠으나, 근로시간에 대한 명확하지 않은 법 규정 및 행정해석도 한 몫을 하고 있었다. 우리 근로기준법은 1주 법정근로시간을 40시간으로 하면서, 예외적으로 노사합의 또는 개별근로자의 동의가 있으면 연장근로 12시간, 휴일근로를 별도로 인정하여 단체협약이나 취업규칙에 규정한 경우 2일, 16시간을 추가로 더 근로할 수 있도록 해석하고 있었다. 법정 근로시간이 단축되면서 휴일근로를 어떻게 볼 것인지 명확화하지 않았던 것이다. 주 48시간 및 44시간제 하에서는 1주일에 6일을 근무하므로 휴일은 1일이라는 것이 당연했다. 그래서 휴일근로가 연장근로에 포함되지 않는다는 정부의 행정해석대로 할 경우 44+12+8시간, 최대 근로시간이 64시간이 된다. 그런데 44시간에서 주 5일제, 40시간으로 개정하면서 실제 휴일이 2일이 되므로 그런 방식대로 계산하면 극단적으로는 총근로시간이 오히려 40+12+16시간, 즉 68시간으로 오히려 총 근로시간이 늘어나는 결과를 가져왔다. 조금 이상한 질문이긴 하지만, 이는 1주를 휴일을 제외한 5일로 보느냐, 휴일을 포함한 7일로 보느냐는 문제와도 관련이 있었다. 개정 근로기준법은 1주를 휴일을 포함한 7일로 명확하게 정의하였다. 아울러 1주 근로시간 한도는 휴일·연장근로 12시간을 포함하여 최대 52시간으로 규정하였다. 근로시간 단축 시행 시기는 상시근로자 수에 따라 1년 6개월 간격으로 3단계로 나누어 2021년 7월 1일까지 단계적으로 시행되었다.[39] 2015년 노사정 합의에서는 과거 주 5일제 도입 경험을 준용해 기업들의 수용도를 높이기 시행시기를 4단계로 적용하기로 하였으나, 국회에서 여

39) 근로자 300인 이상 및 국가, 지방자치단체, 공공기관은 2018년 7월 1일부터, 근로자 50인에서 300인 미만은 2020년 1월 1일부터, 근로자 5인에서 50인 미만은 2021년 7월 1일부터 시행되었다.

야 합의를 통해 3단계로 조정되었다. 시행시기 적용단계 축소로 기업들은 많은 부담과 어려움을 느꼈고, 정부는 실제 적용함에 있어 기업에게 근로시간 단축을 위한 준비기간을 충분히 부여하기 위해 행정적으로 계도기간을 2차례 부여한 바 있다. 300인 이상의 기업에게는 6개월, 50인에서 100인 미만 기업에게는 1년의 계도기간을 부여하였다. 계도기간은 법 시행 시기를 연기하거나 유예하는 것이 아니며 처벌이 면제되는 기간도 아니었다. 정부의 행정적 조치로써 현장의 어려움 등을 감안하여 적극적인 단속을 다소 완화하는 것이었다. 아울러 법 개정 시 30인 미만 사업장의 경우 사업장의 영세성을 추가적으로 고려하여 충분한 준비시간을 주기 위해 1주 8시간의 범위 안에서 근로자대표와의 서면 합의가 있으면 특별연장근로를 허용하였다. 이 조치는 한시적인 것으로 2021년 7월부터 2022년 12월까지만 인정되도록 하였다. 당초 노사정 대타협에서는 소기업의 어려움과 해당 근로자들의 임금감소를 감안하여 4년간 특별연장을 인정하는 데 합의하였으나, 문재인 정부 입법안에서는 이를 1년으로 한 것이다. 2018년 장시간근로에 대한 사회적 논쟁과 근로시간 단축을 위한 근로기준법 개정은 산업현장에 많은 영향을 미치고 있다. 상용근로자 5인 이상 사업장의 연간 노동시간이 2018년도에 처음으로 1,900시간대에 돌입하였고, 지속적으로 감소하고 있다. 또한 주 52시간을 초과하여 근로하는 장시간 근로자의 비율도 2017년 15.1%에서 2020년 7.9%로 큰 폭으로 감소하였다.

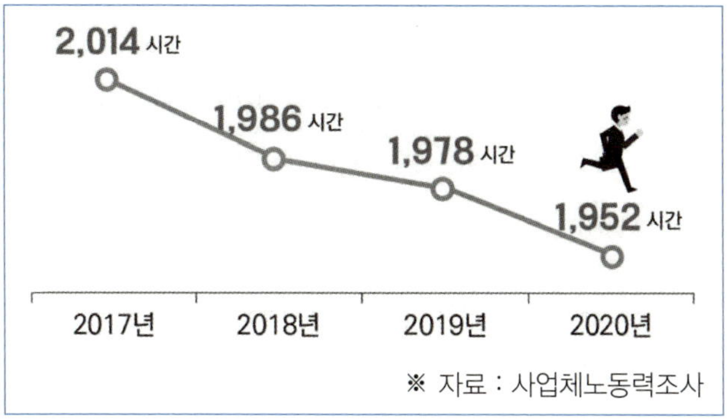

그림 7 | 임금근로자(상용 5인 이상) 연간 근로시간

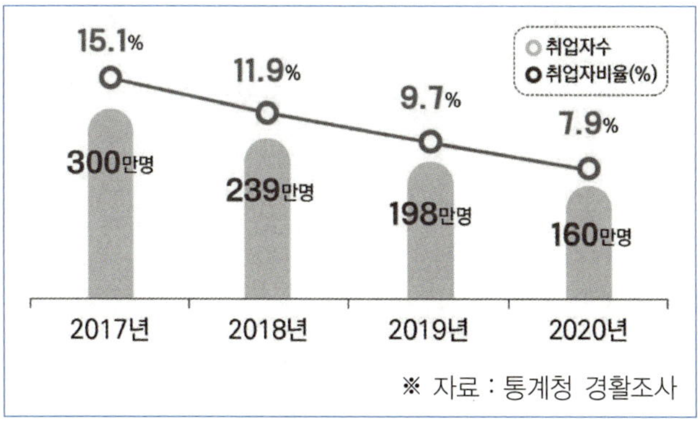

그림 8 | 주 52시간 초과 임금근로자 수 및 비율

둘째, 9.15. 노사정 대타협을 토대로 2018년 근로기준법 개정은 휴일근로 할증률을 명확히 하여 산업현장에서의 혼란을 해결하였다. 1953년 근로기준법 제정 시에는 연장, 야간근로 시에는 50%를 가산하도록 규정되어 있었고 1961년 개정 시 휴일근무규정을 도입하면서 휴일근무 시에도 50% 가산임금을 주도록 규정한 바 있다. 정부는 근로기준법상 1주 법정근로시간을 40시간으로 하면서도 노사합의 또는 개별근로자의 동의가 있으면 연장근로 12시간 외에 단체협약이나 취업규칙에 규정한 경우 2일, 16시간의 휴일근로를 추가

로 할 수 있다고 해석하고 있었다. 그리고 휴일근로 할증률과 관련해서는 1991년 대법원 판례에 의해 휴일 주간에는 일반 연장근로와 같이 50%를 가산하고 휴일 8시간을 초과하여 휴일과 연장이 겹칠 경우는 50+50=100%를 가산한다고 해석하고 있었다. 하지만 노동계는 근로기준법 제56조가 사용자는 연장근로와 야간근로 또는 휴일근로에 대하여는 통상임금의 100분의 50 이상을 가산하여 지급하여야 한다고 규정하고 있기 때문에, 주간 휴일근로의 경우에도 연장근로와 휴일근로가 겹치므로 100%의 가산임금을 지급해야 한다고 주장하였다. 그리고 2017년 11월 21일 대법원 보도자료에 따르면 대법원에 진행 중인 휴일근로 수당 중복할증 관련 사건은 23건에 이르고, 하급심에서도 동일 쟁점의 많은 사건들이 진행 중이었다. 따라서 산업현장의 혼란을 방지하기 위해서는 입법을 통해 이를 해결할 필요가 있는 상황이었는데, 개정 근로기준법은 8시간 이내의 휴일근로는 50%, 8시간을 초과한 휴일근로는 100%를 지급하도록 규정하였다. 연장근로와 휴일근로 가산율의 중복 지급 논란을 법률로 명확하게 정리한 것이다. 입법에 이어 2018년 6월 21일 대법원 전원합의체에서도 휴일·연장근로수당 중복할증을 인정하지 않아도 된다는 판결을 냈다.[40] 2016년 OECD가 한국경제 보고서에서 근로자들이 50% 할증률에 이끌려 초과근로를 하게 된다고 지적하였듯이 선진국에 비해 지나치게 높은 할증률은 휴일근로 증가라는 왜곡현상이 나타날 수 있다. 선진국의 경우에도 할증률을 낮게 설정하거나 당사자가 자율적으로 결정하도록 하고 있는 점 등을 고려할 때 모처럼 입법을 통해 갈등의 지속을 방지해준 사례라 할 수 있다.

40) 대법원 2018.6.21. 선고 2011다112391

❙ 외국의 할증률 현황

- (ILO) 25% 이상
  - ILO 제1호제6조, 제30호제7조 : 초과근로시간에 대한 임금률은 정규 임금률의 1.25배 이상이어야 한다.
- (일본) 연장 · 야간 25%(월 60시간 이상 50%), 휴일 35%
  - 휴일근로와 연장근로는 중첩되지 않음(휴일 8시간 초과 시에도 할증률 35%)
- (미국) 연장 50%
  - 미국 공정근로기준법 제7조 (a) (1) : 초과근무 시간에 대해 통상적 임금의 1.5배에 해당하는 보수를 지급하지 아니하고는 당해 근로자를 주당 40시간을 초과하여 고용할 수 없다.
- (프랑스) 주당 연장근로 최초 8시간 이내 25%, 이후 50%
  - 2016년 7월 노동법 개정으로 기업 내 협약을 통해 할증률 10%로 하향 가능
    - 노동법전(L.212-5) : 주당 근로시간을 초과하는 추가 근로시간에 대해서 할증임금을 요구할 권리가 있다. (첫 8시간 : 25%, 이후 시간 : 50%)
- (영국, 독일) 규정 없음(통상 단체협약으로 25% 이상)

셋째, 근로시간 및 휴게시간의 특례 적용업종을 26개에서 5개로 대폭 축소하였다. 근로기준법에서는 업종의 특성을 고려하여 운수업, 보건업, 사회복지서비스업 등 26개 업종에 대하여 근로시간 및 휴게시간에 대한 특례를 인정해 왔다. 사업주가 근로자대표와 서면 합의한 후 연장근로시간 한도를 초과할 수 있고, 휴게시간도 탄력적으로 부여할 수 있도록 하고 있다. 이들 업종의 경우 다른 업종과 같이 연장근로시간이나 휴게시간을 엄격하게 통제하면 공중생활의 불편을 초래하거나, 사업 목적의 달성이 어렵다고 보아 융통성을 부여한 것이다. 하지만 특례제도는 연장근로의 한도를 적용받지 않으므로 근로자대표와의 서면 합의를 통해 제도를 도입한 경우 사실상 무제한적인 장시간

근로가 가능해 근로자의 건강과 안전은 물론 공중의 생명까지 위협하는 요인이 될 수 있었다. 2016년 관광버스 졸음운전, 2017년 7월 오산에서 서울 왕복 광역버스 졸음운전으로 인해 안타까운 인명사고가 있었는데, 노선여객자동차 운송사업도 특례업종에 해당했기 때문에 발생한 사고였다. 2016년 고용형태별 근로실태조사에 따르면 26개 특례업종의 근로자수는 453만 명으로 5인 이상 전체 근로자의 40%에 달했다. 2015년 9월 15일 노사정위원회는 26개 특례업종을 10개 업종으로 축소하는데 합의하였다. 국회에서는 여야 합의로 영상·오디오 및 기록물제작 및 배급업, 방송업, 전기통신업, 하수·폐수 및 분뇨처리업, 사회복지서비스업을 특례업종에서 추가적으로 제외하기로 하여, 개정 근로기준법은 육상운송업(노선여객자동차운송사업은 제외), 수상운송업, 항공운송업, 기타 운송관련 서비스업, 보건업 등 5개 업종만을 특례업종으로 남겼다. 이에 따라 특례업종의 근로자수는 102만 명으로 대폭 줄어들게 되었다.

Ⅰ 특례유지(5개)

- 육상운송업(49), 수상운송업(50), 항공운송업(51), 기타 운송관련 서비스업(529), 보건업(86)
  - 육상운송업 중 노선여객자동차운송업은 제외

Ⅰ 특례제외(21개)

- 자동차 및 부품판매업(45), 도매 및 상품중개업(46), 소매업(47), 보관 및 창고업(521), 금융업(64), 보험 및 연금업(65), 금융 및 보험 관련 서비스업(66), 우편업(611), 교육서비스업(85), 연구개발업(70), 숙박업(55), 음식점 및 주점업(56), 광고업(713), 시장조사 및 여론조사업(714), 사업시설 관리 및 조경서비스업(742), 미용, 욕탕 및 유사서비스업(961), 영상 · 오디오 기록물 제작 및 배급업(59), 방송업(60), 전기통신업(612), 하수 · 폐수 및 분뇨처리업(37), 사회복지서비스업(87)

※ 괄호안의 숫자는 한국표준산업분류에 따른 중분류(2자리) 또는 소분류(3자리)

아울러, 특례제도를 도입한 경우에도 근로일 종료 후 다음 근로일 개시 전까지 최소 11시간의 연속휴식기간 부여를 의무화하여 과도한 장시간근로를 방지하였다. ILO 도로운송 근로시간에 관한 협약(제153호)에서 연속휴식시간으로 10시간을 부여하고 있고, EU, 독일, 영국에서도 근로 종료 후 최소 11시간 이상 휴식을 부여하고 있는 것을 참고하여 반영한 것이다.

넷째, 그러나 경영계에서는 탄력적 근로시간제 확대 등의 보완입법을 적극 요청하게 된다. 우리나라의 탄력적 근로시간제는 단위기간을 3개월 이내로 매우 짧게 설정되어 왔다. 따라서 계절에 따른 수요량 변동, 제품 주기에 따른 분기별 수요변동이 있는 경우에는 활용이 어려웠다. 예를 들어 서비스업의 경우 계절적 수요변화가 큰 업종(관광업, 음・식료판매 등)이 적지 않고, 제조업의 경우 제품생산주기(통상 3~6개월)에 따라 연중 생산량이 몰리는 시기가 발생하므로 1주 총 근로시간 한도를 축소(68시간 → 52시간)하는 대신 근로시간을 유연하게 활용하여 수요변화에 대응토록 할 필요가 있었다. 실제 필자가 고용노동부장관 시절 근로시간 감독 결과, 식료품제조업의 경우 계절적 수요변동 등으로 위반근로자 비율이 월별로 많게는 5~6배 가량 차이 나는 업체가 다수 발견된 바 있고, 이는 2주 및 3개월 단위로는 탄력적 근로시간제 취지에 맞게 활용하는데 한계가 있음을 보여주는 것이다. 실제로 2013년 탄력적 근로시간제도 도입률은 4.8%로 매우 저조했다.[41] 이에 경제사회노동위원회는 「노동시간 제도개선 위원회」를 구성하고 2019년 10월 탄력적 근로시간제의 단위기간을 최대 6개월로 확대하는 등의 사회적 합의를 도출하였으나, 20대 국회에서는 입법이 이뤄지지 못했다. 이어 21대 국회에서 보완입법 마련

41) 고용노동부, 2013년 기업체 노동비용조사 결과

을 위해 지속적으로 논의하여 3개월 초과 6개월 이내의 탄력적 근로시간제를 도입하고, 근로자의 시간 선택권의 중요성이 높은 연구개발 업무에 한정하여 선택적 근로시간제의 정산기간을 3개월로 확대하는 근로기준법이 2020년 12월 개정되었다.

❙근로기준법 개정 주요 내용(2021.1.5. 공포)

① 탄력근로제 : 단위기간 3~6개월 제도 신설(기존은 2주, 3개월 이내), 근로일간 11시간 연속 휴식시간 부여
② 선택근로제 : 연구개발 업무의 정산기간 확대(1 → 3개월), 11시간 연속휴식 부여
③ 특별연장근로 : 사용자의 근로자 건강 보호조치 의무화

이와 함께 정부는 고시를 개정하여 근로시간 특례업종에서 제외된 금융업종 직무 중 전문적인 업무에 해당하는 금융투자분석 및 투자자산운용 업무를 재량근로제 대상업무에 포함하였다. 또한, 근로기준법 시행규칙 개정을 통해 특례업종 축소 등으로 예측하지 못한 돌발적 상황, 업무량 폭증 등으로 법정 연장근로시간 내에서 대응하기 어려운 사례가 발생할 수 있는 점을 고려하여, 개별근로자의 동의와 고용노동부장관의 인가를 받아 운영할 수 있는 특별연장근로 인가 사유를 확대하였다.

근로자들의 임금이 줄어들 우려를 고려해 6개월 단위 탄력적 근로시간제 도입 시 사용자는 임금보전 방안을 마련하여 고용노동부 장관에게 신고토록 하였다. 미신고 시에는 500만 원의 과태료를 부과토록 하였다. 다만, 근로자대표와의 서면 합의 시에는 신고를 면제하도록 하였다. 이 조항도 1개월 단위 지급 상여금을 최저임금에 포함시키는 사례처럼 대기업은 합의 불가로 보전 방안을 신고하고 중소기업은 지불능력이 어려워 합의하게 되어 격차가 또 늘

어나서는 안 될 것이다. 3개월 이하 탄력적 근로시간제 도입 시에는 임금보전 방안을 강구하면 되고, 3개월 초과 탄력적 근로시간제 도입 시에는 임금 보전 방안을 신고토록 하는 차등방안을 도입한 것으로 이는 정부가 시장에 너무 지나치게 개입하는 것으로 보일 수 있다. 통일하는 것이 바람직하다고 본다. 전체적으로 2018년 이후 2015년 9.15. 노사정 대타협안을 반영한 입법으로 전반적으로 근로시간 단축과 탄력성 확대에 기여하여 왔다. 그러나 2018년 2월 근로시간 단축에 관한 근로기준법 개정과정에서 9.15. 노사정 대타협안에서 합의되었던 탄력성과 유연성, 중소기업 배려 부분을 축소해서 반영하고, 재량적 근로의 보완이 부족하였다. 따라서 법 시행 이후 4년이 되었지만 근로시간 문제를 둘러싸고 여전히 시장의 어려움이 적지 않다. 정치권의 공방도 이어져 20대 대통령 선거의 주요 공약으로 대두되기도 하였다. 윤석열 정부는 선택적근로시간제의 정산기간을 더 확대하고 근로시간저축제 등 근로시간제의 당사자 자율성을 높이는 방안을 고용노동분야 국정과제로 제시하였다.

3. 추가적인 개선과제 : 탄력성과 당사자 자율성을 확대하자.

(1) 연간 총근로시간 단축이 일자리 증가, 근로자 건강보호 및 산업재해 예방 등으로 이어질 수 있도록 노력해 나가야 한다.

과거 우리나라는 소수 남성 중심의 장시간근로로 성장을 견인해왔으나, 이러한 성장모델이 이미 한계에 이르렀다는 것은 모두가 인정하고 있다. 이제는 '얼마나 오랫동안 일하는가'가 아니라 '얼마나 집중적으로, 창의적으로 일하는가'가 중요한 시대인 것이다. 기업도 휴일·연장근로에 과도하게 의존하는 생산시스템은 더 이상 지속가능한 경영 전략이 될 수 없다. 우리 기업도 이제 장시간근로를 토대로 한 비용절감 위주의 전략에서 벗어나 근로시간 및 인적자원의 효과적 관리를 통한 생산성 향상 및 '일하는 방식과 근로문화'의 선진화가 필요하다.[42] 장시간근로 개선은 일과 가정 · 삶의 균형(work-life balance), 근로자 건강보호 및 산업재해 예방[43]을 위해서도 필수적이다. 통상임금을 둘러싼 노사 간 갈등도 과도한 연장 · 휴일근로에 따라 초과근로수당 비중이 높아지면서 초과근로수당 비용을 줄이기 위해 임금체계가 왜곡되어 온 것에 기인하는 측면이 있음도 부정할 수 없는 현실이다. 산업현장에서 장시간근로 관행 개선을 직무 · 성과 위주의 임금체계 개편 노력과 상호 보완적으로 함께 추진해온 이유가 여기에 있다. 근로시간을 줄이고 시간선택제 등을 통해 다양한 형태의 근로가 가능해지면 여성 · 고령자 등의 노동시장 진출이 확대되어 새로운 고용창출의 기반이 마련된다. 근로시간 단축과 일자리 창출 간에는 분명한 연관관계가 있다는 것이 여러 연구와 사례에서 나타나고 있다.

42) 우리나라의 낮은 노동생산성의 주요 원인으로 장시간근로가 꼽히고 있다. 장시간근로는 근로자의 능력개발 기회의 축소, 낮은 노동생산성 등으로 연결되어 기업 경쟁력 약화를 초래한다. 2018년 근로자 1인당 노동생산성을 보면 우리나라는 OECD 평균의 74.0%, 미국의 55.9%에 불과한 수준이다.
근로자 1인 시간당 노동생산성(2018년, USD) : 한국 39.6$, 미국 70.9$, 일본 45.9$, 영국 58.4$, 프랑스 68.1$, 독일 66.4$, OECD 평균 53.5$

43) 1일 11시간 이상 근무 시 심근경색 발생위험이 2.94배 증가(2008년, 연세대). 주 52시간을 넘게 일하는 경우 우울 · 불안장애가 2.7배 증가(2012년, 산업안전보건연구원)

근로시간의 고용창출 효과 관련 연구

① 한국노동연구원, 2010년 : 연간근로시간 100시간 감소 시 고용률 약 1.8% 증가, OECD 수준으로 400시간 이상 줄이고, 줄어든 근로시간의 30~50%가 일자리로 전환된다고 가정할 때 최대 98만~169만 개 일자리 창출 가능

② KDI 연구보고서 2012-06(견실한 경제성장과 안정적 사회발전을 위한 정책제언) : '휴일근로의 연장근로 포함' 등 실근로시간 단축 정책은 2004년 법정 근로시간 단축보다 더 많은 고용 창출 효과가 기대

③ KDI 유경준(근로시간 단축의 고용효과, 2013년 8월) : 2012년 분석결과, 경기침체에도 불구하고 고용증가가 계속되고 있는 것은 실근로시간 단축과 시간제 근로의 증가에 따른 것으로서, OECD 국가 수준으로 실근로시간이 단축되는 경우 평균 고용률은 68.8~69.8%(3.8~4.9%p 상승)에 이르는 것으로 분석

④ 장시간근로 관행 및 제도개선 정책 고용영향평가(서울대, 2012년) : 전체 근로자의 총 근로시간을 월 20시간(주 4.6시간)씩 줄일 경우, 향후 5년간 총 고용이 5.65%(약 83.4만 명) 증가할 것으로 예측

일자리는 기본적으로 다양한 변수가 영향을 미쳐 창출되지만, 거시적으로 볼 때 근로시간을 줄이면 고용이 증가하는 것이 일반적이다. OECD 국가 중 연간 1,800시간 이상을 근로하면서 고용률 65%를 넘는 국가는 없다는 사실만 보아도 알 수 있다. 물론 근로시간 단축에 따른 노동비용 증가분과 생산성 향상분을 노사가 어떻게 합리적으로 처리하느냐가 관건이다. 따라서 제도개선과 함께, 임금체계 합리화 등 산업현장의 변화 노력을 정책적으로 뒷받침함으로써 고용증가를 유도해 나갈 필요가 있다. 정부는 근로시간을 단축하면서 근로자 수가 증가한 기업에 인건비 등 지원을 확대할 필요가 있겠다. 아울러, 중소기업에 대해서는 근로조건 개선 및 전략적 근로시간 관리를 통한 생

산성 제고 및 인력난 완화의 계기로 만들어 나갈 수 있도록 행정적·재정적으로 집중 지원하는 방안도 중요하다.

(2) 상시적인 근로시간 위반만을 처벌 대상으로 보는 것이 바람직하다.

OECD 선진국 중 대부분은 근로시간을 초과하였다고 형사처벌하지 않는다. 우리는 그동안 장시간근로가 큰 문제였으므로 이를 개선하기 위한 강도 높은 수단으로 당분간 처벌 조항을 유지하는 것은 이해되나 이를 너무 기계적으로 적용하는 것은 바람직하지 않다. 예를 들어보자. 정상적으로 주중 5일 동안에 52시간 이하로 일을 하였다. 그런데 주말에 회사 내에 불가피한 상황이 발생하여 출근하거나 지방출장을 가게 되었다. 당시에는 이를 인정하였다. 그런데 회사를 그만두면서 이를 근로시간 위반으로 진정하거나 고발하는 사례 등이 발생하고 있다. 또한 택배업종 등 시내 교통상황에 따라 일을 마치는 시간이 달라지게 되어 52시간이 초과하는 사례들도 발생한다. 24시간 3~4교대제로 가동하는 기업의 경우는 안전교육 등 반드시 필요한 교육을 정해진 법정시간 안에 하기 어렵다고 호소한다. 따라서 기업이 상시적으로 52시간 초과가 있는 경우에는 시정지시했는데도 불응한다면 처벌하는 것이 맞다. 그러나 전체적으로는 52시간이 지켜지고 있는데 일시적, 간헐적 사유로 52시간이 넘는 경우에도 형사처벌하는 것은 바람직하지 않다고 본다. 근로자와 기업 간의 갈등만 조장할 뿐이다. 임금을 미지급했을 때는 반의사불벌죄를 적용하여 임금을 지급받고 근로자가 처벌을 원하지 않는 경우는 처벌하지 않는데, 일시적으로 근로시간이 넘었다고 처벌하는 것은 전체적인 법의 형평성이나 국제적 입법례에서도 바람직하지 않다. 정부가 근로감독 시에도 이런 점을 감안해 주어야 한다. 수천 명이 일하는 서비스업종에서 몇 사람이 교통난 등으로 근로시간을 초과하였다고 지적하는 방식은 현대적이지 못하다.

2021년 대형 IT 기업의 중간간부가 직장 내 괴롭힘 사건을 일으켜 고용노동부에서 특별근로감독을 실시한 바 있다. 괴롭힘을 인정하여 그에 상응한 조치를 한 것은 바람직하다. 이 회사는 복지 및 생산성 향상 등 다양한 목적으로 회사 내에 병원, 쇼핑시설 및 수면시설 등 다양한 복지 시설을 운영하고 있었다. 특히 출퇴근 자체가 근로자 자율에 맡겨져 있었다. 그런데 전산상의 출퇴근, 컴퓨터 로그인 및 로그아웃 기록을 토대로 로그인해서 로그아웃한 사이는 전부 근로시간으로 보고, 그렇지 않다고 소명을 하면 근로시간에서 제외하는 식으로 근로시간을 측정하여 그에 따른 연장근로수당 지급 및 근로시간 위반 여부를 판단한 바 있다. 이러한 방식은 자칫 시장에 잘못된 신호를 줄 수가 있다. 시간 중심에서 성과 중심으로 나아가는 흐름에 반하게 된다. 기업으로 하여금 출퇴근 시간과 일하는 시간을 근로자 자율에서 다시 과거처럼 엄격히 통제해야 한다는 방식으로 전환해야 한다는 인식을 줄 수가 있다. 모 병원에 대한 근로감독 시에는 사무실과 건물의 출입 시간에 관한 컴퓨터 기록을 가지고 근로시간 위반 및 연장근로수당 미지급을 지적하였다. 그런데 러시아워 시간을 피해서 일찍 출근하고 근무시간 이후에 늦게 퇴근하는 직원들이 상당수 있었다고 한다. 동료들이 볼 때 일과시간 내에 성실하게 일한 사람은 연장수당이 없고 이러한 개인적 사정으로 일찍 출근하거나 늦게 퇴근한 근로자는 연장수당을 받는다면 마음속으로 인정하기 쉽지 않을 것이다. 시간을 토대로 근로시간에 재량을 주되 정말 근로자들의 의사에 반하여 장시간근로가 이뤄졌는지를 확인하는 방식의 점검 및 시정이 필요하다고 본다. 지나치게 기계적인 접근방법은 왜곡을 일으킬 수 있다.

(3) 근로시간 유연성을 더 확대해야 한다.

주 최대 52시간으로 근로시간을 단축하면서 탄력적 근로시간제, 선택적 근로시간제 및 재량근로시간제 등 유연근로시간제도도 많이 개선된 상황이지만, 총근로시간 내에서 당사자의 사정에 맞게 자율적으로 관련 제도를 활용할 수 있도록 해야 한다. 종전에는 장시간근로가 가능하고 근로시간 특례업종이 광범위하게 인정됨에 따라 2018년 탄력적 근로시간제 활용 기업은 3.4%, 재량근로시간제 활용도 3% 수준에 불과한 점도 깊이 살펴보아야 한다. 기업들이 사업장 상황에 맞는 제도를 도입하도록 하기 위해서는 실제 유연근로시간제도를 운영하면서 부딪치는 어려움들을 해결할 수 있도록 근로시간 관련 해석을 유연하게 할 필요가 있겠다. 많은 국가들이 1년 단위 선택적 근로시간제와 탄력적 근로시간제를 운용하고 있다. 우리나라의 경우 선택적 근로시간제 또는 탄력적 근로시간제를 도입한 기업들이 연장근로가산수당을 절약하기 위해서 도입한 사례가 거의 없고 제도를 확대하더라도 연간 보수는 낮아지지 않게 설계하는 점 등을 고려해 볼 때, 근로시간 유연성을 확대하는 것이 근로자에게 불리하다는 전통적인 인식에서 벗어나야 한다. 독일의 근로시간 주권, 즉 일하는 시간을 근로자가 정해간다는 인식이 우리 노동시장에서도 확립될 필요가 있다. 따라서 새로이 개정된 6개월 단위 탄력적 근로시간제가 정착되고 3개월 정산 선택적 근로시간제가 근로자들에게 더 편리하다는 평가가 나오면 이를 1년 단위, 6개월 단위로 더 확대해 나가는 입법적 보완이 필요하다.

2020년 코로나 시대 이후 상당수의 우리 기업들이 재택근로를 도입하거나 확대하였다. 처음 우려와는 달리 재택근무가 생산성에도 불리하지 않고 근로자들에게도 출퇴근시간 절약 등 장점이 많은 것으로 인식되고 있다. 코로나 종식 이후에도 대부분의 기업들은 재택근무를 활성화하고, 자율 출퇴근제 등을 더욱 확대할 것으로 보인다. 대형 IT기업들은 1주에 한 번 정도 출퇴근하고 대부분을 재택으로 근무하는 사례도 많은 상황이다. 즉 이미 시장에서는 탄력적 근로시간제 또는 선택적 근로시간제를 넘어서는 근로시간 유연화가 당사자에 의해 이뤄지고 있는 것이다. '보수=근로시간×시간급'이라는 인식에서 벗어나야 한다. 일본이 기획형 재량근로제를 도입한 바 있다. 즉 사업의 운용에 관한 기획업무 종사자, 즉 상당수 사무직이 재량형 근로제에 해당하게 된다.

2015년 노사정 대타협 시에 4년에 걸쳐 4단계로 주 총근로시간을 52시간으로 적용하는 것으로 합의하였다. 이는 필자가 장관 시절 이 합의를 어느 정도의 단계로 합의하면 현장의 수용성이 클 것인가를 고민하여 설정한 것이다. 많은 중소기업 근로자들이 52시간제 도입은 바람직하나, 이로 인해 연장・야간근로 축소로 임금이 줄어들면 반대한다는 입장이었다. 그래서 4단계 이후에도 4년 동안 30인 미만 사업장에는 60시간(52+8시간)까지 허용하는데 합의하였다. 문재인 정부 들어 이를 입법화하면서 단계를 압축하였다. 그동안에도 일할 사람이 부족하여 어려움을 겪었던 기업들의 애로가 더욱 커져 있다. 이미 개정된 법을 되돌리는 것은 어렵다. 따라서 이를 해결하기 위해서는 일본처럼 연간 총 연장근로시간을 통제하면서 자율성을 더 부여하는 방안을 검토해야 한다. 과거에는 자연적 천재지변이 일하는데 있어 중요한 요소였다. 지금은 불확실성이 기업의 입장에서는 가장 어려운 요소일 것이다. 따라서 당사자 합의에 의한 특별연장근로는 당사자 합의에 의해서만 가능한 제도이므로 "경영상의 이유"도 포함하여 좀 더 당사자 간 자율성을 부여해 줄 필요가 있다. 예를 들어 살펴보자. 2010년대 중반부터 우리나라 대형 조선3사가 극심한 구조조정에 들어갔다. 대형 조선3사는 물론 그 협력업체들도 인력을 줄여야만 했다. 필자가 장관이던 시기였다. 여러 차례 현장을 방문하여 조선업종을 특별고용지원업종으로, 거제 · 울산 · 목포 등지를 고용위기지역으로 지정하고 정부의 지원을 확대하였다. 문재인 정부에서도 불가피하게 이를 지속하여 왔다. 다행히 2022년부터는 수주 물량이 확대되고 조선업의 상황이 좋아지고 있다. 문제는 52시간 제한으로 인해 종전에 경험이 많았던 현장근로자들이 과거의 시급으로는 조선업에 돌아오려 하지 않고, 신규로 취업하려는 인력들도 거의 없다는 점이다. 고용조정 이전 시급보다 일정 정도 상향해도 전체 근로시간이 적어 총 월급이 낮아진다고 보아 돌아오지 않는 상황이다. 만약 인력부족으로 다시 수주한 물량의 납기를 맞추지 못하면 한국의 조선업 경쟁력은 사라지는 결과를 가져올지도 모른다. 이러한 상황이 기업들이 경영을 하면서 겪게 되는 실질적이고 현실적인 어려움이다. 이러한 업종이나 기업에는 단가인상 등 경쟁력 확보에 필요한 일정기간 동안 과감하게 특별연장근로를 인정하는 것이 근로자, 기업, 국가 모두에게 바람직하다고 본다.

4차 산업혁명으로 인해 일자리의 장소적 제한, 즉 국경의 의미가 크게 줄어들고 있다. 경쟁력 있는 노동시장 체제만이 일자리를 지킬 수 있다. 독일은 4차 산업혁명에 대비한 일자리 4.0(Arbeiten 4.0) 합의 내용에 1일 8시간 한도규정을 1주 40시간 규정으로 바꾸어 가기로 합의하는 등의 노력을 수행하고 있다. 다른 나라의 대응방식도 깊이 살펴보면서 제도 운영을 활성화할 필요가 있다. 우리나라도 코로나 팬데믹을 계기로 일부 기업에서 하이브리드형 주 4일제를 시행하기 시작했다. 이것이 정착되려면 1일 8시간 1주 40시간의 현행 제도를 1주 40시간제로 과감히 바꾸어 나갈 필요가 있다. 주 48 → 44, 44 → 40시간으로의 근로시간 단축사례에서 경험했듯이 급여감축은 크게 걱정하지 않아도 될 것이다. 그래야 연간근로시간도 줄어들 수 있다.

(4) 포괄임금제의 남용을 막고 합리적인 방향으로 개선하여야 한다.

다음으로, 포괄임금제의 제도 인정 여부와 남용 문제이다. 원래는 감시·단속적 근로 등과 같이 근로시간의 산정이 어려운 경우 연장근로를 포함하여 총 지급임금을 미리 약정하는 포괄임금제를 판례도 인정해왔다. 그런데 일부 사업장에서 연장·야간수당을 회피하거나 장시간근로를 시킬 목적으로 상시적으로 연장·야간근무가 이루어짐에도 포괄임금제를 약정하는 사례가 나타난 바 있다. 장시간근로 등을 예방하기 위해서는 현장에서 남용하고 있는 포괄임금제에 대한 명확한 지침과 지도가 필요하다. 근로기준법에 의거 사용자는 근로자의 실제 근로시간에 따라 연장·야간·휴일근로시간 등에 상응하는 법정수당을 산정하여 지급해야 하나, 근로시간 산정이 실제로 어려운 경우에 있어서는 법정수당의 포괄적 산정이 유효한 것으로 인정될 필요가 있다. 포괄임금제란 연장근로수당 등 법정수당을 실제 근로시간에 상관없이 기본급여나 정액의 수당에 포괄하여 지급하는 임금지급 방식으로, 정해진 금액만을 지급하고 그 이외의 다른 수당을 추가로 지급하지 않는 것을 말한다. 현장에서는 크게 보면 두 가지 방식으로 운영되고 있다. 먼저, 기본임금을 따로 정하지 않고, 법정수당을 합한 금액을 월 급여액 또는 일당으로 지급하는 정액급제 방식이다. 예를 들면, 1일 24시간씩 격일 근무하기로 하고 월 임금을 200만원으로 하면서, 1일 24시간을 초과하여 연장근무를 하더라도 이에 대한 수당은 지급 안하는 것이다. 두 번째는 기본임금은 정하지만 법정수당을 일정액으로만 지급하는 정액수당제 방식이다. 실제 근로시간에 상관없이 연장·야간

・휴일근로수당을 매월 50만 원만 지급하기로 합의한 경우가 이에 해당한다. 대법원 판례도 이러한 점을 반영하여 2010년 이후부터는 일정한 요건 하에서 포괄임금제를 유효한 것으로 인정하고 있다. 판례에서는 경비원, 청원경찰, 운전원, 해외현장관리자 등 감시・단속적 근로와 외부 영업직 등 사업장 밖에서 근로하는 경우를 유효한 포괄임금제로 인정한 바 있다. 포괄임금제는 근로시간 산정이 어려운 경우[44]이어야 하고, 포괄임금제에 대한 합의가 있어야 유효하다. 그러나 현장에서는 계산의 편의, 초과근로 예정, 근무의욕 고취 등의 이유로 근로자의 실제 근로시간에 관계없이 일정 시간만을 초과근로시간으로 인정하거나 정해진 금액만을 초과근로수당으로 지급하는 경우가 많이 발생한다. 그리고 이렇게 임금을 지급하더라도 유효한 포괄임금제로서 무조건 더 이상의 초과근로수당을 지급하지 않아도 된다고 오해하여 법 위반 사례가 발생되고 있으며, 장시간근로를 유발하는 원인이 되고 있다. 이러한 오해를 기반으로 하여 2016년 한국노동연구원 조사결과에 따르면 5인 이상 기업 중 30.1%가 포괄임금제를 도입한 것으로 나타났다.[45] 그러나 근로시간 산정이 어렵지 않거나 포괄임금제에 대한 합의가 없는 경우에는 실제 근로시간에 따른 차액, 즉 실 근로시간에 따라 산정한 법정수당에서 포괄임금으로 이미 지급한 금액을 뺀 차액을 지급해야 한다.[46] 이렇게 계산된 차액을 지급하지 않으면 임

---

44) 감시・단속적 근로 등과 같이 근로시간의 산정이 어려운 경우가 아니라면 달리 근로기준법상의 근로시간에 관한 규정을 그대로 적용할 수 없다고 볼 만한 특별한 사정이 없는 한 근로기준법상의 근로시간에 따른 임금지급의 원칙이 적용되어야 할 것이므로, 이러한 경우에도 근로시간 수에 상관없이 일정액을 법정수당으로 지급하는 내용의 포괄임금제 방식의 임금 지급계약을 체결하는 것은 그것이 근로기준법이 정한 근로시간에 관한 규제를 위반하는 이상 허용될 수 없다. (대법원 2010.5.13. 선고 2008다6052)

45) 5인 이상 조사대상 기업 1,570개소 중 포괄임금제를 도입한 곳은 30.1%로 나타났다. (2016년 근로시간 운용실태조사, 한국노동연구원)

46) 근로기준법 제15조에서는 근로기준법에 정한 기준에 미치지 못하는 근로조건을 정한 근로계약은 그 부분에 한하

금체불로 근로기준법 위반에 해당한다. 예컨대, 고정OT 합의가 있는 경우 고정OT 합의 자체는 유효하나, 고정OT를 초과하는 실제 초과근로시간에 대한 수당을 지급하지 않는 부분이 무효가 되는 것이다. 따라서 사용자는 근로자의 실제 근로시간이 고정OT에 미달하더라도 고정OT에 대한 법정수당을 지급하여야 하고, 고정OT를 초과하여 근로한 시간에 대하여는 차액을 추가로 지급해야 한다.[47] 이처럼 포괄임금제의 법리를 오해하여 장시간근로를 조장하거나 임금 삭감의 수단으로 남용되지 않도록 판례의 취지에 입각하여 정부는 지도해 오고 있다. 즉 포괄임금제 남용을 엄격히 규제하기 위해 임금대장에 기본급, 수당, 근로시간 등을 기재하도록 한 현행 규정을 엄격히 준수토록 하고 있다.

이러한 포괄임금제의 엄격한 규율이나 대법원의 판결은 우리나라 근로시간제도가 재량근로를 충분히 허용하지 않고, 미국과 일본의 화이트칼라 이그젬션과 같은 자율성 제도를 도입하지 않은 데서 비롯된 측면도 적지 않다. 기업이 연장·야간 근로수당을 적게 지급하려고 고정OT를 통상적으로 또는 평균적으로 일한 시간보다 적게 책정하는 경우는 엄격히 방지해야 한다. 그러나 우리의 재량적 근로시간제도가 선진국에 비해 부족하기 때문에 일반 기획형 사무직이나 IT업종 등에서 포괄임금제를 실시하고 있는 경우는 이러한 경우

여 무효로 하면서(근로기준법의 강행성) 그 무효로 된 부분은 근로기준법이 정한 기준에 의하도록 정하고 있으므로(근로기준법의 보충성), 근로시간의 산정이 어려운 등의 사정이 없음에도 포괄임금제 방식으로 약정된 경우 그 포괄임금에 포함된 정액의 법정수당이 근로기준법이 정한 기준에 따라 산정된 법정수당에 미달하는 때에는 그에 해당하는 포괄임금제에 의한 임금지급계약 부분은 근로자에게 불이익하여 무효라 할 것이고, 사용자는 근로기준법의 강행성과 보충성 원칙에 의해 근로자에게 그 미달되는 법정수당을 지급할 의무가 있다. (대법원 2010.5.13. 선고 2008다6052)

47) 일정 시간을 연장근로시간 등으로 간주하기로 하는 노사 합의에 따라 '고정OT를 인정하는 것'과 '포괄임금제'가 반드시 동일한 것이 아니다. 고정OT는 인정하되 이를 초과하여 이루어진 근로시간에 대하여는 추가로 초과근로수당을 지급한다면, 이는 근로시간에 따라 법정수당을 지급하는 것이므로 포괄임금제가 아닌 것이다.

와는 다르다는 점을 인정할 필요가 있다. 연봉이 국내업계 최고인 기업에서 임금 인상은 당사자 자율에 맡겨 놓은 상태인데 자율적으로 고정OT를 합의하여 시행하였고, 특정한 기간이나 날에 일시적으로 이를 넘긴 경우 나중에 이를 초과하였다고 이의를 제기하거나 지적하는 방식은 시대 흐름에 맞지 않다고 본다.

또한 법원과 정부의 엄격한 포괄임금제 지도 방침에 따라 일부 IT기업이 포괄임금제 폐지를 선언하면서 고정OT를 기본급에 포함하고, 주 40시간을 넘는 근로시간에 대해서는 연장근로수당을 주기로 한 사례가 있다. 기존 방식에서 고정OT를 넘는 초과근로시간에 대해 추가 수당을 지급하면 충분했을 것인데, 기업이 포괄임금제 법리를 오해해서 결과적으로 이러한 조치를 한 것으로 볼 수 있다.[48] 노동시장 전체적으로는 격차 확대 소지가 있다. 또한 앞서 설명한 것처럼 지나친 규제가 정체(gridlock)를 가져올 수 있음을 공유해야 한다.

(5) 화이트칼라 이그젬션(White Collar Exemptions)을 도입하는 방안을 적극 검토할 필요가 있다.

근로시간의 유연한 운영을 위하여 현재 있는 탄력적 근로시간제 등에 더해, 미국에서 활용하고 있는 화이트칼라 이그젬션(White Collar Exemptions)을 도입하는 방안을 검토할 필요가 있겠다. 미국은 고위관리직, 행정직, 전문직 근로자, 고액소득자 등이 임금수준(salary-level test), 임금근거(salary-basis

48) "포괄임금제 6곳 중 1곳만 문제, 정부 규제 예상보다 약해질 듯" (한국일보, 2019.3.22.)

test), 업무기준(duty test) 등에서 일정한 요건을 갖춘 경우 최저임금 및 초과근로수당의 적용을 제외하는 화이트칼라 이그젬션을 운영하고 있다. 공정근로기준법 제13조에 따르면 고위관리직(Executive Employees), 행정직(Administrative Employees), 전문직 근로자(Professional Employees), 외근판매(Outside Sales), 컴퓨터 관련 직종(Employees in certain computer related occupations), 고액소득자(Highly Compensated Employees)는 공정근로기준법상 초과근로수당과 최저임금 관련 조항이 적용되지 않는다. 2019년 기준으로 화이트칼라 이그젬션 기준급여수준은 주당 679 달러(연간 35,308 달러)이고, 고액소득자의 경우에는 147,414 달러이다. 고위관리직, 행정직, 전문직 근로자 및 고액소득자 등은 실제 근무함에 있어 근로시간의 양보다는 수행되는 업무의 성과 또는 질이 더 중요하다. 따라서 근로시간에 제약받지 않고 유연하게 일하는 것이 기업이나 근로자 모두에게 이득이 될 수 있는 점을 고려하여, 우리도 화이트칼라 이그젬션(White Collar Exemptions)을 도입하는 것이 바람직하겠다. 일본에서도 2018년 연소득 1억 2천만 원 이상의 신기술 개발 등 창의적 업무에 도입한 바 있다.

(6) 근로시간 특례업종은 줄여나가되, 근로시간 총량을 규제하는 방향으로 개선하여야 한다.

현재 남아있는 5개의 근로시간 및 휴게시간 특례업종, 즉 육상운송업(노선여객자동차운송사업은 제외), 수상운송업, 항공운송업, 기타 운송 관련 서비스업, 보건업을 현행대로 완전히 당사자 자율에 맡길 것인가의 문제이다. 2018년 2월 근로기준법 개정안이 국회를 통과할 당시에 이와 관련된 부대의견을 남긴 바 있다. 부대의견은 고용노동부 장관에게 근로시간 및 휴게시간의 특례를 계속 적용받는 5개 업종에 대하여 조속한 시일 내에 실태조사를 실시하고 개선방안을 마련토록 하는 것이었다. 따라서 우리나라가 선진국에 비해 근로시간 특례의 범위가 넓은 점을 고려하여 노사가 함께 실태조사를 통해 점차 특례를 줄여나가되, 특례대상 업종에 대해서 6개월 평균 1주간 60시간 한도 등의 총량 규제방안을 강구할 필요가 있다고 본다. 다만 스타트업 기업과 같이 창업 초기에 기업 경쟁력을 갖추고, 신규 일자리의 유지 등을 위해 일정요건 하에 창업 이후 일정기간 동안 근로시간 특례를 인정하는 방안도 검토할 필요가 있다고 본다.

(7) 근로시간저축계좌제를 도입하자.

현행 보상휴가제[49]를 근로시간저축계좌제로 확대·개편하자. 윤석열 정부는 근로시간저축계좌제를 도입하겠다고 공약했다. 바람직한 사안이다. 앞서 설명한 바대로 필자가 근로기준국장 시절인 2008년 당시 우리나라 노동법 및 노동경제, 노사관계 분야 저명한 학자분들을 모시고 "근로기준 선진화 방안"이라는 연구용역을 진행하였다. 찬반 논란 속에 통상임금, 평균임금 개념 재정립 등 34개 과제에 대한 해법을 의견이 다를 때에는 거수 투표로 결정하면서까지 각각의 대안을 제시하였다. 그때 제시된 방안이 독일식의 근로시간 저축계좌제였다. 개개 근로자 입장에서 평소에 연장근로, 휴일근로 했던 근로

49) 경영상 해고 또는 임금 삭감 대신 근로시간계좌에 적립된 시간을 집단 유급휴가(또는 근로시간단축청구권) 형태로 활용하는 방식이다.

시간을 저축해 놓았다가 출산, 교육 등 필요할 때 사용하게 하는 진정한 근로시간 주권에 해당하는 방안이었다. 또한 출산, 교육으로 먼저 활용하고 나중에 연장·휴일 근로로 시간을 보충해 주는 마이너스 통장 같은 제도이기도 하다. 마이너스 통장제도가 일반시민들에게도 절실하다는 점은 대부분 인정할 것이다. 당시 입법을 위해 국회 환경노동위원회와 상의하였다. 연장근로한 시간은 1.5배로 가산하여 정립하는 방식임에도 마치 이 제도가 재량성을 키우면 기업에 유리한 것인 것처럼, '근로시간 재량 및 유연성 확대=기업을 위한 조치'라는 기존 관념에서 바라보고 반대하여 결국 성사되지 못한 아픔이 있다. 근로시간저축계좌제를 도입하게 되면 근로시간의 유연한 관리, 상시적 연장근로의 해소, 근로자의 일·가정 양립 및 고용안정 확보가 가능하게 된다. 경제 상황이 어려워졌을 때 정리해고나 명예퇴직 등 외부적 유연화보다는 근로시간 조정과 같은 내부적 유연화 전략을 활용해 온 독일에서 많이 사용하고 있는 제도이다. 독일에서 이러한 방법을 쓰고 있는 것은 해고를 엄격하게 제한하는 법적 규정, 장기적 고용관계를 통해 기업에 필요한 숙련된 인적자원 유지, 단계적 근로시간 단축에 따라 주어진 근로시간과 인건비 내에서 효율성을 극대화하고자 하는 기업들의 선택 때문이다. 폭스바겐은 경기하강 시 고용조정으로 대응하지 않고 근로시간 계좌에 적립된 근로시간만큼 휴가를 실시하여 고용을 유지한 바 있다. 독일은 4차 산업혁명에 대응한 '일자리 4.0 (Arbeiten 4.0)'에서 사업장이동 시에도 활용할 수 있는 장기근로시간계좌제 활용방안을 강구하기로 합의한 바도 있다. 이 제도의 도입에 대해서는 4가지 쟁점이 있다. 먼저 제도 도입 시 적립수당 범위 및 가산수당 포함 여부이다. 법률에 연장·야간·휴일근로 수당 및 연차휴가 미사용분을 적립할 수 있도록 하되, 연장·휴일·야간 근로시간은 근로기준법 제56조의 가산비율(50%)

만큼 가산 적립토록 한다.[50] 둘째, 근로시간 적립 및 계좌 운영방법이다. 적립 근로시간은 기본적으로 노사합의로 결정하도록 하되, 제도 운영의 취지를 살리기 위해 법상 최대 한도를 설정한다. 이 한도를 설정할 경우 상한과 하한의 폭을 크게 하는 경우와 작게 하는 경우에 각각 장점과 단점이 있으나 법상 적립 가능한 최대 한도시간은 ±400시간 범위 내에서 하도록 한다.[51] 셋째, 정산기간 설정 및 보상의 문제이다. 단기계좌는 원칙적으로 1년 이내 기간으로 3개월 또는 6개월 등으로 기업의 업무특성 및 형편에 맞게 설정한다. 장기계좌는 3~5년 이내 기간으로 설정하거나, 평생근로시간계좌의 개념으로 도입하여 정년이나 퇴직까지 기간으로 설정하도록 한다. 마지막으로 근로시간계좌의 관리 수단에 대한 것이다. 적립근로시간이 한도를 초과하지 않도록 노사합의에 의한 적절한 관리 수단을 강구하도록 의무를 부여하고 있다. 적립근로시간의 관리구간을 설정하고 적립시간이 상한과 하한에 근접할 때에 단계적으로 관리하되, 주・월・분기 단위로 정기적으로 관리토록 하였다. 관리주기가 단기적일수록 계좌관리는 효과적이지만 관리비용이 많이 소요되는 반면, 장기적일수록 관리비용을 절감할 수 있지만 계좌관리에 소홀하게 되는 경향이 있음을 고려하여야 한다. 적립된 근로시간의 인출에 대해서는 근로자가 요구하는 경우와 사용자가 요구하는 두 가지 경우를 상정해 볼 수 있다. 근로자가 요구하는 경우에는 근로시간 선택권에 기초하여 개인적인 필요에 따라 적립

---

50) 연장 · 휴일근로시간에 대하여 50% 가산수당을 지급하는 경우 1시간 연장 · 휴일근로는 근로시간계좌에 1시간 30분으로 예치하는 것이다.

51) ① 제조업 연간 평균 근로시간은 2011년 2,288시간으로 주 40시간 기준 연간 2,080시간에 비해 약 200시간 초과 → 최대 2배(400시간)까지 적립 허용
② 경영상 위기로 고용조정이 필요한 경우 400시간 적립 시 최대 약 10주(주 40시간 기준)까지 유급휴가 부여 가능(근로시간을 1/2로 단축할 시에는 최대 20주)

된 초과근로시간만큼의 휴가사용을 요구한다(근로자 요구 → 직속상사 승인 → 인출 집행). 사용자가 요구하면 경영상 위기 등의 이유로 모든 근로자들이 집단 휴가를 사용하게 하는 경우(사용자 요구 → 근로자 대표 승인 → 인출 집행), 초과근로시간이 일정 수준을 넘어서는 개별근로자의 저축계좌 관리차원에서 해당 근로자에게 휴가 사용을 지시하는 경우(직속상사 요구 → 해당 근로자 동의 → 인출 집행)를 상정해 볼 수 있다. 정산기간 내에 소진되지 않은 근로시간 잔고는 소멸을 원칙으로 하되, 노사합의로 정한 경우에는 정산기간을 이월할 수 있다. 노사가 합의한 적립한도를 넘어서는 연장·휴일근로 및 사용자의 귀책사유로 미사용한 적립 시간은 금전으로 보상토록 한다. 근로자 해고 또는 퇴직으로 인한 근로관계 종료 시 소진되지 않은 근로시간 잔고에 대한 금전보상 의무를 부과한다. 사업장 도산 시 적립된 근로시간을 체불된 임금에 해당되는 것으로 보고, 현 임금채권보장제도[52] 범위 내에서 보전토록 하여 근로자들이 안심하고 활용하게 할 수 있다.

독일은 청·장년시절 근로시간을 저축했다가 정년퇴직 후 6개월 정도 유급휴가를 가기도 하고, 55세 이상 장기간 파트타임으로 일하면서 급여는 전체를 받는 등 다양한 방법으로 근로자들이 활용하고 또한 선호하고 있음을 깊이 살펴봐야 한다.

52) 우리나라는 파산선고, 도산등 사실인정 등의 경우 「임금채권보장법」에 따라 최종 3월분의 임금·휴업수당 및 최종 3년간의 퇴직금을 지급받을 수 있다. 독일은 노사 간 약정된 시간가치채권을 사용자의 도산으로부터 보호하기 위한 적절한 대비책을 「유연적 근로시간 규정의 보장을 위한 구조개선법」으로 마련하였다.

독일의 근로시간계좌제

• 관련 법령

◦ 근로시간계좌제에 관한 명확한 규정은 없으나, 「근로시간법」에 규정된 일·주간 소정근로시간 및 탄력적 운용 단위기간을 기준으로 하여 운영

- 원칙 : 6개월 또는 24주(야간근로자의 경우 1개월 또는 4주)를 평균하여 1일 8시간 범위 내에서, 하루 10시간까지 근로시간 연장이 가능하도록 규정
- 예외 : 정기적으로 상당한 규모의 근로준비상태가 주어지고, 근로자의 건강이 해를 입지 않도록 보장된다면 단체협약이나 사업체협약에 의하여 평일 근로시간은 보상 없이도 8시간 초과 가능 규정(6개월 정산기간 연장도 가능)
- 우리나라와 달리 독일은 총 근로시간 한도만을 규정하고 있고, 연장근로수당 및 할증률에 대한 법적규정이 없어 노사 자율적으로 계좌제 활용이 가능함

◦ 노사 간 약정된 시간가치채권을 사용자의 도산으로부터 보호하기 위한 적절한 대비책을 마련해야 함(「유연적 근로시간 규정의 보장을 위한 구조개선법」)

• 관련 단체협약 및 사업장 협약

◦ 독일 금속노조 단체협약은 소정근로시간을 주 35시간으로 정하고 근로자 개별 동의가 있는 경우에 한하여 근로시간의 연장이 가능하며, 이 경우 휴가를 통해 보상할 것을 규정

- 그 밖에 개별근로자 근로시간 변경 시 사전예고 의무, 연장근로자는 전체 근로자의 18% 초과 금지, 보상휴가 5일 이상 연속사용 금지 등을 규정

◦ 근로시간 배열 및 운영(시업·종업시각, 휴게시간, 탄력적 배분 시 정산기간 등), 교대제 계획, 보상휴가의 사용 방식 등은 사업장협약을 통해 규정

- 사업장협약을 통하여 적용근로자 범위, 적립 상한 및 하한, 정산 기간, 정산 방식, 사용자의 근로시간 결정권한, 연장근로 한도, 근로자의 근로시간 선택권 등을 정함

• 도입 배경

◦ 1970년대 중반 이후, 기업은 수요의 다양화 및 경기변동에 대응하기 위하여 근로시간 유연화를 위한 근로시간제도 개편 추진

◦ 1980~1990년대 독일 경제 성장 둔화, 실업률 증가 과정에서 노사는 근로시간을 단축하는 대신 다양한 근로시간 제도를 통한 근로시간 유연화에 합의

- 정규근로시간은 단축하지만, 공장가동시간은 그대로 유지하면서 추가적인 근로시간분을 계좌에 적립하여 휴가로 보상
- 90년대 불황기 실업률 증가, 구조조정 등 영향

• 기본 운영 방식

◦ 임금으로 지불되지 않은 초과근로시간을 근로시간계좌에 적립하되, 사업체별로 적립 근로시간의 상한 및 하한(예 : 폭스바겐의 경우 ±400시간), 정산기간(통상 1년)을 설정하고, 상 · 하한 초과 시 처리방식, 정산기간 도과 시 정산 방식 등을 규정하여 운영

- 상당기간 내 초과적립분 해소 의무 부여, 상한 초과 시 연장근로수당(가산 포함)을 통한 금전 보상, 적립 구간별 관리방식 규정
- 보상휴가 사용 촉진, 근로시간 단축 등을 통하여 정산기간 내 초과(부족)분을 해소하고, 잔여분은 소멸되거나 일정부분에 한하여 다음기간으로 이월 가능

◦ 월 또는 연 단위로 정산기간을 설정한 단기계좌와 생애 동안 근로자의 안식년, 재교육, 육아, 퇴직 등에 활용하기 위한 장기계좌로 구분

구분	단기계좌	장기계좌
적립 방식	근로시간만 가능	근로시간 또는 금전(금전의 경우 이자 발생)
적립 한도	±200~250시간	통상 250시간 이상
적립분 활용	유급휴가로 활용	안식년, 육아, 직업훈련, 조기퇴직 등에 활용
계좌 간 전환	장기계좌로 전환 가능	단기계좌로 전환 불가

◦ 사용자는 근로자의 정규근로시간 배치, 연장근로 활용 및 계좌에 적립된 근로시간 사용에 대한 결정권을 갖되,

- 사용자의 권한 남용을 방지하기 위하여 사업장평의회의 동의, 사전고지의무, 연장근로시간 한도 등의 규정을 두고 있음

◦ 근로자의 경우 연장근로 거부권, 휴가 사용 시기 선택권 등을 보장함으로써 노사 간 균형을 추구하고 있음

- 근로시간계좌제 운영 시 일반적으로 근로자의 선택권 확대를 위해 '선택적

근로시간제' 병행 운영

- 독일 근로자의 24.1%가 근로시간계좌제를 통해서 근로시간을 유연하게 배정(연방노동청 2010년)

• 도입 효과 및 독일 내 평가

◦ 2009년 글로벌 금융 위기 시 근로시간계좌제를 통해 기업의 생산물량에 따라 근로시간을 조정함으로서, 경기순환에 따른 고용유지 비용(사업주) 및 임금손실(근로자)을 최소화

- 근로자는 기 적립된 노동시간을 경기침체로 인한 근로시간 단축 시기에 사용하여 임금손실을 보전

◦ 또한 근로자 해고 시 기 적립된 노동시간에 따른 미지급 임금과 퇴직금을 일시에 지급하게 함으로써 해고 대신 고용유지를 선택하도록 유도(고용유지비용 〈 해고비용)

- 독일 제조업 근로자의 약 54%가 근로시간계좌제 이용

(8) 노사정 협의를 거쳐 4인 이하 사업장에 대해 가산임금을 적용하자.

현재 4인 이하 사업장에는 근로시간, 가산임금 규정이 적용되지 않는다. 2019년 12월 사업체노동실태현황 자료에 따르면 4인 이하 사업체는 132만 개소로 전체 사업체의 61%를 차지하고, 종사자 수는 264.7만 명으로 전체 종사자의 15%에 해당한다. 따라서 4인 이하 사업장에 근로시간제도가 적용되지 않아 근로시간이 장시간인 이유이기도 하고, 또한 대기업과 중소기업 간 격차 확대의 원인이기도 하다. 4인 이하 사업장에 근로기준법을 적용하는 문제는 뒤에서 조금 더 자세히 살펴보겠다.

제6절

취업규칙 변경에서 사회통념상 합리성을 인정하자.

우리에게 너무나 친숙한 영화 <글레디에이터>의 마지막 장면에서 "상식"을 느껴본다. 마르쿠스 아우렐리우스 황제는 아들 코모도스보다는 자식은 아니지만 공화정에 대한 신념과 장군으로서의 확고한 지휘력을 지닌 막시무스에게 황제의 자리를 이양하려 한다. 이를 알게 된 코모도스는 아버지를 죽이고 막시무스를 죽이려 한다. 막시무스는 탈출하여 노예검투사가 되어 연전연승을 하면서 시민들의 열광적인 지지를 받게 된다. 막시무스와 코모도스의 마지막 대결에서 막시무스는 코모도스를 죽이지만 자신도 독약 묻은 단검(코모도스가 갑옷을 입기 전에 미리 단검으로 찔러버림) 때문에 죽게 된다. 영화의 마지막 장면에서 코모도스의 다음 황제를 이어갈 어린 조카가 삼촌인 코모도스의 죽음을 지키는 것이 아니라 막시무스의 시신을 따라 행렬의 마지막에서서 걸어가는 장면이 나온다. "상식"이 무엇인지를 가장 순박한 어린아이에게서 배우도록 한 감독의 숨은 뜻인 듯하다. 상식 즉 사회적 합리성은 특정 집단의 자기 과욕적 행동으로부터 사회 또는 조직 전체의 질서를 지켜나가도록 하는 정신일 것이다. 근로기준법상의 취업규칙 변경에도 그러한 정신이 깃들어 있다고 본다.

2013년 국회는 정년 60세를 입법하였다. 그러면서 우리나라 임금체계가 대부분 호봉제이기 때문에 정년이 늘어나면서 임금 부담이 더욱 커지게 되고 따라서 청년 신규 고용이 더 어려워질 것이라는 우려가 커졌다. 이를 감안하여 정년 60세 도입과 함께 노사는 임금체계를 개선하도록 법에 의무화 하였다. 그런데 이러한 법 개정을 반영한 취업규칙 변경에 과반수 노조 또는 근로자 과반수가 동의를 해주지 않아서 임금체계가 개선되지 않는다면 과연 상식에 맞는 것일까? 법이 임금체계 개선을 의무화한 취지를 어떻게 실현할 수 있을까?

2019년 정부는 직장 내 괴롭힘을 예방하고자 근로기준법을 개정하여 직장 내 괴롭힘 행위자에 대해 징계 및 근무장소 이전 등의 조치를 하도록 하였다. 또한 이러한 예방 및 발생 시 조치 등에 관한 사항을 취업규칙에 필수 기재사항으로 넣도록 하였다. 그러면서 행위자에 대한 조치로서 신설 또는 강화되는 징계 등에 관한 사항은 근로자에게 불이익을 주는 것이므로 관련 취업규칙 변경은 불이익 변경이라고 해석하였다. 법에 의무화 하도록 해놓았는데 이를 불이익 변경이라고 판단하면 과반수 노조나 근로자 과반수가 반대하여 취업규칙이 변경되지 않는 경우 법의 실효성이 있겠는가? 이렇게 사회상규상 당연한 것에 대해서 즉 상식에 대해서도 불이익 변경이라는 이유로 동의를 하지 않는 경우 어떻게 할 것인가? 이에 대한 해답을 찾아야 한다.

사진작가 레이첼 서스만(Rachel Sussman)은 그의 역저 THE OLDEST LIVING THINGS IN THE WORLD(위대한 생존)에서 인간 122살, 혹등고래 200살 등 지구상에 오래 살아 있는 생명체에 관해 썼다. 특히 2,000년 넘게 가장 오래 살아가고 있는 나무 이야기에 큰 감명을 받았다. 생택쥐베리의 <어린 왕자> 에 나오는 아프리카 바오밥나무는 2000년 넘게 살고, 기원전 776년 그리스 올림픽(마라톤) 승자에게 씌어준 월계관의 올리브 나무는 지금도 살아 있다(2,800여 년). 미국 캘리포니아 브리스틀 콘 소나무는 해발 3,000미터 즉 수림한계점[53]에 있고 1년에 6주만 성장한다. 줄기에 생존에 필요한 나뭇가지 하나만 남기고 시스템을 닫아 놓는다. 바늘 같은 솔잎 하나를 40년씩 달고 있다.

그 브리스틀 콘 소나무는 현재 5,000년 이상 생존해 있다. 일본의 야쿠시마섬의 7,200년 된 조몬 삼나무는 (생존 연수에 대해 논란이 있지만) 트레킹 버킷 리스트에 올라 있다. 이처럼 나무가 오래 생존하는 것은 "속 비우기" 때문이라고 한다. 즉 중력 때문에 위로 올라가기 어려운 점을 극복하기 위해 물과 영양분의 통로인 '관다발'이 나무 바깥쪽에 위치하여 나무를 크게 굵게 하며 위로 올라가게 하기 때문이라고 한다. 그것이 나무의 장수 비결이라고 한다. 그러니 장수 나무는 속이 비어간다는 것이다. 속이 비어가면서 오랜 기간 생존해 간다는 것이다. 종간의 비교도 해본다. 인간의 역사는 길게 잡아도 현재 600만 년이다. 한때 지구를 지배했던 공룡도 6,500만 년 전에 멸종했다. 악어는 현재 2억 년 동안 생존해 있다. 악어가 2억 년이 넘게 생존해 가는 것은 호수나 늪의 물이 썩지 않도록 물이 들어오는 통로의 쓰레기를 악어떼가 함께 치우기 때문이라고 한다.

결국은 척박한 여건에서의 생존을 위해 밖으로 지향하고, 변화하며 협업하는 것이 긴 생존의 비밀인 것이다. '상식', 사회통념상 합리성은 사회든, 기업이든 모든 조직의 장기적 생존을 위해 함께 지켜나가야 하는 가치이다. 그래서 이를 끝까지 반대하는 것은 동의권의 남용으로 보는 것이다.

볼링에서 5번 핀을 킹핀이라 한다. 5번 핀을 맞추면 스트라이크가 될 확률이 높아서이다. 드론의 킹핀이 카메라이듯이, 전부 통째 바꾸기보다는 핵심이 되는 하나를 찾아내서 바꿔나가는 것이 변화의 해법이기도 한다. 필자는 우리 노동시장의 중요한 킹핀이 취업규칙 변경 절차에 있어 사회통념상 합리성을 인정하는 것이라 본다. 일본은 그 중요성을 감안해 근로계약법제로 이를 인정하고 있다.

53) 나무가 살아갈 수 있는 기후조건의 한계점이라고 한다.

1. 취업규칙의 성격

취업규칙이란 사용자가 사업 또는 사업장의 질서유지 및 효율적 업무수행을 위하여 필요한 복무규율과 근로자 전체에 적용될 근로조건을 정한 준칙을 말한다.[54] 여기에서 근로조건이란 사용자와 근로자 사이의 근로관계에서 임금, 근로시간, 해고 그 밖에 근로자의 대우에 관하여 정한 조건을 말한다. 복무규율은 근로자가 근로를 제공하는 과정에서 지켜야 할 작업질서에 관한 규칙과 이를 위반한 경우에 대한 제재를 포함하는 개념이다. 취업규칙은 사용자가 작성하는 준칙이라는 점에서 사용자와 근로자가 합의하여 체결하는 근로계약이나 사용자와 노동조합이 합의하여 체결하는 단체협약과는 구별이 된다.

일반적으로 사업장에서는 사규, 인사규정, 복무규정, 퇴직금 규정 등으로 다양한 명칭을 사용하고 있으나, 그 명칭에 관계없이 규율하고 있는 내용이 근로조건이나 복무규율에 관한 것이라면 취업규칙에 해당한다고 본다. 취업규칙은 사용자가 근로자집단에게 근로조건을 통일적으로 적용하기 위하여 작성하는 것이 원칙으로, 사업 또는 사업장의 근로자 전체에게 적용하게 된다.[55] 그러나 반드시 모든 근로자에 대하여 한 개의 취업규칙이 적용되어야 하는 것은 아니며, 사업장 또는 업무 특성에 따라 근로조건을 구분하여 운영할 필요가 있는 경우에 근로조건, 근로형태 또는 직종 등의 특수성에 따라 근로자 일부에 적용되는 별도의 취업규칙을 작성할 수 있다.[56] 근로자 일부만을 적용

54) 대법원 1997.11.28. 선고 97다24511

55) 근로기준법 제93조제12호에서 '그 밖에 해당 사업 또는 사업장의 근로자 전체에 적용될 사항'을 취업규칙에 기재하여야 할 사항의 하나로 규정하여 본질적으로 취업규칙은 '근로자 전체'에게 적용될 사항임을 확인시켜 주고 있다.

대상으로 하는 취업규칙을 여러 개 작성하는 경우에는 성, 국적, 신앙, 사회적 신분 등을 이유로 차별적 근로조건을 규정하여서는 안 된다.[57]

근로기준법은 근로조건을 보장·향상시키고 근로자의 지위를 보호·강화하기 위해 사용자에게 취업규칙 작성을 강제하고 법규범성을 부여하고 있다.[58] 상시 10명 이상의 근로자를 사용하고 있는 사용자는 취업규칙을 작성하고, 작성 또는 변경 시에는 고용노동부장관에게 신고할 의무가 있다. 아울러 취업규칙의 작성·변경 시 근로자집단의 과반수의 의견을 청취하도록 하고 근로자에게 불리하게 근로조건을 변경하는 경우에는 그 동의를 받도록 하여, 근로자의 기득권 보호, 근로조건 대등결정의 원칙, 근로조건의 통일적 규율 필요성 등을 고려하고 있다. 사용자가 근로자의 동의를 받지 않고 취업규칙을 불리하게 변경한 경우 500만 원 이하의 벌금에 처한다.[59] 또한, 취업규칙은 법령이나 해당 사업장의 단체협약과 어긋나서는 아니 되며 법령 또는 단체협약에 어긋나는 취업규칙에 대해서는 고용노동부장관이 변경을 명할 수 있다. 이는 사용자가 일방적으로 근로조건이나 복무규율에 관한 사항을 정하여 자의적으로 운용하는 것을 방지하고 법령 또는 단체협약에 위반되는 취업규칙으로부터 근로자를 보호하기 위한 취지이다. 이러한 법규범성에 근거하여 취업규칙에 정한 기준에 미달하는 근로조건을 정한 근로계약은 그 부분에 한하여 무효이며 무효로 된 부분은 취업규칙에 정한 기준에 따른다.[60]

---

56) 대법원 2007.9.6. 선고 2006다83246

57) 근로기준법 제6조

58) 법 제9장(취업규칙)에서 규정(제93조~제97조)

59) 근로기준법 제114조

60) 근로기준법 제9장 취업규칙(제93조~제97조)

2. 취업규칙의 변경

취업규칙의 변경은 기존의 근로조건 또는 복무규율에 관한 사항을 개정하는 것으로 취업규칙에서 정하고 있지 아니한 근로조건 또는 복무규율에 관한 사항을 새롭게 추가하여 정하는 작성(제정)과 구별된다. 그러나 사용자가 취업규칙을 처음 작성하더라도 과거에 실질적으로 해당 사항에 관한 내용을 근로계약, 관행 등을 통해 적용하고 있었다면 이는 기존의 근로조건 또는 복무규율에 관한 사항이 존재하는 것으로 볼 수 있어 취업규칙 변경에 해당한다고 보아야 한다.

실제 사업장에서 노사 간 갈등의 소지가 되는 것은 취업규칙 불이익 변경에 대한 판단이다. 취업규칙의 불이익 변경이란 종전보다 근로조건을 낮추거나 복무규율을 강화하는 것을 의미한다. 취업규칙의 불이익 변경은 기존의 규정을 변경하여 근로조건을 낮추는 것이 일반적이지만 기존의 근로조건에 관한 규정을 삭제하는 경우, 일정 기간 그 적용을 배제하는 경우, 이전에 적용되던 근로조건보다 불리한 규정을 신설하는 경우도 해당된다.

| 부산고등법원 2004.11.24. 선고 2004나7071[61)]

(판결이유 중 발췌) 기존에 직제상의 보직기준에 의한 직위를 부여하지 아니할 수 있게 되어 있는 직종 외에 인사규정 제13조제2항의 개정으로 인하여 그 이외의 정년 퇴직일 전 1년 이내인 자 등 사장이 인력관리상 필요하다고 인정하는 직원의 경우에도 직제상의 보직 기준에 의한 직위를 부여하지 아니할 수 있게 되었고, 위 인사규정으로 인하여 일반직 중 과장직위 이상의 직위에 보해지는 1급 내지 5급 직급에 있는 간부직원들이 직급에 상응하는 직위를 부여받지 못할 수 있게 되었으며, 이로써 기존의 직위에서 누릴 수 있는 위 간부직원들의 제반권리나 이익이 박탈될 가능성이 생기게 되었으므로 위 인사규정 제13조제2항의 개정은 불이익한 취업규칙의 변경이라 할 것이다.

불이익 변경과 관련하여서는 다음의 몇 가지 사항에 대해 판례를 참고하여 설명할 필요가 있다. 취업규칙 변경 사항이 여러 개인 경우에는 개별 근로조건별로 판단하되, 하나의 근로조건을 결정짓는 여러 요소 사이에 서로 대가관계나 연계성이 있는 경우에는 종합적으로 판단하여야 한다. 취업규칙에 규정된 임금, 근로시간, 퇴직금 등 여러 항목을 변경하는 경우에는 개별 근로조건별로 불이익 여부를 판단하는 것이 원칙이다. 반면 판례 등을 고려할 때 변경되는 하나의 근로조건을 결정짓는 각 요소 사이에 대가관계나 연계성이 인정된 경우에는 불이익 변경 여부를 각각의 개별 요소별로 판단하는 것이 아니라 전체적으로 종합하여 판단하여야 한다. 예를 들어 퇴직금을 결정하는 ① 퇴직금 지급률과 ② 평균임금에 포함되는 임금항목이라는 각 요소는 서로 대가관계나 연계성이 있어 지급률을 낮추면서 평균임금에 포함되는 임금 범위를 확대하는 경우에는 이를 종합하여 불이익 여부를 판단해야 할 것이다.

▎대법원 1997.8.26. 선고 96다1726

(판결 요지 중 발췌) 취업규칙의 일부인 퇴직금 규정의 개정이 근로자들에게 유리한지 불리한지 여부를 판단하기 위해서는 퇴직금 지급률의 변화와 함께 그와 대가관계나 연계성이 있는 기초임금의 변화도 고려하여 종합적으로 판단하여야 한다. 회사가 새로운 수당을 신설하면서 퇴직금 규정을 개정하여 그 새로운 수당을 퇴직금 산정의 기초임금에서 제외시킨 경우에는 퇴직금 규정의 개정을 전후하여 퇴직금 액수에 변동이 있는 것이 아니어서 기존의 근로자들의 기득의 권리나 이익을 박탈하는 것이 아니므로 그와 같은 개정은 근로자에게 불리한 개정이라고 할 수 없다.

61) 대법원 2005.6.23. 선고 2004다68953 판결 확정

전문가들도 지적하고 있듯이 단체협약이나 취업규칙의 변경이 종합적으로 노사 모두에게 이익이 된다면, 일부 내용을 가지고 유불리를 판단하여 갈등을 야기할 것이 아니라 사회통념에 비추어 종합적이고 균형있게 요건과 절차의 합리성 판단기준을 정립해 나가야 한다.

사용자는 취업규칙의 작성·변경에 관하여 해당 사업 또는 사업장에 근로자의 과반수로 조직된 노동조합이 있는 경우에는 그 노동조합, 그러한 노동조합이 없는 경우에는 근로자의 과반수의 의견을 들어야 하고, 취업규칙을 근로자에게 불이익하게 변경하는 경우에는 그 동의를 받아야 한다. 이것은 취업규칙의 불이익 변경 시 근로자의 집단적 동의를 얻도록 함으로써 사용자가 자신의 우월적 지위를 이용하여 근로자의 기득권을 일방적으로 변경하는 것을 방지하기 위한 것이다.

그러나 현실적으로 기업이 외부 환경변화에 대응하기 위하여 불가피하게 근로조건의 변경이 필요한 때에도 근로자들의 동의가 없다면 어떻게 해야 할지가 쟁점이 된다. 기업이 급속한 기술과 환경변화에 적기에 능동적으로 대응하기 위해서 생산시설, 작업방식 등을 신속하고 유연하게 조정할 필요성이 커지고 있다. 이는 노키아, 코닥 등의 사례가 보여주듯이 오늘날은 변화와 혁신의 대열에서 뒤처지면 글로벌 기업도 순식간에 위기에 처해 생존을 위협받는 시대이기 때문이다.

하지만 현실에서는 사실상 노동조합 등의 동의를 얻는 것이 매우 어렵기 때문에 취업규칙의 작성·변경에 많은 시간과 비용이 들게 되고, 회사의 경영상태가 악화되었을 때조차 노동조건의 하향 수정이 사실상 불가능하다. 뿐만 아니라, 취업규칙에 적시되어 있다면 근로조건에 관한 사항뿐만 아니라 사실상 사용자의 경영권에 해당하는 사항도 모두 동의절차를 거치게 되어 있어 사용자의 경영권을 침해할 소지가 있다는 지적도 계속되어왔다. 또한 판례의 태도에 따른다고 하더라도 '불이익 변경'에 대한 판단이 어렵고 모호한 상황이다.

따라서 근로자들의 기득권 보호를 해하지 않는 범위 내에서 기업이 외부 환경에 유연하게 적응할 수 있도록 취업규칙 변경제도가 안고 있는 경직성을 완화하여야 한다. 취업규칙 변경제도의 경직성을 완화한다면 임금, 근로시간 등 탄력성을 제고할 수 있다.[62]

3. 불이익 변경이더라도 사회통념상 합리성이 인정되면 동의권이 남용되어서는 아니된다.

취업규칙의 불이익 변경이지만 노동조합 등의 동의를 얻지 않아도 되는 예외적인 경우로 사회통념상 합리성이 인정되는 경우를 명문화하는 방안을 고려해 볼 수 있다. 판례도 취업규칙을 근로자에게 불이익하게 변경하는 경우에도 그것이 당해 조항의 법적 규범성을 시인할 수 있을 정도로 사회통념상 합리성이 있는 변경에 해당하는 때에는 그 변경을 위하여 근로자집단의 동의를 받지 않아도 되는 예외가 인정된다고 보고 있다.[63]

한편, 사회통념상 합리성의 개념에 관하여는 해석에 맡기자는 견해도 있으나, 법적 근거를 명확히 하고 사용자의 자의적인 취업규칙 변경 등의 악용

62) 극단적인 수량적 유연성의 강화보다는 기능적 유연성과 임금유연성을 제고하는 방향으로 정책을 강구함으로써 내부자의 반발을 최소화하는 것이 필요하다. ("노동시장의 유연안정성 제고방안" 한국노동연구원 정인수 외, 2004년)

63) 대법원 2004.7.22. 선고 2002다57362 등

가능성을 방지하기 위해서는 최근 일본의 노동계약법에서와 같이 판례의 기준 등을 참조하여 그 개념을 구체화할 필요가 있다.

대법원은 사회통념상 합리성 유무의 판단기준에 관하여 취업규칙의 변경에 의하여 근로자가 입게 되는 불이익의 정도, 사용자 측의 변경 필요성의 내용과 정도, 변경 후의 취업규칙 내용의 상당성, 대상조치 등을 포함한 다른 근로조건의 개선사항, 노동조합 등과의 교섭경위 및 노동조합이나 다른 근로자의 대응, 동종 사항에 관한 국내의 일반적인 상황 등을 종합적으로 고려하여 판단하여야 한다고 판시하고 있다.[64]

▌사회통념상 합리성을 인정 또는 불인정한 판례

① 정년제의 신설

- 종전에 없었던 55세 정년 규정을 새로 신설한 경우에 관하여
  - "정년을 위와 같이 만55세까지로 정한 것이 사회의 일반 통례에서 벗어난 불합리한 제도라고 볼 수 없는 것이므로, 위 정년제의 신설이 원고 등 근로자의 기존 근로조건상의 기득권을 침해하는 근로조건 변경이라고 단정할 수는 없다"(대법원 1978.9.12. 선고 78다1046)는 판례와
  - 이미 55세에 달한 근로자가 다수 있다는 점, 동종의 업계(운수회사)에 비추어 볼 때 55세 정년이 통례가 아닌 점 등을 이유로 불이익 변경이라 할 것이고 따라서 근로자의 과반수의 동의가 없으므로 무효라고 본 판례가 있음(대법원 1997.5.16. 선고 96다2507)

② 면직사유 등의 신설

- 취업규칙 인사규정 중 해직사유인 "금고 이상의 형의 집행을 받게 되었을 때"에 "금고 이상의 형의 선고유예를 받고 그 선고유예기간 중에 있는 자"를 추가하여 변경 · 규정한 것은 공익법인 피고(○○협동조합중앙회)의 목적을 수행함에 있

64) 대법원 2004.5.14. 선고 2002다23185, 23192 판결 등

어서 미비된 규정을 단지 정비 · 보완하였음에 불과하여 사회통념상 합리성이 인정된다고 판시(대법원 1988.5.10. 선고 87다카2853)

- "무계출 또는 부득이한 사유가 없는 결근이 7일을 초과한 경우 자동 퇴직한다"는 조항을 근로자 측의 동의도 없이 새로이 취업규칙에 규정하는 것은 사용자의 일방적인 사실인정만으로 자연면직이 된다는 것으로 불합리하고 근로자에게 불이익한 근로조건이므로, 사회통념상 합리성이 있는 것으로 보기 어렵다고 판시(대법원 1989.5.9. 선고 88다카4277)

③ 국영기업체의 운영개선을 위한 퇴직금 급여액의 하향조정

- 정부투자기관 같은 사업장에서 퇴직금 등 취업규칙상 근로조건의 하향조정이 '정부의 재정압박', '일반공무원 급여수준과의 형평' 등을 이유로 한 정부의 조정방침에 따라 이루어졌다 하더라도 이러한 것이 근로자집단의 동의를 받지 않아도 될 만한 사회통념상의 합리성이 있다고 볼 수는 없다고 판시(대법원 1990.3.13. 선고 89다카24780 ; 1992.11.27. 선고 92다32357 ; 1993.1.26. 선고 92다49324 ; 1993.5.14. 선고 93다1893 ; 1993.9.14. 선고 92다45490 ; 1994.10.14. 선고 94다25322 등)
- 그러나 한국○○시험연구원이 특별상여금 등을 퇴직금 산정 기준 급여에서 제외한 급여규정을 신설한 데 대하여, 퇴직금 지급 누진율이 지나치게 높아 특별상여금 등을 퇴직금 산정 기준 급여에서 제외하더라도 근로기준법에 의하여 산정된 퇴직금 액수를 훨씬 초과하며 노동조합이 급여규정의 개정에 관여하였을 것으로 보이는 점 등을 들어 위 규정의 신설에 있어 사회통념상 합리성이 있는지 여부를 심리하도록 원심을 파기한 판례도 있음(대법원 2002.6.11. 선고 2001다16722)

※ 아래 근로조건의 통일을 위한 퇴직금 규정의 변경에 관한 대법원 2001.1.5. 선고 99다70846 판결과 함께 대법원의 취업규칙의 불이익 변경과 관련하여 합리성론을 보다 넓게 받아들이려는 태도를 보인 판례

④ 근로조건의 통일을 위한 퇴직금 규정의 변경

- 타 계열회사와 동일한 근로조건을 정하기 위하여 취업규칙을 근로자에게 불이

익하게 변경한 경우에 퇴직금 산정의 기초임금의 범위에서 일부를 제외하더라도 근로기준법에 의하여 산정된 퇴직금 액수를 훨씬 초과하고 같은 계열회사들도 그와 동일한 보수규정을 두고 있다는 사정만으로는 그 개정에 근로자집단의 동의를 받지 않아도 될 만한 사회통념상의 합리성이 있다고 보기 어렵다고 판시(대법원 2000.9.29. 선고 99다45376)

- 하지만 회사합병이나 영업양도 등의 기업변동에 따라 종래 수 개의 사업장에서 달리 적용되고 있던 퇴직금 규정을 하나로 통일시키기 위해 근로자들의 동의 없이 그 중 일부 사업장 근로자들에게 불이익한 내용으로 변경한 사안에서, 그와 더불어 정년 연장(10년), 호봉조정을 통한 임금 인상, 퇴직금 산정의 기준임금 증가 등이 함께 이루어진 사정 등을 비추어 볼 때 사회통념상의 합리성이 있었다고 봄이 상당하다고 판시(대법원 2001.1.5. 선고 99다70846)

앞서 설명한 대로 그간 임금피크제 도입과 관련하여 취업규칙 변경에 대한 많은 논쟁이 있었다. 60세 정년 법제화에 따라 사업주는 근로자의 정년을 60세 이상으로 정하여야 하며 60세 미만으로 정년을 정한 경우에는 정년을 60세로 정한 것으로 간주하도록 규정하고 사업장 규모에 따라 단계적 시행하도록 하여 2017년부터는 300명 미만 사업장에서도 근로자의 정년이 60세다. 60세로 정년을 연장하는 사업장의 사업주와 근로자 과반수로 조직된 노동조합(또는 근로자의 과반수를 대표하는 자)은 임금체계 개편을 위한 필요한 조치를 하도록 법에 규정하였다. 기업에서 임금체계를 개편하는 것은 근로조건의 변경이므로 취업규칙 변경 절차를 거쳐야 한다. 그런데 법 개정에 따른 정년 60세 의무화는 사업주의 주관적 경영상 필요에 의한 것이 아닌 근로계약 당시 예상하지 못한 법에 따른 변경으로 근로계약을 그대로 방치할 수 없는 현저한 사정변경으로 볼 수 있어 정년 60세 의무화에 따라 임금피크제 도입 등 합리적 범위에서의 임금체계 개편은 정년이 연장되어 더 오래 일하게 됨으로써 현실적으로 근로자에게 불이익 변경이 아닐 수 있다. 또한, 법률로 정년 연장과 임금체계 개편을 의무화함으로써 복수의 근로조건 변경에 상호 대가관계 또는 연계성을 부여한 것으로 의제하여 이를 종합적으로 고려하여 불이익 여부를 판단함이 합리적일 수 있으며 특히, 현재의 정년을 60세까지 연장하면서 현재의 정년 이후부터 임금을 감액하는 경우에는 현재의 정년 이후에는 정해진 임금 등 기존 근로조건이 없으므로 불이익 변경으로 판단하기 어렵다는 견해도 존재한다. 그러나 정년연장과 임금은 그간의 판례 입장 등을 고려할 때 법적으로는 하나의 근로조건을 구성하는 요소가 아니라 서로 다른 각각의 근로조건이므로 정년이 연장되었다고 임금피크제 도입 등으로 임금이 감소되는 것을 불이익이 아니라고 해석하기에는 어렵다.

한편, 정부에서는 취업규칙 불이익 변경절차에 따라 사회통념상 합리성이 있으면 취업규칙 변경을 할 때 최대한 합의를 하고 협의를 해야 한다고 보았다. 다만, 충분히 사회적으로 합리성이 있음에도 불구하고 동의하지 않는 것은 동의권 남용이기 때문에 이것은 개정할 수 있다는 입장을 밝히는 등 사회통념상 합리성을 어느 정도 공감하고 있어 보인다.

입법을 통해 취업규칙 변경에 관한 논쟁을 사전에 해결한 사례도 있다. 2018년 6월 개정된 최저임금법은 최저임금 산입범위를 확대하는 내용을 담고 있었다. 종전에는 상여금을 매월 지급하여도 지급 사유 또는 산정단위가 1개월을 초과하면 최저임금 산입범위에서 제외되었다. 연 600%의 상여금을 매월 50%씩 나누어 지급하는 경우 매월 지급하여도 지급 사유 또는 산정단위가 1개월을 초과한다고 보아 산입하지 않았다. 개정 최저임금법은 매월 1회 이상 정기적으로 지급하는 임금은 최저임금에 산입하는 것을 원칙으로 한다. 다만,

소정근로시간 또는 소정의 근로일에 대하여 지급하는 임금 외의 임금(예 : 유급휴일 근로수당, 연차수당, 연장수당 등), 통화 이외의 것으로 지급하는 생활보조 또는 복리후생 임금을 제외하였다. 매월 1회 이상 정기적으로 지급하는 상여금과 통화로 지급되는 복리후생비는 단계적으로 미산입되는 비율을 축소하여 2024년 이후에는 전부 산입되는 것으로 하였다. 최저임금법 개정으로 많은 기업들이 임금항목 조정 등 임금체계 개편을 위한 취업규칙 변경이 예상되는 상황이었다. 개정 최저임금법에서는 사용자가 최저임금에 산입되는 임금에 포함시키기 위하여 1개월을 초과하는 주기로 지급하는 임금을 총액의 변동 없이 매월 지급하는 것으로 취업규칙을 변경하려는 경우에는 근로기준법 제94조제1항에도 불구하고 해당 사업 또는 사업장에 근로자의 과반수로 조직된 노동조합이 있는 경우에는 노동조합, 근로자의 과반수로 조직된 노동조합이 없는 경우에는 근로자의 과반수의 의견을 들어야 한다고 규정하였다.[65] 예를 들어, 임금 총액의 변동 없이 기본급의 연 600% 정기상여금을 짝수 달에 100% 지급하던 것을 매월 50%를 지급하는 것으로 취업규칙을 변경하는 경우에는 노동조합 또는 근로자의 과반수의 의견을 들으면 되는 것이다. 이 규정은 근로기준법 제94조제1항[66]의 특례를 규정한 것이므로, 이 규정이 적용되면 근로기준법 제94조제1항에 따른 취업규칙 불이익 변경절차는 적용되지 않는다. 따라서 이 규정에 따른 취업규칙 변경 시에는 근로자 과반수의 의견만 들으면 되고, 그 동의를 받지 않아도 된다. 2017월 12월 22일 최저임

65) 최저임금법 제6조의2

66) 제94조(규칙의 작성, 변경 절차) ① 사용자는 취업규칙의 작성 또는 변경에 관하여 해당 사업 또는 사업장에 근로자의 과반수로 조직된 노동조합이 있는 경우에는 근로자의 과반수의 의견을 들어야 한다. 다만 취업규칙을 근로자에게 불리하게 변경하는 경우에는 그 동의를 받아야 한다.

금 제도개선 TF에서 임금 총액을 유지하면서 상여금의 지급주기를 월별로 변경하는 것은 불이익 변경이 아니며, 이를 법률에 명문화할 필요가 있다고 권고한 바 있다. 여기서 최저임금 산입범위가 달라지면 총보수가 달라질 가능성도 있다. 그럼에도 TF가 불이익 변경이 아니라고 본 것은 사회통념상 합리성을 나름 인정하고 있기 때문이라 사료된다. 국회에서도 이러한 전문가의 의견 등을 반영하여 최저임금법 개정에 따른 임금체계 개편 과정에서 취업규칙 변경과 관련된 노사 간에 있을지 모를 분쟁의 소지와 현장의 혼란을 예방하기 위하여 취업규칙 변경절차의 특례를 둔 것으로 보인다. 이처럼 최저임금 범위 조정과 관련하여 입법으로 취업규칙 변경 절차를 인정한 것은 그만큼 그 필요성이 인정된다는 반증일 것이다. 이 규정과 관련하여 과잉금지원칙에 위배되어 단체교섭권을 침해한다는 이유로 위헌확인 헌법소원이 청구되었으나, 기각된 바 있다.[67] 헌법재판소에서는 임금 총액이 동일한 상태에서 임금의 지급주기를 변경하는 것은 그 자체로는 근로자의 근로소득 수준에 영향을 미치지 아니하므로, 근로조건의 중요한 부분을 근본적으로 변경하는 것이라 보기는 어렵고, 오히려 임금의 지급주기를 '매월 1회 이상'으로 함으로써 근로자의 생활안정에 더 기여하는 측면도 있다고 보았다. 최저임금 산입조항과 연결하여 볼 때에는, 임금의 지급주기를 변경하여 상여금 및 복리후생비가 최저임금 산입범위에 새롭게 포함될 경우 최저임금액 인상에 따른 실제 임금인상 효과가 종전에 비하여 감소하는 등 근로자의 법적 지위가 불리하게 변경될 수 있는 것은 사실이나, 그러한 최저임금 산입범위 개편으로 인해 영향을 받는 근로자의 규모나 그 영향의 정도가 비교적 한정적이어서 근로자들의 불이익이 실질

67) 헌법재판소 결정 2021.12.31. 선고 2018헌마629, 630(병합)

적으로 아주 크다고 보기 어렵고, 저소득 근로자들의 불이익을 차단하기 위한 제도적 보완장치를 두고 있는 점 등을 감안하면, 취업규칙 변경절차 특례조항에 따라 근로자들이 입는 불이익 역시 크다고 보기는 어렵다고 보았다.

앞서 설명한 대로 직장 내 괴롭힘은 현재 우리 사회의 큰 문제이다. 이를 방지하기 위해 행위자에 대해 징계, 근무장소 이동 등의 조치를 하도록 규정하고 있다. 그런데 이것을 불이익 변경이라 해석하고 과반수 노조 또는 근로자 과반수가 동의하지 않아 취업규칙에 반영할 수 없고 따라서 징계사유로 인정할 수 없다면 취업규칙이 법에 위반되는 모순이 되는 것이다. 종합해 보면 사회통념상 분명한 합리성이 인정되고 회사가 근로자 과반수의 동의를 받으려고 최선을 다하였음에도 동의를 해주지 않은(동의권 남용) 경우에는 동의 없이 취업규칙을 변경할 수 있도록 하는 것이 바람직하다. 정부의 해석 지침으로 우선 시행하면서 일본의 사례처럼 입법적으로 완결해 나가는 것이 바람직하다.

제7절

근로계약의 해지 관련 갈등을 줄여야 정규직 채용이 늘게 된다.

믿음, 신뢰의 대명사인 인천상륙작전!

필자는 영화 <인천상륙작전>에서 서로 간의 약속을 지키려는 장면이 가장 뭉클했다. 인천상륙작전을 감행해서 후방에서 보급로를 끊어 단기간에 전쟁을 마무리해야겠다는 맥아더의 구상에 트루먼 대통령의 특사로 온 반덴버그 장군은 이를 자살행위라 하며 "대통령의 명령도 거부할 것이냐?"라며 맥아더를 몰아부친다. 맥아더 장군은 이렇게 설명한다. "전쟁 발발 후 2일이 지나 한국에 와서 전장에 가 보았다. 참호 속에 웅크리고 있는 어린 소년병을 만났다. 왜 피난가지 않았느냐? 물었더니, 그 소년이 답했다. 후퇴하라는 명령이 없었습니다. 총과 실탄을 충분히 주십시오. 나는 군인으로서 동질감을 느꼈다. 이 소년병의 나라를 구해주고 싶었다."라고 설득했다. 두 번째 뭉클한 장면이다. 맥아더 장군의 인천상륙작전의 길잡이를 위한 'X레이팀' 선발 과정에 주인공 장학수 대위(이정재)가 지원했다. 맥아더는 "당신은 왜 이 죽음의 임무에 지원했는가?" 묻자, 장학수는 "어머니를 지켜드리고 싶습니다." 그러자 맥아더는 "나도 12살짜리 아들과 야영하면서 성냥 없이 불을 지피겠다는 약속을 지키고 싶네."라며 승리를 향한 신뢰와 믿음을 교감하는 장면이다. 세 번째 장면이다. 상륙 직전 장학수팀이 등댓불을 켜고 조명탄을 쏘아 자신들의 위치를 알려 집중포격을 비켜가기로 한 약속이 있었다. 조명탄이 쏘아지지 않자 맥아더 참모들은 조수간만의 차 때문에 시간이 없다고 재촉한다. 맥아더는 더 기다리라고 명령하고 1시간 후 장학수 대위가 쏘아 올린 조명탄을 보며 회심의 미소를 짓는다. 서로에 대한 약속 이행을 굳게 믿었기에 상륙에 성공한다.

두 사람이든, 여러 사람이 함께하는 조직이든 한 사회나 국가에도 가장 중요한 요소가 서로에 대한 신뢰, 믿음, 약속이다. 그런데 이 당초의 믿음, 신뢰, 약속이 지켜지지 않을 때 어떻게 해야 할까? 우리 사회의 가장 큰 갈등은 거기에서 출발한다고 본다.

기업이든 공공조직이든 전보인사를 할 시점에 다음과 같은 갈등이 존재한다. 예를 들어보자. "우리 과는 정원이 10명인데 A라는 직원을 우리 과로 전보하려면 차라리 우리 과는 9명으로 업무를 헤쳐 나갈 터이니 A직원을 보내주지 말라." 또 다른 사례를 들어보자. 자동차 영업을 하는 부장급, 차장급 중간간부들이 통상 1년에 평균 1인당 50대 정도의 자동차를 판매한다. 그런데 B직원은 1년에 2대 파는 상황이다. 비록 출퇴근 등은 정시에 하지만 대부분의 관심이 다른 곳에 가 있다. 교육을 해보고 전보인사도 해 보았지만 개선되지 않는다. 이러한 경우 회사는 어떻게 하는 것이 법의 취지에도 맞고 사회 전체적인 형평에도 맞는 것일까?

우리나라에는 연간 해고·징계 등을 둘러싼 갈등이 노동위원회 제소 및 민사소송 등을 합하여 1만 5천여 건에 육박한다. 제소까지 가지는 않더라도 이를 둘러싼 당사자 간 갈등은 훨씬 더 많다. 앞서 설명한 바 있듯이 해고사유를 우리나라는 "정당한 사유"로, 일본은 "합리적인 이유"로 규정하고 있다. 그러나 해고를 둘러싼 갈등은 우리나라가 일본에 비해 월등히 많다. 우리나라 5대 로펌에 모두 노동팀이 있는데 일본은 어떤 로펌에도 별도의 노동팀이 있지 않다고 들었다. 이러한 불확실성 때문에 기업들은 근로자를 정규직으로 직접채용하기를 꺼리게 되고 기간제 등 비정규직으로 채용하거나 아예 파견, 도급 등 외주화를 시도한다. 그 결과 전체적으로 보면 결국 일하는 근로자와 앞으로 일자리를 찾아야 하는 청년들에게 훨씬 불이익이 되는 것이다.

오래 전에 읽었던 책 중에 라인홀드 니버(Karl Paul Reinhold Niebuhr)의 <도덕적 인간과 비도덕적 사회>라는 책이 있다. 요지는 아무리 도덕적이고 이타적인 자들로만 구성된 조직도 갈등이 존재한다는 것이다. 그 이유를 집단적 이기심 때문으로 보았다. 그래서 그 갈등을 줄이기 위해서는 합리적인 설득 이외에 최소한의 강제력이 필요하다고 보았다. 즉 간단하고 분명한 규칙, 룰이 있어야 한다는 것이다. 필자가 깊은 인상을 받았던 TV대담 하나를 소개하겠다. 2003년 미국에서 연수하던 시절이었다. 미국방송에 결혼 후 60년간 한 번도 싸우지 않은 부부가 그 비법을 말해주는 것이다. 할머니의 말씀 요지는 이렇다. 결혼 후 신혼여행을 목장으로 갔다. 야생마를 타보는 프로그램이 있었다. 카우보이 출신인 신랑이 그 야생마를 타자마자 말이 앞발을 들어서 신랑이 바닥에 떨어졌다. 그러자 신랑이 말의 귀에 대고 무어라 속삭인 후 말을 다시 탔는데, 역시나 또 앞발을 들어서 신랑은 또 떨어졌다. 말의 귀에 대고 한 번 더 속삭인 후 다시 탔는데, 여지없이 신랑이 또 내동댕이쳐졌다. 그러자 신랑은 카우보이답게 권총을 뽑아 말에게 쏘았다. 그날 저녁 신부는 신랑에게 "좀 전에 말에게 무어라 했나요?" 하고 물었더니 신랑이 "나는 3번은 경고하지 않는다. 그러니 서로 잘하자."라고 했단다. 그런데 말이 그 약속을 이행하지 않자 쏘았다는 것이다. 그 뒤로 생활하면서 어느 날 신랑이 "경고입니다."라고 하더라는 것이다. 그래서 그 다음부터는 경고가 될 만한 일을 전혀 하지 않았고 신랑도 신부를 누구 못지않게 사랑하고 잘해주더라는 것이다. 농담이겠지만, 원칙을 서로 지켜나감으로써 부부는 그 후 60년간 한 번도 다투지 않았다는 것이다.

해고를 둘러싼 갈등을 줄이기 위한 분명하고 간결한 기준, 즉 법령의 중요성이 와 닿는 이유이다. 성철 스님께서도 주례사에서 "부부가 30% 주면서 70% 받으려 하니 결혼 괜히 했다 생각된다."라고 말씀하셨다. 현실에서 갈등이 불가피함을 설파하신 것이다. "70%를 주고 30%를 받으려 하면 된다."라고 강조하셨다.

근로기준법은 근로계약과 임금 등 핵심 사항을 추상적, 획일적으로 규정하고 법의 준수 여부를 둘러싼 분쟁의 해결은 사안별로 법원의 판단에 의해 사후적으로 결정되는 형태로 운영되고 있다. 노사 당사자가 사전에 이를 예측하여 행위 규범화하는데 어려움을 겪고 이로 인한 불확실성으로 근로조건의 결정과 근로계약의 체결, 변경, 해지에 있어 투명성과 예측가능성이 낮은 상황이다. 특히, 근로기준법은 사용자의 인력운영과 근로자의 고용안정 등 근로관계에 중대한 영향을 미치는 해고 요건을 "정당한 이유"가 있어야 한다고 추상적으로만 규정하고 있다. 일본이나 독일의 입법례에서 보듯이 불가피한 면이 있다. 사용자에 의한 근로계약 해지(해고)란 사용자가 근로자에 대하여 일방적 의사표시로 근로계약 관계를 종료시키는 것을 의미하며 일반적으로 그 사유에 따라 통상해고, 징계해고, 경영상 해고로 구분한다.

근로계약 해지는 노사의 이해가 충돌할 수 있는 사안인데, 그 요건과 기준의 불명확성으로 인해 예측가능성이 떨어지고, 불필요한 노사갈등을 낳고 있다.[68] 통상해고제도를 예를 들어 보자. 동료들에 비해 현저하게 업무성과가 낮은 근로자의 경우 1차적으로는 직업훈련, 전환배치 등을 통해 적합한 일을 찾아주는 사내의 룰을 형성하는 것이 중요하다. 그러나 이러한 노력에도 나아지지 않는다면 직급 등 근로조건 조정을 통한 고용유지 노력이 우선적으로 필요하다. 하지만 앞서 예를 든 사례처럼 사회통념상 도저히 고용관계 유지가 어려운 그 기준과 절차를 명확하게 하되 인력운용의 유연성이 확보되도록 할 필요가 있다.

68) 연도별 노동위원회 부당해고등 노동위원회 사건 처리건수 : 9,783건(2017년) → 10,939건(2018년) → 13,119건(2019년) → 13,509건(2020년)

1. 통상해고

(1) 통상해고에 대한 그간의 판결

사용자가 근로자의 신체 장해[69], 자격상실[70] 등으로 인하여 근로계약에서 정한 근로를 제공하지 못함을 이유로 근로자를 해고하는 경우에는 그 사유가 근로관계를 계속할 수 없을 정도로 중대한지 여부를 해고의 정당성 판단기준으로 삼는다. 특히, 업무능력 결여, 근무태도 불량 등으로 근무성적이 부진한 경우 근로자를 해고하는 경우에도 이에 해당한다. 이 경우에는 '근무성적 등이 사회통념상 고용관계를 유지할 수 없을 정도로 객관적으로 불량한 정도'에 이른 경우에 해고의 정당성이 인정될 수 있다.

▎직무수행능력 및 근무상태 불량을 사유로 대기발령된 후 그 사유를 해소하기 위한 별다른 노력을 기울인 흔적을 볼 수 없는 경우 사회통념상 고용관계를 계속할 수 없을 정도의 사유가 존재한다고 한 사안[71]

〈공공기관, 사무직〉 서울행정법원 2009.4.17. 선고 2008구합34443[72]

(판결이유 중 발췌) 원고는 참가인 법인의 최상위 직급인 1급 직원으로서 모범적인

69) 근로자가 취업규칙에서 정한 '신체 장해로 인하여 직무를 감당할 수 없을 때'에 해당한다고 보아 퇴직처분 함에 있어서 그 정당성은 근로자가 신체 장해를 입게 된 경위 및 그 사고가 사용자의 귀책사유 또는 업무상 부상으로 인한 것인지의 여부, 근로자의 치료기간 및 치료 종결 후 노동능력 상실의 정도, 근로자가 사고를 당할 당시 담당하고 있던 업무의 성격과 내용, 근로자가 그 잔존노동능력으로 감당할 수 있는 업무의 존부 및 그 내용, 사용자로서도 신체 상해를 입은 근로자의 순조로운 직장 복귀를 위하여 담당 업무를 조정하는 등의 배려를 하였는지 여부, 사용자의 배려에 의하여 새로운 업무를 담당하게 된 근로자의 적응 노력 등 제반 사정을 종합적으로 고려하여 합리적으로 판단하여야 한다. (대법원 1996.12.6. 선고 95다45934)

70) 운전면허 정지와 같이 자격이 일정한 기간 동안 정지된 경우에는 면허정지 기간, 면허정지를 받게 된 사유, 근무기간, 업무 내용 등을 종합하여 근로관계를 계속 유지할 수 없을 정도로 중대한 사유인지, 아니면 정직이나 휴직 등 다른 징계나 제도에 의하여 해고를 회피할 수 있는지를 판단하여야 한다. (서울고등법원 1991.1.23. 선고 90구10997)

업무수행과 성실한 근무태도가 요구됨에도 노동조합으로부터 근무능력에 대한 검증 요구를 받고 직위가 강등될 정도로 직무수행능력에 심각한 문제가 있었던 것으로 보이는 점, 앞서 본 바와 같이 직무수행능력 및 근무상태 불량 등 사유로 대기발령을 받았을 뿐만 아니라 대기발령을 받은 후에도 근무태도에 대한 반성의 빛이 없고, 대기발령 사유를 해소시키기 위해 별다른 노력을 기울인 흔적을 볼 수 없는 점, 인사규정에는 대기발령을 받은 직원이 3월이 경과하여도 직위 또는 직무를 부여받지 못한 때에는 인사위원회 의결을 거쳐 직권면직할 수 있도록 규정하고 있는 점 등을 종합하여 보면 원고에게는 사회통념상 참가인 법인과의 고용관계를 계속할 수 없을 정도의 사유가 존재한다고 할 것이다.

근로자의 업무능력 결여, 근무성적 부진 등이 사회통념상 고용관계를 계속할 수 없을 정도인지 여부는 단체협약, 취업규칙 등의 규정과 함께 ① 객관적, 합리적 기준에 의한 공정한 평가, ② 교육훈련, 배치전환 등 개선의 기회를 부여했는지 여부, ③ 업무능력 결여, 근무성적 부진 기간, 교육훈련 결과 등을 고려하여 개선 가능성 여부와 업무에 상당한 지장을 초래하는 정도 등을 종합적으로 고려하여 판단하여야 한다.

한편, 산업현장에서는 업무능력 결여, 근무성적이 부진한 근로자 등이 저성과자, C-Player 등 다양한 용어로 불리며 이들에 대한 해고 등을 둘러싼 노사 분쟁과 갈등이 지속적으로 발생하고 있다.

---

71) 이 절에서 활용한 판례 및 도표는 2016년 필자가 재직 시에 정부가 발표한 지침에 사용된 자료들을 인용한 것이다. 당시에 법조계 등 전문가들에 의해 정리된 것이고 지난 5년간에도 구체적 내용에 대해서는 큰 이견이 없었으므로 이를 인용한다.

72) 서울행정법원 2009.4.17. 선고 2008구합 34443 확정(항소기간 도과)

업무능력 결여, 근무성적 부진 등을 이유로 통상해고를 한 사안

〈시립예술단, 예술직〉 서울행정법원 2013.6.4. 선고 2012구합39827[73)]

(판결이유 중 발췌) 사용자가 어떤 사유의 발생을 당연퇴직 또는 면직사유로 규정하고 그 절차를 통상의 해고나 징계와 달리 한 경우에 그 당연퇴직사유가 근로자의 사망이나 정년, 근로계약기간의 만료 등 근로관계의 자동소멸사유로 보여지는 경우를 제외하고는 이에 따른 당연퇴직 처분은 근로기준법 제23조 소정의 제한을 받는 해고라고 할 것이므로 예능단원의 평정과 3개월 이내의 재평정 결과 평정 총점이 모두 70점에 미달하는 경우에는 해촉한다고 규정한 참가인의 복무규정 제25조에 따라 이루어진 이 사건 해촉은 통상의 해고로서 근로기준법 제23조에서 정한 '정당한 이유'가 존재하여야 한다.

즉, 근로계약은 근로자의 근로제공과 사용자의 임금지급을 목적으로 하는 계약으로 업무수행능력의 현저한 결여는 근로제공 의무를 불완전하게 이행하는 것으로 이는 근로계약의 해지사유에 해당한다는 것이다. 그러나 업무능력 결여 또는 근무성적 부진 등이 해고에까지 이르기 위해서는 근로기준법 제23조제1항에서 규정한 "정당한 이유"가 있어야 한다. 일부에서는 근로기준법 제23조가 정당한 이유 없이 "징벌"을 하지 못한다고 규정하고 있으므로 징벌적 성격의 징계해고만 인정되고 통상해고가 인정되지 않는다는 주장이 있으나, 만일 근로기준법 제23조의 해고 제한 규정이 징계해고에만 적용된다면 일반해고의 경우에는 법에 따른 제한 규정이 없어 민법 규정에 따라 자유롭게 해고할 수 있다는 불합리한 결론에 이르게 된다.[74)] 이때 "정당한 이유"란

73) 서울고등법원 2013.11.1. 선고 2013누18942 확정

74) 근로계약의 종료사유는 근로자의 의사나 동의에 의하여 이루어지는 퇴직, 근로자의 의사에 반하여 사용자의 일방적 의사에 의하여 이루어지는 해고, 근로자나 사용자의 의사와는 관계없이 이루어지는 자동소멸 등으로 나누어 볼 수 있을 것인바, 근로기준법 제27조에서 말하는 해고란 실제 사업장에서 불리우는 명칭이나 그 절차에 관계없이 위의 두번째에 해당하는 모든 근로계약관계의 종료를 의미한다고 해석하여야 할 것이므로, 피고 회사가 어떠한

근무성적이 사회통념상 고용관계를 유지할 수 없을 정도로 객관적으로 불량한 정도에 이른 경우를 의미하며 판례는 구체적 사안별로 정당성을 판단하여야 할 것이다.[75] 노동위원회도 판례와 같이 업무 능력 결여, 근무성적 부진 등으로 인하여 근로관계를 더 이상 유지하기 곤란할 정도에 이른 경우 통상해고의 정당성을 인정하고 있다. 이러한 취지에서 사용자가 근로자의 업무 경험이 없다는 사실을 알고 근로계약을 체결한 경우에는 계약 후 얼마 지나지 않아 업무 능력이 부족함을 이유로 해고한다면 정당성이 인정되기 어렵다.

❙ 직무능력 부족 및 근무성적 불량을 해고의 정당한 사유로 인정한 사안

〈금융업, 영업직〉 중앙노동위원회 2002.1.10. 판정 2001부해464[76]

(판정요지) 근로자가 일시적인 근무성적의 부진이 아닌 과거 10년 동안 인사고과 최하위 등급을 받을 정도의 근무성적이 불량하였고, 그 동안 중점관리부서로의 배치전환, 인력개발부로의 대기발령 이후 현업 복귀 등 근로자의 직무능력을 향상시키기 위하여 사용자가 많은 노력을 하였음에도 근로능력이 나아지지 않아 특별히 징계해고 할 만한 비위사실은 없었으나 근무성적 불량의 정도가 근로관계를 더 이상 유지하기 곤란할 정도였다면 이와 같은 직무능력 부족 및 근무성적 불량을 이유로 해고한 것은 정당하다.

(2) 노사정 합의를 통한 지침 마련

2015년 9월 15일 노사정은 대타협을 통해 우리나라 노동시장의 지향점을

사유의 발생을 당연퇴직사유로 규정하고 그 절차를 통상의 해고나 징계해고와는 달리 하였더라도 근로자의 의사와 관계없이 사용자측에서 일방적으로 근로관계를 종료시키는 것이면 성질상 이는 해고로서 근로기준법에 의한 제한을 받는다고 보아야 할 것이다. (대법원 1993.10.26. 선고 92다54210)

75) 서울고등법원 2006.10.25. 선고 2006누5740, 대법원 2007.2.9. 선고 2006두18287 확정

76) 중앙노동위원회 2002.1.10. 판정 2001부해464 재심판정 확정(불복기간 도과)

성과·직무 중심으로 운용되도록 하자는데 어렵사리 합의하였다. 그 배경에는 우리나라의 경우 노동시장을 규율하는 규범이 불확실하다는 인식이 있었다. 즉 엄청난 교통량이 있는 사거리에 점멸등이 설치되어 차량들이 엉키게 되고 교통이 원활하지 못하게 되는 상황과 비슷하다고 보았다. 따라서 규범을 명확화, 투명화하자는데 의견이 일치되었다. 즉 큰 사거리에 4색등을 달아 교통을 원활하게 하자는 의미였다. 해고를 둘러싼 엄청난 갈등을 해소하여 우리 사회가 직무·성과 중심의 공정한 사회가 되도록 하는 것이 장기적인 고용안정과 기업의 경쟁력 그리고 앞으로의 청년들의 고용기회 확대에 절실하다는데 의견 일치를 본 것이다. 이를 토대로 학계, 법조계 등 국내 전문가들과 함께 공개 논의를 거쳐 그 과정에 관한 절차를 지침으로 만들어 발표하였다. 2016년 정부가 발표한 직무·성과 중심의 인력운영지침은 '채용-평가-보상-교육훈련-배치전환-퇴직관리' 등의 인력운영을 연공서열 등에서 벗어나 객관적이고 합리적인 평가에 기초하여 직무능력(역량)과 성과 중심으로 하자는데 방점을 두고, 그간의 판결을 토대로 정당성이 인정되기 위한 절차와 방법을 정하는데 중점을 두었다. 그 핵심은 학력과 일반능력이 아닌 직무와 그 직무가 요구하는 역량을 기준으로 과학적인 채용을 실시하는 것이다. 입사 후에는 공정하고 객관적인 평가에 기반하여 성과에 따른 보상, 역량을 향상시키는 교육훈련, 직무능력에 맞는 배치전환 등을 실시하는 것이다. 아울러 퇴직 시 나이 또는 근속이 아니라 직무능력과 성과를 평가하여 결정하고, 직무역량 향상과 전직 지원으로 실질적 복귀를 활성화하는 것이다. 이와 같은 직무능력과 성과 중심의 인력운영으로 노동시장의 불확실성을 해소하고, 기업의 청년 정규직 직접채용을 유도하며, 근로자의 지속적인 직무능력 제고를 통한 장기근속을 유도하자는데 목표를 둔 것이다. 무엇보다도 4차 산업혁명에 대비하기 위해서는 국가든 기업이든 변화에 맞는 인재의 재구성, 채용과 재취업지원이 명확한 기준에 의해 원활하게 이뤄져야 함을 함께 고려한 것이다.

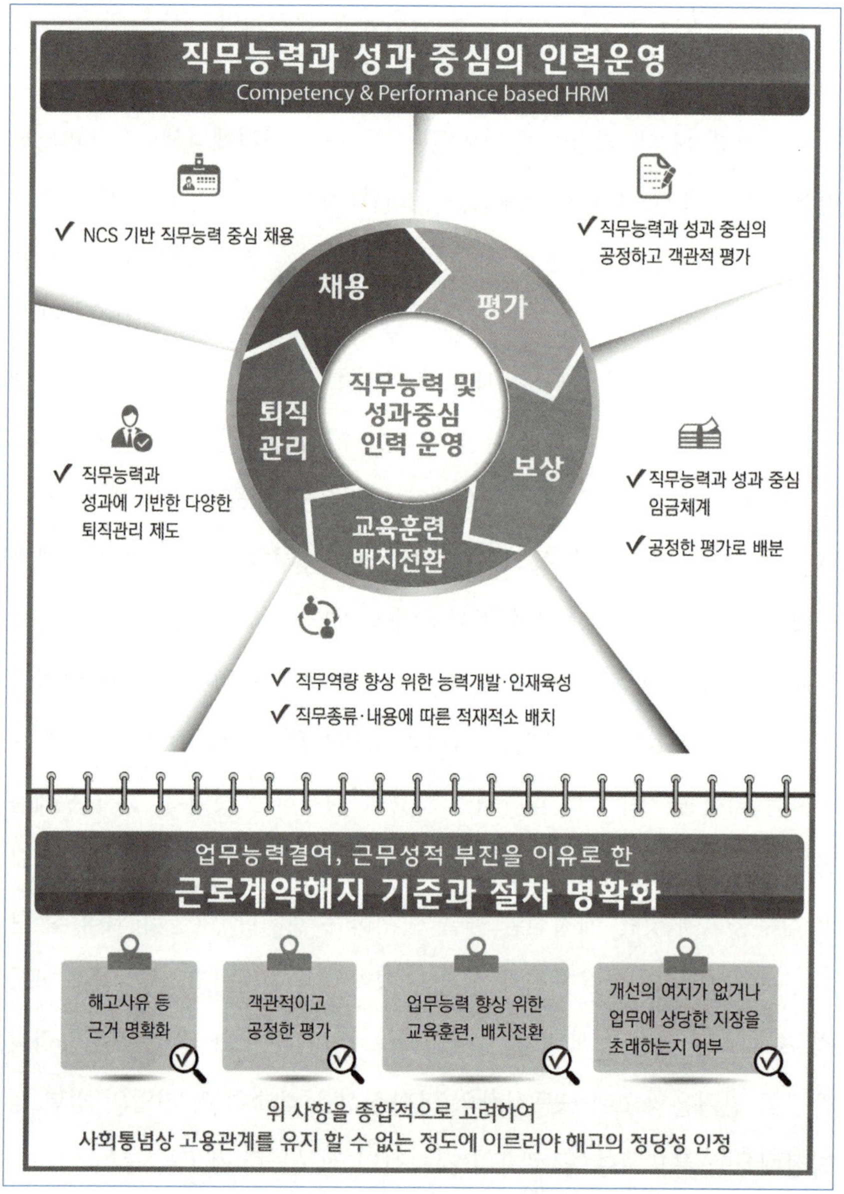

그림 9 | 직무 · 성과 중심의 인력운영지침 요지

이러한 지침의 근거로는 과거 경영상 해고제도 지침의 '先 시행 및 後 입법'과 일본의 지침 운영 사례 등을 토대로 마련한 것이다. 즉 과거 우리나라의 근로기준법 개정과정에서 긴박한 경영상 이유에 의한 해고제도(소위 정리해고제도)의 경우도 당시 근로기준법 제23조 "정당한 사유 없이 해고 등의 제한" 규정에 의거하여 기업이 경영상 어려움이 닥쳤을 때도 정당한 사유에 해당한다는 법원의 판결을 토대로 정부가 긴박한 경영상의 해고 지침을 마련·시행하다가 1998년 입법으로 구체화한 바 있었다. 업무능력이 현저히 떨어지는 경우 이미 법원이 이를 인정하는 사례가 적지 않았고, 과거 경영상 해고제도처럼 지침으로 우선 운용하는 것이 갈등을 줄이는 것이라 판단한 것이다. 즉 기본적으로 근로계약은 적정한 근로의 제공과 그에 상응한 보수 등의 지급을 전제로 성립하고 지속된다. 일정기간 후 객관적으로 현저히 업무능력이 떨어지는 경우 고용관계를 해지할 수 있는지에 대해 판례는 일정한 절차에 의해 정당성을 인정하고 있었다. 그러나 현장에서는 노사 간에 절차, 능력 정도, 평가 등에 대해 극심한 혼란과 갈등이 여전하여 그러한 규범의 불확실성이 정규직 직접 채용의 기피 원인이 되고 있다고 판단한 것이다. 노사정은 2015년 9.15. 대타협 시 충분한 협의를 통해 법과 판례에 입각하여 통상해고제도에 대한 기준과 절차를 명확하게 하기로 합의하였고 그 후속으로 전문가 TF를 통해 기준과 절차를 정해 지침으로 발표한 것이다. 일본의 경우도 우리와 비슷한 해고 관련 법 규정은 "합리적인 이유 없이 해고하지 못한다."라고 규정되어 있다. 이 규정에 근거하여 통상해고(보통해고) 제도를 지침으로 운용 중이다. 이 점도 함께 고려된 것이다.

많은 어려움 속에서 노사정은 물론 학계, 법조계 등에서 그 필요성을 인정하고 적극 참여하여 지침화 하게 된 것은 아래와 같은 목적에서이다.

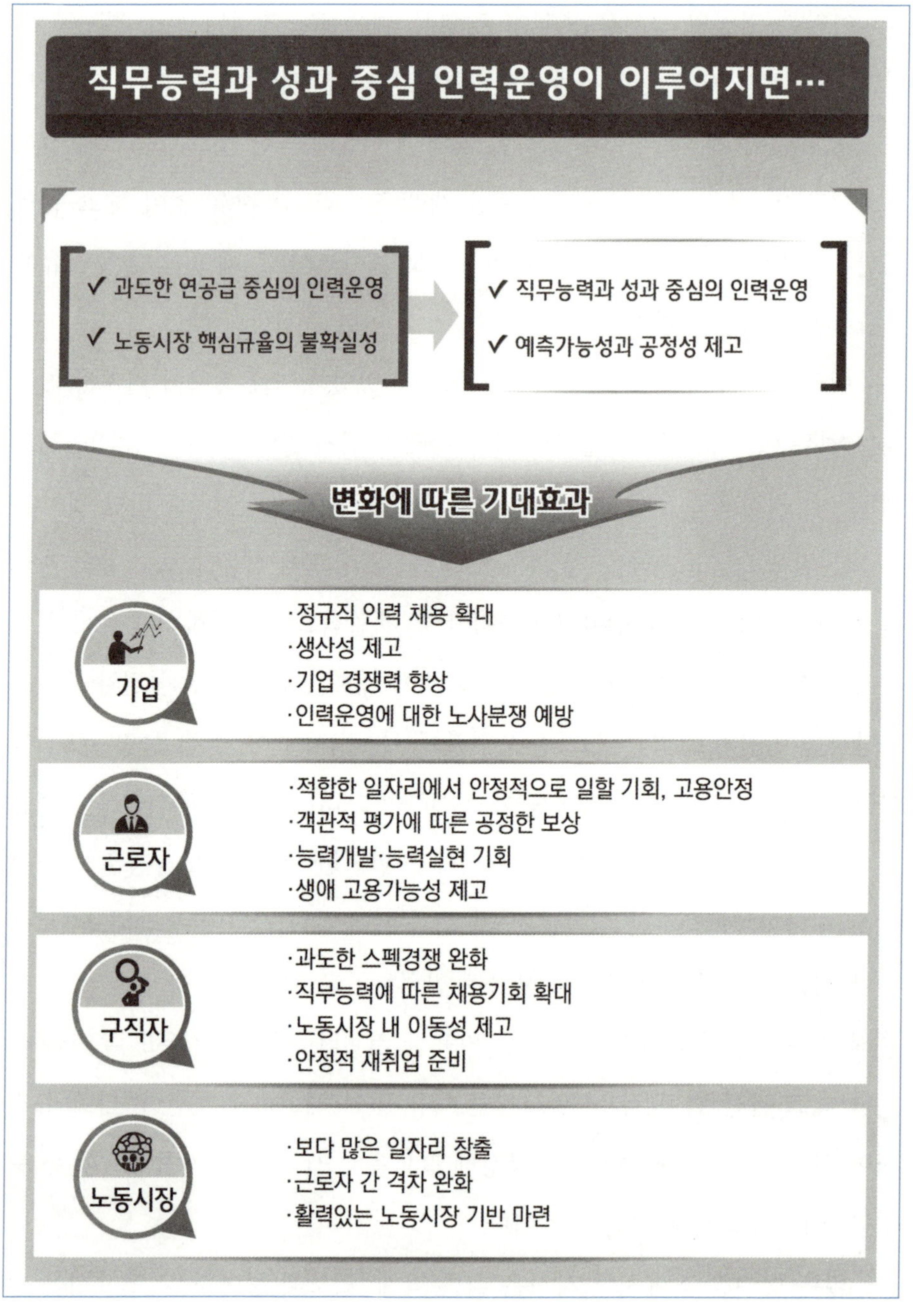

그림 10 | 직무 · 성과 중심의 인력운용의 목적과 효과

전문가들에 의해 만들어진 지침에서 제시한 법령에 의해 제도화된 징계해고, 통상해고, 경영상해고제도의 각각의 사유, 판단요소, 시기 등 제한, 절차 등을 요약하면 다음과 같다.

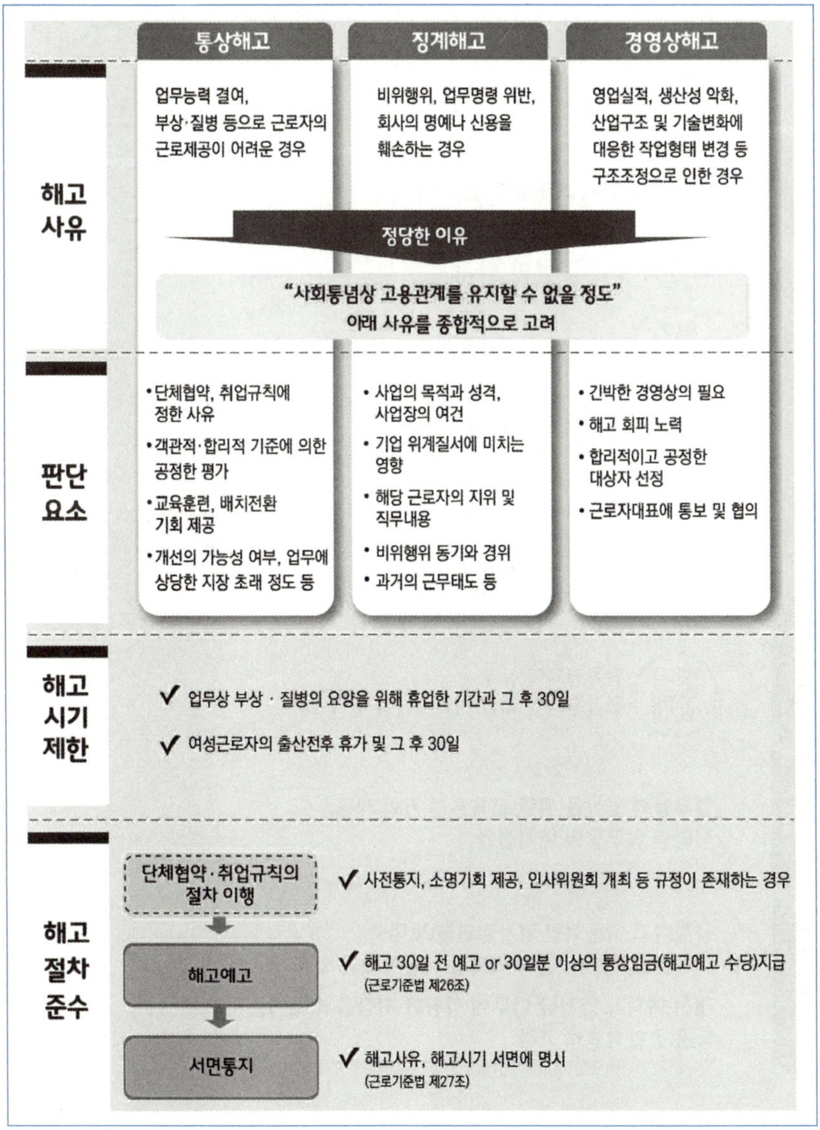

그림 11 | 해고 유형별 판단요소 등

여기서 통상해고, 즉 사회통념상 고용관계를 유지할 수 없을 정도에 이른 경우를 판단하는 핵심적 요소는 단체협약 및 취업규칙에 관련 규정이 있는지 여부, 객관적이고 공정하게 평가가 이뤄졌는지 여부, 고용유지를 위한 다양한 노력이 사전에 이뤄졌는지 여부이다. 이러한 핵심적 요소를 갖추어야 정당성이 인정되는 것이다.

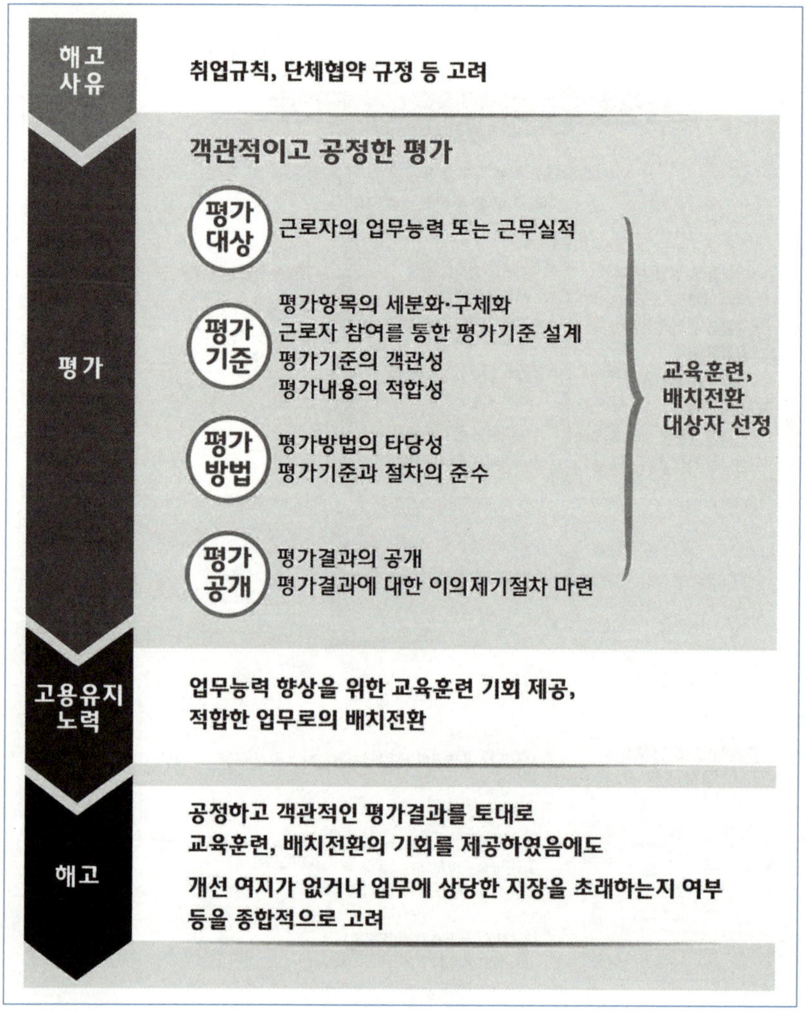

그림 12 | 통상해고의 판단절차

근로자 평가와 관련해서 가장 중요한 요소에 대해 전문가들은 평가가 합리적이고 객관적으로 이루어졌는지, 평가자에 의해 자의적으로 이뤄진 것은 아닌지, 평가기준은 어떻게 설계되고 어떤 방법을 선택하여 실행하였는지 등이라고 판단하였다.

근로자 평가는 위법·부당하지 않고 평가내용과 방법이 합리적이고 객관적이어야 하는 등 재량권을 일탈·남용하지 않아야 함

기준 설계

평가대상	업무능력, 근무실적 등
평가요소	업무수행능력을 평가할 수 있는 항목을 구체적으로 세분화, 평가단계는 다양화
근로자 참여	평가제도 마련시 노사협의회, 근로자대표 등의 의견 반영

평가 방법 선정

(−) ← 객관성, 공정성 → (+)

평가대상	집단평가: 집단의 실적을 개인평가에 반영 (집단과 개인의 업무성과의 연계성이 밀접한 경우)	개별평가: 근로자 개인의 실적, 성과평가
평가요소	비계량평가: 만족도, 근무태도 등 주관적인 판단	계량평가: 매출액, 영업실적, 생산량 등 객관적 수치를 토대로 평가
평가방식	상대평가: 근로자 상호간 비교 순위로 배분 ※ 최하위 등급에 일정 인원을 할당하는 경우 합리성 인정×	절대평가: 개인별 목표 점수 도달 여부

평가방법 다양화 등 상호보완을 통해 평가방법의 합리성 제고

평가 실행

평가자 선정	기준과 절차 준수	결과 통지	이의 제기
• 원칙적으로 동일인이 평정 • 비계량평가는 다면평가 및 평가위원회 등 복수의 평가자나 평가단계 다양화	• 정해진 평가기준과 절차에 따라 공정하게 심사	• 평가결과를 피평가자에 배부	• 평가결과에 대한 이의제기 절차 마련

교육훈련 배치전환 대상자 선정

원 칙	업무능력 개선의 필요성을 객관적 자료를 토대로 판단하여야 함 – 업무능력 부족의 상당기간 지속, 동일한 유형의 실수 반복 등
합리적 제외 대상 고려	업무능력, 근무실적 등 역량발휘를 저해하는 내·외부 요인과 개인적 사정을 감안 – 노조전임자 등 파견 복귀 후 1년 이내 – 직급내 근속연수 짧은 그룹 – 신규조직·다른 부서 발령, 전직 명령 후 1년 이내 자 – 업무상 재해, 출산 또는 육아 휴직 후 복귀 1년 이내이거나 임신 중인 근로자 등

그림 13 | 객관적이고 합리적인 평가 방안

통상해고와 관련한 외국의 판단기준을 살펴보자. 독일은 동료직원과 비교하여 평균적인 근로제공에 비추어 급부와 반대급부의 현격한 차이를 해고사유로 인정하고 있다. 통상 평균적인 근로제공의 1/3 수준을 업무부진으로 판단하는 경향이다. 일본은 국가전략특별구역법(2013년 12월)에 근거하여 글로벌 기업, 신규 기업 등에게 고용 Rule을 정확하게 이해시켜 예견 가능성, 노동분쟁 방지, 용이한 사업 전개가 가능토록 고용지침으로 보통해고(통상해고) 지침을 운용하기 시작하였다. 이 때 능력 부족, 성적 불량, 근무태도 불량, 적격성 결여로 인한 해고의 정당성을 판단할 때 단순 일반직은 엄격하게 적용하고, 고도의 전문성을 가진 자 및 간부는 능력향상 기회를 부여해도 평균에 이를 가능성이 곤란한 상황인 경우에 인정하는 추세라 한다.

필자가 현직에 있을 때 발행된 OECD 해고 유연화와 고용관계 보고서(2016년)에 의하면 OECD는 고용보호법(EPL)의 유연화가 중장기적으로는 신규고용 촉진, 정규직 채용 강화를 통해 노동시장 이중구조 완화에 기여한다고 보고 있다. 아울러 신규산업 진입 활성화에도 도움이 된다고도 판단하고 있다. 스페인, 슬로바키아에서는 정규직 3~10%의 고용이 증가하였다고 제시하였다. 특히 기간제근로자 비중이 높은 국가일수록 효과가 크다고 분석하고 있다.

(3) 문재인 정부의 지침 폐기

직무·성과 중심의 인력운용 지침 등 2015년 9.15. 노사정 대타협에 의한 후속조치로 마련된 소위 2대지침이 발표되자 노동계와 경영계는 각각 반대의견을 제시하였다. 노동계 일부는 판결에 의해 기준과 절차를 마련하였음에도 이를 마치 "쉬운 해고"라는 프레임을 씌워 반대투쟁을 전개하였다. 경영계는 너무 엄격한 절차와 기준을 적용하면 실질적으로 실행이 어렵고, 앞으로도 기준을 마련하고 평가방식을 협의하여 정하고 이를 2~3년 실행한 결과를 토대로 통상해고 여부를 결정해야 한다면 너무나 많은 기간이 흘러야 한다는 등의 이유로 불만이 적지 않았다.

불행하게도 2대지침을 발표하면서 바로 대통령 탄핵절차가 진행되어 모든 개혁 노력이 수포로 돌아가게 되었다. 문재인 정부 취임 이후 바로 2대지침 폐기가 선언되었다. 돌이켜보건대 객관적, 법률적 판단에 입각하여 2대지침을 만들지 않았다면, 문재인 정부 초기 행정개혁위원회에서 소위 "적폐청산" 명분으로 이를 준비한 많은 공무원들이 다쳤을 것이다. 문재인 정부 들어 공무원과 공공기관 중간직원들의 성과평가가 약화되는 등의 거꾸로 가는 행보도 있었지만, 한국노동연구원 등을 중심으로 현재의 호봉제 중심의 임금체계를 직무급 중심의 임금체계로 고쳐야 한다고 강조하고 직무급을 연구해 왔다. 현장에서 속도감 있게 추진되지는 않았지만 방향은 직무 중심으로 잡은 것이다. 특히 강조해 온 연봉 3,500만 원 전후 광주형 상생 일자리 추진은 근본적으로 직무 · 성과 중심의 인력운용을 주요 산업에 적용해야 한다는 시장 요구를 수용하는 것이라 할 것이다. 즉 기존 자동차 업종의 호봉제를 닮아가면 희망이 없으므로 광주형 일자리 임금체계를 시작으로 여타 지역으로 임금체계 변화를 확산시켜 괜찮은 청년 일자리를 만들어 보자는 취지였다고 본다. 솔직히 새로이 만들어지는 기업에만 이러한 직무 중심의 임금체계와 인력운용을 도입한다면 얼마나 일자리가 늘어날 수 있을까? 기존의 대기업 · 공기업 등이 임금체계를 직무 · 성과 중심으로 바꾸어야 가능한 것이다. 이를 위해서는 취업규칙 변경지침과 통상해고 관련 직무 · 성과 중심의 인력운용지침 등 2대지침이 현장에서 적용되도록 제도적 뒷받침이 반드시 있어야 가능한 것이다. 최근 들어 우리의 아들딸 청년들이 대기업·공기업 노동조합에 일자리 희망을 달라고 호소하는 것도 전체적인 노동시장제도의 형평성을 강조하는 것이라 본다. 또한 문재인 정부 들어 공공기관 비정규직 제로라는 국정과제를 추진하면서 일어난 논쟁과 갈등의 근간에는 바로 직무·성과 중심의 인력 운용이 담겨 있다고 본다. 비정규직 → 무기계약직 전환 → 정규직화 요구와 갈등의 근본은 기관별 단일 호봉제 임금체계에서 비롯된 것이다. 기관별, 직무별 업무 특성을 고려한 공정한 평가와 보상이 이루어지는 직무·성과 중심의 임금체계 개편 등이 이뤄지면 이러한 근로자 간 갈등은 현저히 줄어들 것이다. 이처럼 노동시장의 핵심 문제는 직무·성과 중심의 인력운용이 자리잡지 못한데서 비롯됨을 알 수 있다. 공공기관 일자리의 정규직화는 인정하더라도 비정규직에게는 일정한 가점을 주면서 외부 청년들을 포함한 공개채용(즉 기회의 공정) 방식을 택했다면 세대 간 갈등은 줄었을 것이다.

(4) 대법원의 통상해고 인정 판결

문재인 정부의 직무·성과 중심의 인력운용지침 폐기에도 불구하고, 대법원은 2021년 2월 통상해고가 정당하다고 판결하여 2대지침이 정당함을 인정하게 되었다.[77]

---

77) 대법원 2021.2.25. 선고 2018다253680

| 직무 · 성과 중심의 인력운용지침 관련 통상해고 대법원 판결 내용

이 판결에 의하면 근로자 2명은 생산품질관리 본부, 장비생산관리본부 등에서 과장급으로 근무, 근속기간이 각각 16년, 27년에 해당하였다. 당사자들은 2012~2014년 3년간 인사평가 기준 하위 2%에 해당하는 과장급 직원 60여 명에 선발되었다. 2015년 초부터 10개월간 직무재배치 교육 실시 후 재배치되었다. 이들 2명의 근로자들은 재배치 후 2016년 상반기 평가에서 최저등급(D)을 받았다. 회사는 "근무성적 또는 능력이 현저히 불량하여 직무를 수행할 수 없다."라는 취업규칙에 근거(회사는 취업규칙에 해고 사유로 징계해고와 통상해고 기준을 별도로 두고 있었음)하여 해고(통상해고) 하였다. 근로자들의 제기에 의해 부당해고소송이 진행되어 2017년 울산지법, 2018년 부산고법, 2021년 대법원 상고심에서 정당해고로 판결되었다. 이 판결에서는 ① 취업규칙에 해고사유로 정한 "근무성적 및 능력이 현저히 불량한" 기준이 근로기준법 제23조 제1항의 정당한 해고 규정에 위반한 것인지, ② 인사평가의 공정성 여부, 즉 직무재배치 및 해고의 근거가 된 인사평가가 공정하게 이뤄졌는지, 상대평가 하에서 인사평가의 공정성은 어떻게 뒷받침될 수 있었는지, ③ 해고의 정당성 문제, 즉 저성과로 인해 근로관계를 유지하지 못할 정도였다고 볼 수 있는지, 그 판단 기준은 무엇인지를 주요 요소로 보고 판단하였다.

판결에서 저성과자 해고를 가능케 한 "취업규칙이나 직무재배치 교육이 근로기준법 위반이 아니다."라고 판단한 이유는 다음과 같다. ① 직무재배치 대상 선정기준의 객관성이 인정되었다. 즉 직무재배치 교육 대상자 선정기준이 수년간 인사평가에서 지속적으로 저평가를 받은 사람을 대상으로 선정하였다는 점이다. 또한 직무재배치 교육 대상자 선정을 위한 인사평가가 나름의 객관적 기준에 따라 이루어진 점이다. ② 직무재배치 교육 내용의 정당성을 인정한 근거로는 재배치 교육 내용 중 독서 및 소감문 작성 등은 극히 일부에 불과하고 대부분의 교육 내용이 재배치에 도움이 되는 내용이라는 점이고 창업 관련 교육도 극히 일부, 본 교육 사이 공백기를 활용하여 이뤄졌다는 점이었다. ③ 직무재배치 교육 결과의 활용 정당성도 인정되었다. 그 근거는 대상자 60여 명 중 73%가 재배치되었고, 26%는 교육기간 중에 희망퇴직(비자발적이라 보기 어려움)하였으며, 해고자는 2명에 불과하다는 점이었다.

또한 "인사평가 기준이 불공정하거나 그 결과의 신빙성이 낮다고 보기 어렵다."라고 인정한 근거로는, ① 인사평가의 기준과 항목이 소속 근로자 전체에 모두 공개되고 변경내용도 수시로 공개되었다는 점, ② 평가방식에 있어 상대평가의 방식이나 약점을 보완하려는 노력이 존재한다는 점, 즉 피평가자 자질 등을 고려하여 최저등급을 부여하지 않을 재량이 부여(등급비율은 권장사항)되었다는 점, ③ 다수 다단계 인사평가권자 존재, 즉 본인평가 → 1차평가(팀장) → 2차평가(부서장) → 최종평가(본부장, 총괄 중역 등) 등으로 다단계 평가하여 등급을 산정한 점 등이었다. 또한 ④ 이의제기 절차가 구비되었다는 점도 고려되었다. 즉 2014년 이후 성과평가에 대한 이의제기 절차를 정비하였고 근로자들에게 안내하였으며, 실제 근로자들이 활발히 활용하였다.

판결을 종합해 보면 통상해고가 정당성을 확보하려면, ① 근무능력이 불량하다고 판단한 근거가 되는 평가가 공정하고 객관적인 기준에 의해 이루어진 것이어야 한다. ② "업무성적이 상대적으로 낮은 정도를 넘어 상당한 기간 일반적으로 기대되는 최소한에도 미치지 못하고 향후에도 개선될 가능성을 인정하기 어렵다"는 등 사회통념상 고용관계를 계속할 수 없을 정도여야 한다. ③ 사용자의 배려의무 포함 등 여러 사정을 종합적으로 고려하여 정당성을 판단해야 한다. 즉 사용자가 교육과 전환배치 등 근무성적이나 근무능력 개선을 위한 기회를 부여하였는지 여부, 그 이후 근로자들의 개선 여부 및 근로자들의 태도, 사업장 여건을 종합적으로 고려하여 정당성을 판단하게 된다는 점이다.

(5) 조속한 시일 내에 "직무 · 성과 중심의 인력운용지침"을 정립해야

앞서 설명한 대법원 판결의 기본 취지는 2016년 정부가 발표한 직무·성과 중심의 인력운용지침에 나온 기준과 절차를 사실상 반영한 판결이라 할 수 있겠다. 즉 문재인 정부가 지침을 폐지하였다고 하여 이미 판결로 인정된 부분이 사라질 수는 없었다. 따라서 2022년 출범한 새 정부는 2021년 대법원 판결을 근간으로 다시 한번 논의를 통해 빠른 시일 내에 관련된 지침을 명확히 해서 산업현장의 혼란을 방지하고, 고용안정과 기업의 경쟁력 확보, 청년 채용 확대라는 3마리 토끼를 잡을 수 있는 기반을 다져 주어야 한다.

2. 경영상 해고제도는 노사 모두 일관성 있는 원칙 준수가 먼저다.

2007년 근로기준법 개정으로 해고에 관한 형사처벌을 폐지하는 등 해고 유연성 확보를 위한 개선이 있었으나, 경제단체는 "긴박한 경영상의 필요" 및 50일 전 근로자대표에 통보 및 협의 등을 요구하는 경영상 해고의 요건이 엄격하여 실제로 적용하기가 힘들다는 문제점을 지속적으로 제기해 왔다. 국제기구도 우리나라의 경영상 해고 요건이 지나치게 엄격하고 그 절차 또한 중복적이고 복잡하므로 이를 시정할 필요성이 있다는 점을 계속하여 지적하고 있다.

| OECD 한국경제보고서(2005년) 권고사항

최소 해고 통보기간을 줄이고, 최근 대법원 판례에 나타난 해고요건을 법에 명시하는 등 정규직 근로자에 대한 고용보호를 줄일 것

또한 근로자대표에의 사전통보, 해고 근로자에 대한 해고예고 및 해고사유 등의 서면통지는 각 제도의 취지 및 효과가 상당 부분 유사하여 다소 절차가 중복적인 면도 있다.[78] 아울러, 근로기준법 제24조제4항은 사용자가 일정 규모 이상의 근로자를 해고할 경우 최초로 해고하고자 하는 날의 30일 전까지 고용노동부장관에게 신고할 의무를 부과하고 있다.[79] 한편 고용정책기본법 제27조도 일정 수 이상의 고용변동이 있을 경우 사용자가 직업안정기관에 신고할 것을 규정하면서, 근로기준법에 의해 신고한 경우에는 고용정책기본법상 신고의무가 면제되도록 규정하고 있다. 고용정책기본법 제35조제1항제1호는 신고의무 위반 시 300만 원 이하의 과태료 규정을 두고 있으나, 근로기준법은 신고의무 위반 시 아무런 제재를 하고 있지 않다. 일정 규모 이상의 해고 시 사용자의 과태료 부과 등 제재수단을 통해 신고의무를 강제함으로써 근로자대표와의 협의절차 준수 등 경영상 해고절차의 원활한 이행을 담보하면서, 해고 근로자에 대한 재취업에 대하여 정부의 지원을 받도록 할 필요가 있다.

한편 경영계에서는 경영상 해고 사유와 관련하여 '긴박한 경영상 필요' 요건을 '경영상 필요'와 같이 완화시켜 줄 것을 계속해서 요구하고 있다. 이에 대해 전문가 등 다수는 판례 등을 통하여 이미 실무상 유연하게 해석・운용되고 있는 규정을 개정하는 것이어서 노사 간의 불필요한 갈등을 일으킬 뿐이므로 현행 규정을 유지하자는 의견이다. 일부에서는 현행 요건에 따르면 상황이 극히 악화된 경우에만 경영상 해고가 가능하게 되어 기업이 신속히 경영위기

78) 근로자대표에의 통보 및 협의기간(50일)과 해고예고기간(30일)을 모두 거친다면 최장 80일의 기간이 소요된다.

79) 상시근로자 300인 미만 사업장에서 30인 이상, 300인 이상 사업장에서 상시근로자 총수의 10% 이상(고용정책기본법 시행령 제20조)

에서 벗어날 수 없게 되고, 사실상 유연하게 운영되고 있다고 하더라도 법 문언과 현실 사이에 괴리가 존재하는 것이므로 "경영상 필요"로 개정하는 것이 타당하다는 견해도 있다. 법원은 입법 전에도 판결을 통해 "긴박한 경영상 필요"를 "근로자를 해고하지 않으면 기업경영이 위태로울 정도의 급박한 경영상의 필요성"으로 해석해 왔다. 이러한 점을 반영하여 IMF 외환위기 직후 입법과정에서 그간의 판례를 반영하여 "긴박한 경영상의 필요성"으로 정리되었다. 입법 이후 산업이 급격히 변화하는 과정에서 "장래 올 수도 있는 위기에 미리 대처하기 위하여 인원 삭감이 객관적으로 보아 합리성이 있다고 인정되는 경우도 포함되는 것으로 보아야 한다."라고 다소 완화하는 미래지향적인 판결을 한 바도 있었다. 최근 5년간은 다수의 판결에서 다시 매우 엄격하게 판결하는 경향이 있게 되자 경영계는 다시 "긴박한"을 제외하고 "경영상 필요"로 개정하자는 요구를 지속하고 있다. 이와 관련하여 필자의 경험을 하나 소개해 드리고자 한다. 9.15. 대타협 시 경영계 및 경제부처 등으로부터 고용의 경직성 해소 방안으로 이러한 요구, 즉 경영상 필요에 의한 해고제도에 있어 "긴박한"을 제외하고 "경영상 필요"로 고쳐야 한다는 요구를 엄청나게 받은 바 있다. 필자는 이에 대해 그동안의 판례 경향을 설명하면서 "긴박한"을 제외하고 "경영상 필요"로 개정된다고 해서 법원이 그 사유를 폭넓게 인정하게 될 것이라고 단정할 수 없다고 설명했다. 판결의 일관성과 경영환경의 변화 등 시대정신을 감안한 판결과 행정해석이 실질적으로 더 중요함을 강조하면서 이 요구에 대해 받아들이기 어렵다는 점을 설명했다. 이에 관한 필자의 생각은 지금도 변함이 없다.

경영상 해고에 있어 중요한 것은 노사 모두 이 제도의 취지를 받아들이고 미래지향적인 관행을 정립해 나가는 것이 중요하다. 기업이 경영상 해고의 결단에 앞서 해고를 피하기 위한 최선의 노력을 정말 진정성 있게 다해야 한다. 즉 기업의 경영상 사정을 고려하더라도 경영상 해고는 근로자에게는 생존권을 위협하므로 가능한 한 최후에 선택하여야 한다. 무엇보다도 평소에 투명한 경영, 열린 경영을 해나가는 것이 중요하다. 노사협의회를 통해 경영상황을 근로자들이 충분히 이해토록 하는 노력이 과거보다 훨씬 더 있어야 한다. 노동조합이나 근로자들도 인식을 바꾸어 주어야 한다. 경영상 해고제도의 실행과 관련해서는 우리 노사관계에서 아픈 사례들이 적지 않다. 하지만 기업이 다 쓰러져가도 일단 경영상 해고 신고나 발표를 하면 노동조합은 기준이나 절차 진행에 관해 협의에 응하기보다는 결사반대, 즉 모두 일자리를 잃어도 소위 정리해고는 안 된다는 입장을 고수하는 것이 현재의 대부분의 실상이다. 현재도 위기 상황이 지속되는 쌍용자동차의 과거 정리해고를 둘러싼 갈등의 사례는 노사 모두 반면교사로 삼아야 한다고 본다. 제도가 정립되어 있으면 제도의 틀 내에서 어려움을 최소화하기 위한 노력을 하는 것이 노사 모두에게 우선이다.

여기서 정부의 해석이나 방침이 분명히 재정립될 영역이 있다. 집단적 노사관계법의 단체교섭 및 쟁의행위의 대상에 "해고 등 근로조건의 개선"으로 명시되어 있다. 여기서 해고란 노사 간 해고의 기준 및 절차를 정하는 것을 의미한다고 하여 왔다. 따라서 이러한 절차와 기준을 정하는 협상이 아닌 경영상 해고 및 개인적인 징계·통상해고 실행에 반대하는 쟁의는 법상 정당하지 않다고 판단해 왔다. 그래서 노조 측은 혹시 모를 불법요소를 감안하여 임금 또는 단체협상과 연계하여 소위 경영상 해고 반대투쟁을 하는 사례도 많았다. 그런데 우리나라 노동조합 및 노동관계조정법에서는 쟁의대상을 명시하고 있음에도, 문재인 정부 시절 목적상 불법파업 여부를 판단하지 않는 경향이 있었다. 목적상 불법파업을 이유로 시설의 파괴나 점거 등이 없었음에도 형사처벌(업무방해)하는 것은 그동안 ILO 등에서 지속적인 문제 제기도 있어서 자제하는 것은 바람직하다고 본다. 그러면 정리해고 실시 반대가 주된 목적인 파업이 정당한지 여부를 판단하지 않으면 파업이 정당성이 없을 때 묻게 되는 민사·인사상 불이익 처분도 하지 않아야 된다는 의미인지 시장은 혼란을 겪고 있었던 것이다. 이러한 점에 대해 지침을 명확히 해 줄 필요가 있다. 업무상 질병 여부를 전문가들로 구성해서 판정해주듯이 필요하면 학계·법조계 등 전문가들로 구성된 목적상 불법 여부 자문위원회를 고용노동부 본부에 운영하는 방안도 하나의 해결책이라고 본다.

또한 정리해고제도 시행 절차 및 과정에 대한 입법 보완이 필요하다고 본다. 현행의 경영상 해고제도는 해고를 피하기 위한 방법이 구체적으로 규정되어 있지 않아서 사용자가 어떤 노력을 해야 이러한 요건을 충족하는지에 대한 예측이 곤란하다는 지적이 많다. 따라서 기업이 취할 수 있는 해고를 피할 수 있는 수단, 즉 근로시간 단축, 업무조정, 전환배치, 휴직, 훈련, 여유자산 매각 등을 법에 구체적으로 예시함으로써 해고의 최후 수단성을 명확히 해 줄 필요가 있다.

근로자대표와의 협의 시에도 협의사항의 구체적인 내용이 무엇인지 불명확하고, 관련 정보 공유가 의무사항이 아니어서 노사 간 인식의 차이에 따른 불필요한 논란이나 갈등이 발생될 수 있다. 현행 경영상 해고 시 근로자대표와의 협의사항인 해고를 피하기 위한 방법, 해고의 기준 외에 해고예정인원, 전직지원계획에 대해서도 협의토록 하여 협의사항을 확대하여야 한다. 현행 협의사항 중 해고의 기준은 구체적인 해고대상자 선정기준이 중심임을 명확화할 필요가 있다. 아울러 해고예정시기 및 사전협의사항의 구체적인 내용을 근로자대표에게 서면으로 통보하도록 명시하고, 근로자대표와의 협의가 원활하게 진행될 수 있도록 근로자대표가 협의에 필요한 정보를 요청하면 문서로 제공하도록 의무화할 필요가 있다. 근로자대표에의 사전통지기간 차등화에 대해서는 근로자대표에의 사전통보기간이 외국에 비하여 길고 경직적이므로 해고 규모에 따라 기간을 차등화 하는 것이 타당하나, 노동계의 반발에 비하여 그 현실적 효과가 미미할 것으로 예상되므로 현행대로 유지하자는 견해와 해고 관련 국제단체 평가 개선, 경영계의 지속적인 요구 등을 고려하여 통지기간을 차등화하자는 견해가 있다. 이 부분으로 굳이 갈등을 일으킬 필요는 없다고 본다.

외국의 경우 실체적 요건에 대해서는 우리와 유사하게 규정하고 있는 사례를 프랑스, 독일, 영국 등에서 찾아볼 수 있다. 그러나 절차적 요건에 대해서는 국가별로 다양한데 독일, 프랑스는 우리와 같이 해고 회피노력과 해고대상자 선정 기준 등을 규정하고 있고, 영국의 경우에는 그러한 규정은 없으나 사전협의에 대한 절차만 규정하고 있다. 미국은 실체적, 절차적 요건에 대해 특별히 제한이 없으며 노동조합과의 교섭, 일정 규모 이상 기업에 대해 서면통지 의무 등을 규정하고 있다.

마지막으로, 우선재고용의무 이행이 미흡한 점도 개선되어야 한다. 현재는 우선재고용 대상 업무가 해고 당시 담당하였던 업무와 '같은 업무'로만 한정되어 있어 우선재고용 기회가 적고, 해고 근로자에게 이를 통지하도록 명시하고 있지도 않아 근로자 본인도 우선재고용 기회에 대한 인식이 적은 상황이다. 따라서 우선재고용 대상을 해고 당시 담당업무와 '같은 업무'에서 '같은 직종의 업무'로 확대하여야 한다. 또한 경영상 해고 시 서면통지 내용에 해당 근로자에 대한 전직지원계획을 포함하고, 채용이 필요한 업무가 생기면 반드시 해당 직종 해고 근로자에게 서면으로 알려주도록 명확화할 필요가 있겠다.

1998년 필자가 대통령비서실에서 행정관으로 근무할 시절의 경험을 소개해 드린다. 당시에 IMF 위기로 많은 기업들이 구조조정의 어려움을 겪고 있을 때였다. 현대자동차의 경우도 수천 명의 희망퇴직 실시를 추진하면서, 희망퇴직이 안될 경우 경영상 해고를 추진하던 시기이다. 당시 김대중 대통령께서 그러한 현실을 종합해서 하신 말씀이 생생하다. "큰 배가 태평양을 건너다 견딜 수 없는 폭풍을 만났다고 합시다. 폭풍우에 전복되기 전에 일부 화물을 내려서 안정적으로 폭풍우를 견디어 내고, 폭풍우가 잔잔해지면 바다에 떠있는 화물을 다시 싣는 것이 현명합니다." 근로자를 내보내는 아픔이 크지만 현실을 감안한 간접적 표현이었다. 종합해 보면 경영상 해고는 분명 최후의 수단임이 분명하다. 또한 경영상 해고제도에 대해서 노사정 모두는 근로자의 해고보호 측면은 물론 기업의 구조조정을 통한 경쟁력 유지·향상으로 결과적으로 고용안정을 달성시키고자 하는 취지도 함께 인정한 제도라는 점을 다시 한번 인식할 필요가 있다. 상호간에 목적과 절차를 준수해야 한다. 경영상 해고제도는 1998년 근로기준법 개정 시 판례 법리가 입법화된 것으로 긴박한 경영상 필요는 경제상황, 산업구조 및 노동시장 변화 등을 고려하여 법원에서 구체적으로 그 정도를 판단할 수 있도록 한 것이다. 이러한 측면에서 볼 때 경영상 해고의 실체적 요건은 현재와 같이 유지하는 것이 바람직하다. 다만 경영상 해고의 절차적 요건에 대해서는 보다 명확하게 할 필요가 있다. 해고 회피노력을 구체적으로 예시하는 것, 근로자대표와의 사전협의사항을 확대하는 것, 협의사항은 서면으로 통보하는 것을 의무화하는 것 등의 내용을 법에 담아야 할 것이다. 우리의 경우 더 중요한 것은 그러한 상황이 닥쳐왔을 때 노·사 모두 극한 대립보다는 법과 제도적 틀 내에서 해결책을 찾는 관행 정립이다.

3. 사용자에 대한 금전보상 청구권

부당해고 시 근로자에 한하여 금전보상 청구권이 인정되고 사용자에게는 인정되지 않고 있다. 그러나 사용자와 근로자 간의 신뢰관계가 이미 회복되기 어려워 근로관계 지속의 기대가능성이 없는 경우 사용자의 금전보상청구권을 인정할 필요가 있다. 다만, 사용자의 금전보상청구권을 인정한다고 하여도 사용자에 의한 남용을 방지할 필요성도 감안하여야 한다.

근로기준법상 금전보상 수준을 "임금상당액 이상의 금품"으로 규정하고 있어, 근로자의 귀책으로 인한 해고사유에 해당하나 해고예고 의무 위반 등 단지 해고절차 위반으로 인하여 부당해고로 판단되는 사건에 있어서는 오히려 화해성립의 애로요인으로 작용하고 있다. 특히 사용자가 해고의 서면통지를 하지 않고 귀책사유가 있는 근로자를 해고하였는데, 수개월이 지난 후 근로자가 노동위원회에 부당해고 구제신청을 하는 경우가 문제가 된다.

근로기준법 제27조는 사용자는 해고 시 해고사유와 해고시기를 서면으로 통지하여야 하고, 통지되지 않은 경우는 그 해고는 효력이 없다고 규정하고 있다. 따라서 근로자는 구두통지 등의 방법으로 이루어진 해고에 대하여 사용자가 해고예정일로 정한 날로부터 90일 이내에 노동위원회에 부당해고 구제신청을 할 수 있으며, 이 경우 서면통지가 없었다는 이유만으로도 부당해고가 성립되어 사용자는 원직복직과 그 동안의 임금상당액 지급 결정을 받게 된다.

그러나, 현실적으로 근로관계의 지속 가능성이 없는 경우 사용자에게도 근로관계를 해소할 수 있는 기회를 주는 것이 필요하다. 다만, 해고의 남용방지를 위해 사용자의 신청권에 아래와 같은 인정요건 및 보상액 기준의 규정을 검토할 필요가 있다. 적어도 부당해고의 "정당한 이유" 이상의 내용으로 구체화되어야 할 것이다.

<표 9> 사용자의 금전보상 청구방안

신청사유 제한	• 성별 · 국적 · 신앙 등을 이유로 한 차별적 해고, 근로자의 정당한 권리행사(연차사용 등) 및 노조활동을 이유로 한 해고 등
신청요건 엄격화	• 근로자를 원직에 복직시킬 수 없는 상당한 사유가 생긴 경우, 부당해고의 이유가 단순한 해고절차 위반인 경우 등
보상액 강화	• 사용자가 신청하는 경우 보상액을 보다 높게 하고, 기본적인 보상액을 법정화하여 노사 간 예견가능성 확보 등

근로자에게 상당한 귀책사유가 있으나 단지 해고절차 규정 위반으로 부당해고 판정을 받은 경우이어서 원직복직이 된다고 하더라도 다시 정당한 해고절차에 의하여 해고될 것임이 분명한 경우에는 원직복직 명령의 의의가 없으므로 사용자 등 당사자의 금전보상 신청권을 인정하거나, 당사자의 원직복직 의사가 없음이 확인된 경우에 한하여 노동위원회의 재량으로 금전보상을 할 수 있도록 하면 될 것이다. 해고절차 위반으로 인한 부당해고의 경우 금전보상액을 "임금상당액 미만"으로 제한하자는 견해가 있었으나, 노동계의 반발을 고려할 때 개정의 실익이 없고 사용자의 해고 절차 위반의 책임을 물어야 하므로 위 경우에도 금전보상액을 임금상당액 미만으로 할 수는 없다는 의견이 다수인 상황이다.

금전보상액 산정기준을 마련함에 있어서는 근로기준법에 근거규정을 신설하고 시행령에서 기준요소로서 해고기간, 근속년수, 근로자의 연령, 당사자의 경제적 사정, 해고경위 등을 명시하는 방안과 기준개월 수를 정하는 방안이 있다. 기준개월 수에 대해서는 최저기준만을 정하거나(예 : 프랑스의 6개월분 임금 이상), 최고기준만을 정하거나(예 : 독일의 12개월 임금 이내), 양자를 모두를 정할 수도 있다(예 : 스페인).

부당해고 시에도 사용자에게 제한적으로 금전보상청구권을 인정하게 되면 이미 신뢰관계가 파괴된 근로관계를 신속히 종료할 수 있도록 함으로써 해고분쟁을 줄일 수 있을 것이다.

4. 고용 확대와 직접고용 유도를 위한 2대 지침 관련 방향을 조속히 재정립해야 한다.

씽크어게인(THINK AGAIN)=다시 생각해 보자!

우리에게 익숙한 와튼스쿨의 조직심리학 교수이며 TED 강연으로 유명한 애덤 그랜트(Adam Grant) 교수의 최신 작품이다. 내용은 이렇다. 처음 쓴 답과 고쳐 쓴 답 중 어느 것이 맞을 확률이 높을까? 사람들은 고쳐 쓴 답이 틀릴 거라 생각하지만 사실은 고친 답이 정답일 확률이 더 높다고 한다. 이유는 한 번 더 고민하고 생각했기 때문이다. 처음 쓴 것을 고치지 않으려는 현상을 인지적 게으름이라 한다. 저자는 자신이 갖고 있는 확신을 다시 생각해 보라는 것이다. 핸드폰 블랙베리를 만든 마이크 라지리디스(Mike Lazaridis)가 처음 생각을 고수한 대표적 실패자로 등장한다. 그는 블랙베리 열성팬에만 신경 쓰다가 터치스크린 방식과 인터넷을 넣어야 한다는 새로운 제안을 무시했다. 즉 성공에 취해 새로운 제안을 무시하여 시장에서 사라져 버리게 된 것이다.

보통 사람들은 다음의 3가지 방식으로 생각하는 오류가 있다고 한다. 1) 전도사형이다. 즉 자신의 믿음을 의심하지 않고 다른 사람의 생각을 바꾸려

한다는 것이다. 2) 검사형이다. 즉 다른 사람의 논리에서 모순을 발견하여 상대가 틀렸고 자신이 맞았다고 입증해 나간다는 것이다. 3) 정치인형이다. 그것이 옳고 그른 것인지? 해야 할 것인지? 하지 말아야 할 것인지?는 중요하지 않다. 지지와 동의를 얻기 위해 감언이설도 서슴지 않는다. 그것은 다 바람직하지 않다는 것이다. 정답은 과학자처럼 생각해야 한다는 것이다. 과학자처럼 생각하기의 핵심은 '다시 생각하기'다. 가설을 세우고 실험하고 실험결과에 따라 다시 수정하며 새로운 데이터를 가지고 끝없이 업데이트한다. 이와 같은 다시 생각하기에는 자기 믿음을 믿지 말 것(지적 겸손)과, 자기가 부족하다는 것을 늘 인식하고, 틀렸을 때 기쁨을 느껴야 한다는 것이다.

2대 지침은 정부가, 공무원들이 만든 것이 아니다. 최고의 전문성과 경험을 가진 학자, 변호사 등 법조계가 참석하여 현재의 갈등을 줄이고 더 나은 미래를 향해 만든 것이다. 즉 애덤 그랜트 교수가 강조한 과학적 방식으로 만든 것이다. 이것을 '월급 깎기', '쉬운 해고'로 선전한 일부 노동계가 이제는 냉철히 과학적으로 다시 생각하기(think again)를 해주기를 바라는 마음이 크다. 그분들도 사석에서 속마음을 털어낼 때는 "아이들이 취업 못하고 몇 년째 방구석에 있는 모습을 보며 그 애들에게 기회가 온다면 무엇이든 변화할 수 있다고 생각한다."라고 심경을 말하곤 하였다.

2016년 1월에 발표했던 2대 지침은 이제까지 설명한 취업규칙, 해고와 관련된 노동시장의 불확실성을 걷어내어 청년들에게 하나의 일자리라도 더 만들어주고 노동시장의 이중구조를 개선해서 비정규직과 중소기업 근로자들의 처우개선과 고용안정을 도모하고자 마련한 것이었다. 취업규칙 지침은 정년 60세 시대의 고용 나침반 역할을, 공정인사 지침은 부당해고 방지의 안전판 역할을 하기 위한 목표를 가지고 있었다. 기업의 인사운용을 직무와 성과 중심으로 바꾸고, 연간 1만 5천여 건의 해고·징계 등 둘러싼 사법적 갈등을 줄이기 위해 근로계약 관계를 법과 판례에 따라 명확히 하고자 했다.

정년 60세 의무화 시행을 앞두고 과도한 연공제 중심의 임금체계를 직무와 성과 중심으로 바꾸는 것이 시급했던 시점이었다. 우선 임금피크제를 도입하고, 청년고용 절벽을 해소하면서 중장기적으로 노사가 임금체계를 개편하도록 지원하고자 했다. 이러한 내용을 담기 위해서는 각 사업장의 취업규칙을 변경하는 것이 필수적이었는데 이를 법과 판례에 따라 구체적으로 제시할 필요가 있었다. 2대 지침을 마련하기 위해 연구용역, 전문가 TF 운영, 토론회 및 간담회 등을 총 45회 이상 실시하였다. 특히 2015년 12월 30일 전문가 간담회에서는 모든 과정을 공개하였고 마련된 지침안이 법과 판례에 충실하였고 노동계가 주장하는 바와 같이 '쉬운 해고'가 아니라는 공감대를 이루었다. 물론 노사협의를 위해 지속적으로 공식, 비공식적인 참여를 요청하였으나 한국노총은 협의 자체를 거부해 더 이상 협의가 불가능한 상태였다. 한편 현장에서는 노사 당사자가 구체적인 내용을 잘 모르고 막연한 불안감을 갖고 있었다. 장·차관이 직접 현장에 가서 설명하니 '쉬운 해고'나 일방적 임금삭감이 아니라 근로자와 기업이 상생할 수 있다는 의견이 다수였다. 이에 가급적 빠른 시일 내에 지침을 시행하고 노사가 충분히 알 수 있도록 널리 알리는 것이 옳다고 판단해서 지침을 발표하였다.

2대 지침의 기본 방향은 근로기준법, 고령자 고용촉진법 등 관련 법률과 그간의 판례에서 일관되게 제시하고 있는 요건과 절차를 충실히 반영하는 것이었다. 우선 '정년 60세 의무화'라는 큰 이익을 가지는 임금피크제 도입과 함께 임금체계를 개편하는 경우 최선을 다해서 협의를 해야 정당성이 인정되게 하여 일방적 도입은 안된다는 점을 분명히 하였다. 노사가 자발적으로 정년 60세에 대비하고 선진적인 인력운용 시스템을 마련하도록 하는 한편, 갈등과 불확실성을 예방하는 가이드로서의 역할을 하기 위한 것이기 때문이다.

공정인사 지침과 관련해서 먼저 채용에서 퇴직까지의 인력운용 방안으로 기업들이 학력, 스펙보다는 직무능력 중심으로 채용하도록 했다. 공정한 평가를 하고, 그에 따른 급여와 승진 등 보상이 이루어지도록 하며, 퇴직 시에는 기업의 전직지원 등이 체계적으로 이루어지도록 하였다. 근로계약 해지의 기준과 절차와 관련해서 법과 판례에 있는 징계해고, 정리해고, 통상해고 등의 유형과 그 유형별로 정당한 이유와 절차 등의 제한 사항을 구체적으로 명확히 하였다. 특히, 현저히 업무능력이 부족한 경우 등의 통상해고는 새로이 만든 제도가 아니다. 이미 많은 판례에서 근로자가 일정 수준의 근로를 제공하고 사업주는 그에 맞는 임금지급을 하는 근로계약의 본질에 입각하여 소위 통상해고의 인정 사례와 기각 사례를 보여주고 있어 이를 요건별로 명확히 해주고자 한 것이다. 즉, 대다수의 성실한 근로자는 통상해고의 대상이 되지 않는 것이다. 각 사업장에 극히 예외적으로 업무능력이 현저히 낮거나 근무성적이 부진하여 주변 동료 근로자들에게 부담이 되는 경우만 해당되며, 이 경우에도 해고가 정당하려면 엄격한 기준과 절차를 갖추어야 한다. 공정한 기준에 의한 평가가 이루어져야 하고 근로자대표 등이 참여하여 평가기준을 마련한 경우에는 그 공정성이 더 높아질 것이다.

취업규칙 지침과 관련해서는 취업규칙은 사업장 내에 전체 근로자들의 근로조건과 복무규율을 정하는 규범이며, 이를 변경할 경우에는 이익 변경이면 근로자 과반수의 의견을 청취하고 불이익 변경이면 동의를 받도록 법에 규정되어 있다. 취업규칙 변경 내용 중에 이익 변경과 불이익 변경이 혼재되어 있는 경우에는 원칙적으로 불이익으로 보고, 기존 판례의 취지와 내용을 감안하되, 정년연장에 따른 임금체계 개편 의무화라는 특수성을 함께 고려하였다. 정년연장과 임금피크제 등 임금체계 개편이 이루어지는 경우에 이익과 불이익을 총체적으로 비교하여 이익이 되는 경우, 사용자가 그 개편의 필요성이 절실한 경우, 또 주변기업에서 대부분 도입되고 있는 경우, 그러면서도 노동조합이나 근로자대표와 충분히 협의가 인정된 경우에 한해서 사회통념상 합리성이 인정되도록 하였다. 법원은 1970년대부터 일관되게 사회통념상 합리성을 판단하고 있다. 이는 동의권을 남용하는 것을 방지하기 위해 극히 예외적으로 인정하고 있고, 대부분 사업장에서는 노사가 성실히 협의하고 동의를 받아 임금체계 개편을 진행하고 있다.

2대 지침이 일자리의 신호등과 나침반 역할을 제대로 하게 되면 대부분의 성실한 근로자는 정년 60세까지 고용이 안정되고, 직무・성과와 능력에 따라 보상함으로써 기업의 경쟁력은 높아질 것으로 보았다. 또 기업들이 정규직 채용을 늘리게 되어 양질의 청년 일자리는 늘어나고 비정규직은 줄어들게 되는 효과도 가져올 것으로 보았다.

문재인 정부가 들어선 직후인 2017년 9월 2대 지침은 폐기되었다. 2대 지침 마련 과정에서 노사 등 당사자와의 충분한 협의가 부족했고 사회적 공감대를 형성하지 못한 채 추진되어 한국노총의 노사정위원회 불참 등 노정 갈등을 초래했다는 것이 폐기의 이유였다.

하지만 2대 지침은 하나의 일자리라도 더 만들어주고 노동시장의 이중구조를 개선해서 비정규직과 중소기업 근로자들의 처우개선과 고용안정을 도모하고자 한 것이다. 이를 위해 취업규칙, 해고와 관련된 노동시장의 불확실성을 걷어낼 필요가 있었다. 법과 판례에 따라 이를 구체적으로 제시한 것으로 그 의미가 있고 지금도 여전히 유효하다고 본다. 9.15. 대타협 이후 2대 지침 발표시기를 둘러싼 노동계와 정부의 입장 차는 컸다. 노동계가 희망하는 방향으로 지침 발표를 천천히 하였으면 갈등이 줄고 순항했을까? 그 때의 상황을 세세히 다 말씀드릴 수 없지만 더 어려웠을 것이라고 본다. 그렇지만 내용은 맞아도 그래도 발표를 너무 서둘렀다는 학계의 지적도 겸허히 받아들인다. 이유야 어찌되었던 완결되지 못한 것은 궁극적으로 필자의 몫이라 늘 생각하고 있다. 그럼에도 2대 지침을 폐기한다고 그 취지와 내용은 없어지는 것이 아니라고 본다. 앞서 설명한 대로 대법원이 직무・성과 중심의 인력운용지침(통상해고 관련)에서 제시한 방향과 절차를 상당부분 반영하여 통상해고를 인정하는 판결을 한 것처럼 우리 노동시장에는 2대 지침이 담은 취지와 내용이 이미 존재하는 것이다. 다시 한 번 노사정이 진정성을 가지고 병목현상의 원인해소 방안을 냉철히 협의하여 우리 노동시장의 신호등과 나침반을 정립해야 한다고 본다. 그것이 장기적으로 현재 일하고 있는 분들의 고용안정과 일자리 찾는 청년들의 기회 확대의 지름길이다. 반드시 넘어야 할 산이다.

제8절

근로기준법 4인 이하 사업장 적용을 단계적으로 설계하자.

담배 피우는 중에 기도해도 됩니까?

영화 <두 교황>을 보면 천주교의 전통적, 보수적 성향의 교황과 시민 생활 속으로의 교회 참여를 주장하는 진보적이며 소탈한 신부님(나중에 프란체스코 교황이 됨) 간에 격론을 벌이는 장면이 나온다. 베르골리오 신부님이 보수적 교황님께 "학생이 기도 중에 담배 피워도 됩니까 라고 물으면 어떻게 하실 겁니까?"라고 물었다. 답은 NO. 그러면 "담배 피우는 중에 기도해도 됩니까 라고 물으면요?" 답은? 현실에 부응한 종교적 활동을 강조한 것으로 이해되었다. 현실 속의 국민이 가장 절실하게 생각하는 문제에 직접 소통하자는 의미일 것이다. 필자는 우리 사회의 가장 큰 이슈 중 하나가 4인 이하 사업장의 근로기준법 핵심조항 적용 문제라고 생각한다.

독일의 저명한 사회학자 울리히 벡(Ulrich Beck)은 <위험사회>에서 생산의 결과는 기업, 주주, 종업원 등 그 기업의 직접 참여자들이 가져가지만 그로 인해 발생하는 위험은 전체 시민이 함께 부담하고 있다고 강조하고 있다. 그 해결 대안으로 시민사회운동과 기본소득을 제시한 바 있다. 좀 성격이 다르기는 하지만 그의 생각을 노동시장 내부로 좁혀 생각해보자. 우리 사회 구성원들은 서로 재화와 서비스를 구매하고 제공하는 의존관계 속에서 살아가고 있다.

그런데 5인 이상 사업장에서 일하는 분들은 8시간 넘거나 휴일에 근무하면 가산임금을 받는데 4인 이하 사업장에 근무하는 분들은 이를 받지 못하는 상황이 계속되고 있다. 우리 사회 전체의 재화와 서비스가 서로 연결되어 있음을 감안해보면 율리히 벡이 말하는 수혜를 덜 받는 분들, 즉 사회 전체적으로 희생을 받고 있는 분들이 4인 이하 사업장 근로자분들이라고 생각된다. 그런데 4인 이하 사업장에 종사하시는 분들이 전체 종사자의 15%에 이르고 있다.

현재 우리나라 노동시장의 이중구조 문제 및 대기업과 중소기업 간 격차가 다른 나라에 비해 큰 이유도 여기에서 기인하고 있다. 이제 종합적으로 노동시장 규범을 재정립하는 과정에서 이 문제도 해결 방안을 함께 모색해야만 한다.

고기와 낚싯대를 함께 공유해야 살 수 있다.

<유대인의 생각공부>에 따르면 유대인은 세계인구의 0.2%에 불과하지만 노벨경제학상의 42%, 세계 억만장자의 30%를 차지하고 있다. 그 이유를 가정교육이나 학교교육에서 생각방식을 다르게 가르치고 있다는 점에서 찾는다. 대표적인 것이 고정관념에 얽매이지 않고 끊임없이 도전하는 정신, 즉 '후츠파(Chutzpah)'를 키워주는 것이라 한다. 협업정신 또한 강조되고 있다. 그들의 교육 사례를 들어 보자. "굶어 죽기 직전의 두 사람이 있었다. 착한 부자가 나타나 한 사람에게는 낚싯대를, 다른 한 사람에게는 한 광주리의 물고기를 주었다. 두 사람은 각자 몫을 챙긴 후 떠났다. 낚싯대를 가진 자는 강가로 가는 길에 굶어 죽었고, 한 광주리의 물고기를 가진 사람도 물고기를 다 먹은 후에는 역시 굶어 죽었다. 그러면 어떻게 함께 살아날 수 있을까? 두 사람이 함께 고기를 나누어 먹으며 강가로 가서 낚시를 하는 것이다." 그들은 교육과정에서 늘 협력정신을 깊이 새겨주고 있다.

“지도자는 살아 있는 바늘꽂이”

요즈음 우리 사회에 연대라는 개념이 많이 사용되기도 한다. ESG가 강조되면서 사회적 책임(S)에 있어 부품공급망에 있는 근로자들, 특히 소기업의 종사자분들의 근로조건에 얼마나 노력을 했는지가 중요한 요소로 되어 있다. 4인 이하 사업장의 근로기준법 주요조항을 적용할 시대적 적기인 것이다.

영화 이야기 한 번 더하고자 한다. 넷플릭스에서 미니시리즈 <마르코 폴로>를 감동깊게 보았다. 이태리의 마르코 폴로가 몽고제국의 3대왕 쿠빌라이 칸의 총애를 받으며 몽고가 정복한 각국을 다니면서 경험한 것을 다룬 드라마이다. 마르코 폴로보다는 3대 왕인 쿠빌라이 칸의 고뇌와 의사결정과정이 더 뛰어난 작품이기도 하다. 대제국이지만 몽고의 정치관습에 의해 누군가 왕의 자리를 도전해 오면 전 부족장들이 모여 투표로 정한다. 쿠빌라이 칸의 4촌이 왕권에 도전해 오는 시련 그리고 자식 중 하나가 다음 정권을 차지하려고 몰래 자기 정치를 하는 것을 발각했을 때의 처리 방향에 대한 고민, 북송을 정복하고 마지막 남은 남송을 정복하는 과정에서 몽고에 자리잡은 한족들과의 관계 등으로 고심하는 왕의 리더십에 무게 중심을 크게 둔 것 같다. 그가 마르코 폴로에게 그의 심경을 토로한 말 중 2가지가 크게 와 닿았다. “내가 할아버지 징기스 칸에게서 배운 것은 지도자는 절대로 최고일 수는 없다는 것”, “명령의 멍에와 책임의 무거움을 늘 안고 살아야 하니 지도자는 모두의 고통을 짊어진 살아 있는 ‘바늘꽂이’이다. 그것이 칸의 숙명이다.”

4인 이하 사업장에 근로기준법을 적용하려고 하면 일자리가 줄어드는 문제, 영세자영업자의 생존 문제 등 어쩌면 우리 사회의 “을”들 간의 고통 나누기가 되어 어려움이 클 것이다. 그러나 그 부담은 최고 상위의 원청의 사회적 책임과 건전한 시민들의 십시일반 정신으로 극복해 나가야 한다. 무엇보다 윤석열 정부의 주요 리더들은 물론 노사정 대표들은 살아있는 바늘꽂이의 심정으로 해결방안에 적극성을 가져야 한다고 본다.

1. 근로기준법 미적용 연혁과 현재 상황

현행 근로기준법 제11조(적용 범위)는 제1항에서 "상시 5명 이상의 근로자를 사용하는 모든 사업 또는 사업장에 적용한다."라고 규정하는 한편, 제2항에서는 "상시 4명 이하의 근로자를 사용하는 사업 또는 사업장에 대하여는 대통령령으로 정하는 바에 따라 이 법의 일부 규정을 적용할 수 있다."라고 규정하고 있다.[80] 대통령령으로 규정하도록 되어 있는 점에 대해 헌법재판소는 평등원칙, 근로의 권리, 법률유보원칙 및 포괄위임원칙에 위배되지 않으며 입법정책적 사항이라고 결정하였다.

다른 법도 비슷한 상황이 많지만, 입법이 되면 실현 가능성을 우선시하는 우리나라의 특성상 근로기준법도 제정 이후부터 점차적으로 확대 적용해왔다. 실례로 〈표 10〉에서 보듯이 시대별로 확장하여 적용해 왔다.

<표 10> 근로기준법 적용범위에 관한 연혁

구분	적용대상
1969년	30인 이상 사업장 전면적용, 16인 이상 사업장 부분적용
1975년	16인 이상 사업장 전면적용, 5인 이상 사업장 부분적용
1987년	10인 이상 사업장 전면적용, 5인 이상 사업장 부분적용
1989년	5인 이상 사업장 전면적용
1999년	5인 이상 사업장 전면적용, 4인 이하 사업장 부분적용

80) 근로기준법 제11조제2항에 대해 포괄위임금지원칙 위배 여부가 문제시된 바 있다. 헌법재판소에서는 포괄위임금지원칙에 위배되지 않는다고 결정하였다(2019.4.11. 2013헌바112). 4인 이하 사업장에 대하여 근로기준법을 일부나마 적용하는 것으로 범위를 점차 확대해 나간 근로기준법 시행령의 연혁 및 심판대상조항의 입법 취지, 근로기준법 조항의 적용 여부를 둘러싼 근로자 보호의 필요성과 사용자의 법 준수능력 간의 조화 등을 종합적으로 고려해야 한다고 강조하면서, 심판대상조항은 사용자의 부담이 그다지 문제되지 않으면서 동시에 근로자의 보호필요성의 측면에서 우선적으로 적용될 수 있는 근로기준법의 범위를 선별하여 적용할 것을 대통령령에 위임한 것으로 볼 수 있고, 그러한 근로기준법 조항들이 4인 이하 사업장에 적용되리라 예측할 수 있다고 하였다.

근로기준법 시행령 제7조(적용범위)에서는 '상시 4명 이하의 근로자를 사용하는 사업 또는 사업장에 적용하는 법 규정'을 〈별표 1〉에서 적시하고 있다.

<표 11> 4인 이하 사업장에 대한 현행 근로기준법상 적용범위

구분	전 사업장 적용	적용 제외
제1장 총칙	제1조 목적 제2조 정의 제3조 근로조건의 기준 제4조 근로조건의 결정 제5조 근로조건의 준수 제6조 균등한 처우 제7조 강제 근로의 금지 제8조 폭행의 금지 제9조 중간착취의 배제 제10조 공민권 행사의 보장 제11조 적용 범위 제12조 적용 범위 제13조 보고 출석의 의무	제14조 법령 요지 등의 게시
제2장 근로계약	제15조 이 법을 위반한 근로계약, 제17조 근로조건의 명시 제18조 단시간근로자의 근로조건 제19조제1항(근로조건 위반을 이유로 손해의 배상을 청구할 수 있으며 즉시 근로계약을 해제 가능) 제20조 위약예정의 금지 제21조 전차금 상계의 금지 제22조 강제 저금의 금지 제23조제2항 업무상 부상 또는 질병으로 인한 휴업이나 산전후 휴가 전후 30일간 해고 금지 제26조 해고의 예고 제35조 예고해고의 적용 예외 제36조 금품청산 제37조 미지급 임금에 대한 지연이자 제38조 임금채권의 우선변제 제39조 사용증명서	제19조제2항(근로조건 위반에 따른 노동위원회 손배청구, 근로계약 해제 시 귀향 여비 지급) 제23조제1항 정당한 이유 없는 해고 등 금지 제24조 경영상 이유에 의한 해고 제한 제25조 우선재고용 등 제27조 해고사유 등의 서면통지 제28조 부당해고 등의 구제신청 제29조 구제신청에 따른 조사 등 제30조 구제명령 등 제31조 구제명령 등의 확정

	제40조 취업 방해의 금지 제41조 근로자의 명부 제42조 계약서류의 보존	제32조 구제명령 등의 효력 제33조 이행강제금
제3장 임금	제43조 임금지급 제43조의2 체불사업주 명단 공개 제43조의3 임금 등 체불자료의 제공 제44조 도급사업에 대한 임금지급 제44조의2 건설업에서의 임금지급 연대책임 제44조의3 건설업의 공사도급에 있어서의 임금에 관한 특례 제45조 비상시 지급 제47조 도급 근로자 제48조 임금대장 및 임금명세서 제49조 임금의 시효	제46조 휴업수당(사용자 귀책 시)
제4장 근로시간과 휴식	제54조 휴게 제55조 제1항 주휴일 제63조 적용의 제외	제50조 근로시간 제51조 탄력적 근로시간제 제51조의2 3개월을 초과하는 탄력적 근로시간제 제51조의3 근로한 기간이 단위기간보다 짧은 경우의 임금 정산 제52조 선택적 근로시간제 제53조 연장근로의 제한 제55조제2항 관공서 공휴일 제56조 연장·야간 및 휴일 근로 가산지급 제57조 보상 휴가제 제58조 근로시간 계산의 특례 제59조 근로시간 및 휴게시간 계산의 특례 제60조 연차 유급휴가 제61조 연차유급휴가의 사용촉진 제62조 유급휴가의 대체

제5장 여성과 소년	제64조 최저연령과 취직인허증 제65조 사용금지 중 제1항·제3항(임산부와 18세 미만인 자로 한정한다) 제66조 연소자 증명서 제67조 근로계약 제68조 임금의 청구 제69조 근로시간 제70조제2항·제3항 임산부와 18세 미만 야간근로 제한 제71조 시간외 근로 제72조 갱내근로의 금지 제74조 임산부의 보호	제65조제2항 사용자는 임산부가 아닌 18세 이상의 여성, 사업 중 임신 또는 출산에 관한 기능에 유해·위험한 사업에 사용 금지 제70조제1항 사용자는 18세 이상의 여성을 오후 10시부터 오전 6시까지의 시간 및 휴일에 근로시키려면 그 근로자의 동의를 받아야 한다. 제73조 생리휴가 제74조의2 태아검진 시간의 허용 등 제75조 육아시간(수유시간)
제6장 안전과 보건	제76조 산업안전보건법에 따른 규율	
제6장의2 직장 내 괴롭힘의 금지		제76조의2 직장 내 괴롭힘의 금지 제76조의3 직장 내 괴롭힘 발생 시 조치
제7장 기능 습득		제77조 기능 습득자의 보호
제8장 재해보상	제78조 요양보상 ~ 제92조 시효	
제9장 취업규칙	* 10인 이상에 적용	제93조 취업규칙의 작성, 신고 ~ 제97조 위반의 효력
제10장 기숙사		제98조 기숙사 생활의 보장 ~ 제100조의2 부속 기숙사의 유지관리 의무
제11장 근로감독관 등	제101조 감독기관 ~ 제106조 권한의 위임	
제12장 벌칙	제107조부터 제116조까지의 규정(제1장부터 제6장까지, 제8장, 제11장의 규정 중 상시 4명 이하 근로자를 사용하는 사업 또는 사업장에 적용되는 규정을 위반한 경우로 한정한다)	

2. 미적용 조항에 대한 실태

이렇듯 상시 4인 이하의 근로자를 사용하는 영세사업장에는 근로기준법의 해고제한 규정을 비롯하여 근로시간, 연장 근로시간 한도, 연장・휴일・야간 가산수당, 연차휴가 등 주요 근로조건 보호규정이 적용되지 않는다. 이에 대해 근로기준법 적용대상을 확대해야 한다는 요구가 계속 늘어나고 있다. 21대 국회에도 이와 관련된 근로기준법 개정안이 제출되어 있다.[81] 2019년 12월 사업체노동실태현황 자료에 따르면 5인 미만 사업체는 132만 개소로 전체 사업체의 61%를 차지하고, 종사자 수는 264.7만 명으로 전체 종사자의 15%에 해당한다.

2016년 한국노동연구원 실태조사에 따르면 4인 이하 사업장에 종사하는 근로자는 1주당 평균 41시간을 근로하고, 월평균 보수는 134만 원으로 시간당 임금은 7천6백 원이며, 사회보험 가입률은 30%를 전후한 낮은 수준이었다. 또한 급부 적용 비중은 종류에 따라 24%(유급휴가)에서 39%(상여금)이고, 초과근로수당은 13%만 적용되며, 근로계약서를 작성하는 비중은 30%를 하회하고 있는 실정이었다.

2019년 고용노동부의 실태조사에 따르면 4인 이하 사업장의 근로일수는 주평균 5.1일, 소정근로시간은 평균 38.7시간, 총근로시간은 40.3시간이고, 가산수당지급은 연장가산 62.4%, 야간가산 54.6%, 휴일가산 54.4%로 분석되고 있다. 연차유급휴일은 평균 9.8일을 부여하는 것으로 나타났다.

---

81) ① 모든 사업장에 근로기준법을 예외 없이 적용하되, 경영상 이유에 의한 해고제한, 휴업수당 등 대통령령으로 정하는 규정은 4인 이하 사업장에 대하여 적용제외 할 수 있는 근거를 마련하는 개정안과, ② 현행과 같이 5인 이상 사업(장) 적용 원칙을 유지하되, 제23조(해고 등의 제한), 제24조(경영상 이유에 의한 해고의 제한), 제25조(우선 재고용 등), 제27조(해고사유 등의 서면통지), 제28조(부당해고등의 구제신청), 제50조(근로시간), 제53조(연장근로의 제한), 제76조의2(직장 내 괴롭힘의 금지), 제76조의3(직장 내 괴롭힘 발생 시 조치) 및 그 밖에 대통령령으로 정하는 규정을 4인 이하 사업장에 적용하는 개정안이 제출되어 있다.

적용 확대에 따른 사업주의 부담 정도에 대해서는 근로시간(85.5%), 연장근로(68.9%)에 대한 수용성(기 적용+수용 가능)이 높고, 가산임금(51.1%), 연차휴가(39.1%)는 낮은 것으로 나타나고 있다.

<표 12> 4인 이하 사업장 법적용에 대한 사업주 인식 조사(2019년)

구분(단위 : %)	적용 곤란	다소 부담	적용 가능	이미 적용
근로시간	10.8	3.7	6.8	78.7
연장근로	25.0	6.1	14.0	54.9
가산임금	34.3	10.2	11.1	44.4
연차휴가	60.6	4.3	10.8	24.3

즉 4인 이하 사업장은 연장근로와 주 40시간 적용에 대한 부담은 낮은 편이나, 금전적 부담을 초래하는 연차휴가, 가산수당에 대해서는 부담을 크게 느끼는 것으로 나타나고 있다.

3. 선진국의 사례

다른 나라의 경우 일반적으로 사업장 규모를 기준으로 노동관계법의 적용을 제외하고 있는 입법례는 찾아보기 힘들다. 다만, 미국, 일본, 독일에서는 업종의 특수성을 감안하여 법 적용의 특례를 인정하고 있다. 특히, 근로시간에 대해서는 다른 근로조건과 달리 업종의 특수성 등을 반영하여 특별하게 취급하고 있다.

독일은 '해고제한법'을 10인 이상 사업장에 적용되도록 명시하고 있으며, 그 외의 노동관계법은 사업장 규모를 법 적용의 기준으로 삼지 않는다. 법정공휴일, 유급휴일 연차유급휴가 등은 모두 적용된다. 연장 가산수당은 협약으로 정해지기 때문에 당연히 적용된다고 본다.

일본의 '노동기준법'은 취업규칙을 10인 이상 사업장에 적용하고, 물품판매·배급·보관·임대 또는 이용업 등 특정 업종의 경우 상시 10인 미만 근로자를 사용하는 경우 근로시간 규정의 특례를 인정하고 있다. 즉 근로조건의 핵심이 되는 연장·야간·휴일 가산수당, 연차휴가, 공휴일 등이 당연히 적용되고 있는 것이다.

미국의 '공정근로기준법(Fair Labor Standards Act)'은 2인 이상 사용, 연간 매출·거래금액 50만 달러 이상 기업의 근로자에 대해 최저임금, 시간외근로 할증임금(연장근로 가산수당), 미성년자 보호 등이 주를 이루고 있으며 해고제한, 야간·휴일 근로 등은 규율하지 않고 있다. 다시 말해 4인 이하 사업장이라고 해서 차등 적용하지는 않고 있다.

종합해 보면, 일본을 제외하고는 대부분의 선진국은 일정규모 이하(프랑스 10인 이하, 독일 10인 이하)는 창업과 폐업이 잦고 입·퇴직이 잦은 등의 특성을 감안하여 해고제한의 적용은 하지 않고 있다. 다만, 동일한 일을 하면 처우는 같게 해주는 연장·휴일·야간 가산수당은 차등하지 않고 전 사업장에 동일하게 적용하고 있다.

4. 확대 적용방안

우리나라의 노동시장에는 4대 격차가 있다. 대기업과 중소기업 간 격차, 남성과 여성 간의 격차, 대졸자와 고졸이하 간 격차, 정규직과 비정규직 간 격차가 그것이다. 그 격차가 다른 어느 선진국에 비해 크다. 2000년대 들어서 차별에 관한 방지 입법 등으로 남성과 여성, 대졸자와 고졸이하, 정규직과 비정규직 간 격차는 조금씩 줄어들고 있는 경향이다. 그러나 대기업과 중소기업 간의 격차만큼은 커지고 있다. 1993년까지만 해도 중소기업의 근로조건이 대기업의 93% 정도였다. 필자가 노동시장제도 개혁을 추진하던 2016년 당시에는 통상임금 대법원 판결의 후유증 등으로 거의 대기업의 절반 수준에 이르고 있었다. 그것도 임금에 관한 비교에서만 그렇다. 여기에 복지후생혜택까지 합하면 더 격차가 커질 것이다. 유독 우리나라만큼 대기업과 중소기업 간 격차가 큰 나라가 없다. 재직 당시에 청년대책을 모색하기 위해 민간 전문가분들과 협의를 하는 자리가 있었다. "아직 직장이 없는 대기업 취업지망생에게는 결혼 중매가 들어와도, 중소기업에 들어가서 일하고 있는 청년에게는 중매가 들어오지 않는다."라는 하소연을 듣고 이제까지의 법 적용에 관해 스스로 깊이 반성해 보았다. 미래 청년의 입장에서 생각해 보자. 획기적인 발상의 전환이 필요하다고 본다.

한편, 이 문제는 노사 간 이견이 첨예하게 대립하고 있고 사회·경제적 영향력이 큰 사안인 만큼, 노사, 전문가의 의견수렴 및 사회적 대화를 통해 신중하게 추진되어야 한다. 무엇보다 4인 이하 사업장의 영세성과 법 준수 능력을 고려하여야 할 것이다. 실제로 2016년 실태조사에서 이들 사업장은 법 적용 시 비용 증가(60.8%), 경영실적 감소(39.8%) 등을 우려하여 근로자 감축(17.4%)이나 임금 삭감(11.9%)의 조치가 필요하다는 입장이었다. 따라서 법 적용을 확대하게 되면 일자리에 어떠한 영향을 미치게 될지를 감안하여 중장기적 관점에서 단계적으로 확대하는 것이 바람직할 것이다. 필자는 다음과 같이 3가지로 나누어 생각해 보았다.

첫째, 해고 관련 조항을 4인 이하 사업장에 적용할 수 있는지에 대해 검토해 보자. 결론적으로 현행 유지다. 사업장의 규모가 작은 경우 근로자와 사용자 사이의 인적 관계가 더욱 면밀할 수 있으며, 규모의 경제를 실현할 수 없어 사업이 외부적·내부적 변화에 민감하게 반응하는 경향이 있다. 이러한 소규모 사업장에까지 근로계약관계의 당사자 간 비대등성을 고려하여 국가가 사회법 적용을 적용하고 개입하는 것은 타당하지 않다고 보는 견해도 적지 않다. 이러한 이유로 현재 4인 이하 사업장에 한하여 해고보호 관련 규정들이 적용되지 않고 있다. 한편에서는 소규모 사업장의 고용 활성화를 위해 해고보호 규정 적용제외 사업장의 범위를 더욱 확대할 필요가 있다는 주장도 있다. 미국은 아예 해고제한 규정이 공정근로기준법에 없으며, 독일, 프랑스는 당초 5인 이하 기업에 적용하지 않던 해고제한 규정을 어려운 노동시장제도 개혁을 통해 10인 이하로 확대한 바 있다. 결론적으로 소규모 사업장 특성을 감안하여 4인 이하 사업장에는 현행처럼 해고제한 규정을 적용하지 않는 것이 당분간은 불가피하다고 본다.

둘째, 주 52시간 이내 근무 등 근로시간 총량 규율에 관한 규율이다. 소규모 사업장 특성을 감안해야 한다. 또한 다른 나라는 법정 근로시간을 넘게 일했다고 형사처벌하는 국가는 없다. 즉 주 40시간, 연간 몇 시간 등 근로시간 규율은 대부분 선언적 규율이거나, 건강권 보호 차원에서 산업안전보건관점에서 규율한다. 우리나라는 주 52시간을 넘으면 형사처벌한다. 4인 이하의 소규모 사업장은 일의 양이 대부분 외부 상황에 따라 결정되고 현재 평균 총 근로시간이 40.3시간 정도여서 더 큰 규모의 사업장에 비해 근로시간도 길지 않다. 따라서 특별히 주 52시간 이내로 규율하고 이를 위반할 시 처벌 하는 것은 바람직하지 않다. 즉 총 근로시간에 관한 규율은 현행대로 제외하는 것이 타당하다고 본다.

셋째, 우리나라가 유독 대기업과 중소기업 간 격차가 큰 점을 고려하여 연장·야간·휴일 가산임금, 공휴일제도 등은 4인 이하 사업장에도 적용해 나가는 것이 절실하다고 본다.

경제사회노동위원회에 특별위원회를 구성하여 진지하게 실태조사 및 전문가 논의를 통해 구체적인 방안과 로드맵을 만들어 가는 방식이 바람직하다고 본다. 우리가 법정 근로시간을 주 48시간에서 44시간으로, 주 44시간에서 40시간으로 줄여나가는 입법을 할 때 수년간에 걸쳐 단계적으로 적용한 바 있다. 이처럼 입법 또는 시행령 개정을 할 때는 모두 규율해 놓고 적용은 순차적으로 하는 방식이 바람직하겠다. 예를 들어 야간수당은 2025년부터, 연장·휴일수당은 2028년부터, 기타 법정공휴일은 2030년부터, 모성보호 등은 2032년부터 적용하는 방식이다. 이때 사업주의 부담이 늘어난 만큼 일정 기간 정부지원방안을 함께 마련해 주어야 한다. 특히 내국인 고용유지가 절실하므로 내국인 고용유지를 위한 재정지원 방안을 촘촘히 설계할 필요가 있다. 이때 다시 실수해서는 안 되는 사항이 있다. 최저임금을 급격히 올린 후 중소기업이 감당하기 어려워지자 일정규모 이하 사업장에 대해 내국인·외국인 모두에게 최저임금 보조금인 일자리안정자금을 지급하였다. 이것은 보이지 않게 내국인 장년보다는 청년 외국인을 선호하는 경향성을 키우는 계기가 되어 장년층의 일자리 어려움으로 연결되었을 것이라 생각된다. 어느 국가도 세금으로 외국인에 대해 인건비를 보조하는 경우는 없다고 본다. 따라서 인건비 보조를 해줄 경우 내국인 고용유지 지원 형태로 설계해서 국내 취약계층의 일자리 유지·확대로 유도해야 한다고 본다.

결론적으로 격차 해소를 위해서는 근로기준법 적용을 소규모 사업장까지 확대하여 근로자들을 보호할 필요성은 크다. 다만, 근로시간 유연성, 해고유연성은 유지해 주고 금전적인 부담을 초래하는 조항에 대해서는 단계적으로 연착륙할 수 있도록 하는 것이 바람직해 보인다. 특히, 코로나19 장기화로 인한 경기침체가 소상공인에게 영향을 많이 미치고 있는 점을 고려하여, 코로나19 상황이 어느 정도 안정화된 시점에 시행하는 것이 바람직할 것이다.

제9절

일자리 전체 시각에서 비정규직법을 바라보자.

정규직에겐 '놀이터'이지만 비정규직에겐 '지옥터'?

편하게 영화 이야기를 해보자. 우리에게 잘 알려진 영화 <신의 한수>는 조직폭력배 간의 목숨을 건 내기바둑 이야기이다. 거기서 세상을 바둑에 빗댄 명대사가 유명하다. "세상은 고수에게는 놀이터이지만 하수에게는 지옥터다." 우리 행복의 근간이 되는 일터에서도 대기업·공기업 중심의 정규직에게는 일터가 놀이터이지만 중소기업·비정규직에게는 일터가 지옥터일 수 있다는 생각이 가끔씩 들곤 했다. 이유는 너무나 큰 격차 때문이다.

우리가 연민의 끈을 놓는다면 우리 후손들에게 무엇이라 말할 것인가?

다시 영화 이야기 한 편 더해 보자. <2012년>은 지구 대지진으로 지구의 극이 바뀌고 거대한 해일로 히말라야 봉우리까지 쓰나미 파도가 닥쳐오는 자연재난 영화이다. 이를 예측하고 미국 정부와 각국의 정부가 합심해서 인류를 구할 방안을 실행하는 줄거리이다. 각국은 이러한 대지진을 예측하고 노아의 방주처럼 인류의 미래를 위해 살아야 할 사람과 동물들을 방주라는 우주선과 같은 대형 배에 탑승시키는 계획을 추진한다. 미국 대통령은 자신의 과학보좌관(영화 주인공)에게 방주로 가는 대통령인 자신 대신에 1호기를 타라고 권유한다. "앞으론 늙은 정치인보다는 젊은 과학자가 필요해." 그리고 그는 재난 속에 죽어가는 국민과 함께 하면서 말한다. "우리는 어둠 속으로 함께 발을 내딛는 가족입니다." 탑승권, 즉 각국에서 미리 선발돼서 티켓을 받은 사람들이 비행기 등으로 히말라야 정상 부근에서 건조된 초대형 배인 '방주'에 탑승하였으나 그 근처엔 수많은 일반 시민들이 티켓 없이 타보려고 몰려들어 있는 상황이었다. 거대한 쓰나미는 15분 후에 닥칠 예정이고 규칙대로 그냥 출발하자는 부통령에 맞서 대통령 과학보좌관은 "우리가 연민의 끈을 놓는다면 우리는 인간성을 잃는 것이다. 인류를 구하기 위해 한 이 계획에 대해 우리의 자손, 그들의 자손에게 무엇이라 할 것인가?"라는 명연설로 설득한다. 함장인 사령관과 다른 나라 대통령·수상들도 동의하여 미국 부통령의 명령을 듣지 않고 시민들이 탈 수 있게 문을 연다. 그래서 모두가 살았다.

대기업·정규직 근로자들이 중소기업 근로자·비정규직과 함께 행복을 공유해야 한다는 연민 의식이 절대적으로 필요한 것이다.

어둠은 빛을 이기지 못한다.

방영하던 시기에 대부분의 직장인들에게 동지의식을 느끼게 해준 드라마 <미생>에서 비정규직 장그래가 독백처럼 하는 말이 있다. "길이란 걷는 것이 아니라 걸으면서 나아가는 것이다. 나아가지 못하는 길은 길이 아니다." 동료들이 장그래를 구하기 위해(정규직 전환) 모든 정성을 다하며 기류를 바꿀 수 있다고 믿었지만 실패한다. 장그래가 창업을 해서 당당히 새 출발을 하게 되자 멘토였던 오과장이 말한다. "어둠은 빛을 이기지 못한다."

인류의 조상인 호모사피엔스가 유일하게 생존한 이유 '협동'

유발 하라리(Yuval N. Harari)의 <사피엔스> 등 인류의 변천과정을 설파한 명저들에 의하면 현재 인간의 DNA와 침팬지의 DNA는 99% 일치한다고 한다. 즉 약 500~600만 년 전에는 공통조상이 침팬지였다. 600만 년 전 아프리카

대륙이 기후 변화로 대기가 건조해지고 평균 온도가 하강하여 열대우림이 감소하게 되었다고 한다. 현재의 침팬지의 조상은 계속 우림에 살았고, 인류의 조상 침팬지는 우림을 떠나 초원이나 사막으로 나가게 되었다. 많은 이동이 생존에 필수여서 두 발로 걷기 시작했다. 사냥 등을 하기 위해 협업이 불가피했고 그래서 언어가 발달했고 두뇌가 커졌다. 그런데 그렇게 두 발로 걷는 인류의 조상은 몇 종류가 있었다고 한다. 가장 힘센 조상이 네안데르탈인이라고 한다. 이들은 신체조건도 뛰어나고 똑똑한 엘리트들이었다고 한다. 그래서 그들은 5명 정도가 협업했다고 한다. 그에 비해 사피엔스는 힘이 약해서 50명 정도가 협업을 했고 진화에 앞장섰다고 한다. 그 결과 계속 열대우림에 남아 있던 침팬지는 그냥 침팬지가 되었고, 초원으로 나간 침팬지는 인간으로 진화하였으며 진화한 원인류 중 협업과 진화에 앞장선 사피엔스만이 생존하게 되었다는 것이다. 2021년 넷플릭스 1위를 차지하며 한국 영화와 드라마를 세계적 반열에 올려놓은 <오징어 게임>에서도 힘센 자가 살아남는 것이 아니라 이타적 마음을 갖는 자가 살아남는 것임을 보여주고 있다. 그래서 유발 하라리는 '관용이 호모사피엔스의 특징'이라고 강조하고 있다. 더불어 함께 협업하며 나아가는 것이 큰 인류의 방향에서든, 노동시장에서든 함께 적용되는 가치이며 철학일 것이다.

그런데 대기업・정규직과 중소기업・비정규직 간 격차 등을 해결할 '신의 한 수'는 무엇일까? 영화에서처럼 신의 한 수는 없다. 영화에서 고수(안성기)가 바둑이나 삶에서 신의 한 수가 무엇이지 묻는 동생들의 질문에 정곡을 찌르는 답을 회한처럼 한다. "신의 한 수가 어디에 있겠어? 그저 하루하루 묵묵히 최선을 다해서 사는 것이 우리가 할 수 있는 신의 한 수이지!" 그렇다. 비정규직 문제 해결에서 신의 한 수는 없다. 우리 모두가 공감하고 연민 정신으로 함께할 때 그리고 미래 노동시장 상황을 예측하며 사피엔스의 특징을 살려 협동과 진화를 할 때 답에 가까워질 것이다.

1. 비정규직 현황[82)]

(1) 비정규직 현실의 대명사 '인국공사태'

문재인 대통령 취임 이후 첫 대외 행사는 인천공항공사에 방문하여 비정규직 제로를 선포하는 것이었다.

당시 새 정부 장관들이 내정되기 전이라서 필자는 현직에 있었으므로 그 행사에 참석하게 되었다. 문재인 정부 출범 전에도 고용노동부는 국토교통부를 통해 인천공항공사에 비정규직을 감축하고 주요 업무를 정규직으로 전환하도록 지속적으로 요구해 왔었다. 인천공항공사는 국제공항 경쟁력에서 세계 최고임을 늘 자랑해 왔다. 그 이면에는 정규직보다 훨씬 많은 비정규직 활용이 분명 한 몫을 해 왔을 것이다. 이명박 정부 시절인 2006년, 박근혜 정부 시절인 2011년과 2014년에 비정규직 개선 종합대책의 일환으로 공공부문 비정규직 종합대책을 발표·시행하였다. 요지는 공공부문의 상시·지속업무에 대한 무기계약 근로자 고용 원칙이었다. 공공부문의 상시·지속업무에 대한 무기계약근로자 채용 원칙이 10여 년에 걸쳐 지속되었음에도 인천공항공사는 획기적인 노력이 없었다고 본다. 그런데 그런 인천공항공사가 무슨 영문인지 문재인 정부 들어서자마자 대통령 첫 행사로 비정규직 제로 실천 행사를 갖게 된 것이다. 기존 직원들의 육아휴가 시 대체 채용 등 불가피한 면이 있음을 다 알고 있음에도 그리고 대통령의 한 말씀이 사회에 미치는 영향이 얼마나

82) 현행 분류표에 의한 비정규직 분포를 보면 300인 이상 대기업·공기업 중 비정규직 비중은 13% 수준이다. 전체 비정규직 중 300인 이상 기업 소속은 5.9%이다. 즉 94%가 300인 이하 중소기업에 소속되어 있는 것이다. 그래서 위에서 대기업 정규직과 중소기업 비정규직으로 크게 구별해 본 것이다.

큰지를 충분히 인식하고 있는 분들이 왜 행사장 백드롭에 '비정규직 제로'를 내걸었을까? 지금도 그 배경과 이유를 이해하기 어렵다. 인천공항공사에 대한 비정규직 해결 접근법은 결국 5년 동안 소위 "인국공사태"라 불리었고, 정규직과 비정규직 간, 이미 비정규직에서 정규직으로 전환되는 일자리를 갖고 있는 분들과 일자리를 구하려는 청년들 간에 기회의 균등과 공정을 놓고 큰 갈등을 불러 일으켰다. 이처럼 비정규직 문제는 우리 노동시장에서 근원적으로 해결 방안을 찾아야 하는 절박한 과제인 것이다.

(2) 비정규직의 현황

우리나라가 본격적인 경제개발과 고도성장 이후 늘 기업들은 사람을 채용하는데 열중하였다. 필자가 울산에서 근무하던 시절인 1986년에 지금은 정규직 채용이 하늘에 별따기가 된 현대자동차, 현대중공업 인사팀은 전국 각지의 고등학교를 다니며 고등학교 졸업 전후의 생산직 인력을 채용하려 다녔다. 1997년 다시 울산에서 기관장으로 근무하면서 외환위기를 맞았고, 현대자동차의 경우만 해도 1만여 명의 근로자들이 일자리를 떠나야 하는 아픔을 근로자, 기업, 정부 모두 사상 처음으로 겪었다. 1997년 외환위기가 우리나라에 미친 영향 중 그 으뜸이 노동시장에 끼친 것이라 할 것이다. 외환위기로 기업들은 정규직 계속고용이 사실상 어렵다고 판단하고 기간제, 임시·일용 근로자 중심으로 채용하려는 경향이 강해졌다. 1999년 임시·일용직 비중이 전체 근로자의 51.7%까지 이르게 되었다. 따라서 노동계의 문제제기를 계기로 노사정은 비정규근로자에 대한 보호 필요성에 공감하였고, 2002년 7월 노사정위원회에서 '비정규근로자' 범위에 대해 합의하였다. 즉 ① 한시적 또는 기간제근로자, ② 단시간 근로자, ③ 파견・용역・호출 등 비전형 근로자 등으로 분류하는 것으로 다른 국가에 비해 폭넓게 범위를 설정하였다.

▎비정규직 개념 정리

- 한시적 근로자 : 근로계약 기간을 정한 근로자, 또는 정하지 않았으나 계약의 반복 갱신으로 계속 일할 수 있는 근로자와 비자발적 사유로 계속근무를 기대할 수 없는 근로자
- 시간제 근로자 : 근로시간을 기준으로 분류한 비정규직이며, 근로시간이 짧은 근로자(파트타임근로자)
- 비전형 근로자 : 근로제공 방식을 기준으로 분류한 비정규직이며 파견근로자, 용역근로자, 특수형태근로종사자, 가정내근로자, 일일(호출)근로자로 분류됨

이를 토대로 노사정위원회 등에서 비정규직 보호방안을 논의하여 2007년 7월 기간제 사용기간을 2년으로 제한하고 차별을 금지하는 등의 기간제보호법을 제정하고, 파견기간을 2년으로 제한하면서 역시 차별을 금지하는 파견법과 함께 차별구제를 위한 노동위원회법을 개정하였다. 즉 비정규직 보호입법을 한 것이다. 이를 토대로 현황을 살펴보면 다음과 같다.

먼저, 2002년 노사정합의에 의한 비정규직 분류에 따른 비정규직 현황은 표와 같다.

<표 13> 고용형태별 근로자 추이

(단위 : 천명, %)

구분		2011.8	2012.8	2013.8	2014.8	2015.8
근로자수	임금근로자	17,715	17,941	18,403	18,992	19,474
	정규직	11662	11987	12,426	12,869	13,166
	비정규직	6053	5954	5,977	6,123	6,308
	-한시적근로자	3,474	3,427	3,446	3,529	3,655

	*기간제	2,687	2,729	2,770	2,763	2,872
	*비기간제	787	698	676	766	783
	-시간제근로	1,708	1,828	1,883	2,035	2,236
	-비전형근로	2,452	2,304	2,234	2,137	2,229
	*파견	198	216	205	195	211
	*용역	672	682	649	608	660
	*특수고용	625	554	553	533	502
	*가정내	76	69	74	58	55
	*일일	974	879	829	816	886
비율(%)	임금근로자	100.0	100.0	100.0	100.0	100.0
	정규직	65.8	66.8	67.5	67.8	67.6
	비정규직	34.2	33.2	32.5	32.2	32.4
	-한시적근로자	19.6	19.1	18.7	18.6	18.8
	*기간제	15.2	15.2	15.1	14.5	14.7
	*비기간제	4.4	3.8.	3.6	4.1	4.0
	-시간제근로	9.6	10.2	10.2	10.7	11.5
	-비전형근로	13.8	12.8	12.1	11.3	11.4
	*파견	1.1	1.2	1.1	1.0	1.1
	*용역	3.8	3.8	3.5	3.2	3.4
	*특수고용	3.5	3.1	3.0	2.8	2.6
	*가정내	0.4	0.4	0.4	0.3	0.3
	*일일	5.5	4.9	4.5	4.3	4.5

구분		2016.8	2017.8	2018.8	2019.8	2020.8	2021.8
근로자수	임금근로자	19,743	20,006	20,045	20,559	20,446	20,992
	정규직	13,262	13,428	13,431	13,078	13,020	12,927
	비정규직	6,481	6,578	6,614	7,481	7,426	8,066
	-한시적근로자	3,671	3,725	3,823	4,785	4,608	5,171
	*기간제	2,939	2,930	3,005	3,799	3,933	4,537
	*비기간제	732	795	818	986	675	634
	-시간제근로	2,488	2,663	2,709	3,156	3,252	3,512
	-비전형근로	2,245	2,112	2,071	2,045	2,073	2,278
	*파견	201	188	189	182	164	211
	*용역	702	694	596	615	552	585
	*특수고용	502	497	506	528	498	560

	*가정내	42	30	53	46	49	79
	*일일	874	801	801	748	896	955
비율(%)	임금근로자	100.0	100.0	100.0	100.0	100.0	100.0
	정규직	67.2	67.1	67.0	63.6	63.7	61.6
	비정규직	32.8	32.9	33.0	36.4	36.3	38.4
	-한시적근로자	18.6	18.6	19.1	23.3	22.5	24.6
	*기간제	14.9	14.6	15.0	18.5	19.2	21.6
	*비기간제	3.7	4.0	4.1	4.8	3.3	3.0
	-시간제근로	12.6	13.3	13.5	15.3	15.9	16.7
	-비전형근로	11.4	10.6	10.3	9.9	10.1	10.8
	*파견	1.0	0.9	0.9	0.9	0.8	1.0
	*용역	3.6	3.5	3.0	3.0	2.7	2.8
	*특수고용	2.5	2.5	2.5	2.6	2.4	2.7
	*가정내	0.2	0.1	0.3	0.2	0.2	0.4
	*일일	4.4	4.0	4.0	3.6	4.4	4.5

※ 매년 8월 실시하는 경제활동인구조사 근로형태별 부가조사 결과 자료

2007년 비정규직 입법을 전후해서 비정규직은 임금근로자 중 34% 전후로 유지되어 왔다. 표에서 보듯이 특히 노동시장 개혁을 추진하던 2014~2016년 시기에는 32% 수준으로 더 낮아졌다. 여러 가지 이유가 복합적으로 작용했겠지만, 당시 현직에 있었던 필자는 다수의 기업들이 노동시장제도 개혁으로 고용관계를 둘러싼 불확실성과 갈등이 줄어들 수 있다는 기대감으로 가급적 정규직을 채용하거나 정규직으로 전환했던 이유가 가장 크다고 본다. 그런데 문재인 정부 들어 강력한 비정규직 억제 정책을 추진하였으나 오히려 비정규직은 더 증가하였다. 특히 2021년 기준으로 비정규직은 806.6만 명으로 전년 동월 대비 64.0만 명 증가하였고, 임금근로자 중 비정규직 비중은 38.4%로 전년 대비 2.1%p 상승하였다. 한시적 근로자는 517.1만 명으로 전년 동월 대비 56.3만 명 증가하였다. 그중 기간제근로자는 453.7만 명으로 60.4만 명 증

가하였고, 비정규직 근로자 중 기간제근로자 비중은 56.3%로 3.3%p 상승하였다. 시간제 근로자는 351.2만 명으로 전년 동월 대비 26만 명 증가하였다. 비전형 근로자는 227.8만 명으로 전년 동월 대비 20.5만 명 증가하였고 그중 파견 21.1만 명(전년 동월 대비 28.0%p), 용역 58.5만 명(전년 동월 대비 5.9%p), 특수형태근로종사자 56.0만 명(전년 동월 대비 12.5%p), 일일 95.5만 명(전년 동월 대비 6.5%p) 증가하였다.

2. 문재인 정부에서 강력한 비정규직 감축을 추진했음에도, 왜 비정규직이 크게 늘었을까?

문재인 정부는 인천공항공사 비정규직 제로 선언, 파리바게트 제빵기사 불법파견 판정뿐만 아니라, 삼성전자서비스 도급업체 소속 근로자들에 대한 기존의 정부 판단을 뒤엎고 불법도급으로 다시 판정하여 시정토록 하는 등 그 어느 때보다도 공공·민간 부문을 가리지 않고 비정규직 축소를 위한 강력한 정책을 실시하였다. GM코리아, 르노부산공장 등 제조업 사내도급에 대한 불법파견 시정지시를 둘러싼 갈등으로 외국인 투자를 어렵게 한다는 우려까지 자아내면서도 강력히 드라이브를 걸었다. 사법부도 이에 호응하여 사내도급에 대해 어떠한 형태로든 영향을 미치면 불법파견으로 보는 판결로 뒷받침했다. 그럼에도 2019년 비정규직 비중이 36.4%로 전년도 33%에 비해 무려 3.4%p 증가하였다. 2021년에도 큰 폭으로 증가하였다. 2.1%p(36.3% → 38.4%) 상승했다. 그 원인을 냉철하게 분석해야 한다. 원인을 정확히 알아야 그에 적절한 해답을 찾을 수 있기 때문이다.

① 정부가 2019년 비정규직 증가 원인으로 해명한 조사방법의 변경이 일

부 영향을 미쳤을 것이다. 그러나 규모추정은 정밀 분석이 필요하다. 정부는 2018년 8월 비정규직은 748.1만 명으로 전년 동월 대비 86.7만 명 증가했고 그중 기간제를 포함한 한시적 근로자 규모가 큰 폭으로 증가(96.2만 명 증가)했는데 이는 그간의 추세적 흐름과 달리 비정상적으로 비정규직 규모가 급증한 것이라 판단했다. 그 원인으로는 통계적 요인이 가장 큰 원인이라고 발표하였다. 즉 통계청은 비정규직 통계는 8월 기준 경활 본조사(매월), 경활 고용형태별부가조사(8월)를 통해 발표하여 왔다. 본조사에서는 '기간을 정함이 있음'과 '기간을 정하지 않음' 여부에 따라 기간제 구분을 하고, 부가조사에서는 시간제・비전형 여부, 사회보험 적용 등의 근로조건을 파악하였다. 그런데 통계청은 개정된 ILO의 국제 종사상지위분류[83] 적용을 위해 2019년부터 병행조사(3, 6, 9, 12월)를 시범적으로 실시하였고, 병행조사에서는 고용계약기간에 대한 추가 정보를 확인하기 위해 '고용예상기간'에 관한 질의가 포함되어 있었다. 2019년 3월 병행조사 실시 전, 즉 본조사만 실시할 때는 기간의 정함이 없는 근로자(고용계약 종료일을 정하지 않은 근로자)로 응답했던 근로자가 2019년 3월 및 6월 병행조사의 고용예상기간 설문에 응답하는 과정에서 고용계약을 의식하고 2019년 8월 본조사에서 기간의 정함이 있는 근로자로 답변을 변경한 경우가 상당수 있었을 것이라고 당시의 통계청은 비정규직 증가 이유를 설명한 바 있다.

② 코로나19 고용충격 이후 2021년부터는 기업 등의 채용수요가 회복되고 있으나, 방역 관련 불확실성 등 영향으로 근로계약 기간이 정해져 있는 기

83) 2018년 ILO는 국제 종사상지위분류(ICSE-18)를 전면 개정하였다. ILO는 기존 지위분류체계인 임금근로자, 비임금근로자에서 기간기준 강화에 따른 임금근로자 세분화 및 의존적도급인 도입 등으로 체계를 개정하였다.

간제(2021년 60.5만 명 증가) 일자리를 중심으로 채용하는 경향이다.

③ 코로나19 고용위기 대응·회복 과정에서 비정규직 비중이 상대적으로 높은 보건업 및 사회복지 서비스업, 교육 서비스업 등의 임금근로자가 큰 폭 증가하였다.[84] 보건업 및 사회복지 서비스업, 교육 서비스업의 비정규직 증가(31.3만 명)가 전체의 약 50% 수준이다. 특히, 보건업 및 사회복지 서비스업은 방역 대응, 정부 일자리 사업 증가, 사회복지·돌봄 서비스 수요 확대 등의 영향으로 크게 증가(22.8만 명)하였다.[85]

④ 코로나19 이후 근로형태 변화 등 고용구조 변화가 빠르게 이뤄지고 있다는 점이다. 플랫폼일자리 등 새로운 분야·형태의 비정규직 일자리가 증가한 것이 비전형 근로자 및 특수형태근로종사자 증가의 원인일 것이다.[86] 이러한 산업 변화, 일하는 방식 변화로 일반적으로 안정성이 높은 직업군으로 간주되는 관리·전문직 근로자 중 비정규직으로 채용되는 경우도 큰 폭으로 증가하여 증가율(16.4%)이 모든 직업군에서 가장 높게 나타나고 있다.[87] 이러한 흐름은 코로나19가 완전히 극복된 이후에도 줄어들지 않고 더 가속될 것이라 본다. 그 이유는 기업, 근로자 모두 일하는 방식의 큰 변화가 일·가정 양

---

84) 2021년 임금근로자 중 비정규직 비중 : (전체) 38.4%, (보건복지) 52.7%, (교육) 43.3%
2021년 8월 산업별 임금근로자 증감(전년 대비) : (전체) 54.7만 명, (보건복지) 24.4만 명, (교육) 7.1만 명

85) 2021년 8월 산업별 비정규직근로자 증감(전년 대비) : (전체) 64.0만 명, (보건복지) 22.8만 명, (교육) 8.5만 명

86) 2021년 8월 기준 전년 대비 증가 : (한시) 56.4만 명, (시간제) 26.0만 명, (비전형) 20.5만 명
비전형 근로자 하위항목별 전년 대비 증가 : (파견) 4.6만 명, (용역) 3.3만 명, (특수형태) 6.2만 명, (일일) 5.9만 명, (가정내근로) 3.0만 명

87) 2021년 8월 기준 전년 대비 직종별 비정규직 규모 증가 : (관리·전문직) 18.5만 명, (사무직) 7.7만 명, (단순노무) 22.1만 명, (기능직) 6.4만 명
2021년 8월 기준 전년 대비 직종별 비정규직 비율 증가 : (관리·전문직) 16.4%, (사무직) 9.8%, (단순노무) 8.9%, (기능직) 9.4%

립 등 다양한 측면에서 불가피함을 코로나19 극복 과정에서 경험하였기 때문이다. 디지털 플랫폼을 매개로 한 비정형 노동 및 유연·재택근무 확산은 앞으로도 이어질 것이다. 노동권 보호 수준이 높은 유럽국가의 경우에도 서비스업 비중이 확대되면서 비정규직(임시직, 시간제근로자)이 증가하는 추세라는 점도 이를 반증한다. 더욱이 4차 산업혁명으로의 산업과 업종의 변환과정에서 불확실성의 확대는 다양한 비정규직의 확대 요인이 될 것이다.

⑤ 인구 구조 변화로 60세 이상 인구가 증가한 것도 적지 않은 영향이다. 비정규직 비중이 상대적으로 높은 60세 이상 인구가 크게 늘어나며(2021년 65.4만 명 증가), 60세 이상 비정규직이 2021년 27.0만 명 증가한 사례가 이를 입증한다.[88] 우리 노동시장에서는 이 점도 매우 깊게 고려되어야 한다. 우리나라는 2차대전 이후 유일하게 5030클럽에 가입한 선진국이다. 이는 빠르게 성장한 만큼 시간이 소요되는 국민연금 등 사회보장체계가 완성되지 못한 상황이다. 국민연금 평균 수령액이 국민 1인당 60만 원이 채 되지 않는다. 즉 국민연금으로 노후 생활을 할 수 없다. 건강이 허락하는 한 일을 할 수 밖에 없다. 60세 정년으로 퇴직한 근로자들이 다시 정규직을 유지하거나 새로이 정규직으로 취업한다는 것은 거의 불가능하다. 따라서 이분들의 새로운 취업과 전업은 대부분 비정규직일 수밖에 없다.

88) 연령별 임금근로자 중 비정규직 비중(2021년 자료) : (청년) 42.1%, (30대) 23.0%, (40대) 28.6%, (50대) 35.9%, (60세 이상) 73.0%

3. 비정규직 분포 및 근로조건 등 분석

기업 규모가 작을수록 비정규직 비중이 높은 경향이다. 30인 미만 소기업에 비정규직 근로자의 72%가 분포한다는 사실을 유념해야 한다. 즉 정책 대안을 설정할 때 이를 깊이 고민하고 반영해야 한다. 예를 들어 4인 이하 사업장은 해고의 제한이 없다. 그럼에도 전체 비정규직의 1/4이 4인 이하 사업장에 있다. 이러한 사업장에 정규직 전환을 유도하기 위한 기간제한이 작동할리 없다.

<표 14> 기업 규모별 근로형태 현황

(단위 : 천명, %)

구분	합계	4인 이하	5 ~9	10 ~29	30 ~99	100 ~299	300인 이상
임금근로자	20,992	3,795	3,649	4,793	3,972	1,997	2,786
비정규직	8,066	2,142	1,728	1,946	1,282	491	477
(임금근로자 중 비율)	100	18.1	17.4	22.8	18.9	9.5	13.3
(비정규직 중 비율)	100	26.6	21.4	24.1	15.9	6.1	5.9

※ 자료 : 통계청 경제활동인구조사 근로형태별 부가조사(2021년 8월 기준)

비정규직 중 여성 비율(55.7%)이 남성(44.3%)보다 높다. 이는 육아 등의 부담 때문인 것으로 보인다. 한시적 근로자와 시간제 근로자도 여성이 남성보다 많다.

정규직과 비정규직의 평균 근속기간을 비교해 보면 정규직이 8년, 비정규직이 2년 5개월이다. 정규직과 비교하여 비정규직 사회보험 가입률 및 근로복지 수혜율은 조금씩 개선되지만 아직도 평균 절반 수준 정도이다. 고용보험 52.6%(전년 동월 대비 6.5%p 증가), 국민연금 38.4%(0.6%p 증가), 건강보험 50.3%(1.3%p 증가)이다.

<표 15> 비정규직의 사회보험 가입률 현황

(단위 : %)

구분	2015	2016	2017	2018	2019	2020	2021
고용보험 (정규직)	42.6 (82.4)	42.9 (84.2)	44.1 (85.9)	43.6 (87.0)	44.9 (87.2)	46.1 (89.2)	52.6 (90.9)
국민연금 (정규직)	37.0 (82.1)	36.4 (83.0)	36.6 (85.0)	36.6 (86.2)	37.9 (87.5)	37.8 (88.0)	38.4 (88.8)
건강보험 (정규직)	43.9 (84.8)	44.9 (86.2)	45.3 (88.4)	45.9 (90.1)	48.0 (90.1)	49.0 (92.6)	50.3 (93.6)

※ 자료 : 통계청 경제활동인구조사 근로형태별 부가조사(2021년 8월 기준)

비정규직의 근로복지 수혜 현황을 살펴보면, 퇴직급여는 42.7%(전년 동월 대비 2.3%p 증가), 시간외수당 27.6%(0.1%p 증가), 유급휴일 35.1%(1.0%p 증가), 상여금 35.7%(1.9%p 감소)이다.

<표 16> 비정규직의 근로복지 수혜율 현황

(단위 : %)

구분	2015	2016	2017	2018	2019	2020	2021
퇴직급여 (정규직)	40.6 (84.0)	41.0 (85.5)	41.5 (87.8)	41.5 (89.9)	42.9 (91.7)	40.4 (91.9)	42.7 (93.5)
시간외수당 (정규직)	23.8 (58.4)	24.4 (58.5)	24.2 (59.3)	24.6 (59.7)	25.9 (60.9)	27.5 (62.8)	27.6 (64.9)
유급휴일 (정규직)	31.9 (73.9)	31.4 (74.3)	31.7 (75.7)	32.1 (77.9)	33.0 (80.1)	34.1 (82.1)	35.1 (83.3)
상여금 (정규직)	39.0 (85.0)	38.2 (85.5)	39.1 (86.2)	37.8 (86.4)	38.2 (86.4)	37.6 (86.6)	35.7 (86.7)

※ 자료 : 통계청 경제활동인구조사 근로형태별 부가조사(2021년 8월 기준)

고용노동부의 고용형태별 근로실태조사에 의하면 2020년 비정규직 시간당 임금 총액은 정규직의 72.4%이다. 그중 초과급여, 상여금 등을 제외한 시간당 정액급여는 정규직의 80.9%이다. 즉 비정규직의 경우 상여금 및 초과급여가 적다는 분석이다. 그런데 여기서 기간제법이나 파견법 등에 의한 차별로 볼 수 있는가의 기준, 즉 근속연수, 학력·연령에 의한 차이는 합리적 차이로 인정되므로 이를 통제한 후 얼마나 차별이 있는지를 분석해보면 큰 차이가 없음을 알 수 있다. 고용노동부의 고용형태별 근로실태조사에 의하면 직종, 근속연수(경력), 학력, 연령 등 임금에 영향을 미치는 속성을 통제한 후 임금격차를 비교해보니 2020년에는 2019년에 비해 임금 격차가 상당히 개선된 것으로 나타난다. 즉 정규직 대비 비정규직의 시간당 상대임금(%)은 변수를 통제하지 않으면 2019년 69.7%에서 2020년 72.4%로 상승했다. 경력, 학력, 연령을 통제하여 비교해보면 2019년 96.9%에서 2020년 99.6%로 상승했다. 이는 학력 차이, 근속연수에 의한 호봉차이 등이 같은 일을 하는 정규직과 비정규직의 임금 차이의 주된 원인임을 보여준다. 비정규직의 법상 차별을 개선하는 방식으로는 한계가 있고 정규직의 임금체계가 현행 연공서열 중심에서 직무·성과 중심으로 바뀌어져야 실질적인 임금격차가 해소될 수 있음을 알 수 있다. 즉 비정규직 해법을 비정규직 시장의 접근으로는 한계가 있음을 인식해야 한다는 점이다.

향후 비정규직 개념을 다시 정립하는데 필요한 요소가 자발적인지 비자발적인지 여부이다. 2021년 조사에 의하면 자발적 비정규직 선택 비율은 전체 59.9%이다. 기간제 66.9%, 시간제 53.6%, 파견 62.1%, 특수형태근로종사자 66.3% 등으로 높은 점도 눈여겨 봐야 한다.

<표 17> 근로형태의 자발적, 비자발적 선택 현황

(단위 : 구성비, %)

구분	임금근로자	정규	비정규	한시적	기간제	시간제	비전형	파견	용역	특고	가정내	일일
자발적	77.4	88.3	59.9	65.0	66.9	53.6	46.2	62.1	54.3	66.3	60.3	22.8
비자발적	22.6	11.7	40.1	35.0	33.1	46.4	53.8	37.9	45.7	33.7	39.6	77.2

※ 자료 : 통계청 경제활동인구조사 근로형태별 부가조사(2021년 8월 기준)

자발적 선택 사유의 주된 내용을 살펴보면, 정규직 근로자는 '안정적인 일자리'(50.5%), '근로조건에 만족'(44.5%)이 대부분을 차지한 반면, 비정규직 근로자는 '근로조건에 만족'(58.1%)이 가장 높았다. 비자발적 선택의 주된 사유로는 '생활비 등 수입 필요'가 정규직 근로자는 74.5%, 비정규직 근로자는 75.9%로 나타났다.

임금근로자의 노동조합 가입 비율은 12.6%(전년 동월 대비 0.3%p 증가)이다. 정규직 근로자 중 18.4%, 비정규직 근로자 중 3.3%가 노동조합에 가입하였다.

근로계약 기간의 경우 시간제 근로자의 약 53.8%, 비전형 근로자의 약 75.4%가 '계약기간을 정하고 있지 않다'고 답하고 있다. 계약기간을 정한 근로자의 경우 기간제·시간제는 1개월~1년 미만, 비전형 근로자는 1년으로 설정하였다고 답한 경우가 가장 많았다. 이는 기간제·시간제 근로자는 1년 이상 계약 시 퇴직금 지급의무가 발생하는 점이 크게 작용하고 있다고 본다. 파견·용역에서는 근로계약 기간 1년이 많은데, 대부분의 파견회사와 용역회사가 원청과의 계약이 1년 단위로 이뤄지고 있고 이러한 요인이 근로계약 기간 설정에 크게 영향을 미치고 있음을 알 수 있다.

<표 18> 비정규직 근로자의 계약기간 현황

(단위 : 천명)

구분	기간제	시간제	비전형					
				파견	용역	특고	가정내	일일
전체	4,537	3,512	2,278	211	585	560	79	955
정하지 않음	0	1,888	1,718	95	215	506	58	955
정했음	4,537	1,624	560	116	370	54	21	0
1개월 미만	55	30	7	3	4	0	0	0
1개월 이상 ~1년 미만	2,081	1,267	202	43	103	43	13	0
1년	1,877	283	303	58	234	5	6	0
1년 초과 ~2년 이하	268	25	36	10	21	5	0	0
2년 초과 ~3년 이하	115	9	6	1	4	0	1	0
3년 초과	141	11	7	1	4	2	1	0

※ 자료 : 통계청 경제활동인구조사 근로형태별 부가조사(2021년 8월 기준)

4. 비정규직 문제에 대한 접근 방법 : 규모 축소와 격차해소 방안

비정규직 문제를 해결해 나가는데 있어 원칙과 대상에 관한 인식이 분명해야 한다. 앞서 최근 비정규직 증가 원인에서 보았듯이 정규직 채용이 어려운 60세 이상 노령인구의 증가 등 노동인구 구성 변화와 산업구조 변화를 고려할 때, "일정부문 비정규직 존재의 불가피성"을 인정해야 한다. 일·가정 양립 등을 위한 자발적 비정규직의 불가피성을 인정하고, "비정규직=낮은 일자리"라는 인식이 바뀌어야 한다. 따라서 '비정규직 사용 근절'이 아닌 '비정규직 남용 방지'가 정책 목표로 타당하다고 본다. 또한 앞으로 정책을 보완하고 새로이 수립할 때 비정규직 800만 전체가 아닌, 고용형태별 보호가 필요한 정책대상을 분명히 설정하고 그에 맞는 맞춤형 정책수단을 실효성 있게 마련해야 한다. 예를 들어 기간제 차별시정 강화 정책의 타겟을 전체 기간제근로자 453만 명이 아니라, 기간제한 대상(2년) 근로자 143만 명 중 정규직과 근로조건 격차가 큰 30인 이상 사업장 종사자 70만 명을 중심으로 보아야 한다. 이들이 실질적인 정책 효과가 있는 대상인 것이다.

또한 분명한 것은 무분별한 비정규직 남용은 줄이고, 비정규직 처우개선을 통한 격차해소에 중점을 두어야 한다는 점이다. 즉 앞으로 고용계약의 다양화와 일하는 방식의 다양화라는 추세를 인정하고 고용형태에 대한 선택권을 보장함과 동시에, 불가피하게 존재할 수밖에 없는 비정규직의 근로조건 개선에 집중하는 것이 효율적일 것이다.

2015년부터 독일 노사정은 4차 산업혁명에 선제적으로 대비하기 위해 '산업 4.0(Industry 4.0)'에 합의한 이후 그 후속으로 일하는 방식 등을 개선하기 위해 소위 '노동 4.0(Arbeiten 4.0)'에 합의한 바 있다. 그 후 이를 뒷받침하기 위한 '교육 4.0(Qualification 4.0)'도 마련하였다. 독일 노사정은 미래 업종과 업무가 변화하고 디지털 플랫폼 등으로 인해 새로운 시장과 근로형태가 나타날 것에 미리 대비하였다. 기업 조직·구조의 변화, 근로시간·장소의 유연화, 근로계약의 다양화 등을 서로 인정하고 그에 대비하는 미래지향적인 노력 방향을 담고 있다. 필자는 2017년 4월 이처럼 미래에 대비하여 선제적인 대응을 해나가는 독일의 사례를 깊이 살펴 보고자 독일을 방문하였다. 당시 날레스(Andrea Nahles) 독일 노동사회부 장관을 비롯한 합의 당사자들과 장시간 토론을 하고 현장도 직접 방문한 바 있다. 필자는 독일 노사정은 소위 디지털 대변혁(Digital Transformation)에 한발 앞장서 나감으로써 괜찮은 일자리(decent work)를 유지하거나 더 확대하려는 전략을 수립하고 추진하고 있다고 느꼈다. 미래 노동시장의 변화는 불가피하고 거기서 승자국(勝者國)이 되기 위해서는 무엇보다 선제적 경쟁력이 필요하다. 이를 위해서 현재의 작은 이익, 노・사의 전통적인 입장을 과감히 벗어나야 한다는 점에 노・사가 서로 공감했다는 점이다. 한마디로 디지털 대변혁에 대비하여 고용형태의 다양화, 일하는 시간과 장소의 유연화를 선제적으로 하되 사회안전망 대상을 근로자(employee) 개념에서 모든 일하는 사람(worker)으로 과감히 확대해 나가는 전략을 택하자는 합의였음을 느꼈다. 그것은 우리의 지향점과도 일맥상통한다. 이제 우리도 노동시장을 정규직과 비정규직으로 구분하는 단순한 2분법에서 벗어나야 한다.

(1) 비정규직을 선호하는 원인을 제거하자.

선진국들도 일정 비율의 비정규직이 존재한다. 그 이유는 경영환경의 불확실성으로 인해 기업들이 일정 비율의 기간제, 파견, 도급을 활용하고 있기 때문이다. 즉 한마디로 고용의 유연성을 확보하기 위해 비정규직을 일정 비율 유지하고 있는 것이다. 필자가 현직에 있을 때 미국의 자동차, 프랑스의 자동차, 독일의 제약회사 등을 방문했을 때 늘 공통적으로 비정규직 활용 이유를 상세히 물어본 바 있다. 그들의 대답은 공통적으로 고용의 유연성이었다. 2013년 OECD는 비정규직과 노동시장 경직성과의 관계를 분석한 바 있다. 정규직 보호가 강할수록 비정규직 비중이 높아지고, 비정규직 사용을 규제하면 청년 실업률이 높아지는 상관관계가 있다고 분석하고 있다. 고용률을 높이고 더 나은 일자리로 옮겨가도록 하려면 비정규직에 대한 적절한 규제도 필요하지만, 무엇보다 정규직 보호를 완화하는 개혁이 필요함을 시사하는 것이다. 주요 선진국도 청년실업 해소를 위해 비정규직 규제를 완화해 보기도 했지만, 프랑스·이탈리아 등 유럽 국가를 필두로 해고규제 등 정규직 고용 보호를 완화하는 정책을 병행 추진한 바 있다. 우리나라는 OECD 국가 중 비정규직 사용규제 지수가 43개국 중 13번째로 높은 편이며, 특히 파견근로 규제지수(4.33)는 가장 높은 수준이다. 또한 앞서 설명한 대로 징계해고, 통상해고 인정 여부 등 해고나 징계를 둘러싼 구제신청이 압도적으로 많다. 이는 정규직 규율의 불확실성이 크다는 점을 의미한다. 외환위기 이후 임시·일용직이 크게 늘어났는데, 이는 1997~1998년 외환위기 극복 과정에서 고용조정의 어려움을 겪었기 때문이다. 법원은 이처럼 비정규직의 남용을 방지하기 위해 기간제근로자, 파견근로자들의 경우 기간이 만료되었더라도 반복갱신 등 계약의 갱신기대권이 형성되어 있으면 기간 만료를 이유로 해지하지 못한다는 판결을 한 바 있다. 그랬더니 금융권 등은 기간제근로자 등을 갱신기대권이 발생하지 않도록 반복갱신을 3년 이내로 제한하기 시작했다. 지나치게 급속히 늘어나는 임시·일용직 등 비정규직에 대처하고자 노사정 합의를 통해 2003년 기간제근로자 및 파견근로자의 사용기간 제한 및 차별해소 방안이 담긴 입법안을 마련하여 통과시킨 바 있다. 기간제법 등이 2006년 시행되고 2년이 되어가는 시점에서 현장의 움직임을 보니 안타깝게도 2년이 되어가는 2008년 시점에서 기업들은 정부의 다양한 전환지원 혜택에도 불구하고 무기계약직으로의 전환을 위해 노력하기보다는 하도급을 주는 방향으로 선회하고 있었다. 당시까지만 해도 사내하도급 등에 관한 통계조사가 없었다. 할 수 없이 전국의 300인 이상 사업장에 대해 전국 지방노동관서를 통해 실태파악을 해 보았더니 급격히 사내하도급이 늘어난 것을 확인할 수 있었다. 비정규직 보호 및 정규직으로의 전환을 유도하기 위해 입법을 하고 시행했는데 정규직 전환 효과는 크지 않은 반면, 원청이 직접 근로조건을 책임지는 기간제에서 원청의 책임이 없는 지대에 있는 도급, 특수형태근로종사자로 급격히 전환되고 있음을 확인한 것이다. 도급, 특수형태근로종사자는 제한도 없고 차별시정 대상도 아니어서 기간제 등보다 더 열악할 수밖에 없다. 결국 더 열악한 일자리로 변해가고 있음을 실감했다. 노동시장의 경직성, 불확실성 등을 근원적으로 치유하는 것이 비정규직 선호를 예방하는 지름길임을 크게 느끼게 되었다.

현재처럼 비정규직이 이렇게 열악한 상황에 놓인 것은 이른바 '풍선효과'가 큰 역할을 했다. 앞서 언급한 2008년 설문조사 및 실태분석을 통해서 본 2년 후 정규직 전환을 기대하며 2007년 마련된 기간제한 규정의 효과는 참담했다. 기간제근로자의 15.1%만이 정규직으로 전환됐고, 그중에서도 35세 이상 자는 9.2%에 불과했다. 고용조정이 어려운 정규직 대신 비정규직이 확대되고, 기간제·파견 등에 대한 규제 강화로 외주화·용역·하도급이 늘어났다. 하도급·용역 등이 급격히 늘어나면서 처음에는 고용의 유연성을 주된 목적으로 비정규직을 활용하던 기업들이 차츰 인건비 절약 목적으로도 비정규직을 활용하게 되었다. 이 점이 고용유연성 확보만을 위해 일정 비율의 비정규직을 유지하고 있는 선진국과 우리나라의 큰 차이점이다.

결론적으로 비정규직 남용을 막고 격차를 줄이는 가장 큰 대안은 정규직에 대한 계약관계의 불확실성 해소이다. 지금도 근무태도 불량, 근무능력의 차이 등으로 보통의 동료들에 비해 업무성과가 현저히 떨어짐에도 자칫 통상해고를 시도하다가 잘못되면 더 어려워질지 모른다는 생각에 상당수 기업들이 해당 근로자들의 법인카드 사용내역, 출퇴근 시간 확인 등 징계사유를 찾아 징계나 해고를 시도하는 경우가 많다. 일본이나 독일이 통상해고를 인정하고 있음에도 우리보다 해고를 둘러싼 갈등이 훨씬 적음을 직시할 필요가 있다. 다음으로는 연공서열식 임금체계를 바꾸는 것이다. 우리나라의 경우 제조업에서 비슷한 일을 하는 신입직원과 30년 정도 일한 직원들을 비교해 보면 임금 격차가 3.4배로 일본의 2.5배, 유럽 2배 정도에 비해 훨씬 심하다. 기간제근로자 및 파견근로자의 정규직과의 현실적인 임금 차이는 74% 수준임에도, 경력과 학력을 통제하고 나면 같은 회사의 입사 2년차와 비교해서 거의 차이가 없다. 즉 기간제법 및 파견법에 의한 차별시정 대상이 아닌 경우가 되는 것이다. 그러니 차별시정제도가 크게 작동할 여지가 없는 것이다. 따라서 무엇보다도 정규직으로 계속 채용하기 위해서는 연공서열식 임금을 직무·성과 중심으로 과감히 개편해야 한다. 일본이 잃어버린 30년 동안 가장 많이 바꾼 것이 임금체계였다. 주요 기업들이 과거 일본의 전통이었던 호봉제에서 역할급으로 전환한 것이다. 이를 현실적으로 가능하게 하려면 취업규칙 변경에 있어 법원이 내린 사회통념상 합리성을 노사가 폭넓게 인정하는 분위기가 조성되어야 한다.

기업들도 임금을 절약할 목적으로 비정규직을 활용하는 우리나라만의 잘못된 관행을 반드시 고쳐야 한다. 유럽의 공장들을 방문해보면 일정 비율을 파견이나 도급 등으로 유지하는데 임금은 100% 똑같이 준다. 그러니 파견회사 및 도급회사 관리비 등이 10% 정도 추가로 들어가서 비용 측면에서는 사실상 10% 더 들어간다는 답변을 쉽게 들을 수 있다. 우리도 기업들이 인건비 절약 목적으로 비정규직을 활용하는 것은 이제 반드시 고쳐야 한다. 앞으로 기업의 ESG평가가 기업의 생존과 평판에 있어 매우 중요한 요소로 작동될 것이다. 기업들이 환경 평가, 탄소 감소 등 환경(Environment)에 대해서는 나름 구체적인 계획을 수립하고 있다. 탄소 감소의 경우 모기업인 자신들뿐만 아니라 공급망 체계에 있는 납품·협력업체까지 함께 고심하고 있다. 그러면 여기서 사회적 책임, 즉 Social에 있어 가장 큰 역점은 무엇일까? 이것은 사회 전체를 고려한 고용 생태계 조성일 것이다. 자신들과 협력업체의 고용관계에 책임을 다하는 것이 중요하다. 그중 먼저 실행해야 할 것이 임금체계 개선이다. 더불어 자기 사업장 내에서 일하는 정규직, 비정규직, 도급근로자 간의 임금 격차를 없애고, 더 나아가 외부협력업체까지 이를 확대해 나가는 것이 중심이 되어야 할 것이다.

(2) 차별시정제도를 확대하자.

현행법에 파견・기간제・단시간 근로자에 대한 차별시정제도가 마련되어 있으나, 여러 가지 제약으로 실질적인 권리구제 수단으로 작동하지 못한다는 지적이 있다. 정규직 대비 비정규직의 시간당 임금 수준이 개선되고는 있으나 2021년 8월 기준으로 여전히 정규직의 72.4% 수준에 불과하다. 그동안 신청기간을 연장하고 확정된 시정명령 효력을 확대하는 등 제도적인 보완을 해왔으나 차별시정신청 건수는 별로 늘어나지 않는 상황이다.

<표 19> 연도별 차별시정신청 건수 추이

연 도	2017년	2018년	2019년	2020년	2021년
차별시정신청 건수	155건	322건	171건	162건	122건

그 원인으로는 산업현장에서 정규직, 비정규직 직무를 분리하여 인력을 운용하고 있어서 소위 '비교대상 근로자'가 없어 차별 판단까지 이르지 못하고 있기 때문이다. 또한 재직근로자의 경우 가장 절실한 것이 계약갱신인데 차별시정신청을 하면 사업주가 계약갱신을 거절하는 등 불이익이 있을 수 있

다는 우려 때문에 차별시정신청에 신중을 기하는 측면도 적지 않다고 본다. 또한 달리 처우할 필요가 있는 경우라 하더라도, 그 방법・정도가 부당하여 차별의 정도에 따른 '비례적 처우 개선 명령'을 내리는 등 구체적・개별적 상황에 맞춰 정치하게 조치한 사례도 매우 드물다.

차별시정제도 강화를 위해 노동계에서는 비교대상 근로자를 확대하거나 차별적 처우의 합리적 사유에 대한 기준을 명확히 하는 방법, 노조나 총연합 단체에 차별시정 청구권을 부여하는 방법 등을 요구하고 있다. 이에 대해 경영계에서는 차별시정제도를 확대하게 되면 기업 활동이 위축되고 고용을 더욱 기피하게 될 것이라는 우려를 표명하고 있다. 즉 비교대상 기준・범위의 불명확으로 현장 혼란이 가중되고 노조의 차별시정 신청 남용으로 노사 갈등이 발생할 우려가 있다는 것이다. 또한 근로조건이 과도하게 상향 평준화되고 경영난이 더욱 악화될 수 있음을 고려해야 한다고 주장한다.

여기서 외국의 사례를 살펴보자. EU(유럽연합)의 1999년 입법지침은 차별적 처우에 합리성을 요구하며 그 내용은 비례성의 원칙이 적용되어야 한다고 규정하고 있다. 영국과 스페인에서는 동일한 사용자에게 고용되어 있고 유사한 수준의 자격과 기술을 가지고 있으며 동일하거나 유사한 업무에 종사하는 무기계약 및 통상근로자를 비교대상 근로자로 보고 있다. 프랑스는 '동일능력・기능의 무기계약・전일제 사용사업주의 근로자'로 규정하고 있다. 독일은 사업장에서 비교대상 근로자가 없는 경우 해당 산업분야에서 비교대상 근로자를 선정토록 되어있다. 이는 산업별교섭을 하는 시스템을 고려하여 공간적 범위를 확대・적용하고 있는 것이다. ILO, UN에서는 남녀 간 임금차별 해소 차원에서 '동일노동 동일임금' 원칙을 규정하고 있다. 일본에서도 2016년 12월 20일 정규직과 비정규직 간 '동일노동 동일임금' 원칙에 관한 가이드라인을 제정한 바 있다. 아울러 대부분의 국가에서는 당사자가 아닌 노동조합에 대해 차별시정 신청권을 부여하고 있지 않다.

우리나라의 경우 현재 차별시정제도가 비교대상 근로자를 너무 좁게 제한하고 있어 근로자의 실질적인 권리구제에 미흡하다는 부분에 대해서는 개선을 해야 한다고 본다. 비교대상 근로자에 대해 동종·유사업무의 범위를 확대해야 한다. 기업들이 비정규직 업무와 정규직 업무를 구분하여 채용하고 있어서 해당 기업 내에서 비교대상을 찾기 어려운 경우에는 비정규직 근로자의 경력이나 직업능력, 근속기간과 함께 시장 임금 수준 등을 고려하여 비례원칙도 적용해 볼 필요가 있다. 실질적인 격차 해소를 위해서는 연공서열식 임금체계를 고쳐 비슷한 일을 하면 비슷한 급여가 지급하는 방식이 되어야 한다. 하지만 임금체계 개선에는 시간이 소요되므로 비교대상이 되는 근로자의 경력과 학력으로 인한 지나친 차이는 차별시정 판단 시 감안해 줄 필요가 있다. 일정 부분만 인정하는 방식이다. 취업규칙상 비정규직에 대한 차별적 요인을 적극적으로 개선해 나가야 한다. 이를 위해 노조에게 해당 취업규칙 개선명령 신청권을 부여하는 것도 한 방안이 될 수 있다. 또한 차별적 처우에 비례한 합리적 시정명령을 노동위원회가 내릴 수 있는 법적 근거를 명확히 해주어야 한다.

여기서 일부에서 주장하는 고용상 차별금지에 관한 일반법 제정에 대해 한번 검토해 본다. 정치권에서 20대 대선을 앞두고 차별금지법이 논의된 바 있다. 이 논의의 주된 목적은 헌법상 평등권을 실현하기 위한 정치·경제 등 생활 전반의 일반적 차별의 금지라 할 수 있다. 즉 차별금지 일반에 대한 개별 법률의 실체적 내용이 충분치 않을 경우 각 분야별로 별도의 특별법을 제정하자는 요구가 빈번할 소지가 있다. 따라서 이보다는 고용상 차별 금지법이 더 실효성이 있어 보인다. 현재 고용상 차별금지에 대해서는 대상별로 개별 법령에 의해 규정되어 있다. 근로기준법에는 성별, 국적, 신앙, 사회적 신분을, 남녀고용평등법에는 성별, 혼인, 임신, 출산 등을, 기간제법과 파견법은 기간제와 파견 근로자 고용을, 고령자고용법에는 연령을, 장애인차별금지법에는 장애를 이유로 차별하지 못하도록 규정하고 있다. 현행 제도는 차별구제 절차가 법령에 따라 노동위원회, 국가인권위원회로 나누어져 있고 국가인권위원회의 경우에는 구속력이 없다. 또한 개별 차별구제 방식을 보더라도 여러 가지 차별사유가 복합적으로 작용하여 차별이 발생하는 경우에 효과적인 구제에 한계가 있다. 따라서 이러한 내용을 하나로 묶어서 고용상 차별금지법으로 일원화하고 사업주는 동일한 가치의 노동에 대해서는 동일한 임금과 근로조건을 제공하도록 노력하며 성별, 종교, 연령, 고용형태 등을 이유로 한 임금과 근로조건 등에 대해 차별하는 행위를 금지토록 하는 것이 바람직하다. 구제 절차도 노동위원회로 일원화하고 형벌보다는 차별시정제도로 통일하여야 한다.

(3) 무기계약 전환 유도장치를 마련하자.

2021년 기간제근로자는 453.7만 명으로 전년 대비 60.5만 명 증가하였고 비정규직의 56.3%를 차지하고 있다. 비정규직 내 비중은 40% 중반에서 2019년을 기점으로 50% 중반으로 급격히 상승하였다. 연령별로 보면 노동력의 고령화로 기간제한 예외인 55세 이상 자 규모는 193.1만 명에 이르고, 기간제근로자 내 비중도 2013년 30.4%에서 2021년 42.6%로 증가 추세이다. 기간제한 예외 대상(55세 이상 자) 증가는 베이비부머 세대인 55~64세(2013년 16.9%

→ 2021년 18.9%)보다는 65세 이상(2013년 13.5% → 2021년 23.7%)에서 뚜렷하며, 이러한 노동력의 고령화는 향후에도 지속될 전망이다.[89)]

규모별로는 기간제근로자의 63.4%인 287.9만 명이 30인 미만 사업체에 종사하고 있다. 특히, 10~29인 사업체에 종사하는 비중이 28.3%(128.3만 명)로 상대적으로 높은 편이다.[90)]

또한 규모와 연령을 함께 고려하면 사업체 규모가 작을수록 60세 이상 고령자 비중이 높고, 규모가 클수록 청년 비중이 높은 편이다.

<표 20> 사업체 규모별 기간제근로자 연령 분포

(단위 : %)

구분	전체	30인 미만				30~100인 미만	100~300인 미만	300인 이상
			1~4인	5~9인	10~29인			
전체	100.0	100.0	100.0	100.0	100.0	100.0	100.0	100.0
15~29세	18.3	17.2	18.3	18.6	15.5	16.1	21.6	27.8
30대	12.9	11.1	9.1	10.7	12.5	14.2	14.1	22.1
40대	17.5	15.6	12.8	16.4	16.7	20.9	22.6	19.4
50대	17.1	15.9	13.6	16.6	16.8	20.9	21.8	13.4
60세 이상	34.1	40.3	46.2	37.6	38.5	28.0	19.9	17.3

산업별로 보면 기간제근로자는 보건업 및 사회복지 서비스업(24.9%), 사업시설 관리, 사업 지원 및 임대 서비업(12.7%), 교육 서비스업(9.6%), 공공행정, 국방 및 사회보장 행정(8.3%) 등 4개 업종에 절반 이상(55.5%)이 종사하

89) 55세 이상 인구 비중은 기간제법 입법 당시인 2007년 18.8%였으나, 인구 고령화로 2021년에는 32.3%로 큰 폭으로 증가하였다. 2030년에는 41.7%에 이를 것으로 전망된다.

90) 10~29인 사업체의 경우 보건업 및 사업복지 서비스업(51.0%), 공공행정, 국방 및 사회보장 행정(49.7%), 사업시설 관리, 사업 지원 및 임대 서비스업(50.5%)에서 기간제근로자 비중이 절반 수준으로 높은 편이다.

고 있다. 특히, 보건업 및 사회복지 서비스업에 종사하는 기간제근로자는 30인 미만 사업체에 71.7%가 종사(100인 미만 사업체에 89.6%)하고 있고 60세 이상 근로자가 52.4%를 차지하고 있으며, 그 비중도 추세적으로 증가하고 있다. 이를 통해 기간제근로자들이 비교적 임금수준이 낮은 서비스업에 종사하는 비중이 높음을 알 수 있다.

기간제근로자의 특성을 종합해 보면, 30인 미만 사업장 중 10~29인 사업장, 저임금・저부가가치 서비스업, 여성, 60세 이상 고령 근로자의 비중이 높고, 그 비중도 증가하는 추세라는 점이다. 즉 기간제근로자의 증가는 60세 이상, 여성, 보건업 및 사회복지 서비스업이 견인하고 있다.

2021년 기간제근로자 전체 453.7만 명 중 기간제한 예외사유에 해당하는 근로자 비중은 아래 표에 따르면 54.2%~68.3%로, 규모는 246.1만 명에서 310.1만 명에 이른다. 고령화 추세와 여성, 고령자, 청년의 경제활동 증가, 고용형태 다양화에 따른 단시간근로자의 증가로 인해 기간제한 예외자 비중이 지속적으로 증가하고 있다. 정의1에 따른 기간제한 적용제외자의 비중은 2016년에 48.8%에서, 2021년 54.2%로, 정의2에 따른 비중은 2016년 63.5%에서 2021년 68.3%로 증가하였다. 이로 인해 정의1에 따른 기간제한의 법 적용 대상자 비중은 2016년 51.2%에서 2021년 45.8%로 감소하였다. 법 적용 대상자 207.6만 명 중 고용형태별 임금격차가 커서 차별시정조치의 의미가 있고, 기간제한으로 정규직 전환 또는 계약해지의 결정에 다양한 고민이 필요한 대상은 30인 이상 사업체의 기간제근로자 100.6만 명이라 할 수 있다.

<표 21> 기간제법 적용대상 및 기간제한 예외자 추이

(단위 : 천명, %)

구분		2016년	2017년	2018년	2019년	2020년	2021년	제외자 중 비중	
기간제 전체		2,939 (100.0)	2,930 (100.0)	3,005 (100.0)	3,799 (100.0)	3,933 (100.0)	4,537 (100.0)		
적용대상	정의1(①~⑤)	1,504 (51.2)	1,465 (50.0)	1,422 (47.3)	1,740 (45.8)	1,821 (46.3)	2,076 (45.8)		
	정의2(①~⑥)	1,072 (36.5)	1,039 (35.5)	1,011 (33.7)	1,253 (33.0)	1,301 (33.1)	1,436 (31.7)		
기간제한 적용제외	합계1(①~⑤)	1,435 (48.8)	1,465 (50.0)	1,583 (52.7)	2,059 (54.2)	2,112 (53.7)	2,461 (54.2)	(100.0)	
	합계2(①~⑥)	1,867 (63.5)	1,890 (64.5)	1,993 (66.3)	2,546 (67.0)	2,632 (66.9)	3,101 (68.3)		(100.0)
	① 고령자	1,080 (36.7)	1,124 (38.4)	1,234 (41.1)	1,566 (41.2)	1,699 (43.2)	1,931 (42.6)	(78.5)	(62.3)
	② 초단시간	343 (11.7)	375 (12.8)	472 (15.7)	573 (15.1)	601 (15.3)	708 (15.6)	(28.8)	(22.8)
	③ 박사	62 (2.1)	38 (1.3)	49 (1.6)	47 (1.2)	61 (1.5)	60 (1.3)	(2.4)	(1.9)
	④ 고소득전문직	52 (1.8)	52 (1.8)	42 (1.4)	46 (1.2)	60 (1.5)	57 (1.3)	(2.3)	(1.8)
	⑤ 5인 미만 사업체	461 (15.7)	460 (15.7)	489 (16.3)	672 (17.7)	592 (15.1)	759 (16.7)	(30.8)	(24.5)
	⑥ 관리직, 전문직	657 (22.4)	639 (21.8)	632 (21.0)	757 (19.9)	809 (20.6)	966 (21.3)	(39.3)	(31.2)

현실의 노동시장에서는 기간제한을 적용받는 기간제근로자의 60~70%가 현 직장에서 계속 일을 하고 싶어도 법적 기간제한으로 기간이 만료되면 계약이 종료되어 직장을 옮겨야 한다.[91] 2021년 6월 통계에 의하면 기간 종료로 인해 74.3%가 계약이 종료되고, 7%는 무기계약직으로 전환되며 18%는 그냥 계속 고용되는 상황이다. 근로조건이 상대적으로 좋은 300인 이상 대기업의

91) 기간제 종료율 : 67.6%(2017년 12월) → 76.5%(2018년 12월) → 74.3%(2021년 6월)

경우에는 계약이 종료되는 비율이 더 높은 상황이다. 2년이라는 기간은 정규직 전환에 필요한 숙련된 능력을 쌓는 데에도 너무 짧은 시간이다. 2년마다 직장을 옮기면 저숙련 상태가 지속되고, 정규직 채용 가능성은 점점 낮아진다. 기간제근로자가 한 회사에 2년간 근무하다가 다른 회사로 가게 되면 다시 1년차부터 시작하게 됨을 감안하면 근로자가 체감하는 격차는 훨씬 더 크다. 즉 10년간 동일 업무를 했지만 2년 기간제한 때문에 회사를 옮겨 다녀야 했다고 하자. 새로 입사한 회사의 1년차 임금이 그 기간제근로자의 급여이다. 정규직으로 입사한 학교 졸업 동기는 경력 10년에 해당하는 호봉을 받게 되므로 훨씬 급여가 많다. 비정규직 차별시정 대상에서 이처럼 경력·학력 등은 합리적인 이유에 해당하여 차별로 보지 않는다. 그래서 전체 비정규직의 기본급여를 비교하면 정규직의 72.4%에 해당하지만 학력, 경력 등을 통제하면 99%에 해당한다고 나오는 것이다. 차별시정 조치로 보상받지도 못하고 2년마다 옮겨 다녀야 하는 고용불안정은 물론, 옮길 때마다 1호봉의 급여를 받는 상황으로 인한 격차가 평균 잡아 27% 정도가 되는 것이다. 그렇다고 해서 경력 및 학력 등 합리적인 이유도 시정 대상이 되는 차별로 보기에는 너무나 갈등이 커지고 법률적 쟁점들이 많아진다. 따라서 기간제한을 풀어 주어 격차를 완화해주고 정규직 전환 가능성도 높여 주는 것이 차선책으로 보인다.

필자가 현직에 있으면서 노사정 대타협으로 기간 연장을 하는 것이 타당한지 설문조사를 한 바 있다. 기간제근로자의 82.3%가 기간제한 연장을 원했고, 현장에서 들어본 목소리도 한결같았다. 비정규직 문제는 바로 비정규직 입장에서 풀어야 한다. 장관 재직시절 SNS 토크쇼를 할 때 "이제 일한지 2년이 다 되어 가는데 왜 법으로 기간을 2년으로 제한해서 저를 어렵게 합니까?" 라고 하소연 했던 기간제 여성 근로자가 떠오른다. 일자리 간담회에서 특성화고 졸업생이 "지방공단에 소재한 근로자 100명 정도의 회사들도 채용공고를 보면 직접 채용은 별로 없고 하도급업체 채용공고가 많아요."라고 고개를 떨군 적도 있었다.

당시의 여론조사에 의하면 국민의 2/3 이상이 비정규직 기간 연장에 찬성했다. 그럼에도 급격한 탄핵국면에 들어서면서 법 개정이 이루어지지 못했다. 기간 연장이 어려운 이유는 무엇일까? 첫째는 비정규직에 관한 관점, 즉 기간제한에 관한 시선이 이에 관해 처음 논의가 있었던 20여 년 전 입법안 마련 당시를 벗어나지 못하고 있기 때문이다. 즉 노동운동 논리, 진영 논리에서 벗어나지 못하고 있다. 규제를 강화하는 것은 근로자를 위한 것이고 규제를 완화하는 것은 경영계를 위한 것이라는 이분법적 논리에 갇혀있는 것이다. 둘째, 법안에 대한 의견 수렴이 대기업 노조를 중심으로 이루어지고 있기 때문이다. 현장에 가보면 기간제근로자와 장년층들이 왜 현장의 목소리를 좀 더 많이 듣지 않느냐고들 하소연하시는 경우가 많다. 마지막으로 입법이 항상 악용될 것이라는 불신의 늪에 갇혀있기 때문이다. 쇼펜하우어가 "우리는 마야의 베일 속에 속고 있다."라고 말한 것과 같이 우리는 실제가 아닌 것을 실체라 믿고 있는지도 모른다. '마(Ma)'는 산스크리트어로 '아니다'라는 뜻이며, '야(Ya)'는 '사실'이라는 뜻이다. 이러한 마야의 베일에서 벗어나야 한다.

진정으로 가장 어려운 중장년층, 비정규직의 바람을 저버려서는 안 되는 것이다. 기간제한을 받고 있으면서 정규직 전환 비율이 낮은 35세에서 54세에 대해서는 기간제한을 늘려 주는 것이 현실적인 대안일 것이다. 그렇게 되면 판결에서 인정하는 반복갱신에 의한 기대가능성이 커져 정규직으로 간주되는 가능성도 커진다. 이것이 기간제근로자 사용을 줄이는 길이기도 하고 격차를 축소하는 길이기도 하다. 이는 통계적으로도 입증되고 있다. 고용노동부의 비정규직 통계에 의하면 계약기간 만료자 중 근속 1년6개월 이하 자는 정규직 전환이 5.5%인데, 근속기간 1년6개월 이상 2년 이하 자는 정규직 전환자가 16.4%로 높아진다. 근속기간이 길어지면 숙련도가 향상되고 정규직과의 임금차이도 축소되어 회사 측도 정규직 전환 검토를 더 적극적으로 하게 될 것이다.

한편 기간을 연장해 주는 대신 정규직 전환율을 높이기 위한 보완 장치들도 함께 마련되어야 한다. 우선 1년 이상 근속자에게 1개월분 이상 지급하도록 되어 있는 현행 퇴직금제도를 손보아야 한다. 이 규정 때문에 1개월의 퇴직금을 절약하려고 1년 미만 기간제 채용이 많다고 본다. 따라서 1차적으로 3개월 이상 근무하면 1년 미만의 경우에도 월별로 비례해서 퇴직금을 지급토록 해야 한다. 그래서 일단은 1년 미만 기간제근로자 사용의 회사 측의 선호도를 없애야 한다. 그 다음엔 2년을 넘어 근로자가 희망할 경우 다시 2년을 연장할 수 있게 하자. 2년이 넘은 후에 근로자가 희망함에도 회사 측이 무기계약직으로 전환을 하지 않을 경우 퇴직금 외에 추가 2년 기간에 대해 1년마다 급여의 1/12 만큼을 별도로 퇴직연금 형태의 IRP 계좌로 지급토록 하자. 기간제근로자의 고용불안에 대한 보상차원으로 충분히 검토할 만하다. 관련된 외국의 사례로는 프랑스의 경우 계약 종료시 기간제근로자에 지급된 보수의 10%를 수당으로 지급하도록 되어 있다. 호주의 경우에는 유급휴가와 유급병가를 지급받지 못하는 비정규직에게 풀타임 정규직 임금의 15%~30% 추가임금(casual loading)을 시급에 반영하여 지급하도록 하고 있다. 주로 단기간 기간제가 해당된다고 본다. 스페인의 경우가 필자가 제시한 성격과 비슷한 제도를 가지고 있다. 스페인은 비정규직을 일정기간 사용한 다음 정규직으로 전환하지 않고 계약 종료 시 근로계약 종료수당으로 총 임금의 약 5%를 지급하도록 되어있다. 이러한 장치를 함께해 주면 기업이 불확실성 때문에 고용의 유연성 확보 차원에서 활용하는 비정규직 부분은 불가피하게 인정하더라도, 인건비를 절감하기 위해서 쓰는 부분의 비정규직 남용은 방지될 수 있다.

반면 국민의 생명·안전에 직접적 영향을 주는 핵심 업무에 대해서는 기간제 등 고용으로 인한 고용불안이 핵심 업무수행에 걸림돌이 되지 않도록 살펴 가급적 직접 채용 원칙을 세우고, 과도한 '쪼개기 계약'에 대해서는 2년 내에 최대 3회까지만 갱신을 허용하는 것으로 제한할 필요가 있다.

이러한 방식으로 기간제근로자에 대한 사용 규제를 강화하고, 사용자로 하여금 정규직 사용에 비해 고용비용을 인상하는 한편, 현재의 2년 제한 규정으로는 정규직 전환이 낮은 35세부터 54세까지에 해당하는 기간제근로자를 대상으로 기간 연장을 제한적으로만 인정하게 되면 정규직 전환이 상대적으로 촉진되어 전체적인 기간제 규모는 축소될 것으로 예상된다. 특히, 기간제 규제 강화와 고용비용 인상은 시행 즉시 가시적인 효과가 나타날 것이다. 제한적인 기간연장 인정은 근로자의 숙련 형성 기회를 높여 동일 사업장 또는 다른 사업장에서 정규직으로 전환될 가능성을 제고함으로써 중장기적으로 비정규직 감소효과를 가져올 것으로 본다. 저숙련 상태에서 계속 사업장을 전전하는 것이 비정규직 함정의 본질이기 때문이다. 2014~2015년 사이 기간제근로자를 대상으로 하는 설문조사 결과와 현장에 가서 만나본 당사자들 역시 고용안정과 숙련 형성을 통한 정규직 전환 촉진을 위해서는 기간 연장이 필요하다는 입장이었다. 문재인 정부 들어서 비정규직 사용사유 제한 공약으로 인해, 기간 연장에 관한 후속 설문조사 등이 이뤄지지 않았다. 최근의 여론을 알 길이 없어 다소 아쉽다.

기간제근로자 대상 설문조사 결과

- 2014년 12월 노사관계학회 설문조사 결과 : 사용기간 연장에 대해 82.3% 찬성
- 2015년 11월 노동경제학회 설문조사 결과 : 사용기간 연장에 대해 71.7% 찬성 (반대하는 사람 중 이직수당 추가 시 49.7%가 기간연장 찬성하여 85.8%가 기간연장 찬성)

비정규직 근로자와의 간담회 시 주요 발언

- "엔지니어의 경우 업계 특성상 2년 경력은 경력으로 인정하지 않는데, 기간제한으로 부득이 퇴사하게 되어 경력을 인정받지 못함" (창원, 48세, 한국○○(주), 제조업, 주문발주 업무)
- "3~4년의 경력은 되어야 경력직으로 이직할 때 유리하므로 기간연장에 찬성" (부천, 38세, ○○병원, 의료업, 홍보 업무)
- "계약직으로서도 정규직 채용시험에 가점부여 등의 혜택이 있으므로 2년 연장되면 혜택기간이 늘어나게 되므로 기간연장을 신청할 것임" (목포, 35세, ○○엔진, 제조업, 비서 업무)

5. 파견대상, 기간 확대와 차별방지 장치 보완

(1) 현행 파견제도

근로자파견은 "파견사업주가 근로자를 고용한 후 그 고용관계를 유지하면서 근로자파견계약의 내용에 따라 사용사업주의 지휘·명령을 받아 사용사업주를 위한 근로에 종사하게 하는 것"을 말한다(파견근로자 보호 등에 관한 법률 제2조).

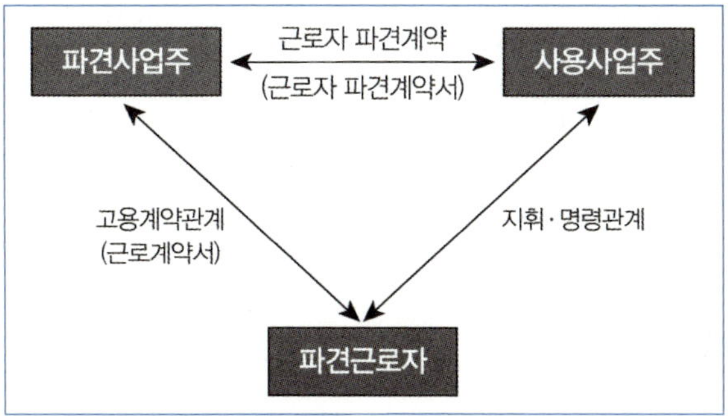

그림 14 | 파견계약 관계

유사한 개념으로 도급은 수급인이 어떤 일을 완성할 것을 약정하고, 도급인은 그 일의 결과에 대해 보수를 지급할 것을 약정함으로써 성립하는 계약(민법 제664조)을 말한다. 또한 용역은 거래의 대상이 상품이 아닌 서비스로서, 용역업체에 일정한 업무를 맡겨 수행하도록 하는 형태를 말한다. 주로 거래의 대상이 청소·경비 등의 서비스라는 점에서 도급·위임과 구별하여 명칭하고 있으나, 그 실질은 도급 또는 위임에 해당한다고 볼 수 있다.

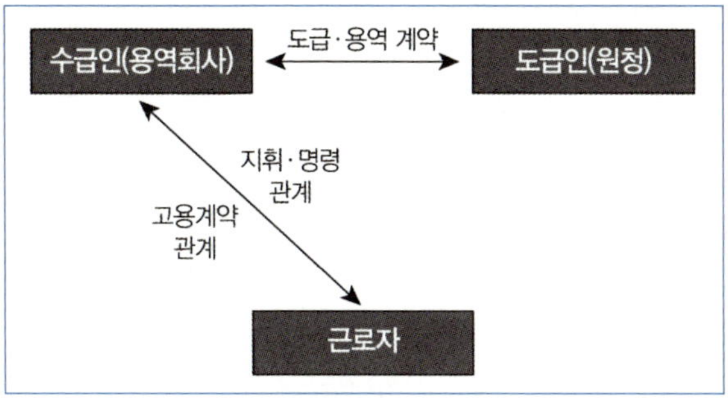

그림 15 | 도급계약 관계

직업소개는 구인·구직 신청을 받아 구인자와 구직자 간에 고용계약의 성립을 알선하는 것을 말한다.

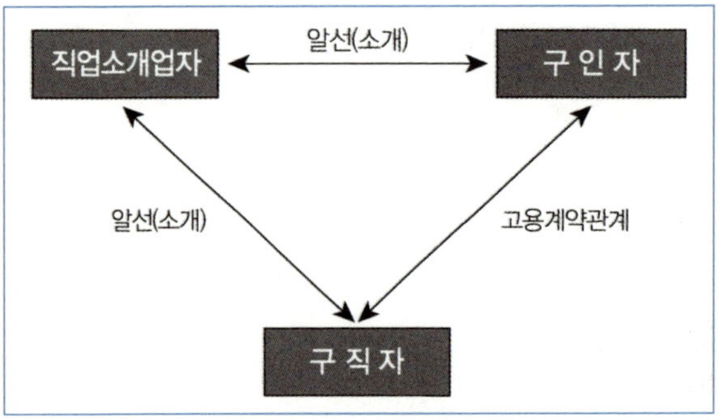

그림 16 | 직업소개 관계

파견대상업무는 파견법 제5조에서 전문지식·기술·경험 또는 업무의 성질을 고려하여 32개 업무로 제한하고 있다(파견법 시행령 별표 1).

<표 22> 파견대상업무

1. 컴퓨터 관련 전문가 업무	17. 사무 지원 종사자의 업무
2. 행정, 경영 및 재정 전문가 업무	18. 도서, 우편 및 관련 사무종사자의 업무
3. 특허 전문가 업무	19. 수금 및 관련 업무 종사자의 업무
4. 기록 보관원, 사서 및 관련 전문가 업무	20. 전화교환 및 번호안내 사무종사자의 업무
5. 번역가 및 통역가의 업무	21. 고객관련 사무종사자의 업무
6. 창작 및 공연예술가의 업무	22. 개인보호 및 관련 종사자의 업무
7. 영화, 연극 및 방송관련 전문가 업무	23. 음식조리 종사자의 업무
8. 컴퓨터 관련 준전문가의 업무	24. 여행안내 종사자의 업무
9. 기타 전기공학 기술공의 업무	25. 주유원의 업무
10. 통신기술공의 업무	26. 기타 소매업체 판매원의 업무
11. 제도 기술종사자, 캐드 포함	27. 전화통신 판매종사자의 업무
12. 광학 및 전자장비 기술종사자의 업무	28. 자동차 운전 종사자의 업무
13. 정규교육 이외 교육 준전문가의 업무	29. 건물 청소 종사자의 업무
14. 기타 교육 준전문가의 업무	30. 수위 및 경비원의 업무
15. 예술, 연예 및 경기 준전문가의 업무	31. 주차장 관리원의 업무
16. 관리 준전문가	32. 배달, 운반 및 검침관련 종사자의 업무

다만, 출산·질병 등으로 결원이 생기거나 일시적·간헐적으로 인력을 확보할 필요가 있는 경우에는 절대금지 업무를 제외한 모든 업종에 대해 총 6개월 이내에서 근로자파견이 가능하다. 중소제조업이 인력난을 이유로 일시·간헐적 사유를 제시하며 6개월 단위로 근로자만을 교체하여 사실상 반복 사용하는 경우가 많다. 파견이 허용될 경우 남용이 예상되는 업종은 출산·질병·부상, 일시적·간헐적 사유 등 어떤 경우를 불문하고 근로자파견을 절대 금지하고 있다. 해당 업무는 ① 건설공사현장 업무, ② 근로자공급사업 허가를 받은 지역에서의 하역업무, ③ 선원의 업무, ④ 산업안전보건법 제28조에 따른 유해하거나 위험한 업무, ⑤ 대통령령으로 정한 업무 등이다.

▍대통령령으로 정한 근로자파견 금지 업무

ⓐ 분진작업업무(진폐의 예방과 진폐근로자의 보호 등에 관한 법률 제2조제3호)
ⓑ 건강관리수첩의 교부대상 업무(산업안전보건법 제44조)
ⓒ 의료인의 업무 및 간호조무사의 업무(의료법 제2조 및 제80조)
ⓓ 의료기사의 업무(의료기사 등에 관한 법률 제3조)
ⓔ 여객자동차운송사업의 운전업무(여객자동차 운수사업법 제2조제3호)
ⓕ 화물자동차운송사업의 운전업무(화물자동차 운수사업법 제2조제3호)

파견법상 파견기간은 1년을 초과하지 못하고, 1회를 연장할 때 그 연장기간도 1년을 초과할 수 없으며, 연장된 파견기간을 포함한 총파견기간은 2년을 넘을 수 없다. 출산·질병·부상 등으로 결원이 생긴 경우 그 사유가 객관적으로 명백하면 그 사유의 해소에 필요한 기간으로 규정하고 있으므로 그 사유가 객관적으로 명백하다면 2년을 초과하여 파견근로자를 사용할 수 있다. 일시적 · 간헐적으로 인력을 확보할 필요가 있는 경우에는 3월 이내의 기간 동안 근로자 파견이 가능하다. 다만, 그 사유가 해소되지 아니하고 파견사업주, 사용사업주, 파견근로자 간의 합의가 있는 경우에는 1회에 한하여 3월의 범위 내에서 그 기간을 연장할 수 있다. 사용사업주는 다음과 같은 경우에는 파견근로자를 직접 고용하여야 한다.

① 출산 · 질병 · 부상 등으로 결원이 생기거나 일시적 · 간헐적으로 인력을 확보할 필요가 있는 경우가 아님에도 파견대상업무가 아닌 업무에 근로자를 파견받아 근로자를 사용한 경우(파견법 제6조의2제1항제1호)

② 근로자파견 절대금지업무(파견법 제5조제3항)에 파견근로자를 사용한 경우(파견법 제6조의2제1항제2호)

③ 파견기간 연장 시 총파견기간이 2년을 초과할 수 없다는 규정(파견법 제6조제2항) 또는 출산 · 질병 등 결원에 의한 파견의 경우는 그 사유의 해소에 필요한 기간, 일시적 · 간헐적 사유에 의한 파견은 최장 6월 이내의 기간(파견법 제6조제4항)을 위반하여 계속적으로 파견근로자를 사용하는 경우(파견법 제6조의2제1항제3호)

④ 파견허가를 받지 않았거나, 허가받은 사항 중 고용노동부령이 정하는 중요사항의 변경허가를 받지 않고 근로자파견사업을 행하는 자로부터 근로자를 파견받아 계속적으로 근로자파견의 역무를 제공받은 경우(파견법 제6조의2제1항제4호 및 제7조제3항)

불법파견에 대한 벌칙으로는 공중위생 또는 공중도덕상 유해한 업무에 취업시킬 목적으로 근로자파견을 한 자는 5년 이하의 징역 또는 3천만 원 이하의 벌금(파견법 제42조)에 해당하고, 파견 대상업무 위반, 파견기간 위반, 무허가 파견의 경우에는 파견사업주, 사용사업주 모두 3년 이하의 징역 또는

2천만 원 이하의 벌금이다(파견법 제43조). 영업정지 명령을 위반하여 근로자 파견사업을 계속하거나, 쟁의행위 중인 사업장에 쟁의행위로 중단된 업무를 수행하기 위하여 근로자를 파견하거나, 경영상 이유에 의한 해고 이후 2년 이내에 파견근로자를 사용하는 경우에는 1년 이하의 징역 또는 1천만 원 이하의 벌금에 해당한다(파견법 제44조). 불법파견의 경우에는 직접고용의무가 발생하며, 이를 이행하지 않는 경우에는 3천만 원 이하의 과태료가 부과된다(파견법 제46조).

(2) 파견대상 및 기간 확대, 처우개선 및 차별방지 장치 보완으로 용역화 방지

산업 구조조정, 베이비부머 세대의 은퇴 등으로 55세 이상 장년층의 구직 수요가 늘어나고 있다. 중장년층은 주된 일자리에서 평균 49.3세에 이직[92]한 후 실질 은퇴연령인 72.3세 정도까지 20여 년 정도 추가로 노동시장에서 계속 활동하게 된다.[93] 그러나 주된 일자리 퇴직 이후에 현실적으로 정규직으로 재취업이 어려워 대부분 영세자영업, 용역근로 등에 종사하면서 임금 등 일자리의 질이 급격히 하락하는 것이 현실이다.[94]

파견근로는 노동법 보호 하에 있어 사회보험 적용 등 근로조건이 상대적

92) 2021년 5월 경제활동인구조사 고령층 부가조사

93) 2018년 한국의 정상은퇴연령(normal retirement age)은 남녀 모두 61세이나, 노동시장 퇴장(labor market exit)을 의미하는 실효은퇴연령(effective retirement age)은 남녀 모두 72.3세로 OECD 국가 중 최상위이다.

94) 고령자 중 상용직으로 재취업하는 비율은 50.4%이며, 임시직 31.4%, 일용직 18.3%이다. (2021년 5월 경제활동인구조사 고령층 부가조사)

으로 양호하나, 현행 파견법상 파견대상업무는 32개로 엄격히 제한되어 있어 장년층이 취업 가능한 직종은 청소원, 주유원 등에 불과한 상황이다. 이에 따라, '파견' 대신 고용이 더 불안하고 임금수준이 열악한 용역근로나 영세자영업에 종사하고 있다. 베이비부머 세대가 본격적으로 퇴직하고 있는 현 상황에서 새로운 일자리를 필요로 하는 상황인 만큼, 고령자 대상 파견허용업무를 확대하면 본인의 전문성을 살릴 수 있는 다양한 분야의 일자리 기회를 제공할 수 있다. 또한, 도급, 불법 파견 등 일자리가 적법 파견으로 전환되면서 근로조건이 개선되는 효과도 가져올 수 있다.

중장년 당사자들은 취업기회가 확대되는 파견법 개정을 간절히 원하고 있으며, 일반 국민들도 이를 지지하고 있음은 관련 설문조사 등을 통해 알 수 있었다. 40세 이상 응답자에게 은퇴 후 재취업 희망을 물어봤더니 63%가 파견직 재취업을 희망했고 귀농 12.7%, 자영업 6.9%, 용역근로 5.9% 순이었다. 응답자의 약 70%가 55세 이상 장년과 뿌리산업에 대한 파견확대에 찬성(2016년 3월 29일, 매경 · 한국리서치, 전국 성인남녀 1천 명)했으며, 장년층일수록, 학력이 낮을수록, 소득이 적을수록 더 적극적으로 절실히 파견법 개정을 희망하고 있었다. 최근 5년 동안은 이와 관련한 설문조사 및 인터뷰 등을 한 사례를 알 수 없어 인용하지 못한다.

파견 규제는 노동시장제도 개혁 논의과정에서 가장 논란이 되는 사안 중 하나이다. 1998년 외환위기 극복을 위한 노사정 대타협으로 탄생한 파견 규제는 그 후 20년 넘게 줄곧 논란을 이어왔다. 파견 규제가 처음 생겼던 당시 파견허용업종은 26개 직무에 한정하고 허용기간도 2년으로 제약했다. 엄격한 규제 탓에 용역 · 하도급 등 간접고용이 더 늘었고, 불법파견 시비가 산업현장에서 끊이지 않았다.

파견을 엄격히 규제하면 직접 고용이 더 늘어날까? 전혀 그렇지 않다. 정규직 직접 고용이 기간제·파견으로, 이것이 다시 용역과 하도급으로 이어지는 고용구조 악화가 심화되는 것이 현실이다. 현장에서도 고령자 일자리 기회 확대와 함께 인력난을 겪고 있는 중소기업들에게 실질적인 도움을 주기 위해 파견근로의 확대가 필요하다는 목소리가 많다. 2015~16년 현장방문 및 간담회 때 당사자들의 의견을 소개해본다.

- "지금과 같은 저성장 시기에는 신이 오더라도 원하는 청년과 고령자 모두에게 괜찮은 일자리를 만들어 주지 못함. 어차피 일자리가 한정되어 있다면 좀 더 쉽게, 더 많은 사람들이 일자리를 가질 수 있도록 하여야 하며, 고령자에 대한 파견 전면허용 정책이 필요" (대한은퇴자협회 회장)
- "고령자는 갈 수 있는 일자리가 정해져 있고, 그 일자리를 차지하기 위해 고령 구직자 간 일자리 경쟁이 너무나 심함. 적어도 고령자에 대해서는 창업의 어려움을 감안하여 파견완화를 원함" (고령 구직자)
- "기업의 입장에서 보면 장기적이고 지속적인 수요가 필요하지 않을 경우 파견근로를 통해 인력을 공급받을 수 있고, 근로자 입장에서는 파견을 통해 경력 등을 쌓을 수 있음. 원칙적으로 기업이 인력을 필요로 할 때는 정규직 채용이 맞다고 생각하지만, 직종의 특성이나 기간 등을 고려해 특화된 전문직에 한해서는 파견근로를 확대해도 좋다고 생각함" (경기, 45세, ㈜○○○○○, 전문파견, 일어통역)
- "파견직으로 근무해 왔으나 제조업에서는 최장 6개월간 파견이 예외적으로만 허용되어 1년을 채울 수 없어 퇴직급여도 받아보지 못하는 실정이며, 정규직이 되고 싶어도 정규직으로 들어가기 위한 조건 특히, 나이가 걸림돌이

되어 파견근로를 할 수밖에 없는데 적성에 맞는 일을 찾아도 6개월 제한 때문에 계속 회사를 옮겨야 하는 현실" (경기, 45세, 중년근로자, 정규직 일자리를 구하기 어려워 주로 파견직 활용)

- "우리 회사는 뿌리업종으로 만성적인 인력난에 시달리고 있음. 50~55세의 근로자가 많고 이 분들은 다른 회사에 지원하여도 취업하기 어려움. 뿌리산업, 고령자 파견 완화 시 회사는 더 많은 근로자를 채용할 수 있을 것" (안산 사용사업주, 경기 사용사업주)

선진국이 파견규제를 완화하고 있는 것도 노동유연성과 일자리 창출에 윤활유로 작용하는 긍정적 효과가 있다고 판단했기 때문이다. OECD 국가 중 고용률이 70% 이상인 국가는 대부분 파견규제가 약한 수준이다. 독일은 파견회사 설립 등 일부를 제외한 대부분 항목에서 규제수준이 낮아 고용률이 높은 반면, 대부분 항목에서 규제가 강한 프랑스는 고용률도 70% 미만이다.

파견 규제는 파견허용업무에 대한 규제방식과 동등대우(차별금지) 등 근로자 보호장치의 두 가지 측면에서 검토 가능하다. 대부분의 국가는 파견허용업무는 확대하여 필요한 인력을 유연하게 활용할 수 있도록 하되, 차별금지 원칙 등을 통해 근로자의 처우가 나빠지지 않도록 합리적으로 규제하고 있다. 먼저, 파견을 허용하는 업무에 대한 규제방식은 파견이 허용되는 업무를 법령에서 나열하는 포지티브 방식과 원칙적으로 모든 업무에 파견을 허용하되 예외적으로 금지되는 업무를 규정하는 네거티브 방식이 있는데, 우리나라는 1998년 파견법 제정 시부터 허용업무를 규정하는 포지티브 방식을 채택하고 있었다. 이에 반하여, 독일 등 선진국은 대부분 네거티브 방식을 채택하여 절대금지업무 이외에는 모두 파견을 활용할 수 있도록 하고 있다. 우리와 노동시장 사정 등이 유사한 일본도 파견법을 제정할 당시에는 우리와 같은 포지티브 방식이었으나 1999년 네거티브 방식으로 규제방식을 바꾸어 인력활용의 유연성을 확보할 수 있도록 하고 있다.

다음으로, 파견근로자와 사용사업주의 근로자 간 차별을 금지하는 '동등대우'의 원칙은 파견근로자에 대한 가장 강력한 보호장치로 이를 채택하는 경우 규제가 강한 것으로 평가한다. 파견근로자는 파견사업주에게 고용된 근로자이므로 사용사업주에게 고용된 근로자와의 동등대우는 매우 강력한 규제인 것이다. 우리나라는 2007년 처음으로 차별금지 및 시정제도를 법제화하여 현재까지 시행 중이다. 독일의 경우 하르츠 개혁(2003년) 당시 동등대우원칙이 법제화 되었으나 단체협약으로 이를 배제할 수 있도록 예외를 두었다. 일본은 1999년 파견업무를 전면허용(네거티브 방식)하면서 균형고려 배려의무를 두었으나 이는 선언적 규정에 불과하다.

<표 23> 우리나라 · 일본 · 독일의 파견허용업무 변천 추이

구분	72년	85년	96년	98년	99년	03년	07년	12년	20년
우리나라	-				포지티브 유지				
					26개		32개		
일본	-	포지티브			네거티브 (제조업제외)	네거티브+제조업			
	-	13개	16개	26개					
독일	네거티브(건설업 제외)					네거티브+건설업 허용			

OECD가 회원국 등 43개국을 조사한 결과에 따르면 파견허용업무에 관한 규제는 43개국 평균이 1.57점, 동등대우 원칙에 관한 규제는 43개국 평균이 4.53점이었다.[95] 이중 우리나라는 파견허용업무 3점, 동등대우원칙 6점으로 규제가 매우 강한 수준이다. 독일은 파견허용업무 1.5점, 동등대우원칙 4.5

점이며, 일본은 파견허용업무 1.5점, 동등대우원칙 1.5점인 것과 비교해 볼 때 우리나라의 파견규제가 세계 최고 수준임을 알 수 있다.

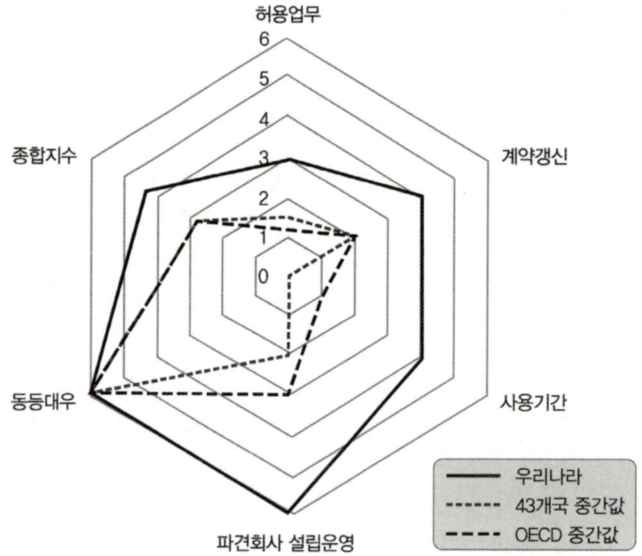

※ 출처 : OECD

※ 조사대상 국가 중 우리보다 파견규제가 강한 나라는 파견을 금지하고 있는 사우디아라비아와 터키뿐이었다.

그림 17 | 파견근로 규제지수 국제비교

고용구조를 개선하기 위해서는 가장 열악한 일자리를 중간 수준의 일자리로 편입시키는 것이 필요하다. 그나마 파견근로자들은 법적 보호 테두리 내에 있다. 용역근로자에 비해 임금도 10% 이상 높고 사회보험 적용 측면에서도 월등히 양호하다. 즉, 일할 기회라는 측면에서 파견범위 확대에 대한 시각

95) 규제지수는 6점 만점으로 점수가 클수록 규제가 강하다는 것을 나타낸다. (출처 : OECD Employment Protection Database, 2013 update)

을 달리해야 하는 것이다. 특히, 55세 이상 장년은 직접고용 가능성은 낮은데 파견범위까지 협소하니 용역근로자나 자영업자로 빠져나갈 수밖에 없다. 많은 장년층이 가장 열악한 일자리인 청소·경비 등 용역근로나 영세자영업에 종사하고 있다. 파견대상 확대로 이분들의 일자리 기회를 확대하고 근로조건을 개선해야 한다.

고소득 전문직도 마찬가지다. 고임금을 받을 능력이 있는 이들에게 기업들이 고임금을 지급하면서 고용보장까지 해야 하니 기업에는 부담으로 작용할 수밖에 없다. 전문직 인력수요에 따른 탄력적 근무방식은 기업의 부담도 줄이고 고소득 전문직의 일할 기회도 늘릴 수 있다. 인력난이 심각한 '뿌리 산업'도 파견규제 완화를 절실히 원하고 있다. 뿌리 산업은 주조, 금형, 용접 등 제조업의 핵심 공정기술을 바탕으로 한 국가산업의 기반임에도 인력난이 심각하다. 주문량 변동폭이 커서 상시고용에도 곤란을 겪는다. 뿌리 산업에 대한 파견확대는 일할 기회를 늘리고, 기업의 탄력적 운영도 지원할 수 있다. 파견대상을 제한하는 국가는 전세계적으로 찾아보기 어렵고, 파견제도를 새로운 일자리 창출 기제로 활용하는 것이 주요 국가의 흐름이다. 여러 연구자들에 의해 파견 확대 시 일자리 창출 효과가 있음이 입증되고 있다.

❙ 이정민 서울대 교수는 파견대상 전면 확대 시 현행 0.9%(19만 명) 수준에서 2% 수준으로 파견근로자가 증가하며 이 중 40%는 신규고용 증가분, 나머지는 근로조건이 낮은 용역·도급 등 다른 근로형태에서 파견으로 이동한데 따른 것으로 분석

- 변양규(한국경제연구원), 남성일(서강대) 등도 파견 전면 확대 시 일자리 창출효과가 있다는 연구결과를 제시

19대 국회에서 정부가 추진했던 파견근로자 보호법안은 제한적으로 파견 대상을 확대하자는 것이었다. 즉, 새로운 일자리가 절실한 장년, 유연한 근무가 필요한 고소득 전문직, 인력난과 고용불안이 심한 뿌리 산업에 한정하는 내용이다. 이러한 기준에 따르면 늘어나는 파견근로자 수는 총 17,800여 명 수준으로 전체 근로자의 0.1%, 파견근로자의 9.3% 수준으로 예상되었다. 이러한 방안에 대해 일부에서는 법이 개정되면 500만의 파견직을 양산한다는 주장을 제기했었다. 그러나 이 주장은 현행 파견확대 대상 근로자 전원이 파견직화 된다는 다소 극단적인 가정에 근거한 것이었다. 파견대상의 제한이 없는 선진국을 보더라도 파견직이 전체 노동시장에서 차지하는 비중은 2~3% 수준으로 매우 낮은 수준이었다. 선입견에 의한 우려보다는 더 조건이 안 좋은 용역 등에 있는 장년층의 일자리를 그래도 차별시정장치가 있는 파견으로 상향할 필요가 있다. 이를 위해서는 파견대상 업무 확대가 필요하다.

또한 기간제의 기간을 2년에서 본인이 희망하는 경우 정규직 전환이 어려운 연령층에 대해서 기간을 4년까지 허용하자는 제안을 파견에 대해서도 함께 적용하는 것이 바람직하다고 본다. 이 경우에도 2년이 넘어 계속 근무하였음에도 정규직 전환을 하지 않을 경우 퇴직금 외에 추가 2년 기간에 대해 1년마다 급여의 1/12만큼을 별도로 퇴직연금 형태의 IRP 계좌로 지급토록 하자. 파견근로자 고용불안에 대한 보상 차원으로 충분히 검토할 만하다.

아울러, 제한적인 파견 확대와 아울러 파견규제 강화 및 파견근로자 보호를 위한 대책도 함께 포함하여 추진해야 한다. 생명·안전 분야의 핵심 업무에 파견근로자 사용금지, 중간착취 가능성을 줄이기 위한 파견대가 항목의 구체적 명시 등이다. 여기에 차별시정에 대해 파견사업주와 사용사업주가 연대책임을 지게 해야 한다. 또한 파견업체가 파견근로자를 무기계약으로 상시 고용하여 특정업체에 파견기간이 끝나면 일과 고용의 단절없이 다른 업체에서 계속 일하도록 하는 정책과 장치, 즉 상용형 파견 활성화 방안이 필요하다. 현재는 파견업체들이 열악한 편이다. 예를 들어 고령자에 대해서는 업종 제한을 풀어 주고, 또한 대상으로는 뿌리 산업을 풀어 준다고 보자. 그럴 경우 뿌리산업협회, 고령자인재은행 등이 이러한 상용형 파견사업을 할 수 있도록 지원하는 방식이다. 법적 근거를 두어 이들 상용형 파견사업주에 대해서는 정부가 정책적으로 파견근로자 처우개선, 직업능력향상, 휴업 · 휴직수당 지급 지원 등 다양한 지원을 할 수 있도록 하는 것이다.

이와 같은 장치가 마련되면 파견대상을 확대해도 파견근로자의 부적정한 사용이 제한되고 처우개선과 고용안정성도 획기적으로 강화되는 결과를 가져올 수 있을 것이다. 사용사업주의 임금 등 차별시정 연대책임 부과로 인건비 절감만을 목적으로 하는 파견사용이 크게 제한됨으로써 반대론자들이 우려하는 사업주 편의의 파견 확대 우려는 해소할 수 있다.

특히, 파견법은 베이비부머 세대가 본격적으로 은퇴하고 있는 우리의 현실에서 이분들에게 좀 더 안정된 일자리를 주는 절박한 대안이다. 장년들이 원래 일자리에서 퇴직한 후 재취업하는 형태를 보면 임시직 31.4%, 일용직 18.3%로 50%에 가까운 분들이 임시 · 일용직으로 재취업하고 있다. 자영업자는 555만 명 중 62%에 해당하는 345만 명이 50세 이상일 정도로 우리나라 자영업 현실도 냉혹하다. 매년 120만 명 정도가 자영업을 창업하지만 폐업도 80만 명 넘게 나오는 상황이다. 현재도 우리 자영업 비중이 선진국에 비해서 매우 높다. 결국 자영업만으로는 베이비부머 세대의 일자리 문제를 해결할 수 없다 할 것이다. 100세 시대에 중장년들이 한창 일할 수 있는 점을 감안하면 파견법은 이분들의 일자리 문제 해결의 수단이 될 수 있으며, 일을 더할 수 있게 된다면 노년의 빈곤도 막을 수 있는 데 기여할 수 있을 것이다.

대부분의 선진국이 그렇듯이 독일과 일본도 파견업종과 기간을 과감히 완화하여 고용률 70%가 넘게 되었고, 고용률 70% 이상이 되어야 노동소득 분배율도 높아지게 된다. 다양한 학회, 연구기관의 분석에 따르면 파견이 확대되면 늘어난 일자리의 40% 이상이 새로운 일자리의 창출이고, 또 30% 정도는 근로조건이 개선되는 등 긍정적 효과도 발생할 것으로 전망된다.

파견제도 역시 지나친 제한을 일정 부문 풀어도 남용이 되지 않도록 하는 가장 중요한 요소는 기간제에서 설명하였듯이 정규직 노동시장 규범의 불확실성을 해소하고 연공식 임금체계를 직무·성과급 형태로 바꾸어 정규직 직접채용에 대한 두려움을 없애주는 것임을 다시 한 번 강조하고자 한다. 앞서 설명한 대로 2008년 담당 국장으로 재직하면서 최고의 학자들로 근로기준 선진화 위원회를 구성해 밤을 새워 토론하면서 통상임금, 근로시간 단축 등 현재 쟁점이 되고 있는 과제들에 대해 34개의 개선방안을 내놓았던 적이 있다. 당시 위원들 간 의견이 다를 때는 청년일자리를 확대하는 대의를 위해 거수투표로 개선방안을 정하는 용기를 가졌다. 지금도 당시의 학자분들께는 머리 숙여 감사드린다. 노사와 정치권의 반대로 결국 입법을 추진하지 못했는데 그때 어떤 역경에도 불구하고 입법을 해냈더라면 통상임금을 비롯해 지금의 노사갈등을 겪지 않았을 것이다. 그 이후로도 늘 반성하였고 2014~16년 노동시장제도 개혁을 추진하면서 언론에 연재해서 반성문을 기고하기도 했다. 광주광역시 천노엘 신부님께서 1980년대 어느 날 길거리에서 장애인이 사경을 헤매고 있음을 발견했다고 한다. 신부님은 그 장애인을 성당으로 데려와 지극히 보살폈으나 결국 돌아가셨다. 신부님은 그 장애인의 묘비명을 "사회를 용서해 주시렵니까?"로 썼다고 한다. 우리는 현재의 제도를 고쳐 일자리를 늘려 주지 못하여 우리 사회의 분노가 감당하기 어려울 상황이 오면 그분들께 "우리를 용서하시렵니까?"라고 할 수도 있음을 늘 생각해야 한다. 가장 바보 같은 사람은 같은 유형의 후회와 반성을 되풀이하는 자일 것이다. 지금 부모세대는 정부 관계자든, 현장의 노사대표든, 정치권 인사든 상관없이 우리 아들딸 세대의 일자리에 도움이 되는 것이라면 주저 없이 결정하고 실천에 옮겨야 한다. 현재 일자리를 가지고 있는 근로자뿐만 아니라, 일자리를 찾고 있는 구직자, 더 나아가 앞으로 자라나는 미래세대까지 아우르는 새로운 고용생태계를 만들 책무가 우리에게 부여되어 있는 것이다.

6. 적법한 도급과 불법파견의 구분의 현실화

❙ 관련 규정

- 파견은 파견사업주가 근로자를 고용한 후 그 고용관계를 유지하면서 근로자파견계약의 내용에 따라 사용사업주의 지휘 · 명령을 받아 사용사업주를 위한 근로에 종사하게 하는 것을 말함(파견법 제2조제1호)
- 도급은 당사자 일방이 어느 일을 완성할 것을 약정하고 상대방이 그 일의 결과에 대하여 보수를 지급할 것을 약정하는 것을 말함(민법 제664조)

앞서 설명한 대로 외환위기를 겪으면서 우리나라 기업들은 고용조정의 어려움을 이유로 기간제근로자, 파견근로자 등을 확대하기 시작하였다. 그러나 2007년 기간제법과 파견법으로 사용기간을 2년으로 제한하고 위반 시 형사처벌토록 하면서 상당수 기업들이 사용자로서의 책임이 거의 없는 도급·용역으로 대거 전환을 하였다. 지나친 도급화도 문제이지만 도급이 정부와 법원에 의해 불법파견으로 판결되면서 노동시장의 불확실성이 커지고 있는 것도 사실이다. 우선 파견·도급의 개념은 파견법과 민법에서 각각 규정되어 있으나, 파견과 도급의 구별기준이 명확히 정립되어 있지 않아서 파견법 적용 여부에 대한 노사 간 주장이 대립되고 있다. 노동계에서는 파견과 도급의 구별기준을 엄격히 하여 도급의 징표를 갖지 않는 한 모두 다 파견으로 봄으로써 불법파견을 더욱 강력히 규제해야 함을 주장한다. 여기에서 도급의 징표란 계약의 목적 및 내용 특정, 단순히 노무의 공급만을 목적으로 하는 것이 아닌 경우, 소요자금·설비 등을 자기책임과 부담으로 제공하는 것 등을 말한다. 반면 경영계는 민법상 도급이 도급인의 수급인에 대한 지시권을 인정하고 있음에도 노동계가 주장하는 바처럼 수급인의 완벽한 독립성 정도를 요구하는 것은 불합리하다는 입장이다. 특히 사내하도급에 대한 부정적 판결은 기업 경쟁력 상실로 이어져 결과적으로 일자리 감소, 경제성장 동력 약화로 이어질 우려가 있음을 표명하고 있다.

법원은 계약의 목적(목적의 명확성, 임률도급 여부 등), 업무수행의 과정(구체적 지휘·명령권, 노무관리권 행사 등), 계약당사자의 적격성(전문적 기술능력, 독립적 조직·시설 구비 여부 등)을 구별기준으로 제시하고 각 사안별로 종합적 고려를 통해 판단하고 있다. 그런데 최근 법원은 간접 생산공정, 간접적 지휘·명령 등의 경우에도 파견을 인정하는 등 파견을 아주 넓게 인정하고 있다. 원청이 하도급 근로자들을 배려하는 차원에서 복지 수혜를 주거나, 산업안전보건법상 의무로 되어있는 안전보건조치, 교육훈련 등 격차해소를 위한 원청의 배려 차원의 행위에 대해서도 파견의 징표로 보고 있다. 제조업을 중심으로 “하청업체 근로자가 조업의 시작과 종료에 원청의 영향을 받는 경우”, “하도급 근로자가 원청의 전산망을 사용하는 경우” 등도 불법파견 요소로 보고 있다. 지난 5년간 비정규직의 근본적 원인해소 노력보다는 비정규직 억제정책, 조금이라도 영향을 미치면 불법파견으로 보는 법원 판결 등이 노동시장 관계자는 물론 공무원들도 속으로 어찌해야 할지를 모르는 상황이 되고 있다. 예를 들어보자. 파리바게트의 제빵기사들이 실제는 각 제과점에서 근무하고 있음에도 파리바게트 본사가 직접 채용하도록 명령한 바 있다. 처우 개선 노력은 해야 한다. 하지만 법적 논쟁점은 남아 있다. 과거에 적법도급으로 인정해주던 외국인 투자 자동차 공장의 경우에도 다시 불법파견으로 시정명령을 내리고, 이에 따르지 않자 과태료를 부과하고 외국인 CEO에게 출국금지 명령이 내려진 바 있다. 외국에서는 제조업 파견을 금지하고 있지 않아 정말 생소하게 느낄 것이다. 더욱이 법인은 물론 대표이사 형사처벌 조항이 있고 도급을 처음 준 CEO도 아니고 본인은 기존 방식대로 유지한 것인데 형사처벌 한다고 재판 종료 시까지 출국을 금지하였으니 외국인 투자 기업들은 이 사태를 향후 우리나라에 대한 투자에 중요한 고려 요소로 보는 눈치다. 관련된 언론기사를 보자. 2022년 3월 25일자 모 일간지에 실린 한국자동차산업협회장의 칼럼의 일부다. "우리 제조업의 해외직접투자(ODI)는 증가세이나 외국제조업의 한국투자(FDI)는 위축되고 있다. 2004년에는 양자가 균형을 이루었으나 2019년엔 ODI가 FDI의 3.8배에 달한다. 우리 기업 4개가 해외로 나갈 때 외국기업 한 개 정도가 국내에 들어오는 것이다. 지난해에도 외국 제조업의 한국 직접투자는 전체 직접투자세와는 달리, 신고기준 50억 달러로 전년보다 16.2% 감소해 3년 연속 감소세를 보였다. 우리나라의 투자 매력도가 떨어지고 있다. 다양한 요인이 있지만, 특히 우리만의 독특한 규제가 문제로 보인다. 최근 GM 본사가 한국GM 카젬 사장을 중국상하이 SAIC-GM 총괄부사장으로 발령을 내자 우리 검찰은 그를 출국금지 조치했다. (중략) 그는

1,700여 명을 불법파견한 혐의로 2020년 기소되어 있다. 문제는 협력업체 근로자 파견 불법화는 우리만의 독특한 현상이라는 점이다. 미국이나 유럽에서는 노동유연성과 고용확대 필요성으로 인해 파견이나 대체근로는 기업의 자유로운 선택영역으로 두고 있다. (중략) 이런 사정을 잘 아는 고용형태가 자유로운 나라에서 온 카젬은 파견을 불법화한 우리를 이해하기 어려웠을 것이다. (중략) 이번 조치가 본사의 한국에 대한 전기차 투자 결정에 부정적 영향을 미칠 우려가 있다." 사업주 시각의 기사이지만 국제적 시각일 수 있어 우리가 깊이 고민해 볼 사항이다. 삼성전자서비스와 그 하도급 업체 사례도 보자. 그 이전 정부, 즉 고용노동부 본부는 많은 논의 끝에 적법도급과 불법파견 요소가 함께 있으나 종합적으로 보아 적법도급으로 판단했다. 정부가 바뀐 다음 다시 불법파견으로 판정하였다. 적법파견으로 판정 당시 논의에 참여한 관계자들은 직권남용으로 제소되어 엄청난 어려움을 겪고 난 후 무죄가 되었다. 너무나 안타까운 일이었다. 필자의 지인이 하소연한 사항을 하나 소개하겠다. 2017년 하반기쯤이다. 모 굴지의 전자회사에 컴퓨터 수리 · 유지업무를 수행하는 하청업체 근로자로 있었다. 그동안 점심은 원청 식당에서 무료로 함께 먹었는데 불법파견 관련 기사가 언론에 많이 난 후로는 그 식당을 이용하지 못하게 되어 편의점에서 삼각김밥으로 해결한다는 것이었다. 이유는 복지 서비스를 불법파견 요소로 볼 수 있다는 우려 때문일 것이다. 그러다보니 하청업체 근로자들의 서러움이 더 커지고 있다. 이것이 과연 옳은 것일까? 이처럼 강력히 정부정책과 판결로 규제하였어도 왜 비정규직이 2021년 사상 최고로 늘었을까? 외국의 경우에는 제조업을 포함하여 어느 업종, 직종을 불문하고 극히 일부만을 제외하고는 파견을 다 허용하고 있다. 그러면서도 도급과 불법파견을 판단함에 있어서 우리나라만큼 광범위하게 불법파견 요소로 보지는

않는 것 같다. 우리는 제조업 등 상당 부문에 파견을 금지하고 있다. 그러면서 도급도 웬만해선 적법도급으로 인정되지 않고 원청이 어떠한 방식으로 영향을 주거나 연결되어 있으면 불법으로 본다. 그러다보니 정부나 법원이 기대하는 원청의 직접고용으로 가기 보다는 개인 특수고용, 외주화가 확대되어 일하는 조건이 더 불리하게 되고 있다. 제조업의 스마트화, 디지털화 시대에 작업 전산망을 함께 활용하지 못하게 하는 것, 즉 함께 활용하는 것을 불법요소로 보는 것은 극히 위험하다. 원청은 용접작업을 하는데 협력업체는 스티로폼 작업을 하는 상황이 올 수 있다. 안전 측면에서는 극히 위험하다. 그래서 산업안전 분야에서는 원청이 사내하도급 전체에 대해서 안전을 책임지도록 하고 있다. 산업안전보건법상 안전보건조치, 교육훈련 등 원청의 법적 책임 및 협력업체 근로자 배려 차원의 행위에 대해서도 파견의 징표로 보고 있는 것은 참으로 안타까운 일이다. 이것은 법 취지와도 맞지 않다고 본다. 무엇보다도 판결이 불법파견 요소를 계속적으로 확대하고, 정부는 이를 토대로 과거에 적법이라고 했던 사항을 다시 불법이라고 하는 상황이 되니 앞서 말한 혼란이 계속되는 것이다. 간접 생산공정의 경우를 살펴보자. 2017년 2월 현대・기아차 2심 판결 등에서는 간접 생산공정에 대해 파견으로 인정하고 묵시적 근로자 파견계약관계도 인정하는 등 제조업에서의 사내하도급은 사실상 인정하지 않는 경향을 보이고 있다.

외국의 경우를 한번 살펴보자. 파견대상 업무를 엄격히 제한하고 있지 않고 제조업에도 파견을 허용하고 있으므로 파견・도급의 구별에 관한 논의가 우리나라만큼 활발하지는 않다. 일본은 후생노동성 고시 '근로자파견사업과 도급에 의하여 행하여지는 사업과의 구분에 관한 기준(1986.4.17. 후생노동성 고시 제37호)'에 의해 판단하고 있는데 자기가 고용하는 근로자의 노동력을 스스로 직접 이용할 것, 도급받은 업무를 자기의 업무로서 상대방으로부터 독립하여 처리할 것이라는 두 요건을 충족해야 도급으로 인정되며, 이 중 어느 하나라도 충족하지 못하면 근로자파견으로 보고 있다. 독일에서는 '근로자파견법을 위한 업무지침(2014년 2월)'을 통해 구별기준을 마련해 놓고 있는데 도급계약의 요소들로 계약의 목적과 당사자에 대한 적격성을 판단하는 기준을 정한 것이다. 예를 들어 질적으로 도급계약의 목적물이 구체적으로 개별화되거나 산정할 수 있는 경우로써 당사자 간의 합의와 실행이 있어야 한다거나 경영위험을 부담하는지 여부, 특히 수급인이 하자에 대한 책임을 지는지 여부 등을 보는 것이다. 계약의 내용이 사업목적과 관련 없이 단순 노동만을 요구한다거나 특정 기간에 걸쳐 소규모 프로젝트로 나누어 부과되는 경우에는 도급계약에 반할 수 있다고 보고 있다.

파견과 도급의 구별기준을 강화하여 도급을 지나치게 좁게 인정하는 경우 민법상 도급제도를 형해화하여 오히려 일자리 감소, 경기 위축 등 부작용이 발생할 우려가 있다. 아울러, 파견법에서 도급의 징표를 규정하면서 이에 해당하지 않으면 모두 다 파견으로 보는 것은 민법상 도급제도를 파견법으로 제한하는 것이므로 법 체계에도 맞지 않는다는 것이 법률학자들의 의견이다.

아울러 원청이 협력업체의 근로조건이나 산업안전과 같은 영역에서 격차를 해소하기 위해 배려차원에서 행하는 조치에 대해서는 파견의 요소로 보지 않는 것이 바람직하다. 대기업의 ESG가 중요하게 부각되는 상황에서 자신들의 근로자들의 근로조건 향상은 물론 협력업체 근로자들의 근로조건 향상과 안전 확보가 중요한 요소일 것이다. 그런데 이러한 노력이 불법파견 요소가 될 우려가 있어 자신 있게 실행하지 못한다면 앞뒤가 안 맞는 것이다.

필자가 생각하는 대안은 다음과 같다.

첫째, 가장 바람직한 것은 우선적으로 정부와 대법원이 공개 공청회 등을 통해 적법도급과 불법파견 요소를 가리는 현실성 있는 기준을 제조업, 서비스업 등 큰 업종별로 제시하는 것이다. 노사정위원회 등에서 합리적인 기준을 마련하여 노사가 준수토록 하는 것도 한 방안일 것이다. 우리나라가 파견제도가 포지티브 시스템이라는 사실을 고려하되 실질적인 사업의 독립성과 노무관리 독립성 여부를 핵심 기준으로 보는 것이 바람직하다. 앞으로의 생산과 서비스는 그에 관여하는 모든 종사자들이 유기적으로 연결되어야 일하는 사람의 안전도 확보되고 제대로 된 서비스를 할 수 있다. 2022년 봄 모 기업에서 크레인을 운용하는 협력업체와 이를 수리하는 협력업체가 달라 수리하기 위해 근로자가 크레인에 올라간지 모르고 그냥 평소처럼 크레인을 움직여 안타깝게 사고가 났었다. 공장 내 작업 과정에 대해 협력업체 근로자를 포함한 모든 근로자가 하나의 전산시스템으로 움직여야 하는 이유이다. 그런데 이것을 원청이 하도급 작업에 영향을 미친다는 이유로 불법파견 사유로 본다면 본말이 뒤바뀐 느낌이다.

둘째는 필자가 현직에 있을 때 파견법 개정안에 포함시킨 바대로 원청이 협력업체 근로자들의 근로조건 향상, 산업안전 보호, 직업훈련 등을 지원하거나 공동으로 수행하는 것은 불법파견 요소로 보지 않는다고 명시하는 것이다. 더불어 불법파견과 적법도급 기준을 현실성 있게 법문화 해주는 것이다.

셋째는 적법한 사내도급에 대해서도 파견근로자나 기간제근로자처럼 차별을 하지 못하게 하는 규정을 입법화하는 것이다. 필자가 현직에 있을 때 지침화하는 단계까지는 갔었고 입법화를 추진하는 단계에서 정부가 바뀌었다. 그 이후 사실상 사내도급이 불법이냐 적법이냐 논쟁으로 가면서 진전되지 못했다. 이를 입법화해서 인건비 절약을 목적으로 하는 도급 남용을 막는 것이 바람직하다. 여기서 차별비교 대상을 선정함에 있어서 기간제근로자 차별시정 대안으로 제시한 것처럼 동종·유사근로자에서 비교대상을 가급적 넓히고, 파견대상 확대를 전제로 독일처럼 동일 사업장에 비교대상이 없으면 산업의 평균 등을 고려해 봄직도 하다.

7. 유연성 차원의 비정규직 채용은 용인, 인건비 절약목적은 불용

1998년 IMF 외환위기 극복과정에서 기업들은 정규직 근로자들의 고용조정이 법대로만으로는 되지 않음을 실감했다. 그래서 그 이후 기간제 채용이나 파견제도를 활용하기 시작했다. 그러면서 사내하도급도 활용하기 시작했다. 2000년대 초반들어 법원은 기간제근로자들을 반복 갱신한 경우 계약갱신에 대한 기대가능성을 근거로 기간만료로 인한 계약만료 통보에 대해 제동을 걸었다. 그 이후 정부도 기간제 및 파견근로자에 대해 기간제한과 차별금지라는 2개의 제한을 가하는 OECD 선진국들의 추세와는 다른 강한 규제를 하게 되었다. 그러자 급속히 기업들은 사내하도급을 활용하기 시작했다. 선진국에 비해 사내하도급이 급격히 늘어난 이유는 처음 출발은 이처럼 유연성 확보 차원에서 시작되었지만, 시간이 흐르면서 하도급을 통한 인건비 절약 차원에서도 많이 활용되어 왔다. 그 결과 수많은 근로자들이 근무하는 조선업종은 사내하도급 비율이 70%를 넘고 철강업종은 50%를 넘는다. 인천공항공사의 경우는 말할 것도 없이 비정규직 비율이 더 높았다.

한편, 법에 의한 차별 여부 결정은 앞서 설명한대로 비교대상이 동일·유사한 업무에 종사한 정규직 근로자와 비교하는 것이다. 학력이나 경력에 의한 차이는 제외된다. 그런데 우리나라의 정규직 근로자들은 호봉제라서 근속년수가 많은 근로자는 급여가 훨씬 많지만 초임은 그렇게 높지는 않다. 차별 여부를 판단할 때 근속연수가 같은 1~2년 근무한 정규직과 비교하게 되므로 기간제 및 파견근로자의 급여는 작을 수밖에 없다. 더욱이 하도급을 주면 차별금지 대상도 아니된다. 따라서 자연스럽게 하도급화가 인건비 절약 목적으로 활용되는 측면도 매우 강하게 되었다. 선진국의 경우는 임금이 직무급 즉 시장임금을 토대로 결정된다. 따라서 기간제·파견 활용이나 하도급의 경우도 해당 근로자에게 시장임금 즉 직무급을 주되 소속회사의 관리비용 10% 정도를 추가 부담한다. 근로자들의 입장에서도 같은 일을 하는 정규직과 급여가 별 차이가 없으므로 불만이 상대적으로 크지 않다. 임금체계가 선진국처럼 직무·성과급으로 하루 빨리 개편되어야 하는 중요한 이유 중의 하나이다. 또한 경영계 전체가 고용의 유연성을 요구하고 주장하려면 최소한 임금절약 차원에서 비정규직을 활용하거나 하도급을 주는 관행은 빨리 개선해 나가야 한다. ESG 평가의 중요한 요소로 보아야 한다. 기업의 평판을 결정함에 있어서도 이 점을 중요한 요소로 보아야 한다. POSCO가 수년에 걸쳐 하도급 근로자 임금 인상을 원청보다 높게 되도록 유도하고 있는 것은 그래서 모범적이라 할 수 있다.

8. 20년이 넘은 비정규직의 개념을 해체하자(격차해소 차원의 재정립).

앞서 비정규직 서문에서 사피엔스만의 생존 비결로 협동과 진화를 지적한 바 있다. 비정규직 개념을 처음 만들 때와 지금의 노동시장 상황은 많이 달라졌다. 앞으로 더욱 변화할 것이다. 또한 비정규직 개념에 대한 국제적 통일 기준은 없다. 우리나라 비정규직 개념은 앞서 설명한대로 외환위기 이후 임시·일용직이 급증함에 따라 2002년 노사정합의로 당시의 노동계 의견을 적극 반영하여 범위를 정했다.

외국사례를 보면 OECD 등에서는 고용의 지속성을 기준으로 통상 임시직(temporary), 시간제(part-time employment) 통계를 낸다. 이때 시간제의 경우 자영업자(self-employed)의 경우도 주된 일자리에서 30시간 미만 근로하는 경우에는 포함하고 있다. ILO는 2018년 고용형태가 다양화되는 추세를 반영해 국제종사자분류기준(ICSE)을 개정하여 가격결정 권한이 없고 비법인이면서 고용원이 없거나 고정급을 받지 않으면서 소득세 등을 본인이 책임지는 자를 '의존적 도급인'이라 하여 추가하였다. 미국은 1년 이하 근로를 제공하는 근로자라는 최협의의 개념에서, 동일 조건의 독립근로자를 포함하는 협의의 개념, 현재 고용이 계속되기 어려울 거라 생각하는 임금근로자를 포함하는 광의의 개념까지 다양하게 사용하고 있다.

현재 우리나라의 비정규직 개념상의 문제점을 보면,

① 본인이 희망해서 선택했음에도 비정규직이라는 사회적으로 바람직스럽지 않은 이미지를 덧씌우는 상황이다. 고용률이 75%를 넘는 선진국, 북유럽국가들은 취업자의 30% 이상이 단시간근로자(파트타임)이고 대부분 자발적 파트타이머이다. 일·가정 양립을 위해서 부모 중 한 사람은 아이가 초등학교 3학년 정도, 즉 혼자 등하교할 수 있는 연령 때까지는 파트타이머로 일한다. 풀타임으로 입사해서 근무하다가 결혼 후 임신, 출산 이후에는 부모 중 한 사람이 파트타이머로 일하며 보육 등 일·가정 양립을 하는 것이다. 필자가 대학총장 시절인 2013년 우리 학교의 학생들을 1년 장기 해외현장실습을 보내기 위해 독일의 터크 사(센서부문 세계적 기업)를 방문한 적이 있다. 생산

공장에서 남녀가 다양한 연령층이 함께 일하고 계셨다. 설명해주는 대표님께 일·가정 양립과 파트타임 비율을 물었다. "회사는 일·가정 양립 등을 위한 제도를 노사가 함께 협의하여 설정한다. 그다음 시행은 각 부서별로 알아서 시행한다. 35% 정도가 파트타이머이다. 특정 부서에 A라는 분이 현재 파트타이머라면 그 집 아이가 2년 정도면 혼자 다닐 수 있음을 모두 알고 있어서, 그 다음은 B가 아이를 위해 파트타이머로 일할 거고 서로 연장근로도 해주며 부서별로 자율적으로 시행방법을 다양하게 마련하여 실행한다."라고 답해 주셨다. 당시 박근혜 정부에서도 "양질의 시간제 일자리"를 강조하고 있었다. 이것이 진정한 양질의 시간제 일자리임을 깨달았다. 즉 청년들이 풀타임으로 입사하고 결혼해서 아이를 갖게 되면 부모 중 한 사람이 반나절 근무하면서 즐겁게 육아를 한다. 가정의 고용구조가 우리나라처럼 부모 모두 풀타임하는 2.0이 아니라 한 사람이 파트타임으로 일하는 1.5의 형태였다. 이것이 높은 고용률의 근간이었다. 고용률이 높으니 국가소득 중 노동분배율이 당연히 70% 이상 되는 것이다. 2014년 장관이 된 후 양질의 파트타임 일자리정책을 현재 한 사람의 일자리를 2명이 근무케 하는 쪼개기식 일자리가 아니라 풀타임 입사 후 육아 등을 위해 일정 기간 파트타임의 육아휴직을 하고 아이들이 크면 다시 풀타임으로 전환하는 방식의 정책에 중점을 두었다. 물론 남성 육아휴직 활성화를 더 지원하면서다. 이처럼 일·가정 양립을 위해 자발적으로 단시간(part-time) 근무를 하는 정규직 시간제 분들을 비정규직으로 통계를 작성하고 비정규직이라고 부르면 합당할까? 절대 아니라고 생각한다.

② 또 하나의 현실을 감안해 보자. 최근 채용시장의 급격한 변화 중의 하나가 주요 대기업들이 공개채용 대신 적재적소에 경력자 중심의 수시채용으로 전환한 점이다. 그러면 학교를 졸업하거나 졸업 예정인 청년들의 경우 실

제 업무를 수행할 전문성을 함양할 경험이 매우 중요하다. 실습생에 대해 근로자로 처우토록 하고 감독을 강화하면 기업들도 실습생 받기를 꺼린다. 그래서 앞으로 취업을 희망하는 곳에 취업하기 위해 1~2년 단기간에 관련된 중소기업 등에서 기간제 등으로 취업한 경우를 보자. 이것은 자발성이 매우 강하다. 또한 상당수 기업들이 능력 검증을 위해 1년 정도 기간제로 채용한 후 특별한 이유가 없으면 무기계약직으로 전환하는 방식을 택하고 있다. 이러한 경우도 자발적이다. 이러한 취업과정에서 나타난 자발적 기간제도 비정규직으로 분류하는 것이 옳은 것일까?

③ 더 큰 문제점은 일자리의 다양화라는 디지털 전환과정에서 불가피하게 나타날 상황을 현재 개념은 반영하지 못하고 있다는 점이다. 디지털·비대면 기술의 발달로 새롭게(특히, 자발적으로) 증가하는 일하는 방식이 대부분 비정규직으로 분류되어 있다. 특수형태근로종사자의 경우 2021년 56만 명으로 2020년 50만 명에 비해 13%가 증가했다. 무엇보다도 플랫폼종사자, 즉 플랫폼을 매개로 노무를 제공하는 분들이 220만 명에 이르고 있다. 또한 우리나라 비정규직 개념은 기본적으로 근로자를 전제로 하고 있어 사업소득세를 내는 자영업자 형태의 특수형태근로종사자·프리랜서가 통계에서 제외되고 있다. 또한 앞서 설명한 바와 같이 상대적으로 정부지원이나 보호 필요성이 낮은 앞서 설명한 자발적 고임금근로자가 포함되어 있다. 보험설계사 중 1년에 1억 이상을 받는 분들이 적지 않다. 이분들을 현재의 개념으로 비정규직이라 한다면 그분들은 속으로 아니라고 할 것이다.

이제 하나의 개념으로 모든 일하는 분들을 2분법으로 나누는 방식을 더 이상 채택해서는 안 된다. 솔직히 4인 이하 사업장은 정규직에 대해서도 해고의 제한이 없다. 4인 이하 사업장은 전체 근로자의 15%, 즉 264.7만 명이 일하고 있다. 전체 비정규직의 72.1%가 30인 미만 사업장에 종사하고 있다. 30인 미만 사업장의 비정규직 비중은 2013년 38.8%에서 2021년 47.5%로 급증하고 있다. 이러한 사업장에서는 고용안정도 의미가 있지만 정규직-비정규직으로 나누기보다는 좀 더 촘촘한 사회안전망 구축과 능력개발이 더 중요할 것이다.

따라서 비정규직이라는 개념을 해체해야 한다. 미래에는 근로계약의 다양성, 일하는 방식과 장소의 다양성, 근로자가 선택하는 근로시간 주권이 매우 중요해진다. 이러한 점을 고려해서 정부나 노사단체, 사회가 배려해주고 지원해주어야 할 정책적 요소별로 개념을 나누어야 한다. 노사정 및 공익전문가들이 TF를 만들어 사회적 논의를 시급히 진행하여야 한다. 예를 들어 일자리가 열악하여 '4대보험 지원이 필요한 대상'을 하나의 개념으로 잡았다고 하자. 그 대상에서도 변호사 등 전문직 사무실 종사자 등은 당연히 제외하는 등 소득수준과 규모를 고려해야 한다. 이처럼 정치하게 설계되어야 한다. '단시간·단기간의 고용불안 근로자'를 개념으로 설정하였다고 하자. 여기에는 육아, 학업, 미래 취업 등 다양한 목적의 자발적 성격을 띤 경우는 제외하는 것이다. 정부의 지원과 차별방지 등 법률적, 사회적 배려가 필요한 요소별로도 나누어 개념을 설정하자. 그리고 이 개념을 다 합쳐서 지금처럼 비정규직 또는 불완전 취업자 식의 2분법적으로 나누는 것은 절대 하지 말자. 과거 정부와 비교하기 위해서 자꾸 유사개념으로 만들려는 생각도 버려야 한다고 본다. 근본 틀을 바꾸자. 미래의 일자리 변화를 정확히 인식하고 그 변화 과정에서 어떤 계층에는 어떤 지원과 배려가 필요한지를 설정하고 그 대상을 설정해 가는 개념으로 나가자.

제10절

근로자대표제도를 정비하자.

더욱 중요해지는 근로자대표제도

우리나라 노사관계 체제는 유럽의 노사협조주의 모형 요소를 많이 담고 있다. 경제사회노동위원회의 노사정 대타협, 최저임금위원회 및 노동위원회 제도 등이 그러한 요소들이다.

개별 기업에서 근로자대표가 고용상 해고 및 취업규칙 변경 등에서의 동의 등 수많은 역할을 현재도 하고 있다. 필자가 뒤에서 설정하는 미래의 한국 노사관계체제 모형에서는 각 기업의 노사협의회, 근로자대표들이 중심이 되어 지역·업종별 근로자대표가 되고 전국단위 근로자대표를 선정해서 경제사회노동위원회 멤버로 참여토록 설계하고 있다. 근로자대표의 의사결정과 행동은 일반 생태계로 보면 keystone 역할을 하는 것이다. keystone이란 사바나의 코끼리처럼 특정 생태계에서 군집을 유지하고 번영하는데 결정적인 역할을 하는 것을 뜻한다.

근로자대표의 선발절차와 대표성의 방법에 대해서는 본문에서 합리적 대안을 찾기로 하고 여기에서는 근로자대표가 어떤 자질과 마음자세를 가져야 하는지에 대해 고민해보기로 한다.

군주가 마르면 백성은 살찐다(군수국비 : 君瘦國肥).

중국 당나라 현종의 일화에서 나온 말이라 한다. 당 현종은 처음 30년은 중국역사에 길이 남을 명군주였다. 그 이후 양귀비와 사랑에 빠져 혼군이 되었지만 말이다. 명군시절 현종은 휘하 제상에 예스맨인 '소승'과 왕의 언행을 하나하나 따지며 비판하는 '한휴'를 함께 두고 있었다. 한휴의 트집이 매우 과하자 시종들이 그를 내쳐야 한다고 건의했다. 그러자 현종은 "소승과 국사를 논의한 후에는 내가 잘한 건지 걱정이 돼서 잠이 잘 오지 않지만 한휴와 국사를 논했을 때에는 편하게 잔다."라며 그들의 건의를 물리쳤다. 어느 날 오랜만에 낮에 연회를 하다가 현종은 한휴의 시비가 걱정이 돼서 급히 집무실로 돌아와 거울을 보니 얼굴이 수척해져 있었다. 다시 시중들이 한휴를 내치라 하자 현종이 답하기를 "임금이 수척해지니 백성들이 살이 찐다."라고 했다. 리더 즉 대표자의 고뇌와 자세를 알려주는 격언이다.

FOMO, FOBO에서 벗어나야 한다.

패트릭 맥기니스(Patrick J. McGinnis)는 <포모사피엔스>에서 신인류의 특징을 제시하고 있다. 나만 세상에 뒤처진다는 두려움으로 남이 하는 것을 따라하는 현재의 사피엔스의 특징을 가리키는 말이 FOMO(Fear Of Missing Out)이다. 반대로 또다른 사피엔스의 특징으로 더 좋은 것이 있으려니 기대하며 결정을 미루려는 경향이 있다. 이른바 FOBO(Fear Of Better Option) 현상이다. 맥기니스는 이를 벗어나는 길은 선택지를 줄이고 결단력이 있는 집중과 몰입임을 강조하고 있다. 사업주와 근로자대표들이 꼭 염두에 두어야 할 사항이라고 본다.

인비저블이 되어야 한다.

데이비드 즈와이그(David Zweig)의 명저 <인비저블 : Invisible>의 자세를 견지해야 한다. 보이는 것이 다가 아니다. 인비저블은 높은 자질을 갖추었지만 자신을 드러내지 않고 명성과 보상 대신 내적 목표를 지향하는 자들을 뜻한다. 유엔 통역사, 수술실의 마취의사 같은 존재들이다. 세상의 인기에 연연하지 않는다. 그들이 없는 경우에야 얼마나 그들이 중요한지를 세상이 알게 된다. 롤링 스톤즈의 전설적인 녹음담당인 앤디 존스(Andy Jones)는 어느 날 베이스 주자가 되어 달라는 제의를 받지만 본인의 일이 중요함을 강조하며 거절한다. 오늘날 호주를 푸른 초원으로 만든 것은 땅 밑에서 가축의 분뇨를 해체한 아프리카에서 갖다 놓은 쇠똥벌레들이다. 인비저블은 치열성 즉 탁월함을 향한 열망과 강한 책임감을 갖고 있다. 그들은 남의 관심을 갈구하며 에너지를 소비하는 것보다 묵묵히 해야 할 일을 하는 것에서 진정한 기쁨과 충족감을 느낀다. 노사대표가 꼭 인식해야 할 덕목이다.

1. 현장의 혼란 상황

노사 간의 근로조건은 개별적인 근로계약을 근간으로 이루어지지만, 노동조합이 사용자 또는 사용자단체와 단체교섭을 통해 근로조건을 결정하는 협약자치를 함께 보장하고 있다. 이러한 집단적 노사관계에서의 노동조합의 지위를 인정하여, 노동관계법에서는 근로자의 과반수로 조직된 노동조합이 있는 경우 그 노동조합이 취업규칙 작성·변경에 관한 의견 청취, 취업규칙 불이익 변경 동의, 파견근로자 사용에 관한 사전협의 등에 있어 근로자대표 역할을 수행하도록 규정하고 있다.[96] 그러나 우리나라 노동조합 조직률은

96) 법령마다 문구상의 차이는 있으나, 근로자의 과반수로 조직된 노동조합이 있는 경우에는 그 노동조합, 근로자의 과반수로 조직된 노동조합이 없는 경우에는 근로자의 과반수를 대표하는 자가 근로자대표가 되도록 규정하고 있다.

2020년 말 기준으로 14.2%로 매우 낮은 상황이다. 노동조합의 조직률을 고용형태별로 보면, 정규직근로자 중 노동조합 가입률은 18% 수준인데 비해, 비정규직은 3% 수준에 불과하다. 90%에 이르는 무노조 사업장 또는 근로자 과반수로 조직된 노동조합이 없는 사업장에서는 노동조합이 근로자대표 역할을 수행할 수 없다. 이에 따라 근로조건 결정권이 있는 30인 이상 사업(장)에 설치가 법적으로 의무화되어 있는 노사협의회의 기능과 역할을 확장하여, 노사협의회 근로자위원에게도 근로자대표 권한을 부여하는 방안 등을 검토할 필요성이 제기되어 왔다.

취업규칙을 변경하거나 경영상의 이유에 의한 구조조정을 하는 등 근로자들의 근로시간, 근로조건, 지위 등을 변경함에 있어서 회사 측이 일방적으로 하는 것은 바람직스럽지 않다. 근로기준법을 포함한 노동관계법은 이러한 변화를 갖고자 할 때 다양한 형태로 근로자 측의 의견을 듣거나 동의를 구하도록 하고 있다. 즉 현행 노동관계법상 근로자대표는 근로기준법상 경영상 해고 시 사전협의, 파견법상 파견근로자 사용에 대한 사전 협의 등 그 권한이 큰 데 반해, 비상설화되어 있어서 명확한 선출절차가 없다. 또한, 노동조합이 없는 사업장에서 근로조건 결정의 영향력이 큰 취업규칙을 불리하게 변경하는 경우 근로자 과반수의 동의를 얻도록 하고 있으나, 구체적인 절차 규정도 존재하지 않는다. 의견 수렴 및 동의를 구하는 절차가 법령에 따라 어떤 경우에는 사업 및 사업장 소속 근로자의 과반수의 동의를 얻어야 한다고만 규정되어 있다.

필자의 오래된 경험을 소개해 본다. 필자가 1997년 노동부 울산지방노동사무소(현재 울산고용노동지청)의 사무소장으로 재직하고 있었다. 현대자동차는 1997년 임·단협 협상에서 성과급 150%를 지급하는 것으로 합의한 바 있었다. 1997년 가을 IMF 외환위기가 찾아왔고 1998년 8,000명 이상의 근로자들이 희망퇴직 등으로 일터를 떠나야 했다. 회사는 고용조정의 사전회피 노력의 일환으로 근로시간 단축은 물론 노동조합과 협의하여 1997년에 이미 합의했던 성과상여금을 지급하지 않기로 재합의하였다. 그런 노력 등으로 외환위기를 성공적으로 극복하였다. 그 뒤로 노동조합과 근로자들이 성과상여금 반환 소송을 제기하여 대법원에서 성과상여금 반납분을 근로자들에게 지급하라고 판결하였고, 회사 측에서 이를 지급하게 되었다. 당시에 근로자들의 과반수 이상으로 구성된 노동조합이 합의 서명을 하고, 모든 근로자에게 설명까지 했었다. 하지만 아무리 급해도 근로자 개개인의 서명을 받았어야 했는데 이를 거치지 않은 절차상의 하자로 성과상여금을 돌려주게 된 것이다. 동의 절차, 특히 이미 형성된 권리에 대한 포기 절차는 당사자의 직접 동의가 있어야만 가능함을 당사자가 깊이 인식하지 못한데서 비롯된 것이다. 물론 고용조정으로 떠난 분들, 특히 당시에 더 피해를 많이 본 협력업체 근로자들과의 형평성 측면에서는 전혀 맞지 않은 것으로 보여진다. 기아자동차의 경우는 1997년 회사의 생존을 위해 상여금 700%를 반납하는 것으로 노동조합과 합의한 바 있다. 그럼에도 더 이상 지탱하지 못했다. 어떤 식으로든 살려서 일자리를 보존해야 한다는 당시 김대중 정부의 의지와 국민들의 공감대를 토대로, 엄청난 채무를 국민 부담으로 탕감해주며 현대자동차가 인수하게 되었다. 그 이후 기아자동차의 근로자들이 반납한 상여금 등을 지급키로 하여 여러 차례 나누어 지급하였다. 현대자동차와 유사한 법적인 절차상의 하자 등을 고려한 결정인 것으로 기억한다. 살아남는 자에게는 이전에 반납분도 돌려주는데 원청의 부도로 그냥 일자리를 떠나야 했던 협력업체 근로자들은 더 큰 희생에도 불구하고 어떤 보상도 없었다. 채무 탕감이라는 국민 부담분에 대해서도 고려되지 못했다.

이처럼 절차의 복잡성으로 인해 사회 전체적인 형평성, 공정성 유지를 어렵게 하는 경우가 발생하고 있다. 현행법과 판결 등에 의해 나타난 근로자의 의견수렴 절차가 각기 다르다. 근로자 개개인의 동의, 과반수 노조대표의 동의, 근로자대표의 동의, 근로자 과반수의 동의 등 다양한 동의 및 의견 수렴 절차가 여러 법에 각각 조항별로 다르게 기술되어 있어 현장에서는 여전히 혼란스럽다. 여러 법에 통일성 없이 규정되어 있어서 일선에서는 자주 혼선이 오고 있다. 탄력적 또는 선택적 근로시간제 등 근로시간 유연화 제도를 변경하고자 할 때 해당 부서의 과반수만 동의하면 되는지 아니면 사업장 전체 근로자의 과반수의 동의가 있어야 하는지도 현장은 혼란스럽다. 소위 부분 근로자대표제를 인정할 것인가 등도 명확히 해결해주어야 할 사항이다. 이를 통일해주는 것이 현장의 혼란을 방지해 줄 수 있다. 그 방안에 대해 고민해 보기로 한다.

<표 24> 현행 노동관계법령상 근로자대표제도(7개 법률 등, 36개 조문)

법령	권한
근로기준법 * 취업규칙 의견제시·동의주체는 과반수 노동조합 또는 근로자 과반수를 대표하는 자로 정의	① 경영상 해고 시 사전협의(제24조제3항) ② 3개월 또는 3개월 초과 탄력적 근로시간제 서면합의(제51조제2항, 제51조의2) ③ 선택적 근로시간제 서면합의(제52조) ④ 상시 30명 미만 사업장의 8시간 범위의 추가 근로시간 연장 시 서면합의(제53조제3항) ⑤ 공휴일의 유급휴일 보장 관련 타 근로일로의 휴일대체를 위한 서면합의(제55조제2항) ⑥ 보상휴가제 서면합의(제57조) ⑦ 근로시간 계산 특례(간주·재량근로) 서면합의(제58조제2항·제3항) ⑧ 근로시간 및 휴게시간 특례 서면합의(제59조) ⑨ 연차유급휴가의 대체 서면합의(제62조) ⑩ 임산부 등 야간·휴일근로 인가신청 전 협의(제70조제3항)

	⑪ 취업규칙 변경시 의견제시 · 동의 주체(근로자 과반수)(법 제94조제1항)
근로자퇴직급여보장법 * 근로자대표를 근로자과 반수 노조 또는 근로자 과반수로 정의	① 퇴직급여제도의 종류 선택 또는 변경 시 동의, 선택된 퇴직급여제도의 내용 변경 시 의견제출(제4조제3항 · 제4항) ② 새로 성립된 사업의 퇴직급여제도 설정 시 의견제출(제5조) ③ 확정급여형 퇴직연금규약 동의(제13조) ④ 확정기여형 퇴직연금규약 동의(제19조제1항)
파견법	① 파견근로자 사용에 대한 사전 협의 주체(법 제5조제4항) ② 경영상해고 후 파견근로자 사용제한기간 단축시 동의 주체(영 제4조)
산안법	① 산업안전보건위원회(또는 노사협의체) 의결사항, 안전보건관리규정, 도급사업장 안전 · 보건조치, 물질안전보건자료, 작업환경측정에 관한 사항 등 통지 요청(제11조제2항) ② 산업안전보건위원회 미설치 사업장의 안전보건관리규정 작성 · 변경 동의(제21조) ③ 안전검사 자율검사프로그램 협의(제36조의2제1항) ④ 물질안전보건자료에 적지 않은 정보제공 요구(제41조제11항) ⑤ 작업환경측정 시 입회, 작업환경측정결과 설명회 요구(제42조제1항 · 제6항) ⑥ 건강진단 입회, 건강진단결과 설명 요구(제43조제1항 · 제6항) ⑦ 안전 · 보건진단 시 입회 요구(제49조제2항) ⑧ 산업안전보건위원회 미설치사업장의 안전보건개선계획 수립 시 의견 제출(제50조제3항) ⑨ 산업안전보건위원회 구성원 (영 제25조의제1항 · 제3항) ⑩ 산업안전보건위원회 불출석 시 직무 대리 지정(영 제25조의4제3항) ⑪ 노사협의체의 근로자위원(영 제26조의3제1항, 제3항) ⑫ 명예감독관 추천(영 제45조의2 제1항) ⑬ 명예감독관 해촉 요청(영 제45조의3)
고용정책기본법 * '근로자대표'라고만 규정	① 기업의 고용관리에 관하여 직업안정기관에 대한 지원요청(제29조제2항)
고용보험법	① 고용유지조치계획 수립 시 협의(영 제20조제1항제1호) ② 무급휴업 · 휴직 근로자 지원요건 중 휴직수당 미지급에 대

	한 합의(영 제21조의3제1항제2호) ③ 정년연장형 임금피크제 지원금 지급 시 협의(영 제28조제1항제1호)
고령자고용법	① 임금피크제지원금 지원요건 중 임금피크제 도입 동의(제14조제2항제2호) ② 정년연장에 따른 임금체계 개편 등의 조치(제19조의2제1항)

2. 근로자대표제도 관련 노사정위원회 합의와 국회 논의

이러한 혼란을 방지하고자 필자가 현직에 있을 때부터 이를 일원화하는 방안을 내부적으로 검토해 왔었다. 특히 노사협의회 근로자위원을 활용하는 방안을 고민해 왔었다. 독일은 사업장위원회의 종업원대표가 근로조건 결정과 관련하여 근로시간, 시간외근로, 일시적 근로시간단축, 유급휴가계획 등의 합의권, 채용, 전직 등 개별적 인사조치의 동의거부권을 행사하고 있다. 프랑스 기업위원회의 종업원대표는 휴게·근로시간 등과 관련하여 사용자와 협의할 수 있는 권한을 가지고 있다. 일본은 근로자 과반수로 조직된 노동조합이 없는 경우 근로자대표가 근로시간 설정 등에 관한 협정을 체결할 수 있다. 기획업무형재량근로제[97]는 노사위원회의 의결로 도입할 수 있고, 근로시간에 관한 사용자와 근로자대표의 협정은 노사위원회 의결로 갈음할 수 있다.[98]

현재 우리나라에서는 원칙적으로 노사협의회 근로자위원을 근로자대표

97) 기획 등의 업무를 하는 자 중 업무수행방법을 당해 근로자에게 맡길 필요가 있는 자에 대하여 미리 정한 일정시간을 근로한 것으로 보는 제도이다.

98) 일본 노동기준법 제38조의4제5항

로 인정하지 않고 있다. 다만, 개별·구체적 사정에 따라 노사협의회 근로자위원을 근로자대표로 예외적으로 인정한 판례 및 행정해석도 존재한다.[99] 무노조 사업장 또는 근로자 과반수로 조직된 노동조합이 없는 사업장이 90%에 이르는 현실과 다른 나라의 사례 등을 고려할 필요가 있다. 우리나라에서도 노사협의회 근로자위원회에게 근로자대표 권한을 부여하는 방안이 될 수 있을 것이라고 보았다. 근로자대표와 노사협의회 근로자위원은 해당 사업(장)의 전체 근로자를 대표한다는 점에서 통합 가능성이 충분하다고 판단되었다. 또한, 노사협의회 근로자위원은 직접·비밀·무기명 투표에 의해 선출되고 지속적·안정적 지위에 있어 대표성이 높고 사용자와 비교적 대등한 지위에서 협의가 가능하다. 이 경우 현행 노사협의회 제도를 보완하여 근로자위원의 민주성·대표성을 높이기 위한 조치들이 필요하다고 판단했다. 사업(장)에 근로자의 과반수로 조직된 노동조합과 노사협의회가 함께 있는 경우에는 현재와 같이 노동조합을 근로자대표로 인정하여야 할 것이다. 노사협의회는 노동조합을 대체하는 것이 아니라, 노동조합의 보완적 역할을 수행하는 것이 바람직하다고 보았다. 근로자의 과반수로 조직된 노동조합이 없고 노사협의회가 설치된 경우에는 노사협의회 근로자위원의 민주성 및 대표성을 인정하여 근로자위원 선거 투표율이 50% 이상인 경우에는 근로자위원에게 근로자대표의 권한을 부여하는 것이 바람직하고, 근로자위원 선출 당시 근로자대표로서의

---

99) • 노사협의회 근로자위원 선거 시에 근로자위원이 근로기준법 등 개별 노동법상 근로자대표로 활동할 수 있다는 점을 사전에 공지한 경우에 한해, 해당 사항에 대해서는 근로자대표로 인정할 수 있다. (2015.3.23. 노사관계법제과-617)

• 과반수노조와 경영상해고에 관한 사전협의 도중에 과반수 노조가 그 지위를 상실하였고, 그 이후에 선거를 통해 선출된 노사협의회 근로자위원과 경영상해고에 관한 논의를 재개한 경우, 근로자위원과의 협의를 경영상해고 요건인 근로자대표와의 사전협의로 인정할 수 있다. (대법원 2005.6.9. 선고 2004도7218)

권한도 함께 행사한다는 사실을 주지시킨 상태에서 선출될 필요가 있다고 보았다.

근로조건 결정의 영향력이 큰 취업규칙을 불리하게 변경하는 경우[100]에도 노사협의회 근로자위원에게 근로자대표 권한을 줄 수 있는지에 대해서도 긍정적으로 검토될 필요가 있다. 현재 우리의 행정해석은 취업규칙 불이익 변경 시 노사협의회 근로자위원의 동의를 인정하지 않으며[101], 판례 또한 근로조건을 불이익하게 변경하는 경우 근로자위원의 동의를 얻은 것을 근로자 과반수의 동의와 동일시할 수 없다고 판시한 바 있다.[102] 일본은 사용자가 취업규칙을 작성・변경하는 경우, 근로자 과반수로 조직된 노동조합이 있는 경우에는 그 노동조합, 없는 경우에는 근로자 과반수를 대표하는 자의 의견을 청취해야 한다.[103] 취업규칙 불이익 변경 시 그 변경된 취업규칙을 근로자에게 주지시키고, 그 내용이 합리적인 경우에는 근로자 동의 없이 취업규칙 변경이 가능하다. 그 합리성 판단 기준으로는 근로자가 받는 불이익의 정도, 근로조건 변경의 필요성, 변경 후 취업규칙의 내용의 상당성, 노동조합 등과의 교섭상황, 기타 취업규칙의 변경과 관련한 사정으로 규정하고 있다.[104] 취업규칙은 근로자

---

100) 근로기준법 제94조제1항 사용자는 취업규칙의 작성 또는 변경에 관하여 해당 사업 또는 사업장에 근로자의 과반수로 조직된 노동조합이 있는 경우에는 그 노동조합, 근로자의 과반수로 조직된 노동조합이 없는 경우에는 근로자의 과반수의 의견을 들어야 한다. 다만, 취업규칙을 근로자에게 불리하게 변경하는 경우에는 그 동의를 받아야 한다.

101) 근로기준법 제94조에 따른 취업규칙 불이익 변경의 경우 '근로자대표'가 아닌 '근로자 과반수'라는 집단의 동의를 받도록 하고 있으므로 현행법 규정상 근로자위원이 취업규칙 불이익 변경에 동의할 수 있는 권한이 있다고 보기 어렵다. (2015.3.23. 노사관계법제과-617)

102) 취업규칙상의 정년규정을 신설함에 있어서 노사협의회의 근로자위원들의 동의를 얻은 것을 노동조합 또는 근로자들 과반수의 동의를 얻은 것과 동일시 할 수는 없고, 55세 정년규정의 신설은 무효라고 할 것이다. (대법원 1994.6.24. 선고 92다28556)

103) 일본 노동기준법 제90조

의 집단적 근로조건을 규율하는 것으로 이를 변경하기 위해서는 근로자의 집단적 동의가 필요하나, 근로자 과반수의 동의가 집단적 의사결정의 유일한 방법은 아닐 것이다. 노사협의회 근로자위원은 사업(장) 내 전체 근로자를 대표하는 기구로서의 성격을 가진다. 개별 근로자의 선거를 통해 민주적인 정당성을 확보하고 권한을 위임받았으므로, 노사협의회 근로자위원의 동의를 얻는 경우에는 근로자 과반수의 동의를 얻은 것으로 인정될 수 있을 것이다. 아울러, 이를 인정하기 위해 동의를 얻어야 하는 노사협의회 근로자위원의 정족수를 전체 근로자위원의 과반수 이상으로 할지, 또는 2/3 이상으로 할지에 대해서는 명확히 할 필요가 있다고 고민해 보았었다.

이러한 정부의 고민과 현장의 혼란 해소 필요성에 노사가 공감을 해주어 2019년 11월 경제사회노동위원회에 설치된 노사관계 제도・관행 개선위원회에서 '근로자대표' 문제를 의제로 선정・논의하였다. 그간 정부가 준비해왔던 방안을 토대로 노・사・공익위원들의 검토를 거쳐 2020년 10월 16일 경제사회노동위원회의 합의문으로 발표되었다.

근로자대표제도 개선에 관한 노사정 합의문

노사정은 최근 변화된 제도 환경에 맞추어 근로자대표의 지위와 활동 보장을 위한 법・제도 개선을 다음과 같은 내용으로 추진하기로 합의한다.

1. 근로자대표의 선출

1.1. 과반수 노동조합이 있는 경우 과반수 노동조합이 근로자대표의 지위를 가진다.

1.2. 과반수 노동조합이 없고 「근로자참여 및 협력증진에 관한 법률」에 따른 노사협의회가 있는 경우 근로자위원은 법률에 명시한 직접・비밀・무기명 투

104) 일본 노동계약법 제10조

표에 의하여 선출한다. 이 경우 노사협의회 근로자위원으로 구성된 '근로자위원 회의'가 근로기준법상 근로자대표의 지위를 가지는 것으로 하고, '근로자위원 회의'의 의결은 재적위원의 과반수 의결을 원칙으로 한다.

1.3. 노사협의회가 없는 경우 근로자대표는 근로자의 직접 · 비밀 · 무기명 투표에 의하여 선출한다.

1.4. 근로자대표 선출 과정에 대한 사용자의 개입이나 방해를 금지한다.

2. 근로자대표의 임기

2.1. 근로자대표의 임기는 3년으로 한다.

2.2. 노사의 합의가 있는 경우 3년의 한도 내에서 자율적으로 정할 수 있다.

3. 근로자대표의 지위와 활동

3.1. 근로자대표는 고용형태, 성별 등 근로자의 다양한 이해관계를 합리적으로 반영할 수 있도록 근로자들의 의견을 들어야 한다.

3.2. 근로자대표는 활동에 필요한 자료를 사용자에게 요구할 수 있고, 사용자는 정당한 사유가 있는 경우를 제외하고 성실히 이에 따라야 한다.

3.3. 근로자대표는 서면합의의 체결 또는 이행과 관련한 근로자의 고충 해결을 위하여 근로자 또는 사용자와의 협의를 사용자에게 요구할 수 있고, 사용자는 정당한 사유가 있는 경우를 제외하고 성실히 이에 따라야 한다.

3.4. 근로자대표의 정당한 활동에 소요되는 시간은 근로한 것으로 본다.

3.5. 사용자의 근로자대표에 대한 불이익 취급과 활동에 대한 개입 · 방해를 금지한다.

3.6. 근로자대표는 활동과 관련하여 알게 된 비밀을 누설하여서는 아니된다.

노사정 합의문을 토대로 정부도 2020년부터 노사 의견수렴을 거쳐 우선적으로 지침을 개정하는 방안을 마련하였고, 합의문을 토대로 하는 입법안도 마련하는 노력을 해왔다. 또한 2021년 초 국회 환경노동위원회에서 여러 여야 의원들께서 합의문을 토대로 법안을 제출하였다. 입법 필요성은 크지만 노사

간 쟁점이 첨예하지는 않아서 환경노동위원회에서 적극 논의하여 대부분 합의되었고 몇가지 쟁점이 남아 있는 상황이다.

국회 환경노동위원회에 발의된 입법안의 주요 내용은 다음과 같다.

근로자대표는 과반수 노동조합이 있으면 과반수 노동조합이, 과반수 노동조합이 없으면서 노사협의회가 있으면 노사협의회 전체 근로자위원이 되고, 과반수 노동조합과 노사협의회가 다 없을 경우에는 근로자 과반수의 직접·비밀·무기명 투표에 의해 선출한다. 또한 합의문에는 없었지만 전국적인 사업장 등 직접 투표가 어려운 상황에서는 선거인단에 의한 간접선거도 허용되는 것으로 논의되었다. 또한 근로자대표 선출에 대한 사용자의 개입, 방해를 금지토록 하였다. 근로자대표의 임기는 3년 범위 내에서 사업장에서 정할 수 있도록 하였다. 활동시간을 근로시간으로 인정, 불이익 취급 및 개입·방해 금지, 근로자대표 선출·활동에 필요한 기본적 편의제공 의무를 사용자에게 부여하였다. 여기서 쟁점은 과반수 노동조합의 경우 노동조합을 대표로 할 것인지, 아니면 노동조합 대표를 대표로 할 것인지 여부이다. 이 사항은 미결로 남겨진 상황이다.

부분 근로자대표 인정 문제는 부분 근로자집단 동의를 허용하는 취업규칙, 관련 대법원 판례 취지를 고려 허용하되, 일부 직종 등의 근로자(부분 근로자)에게만 적용되는 사항으로 한정하는 내용이 발의되었다. 한편 경영상 해고의 경우 긴박한 경영상 필요, 해고대상자 선정 등은 사업(장) 전체를 기준으로 판단하는 점을 고려, 경영상 해고 관련 협의(제24조제3항)는 부분 근로자대표 선출 대상에서 제외하는 내용이었다. 관련된 절차 문제는 "전체 근로자대표"가 원칙이고 "부분 근로자대표"가 예외임을 분명히 하였다. 즉 부분 근로자 1/3 이상이 근로자대표에게 부분 근로자대표 선출 승인을 요청하면 근로자대표는 10일 이내에 승인 여부를 통보토록 하였고, 승인 거부 또는 미통보 시 부분 근로자의 과반수 동의로 선출을 결의할 수 있도록 하였다. 부분 근로자대표는 과반수의 직접·비밀·무기명 투표로 선출토록 하였다. 부분 근로자대표는 활동 시 근로자대표와 성실히 협의토록 하는 내용이었다. 이상의 부분 근로자대표를 인정할 지에 대해서는 결정되지 않은 상황이다.

근로자대표 활동의 독립성 보장을 위해서 사용자가 선출에 개입·방해하거나, 사용자가 불이익 취급을 하거나 활동에 개입·방해하는 경우에는 2년 이하의 징역 또는 2천만 원 이하의 벌금에 처하는 내용이 법안에 포함되어 있으며, 이 역시 미결로 남겨져 있다. 부칙에 시행시기는 공포 후 즉시 시행키로 하였으며, 기존 근로자대표의 지위와 관련해서는 종전 근로자대표 중에서 개정법에 따른 절차와 동일하게 선출된 근로자대표에 한하여 인정키로 하였다. 이 경우 종전 근로자대표의 임기는 선출 당시 정한 바에 따르되, 개정법 시행 후 3년을 초과할 수 없도록 하였다. 노사협의회 근로자위원에 대한 적용과 관련해서 노사협의회 근로자위원에게 근로자대표 지위를 부여하는 개정 규정은 개정법 시행 후 선출되는 근로자위원부터 적용키로 하였다.

3. 근로자대표와 관련된 쟁점에 대한 정리방향

(1) 과반수 노동조합인가, 과반수 노동조합의 대표자인가?

경사노위 노사정 합의문 및 국회에서 합의된 입법 개정안에 따르면, 과반수 노동조합이 있으면 과반수 노동조합이 대표토록 하였다. 여기서 쟁점은 '과반수 노동조합(집단)' 또는 '과반수 노동조합의 대표자(개인)' 중 어느 쪽을 근로자대표로 볼 것인가이다.

먼저 과반수 노동조합으로 보아야 한다고 주장하는 근거와 배경에는 현행 근로기준법에서는 근로자대표를 '과반수 노동조합'으로 규정하고 있고, 경제사회노동위원회 합의문에도 동일하게 규정되어 있다는 점이다. 이는 과거 1980~1990년대 노동조합법상 노조 대표자의 직권 조인, 단체협약 체결을 둘러싼 갈등 등이 반영된 산물이라고도 본다.[105] 또한 1997년 경영상 해고 관련 근로기준법상 근로자대표 규정 도입 시에도 같은 문제를 고려하여 '과반수 노동조합'으로 입법화되었음을 근거로 제시하고 있다.[106] 그러나 현재의 산업현장에서는 그간의 혼란과 쟁점을 고려하여 근로자대표가 독단적으로 권한을 행사하기보다 규약 등에서 정한 절차에 따라 권한을 행사하는 관행이 형성되었다. 그리고 최근 2018년 이후 법원에서는 조합원이 반대하는 사안을 노조 대표자가 직권으로 합의할 경우 오히려 민형사상 책임을 추궁하는 사례도 발견되고 있다. 여기서 문제는 과반수 노동조합, 집단으로 규정할 경우의 문제점을 살펴보자. 과반수 노동조합을 근로자대표로 규정할 경우, 사업장 내 과반수 노동조합이 없으면 '개인'이, 과반수 노동조합이 있으면 '집단'이 근로자대표가 되는 등 정합성이 떨어지는 문제가 발생하게 된다. 근로자대표는 주요 근로조건 결정 시 서면합의 등의 주체이다. 과반수 노동조

105) 노조법에서는 노동조합 대표자에게 단체교섭, 단체협약 체결권을 부여하였다. 그러나 일부 노조 대표자가 법 규정을 근거로 규약에서 정한 조합원 총회 의결을 얻지 않은 상태에서 사용자 측과 합의하여 갈등이 확대된 사례가 있었다. 다만, 2000년대 이후 노조 대표자가 사용자 측과 잠정합의하고 조합원 총회 의결을 거쳐 공식적으로 합의문에 서명하는 관행이 사실상 형성되었다.

106) 비록 조합원이 아닌 원고들과 이 건 해고에 앞서 성실한 협의를 거치지 않았다고 하더라도 조합원들을 대표한 노동조합과 합의를 거쳤으며, … 전체적으로 고려하여 보면 이 건 정리해고는 유효하다고 보아야 할 것이다. (대법원 1992.8.14. 선고 92다16973)

합이 없는 경우 근로자위원 또는 투표로 선출된 자가 자연인으로서 근로자대표의 권한을 행사하게 된다. 과반수 노동조합의 경우 노동조합 자체의 당사자성을 인정(법인격 없는 사단)할 수 있고, '과반수 노동조합'으로 규정하더라도 노동조합 규약 등에서 정한 절차에 따라 노동조합 통제 하에 노동조합 대표자 등이 자연인으로서 근로자대표의 권한을 행사하게 되어 실질적으로는 큰 차이가 없다.

노사협의회 근로자위원 등 과반수 노조가 없을 때와의 일관성을 유지해야 한다는 취지는 분명 의미가 있다. 만약 그간의 관행, 경제사회노동위원회 합의사항 존중 등을 종합적으로 고려하여, '과반수 노동조합'으로 입법될 가능성이 커 보인다. 이 경우에도 법이 개정되면 구체적인 권한행사 등에 대한 해석지침[107]을 배포하여 '노동조합 대표자' 또는 '권한을 위임받은 자' 등이 근로자대표 권한을 행사할 수 있도록 현장을 지도하여 그로 인한 현장의 혼란이 없도록 해줄 필요가 있다. 노사협의회 근로자대표관련 사항은 후술하는 노사협의회 활성화 절에서 더 상세히 살펴보기로 한다.

(2) 부분 근로자대표를 인정할 것인가?

탄력적 근로시간제를 특정 직종의 근로자에 한하여 도입할 때, 전체 사업(장) 단위로 근로자대표를 선출하여 동의를 얻어야 할까? 아니면 해당 직종의 근로자 대표를 선정하여 동의를 얻어야 할까? 근로기준법상 근로자대표는 해

107) (지침 예시) 과반수 노동조합이 있는 경우 근로자대표는 '과반수 노동조합'이나, 구체적인 권한행사는 노동조합 규약 등에 따른 절차 등을 거쳐 '노동조합 대표자' 또는 '노동조합으로부터 권한을 위임받은 자' 등이 행사한다.

당 사업 또는 사업장 단위로 소속 근로자의 과반수를 대표하는 자를 의미하므로 근로자대표는 원칙적으로 전체 사업(장) 단위로 선출하여야 할 것이다. 다만, 특정 직군이나 직종에 한정하여 적용되는 사항의 경우에도 일률적으로 사업(장) 전체 근로자를 기준으로만 근로자대표를 선정해야 한다고 하면, 오히려 적용대상 근로자의 이해관계가 적절히 대변되지 못할 가능성을 배제할 수 없을 것이다.

예를 들어 하나의 사업장이 생산직 근로자와 연구직 근로자로 구성되어 있는 경우나, 연구직 근로자들이 재량근로시간제 도입을 요구하는 경우 생산직 근로자들 중심으로 구성되어 있는 근로자대표가 연구직 근로자의 이해를 충분히 대변할 수 있는지 의문이 제기되는 것이다. 이러한 경우에는 연구직 근로자의 이해를 대변할 수 있는 연구직 직군의 부분 근로자대표를 인정할 필요가 있는 것이다.

대법원은 취업규칙 변경에 관한 근로기준법 제94조에서의 '사업 또는 사업장의 근로자 과반수'에 대해서 "변경된 취업규칙의 적용이 예상되는 근로자 집단이 없는 경우에는 해당 근로조건이 적용되는 근로자 집단을 기준으로 근로자 과반수를 판단할 수 있다."라는 취지로 판시한 바 있다.[108)]

따라서 근로자대표 제도의 취지와 대법원 판례 취지 등을 고려할 때, 특정 직종만을 대상으로 탄력적 근로시간제를 도입하는 등 특정 직종이나 직군에 한정하여 적용되는 사항일 경우에는 해당 직종이나 직군 근로자의 과반수를 대표하는 자를 근로자대표로 선정할 수 있도록 해 주는 것이 바람직하다. 이 경우의 근로자대표 또한 해당 직종이나 직군 근로자 과반수가 참여한 투표

108) 대법원 2009.5.28. 선고 2009두2238 참조

·거수 등의 민주적인 방식에 의하여 선출 또는 결정되어야 할 것이다. 사용자가 전체 근로자 과반수 노동조합과의 합의 또는 협의를 회피하기 위하여 근로자대표를 쪼개어 선정되도록 하는 등 부작용이 생길 우려도 있으므로, 일부 근로자집단을 단위로 선정할 수 있도록 하는 경우는 엄격한 요건 하에 제한적으로 허용하는 것이 바람직하다. 이 점을 고려하여 입법 전이라도 정부는 해석으로 운영할 수 있을 것으로 보인다.

중요한 것은 노사협의회 근로자대표 선출 관련 근로자참여 및 협력증진에 관한 법개정은 물론, 근로기준법 등 각종 근로자대표 관련 규정도 동시에 개정하여 실효성을 높여야 한다. 즉 근로자 과반수의 동의, 근로자과반수를 대표하는 자 등 다양한 동의방식을 그 취지에 맞게 통일성을 기해줄 필요가 있다.

노동시장 빅스텝

아들딸 일자리,
—— 넘어야 할 3개의 산

CONTENTS

제1절 노사관계 시스템 재정립이 절실한 이유

제2절 선진국의 노사관계 체제 모형

제3절 우리나라 노사관계 체제 모형과 문제점

제4절 우리나라 집단적 노사관계의 미래 모형 설정

제5절 노사협의회 제도의 활성화 : 2개의 수레바퀴의 작동

제6절 미래 노사관계의 지향점 : 이중구조 해소

제7절 중층적 협의 시스템 구축이 절실하다.

제8절 임금체계 개선이 반드시 필요하다.

제3장

두 번째로 넘어야 할 산 : 집단적 노사관계 시스템의 개선

제1절

노사관계 시스템 재정립이 절실한 이유

라이벌은 경쟁하되 함께 사는 것이다.

오래전 어느 강의에서 라이벌(rival)의 어원을 들었을 때 그 정신이 우리 노사관계의 철학이 되어야 한다고 생각했었다. 그런데 최근 이어령 선생님의 유작 <마지막 수업>에서 선생님은 그간의 오랜 인생 경험을 토대로 우리 후대에게 당부하시는 말씀으로 같은 취지로 강조하시는 것을 읽었다. 새삼스레 감동이 깊어진다. 어원은 이렇다고 한다. 인류가 농사를 짓기 시작한 이후 프랑스 론강 하류에 사는 주민들은 강 하구의 기름진 땅과 풍부한 물로 농사를 잘 지어 풍요롭게 살고 있었다. 상류에 사는 사람들은 물도 말라버리는 등 농사 환경이 어려워 가난하게 살았다. 그러자 강 상류 사람들이 상류에서 물을 막아서 농사를 짓게 되자 이번엔 하류 사람들의 생활이 어렵게 되었고, 강 상류와 하류 사람들 간에 싸움이 계속되었다. 강 상류와 하류 사람들은 결국은 물을 적절히 나누어 써야 됨을 알고 서로 공존하게 되었다. 이처럼 라이벌(rival)은 강을 의미하는 river에서 유래되었고, 경쟁하되 함께 산다는 뜻이 되었다고 한다. 노사관계는 근본적으로 기업과 근로자집단이 서로 상반되면서도 협력하지 않으면 모두 생존이 불가능한 관계이다. 라이벌의 진정한 의미는 이와 같은 것이다. 그래서 이어령 선생님은 라이벌 두 집단의 리더를 '사잇꾼'이라는 개념으로 설명했다. 즉 이쪽과 저쪽의 사이를 좋게 하는 사람이란 뜻이다. 두 곳을 오가면서 서로의 요구와 불만을 풀어서 다리를 놓아주는 사람이야 말로 진정한 집단의 리더라는 것이다. 근본적으로 상대방을 에너미(enemy)가 아니라 라이벌(rival)로 보아야 한다는 것이다. 오늘날 각 기업의 노사대표들, 전국 단위의 노사단체의 리더들이 되새겨야 할 정신이라 본다.

소속원 전체 공동체의 행복은 노사대표의 대응기제에 달려 있다.

미국 하버드대학의 조지 베일런트(George Vaillant) 교수는 <행복의 조건 : 원작 Aging Well>에서 행복하고 건강하게 오래 사는 것에 대해 추적조사 결과를 통해 생생하게 입증하고 있다. 연구결과를 살펴보자. 미국 하버드대 연구팀은 1930년대부터 당시의 하버드 대학생 등 800여 명을 대상으로 70년을 넘게 최장기 종단연구를 해왔다. 목적은 과연 행복하고 건강한 삶에도 법칙이 있을까라는 물음에 대한 해답을 얻기 위해서였다. 축약해보면 이렇다. 행복의 조건은 부, 명예, 지위 등이 아니었다. 그 조건의 으뜸은 고난에 대처하는 자세, 즉 성숙한 방어기제였다. 그런데 그 성숙한 방어기제의 핵심요소는 이타주의였다. 즉 다른 사람들이 바라는 바를 해주는 것을 뜻한다. 두 번째는 따뜻한 인간관계와 비례한다는 점이다. 행복은 그 사람의 풍요로운 인간관계에 비례했다.

기업과 그에 소속된 근로자들 간의 관계에서 큰 어려움 없이 서로 만족하며 오래 공존할 수 있는 것도 같은 이치라 생각된다. 노사 모두 때때로 어려움을 마주하게 되어 있다. 그때 서로 이타적인 시각에서 대응해가는 성숙한 방어기제와 노사 간에 풍요로운 인간관계를 갖고 있다면 그 어려움을 극복하고 더 성장할 수 있다. 그러면 기업도, 근로자도, 주주도 그리고 수많은 협력업체도 행복하게 될 가능성이 크다고 본다.

언행의 절제와 포용정신이 먼저다.

미국 워싱턴대학교 심리학과 교수이며 감정코치로 유명한 존 가트맨(John Gottman) 교수는 감정에 초점을 둔 가족관계 연구로 유명하다. 가트맨 교수는 결혼관계가 유지될 수 있느냐의 판단법으로 부부 간의 일상적인 대화 15분을 분석하여 향후 15년 후 결혼이 유지될지 여부를 예측했다. 즉 유머와 애정의 말이 지속되면 결혼이 15년 후에도 지속되고, 부부간에 방어적 자세나 경멸의 표정이 중심이면 15년 후 부부관계가 단절된다는 것이다. 놀랍게도 90% 이상 적중했다고 한다. 흔히들 노사관계를 부부관계로 비유한다. 그래서 노사는 한 몸이라고 많이 강조한다. 서로 간에 언행이 얼마나 중요한지에 관한 가트맨 교수의 입증을 깊이 새겨야 한다. 서로를 존중하는 정신으로 인도에는 구자라트(Gujarat) 상인정신이 있다고 한다. 인도는 수천개의 민족과 종교가 공존한다. 5천년 전의 모습과 현재의 최첨단이 공존하기도 한다. 그 근간에는 상대방의 배려라는 공존과 타협의 정신이 존재한다고 한다. 그 중심에 5천년 동안 상인 카스트로 존속해온 구자라트 상인들의 타협방법이 흐르고 있다는 것이다. 즉 "내가 반을 접을 테니 당신도 반을 접으세요."라는 상호 양보정신이다. 간디도 이 집안 출신이다. 그는 19세기말 남아공에서 변호사를 할 때 이 방법으로 소송까지 가지 않고 해결해서 인기를 누렸다고 한다. 그의 독립운동 방식에도 그러한 정신이 깃들어 있다고 한다. 그러한 구자라트 후손들 중 우리에게 낯익은 기업이 '마힌드라(Mahindra)'라고 한다. 결국 노사관계는 파이를 키우기 위한 협력이 먼저이고 이를 토대로 양보하며 나누는 교섭과정이 함께 두 수레바퀴로 굴러간다. 함께 구르지 않고 한쪽만 구르면 그 수레는 제자리일 뿐이다. 수레는 제자리에 있지만 기업은 도태되어 소멸하게 된다.

노사관계의 진정한 윈윈 : Angst-Blute

독일어로 angst는 고뇌라는 뜻이며, Blute는 꽃이란 뜻이다. Angst-Blute는 가장 힘든 상황(더 이상 생존이 어려운 여건), 즉 불안 속에 화려하게 꽃을 피우는 꽃을 가리키는 생물학적 용어이다. 전나무는 평상시와 다르게 생존이 어려운 위기감을 느끼면 종족본능을 발휘해 모든 영양물을 바쳐 평소보다 훨씬 많고 화려한 꽃을 피운다고 한다. 이태리의 최고악기 명문가 스트라디바리우스는 그러한 전나무로 바이올린을 만들어서 세계 최고가 되었다고 한다. 즉 절체절명의 순간에 새로운 것을 만들어 내는 창작을 의미하기도 하다. 노사 양측을 대표해서 새로운 합의를 통해 작게는 기업 내, 크게는 노동시장의 규범을 만들어 내야 하는 노사가 가져야 할 심경을 한마디로 정의해 보라고 하면 필자는 감히 Angst-Blute라 말하고 싶다.

노사대표의 색깔은 무슨 색일까? : 블랙(black)이다

사랑은 무슨 색일까? <아마도 사랑은 블랙>이라는 자전적 수필집을 쓴 저자 이광희씨는 영부인 등을 위한 최고급 의상만을 고집하는 유명 디자이너다. 이광희씨는 어머니의 사랑을 기억하며 이 수필집을 썼다고 한다. 그분은 "사랑=기쁨과 슬픔+고통과 환희+행복과 불행을 합쳐놓은 것"이라고 표현한다. 여러 가지 색깔을 섞으면 검은색이 되듯 사랑은 까맣게 타들어가는 마음, 즉 고통 끝에 오는 환희라는 것이다. 검은색은 절제의 표시이기도 하다. 진정성 있는 노사대표의 속마음을 색깔로 표시해 보라고 하면 새까맣게 타들어간 블랙일 것이다. 아니 블랙이어야 한다. 자신의 지위, 명예, 만족이 아닌 진정한 이타정신으로 임했다면 블랙일 수밖에 없다고 본다.

노동시장에서 단위 사업장 수준에서의 사용자와 근로자는 근로계약을 통해 노동력을 제공하고 임금을 지급받는 근로관계를 맺게 된다. 근로자와 사용자와의 관계는 이러한 사적자치를 중심으로 하는 시민법적 계약원리가 근간을 이루어 왔다. 그러나 사용자와 근로자의 경제적 지위가 달라 실질적인 불평등 관계를 가져왔고 불가피하게 공공선의 극대화를 위해 국가가 조정자로서의 역할을 하게 되었다. 국가 개입의 주된 목표는 대립하는 두 이해집단의 갈등을 조정하여 노동의 사회적 동원을 효율적으로 이루어 내고, 자본의 원활한 축적을 통해 사회의 안정성을 재생산해 내는데 주된 목적이 있다.[109] 이러한 특수성으로 인하여 노사관계(industrial relations)란 작업장, 기업, 전국 차원에서 생산과 분배에 관하여 근로자와 경영자를 규율하는 일련의 규칙이다. 따라서 노사관계는 노동계, 경영계 그리고 국가라는 3주체 간의 상호작용 과정이며 3주체는 각각의 전략과 자원을 가지고 기술, 시장, 정치 등의 환경 변화에 대응하면서 상호 협상해가는 것이다.[110]

노사관계는 노동조합을 중심으로 한 근로자 집단과 개별적 사용자 또는 사용자 집단이라는 두 주체가 협상과 합의를 통해 임금, 근로시간 등의 근로조건을 결정하는 것을 기본으로 한다. 그러나 지금의 노사관계는 이를 넘어 경제 성장과 일자리 및 소득분배 문제 등에도 직접적으로 영향을 미치고 있다. 노사관계의 불안정성은 경제의 불확실성을 높여 성장과 분배의 선순환 구조 정착에 걸림돌로 작용한다. 이는 노동시장 측면에서 고용의 질 악화와 좋

109) Valenzuela, J.Samuel. (1989), "Labor Movements in Transition to Democracy : A Framework for Analysis," Comparative Politics : 445~472

110) Kochan, Kahz, and Mckersie(1994), *The Transformation of American Industrial Relations* Ithaca : ILR press : 13

은 일자리 감소로 이어질 수 있다. 대기업·정규직 중심의 분권화된 조직구조는 기업 규모에 따른 임금격차 확대 등 노동시장의 이중구조화를 유발하는 요인으로도 작용한다.

세계경제포럼(WEF)이 국가별 경쟁력을 평가할 때 '노사협력 수준'을 평가지표로 포함하고 있는 것은 노사관계와 경제 성장, 일자리 문제 등과의 연계성을 염두에 두고 있는 것이다. WEF의 「2019년 세계 경쟁력 보고서」에 따르면 우리나라는 평가 대상 141개 국 가운데 13위의 국가경쟁력을 기록했다. 그러나 노사협력 항목에서는 130위로 최하위 수준이라는 평가를 받았다.[111)]

글로벌화된 기업 경쟁사회에서, 근로자의 고용안정과 근로조건 향상을 위해 필요한 것은 기업 스스로가 경쟁력을 가지는 일이다. 만약 기업이 경쟁력을 상실하면, 아무리 근로자의 근로조건 향상을 위해 노동조합이 노력해도 소용없다. 그럼에도 우리나라에서는 노동조합을 중심으로 한 노사관계가 서로 뺏고 빼앗기는 쟁취적 관계로 인식되어 왔다. 이로 인해 사용자와 근로자가 사업을 중심으로 한 공동 운명체라는 인식을 가지고 사업장 민주주의 원리를 구축하는 데는 깊은 관심을 기울이지 못했다고 할 수 있다. 과거에는 대립적·쟁취적 노사관계가 노사 간의 제로섬 게임(zero-sum game)으로 인식되어 왔다. 하지만 최근의 디지털 대전환 및 저성장 상황하에서는 극단적인 대립적 노사관계는 네거티브섬 게임(negative-sum game)이 될 가능성이 높다는 인식이 자리잡아가고 있다. 한 당사자가 얻는 편익이 다른 측이 치르는 비용보다 작게 된다. 무엇보다 생산 제품이나 서비스의 브랜드, 기업 이미지 더 나아가 국가 경제에까지 부정적인 영향을 끼칠 수 있다. 조금 시간이 지난 사

---

111) WEF, The Global Competitiveness Report(2019)

례이긴 하지만 실제 사례를 하나 살펴보자. 현대자동차는 2016년 임금협상을 10월 15일에 타결하였다. 5월 17일부터 시작된 임금협상은 24차례의 파업을 거치고서야 종지부를 찍었다. 노동조합의 파업과 특근 거부로 생산 차질을 빚은 자동차 수는 14만 2,361대, 매출 손실액은 2조 1,131억 원이다. 현대·기아차의 내수 점유율도 2016년 초보다 10% 가까이 떨어졌었다. 기업뿐만 아니라 근로자들도 피해를 입긴 마찬가지였다. 파업기간 중의 임금손실액, 성과급 및 격려금 감소로 인해 전년도 연봉과 비교할 때 근로자들도 1인당 약 518만 원을 적게 받게 되었다. 손실은 현대차동차만으로 끝나지 않았다. 현대자동차의 1차 협력업체들이 입은 손실액도 약 1조 4,000억 원에 이른다. 또한, 현대자동차는 파업기간 동안 13억 달러에 달하는 수출 차질이 생겨 국가 경제에도 부정적인 영향을 끼쳤다.[112)]

지속적인 경제 성장과 노동시장의 난제 해결을 위해서는 노사협력을 토대로 한 안정적인 노사관계를 구축하여야 한다. 정부는 노사 화합을 바탕으로 노사 간 대화를 통한 해결을 최대한 지원하면서 법과 원칙을 공정하고 엄정하게 세워 나가는 것이 필요하다. 이러한 법과 원칙, 노사 자율해결 원칙을 견지하면서 노사관계가 경제 살리기와 일자리 창출의 원동력이 되도록 노사관계법·제도를 정비하여야 한다. 아울러 일자리를 더하는 경쟁력 있는 노사관계가 실현되기 위해서는 법치주의 질서 확립 및 불합리한 노사관행의 개선을 통해 노사 간 신뢰와 상생·협력의 문화를 구축하는 것이 중요하다.

특히나 새롭고 다양한 고용형태의 출현, 4차 산업혁명에 발 빠르게 대처하기 위해서라도 협력적 노사관계는 더욱 더 중요해지고 있다. 많은 선진국들

112) 조선일보, 국민일보, 파이낸셜뉴스(2016.10.17.), 동아일보(2016.10.18.)

도 노사정이 함께 머리를 맞대고 이러한 문제들을 해결하기 위해 노력하고 있는 것은 노사관계의 중요성을 인식하고 있기 때문이다. 독일 경제 부활의 핵심동력인 '인더스트리 4.0(Industry 4.0)'을 주도한 헤닝 카거만 독일 공학한림원(ACATECH Hennig Kagermann) 회장도 인더스트리 4.0(Industry 4.0)이 정착할 수 있었던 것은 논의 초기 단계부터 노동조합 관련 단체들이 함께 참여했기 때문이라고 강조하였고, 노동조합과의 협력 등 사회갈등 해소를 4차 산업혁명 성공의 키워드로 제시하였다.[113)]

113) 파이낸셜뉴스, 아주경제(2017.3.30.)

제2절 선진국의 노사관계 체제 모형

각 국가들은 산업 발전 과정에서 경제·사회 이념, 문화, 전통 등에 맞는 노사관계의 틀과 제도를 형성해 왔다. 노사관계 체제 유형은 그 기준에 따라 다양하게 나누어질 수 있다. 여기서는 노사관계의 토대가 되는 이념, 정부의 개입 여부, 근로자들의 정책 결정의 참여 여부 등을 기준으로 할 때 지역별로 나타나는 특징에 주안점을 두고, 영미형, 북유럽형, 일본형 노사관계 체제로 구분하여 그 주요 내용을 살펴본다.

1. 자유시장에 기초한 영미형 노사관계 체제

영미형 노사관계 체제는 자유시장과 사회구조적 특성으로서의 다원주의를 토대로 형성되었다. 기본적으로 노사관계의 대립적 속성을 인정하고, 노동조합 설립 및 노사 갈등 해결에 정부 개입을 최소화하고 시장경제의 원칙을 적용한다. 즉 노동시장의 규칙(rule)이 근로자와 사용자 사이의 자율적인 협상에 의해서 결정되는 체제이다. 따라서 정부의 개입은 기본적인 입법이나 사회적 이슈에 대한 관리에 국한하고 노동조합도 단체교섭을 제외하고는 기업의 경영적 의사결정에 참여하는 것이 극히 제한되어 있는 체제이다.

미국의 경우를 분석해보자. 다른 결사체와 마찬가지로 근로자들은 노동조합을 자유롭게 설립하여 활동할 수 있다. 단체교섭은 최근 기업 또는 사업장 단위 교섭이 증가하고 있는 상황이다. 사용자가 자발적으로 노동조합을 인정하지 않는 이상 노동조합은 교섭권을 획득하기 위한 투표에서 대상 근로자의 50% 이상의 찬성을 얻어야만 전국노사관계위원회(NLRB)에 의하여 그 자격요건을 인정받고 배타적 단체교섭을 할 수 있다. 노사 갈등이 파업으로 진행될 때 이를 절차적으로 규율하는 법치와 갈등 조정기구가 잘 발달해 왔다. 직장을 점거하는 연좌파업으로 행해지는 것은 금지되며, 근로자의 파업권과 사용자의 영업권의 상호 균형을 위하여 파업 시 사용자에게 대체근로를 허용하고 있다. 단체교섭 대상은 근로조건에 관한 사항뿐만 아니라 단체협약의 해석 · 적용을 둘러싼 권리분쟁까지도 인정하고 있으며, 이에 대한 분쟁이 발생한 경우에는 공적 조정기구를 통해 해결하도록 하고 있다.

2. 사회적 시장경제와 파트너십에 기초한 북유럽형 노사관계 체제

북유럽형 노사관계 체제는 사회적 시장경제를 토대로 노사 간 정책 파트너십의 형성을 중시하고 이를 정부가 견인하거나 지원하면서 발전해 왔다. 정부가 적극적으로 개입하고, 의사결정과정에 사용자와 근로자가 적극적으로 참여한다. 이는 노동 · 자본 · 국가 간 최상급 단체의 거시적 코포라티즘(corporatism)으로 나타난다. 사회적 조합주의 체제는 정부에 의한 노동 및 사회 · 경제정책의 형성 과정에 노 · 사의 중앙단체가 공식적으로 참여하여 이해를 조정하고 정책을 수행하는 전통을 형성하였다. 이를 통해 노동 · 자본 간의 계급적 대립을 탈피하고, 상호 간의 공생을 위한 타협과 조화를 구현해 가고 있다.

단체교섭은 산별노조가 중심이 된 산별교섭이 일반적인 형태로 자리 잡았다. 기업 및 사업장 차원에서는 법 또는 단체협약에 따라 구성·운영되고 있는 종업원대표기구가 기업 및 사업장의 정책 결정에 참여·개입하도록 보장되고 있다. 이러한 산별교섭, 종업원대표기구의 역할 등으로 인해 다른 지역에 비해 노동조합 조직률이 높은 수준을 보이고 있고, 근로자 간 임금소득 형평성을 일정하게 유지해 오고 있다. 특수형태근로종사자에 대해서는 유사근로자 개념 등을 설정하여 노동조합 가입을 허용하고 있고, 실업자 또한 노동조합 가입이 허용된다.

직장 점거 방식의 쟁의행위는 위법하고, 파업 시 사용자의 대체근로를 허용하고 있다. 근로조건에 관한 사항뿐만 아니라 단체협약 당사자의 권리·의무에 관한 사항을 의무적 교섭사항으로 규정하고 있으나, 권리분쟁은 일반적으로 법원을 통해 해결하고 있다. 법상 명시적인 부당노동행위제도는 존재하지 않는다.

북유럽형 노사관계 체제는 이처럼 중층적인 협상·협의 체제를 가진다. 중앙 차원에서는 조합주의적 정책협의가 이루어지고, 산업 차원에서는 집권·조율화된 산별교섭이 이루어지며, 기업 및 사업장 수준에서는 종업원대표기구를 통한 근로자의 적극적인 참여가 구현되고 있다.

3. 상시적인 협의와 갈등 조정을 중시하는 일본형 노사관계 체제

일본형 노사관계 체제는 기업 차원의 경영 투명성 확보, 노사 간 협의를 통해 기업 단위의 노사 간 이해를 일치시켜 나가는 특징을 가진다. 이를 위해 상시적인 협의와 갈등 조정이 이루어진다.

일본의 노동조합은 전일본해원조합 등 소수의 산별노조를 제외하고 대부분 기업별 노조로 조직되어 있고, 단체교섭 및 단체협약 또한 주로 기업 단위로 이루어진다. 단체교섭과는 별도로 노사협의제도가 운영되고 있다. 기업 또는 사업장의 근로자 대표가 기업의 경영권에 속하는 경영, 생산, 인사 등에 관하여 협의하게 된다. 이러한 노사협의는 단체교섭을 대신하거나 우위적으로 운영되는 경우도 있어 일본의 협조적 노사관계에서 큰 역할을 하고 있다고 볼 수 있다. 노사협의는 기업 단위를 넘어 초기업 단위로도 많이 수행되고 있다. 토요타와 같은 원청이 협력업체 등과 클러스터를 형성하여 생산과정, 비용, 품질, 안전, 근로조건 등에 대해 협의하고 정보교류를 함으로써 품질을 향상시키고 경쟁력을 제고시키기 위하여 노력한다. 이러한 과정에서 원청이 협력업체 근로자의 근로조건, 안전에 대해서도 일정 부분 배려하고 강한 연대감과 협력을 이끌어 내는 것이다.

일본은 정부가 적극적으로 개입하지는 않지만, 기업 또는 초기업 단위에서 노동조합, 노동협의회를 통해 협조관계를 형성해 가고 있다. 일본에서도 직장 점거는 원칙적으로 허용되지 않고, 파업 시 사용자에게 대체근로를 허용하고 있다. 근로조건뿐만 아니라 노동조합 활동에 관한 사항 및 권리분쟁 사항도 단체교섭 대상이 된다. 그리고 이익분쟁과 권리분쟁 모두를 노동위원회의 공적조정 대상으로 보고 있다. 조합원에 대한 불이익취급, 지배·개입 등은 부당노동행위로 금지되어 있다.

제3절

우리나라 노사관계 체제 모형과 문제점

알파벳을 만든 페니키아인들이 역사에서 사라졌다.

포에니 전쟁을 계획하고 주도한 한니발 장군은 과연 옳은 선택을 했을까? 고대 지중해의 패권을 놓고 로마와 카르타고가 벌인 3차례의 전쟁을 포에니 전쟁이라 한다. <로마인 이야기 2>에 당시의 상황이 생생히 서술되어 있다. 오늘날 세계에서 가장 많이 활용하는 알파벳을 만든 사람들은 지중해에서 무역을 하던 페니키아인들이었다. 무역에 필요한 의사소통이 절실해서 알파벳을 만들었다고 한다. 서유럽의 로마문자, 동유럽의 러시아어, 프랑스 지배를 받은 베트남어까지 글자의 어원은 다 알파벳이다. 페니카아인들은 오늘날 시리아와 북아프리카 지중해 연안 등지에 광범위하게 자리잡고 있었다. 알렉산더 사후 지중해 연안은 로마와 페니키아인들이 세운 카르타고 제국이 양분하여 지배하고 있었다. 패권을 놓고 로마와 카르타고가 세 번의 전쟁을 한 것이다. 그것이 포에니 전쟁이다. 한니발 장군은 주로 용병인 카르타고 군대로 이베리아 반도를 점령한 후 당시 기술로서는 누구도 생각지 못한 과감한 작전을 시도했다. 피레네 산맥과 알프스 산맥을 넘어 로마를 공격하는 작전이었다. 상상도 못한 로마는 초기에 대패했다. 초기의 시련을 견뎌낸 로마군은 스키피오 장군 지휘로 소위 지구전을 펼쳐 전세를 역전시켰다. 그 여세로 로마는 카르타고까지 침공해서 3년 동안 풀 한포기까지 없애버려 결국 역사에서 알파벳을 만든 페니키아인은 사라져 버린 것이다. 로마는 파괴된 카르타고 위에 아프리카라는 식민지를 세웠다. 만약 한니발 장군이 이베리아 반도 점령에서 멈추고 지중해 영향력을 확장하는 전략을 택했다면 페니키아인의 번성이 있었을지 모른다. 그랬다면 오늘날 세계사는 크게 달라졌을 것이다.

역사에 만약은 없다고 하지만 노사관계를 고민해온 필자는 한니발 장군이 전략과 전술에는 최고의 장군이었지만 '민족과 역사의 장래'라는 바둑판에서의 큰 지략에서는 한계가 있었다고 생각한다. 원정이라는 점, 주로 용병들이라는 현실을 더 깊이 고려했어야 했다. 좀 더 멀리 내다보아야 했다.

필자는 현재의 노사관계 제도는 한계가 있고 이 제도로는 디지털 대전환 시대에 성장하는 5개국에 포함되기 어렵다고 본다. 그래서 당장 이슈화된 쟁점 해소는 물론 디지털 전환 시대까지를 염두에 둔 노사관계 제도 개선에 노사정이 머리를 맞대어야 한다. 한니발 장군의 실수가 우리에겐 없어야 한다.

1. 외환위기 이전의 법 · 제도

정부 수립 이후 1987년까지는 권위주의적 노사관계 체제에 해당한다. 수출지향적 산업화와 경제개발을 위해 노동3권의 제약 속에 원만한 임금상승과 고용안정의 조화를 이루려는 노동정책으로 정부가 적극 개입한 유형이다. 정부는 단체교섭보다는 근로기준법 등을 통해 월차휴가 · 생리휴가 등의 근로자 개개인의 보호조항을 구체적 · 직접적으로 결정하였다. 특히 집단적 노사관계에 있어서도 노사협의회제도 설치를 강제하여 집단적 문제를 노사협의회를 중심으로 해결하려 하였다. 구체적으로 살펴보면, 1953년 노동조합법이 제정되었으며, 1963년 개정 시 복수노조 금지, 공무원 노조설립 금지 등이 추가되었다. 1960년대 공업화의 진전에 따라 분규가 증가하였다. 1973년 유신체제 그리고 석유파동 등 경제상황 악화를 계기로 1973년 3월, 1974년 12월 법 개정을 통해 전국 규모의 단위노조 설립을 금지하는 등 집단적 노사관계를 제한하는 한편, 임금채권 우선변제제도 등 개별보호 조항을 강화하는 등 정부의 직접 개입을 강화하였다. 1980년대 국가보위입법회의에서 단결력을 약화시키기 위해 노동조합을 기업별 형태로 바꾸고, 30인 이상의 찬성을 통한 노동조합 설립, 제3자 개입금지, 노동조합 간부의 1년 이상 근속 등의 제한 규정이 추가되었다.

1987년부터 1989년까지는 노동운동이 노사관계에 있어 주도성을 띤 측면이 강한 시기이다. 소위 자주적 민주노조의 등장, 노동조합 중심의 의사결정, 쟁의절차 간소화, 각종 쟁의금지 규정의 완화 등 노사관계 자율화 및 노동참여가 확대되었다. 즉 1987년 12월 임원피선거 제한규정 삭제, 행정관청의 노조해산명령제 폐지, 노조설립 시 행정관청 개입 소지 삭제, 유니온숍 인정 등을 주요 내용으로 하는 법 개정이 이루어졌다.

1990년부터 1992년까지는 노사관계의 불안정성이 커짐에 따라 정부 임금가이드라인 정책 시행, 무노동무임금원칙 준수 지도 및 불법분규에 대한 정부의 적극 개입, 한국노총과의 경제사회협의회 결성, 고용보험제 도입 추진, 주택 200만호 건설 등 근로자 지원정책 강화 등 국가 조합주의적 성향이 강화되었다.

1993년부터 외환위기 전까지는 최초의 문민정부로서 노사관계에 대한 직접적인 개입보다는 작업장 차원에서 시장기제적 방법으로 개입하였고, 사회 전반의 규제완화 정책의 영향으로 전통적인 평생 고용의 프레임에서 벗어난 정리해고제가 판결을 통해 시행된 시기이다. 한편 민주노총이 참여한 노사정 상급단체 간 협의체제인 '노사관계개혁위원회' 운용으로 3자 협의를 통해 상급단체 복수노조 허용, 노동조합의 정치활동 금지 및 제3자 개입금지 해제 등의 법, 제도적 개선을 하는 등 사회적 조합주의 요소도 상당부문 시도되었다. 그러나 법 개정을 둘러싼 양노총의 총파업 등으로 실질적인 합의가 이루어지지 않아 명실상부한 사회적 조합주의 실현에는 한계가 있었다.

2. 외환위기 이후의 법 · 제도 변화

외환위기 이후에도 큰 틀에서의 신자유주의 요소가 주도하는 노사관계가 지속되었다. 그러나 집권 정부의 성격에 따라 사회적 조합주의 체제의 성격이 혼재되어 나타나는 특징을 보여준다. 특히, 노사정위원회를 중심으로 크고 작은 경제위기에 따른 노동시장 변화에 대응하기 위하여 노사정 합의를 이루고 이를 토대로 노사관계 법 · 제도 개선이 추진되었다.

외환위기로 비롯된 경제위기 극복과 21세기 선진국가로의 재도약을 위한 노사정 간의 협력방안을 논의하고자 1998년 1월 15일 노사정위원회가 정식 발족되었다. 이를 계기로 신자유주의와 사회적 조합주의(social-corporatism)의 역설적 혼합 양상(Paradoxical Mixture)을 띠었다. 비록 외환위기에 따른 IMF 측의 요구라는 환경적 요인이 있었지만 한국노총과 민주노총 그리고 경영계, 정부, 정치권까지 참여하여 기업의 경영투명성 확보에서 사회보장제도 확충, 실업대책 보완, 노동기본권 신장 등 90개항에 대하여 우리나라 노사관계 역사상 최초로 전국적 수준의 합의를 이루어 사회적 조합주의가 실현되었다. 1998년 2월 6일 도출된 노사정 대타협에 대해서 국제 사회에서도 상당히 높게 평가한 바 있다. 제도적인 민주노총의 합법화, 교직원 노동조합 설립 허용, 노동조합의 정치활동 허용으로 노동조합이 직접 정당을 만들어 총선 및 자치단체 선거에 참여할 수 있게 되었다. 또한, 노사정 대타협은 양보교섭을 통해 일자리 나누기 확산과 노사협력 분위기 조성으로 경기위기를 극복하는 데 기여하였다. 반면, 합의에 대해 민주노총이 리더십의 한계로 합의 철회 및 정리해고제 반대투쟁 등으로 작업장, 단위 기업노사 및 전국적인 노사관계에서 협조를 이어가지 못하였다. 이러한 상황에서 상당수 기업들은 생존이라는 현실 때문에, 또는 일부 기업들은 분위기를 악용하여 밀어붙이기식 정리해고를 시행하는 사례들도 나타났다.

2006년 9월 11일에도 2003년 이후부터 논의를 진전해오던 노사관계 선진화 입법에 대한 노사정 대타협을 도출하였다. 이는 노사 간의 대화와 타협을 통한 자율적 합의 정신을 존중하고 보편적 국제노동기준과 우리 노사관계 현실을 함께 고려하였다는 데 큰 의의가 있다. 또한 노동기본권을 신장하고 취약근로자를 보호하면서 노동시장의 유연성도 제고하여 새로운 노사관계의 정착 기반이 조성될 수 있는 계기를 마련하였다. 합의의 주요 내용은 직권중재제도 및 제3자 지원신고제도 폐지, 필수공익사업 대체근로 일부 허용, 근로조건의 서면 명시, 부당해고 형사처벌 폐지 및 이행강제금 도입 등으로 노사관계 법·제도 선진화에 중요한 진전을 이루었다. 다만, 기업단위 복수노조, 노조전임자 급여지원 금지 규정의 시행은 준비기간을 두어 3년간 유예하였다. 유예기간 중 노사정은 기업단위 복수노조 허용 시 혼란 최소화 방안, 노동조합 스스로 전임자 급여를 부담할 수 있는 재정자립 방안에 대해 노사정위원회에서 집중 논의키로 하여 산업현장은 물론 경제·사회에 미치는 충격을 최소화하도록 하였다. 정부는 노사정 합의내용을 토대로 노동조합 및 노동관계조정법, 근로기준법, 노동위원회법 등 관련 법안에 대한 입법 절차를 차질 없이 진행하여 12월 22일 국회를 통과하였다. 이러한 노력에 힘입어 2007년 6월 12일 OECD 이사회는 한국이 1996년 OECD 가입 당시부터 10여 년간 지속되어 온 한국의 노동법 및 노사관계 진전 상황에 대한 OECD 모니터링을 종료하기로 결정하였다. 이는 노사관계 선진화 입법이 국제기준에 부합하는 수준으로 추진되었다는 점을 국제사회가 공인하였다는 점에서 매우 의미가 크다.

2008년말 전세계적으로 글로벌 금융위기가 발생하였다. 경제위기를 극복하기 위한 방안으로 노사정위원회 본위원회에서 사회적 합의의 필요성이 제안되었고, 논의를 통해 2009년 2월 23일 「경제위기 극복을 위한 노사민정 합의문」을 채택하여 성공적으로 위기를 극복할 수 있는 토대를 마련하였다. 아울러 노사관계 선진화의 제도적 기틀 마련을 위해 2009년 7월 20일 '노사관계선진화위원회'의 공익위원 합의안 마련 및 2009년 12월 4일 노사정 합의 등으로 2010년 1월 1일 「노동조합 및 노동관계조정법」을 개정하여 1997년 노조전임자 급여지급 금지 규정을 도입한 이후 13년 동안 유예되었던 복수노조·전임자제도를 개선하였다. 노사관계 법·제도 개선은 노사갈등 등 당초 우려와는 달리 전반적으로 현장에 순조로운 정착을 보였다. 2010년 7월에 시행된 근로시간면제제도는 대부분의 사업장에서 근로시간면제 한도를 준수하여 과다한 전임자수 축소 등 긍정적인 효과가 발생하여 왔다. 또한 2011년 7월에 시행된 복수노조 교섭창구단일화제도는 우려했던 노조 난립이나 노노 갈등과 관련된 분규 등은 크게 나타나지 않았다.

2014년 12월 23일 노사정은 '노동시장 구조개선의 원칙과 방향'에 관한 기본 합의를 체결하고 또 한 번의 대타협 논의를 시작하였다. 우리 노동시장은 산업화 초기에 형성된 낡은 제도와 관행으로 정규직-비정규직 간, 대기업·중소기업 간 격차가 계속 확대되고 투자와 고용을 저해하는 등 여러 가지

구조적·만성적 일자리 문제에 직면해 있었다. 정년 60세 의무화 시행으로 청년 고용사정이 더욱 악화될 것으로 전망되었고, 중장년층은 조기퇴직 등 고용불안, 열악한 재취업 일자리에 직면하고 있었다. 10%의 대기업·정규직과 90%의 중소기업·비정규직 근로자 등 기업규모·고용형태별로 임금, 근로조건 격차가 심각하고 계속 확대되고 있었다. 또한, 임금, 근로시간, 근로계약 등 핵심 노동시장 규범의 경직성·불확실성으로 정규직 고용 대신, 비정규직, 외주·다단계 하도급 등에 의존하는 경향이 심화되고 있었다. 독일, 프랑스 등 주요 선진국들은 정권의 성향에 관계없이 국가적 과제로 정규직 고용보호 완화, 비정규직 규제 합리화, 고용 중심으로 복지체계 개편 등 강도 높은 노동개혁을 추진했거나 추진하고 있는 상황이었다. 이에 노사정은 일자리 문제 해결을 위해 기존의 경제정책, 고용·복지서비스 정책으로는 한계가 있으며 노동시장 구조개선이 근본적 해법이라는 인식하에 110여 차례가 넘는 집중 논의를 실시하였다. 상호 간의 이견으로 잠시 논의가 중단되기도 하였지만 2015년 9월 15일 노사정위원회 본위원회를 통해 「노동시장 구조 개선 노사정 합의문」을 만장일치로 의결했다. 청년고용 활성화, 노동시장 이중구조 개선, 사회안전망 확충, 통상임금 제도 명확화 등 현안 해결을 통한 불확실성 제거, 노사정 파트너십 구축 등 총 65개 과제에 대해 합의를 도출했다. 9.15. 노사정 합의는 청년고용 확대와 장년고용 안정 등 세대 간 상생, 정규직·비정규직 간 상생, 대기업·중소기업 간 상생 등 일하거나 일을 하려는 국민 모두가 상생할 수 있는 새로운 고용 생태계를 만들어 달라는 국민들의 기대와 염원을 반영한 결과라고 볼 수 있다. 노사정 대타협에 따른 노동개혁의 핵심 목표는 지속가능한 일자리 창출, 청년·중장년 등 취약계층의 일자리 기회 확대, 노동시장 격차해소이다. 노사정 대타협을 토대로 근로기준법, 고용보험법, 산재보험법, 파견근로자 보호법, 기간제근로자 보호법 등 노동개혁 법안은 2015년 9월 16일 당시의 여당 당론으로 국회에 발의되었다. 노동개혁 입법은 노동시장의 불확실성, 불공정성을 해소함으로써 기업이 더 많은 정규직을 직접 채용할 수 있게 하여 청년, 중장년, 실직자 등에게 더 많은 일자리 기회를 제공하고 노동시장 이중구조를 해소하는데 주된 목적을 두었다. 노동개혁 입법과는 별도로 직무·성과 중심의 임금체계 개편, 원·하청-대·중소기업 간 상생협력 강화, 능력 중심의 인력운영 확산, 비정규직 등 취약근로자 보호 강화 등을 위한 현장실천 노력도 함께 추진되었다. 그러나 한국노총의 노사정 대타협 파기선언, 여야 간 이견으로 19대 국회에서 노동개혁 입법이 통과되지 못하였다. 이에 따라 노동개혁 입법이 통과되면 2015년 9.15. 노사정 대타협에 포함하지 않고 추가적인 논의를 통해 후속으로 추진하려고 했던 집단적 노사관계 개선을 위한 입법들은 아예 밀도 있게 논의되지도 못하게 되었다.

3. 현행 우리나라의 노사관계 체제 모형과 특징

우리나라의 초기 노사관계는 정부가 적극 개입하여 노사관계의 룰을 주도적으로 형성하고 노동조직의 참여는 배제된 상황에서 시작되었다. 다만, 이념적 대립의 역사적 경험을 토대로 한 계급적 대립 요인들이 상존하고 있었으나, 이 또한 정부의 개입으로 표출되지 못한 상황이었다.

그러나 1987년 이후 정치적 민주화 과정에서 노동운동이 폭발적으로 성장하였고, 오랫동안 억제되었던 임금인상 및 급속한 근로조건 개선, 노동조합의 힘과 권한이 신장되었다. 또한 이 시기부터 노사관계에 신자유주의적 요소가 도입되어 정부 개입이 줄어들게 되었다. 그간 억압되었던 노동조직의 계급적 대립의 요소들이 한꺼번에 분출되면서 노사관계는 대립적 · 투쟁적 성격을 띠게 되었다. 1987년의 경우 3개월간 계속된 '노동자 대투쟁'을 통해 3,337회의 파업이 발생하였고, 100만 명이 넘는 근로자가 파업에 참여하였다. 그리고 한 해에만 1,278개의 새로운 노동조합이 설립되었다. 이러한 과정에서 '선파업-후교섭'이라는 불합리한 쟁의관행이 형성되었으며, 불법파업 그리고 공권력 투입이라는 악순환의 고리가 지속되기도 하였다. 이는 오랫동안 우리나라 노사관계의 불안정과 부정적 이미지를 고착시키는 요인이 되기도 하였다.

외환위기 이후에도 한국의 노사관계는 구조조정 등의 상황에서 전반적으로 대립적이고 불안정한 양상을 띠고 전개되어 왔다. 다만, 이전과는 다르게 크고 작은 경제위기에 대응하기 위하여 노사정 대타협을 통해 노사관계 법 · 제도를 개선하는 모습도 보여주었다. 따라서 우리나라 노사관계는 신자유주의 체제와 사회적 조합주의 체제가 함께하는 복합형 성격을 함께 보여주고 있다. 그 속에서 경영계는 경쟁과 시장논리에, 노동계는 과거의 전투적 교섭주의에 더 집착함에 따라, 상생을 위한 대안 모색에도 한계가 있으며 현장 노사관계의 갈등도 여전한 상태다. 제도적으로 노 · 사 모두 각 국가의 유리한 요소를 중심으로 요구하고 관철하려는 경향이 강하다. 따라서 아직도 제도적 불안정성이 다른 선진국들과 비교했을 때 매우 큰 상태라고 할 수 있다.

이러한 과정을 통해서 우리나라 집단적 노사관계 체제는 노동조합에 의한 단체교섭과 30인 이상 사업(장)에 설치가 의무화되어 있는 노사협의회 제도라는 2개의 수레바퀴에 의해 작동되도록 형성되어 왔다. 단체교섭 시스템에 있어서 우리나라 노사관계 체제 모형은 영미 중심의 신자유주의 모형과 북유럽의 조합주의 모형 그리고 일본의 기업별 노조 모형이 혼합된 형태를 띠고 있다. 1987년 이전에는 근로기준법 등을 통한 국가의 강한 개입과 보호,

그리고 노사협의회제도 중심으로 운용되도록 하고, 단체교섭제도는 비교적 약한 상태였다고 규명된다. 그 이후 여러 차례 법 개정을 통해 노동조합에 의한 단체교섭 시스템이 보강되어 현재는 집단적 노사관계 시스템이 선진국에 비해 뒤지지 않는 상황이 되었다고 본다. 독일 등 북유럽형은 노동조합을 결성하고 교섭을 요구하는 데는 비교적 자유로운 상황이고 교섭대상과 쟁의행위 대상은 순수한 정치파업이 아니면 목적으로 정당성이 부인되지는 않는 등 노동조합 측에 유리한 측면이 강하다. 반면에 사용자는 필요하지 않다고 판단되면 교섭에 응하지 않아도 되는 등 부당노동행위 제도가 없고 직장폐쇄나 파업 시 대체근로 등으로 대항할 수 있게 하여 힘의 균형을 이루고 있다. 미국 등 신자유주의 모형은 기본적으로 노조를 결성하고 교섭을 요구하는 데는 일정한 요건을 갖추도록 하고 있고 교섭대상도 근로조건에 관한 사항을 의무적 교섭대상으로 한정하는 등 시작 단계에는 일정 정도 제한을 둔 시스템이지만, 일단 교섭이 시작되면 사용자가 교섭에 의무적으로 응하도록 하고 이에 위반하면 부당노동행위로 보아 시정(시정 우선주의)토록 하며 시정명령에 따르지 않으면 처벌(법원모독죄 등)하는 방식으로 힘의 균형을 이루고 있다. 물론 신자유주의 모형도 사업주에게는 파업 시 대체근로 및 직장폐쇄 등의 대항권은 유럽형과 비슷하게 인정되고 있다. 우리나라는 그동안은 노조결성 즉 가입대상을 현재 재직 중인 근로자 중심으로 엄격히 하면서 노동쟁의 대상도 "근로조건의 결정"에 관한 사항으로 한정하고 노조결성 개입 및 교섭거부 등에 대해 부당노동행위제도를 두어 미국 등 신자유주의 모형에 가깝게 설정되어 있다. 그러면서도 부당노동행위 시 미국, 일본처럼 1차적인 시정주의를 넘어 노동위원회의 시정과 직접 형사처벌을 하는 체제를 갖추고 있다. 아울러 파업 시 대체근로가 일반사업장에서는 금지되어 있고 무엇보다도 규모별로 일정

범위의 전임자 비용을 사용자가 부담할 수 있도록 하여 근로자들의 노동권 보호가 좀 더 강한 특징을 가지고 있다. 이러한 특징으로 인해 노사단체는 조합주의 북유럽형과 신자유주의 미국형 모형 중 각자에게 유리한 부문을 더 보강해야 한다고 요구하면서 법・제도를 둘러싼 갈등이 계속되는 형국이다. 따라서 정치권이나 정부가 노사관계제도를 개선할 경우에는 이러한 균형점을 함께 고려하여 방향을 설정하는 것이 매우 필요한 것이다. 또한 1987년 이전 근로기준법 등 개별보호법에 의한 강한 보호주의 정책은 큰 변화가 없는 반면, 집단적 노사관계에서의 근로자 권리가 강화되어 옴에 따라 현재의 우리나라 노동시장 규범 및 한국의 노사관계에 대한 IMF 등 국제기관들의 평가가 너무나 저조한 상황이다.

4. 문재인 정부의 법 개정 등 정책 변화와 그 영향 전망

문재인 정부 들어 집단적 노사관계는 정책적으로 또는 법 개정을 통해 상당한 변화가 있었다.

먼저, 근로자 신분이 아닌 분들의 노동조합 결성을 가능케 했다. 노동조합 및 노동관계조정법상 근로자 개념[114]은 근로기준법상 근로자 개념[115]보다 넓게 규정되어 있다. 그동안의 판결은 근로자가 아닌 경우, 예를 들어 특수형태근로종사자 등은 교섭상대방이 불특정되어 있고 단체교섭의 실익이 없어

114) 노동조합 및 노동관계조정법 제2조제1항에서 근로자를 "직업의 종류를 불문하고 임금・급료 기타 이에 준하는 수입에 의하여 생활하는 자"로 규정

115) 근로기준법 제2조제1항에서 근로자를 "직업의 종류와 관계없이 임금을 목적으로 사업이나 사업장에 근로를 제공하는 사람"으로 규정

노동조합 결성의 대상이 아니라고 판결해 왔다. 정부도 판결에 맞추어 해석을 해왔었다. 노사관계 체제에 있어 영미주의는 노동조합 결성 및 단체교섭 요구에 일정한 요건을 갖추도록 하고 있다. 특히 근로자 과반수가 넘어야 단체교섭을 요구할 수 있도록 하되, 회사 측이 교섭에 불응하거나 노동조합 활동에 개입하는 것은 부당노동행위로 규정하는 특징을 가지고 있다. 우리나라는 이러한 영미주의 체제를 골격으로 하고 있다. 특히 부당노동행위에 대해서는 미국이나 일본은 시정주의를 택하고 있지만, 우리나라는 그보다 더 강하게 시정주의를 넘어 형사처벌주의도 함께 가지고 있었다. 그래서 그동안의 판결과 행정해석은 이러한 점을 고려하여 노동조합 가입대상 근로자를 엄격히 해석해 왔었다고 본다. 그럼에도 문재인 정부 시작 직후부터 정부는 노동조합 결성대상에 대해 택배종사자, 학습지교사, 보험설계사, 대리운전기사 등 특수형태근로종사자도 대상이 되는 것으로 해석을 하였고 그러한 분들이 주축이 된 노동조합에 설립신고증을 교부하였다.

둘째, 문재인 정부는 ILO 핵심협약 비준 및 관련 법 개정을 국정과제로 선정하였다. 노사정(勞使政)은 경제사회노동위원회 산하 노사관계 제도・관행 개선위원회에서 2018년 7월부터 2019년 5월까지 ILO 핵심협약 비준을 위한 노동관계법 개정방안에 대한 논의를 진행했다. 일부 쟁점들에 대해 노사가 타협을 이루지 못하면서 2019년 5월 20일 사회적 대화가 최종 결렬되었지만, 노사가 추천한 공익위원들은 공익위원 권고안을 제시하게 된다. 정부는 이 공익위원 권고안을 토대로 노조법・공무원노조법・교원노조법 등 3개 법 개정안을 마련하고, 2019년 10월 4일 국회로 제출하였다. 하지만 2020년 5월 29일 20대 국회에서는 임기만료로 폐기되었고, 21대 국회에서 여야 합의로 2020년 12월 9일 국회를 통과하였다.

개정된 노동관계법은 국제노동기구(ILO) 결사의 자유 관련 협약 비준을 위한 개정과 함께 우리 기업별 노사관계의 특성을 고려한 보완방안을 담고 있다. 기업별 노조에 해고자 등의 가입을 제한하는 것으로 해석되었던 노조법 제2조제4호라목 단서를 삭제하여 해고자 등도 기업별 노조에 가입할 수 있도록 하였다. 이에 따라 노동조합의 조합원 자격은 조직형태와 무관하게 노조 자체 규약에 따라 스스로 정할 수 있게 되었다. 기업별 노조 임원·대의원은 원칙적으로 노조 규약에 따라 정할 수 있도록 규정하면서, 기업별 노사관계에서 임원·대의원의 역할과 중요성을 고려하여 기업별 노조의 임원·대의원 자격은 해당 사업 또는 사업장에 종사하는 조합원 중에서 선출하도록 하였다. 사업 또는 사업장에 종사하는 근로자(종사 근로자)가 아닌 노동조합의 조합원은 사용자의 효율적 사업 운영에 지장을 주지 않는 범위에서 노동조합 활동을 할 수 있도록 규정하고, 비종사 조합원은 근로시간면제 한도 설정, 교섭대표 노조 결정, 쟁의행위 찬반투표 등을 위한 조합원 수 산정에서 제외토록 하였다. 이는 노동조합의 공적인 의사결정 과정(쟁의행위 개시 여부) 등에 종사 근로자인 조합원의 의사를 명백히 반영하기 위한 것이다.

셋째, 전임자 급여 지급 금지 규정은 1997년 노동조합 및 노동관계조정법의 시작과 함께 제정됐으나, 13년간의 유예를 거쳐 2010년에서야 시행될 만큼 노사 간에 오랜 쟁점이었다. 이는 노조의 자주성을 제고하기 위한 조치였으나, 기업별 노조가 지배적인 우리나라에서 영세 노조의 자립을 위해서는 최소한의 지원이 현실적으로 필요했기 때문이기도 하다. 이에 노조 전임자 급여 지급을 금지하면서 근로시간면제제도를 도입하여 노조의 자주성과 원활한 노조 활동의 균형을 도모해 왔다. 따라서 ILO는 노조 전임자에 대한 급여 지급은 입법적 관여 대상이 아니라며 금지 규정의 폐지를 지속적으로 권고하면서도 근로시간면제제도에 대해서는 우리나라의 역사적 배경 속에서 그 도입 취지를 이해한다며 긍정적으로 평가한 바 있다. 문재인 정부는 ILO 결사의 자유 비준을 위해 "노조 전임자는 사용자로부터 어떤 급여도 지급 받을 수 없으며 급여 지급 시 사용자는 부당노동행위로 처벌"되는 조항과 "노조 전임자 급여 지급 등을 요구하는 쟁의행위는 금지되며, 이를 위반하는 노조에 대한 형사처벌(1천만원 이하 벌금) 규정"을 폐지하였다. 대신에 사용자로부터 급여를 지급 받으며 노동조합 업무에 종사하는 자(근로시간면제자)는 근로시간면제 한도 내에서만 급여 지급이 가능하도록 하였다. 아울러, 근로시간면제 한도를 초과하는 내용을 정한 단체협약 또는 사용자 동의는 그 부분에 한해 무효로 하고, 근로시간면제 한도를 초과하여 사용자가 급여를 지급하는 경우에는 부당노동행위로 처벌하도록 하였다. 또한 전임자 규모를 정하는 위원회를 고용노동부에서 경제사회노동위원회로 옮겼다. 학계에서는 전임자 급여지급 금지 규정과 이의 지급을 요구하는 파업에 대한 처벌규정의 삭제에 대해 정책의 후퇴로 보는 시각도 적지 않다.

아울러, 경제·사회의 변화, 교섭비용 등을 고려하여 단체협약의 유효기간 상한을 2년에서 3년으로 연장하였다. 따라서 노사는 사업장이나 업종 등의 특성에 따라 3년의 기간 내에서 노사 합의로 단체협약 유효기간을 설정할 수 있게 되었다. 한편, 쟁의행위의 기본원칙에 사용자의 점유를 배제하여 조업을 방해하는 형태의 쟁의행위는 금지하도록 규정하였다. 이는 단체행동권과 비파업 근로자의 근로권, 사용자의 조업권은 모두 존중받아야 할 기본권이라는 취지를 반영한 것이다.

이러한 노동관계법 개정으로 결사의 자유 원칙에 부합하도록 하여 1991년 ILO 가입 당시의 약속을 지키게 되었다. 결사의 자유협약 비준이라는 의미는 적지 않다. 그동안의 경험으로 보아 집단적 노동관계법 개정은 헌법 개정만큼이나 어렵다고 인식되고 있다. 그렇다면 문재인 대통령의 중요한 공약사항을 실천하기 위한 법 개정도 의미 있지만, 우리나라가 경쟁해야 하는 선진국과 비교해서 미래적 관점에서 집단적 노사관계법을 종합적으로 검토해서 함께 개정했어야 한다고 본다. 학계 및 법조계에서도 이 점을 많이 아쉬워하고 있다. 즉 이제 노동조합 결성에 있어서 해고자 및 특수형태근로종사자 등이 참여 가능해지는 등 거의 북유럽의 사회적 조합주의 국가들과 비교해 크게 다르지 않게 되었다. 그렇다면 선진국에서 인정되는 대항권인 파업 시 대체근로 인정도 함께 추진되었어야 한다. 또한 노조 측의 부당노동행위를 인정하거나 아니면 현행의 부당노동행위의 처벌주의 대신에 미국이나 일본처럼 시정주의로 전환하는 것을 함께 입법하였어야 했다고 보는 것이다.

제4절

우리나라 집단적 노사관계의 미래 모형 설정

제도가 성장의 성패이다.

미국의 예일대 교수이며 유명한 역사학자인 폴 케네디(Paul Kennedy)는 <강대국의 흥망>으로 우리에게 더 낯익은 학자다. 그분이 한국에서 개최한 특강에서 강조한 것이 기억난다. 그는 "한 나라의 국력을 좌우하는 것은 군사력과 경제력이지만 결국 가장 중요한 것은 경제력이다. 한국인의 품성은 역동적이고 창의적이다. 규제 중심의 제도는 이러한 기질과 맞지 않다"고 강조한 바 있다. 우리가 제도를 고치고 설계할 때 고민해야 할 요소라 본다.

또한 제도이론의 유명한 학자인 미국의 더글라스 노스(Douglass C. North) 교수는 <제도, 제도변화, 경제적 성과>라는 저서에서 제도의 중요성을 매우 강조했다. 그는 장기적으로 제도가 경제성장에 가장 중요한 역할을 한다고 보았다. 공식적인 제도도 중요하지만 사회의식, 가치관, 신뢰, 사회규범 등 비공식적 제도(Informal Institutions)가 경제성장에 더 중요한 역할을 한다고 주장하고 있다.

586세대로서 중국의 대표적인 지성인인 길림성 길림대 리사오 경제대학원장을 우리는 기억하고 있다. 그는 2018년 8월 1시간이 넘는 졸업식 축사로도 유명하다. 그는 달러화 시스템에서 중국경제는 미국경제를 넘어설 수 없으므로 경제전쟁을 해서는 안 된다고 강조했다. 그는 제도의 중요성을 강조했다. 그가 졸업식 축사에서 강조한 내용을 축약해 본다. "경제 글로벌화 시대에 국가 간 경쟁의 본질은 무엇입니까? 20여 년 전 제도 경쟁을 언급한 적이 있습니다만, 즉 누구의 제도가 경제의 성장과 발전에 더 유리하느냐 하는 것입니다." 그는 또한 졸업생들에게 개인을 혁신하라고 6가지를 당부하고 있다. 학습능력 배양, 독립적 사고, 스스로 선택하는 능력. 심미(審美)능력, 사명감 등을 강조하고 있다. 그는 고급 사치품은 유럽에서 대부분 생산하는데, 이는 심미능력이 뛰어나서라고 했다. 심미능력은 소양과 품격 그리고 절대 넘어서는 안 되는 기준선을 가지고 있는 것이라고 강조했다. "단체관광 시 한 사람이 말하는데 모두 듣고 있으면 일본인이고, 반은 듣고 반은 각자 떠들고 있으면 한국인이며, 각자 떠들고 있으면 중국인이다."라고 했다. 필자가 현직에 있을 때 국내에 진출해 있는 외국계 자동차 공장을 방문한 적이 있다. 필자는 회사를 방문하면 노동조합 사무실을 먼저 가서 간담회를 하고 다음으로 회사 관계자를 만나는 것을 관행처럼 해왔었다. 그날도 먼저 노동조합 사무실을 갔었다. 자체 회의 중이라면서 끝내 위원장이 면담하기 어렵다고 해서 돌아선 적이 있다. 이것이 아직까지의 우리 노사관계 현실이다. 노사 서로가 절대 넘어서는 안 될 선을 지키도록 제도가 설계되어야 한다.

노사관계 규율은 노동조합 설립·운영, 단체교섭, 단체행동, 부당노동행위 등의 각 분야별 규율이 상호 작용하면서 규율체계 전반의 정합성과 노사 간 이익 균형에 영향을 미친다. 이러한 점을 감안하여 분야별 접근이 아닌 전체적인 체계의 정합성과 노사 간 이익균형을 고려한 종합적인 접근이 필요하다.

이하에서는 노동계·경영계 등에서 지속 제기하는 집단적 노사관계 법·제도 핵심 쟁점사항별로 검토되어질 수 있는 대안들을 제시하겠지만, 이에 대해서는 ① 자율과 책임에 기초한 노사관계 형성, ② 노사 간 힘의 대등과 이익 균형의 원칙에 따라 균형 잡힌 제도개선 논의 및 공론화 작업이 필요하다. 특히, 우리나라의 노사관계가 어떤 모델로 지향해 가는 것이 바람직한 것인가에 대한 노사 간 합의가 우선되어야 한다. 그러한 지향점을 토대로 노사의 자율성을 확대시키고 노사 간 힘의 균형성을 촉진할 수 있도록 노사관계 법·제도가 개선되어야 한다. 또한 그러한 개선사항들이 노동시장 이중구조와 격차 해소에 기여할 수 있는지를 항상 염두에 두고 검토되어야 한다.

1. 노사관계 상황 진단

(1) 대기업·공기업 중심의 노동조합 활동

우리나라 노동조합 조직률은 2020년말 기준으로 14.2%로 다른 선진국에 비해 낮은 수준이다. 300명 이상 사업장의 조직률은 49.2%, 공공부문 조직률은 69.3%로 대기업, 공공부문의 노동조합 조직률이 매우 높다. 280만 명의 조합원 중 88.7%에 해당하는 249만 명이 300명 이상의 사업장에 근무하고 있다. 이처럼 우리나라 노동조합은 대기업, 공공부문을 중심으로 설립되고, 정규직 근로자가 조합원의 다수를 차지하고 있는 특징을 가진다. 즉 대기업 및 공공부문 조직률은 선진국과 비교해도 결코 낮지 않다.

그간 수차례의 노사관계 법·제도 개선이 있었다. 그러나 정부의 과도한 개입, 노사자율과 힘의 대등을 촉진하는 기제 부족, 근로자 참여·협력 시스템 부실 등 여전히 많은 문제점을 안고 있다. 이는 노사관계 개선을 유도하고 문제점을 근본적으로 해결하는데 한계로 작용한다. 개별 사업장에서 발생하는 노사문제를 정치적으로 해결하거나 정부 개입을 통해 해결하려는 관행 및 기대심리가 여전히 높고, 노사 간 신뢰 형성도 미흡하다.

최근 노동시장 격차 확대 및 대기업 노동조합의 채용과 관련된 비리, 노동조합 내부 운영의 민주성 및 재정투명성을 훼손하는 사례 등 노동조합 기득권 문제 등이 지속적으로 제기되면서 현행 노사관계 법·제도 개선의 필요성에 대한 사회적 공감대가 형성되고 있는 상황이다. 하지만 구체적인 방향과 내용에 대해서는 노사 모두 국제기준이나 외국사례들 중에서 각자에게 유리한 부분만을 주장하고 있어 큰 시각차가 존재한다.

(2) 산업의 변화에 따라가지 못하는 제도 및 관행

현재의 노사관계 법·제도는 공장법 시대에 형성된 전형적 사용종속관계인 근로자, 사용자 개념을 토대로 규율되고 있다. 그러나 1997년 외환위기 이후 레미콘기사 등은 종전 근로자 신분에서 특수형태근로종사자 신분으로 전환되거나 사용자가 도급을 활용하여 부담을 회피하는 경향이 증가하고 있다. IT 기술의 발달, 스마트폰 보급 확대 등을 토대로 배달앱, 대리기사앱과 같은 플랫폼을 통해 업무를 받아 수행하고 소득을 얻는 다자관계의 새롭고 다양한 고용형태도 등장하고 있다. 또한 노사 담합 등으로 1인 노무도급 방식으로 계약을 체결하여 근로기준법 또는 노동조합법 적용을 회피하려는 사례도 증가하고 있다. 대부분의 이러한 고용관계는 근로자로 인정된다고 하더라도 교섭상대자인 사용자를 정의하기가 어려워 현재의 노동조합법을 그대로 적용시키기에는 어려움이 따른다.

(3) 대기업 · 중소기업 간 격차 확대의 핵심 원인

대기업 · 공기업 중심의 노동조합 조직 특성으로 인해 우리나라 노동운동은 노동시장 이중구조와 격차를 심화시키는 작용을 하고 있다. 우리나라 일자리 시장은 아쉽게도 10% 가량의 대기업, 공기업, 정규직 일자리와 90%에 이르는 중소기업, 비정규직 일자리로 나뉘는 현상이 고착화되고 있다. 대기업과 중소기업 간의 임금격차를 보면, 선진국들의 경우 통상적으로 100 대 75에서 85 정도 수준인 데 반하여, 우리나라는 대기업 대비 중소기업의 임금 수준이 시간당 임금총액 기준으로 53%대 수준에 불과하다.[116] 그것도 다양한 대기업의 복리 후생적인 지원은 비교대상에 넣지 않고서이다. 이와 같은 격차가 발생한 배경에는 대기업과 중소기업 간의 지불능력 등에 따른 측면도 있지만, 대기업과 공공부문 노동조합이 높은 조직률을 토대로 자기중심적 노동운동을 하고 있는 것이 주된 원인으로 작용하고 있다. 또한 임금체계 및 고용계약 등 핵심 노동규율들이 정규직 근로자에게 유리하게 형성 · 유지되고 있다. 그 결과 역설적으로 기업들은 정규직 근로자 채용을 기피하고, 비용 절감을 위해 간접고용이나 외부화를 선호하게 되어 격차가 더욱 공고해지는 악순환이 반복되고 있다. 대기업, 유노조기업의 정규직 근로자들은 높은 임금과 고용 안정성을 누리는 반면, 중소기업과 비정규직 근로자는 열악한 근로조건과 고용 불안정성이 지속되고 있는 것이다. 1997년 외환위기 이후 대기업은 외주 · 도급을 확대하고, just-in-time 방식 등을 통해 협력업체를 사실상 수직적 계열

116) 고용형태별근로실태조사(2020년 6월) 결과에 따르면 300인 미만 사업장은 300인 이상 사업장과 대비하여 임금 총액은 52.9%, 시간급은 56.3% 수준에 불과하다.

화하는 방향으로 생산방식을 변화시켜 오고 있다. 2020년 기준 중소기업 실태조사에 따르면 중소제조업 중 수급기업체 비율은 35.9%이며, 수급기업체의 전체 매출액 237조원 중 모기업 납품액은 81.4%에 이르는 것으로 나타나고 있다. 이러한 변화는 노사관계에도 일정한 영향을 미친다. 협력업체에서 분규가 발생하면 원청의 생산에도 차질이 발생하므로 협력업체 노사관계에 원청이 개입하는 사례도 발생하고 있다. 반면에, 노동계는 하청 노사관계에 문제가 발생하는 경우 이를 자율적으로 해결하는 대신 정치권을 동원하여 원청을 압박하는 방식으로 문제를 해결하려는 시도도 나타나고 있다.

2. 우리나라 집단적 노사관계의 미래 모형

우리나라의 노사관계는 기본적으로 영미형을 기본으로 하였으나, 협의와 갈등 해소를 위한 노사협의회 제도도 존재한다. 그리고 외환위기 이후 북유럽형 노사관계의 사회적 조합주의 성격을 가진 노사정위원회를 통한 노사정 대타협을 수차례 이룬 경험도 가지고 있다. 그럼에도 영미형 노사관계의 효율성을 정착시키지 못했고, 북유럽형 노사관계의 형평성도 구현하지 못했다. 또한 일본의 토요타그룹 노사대표협의회처럼 자치적인 협치와 형평을 유지할 기능도 매우 미흡하다.

이러한 가운데 노동시장의 이중구조화와 격차는 심화되고 있다. 1990년대 중반 이후부터 높은 임금수준과 근로조건, 직장 안정성을 갖춘 대기업·정규직 일자리 10% 그리고 이와 대비되는 중소기업과 비정규직 일자리 90%로 나누어 고착되고 있다. 노동조합 조직률은 14% 수준에 불과하고 그중 88%가 대기업·공기업 조합원인 상황에서 이들이 속한 양노총이 대한민국 일하는 모든 분들을 대표할 수 있는지, 전체를 위해 의사 결정을 해나갈 것인지에 대해 지속적인 의문이 제기되고 있다. 앞서 설명한 대로, 대기업·정규직 근로자 중심의 자기중심적 노동운동은 근로자 간 임금격차를 확대하는 요인으로 작용하고 있다. 이에 대응하여 대기업이 간접고용이나 외부화를 선호하는 경향으로 이러한 격차는 더욱 심화되고 있다. 경제협력개발기구(OECD)도 우리나라의 구조개혁 과제로 정규직과 비정규직 간 임금격차에서 비롯된 소득불평등 완화를 제시하면서, 이를 위해 노동시장 이중구조 해소가 필요하다고 진단했다.[117] 노동시장 이중구조와 격차 심화는 경제 성장을 저해하고 효율성을 떨어뜨리게 된다.[118] 또한 사회 갈등을 높여 불안정성이 높아지게 된다. "아무런 조치를 하지 않으면 분노의 경제에서 격분의 경제로 간다."고 설파한 미래학자 유발 하라리(Yuval N. Harari)의 경고가 우리 사회를 직관하고 있다.

따라서 고용노동정책뿐만 아니라 경제, 산업, 사회, 공정거래 등 모든 정부 정책은 노동시장 이중구조와 격차 해소를 항상 염두에 두고 마련·추진되어야 한다. 특히나 대기업과 중소기업 간 격차 해소가 절실하다. 대부분의 일자리를 중소기업이 창출하고 있으나, 대기업과 중소기업 간 격차로 인해 청년들이 중소기업 취업을 기피하고 있다. 정부의 중소기업 지원 정책과 집단적 노사관계 개선을 통해 격차를 완화함으로써 중소기업 일자리를 청년들이 원하는 괜찮은 일자리로 바꾸어 나가야 한다.

현행 집단적 노사관계 법·제도 개선의 필요성에 대한 사회적 공감대는 형성되고 있으나, 노사 양측 모두 국제기준이나 외국사례들 중에서 각자에게

---

117) OECD, 「Going for Growth 2017」, 2017.3.

118) 조지프 스티글리츠, 「불평등의 대가」, 열린책들, 2013, 87쪽

유리한 부분만을 주장하고 있다. 하지만 무엇보다 우리나라의 노사관계가 효율성을 우선하는 영미형 노사관계, 형평성을 강조하는 북유럽형 노사관계 그리고 협의와 갈등 해소를 중시하는 일본형 노사관계 특징 중에서 우리의 현실과 미래 목표, 즉 일자리 창출과 격차해소라는 측면에서 필요한 요소를 선택해 나가야 한다. 가급적 노사의 자율성을 확대시키고 노사 간 힘의 균형성을 촉진할 수 있도록 노사관계 법·제도가 개선되어야 한다. 그러한 점에서 단체교섭제도를 중심으로 하는 노동조합 및 노동관계조정법상의 제도를 중심으로 개선 방향, 즉 미래 모형을 설정해 보도록 하겠다.

(1) 노동조합 설립 및 가입범위에 관한 명확성 확보

가. 외국의 사례[119)]

1) 독일 : 판례에 의해 협약체결 능력과 권한 인정

독일은 우리나라의 노동조합 및 노동관계조정법과 같이 노조 설립, 쟁의행위, 부당노동행위 등에 대해 규율하는 별도의 단행 법률은 제정되어 있지 않다. 독일기본법 제9조제3항에 의한 단결의 자유가 노동기본권의 근거규정이 된다고 하고 있다. 독일기본법 제9조제3항은 국적에 관계없이 모든 사람(jedermann)이 단결의 자유를 가진다고 규정하고 있다. 주된 법률로는 단체협약법(Tarifvertragsgesetz)이 있고 이 법에 단체협약의 당사자, 단체협약의 효력, 단체협약의 일반적 구속력, 복수의 단체협약 충돌 시 적용관계 등이 규정

119) 이 장에 기술된 주요 국가의 노동조합 설립, 단체교섭 등의 비교자료는 고용노동부 2020년 연구용역자료 "노사관계 법·제도 외국입법례 조사"를 주로 참조하였다.

되어 있다. 이 밖에 노조 조직, 단체교섭, 단체협약 체결, 쟁의행위 등에 관해서는 독일기본법 제9조제3항에 의해 노동3권이 보장된다는 기본 원리 하에 판례를 통해 오랫동안 축적된 다양한 법리가 적용되고 있다.

이러한 특징으로 인해 노동조합 설립 시, 행정관청에 대해 신고할 필요가 없다. 다만 노동조합과 사용자단체가 단체교섭을 하고 단체협약의 당사자가 되기 위해서는 각각 협약능력과 협약권한을 가지고 있어야 하는데, 구체적으로 협약능력과 협약권한을 인정받기 위하여 어떤 요건을 갖추어야 하는지에 관한 법리는 판례[120]에 의해 형성되어 왔다. 단체협약법은 단체협약 당사자가 연방노동사회부에 단체협약 체결 또는 변경에 대해 송부할 의무 및 단체협약 실효 시 통지할 의무를 규정하고 있다.[121] 노동조합 요건, 조합원 자격에 관한 별도의 성문화된 규정이 존재하지 않고 일반적으로 '노조규약'에 의해 가입할 수 있기 때문에 우리나라와 같은 근로자 개념 문제에 대한 분쟁이 별로 없다. 큰 특징은 단체협약법 제12조a에 '유사근로자' 개념을 정의[122]하여

120) 조합원들의 이익 보장을 규약상의 임무로서 정하고 있어야 하고, 단체협약을 체결할 의사를 가지고 있어야 하며 자유롭게 결성되어야 한다. 상대방으로부터 자유롭고 독립적이어야 하며 사업장을 초월하는 단위로(초기업적으로) 조직되어야 하고 유효한 협약법에 구속된다는 것을 인정하여야 한다. (BAG 14.12.2004 EzA TVG § 2 Tariffähigkeit Nr. 1=EzA TVG § 2 Nr. 2=NZA 2005, 697.)

121) 독일 연방노동사회부의 단체협약등록부(Tarifregister)에는 2017.12.31. 기준으로 총 75,943개의 단체협약이 등록되어 있다.

122) '유사근로자'란 경제적으로 종속되고 근로자와 유사하게 사회적 보호의 필요성이 있는 자로서 고용계약 또는 도급계약에 의해 노무를 제공하고, 이를 본인이 직접 또는 일반적으로 다른 근로자의 도움 없이 행하는 경우로서 a) 주로 1인을 위하여 활동하거나 또는 b) 보수활동으로 취득하는 전체 보수의 평균적으로 1/2 이상을 1인으로부터 받는 경우이다. 보수 산정과 관련하여 이를 예측할 수 없는 경우에는 단체협약에서 이와 다르게 정하지 않는 한, 산정에 있어서 직전 6개월, 이보다 짧은 기간인 경우에 그 기간이 기준이 된다. 연예활동, 학술활동 또는 언론활동은 최소한 1/3을 1인으로부터 받으면 된다. 유사근로자로부터 노무제공을 받는 복수의 자가 기업집단의 형태로 결합되어 있거나 또는 이들 간에 성립된 조직공동체 내지는 일시적이지 않은 공동사업체에 속해 있는 경우에 이들은 1인으로 본다. 상법 제84조의 대리상(우리나라 독립적 자영업자와 유사)에 대하여는 단체협약법 제12조의a가 적용되지 않는다.

우리나라의 특수형태근로종사자와 비슷한 유사근로자에 대해 단체협약법을 적용하고 있다. 가입대상은 단체협약법상 유사근로자 정의를 원칙으로 하면서 노동조합별 단체협약을 통해 노조 가입 범위를 탄력적으로 운용하고 있는 특징이 있다.

2) 프랑스 : 노동법전에 의해 폭넓게 조합 가입 인정

프랑스는 노동조합 설립은 자유로우나 국가로부터 대표노동조합으로 인정받아 산업별, 기업별 협약을 체결할 권한을 갖기 위해서는 규약과 임원의 성명을 제출토록 하고 있다. 이처럼 신고된 노동조합만이 단체협약의 확대 신청을 할 수 있고 기업 내 노동조합의 대표를 지명할 수 있다. 신고된 노동조합은 우리나라의 노동조합과 같은 권한을 갖게 된다.[123] 조합가입 범위는 헌법상 단결권에 기초하여 모든 인간이 가입할 수 있는 것으로 되어 있다. 따라서 근로자성을 다툴 일이 별로 없다. 우리나라의 특수형태근로종사자라 할 수 있는 직업군(독립노동자)에 대해 노동법전에 특례로 규정하여 일부 조항을 제외하고 노동법전을 적용하고 있다. 플랫폼노동자에 대해서도 단결권을 명문으로 인정하고 있으며 단체행동권도 보장하고 있다.

3) 미국 : 배타적 교섭주의(엄격한 제한)

미국은 별도의 설립신고제도는 없으나, 노동조합이 단체교섭을 하기 위해서는 NLRB가 주관하는 선거를 통해 인증을 받아야 한다. 단체교섭을 위한

123) 이렇게 신고된 전국 단위 대표노동조합은 5개 정도이다.

적정 교섭단위 내에 있는 근로자의 과반수에 의해 동 목적을 위해 지명 또는 선출된 대표자는 근로조건에 관해 단체교섭의 목적으로 그 단위에 속하는 모든 근로자의 배타적 대표자이다.[124] 노동조합의 대표선거 신청 요건은 단위 내 근로자 수의 30% 이상의 지지를 증명하는 것이다. 선거에서 조합이 승리하거나 또는 50% 이상의 지지를 확보하여 NLRB의 인증(certification)을 받아서 단체교섭권을 확보하면 그 시점에 조합의 지부를 설치하는 것이 일반적이다. 다만 조합이 다수 근로자의 지지를 얻고 있다면 선거를 거치지 않아도 사용자가 임의로 조합을 승인할 수 있다.[125] 또한 노동조합은 규약 및 규정, 가입조건, 임원 및 재정상태 등에 관한 상세 보고서를 회계연도 기준으로 노동부 장관에게 제출토록 규정하고 있다. 미제출 및 허위제출 시에는 1만 달러 이하의 벌금 또는 1년 이하의 징역을 부과하도록 관계법령에 규정되어 있는 등 엄격한 규율체제를 가지고 있다. NLRA 제2조(5)는 노동단체(labor organization)를 근로자가 참가하고, 또한 고충, 노동쟁의, 임금, 임금인상률, 근로시간 또는 근로조건에 관해 사용자와 절충하는 것을 전부 또는 일부의 목적으로 존재하는 모든 형태의 단체, 대리기관, 근로자대표위원회 및 제도라고 정의하면서, NLRB와 법원은 그 조직의 구성원의 일부가 법 제2조(3) 소정의 근로자가 아닌 경우에도 노동단체의 지위를 인정하고 있다.[126] 다만, NLRB와 법원은 구성원 대부분이 독립도급인인 경우 노동단체로 불인정하고 있다. 조합원 가입범

124) NLRA 제9조(a)

125) NLRB v. Gissel Packing Co., 395 U.S. 575 (1969) ; United Mine Workers v. Arkansas Flooring Co., 351 U.S. 62 (1956).

126) Master, Mates & Pilotsv. NLRB (Chicago Calumet Stevedoring Co.) 사건에서 DC 항소법원은 11,000명의 조합원을 가진 노동조합이 그중 170명이 법상의 "근로자"가 아님에도 불구하고 제8조(b) 소정의 노동단체에 해당한다는 NLRB의 결정을 지지하였다.

위와 관련해서는 근로자 개념에 노동분쟁이나 부당노동행위로 인정하지 않은 자도 포함되도록 하고 있다. 조합원 제외자로 ① 농업근로자, ② 가사사용인, ③ 부모 또는 배우자에 의해 사용되는 자, ④ 인디펜던트 콘트렉터(independent contractor), ⑤ 감독자(supervisor), ⑥ 동 법의 '사용자' 이외의 자에게 사용되는 자를 열거하고 있다. 즉 특정 사용자에게 종속되어 있어야 하는 것이다.

4) 영국 : 교섭단위 전체 근로자 40% 이상 지지로 교섭권 획득

영국 노사관계법인 TULRA 제1조(a)의 노동조합의 개념에는 주된 구성원이 하나 또는 그 이상의 범주에 의한 노동자(worker)로 구성되어 있고, 그 주요 목적은 근로자와 사용자 간의 관계를 규율하기 위한 단체로 규정되어 있다. 다만 노동조합은 인준관(Certification Officer)[127)]의 노동조합 명부에 등재될 수 있다. 이를 위해서는 우리나라 설립신고에 필요한 유사한 서류를 제출하여야 한다. 노동조합 명부에 등재되는 이익은 그 명단에 있는 노동조합에 한하여 인준관에게 '자주성 인준서'를 신청할 수 있다는 점인데, 자주성이 인정된 노동조합은 ① 조합활동을 이유로 하는 사용자에 의한 해고나 불이익취급으로부터 보호, ② 교섭요구를 위한 법적인 승인절차 개시, ③ 정보제공 및 협의에 관한 소정의 권리, ④ 조합원이 조합업무와 활동에 참가할 타임오프의 권리 등을 얻게 된다. 이러한 노동조합 중에서 교섭을 할 수 있는 노조는 사용자 또는 중앙중재위원회(Central Arbitration Committee)가 승인하는 경우 단

---

127) 노동조합과 사용자단체에 관한 광범위한 권한에 대한 법적 책임을 가진 독립된 법적 직책이다. 인준관은 국무장관(Secretary of State), 즉 '영업 · 기업 및 규제개혁부 장관'(State for Business, Enterprise and Regulatory Reform)이 ACAS와 협의 후 임명한다.

체교섭권을 획득하게 된다. CAC에 의한 승인의 경우 투표를 통해 신청노조가 전체 투표자 중 과반수 지지를 받고, 그 수가 당해 교섭단위 내 전체 근로자의 40% 이상인 경우에 승인된다. 전체 근로자 40% 이상 확보가 교섭이라는 노동조합 본질적 기능을 할 수 있는 요건인 것이다. 노조 승인이 있어야 사용자는 정리해고, 기업인수, 보건 및 안전, 연금에 관해 노조 대표와 협의할 의무가 있으며, 노조는 단체교섭을 위한 정보공개청구권을 가진다. 또한 노조 대표는 노조활동을 위해 근로시간 면제를 요청할 수 있다.

TULRA 제1조(a)는 노동조합의 개념을 주된 구성원이 노동자(worker)로 구성되어 있고, 그 주요 목적은 근로자와 사용자 간의 관계를 규율하기 위한 것이라고 규정하고 있다. 여기서 '노동자(worker)'는 근로계약 또는 기타 개인적으로 업무를 수행하기로 한 계약에 따라 일하는 자를 광범위하게 총칭하고 있어 가입범위를 두고 갈등의 소지가 없다.

5) 일본 : 행정관청 신고로 부당노동행위 구제신청 등 가능

노동조합 설립 시에 행정관청에 대한 신고는 불필요하나 노동위원회 자격심사에 합격한 노동조합만 노동조합법에 규정된 부당노동행위 구제 신청이나 노동협약의 지역적 확장 적용 신청, 노동위원회의 노동자위원 추천 권한을 갖게 되어 우리나라의 신고주의와 유사하다. 다만 자격심사에 합격하지 않아도 노동쟁의조정제도의 이용은 가능하다는 약간의 차이점은 있다. 노동조합의 정의 규정도 우리나라 법과 유사하다.[128] 노동위원회가 자격심사를 할 때

128) 노동조합법 제2조는 노동조합을 '노동자가 주체가 되어 자주적으로 노동조건의 유지개선 그 밖에 경제적 지위의 향상을 도모할 것을 주된 목적으로 조직한 단체 및 그 연합단체'라고 규정하고 있다. 동 조 단서에서 '노동조합'에

형식요건과 실질요건을 나누어 심사하여 자격을 부여한다. 규약의 필요적 기재사항에 대해서는 형식심사를 하고 노동조합 정의에 해당하는 실질심사는 직권으로 조사를 한다. 따라서 노동조합법상 근로자 개념 문제는 '노동조합 설립' 단계의 문제가 아닌 '단체교섭 거부 부당노동행위' 사건에서 쟁점화된다. 여기서 노동조합법상 근로자란 '직업의 종류를 불문하고, 임금·급료 기타 이에 준하는 수입에 의하여 생활하는 자'를 의미하여 우리나라와 유사한 정의 규정을 두고 있다. 후생노동성은 '노동조합법상 노동자 판단기준' 보고서를 발간하였다.

2011년 발간된 후생노동성 판단지침

- (기본적 판단요소) ① 사업조직에의 편입, ② 계약 내용의 일방적 · 정형적 결정, ③ 보수의 노무대가성
- (보충적 판단요소) ④ 업무의 의뢰에 응해야만 할 의무(승낙의 자유의 유무), ⑤ 넓은 의미에서의 지휘감독 하의 노무제공, 일정한 시간적 · 장소적 구속
- (소극적 판단요소) ⑥ 현저한 사업자성 등

이러한 지침에 의해 편의점, 가맹점의 점장들이 단체를 결성해서 본점에 프랜차이즈 계약 조건을 개선해 줄 것을 요구하였고, 본점이 이를 거부한 것이 단체교섭 거부 부당노동행위에 해당하는가에 관한 분쟁에서 근로자성이 인정된 바 있다. 또한 법원도 판결을 통해 방송국 관현악단, 방송국 수신료

해당하지 않는 경우로 △ 사용자의 이익대표자, 즉 임원, 감독적 지위에 있는 노동자, 그 밖에 사용자의 이익대표자의 참가를 허용하는 것(제1호), △ 사용자의 경비원조(근로시간 중의 유급의 단체교섭, 복리후생기금의 기여, 최소한의 규모의 노동조합 사무소의 제공을 제외)를 받는 것(제2호), △ 공제사업, 기타 복리사업만을 목적으로 하는 것(제3호), △ 주로 정치활동 또는 사회운동을 목적으로 하는 것(제4호)을 규정하고 있다.

수금원, 자전거 배송근로자 등 우리나라의 특수형태근로종사자와 유사한 개념들을 노동조합법상 근로자로 인정하고 있다.

나. 우리나라의 미래 모형 : 현재의 신고주의 유지, 조합원 자격 확대

1) 현재의 노동조합 설립 신고주의 유지

현행 노동조합법은 근로자가 노동조합을 자유로이 설립할 수 있도록 설립 자유주의를 천명하면서, 법 규정상 신고주의를 채택하고 있다. 다만, 행정관청이 신고증 교부 전에 사용자 또는 사용자 이익대표자의 참가 여부, 경비원조 여부 등 법상 요건을 심사한다. 이에 따라 보완요구, 반려 등을 할 수 있으므로 실제로는 심사제도로 운영되는 상황이다. 이에 노동조합 설립신고 시에 노사갈등이 발생하거나 보완요청 또는 반려되는 경우에는 노정갈등이 발생하고 있다.

노동계는 노동조합 설립신고 시에 형식적인 기재사항 누락 여부만을 심사하고 신고증을 즉시 교부해 줄 것을 요구하고 있다. 경영계는 노동조합 활동이 기업 및 국가경제에 미치는 영향을 고려하여 반려사유에 대한 심사를 엄격하게 할 것을 주장한다. 대법원은 행정관청이 결격사유에 해당하는지 여부를 실질적으로 심사할 수 있으나, 설립신고서 접수 당시 문제된다고 볼 만한 객관적인 사정이 있는 경우에 한하여 실질적인 심사가 가능하다고 보고 있다.[129] 헌법재판소도 노동조합 설립신고서 반려제도가 결사에 대한 허가제라고 볼 수 없고, 근로자의 단결권을 침해한다고 볼 수 없다는 입장이다.[130]

129) 대법 2011두69988

ILO 제87호 협약 '결사의 자유 및 단결권 보호 협약'은 노동조합 설립과 관련하여 사전 허가를 부인하고 있다. 다만, 일정한 노동조합 등록 제도에 대하여 결사의 자유 원칙에 반하지 않는 한도 내에서 인정한다.[131]

노동조합 설립을 행정관청에 신고하도록 하는 현재의 신고제도가 적정하다고 본다. 앞서 설명했듯이 유럽 국가들의 경우 비록 설립은 자유롭다 하지만 노동조합의 단체교섭이라는 실질적인 역할을 하기 위해서는 독일의 경우는 판례에 의해 인정된 일정한 요건에 해당해야 하고, 프랑스의 경우는 국가로부터 대표노조로 인정받아야 한다. 미국은 해당 근로자들의 50% 이상 지지를, 영국은 40% 이상 지지를 받아야 교섭요구를 할 수 있는 배타적 교섭주의를 택하고 있다. 일본도 노동위원회의 자격심사를 얻어야 교섭거부에 대한 부당노동행위 구제신청이 가능하다는 점 등을 비교해 보았을 때 우리나라의 행정관청 신고제도가 실질적인 조합 설립을 까다롭게 한다고 할 수는 없다. 우리나라의 경우 설립신고증을 받은 노동조합에게는 단체교섭권, 단체행동권이 부여되고 일반단체와 달리 노동쟁의 조정 신청, 부당노동행위 구제신청, 정당한 쟁의행위 등에 대한 민·형사상 면책, 세제 혜택, 법인격 취득 등 다양한 법적 특혜가 주어진다. 이에 따라 노동조합의 실질적 요건에 대한 행정관청의 판단은 필요하다. 우리나라는 광범위한 부당노동행위제도가 있고 행정관청의 시정명령에 따르지 않았다고 해서 해산명령을 내리는 법 규정도 삭제된 반면, 노동조합에 대한 전임자 부담 등을 감안해 보면 현재의 설립신고주의는 최소한

130) 2011헌바53, 전원일치 합헌결정

131) 등록이 규약신고, 세금면제, 분쟁해결제도와 부당노동행위 처리절차 이용의 전제가 되는 경우에는 정당성이 인정된다. 다만, 등록제도가 행정당국의 재량의 여지가 있거나, 등록절차가 불필요하게 길거나 복잡할 경우에는 정당성이 부인된다.

의 제도라 할 수 있다. 노동조합 설립신고서 접수 즉시 신고증을 교부하면 노동조합 설립 심사단계에서 결격요건 확인 자체가 불가능해져 자주성·민주성을 갖추지 못한 노동조합이 난립할 우려가 있다. 또한 노동조합의 적격성 여부에 대해 노사 모두가 일일이 법원을 통해 판단 받아야 하며, 이로 인해 불필요한 노사 갈등이 유발되어 노사관계의 불안요인으로 작용할 가능성도 있다.

2) 조합원 자격 확대

산업구조 변화에 따라 최근 다양한 형태의 특수형태근로종사자 및 개인도급자가 등장하고 있다. 기업에서도 급변하는 경영 환경 대응, 기업의 경쟁력 강화 등을 위해 용역, 사내하청 등 외주화가 증가하고 있다. 이에 따라 특수형태근로종사자에 대한 근로자성을 확대하고, 원청 등에 대한 노동조합법상 사용자 개념을 확대할 필요성이 대두되고 있다.

노동계는 특수형태근로종사자 및 용역·아웃소싱 등의 하청근로자들은 근로기준법 및 노동조합법상 보호의 사각지대에 있는 만큼, 이들에 대하여 근로자성을 인정하고 사용자 개념도 확대할 것을 주장한다. 반면 경영계는 특수형태근로종사자는 그 실질이 개인사업자이고 원청은 고용계약의 당사자가 아니므로, 특수형태근로종사자 근로자성 인정 및 원청 사용자성 확대는 계약자유의 원칙에 대한 침해라고 주장한다. 대법원은 특수형태근로종사자의 경우 근로형태, 사용자 종속 정도 등을 종합적으로 고려하여 개별·구체적 사안별로 노동조합법상 근로자 해당 여부를 판단하고 있다. 원청의 사용자 여부에 대해서는 실질적 지배력설을 적용하여 하청근로자의 근로조건에 대하여 '고용사업주로서의 권한과 책임을 일정부분 담당하고 있다고 볼 수 정도로 실질적·구체적으로 지배·결정할 수 있는 지위에 있는 경우'에 원청의 지배·개입 주체성을 인정하고 있다.

조합원이 될 수 있는 자격에 있어서, 문재인 정부의 ILO 결사의 자유 비준을 위한 법 개정으로 실직자, 해고자 등도 자유로이 단위 기업노조 가입도 허용되고, 정부의 행정해석으로 특수형태근로종사자도 노조 결성이 가능해지고 있어 조합원 범위도 확대되었다. 외국의 사례도 미국을 제외한 대부분의 국가가 조합원 범위를 넓게 인정하고 있다. 디지털 대전환시기에 일하는 방식과 계약형태의 다양화가 불가피한 점을 고려할 필요가 있다. 외국의 사례를 살펴보자. 특수형태근로종사자와 관련하여 독일은 단체협약법 제12조에 유사근로자라는 개념을 설정하고 있다. 유사근로자는 경제적으로 종속되고 근로자와 마찬가지로 사회적 보호 필요성이 있는 자로서 고용계약 또는 도급계약을 통해 타인을 위해 일을 하고, 이때 노무의 제공을 타인의 도움 없이 스스로 직접하며 ① 통상 1인을 위하여 활동하는 자, ② 평균적으로 수입의 절반 이상을 1인으로부터 얻게 되는 자이다. 유사근로자는 노동조합 가입, 사회보험법 등 개별법에 따른 최저임금, 연차휴가 등이 보장된다. 다만, 유사근로자로만 구성된 단결체는 단체교섭 및 쟁의행위 권한이 없다. 프랑스는 특수형태근로종사자에 대한 통일적 대책 방안이 아닌 외무원・대리인・외판원 등 상업대리인, 기자, 공연예술인, 가내노동자 등 직군별 특성에 맞는 각기 별개의 규정을 두고 있다. 특수형태근로종사자에 대해 노동법전 제7권에서는 각 직군별로 보수, 계약, 전문직 행사의 조건 등에 대해 규정하고 있고 이들에게 단결권은 물론 직업유형별로 특정 단체협약이 적용된다. 영국은 노무제공자(worker)[132)]

132) 노무제공자(worker)를 ① 고용계약을 체결하고 있거나, ② 본인의 직업적 고객에 해당하지 않는 계약 상대방에게 일정한 근로 또는 서비스를 직접적으로 제공할 것을 약정하는 여타의 계약 하에서 통상적으로 근로하거나 근로하려고 하는 자로 정의하고 있다.

에게 단결권을 인정한다. 노무제공자의 범위에는 근로계약을 체결한 근로자(employee)뿐만 아니라 사용자에게 개인적으로 노무를 제공하는 것을 약정하는 일정한 독립계약자도 포함된다. 미국은 근로자에 대한 구체적인 개념·범위는 판례를 통해 형성되는데, 독립계약자의 경우 단결권의 주체로서의 근로자에 해당하지 않는 것으로 보고 있다. 일본의 경우는 후생노동성 지침으로 종속성이 강한 우리나라 특수형태근로종사자의 경우에 대해서도 인정하고 있다. 산업의 디지털화와 MZ세대의 실용주의적 성격 등으로 미래는 일하는 계약의 다양성, 일하는 시간 또는 장소의 다양성이 불가피하다. 이러한 노동시장의 변화를 감안해 보았을 때 다양한 특수형태근로종사자는 물론 플랫폼 노동자들도 형식적으로는 사업자 계약을 하고 있다고 하더라도 일정한 요건을 전제로 조합원이 될 수 있도록 해야 한다고 본다. 문재인 정부 들어 별도의 해석지침 없이 정책으로 일정 특수형태근로종사자에 대해 인정해 온 바 있지만, 이로 인한 갈등은 진행형이다. 따라서 명확히 하기 위해서 '일본의 행정해석지침' 방식이나 또는 노동조합법 제2조 정의 규정인 "기타 이에 준하는 수입에 의하여 생활하는 자"에 대해 대통령령으로 세부 범위를 규정하는 방식으로 명확히 해주어 노동조합 설립 및 교섭 여부를 둘러싼 갈등을 해소해 줄 필요가 있다. 그러나 자영업자의 경우에는 종속 근로자가 없다하더라도 명백히 자율성을 지니고 있는 경우는 제외되는 것이 맞다. 종속성을 해석함에 있어서도 특정 사업자뿐만 아니라 지역적으로 소수의 사업자들에게 종속성이 있는 특수형태근로종사자(배달앱 종사자 등)들도 인정할 필요가 있다. 해당 분야 사업주협회와 노동조합 간에 공통사항을 교섭해 나갈 수 있기 때문이다.

3) 단체교섭의무 주체로서의 사용자 개념의 확대 논란은 유의해야 한다.

최근 중앙노동위원회가 사내하도급업체의 교섭 당사자로 산업안전부문에 대해 원청이 교섭의무가 있다는 결정을 내린 바 있다. 이로 인해 노사 간 새로운 갈등의 요인이 될 가능성이 있다.

사용자 개념 확대와 유사한 외국의 사례를 살펴보자. 일본은 노동조합법에 사용자에 대한 정의 규정이 없다. 다만, 원청의 사용자성과 관련하여 제7조제2호는 '사용자가 고용하는 노동자 대표자와의 단체교섭을 정당한 이유 없이 거부하는 것'을 부당노동행위의 한 유형으로 금지하고 있다. 최고재판소는 일정한 경우 원청의 사용자성을 인정하고 있다. 단체교섭 거부에 대한 부당노동행위 구제신청에 대한 사건에서 최고재판소는 "사용자는 일반적으로 고용관계상의 고용주를 의미하나, 고용주 이외의 사업주도 고용주와 부분적으로라도 동일시 할 수 있을 정도로 현실적이고도 구체적으로 지배・결정할 수 있는 지위에 있는 경우, 그 범위 내에서 노동조합법 제7조의 사용자에 해당된다."고 판시하였다.[133] 미국은 복수의 사용자가 존재하는 간접고용관계에서 일정한 조건이 충족될 경우 사용사업주에 대해 연방 공정근로기준법, 산업안전보건법, 노동관계법상 사용자 책임을 공동으로 부담케 하는 공동사용자 원리[134]를 적용한다. 공정근로기준법은 최저임금, 초과근로수당 지급에 대해 공동사용자 모두에게 지급의무를 부담하도록 하고 있다. 산업안전보건법은 사용사업주 또는 원청과 파견사업주 또는 하청은 공동으로 산업안전보건법상

133) 일본 최고재판소, 1995.2.28.

134) 공동사용자 원리의 주요 내용은 다음과 같다. 관련 사용자가 별개의 독립된 사용자이어야 한다. 복수의 사용자가 공유 혹은 공동으로 결정하는 대상은 고용조건과 관련된 핵심 사안이다. 복수의 사용자가 핵심적 고용조건을 공유 혹은 공동으로 결정하여야 한다.

책임을 부담하도록 하고 있다. 산업안전보건법상 공동사용자 책임을 면하기 위해서는 합리적인 주의를 했음에도 그 위험을 몰랐거나 알 수 없었고, 위험에 대한 통제권이 없었음을 입증해야 한다. 우리나라의 근로기준법상 체불에 대한 원청의 책임, 산업안전보건법 및 중대재해처벌법상 원청이 사내협력업체 즉 도급사업장에 대해 안전·보건 책임을 지고 있는 방안과 유사하다. 연방노동관계법은 공동사용자 원리가 사용사업주에게 단체교섭 의무를 인정하는 법리로 작동하지는 않고, 사용사업주는 간접고용근로자의 노동3권 행사를 방해한 경우의 부당노동행위 책임과 고용사업주에게 단체교섭을 지원하는 정보제공의무를 부담하는데 그친다. 연방노동위원회를 통해 직접근로자와 파견·용역근로자로 조직된 노동조합이 사용사업주 또는 원청 그리고 파견사업주 또는 하청을 사용자로 하는 하나의 교섭단위가 인정된 경우에 한해 사용사업주 또는 원청은 단체교섭의무를 부담한다. 이것은 우리나라의 산업별 및 초기업단위 노조의 경우 법률상 단체교섭 및 협약체결권은 산업별 및 초기업단위 노조에게 있으나 실질적으로는 기업별 지부(지회)와 함께 교섭에 임하거나 위임을 하여 기업별 지부가 교섭 및 협약을 체결하는 형태와 실질에 있어서는 같은 모양으로 판단된다. 즉 기업단위를 넘어선 동일한 조합원이 있다는 것이 공통점이다. 연방노동위원회는 원칙적으로 사용사업주와 파견사업주의 명시적 동의가 있는 경우에 하나의 교섭단위로 인정하나, 동의가 없더라도 과거 교섭실태나 관행 등을 고려하여 하나의 교섭단위로 인정하는 경우도 있다. 프랑스 노동법전 L.2232-19조는 도급인이 자기의 사업장 또는 사업 전체를 총괄하는 자격으로 감독권을 수행하는 작업장에서 수급인에게 고용된 근로자를 사용하는 경우, 수급인인 기업의 대표적 노동조합의 대표는 단체교섭이 있을 때 의견을 개진할 수 있도록 규정하고 있다. 산업안전법, 근로기준법 등에 의해 법으로 원청의 책임이 있다고 해서 그것이 노동조합 및 노동관계조정법상 사업주로 의제되는 것은 아니라고 본다.

우리나라는 노동조합 및 노동관계 조정법에 사용자에 대해 명문으로 정의하고 있고 또한 단체교섭 및 노동쟁의 대상으로 "근로조건의 결정"으로 정의되어 있음을 감안하여 현재의 행정해석과 법원 판결을 유지하는 것이 바람직하다고 본다. 최근 ILO 규약 비준을 위한 법 개정과 특수형태근로종사자의 노동조합 결성 인정 등 조합원 범위가 확대되고, 이것이 금년에 이제 막 시행되는 초기 단계로 노사관계 전반적인 불안정성이 내재되어 있음도 고려해야 한다. 단체교섭 의무자로서의 사용자성을 원청으로 확대하려는 움직임은 불안정한 노사관계를 더 불안하게 할 수 있음을 감안하되, 현재의 우리나라 기업별 노사교섭이 대기업과 그 협력업체인 중소기업 간의 격차를 확대하고 있다는 점을 고려할 필요가 있다. 그래서 필자는 교섭의무로서의 원청의 사용자성 확대보다는 대기업 노사의 사회적 책임, 즉 ESG 중 사회적 책임의 실현과 장기적으로 바람직한 일자리 생태계 조성이라는 측면에서 업종별 노사대표들이 현안에 대해 협의하는 중층적 협의시스템을 구축해주는 것이 바람직하다고 본다. 이 점에 대해서는 후술하기로 한다.

(2) 단체교섭 대상

가. 외국의 사례

1) 독일 : 단체협약으로 규율 가능한 사항, 경영권 침해 불가

독일은 단체협약법 제1조제1항에 "단체협약은 단체협약 당사자의 권리와 의무를 정하고, 근로관계의 내용 · 체결 · 종료, 사업 내의 문제 및 사업조직법상의 문제를 규율하는 법 규범을 포함한다."고 규정하고 있다. 근로조건과 관련된 사항이 주된 대상으로 보이며 우리나라의 경영상 이유에 의한 정리해고 등은 이에 포함된다고 볼 수 있다. 권리분쟁사항은 사법적 구제절차가 마련되어 있어서 이를 관철할 목적으로 하는 파업은 정당성을 인정하지 않고 사실상 교섭대상이라 하기 어렵다. 사업주의 처분 가능성 범위 내이지만 경영권 본질 사항은 교섭대상 및 쟁의행위 대상이 아니라고 판결하고 있다. 연방노동법원은 쟁의행위는 단체협약에서 규율 가능한 사항을 목적으로 해야 한다고 판시하고 있다. 최근 독일에서 이른바 '경영상 결정[135]'과 관련하여 노동자 측에서 쟁의행위를 통해 사용자의 경영상 결정에 영향을 미치고자 하는 시도가 증가하고 있다. 독일의 통설은 이러한 쟁의행위는 독일기본법 제9조제3항에서 말하는 "노동 및 경제조건의 유지 및 향상"을 넘어서는 것이라고 보아 위법한 쟁의행위로 취급하고 있다. 단체협약 대상이 근로관계의 내용 · 체결 · 종료, 사업장 내의 문제를 규율하는 것으로 되어 있어서 당연히 정치적 목적 사항은 교섭대상 및 쟁의행위의 대상이 아닌 것으로 판단된다.

2) 프랑스 : 교섭대상 폭넓게 인정

헌법 전문에 "근로자는 누구나 그의 대표를 통하여 근로조건의 집단적 결정과 기업의 경영에 참가한다."고 규정되어 있고, 헌법재판소가 이에 대한 기본권적 효력을 인정함에 따라 단체교섭권 역시 헌법상의 기본권으로 인정

135) 사업의 폐업 및 부서의 폐지 등을 저지하고자 하거나 생산시설의 이전, 특히 외국으로의 이전에 반대하는 경우 등

되고 있다. 노동법전 L.2222-1조 제1항은 단체교섭은 지역적 또는 직업적 범위에 한정되며, 직업적 범위란 경제적 활동의 관점에서 정의된다고 규정하고 있다. 대법원은 쟁의행위 대상의 경우 '직업적 요구'에 해당하는 것을 폭넓게 인정하는데, 노동관계에 있어서 모든 개인적·집단적 노동조건을 포함하고 있어 교섭대상을 폭넓게 인정하고 있다. 노동조합원의 해고 반대 등은 권리분쟁사항[136]이나, 경영상 이유에 의한 해고 반대 등도 정당성이 인정되고 있으므로 교섭대상이 된다. 뿐만 아니라 사회보장, 보건, 실업, 가족수당, 노령연금 등도 포함된다는 입장이다. 따라서 근로자들의 생활과 관련된 국가 정책적 사항을 이유로 한 쟁의행위는 종종 사용자의 권한 밖의 내용을 목적으로 발생하게 되는데 법원은 이를 합법으로 인정하고 있다.

3) 미국 : 의무적, 임의적, 위법적 교섭대상 등 3분론

NLRA 제8조(d)는 단체교섭의 대상사항을 '임금, 근로시간 및 기타 제반 근로조건'이라고 규정하고 있다. 판례에 따르면, 의무적 교섭사항에는 근로조건에 관한 사항 외에도 우리나라의 채무적 교섭사항, 즉 임의적 교섭사항에 해당하는 사항인 여타 집단적 노사관계에 관한 사항(유니언숍, 조합비 공제, 교섭절차, 고충·중재절차 등)이 포함된다. 미국의 교섭대상은 판례 등에 의해 교섭대상의 3분론으로 정리되어 있다. 의무적 교섭사항(mandatory subject), 임의적 교섭사항(permissive subject), 위법적 교섭사항(prohibitive subject)으로 구분하고 있다. 경영권의 본질적 사항은 교섭대항이 아니면서도 근로조

136) 권리분쟁사항은 법원에서 해결되지만 단체교섭으로도 해결되는 구조이다.

건과의 형평성에 의해 판단되고 있다. 경영결정과 의무적 교섭사항의 관계에 대하여 판례는 경영결정이 임금, 근로시간, 해고 등 고용 및 근로조건에 미치는 영향은 의무적 교섭사항에 해당하지만, 근로자에게 미치는 영향이 간접적이거나 희박한 경영결정사항(예 : 투자정책)은 의무적 교섭사항에 해당하지 않는다고 보고 있다. 한편 근로자에게 미치는 영향이 직접적이고 중대한 경영결정사항(예 : 사업의 폐지, 이전)의 경우에는 관련된 근로자의 근로조건 변동에 관한 사항에 대해서는 교섭대상으로 보고 있다. 법에 근로조건에 관한 사항을 교섭대상으로 규정하고 있기 때문에 당연히 정치적 요구사항 등 사용자 처분권한 밖의 요구사항은 교섭대상이 아니다.

4) 영국 : 근로조건 및 조합활동 사항

TULRA 제178조는 단체교섭사항으로 ① 고용조건 또는 신체적 조건, ② 근로자의 채용 또는 불채용, 고용 종료 또는 정지, ③ 근로자 간 작업 내지 직무 배분, ④ 직장 규율(징계), ⑤ 근로자의 조합원 자격 유무, ⑥ 노조 임원에 대한 편의제공, ⑦ 교섭 절차 등을 규정하고 있다. 미국의 경우와 유사하다고 볼 수 있다. 경영상 해고 등도 포함된다고 볼 수 있다. 경영권의 본질적 사항이나 정치적 사항은 교섭대상이 아님이 법 규정에 의해 명백하다고 본다.

5) 일본 : 근로조건 관련 이익분쟁 및 권리분쟁

일본의 경우 교섭대상에 대한 법상 명시적 규정은 없으며 노동조합법 제6조는 교섭권한에 관해 규정하고 있다.[137] 판례 등 통설은, 교섭거부 부당노동행위로 인정되는 의무적 교섭사항에 대해 '노동조건이나 노동자의 지위・신분 등 노동자의 경제적 지위에 관계되거나 또는 노동조합 그 자체에 관한 사항(조합활동, 편의제공 등)으로 사용자에게 처리권한이 있는 사항 등'이 해당된다는 입장이다. 조합원에게 적용되는 집단적 노동조건뿐만 아니라 개별 노동자의 해고, 유기계약의 갱신, 계속고용(재고용), 징계처분, 배치전환, 임금·연봉에 관한 사항 등 다양한 개인적 노동조건이 포함된다고 보고 있어 소위 권리분쟁사항도 교섭대상으로 보는 경향이다. 경영권 사항은 원칙적으로 교섭대상이 아니나 노동조건이나 조합활동과 관계가 있는 경우 의무적 교섭사항이 될 수 있다고 법원은 판시하는 경향이다. 사업주의 처분권한 밖의 정치적 요구 등은 교섭대상이 아니라는 것이 통설이다.

나. 우리나라 미래 모형 : 현행 규정 유지, '정리해고 기준설정'은 보충교섭 대상으로 인정하자

현행 노동조합법은 단체교섭, 쟁의행위 대상에 대한 별도의 규정을 두고 있지 않으며, 노동쟁의 정의만을 규정하고 있다. 판례와 행정해석은 단체교섭, 쟁의행위 대상이 동일하게 이익분쟁사항인 근로조건 결정에 관한 사항에 한정되는 것으로 이해하고, 권리분쟁사항, 본질적 인사·경영사항, 전임자, 조합비 공제 등 노동조합 활동사항을 단체교섭, 쟁의행위 대상에서 배제하고 있다. 다만, 대법원에서는 노동조합 활동사항을 임의적 교섭사항으로 보기도 하고, 의무적 교섭사항으로 보기도 한다. 노조 전임자 제도에 관하여는 이를 임

137) 노동조합의 대표자 또는 노동조합의 위임을 받은 자는 노동조합 또는 조합원을 위하여 사용자 또는 그 단체와 노동협약의 체결, 그 밖에 사항에 관하여 교섭할 권한을 갖는다.

의적 교섭사항으로 본 대법원 판결[138]이 있으나, 이와는 반대로 노동조합의 활동, 노동조합에 대한 편의제공 등을 의무적 교섭사항으로 본 판결[139]도 있다. 이러한 판례와 행정해석의 입장은 다른 국가와 비교할 때 상대적으로 정당한 쟁의행위의 범위를 좁게 보는 것으로, 현실적으로 빈번한 불법 쟁의행위를 초래한다는 비판이 제기되고 있는 상황이다.

노동계는 노동조합 활동사항, 권리분쟁사항, 인사·경영사항, 정책관련 사항 등 모두를 단체교섭, 쟁의행위 대상에 포함해야 한다고 주장한다. 경영계는 단체교섭 및 쟁의행위 대상은 이익분쟁사항인 근로조건 결정에 관한 사항에 한정되어야 한다는 입장이다.

노동조합법은 1987년 이후 노동쟁의 정의에 "근로조건에 관한 사항"으로 규정하고 있었으나, 해고자 복직 등 권리분쟁에 관한 사항을 두고 갈등이 계속되자 집단적인 '근로조건의 결정에 관한 사항'으로 명확히 하여 이익분쟁을 대상으로 하였다. 즉 1997년 노동조합법 개정 시 노사정 합의를 통해 노동쟁의의 정의를 '근로조건에 관한 사항'에서 '근로조건의 결정에 관한 사항'으로 변경하였다. 이는 근로조건의 기준을 결정하는 분쟁, 즉 이익분쟁만을 노동쟁

138) 노조전임제는 노동조합에 대한 편의제공의 한 형태로서 사용자가 단체협약 등을 통하여 승인하는 경우에 인정되는 것일 뿐 사용자와 근로자 사이의 근로계약 관계에 있어서 근로자의 대우에 관하여 정한 근로조건이라고 할 수 없을 것이고, 단순히 임의적 교섭사항에 불과하여 이에 관한 분쟁 역시 노동쟁의라 할 수 없으므로 특별한 사정이 없는 한 이것 또한 중재재정의 대상으로 할 수 없다. (대법원 1996.2.23. 선고 94누9177)

139) 단체교섭의 대상이 되는 단체교섭사항에 해당하는지 여부는 헌법 제33조 제1항과 노동조합 및 노동관계조정법 제29조에서 근로자에게 단체교섭권을 보장한 취지에 비추어 판단하여야 하므로 일반적으로 구성원인 근로자의 노동조건 기타 근로자의 대우 또는 당해 단체적 노사관계의 운영에 관한 사항으로 사용자가 처분할 수 있는 사항은 단체교섭의 대상인 단체교섭사항에 해당한다고 봄이 상당하다. 같은 취지에서 원심이, 전국새마을금고노동조합(이하 '노동조합'이라고 한다)의 부천시지부가 원고에게 단체교섭을 요구한 사항들은 대부분 징계·해고 등 인사의 기준이나 절차, 근로조건, 노동조합의 활동, 노동조합에 대한 편의제공, 단체교섭의 절차와 쟁의행위에 관한 절차 등에 관한 사항인 사실을 인정하고, 그와 같은 사항들은 단체교섭의 대상인 단체교섭사항에 해당한다고 판단한 것은 옳다. (대법원 2003.12.26. 선고 2003두8906)

의 대상으로 하려는데 입법취지가 있다고 할 것이다. 교섭대상은 판결 및 통설에 의해 미국의 3분론으로 정리되어 있다.

즉 의무적 교섭사항은 사용자가 교섭에 응할 의무가 있는 사항에 대해 응하지 않으면 부당노동행위가 되는 사항이다. 이는 노동쟁의 정의 규정에 정해진 근로조건의 결정에 관한 사항이다. 임금, 근로시간, 해고의 기준, 그 밖의 근로조건으로 재해보상, 안전 등 취업규칙의 기재사항이 보편적으로 이에 해당한다고 볼 것이다.

임의적 교섭사항은 사용자에게 교섭에 응할 의무가 없으며 교섭에 불응하여도 부당노동행위가 되지 않는 사항이다. 그러나 일단 교섭에 응하여 협약이 체결되면 이를 지켜야 하는 사항이다. 주로 조합활동에 관한 사항, shop 조항, 조합비 공제, 노사협의 및 노조전임자에 관한 사항, 교섭절차에 관한 사항 등이 이에 해당한다. 이와 같은 임의적 교섭사항만으로는 노동쟁의 조정신청 및 쟁의행위를 할 수 없다.

위법적 교섭사항은 우선 사용자가 처리할 권한이 없거나 공서양식에 위반하는 사항이다. 이는 교섭대상이 아니고 협약이 체결되었다 하더라도 그 부분에 한해 무효가 된다. 위법한 교섭사항으로는 closed shop 조항, 차별적 대우를 내용으로 하는 조항, 구속자 석방, 조합원 자녀 우선·특별채용, 근로시간 면제한도 초과 요구, 특정 종교의 강제, 경영권의 본질적 침해조항 등이 이에 해당한다.

여기서 유의할 점은 인사경영권은 헌법상 재산권의 관리·행사의 일환으로 보고 있어 '경영상의 의사결정 자체'나 '인사결정권' 자체는 의무적 교섭사항이 아닌 것이다. 그러나 그와 관련한 근로조건에 중대한 영향을 미치거나 밀접한 연관이 있는 사항은 교섭대항이 되는 것이다. 예를 들어 합병·양도 반대 등 경영권의 본질을 침해하는 것은 교섭대상이 아니라도 관련된 근로조건에 해당하는 사항은 교섭대상으로 보고 있다. 해고와 관련해서는 해고의 사유, 기준, 절차를 정하는 것은 교섭대상이고, 특정 해고자 해고 반대 및 복직 등은 법상 구제절차가 마련되어 있어 교섭대상이 아니다.

외국의 입법례에서 보듯이 프랑스를 제외하고는 정치적 요구사항이나 경영권의 본질에 관한 사항은 대부분 교섭대상에서 제외되어 있다. 우리나라 현재의 행정해석이나 판결도 이를 제외하고 있고 경영권의 본질과 연관된 근로조건에 관련된 사항은 교섭대상으로 보고 있지 않아 크게 다툼이 없다고 본다.

외국의 제도나 판례는 근로조건에 관한 사항으로 권리분쟁사항은 상당수 국가가 이를 인정하고 있음을 알 수 있다. 그러나 우리의 경우는 체불임금에 대해서는 정부가 강하게 개입하여 형사처벌하고 있는 점, 개별적 해고에 대해서도 구제절차와 노동위원회의 결정에 따르지 않으면 과태료를 부과하여 강제하고 있는 점 등 다른 국가에 비해 구제절차가 구체적이고 강행적이라는 점을 고려할 필요가 있다. 특히 권리분쟁사항에 관한 현장의 혼란을 방지하고자 노동조합법을 개정하여 노동쟁의 정의규정에 '근로조건의 결정'으로 명확화하여 이미 현장에 정착된 점을 감안할 때 권리분쟁사항은 교섭대상이 아니라고 보는 것이 타당하다.

다만 경영상 이유에 의한 해고의 경우는 좀 깊게 고민해 볼 필요가 있다. 현재 종사하고 있는 근로자들의 임금 인상 등 근로조건을 향상하기 위해서는 파업 등이 가능한데, 근로자들의 생존 자체가 위험해지는 경영상 이유에 의한 해고는 그 기준과 절차를 정하는 것은 교섭대상이지만 정리해고 실시 자체를 반대하거나 인원의 최소화를 요구하는 등 집행을 둘러싼 갈등은 교섭과 파업의 대상이 아니라고 보는 것이 과연 바람직한가? 물론 근로기준법에는 경영상 이유에 의한 해고에 관해 과반수 노조가 있는 경우는 과반수 노조와 그렇지 않은 경우는 과반수 근로자 대표와 성실히 '협의'토록 하고 있고 긴박한 사유가 있어야 하며 사전 해고회피 노력 등 다른 국가에 비해 강한 절차와 사전요건을 규정하고 있다. 이것을 제대로 준수하여야 정당한 해고가 된다. 최근 판례가 경영상 해고를 너무 엄격히 인정하고 있다면서 경영계는 긴박한 사유를 제외해 줄 것을 요청하고 있다. 이처럼 법리적 논리만을 따져보면 경영상 해고 실시와 관련해서는 교섭대상이 아니라 근로자대표와의 협의 대상임이 분명하다고 할 것이다.

그러나 여기서 고민할 점이 있다. 1997년 외환위기 이후 그리고 최근 코로나19 사태 이후 불가피하게 기업이 경영상 이유에 의한 해고를 실시하고자 할 때 노동조합이 교섭요구 및 파업을 하지 않은 경우는 매우 드물다. 앞으로도 내일의 임금을 더 올리기 위해서 파업하는 것은 정당한데 오늘 일자리를 잃게 되는 사항에 대해서는 교섭과 파업이 안 된다고 하면 노동조합이나 근로자 입장에서는 거의 수용되지 않을 것이라 본다. 노조 측도 이러한 쟁점이 부각되면 임금·단체협약 교섭과 연계하여 위법성 논란을 피하는 경향이다. 참 어려운 과제이다. 필자도 이 점을 늘 고민해왔다. 그럼에도 전체적으로 볼 때 다음 사항을 깊게 고민할 필요가 있다. 경영상 해고제도는 긴박한 경영상의 이유라는 사유나 해고회피를 위한 기업의 노력, 기준을 정해가는 노사 간 협의 등 절차준수에 대해 행정해석이나 법원의 판결은 매우 엄격하게 적용하고 있다. 그래서 앞서 설명한 대로 경영계가 노동시장제도의 경직성 완화를 요구하면서 긴박한 사유를 제외해줄 것을 1차적으로 요구하고 있다. 경영상 해고에 대해 노동위원회에도 정당성 여부를 판결하고 있다. 교섭대상 인정 시에 같은 사안을 놓고 조정위원회와 심판위원회가 달리 결정하는 모순도 있을 수 있다. 교섭대상으로 인정하게 되면 권리분쟁에 관한 사항 즉 개별해고도 인정해야 하는 법률적 어려움도 있다. 이러한 사항을 종합해 볼 때 현행 행정해석이나 판결을 존중하는 것이 바람직하다고 본다. 한 가지 제안하고 싶은 것이 있다. 현재 경영상 해고의 기준을 설정하는 것은 교섭대상과 쟁의행위의 대상이 된다. 따라서 실제 경영상 해고가 실행되면서 기존의 기준이 없어 설정하려는 목적이거나 기존의 기준을 변경하려는 목적으로 보충교섭을 요구하는 것을 교섭대상과 쟁의행위 대상으로 인정함으로써 어느 정도의 정서상 문제와 법률적 문제의 갈등을 해소해 줄 수 있다고 본다. 정리해고를 반대하며 하는 파업에 대해서는 폭력, 점거, 파괴 등이 수반되지 않는 한 정부도 이것을 정당성이 없다고 공개적으로 말하는 것을 주저해 왔고 형사상 책임을 묻기 어려웠던 점도 감안할 필요가 있다. 해고기준 설정 등에 대해 보충교섭대상으로 인정하면서 대신에 불법점거, 폭력, 파괴 등에 대해서 국가가 엄격히 법을 집행하면 오히려 노사관계 불안정성을 없앨 수 있다고 본다.

(3) 쟁의행위의 정당성과 법적 책임

가. 외국의 사례

1) 독일 : 경영상 결정사항관련 및 유효기간 내 파업은 불인정

단체행동에 대한 법상 정의 규정은 없다. 판례와 학설에 따른 쟁의행위 개념은 '쟁의당사자들이 특정한 목적을 달성하기 위하여 집단적 수단에 의해 노동관계를 저해하는 것'이라고 이해되고 있다. 연방노동법원은 쟁의행위 정당성 관련 기준을 아래와 같이 내놓고 있다.

① 파업은 협약상 규율 가능한 목적을 위해 이루어져야 한다. 따라서 단체협약의 대상이 될 수 없는 사항, 예컨대 투자 또는 가격에 관한 기업의 정책결정은 쟁의행위의 대상이 될 수 없다. 연방노동법원은 일반적으로 경영상의 결정(경영권)의 경우 단체협약의 대상이 되지 않는다는 입장이다.

② 노무제공의 거부는 협약상의 평화의무에 반하여서는 안 된다. 따라서 협약으로 이미 규율되어 있는 사항인 한, 단체협약 유효기간 동안의 파업은 인정될 수 없다.

③ 파업은 노동조합에 의해 조직·실시되어야 하고, 적어도 사후에 노동조합에 의한 승인이 있어야 한다. 또한 노동조합은 사용자가 파업결의가 있었음을 알 수 있도록 해야 한다. 우리나라의 파업의 최후 수단성이 필요로 하는 사항과 상통한다.

④ 파업은 국가 또는 기타 공권적 주체에 대하여 공권적 행위를 하도록 할 것을 목적으로 행해져서는 안 된다. 연방노동법원에 따르면, 법률에 규정된 공동결정권의 확대를 목적으로 하는 노무제공 거부와 같은 정치파업은 허용되지 않는다.

⑤ 파업은 비례성 원칙에 반하여서는 안 된다.

⑥ 파업은 상대방을 파괴시킬 목적으로 하는 것이어서는 안 되고, '저해된 산업평화'를 회복하는 목적이어야 한다.

⑦ 파업기간 중에도 생산시설의 파괴를 막기 위해 필요한 유지업무는 확보되어야 하고, 긴급업무가 실시되지 않아 이로 인해 제3자가 심각한 영향을 받게 되는 경우는 해당 긴급업무가 실시되어야 한다.

⑧ 파업은 기타의 사유에 의해 선량한 풍속에 반하여서는 안 된다.

⑨ 파업은 공무원에 대해 적용되는 것과 같이 특별한 금지규정에 반하여서는

안 되며, 사업 내 근로시간의 일시적 변경과 같이 경영조직법상의 문제를 그 대상으로 하여서는 안 된다. 즉 우리나라 노사협의회와 유사한 경영조직법상 협의사항은 쟁의대상으로 하지 않고 있다.

⑩ 파업은 권리구제 절차에 의해 해결될 수 있는 목적을 추구하여서는 안 된다. 따라서 파업에 의해 부당한 해고를 철회시키고자 할 수 없다.

⑪ 노동조합의 파업 결의는 어떠한 근로자가 어느 시점에 파업에 임하는 것인지를 정하여야 한다. 상대방이 대비할 수 있도록 알려져야 한다.

전체적으로 살펴보면 근로조건의 결정에 관한 사항이 정당성을 인정받고 권리분쟁, 경영권 본질 사항, 정치적 사항은 정당성이 인정되지 않는 것이다. 이러한 원칙을 벗어난 파업 등 불법 쟁의행위에 대해서는 독일 민법 제280조 제1항 및 제276조(채무불이행), 제823조제1항(불법행위)에 의해 손해배상 책임이 인정되고 있다. 당연히 인사상 불이익처분도 가능하다. 손해배상액의 산정문제와 관련하여 연방노동법원은 생산손실 그 자체를 손해로 보지는 않고 사업을 계속 운영했을 경우에 얻었을 수입에서 생산손실로 인해 지출되지 않는 비용(임금, 수리비용, 전력비용 등) 간의 차액이 된다는 입장이다. 오늘날 독일에서 쟁의행위의 형사책임에 대해서는 거의 논의되지 않는다. 그 이유는 불법점거, 폭력, 파괴 등 수단상의 불법은 그 자체로 형사처벌 대상이라서, 사업장 밖에서 피켓시위 등을 실시하는 것이 파업의 주된 방법이기 때문이다.

2) 프랑스 : 권리분쟁 및 근로자 생활 연관 정책적 사항까지 정당성 인정

대법원은 쟁의행위 대상의 경우 '직업적 요구'에 해당하는 것을 폭넓게 인정하는데, 노동관계에 있어서 모든 개인적 · 집단적 노동조건뿐만 아니라 사회보장, 보건, 실업, 가족수당, 노령연금 등도 포함된다는 입장이다. 따라서, 쟁의행위는 종종 사용자의 권한 밖의 내용을 목적으로 발생하게 되는데 법원은 이를 합법으로 인정하는 경향이다.[140] 권리분쟁을 목적으로 하는 파업 역시 인정되고, 권리분쟁은 법원에서 해결될 수 있지만, 파업으로도 해소 가능하다. 노동조합원 해고 위협에 맞선 파업이나 경영상 이유에 의한 해고(정리해고) 관련 파업도 모두 정당성이 인정되고 있다. 다만 순수한 정치적 목적의 파업은 인정되지 않는다고 한다.

3) 미국 : 의무적 교섭사항 중심의 정당성 인정

교섭대상에 대해서만 쟁의행위의 정당성이 인정된다. 위법한 쟁의행위에 대해 사용자는 보통법(Common Law, NLRA 포함)상 불법행위법에 따라 손해배상 청구가 가능하다. 개별근로자에 대해서는 연방대법원은 폭력과 협박에 의한 행위로 인해 사용자가 재산상 손해를 입은 경우 손해배상을 통해 구제받을 수 있다는 입장이다. 노동조합에 대해서는 NLRA 제303조에 의거, 사용자가 위법한 파업으로 인한 손해를 받은 경우 노동조합에게 손해배상 청구가 가능하도록 하고 있다.[141] 미국은 불법파업에 대해 형사책임을 묻는 규정도 있다. NLRA는 노동조합의 폭력행위에 대해 처벌조항을 두고 있지 않고 일반형법에 따르고 있다. 특이한 점은 NLRB가 노동조합의 부당노동행위에 대해

140) 2006년 사탕 제조 회사인 라미 루티에서 근로자들이 정부의 노령연금 삭감 결정을 반대하며 파업을 하였는데 프랑스 대법원은 정당하다고 인정하였다.

141) • NLRA 303조(a) : 노동조합이 NLRA 제8조(b)(4)의 부당노동행위로 규정된 활동 또는 행위로 인해 통상 활동 또는 산업에 영향을 미치는 것은 위법하다.
• NLRA 303조(b) : 제303조(a)에 해당하는 위법행위로 인해 발생한 사업 또는 재산에 피해를 받은 자는 지방법원 또는 당사자의 관할권에 해당하는 다른 법원에 소를 제기할 수 있고 손해액과 소송비용을 청구할 수 있다.

금지명령이 가능하다. 노동조합이 NLRB의 명령을 따르지 않는 경우, NLRB는 NLRA 제10조(e)를 근거로 항소법원에 집행명령을 신청할 수 있고, 항소법원이 NLRB의 명령을 집행하도록 판결한 후, 이를 따르지 않는 경우 해당 당사자는 벌금 또는 법정 모독죄를 이유로 징역형에 처하도록 하고 있다.[142] 이와 별개로 LMRDA 제60조에서는 부당한 피켓시위를 금지하고 있으며, 이러한 행위는 20년 이하의 징역형, 1만 달러 이하의 벌금 또는 병과할 수 있음을 규정하고 있다. 이처럼 미국은 쟁의행위 수단이나 노조 측의 부당노동행위에 대해서도 엄격한데, 형사처벌 하는 조항을 갖고 있는 특징이 있다. 비교적 해고가 자유로운 국가이지만 인사상 책임을 묻는 것을 당연하게 여기고 있다.

4) 영국 : 근로조건 관련 사항에 대해 정당성 인정, 불법 피켓팅은 형사처벌

영국 보통법(common law)에 따르면 정당하지 않은 쟁의행위(대표적으로 파업)에 참가한 근로자 개인은 근로계약 위반 책임을 지고, 파업을 주도한 노동조합은 이 계약 위반을 유인했다는 이유로 불법행위에 대한 민사상 책임을 부담하고 있다. 또한 쟁의행위 수단과 관련한 형사책임도 규정하고 있다. TULRA 제241조 제1항은 피켓팅이 다음에 해당할 경우(민사상 불법행위에 더해) 형사범죄를 구성한다고 규정하고 있다.

① 쟁의행위에 참여하길 희망하는 사람, 그 배우자 또는 아이들에 대해 폭력을 행사하거나 위협하거나 재산상의 손해를 가할 경우

142) National Labor Relations Board, *Basic Guide to the National Labor Relations Act : General Principles of Law Under the Statute and Procedures of the National Labor Relations Board,* 1997, at 37.

② 여러 장소에 걸쳐 그 사람을 지속적으로 따라다니는 경우
③ 그 사람이 소유/사용하는 연장, 의복 또는 다른 물건들을 숨기거나 빼앗거나 사용을 방해할 경우
④ 그 사람이 거주하거나 일하거나 사업을 수행하는 집이나 다른 장소를 감시하거나 포위하는 경우
⑤ 2인 이상이 무질서하게 그 사람을 거리에서 따라다니는 경우

5) 일본 : 이익분쟁 중심 정당성 인정

쟁의행위 대상과 관련된 명시적 규정은 없으나, 판례 등 통설은 쟁의행위가 정당성을 인정받기 위해서는 단체교섭대상이어야 한다고 보고 있다. 따라서 이익분쟁이 중심이 된다. 권리분쟁이나 인사경영권 사항은 사용자가 협약을 위반하거나 노동조건에 악영향을 미치는 등 근로조건과 직접 연관되었을 경우에 한정적으로 인정하고 있는 경향이다. 따라서 경영권의 본질을 침해할 목적이나 사용자의 처분 가능성을 넘어선 정치적, 입법적 요구 등 정치적 파업은 정당성을 인정받지 못한다. 우리나라처럼 노동조합 및 노동관계조정법상 쟁의행위에 대한 제한・금지 규정이 있다. 조정안의 해석・이행을 둘러싼 쟁의행위의 제한(제26조), 안전유지시설의 정지・폐지의 금지(제36조), 공익사업의 쟁의행위 예고(제37조), 긴급조정에 따른 쟁의제한(제38조) 등이다. 공익사업의 쟁의행위 예고의무 위반과 긴급조정에 따른 쟁의제한에 관하여는 벌금을 부과하는 벌칙 규정도 있다. 우리나라처럼 정당한 쟁의행위에 대해서는 벌하지 않는다는 형법상 규정을 두고 있다. 민사책임과 관련하여서는 쟁의행위가 불법행위로 성립이 되는 경우, 배상해야만 하는 손해의 범위와 관련하여 판례는 쟁의행위와의 상당인과관계에 의한 손해로서 손해액을 평균 매출

액과의 차액에 이익률을 곱하여 산정토록 하고 있다. 또한 판례는 "노동자의 쟁의행위는 집단적 행위이지만, 그 집단성에 따라 참가자 개인의 행위라는 면이 당연히 없어지는 것은 아니다."라고 하여 참가자의 징계책임을 인정하고 있다.

나. 우리나라 미래 모형 : 자기업무 거부에 대해서는 형사처벌 방지, 민사 · 인사상 책임은 일관성 필요

우리나라의 대법원은 쟁의행위의 정당성에 대해 명확히 판결하고 있다. 즉 주체와 관련해서는 단체교섭 권한이나 단체협약을 체결할 능력이 있는 노동조합이어야 한다. 그 목적은 근로조건의 향상을 위한 노사 간의 자치적 교섭을 조성하는데 있어야 한다. 쟁의행위에 의하여 달성하려는 요구사항이 단체교섭 사항, 즉 집단적 이익분쟁이어야 한다. 시기 및 절차는 사용자가 근로자의 근로조건 개선에 관한 구체적인 요구에 대하여 단체교섭을 거부하거나 단체교섭의 자리에서 그러한 요구를 거부하는 회답을 했을 때 개시하고, 특별한 사정이 없는 한 법령이 정하는 바에 따라 조합원의 찬반투표 절차를 거쳐야 한다. 수단 및 방법에 있어서는 소극적으로 근로의 제공을 전면적 또는 부분적으로 정지하여 사용자에게 경제적 타격을 주는 것이어야 하고 노사관계 신의성실에 비추어 공정성의 원칙에 따라야 하며, 사용자의 기업시설에 대한 소유권, 기타의 재산권과 조화를 이루어야 함은 물론 폭력이나 파괴행위를 수반하여서는 아니 된다. 특히 쟁의행위 목적의 정당성 판단과 관련해서는 사용자의 인사 · 경영권을 침해하지 않는 범위 내에서 근로조건의 개선과 관련된 사항이어야 한다. 인사 · 경영권과 관련된 사항에 대한 쟁의행위의 경우 구체적인 근로조건의 개선과 직접적으로 관련되고 인사·경영권 자체를 부정하지 않을 경우에 예외적으로 인정하고 있다. 예를 들어 공장 이전이나 통·폐합 등에 따른 고용·배치전환 기준, 근로자의 이사비용, 정착비용 등의 지불을 요구하는 경우 등이다. 쟁의행위의 목적으로 할 수 없는 사항은 권리의 행사, 의무의 이행, 법령이나 단체협약 또는 취업규칙의 해석·적용, 해고의 정당성 여부 등에 관한 권리분쟁 사항은 당사자 간의 대화로 해결되지 않으면 최종적으로 법원에 의해 해결하여야 할 성질의 것으로 쟁의행위 대상이 될 수 없다고 보고 있다. 경영상 이유에 의한 해고의 철회와 해고자 원직복직은 권리분쟁과 인사·경영권에 관한 사항으로 노동쟁의의 대상이 되지 아니하므로, 노조가 이들 목적이 없었다면 쟁의행위를 하지 않았을 것이 인정되는 경우에는 그 쟁의행위 전체가 정당성을 갖지 못한다고 판단하고 있다.[143] 판례도 사용자의 고유한 인사·경영권 관련 사항은 정당성이 없음을 명확히 하고 있다. 쟁의행위의 목적으로 할 수 없는 경영권이란 헌법 제15조, 제23조제1항, 제119조제1항의 규정 등에 의하여 보장되고 있는 사업 또는 영업의 자유와 이를 위한 의사결정의 자유, 사업변경(확장, 축소, 전환)의 자유, 사업처분(폐지, 양도)의 자유를 의미한다. 헌법 제23조의 재산권에는 개인의 재산권뿐만 아니라 기업의 재산권도 포함되고, 기업의 재산권의 범위에는 투자된 자본 즉 물적 생산시설뿐만 아니라 여기에 인적조직 등이 유기적으로 결합된 종합체로서의 '사업' 내지 '영업'도 포함된다. 그리고 이러한 재산권을 보장하기 위하여는 그 재산의 자유로운 이용·수익뿐만 아니라 그 처분·상속도 보장되어야 한다. 한편 헌법 제15조는 "모든 국민은 직업선택의 자유를 가진다."라고 규정

143) 협력 68140-271, 1999.7.15.

하고 있는바, 여기에는 기업의 설립과 경영의 자유를 의미하는 기업의 자유를 포함하고 있다. 이러한 규정들의 취지를 기업활동의 측면에서 보면, 모든 기업은 그가 선택한 사업 또는 영업을 자유롭게 경영하고 이를 위한 의사결정의 자유를 가지며, 사업 또는 영업을 변경(확장・축소・전환)하거나 처분(폐지・양도)할 수 있는 자유를 가지고 있고 이는 헌법에 의하여 보장되고 있는 것이다. 이를 통틀어 경영권이라고 부르기도 한다.[144] 이러한 경영상 결단에 속하는 사항은 원칙적으로 단체교섭 대상이 될 수 없다. 대법원은 정리해고나 사업조직의 통폐합 등 기업의 구조조정 실시 여부는 경영주체에 의한 고도의 경영상의 결단에 속하는 사항으로서 이는 원칙적으로 단체교섭의 대상이 될 수 없고, 그것이 긴박한 경영상의 필요나 합리적인 이유 없이 불순한 의도로 추진되는 등의 특별한 사정이 없는 한 노동조합이 그 실시를 반대하기 위하여 벌이는 쟁의행위에는 목적의 정당성이 없다고 판결하고 있다.

또한 사용자의 처분권한 밖의 사항인 정치문제, 법 통과 저지, 타 기업의 문제, 구속자 석방, 정부시책 반대 등을 관철할 목적의 정치파업은 정당성을 부인한다. 노동조합이 국가 또는 지방자치단체를 상대로 정치적 주장을 관철할 목적으로 하는 파업은 사용자가 처분 가능한 사항이 아닐 뿐만 아니라 근로조건을 유지・개선시키는 것과는 관련이 없으므로 그 정당성을 인정할 수 없다고 보고 있다.

정당하지 아니한 쟁의행위에 대해서는 노동법상 보호되는 민・형사상 면책을 받지 못하므로 일반형법 이론에 따라 업무방해 등 죄책의 문제가 발생할 수 있다. 사용자 측에 손해가 발생한 경우 사용자에 대해 손해배상책임을 져

144) 대법원 2003.7.22. 선고 2002도7225

야 하는 한편, 경영질서 침해에 따른 해고 등 징계책임을 감수해야 한다. 민사책임은 채무불이행 또는 불법행위에 의해 발생하며, 정당하지 아니한 쟁의행위가 채무불이행이나 불법행위에 해당하면 민사책임이 발생하는 것이다. 위법한 쟁의행위로 근로자가 근로계약상 근로제공의무를 이행하지 않는다면 그에 따른 채무불이행책임(민법 제390조)은 당연히 인정되고 쟁의행위로서의 정당성 요건을 갖추지 아니한 위법한 쟁의행위는 불법행위(민법 제750조)를 구성하여 이로 말미암아 손해를 입은 사용자는 노동조합이나 근로자에 대하여 그 손해배상을 청구할 수 있다.[145] 정당한 쟁의행위는 근로자(또는 조합간부)가 민・형사책임은 물론 징계책임을 질 이유가 없지만 위법한 쟁의행위는 경영질서 침해에 따른 해고 등 징계책임을 감수해야 한다.

이처럼 우리나라는 행정해석 및 법원의 판결로 쟁의행위의 정당성에 관하여 명확히 하고 있고 그 책임에 대해서도 형사상, 민사상, 인사상 책임으로 구분하여 명확히 하고 있다. 여기서 산업현장의 기준을 명확히 하기 위해 다음의 몇 가지를 보완하는 방향으로 우리나라의 미래 모형을 제시하고자 한다.

첫째는 정부의 정책이나 태도의 일관성이다. 우리나라 경제는 수출 주도형 경제이므로 이와 연관된 주요 대기업의 생산 차질은 다른 강대국에 비해 국민경제 및 일자리에 더 큰 영향을 미친다. 따라서 김대중 정부나 노무현 정부에서도 이러한 기업이나 국민의 일상생활과 직결된 공공부문에서 파업이 일어났을 때에는 그 목적이 정당한지, 절차나 수단이 정당한지를 정부가 판단해서 적법인지 불법인지를 국민에게 알리고 불법에 대해서는 자제토록 경고를 하는 정책을 폈다. 그러나 문재인 정부에서는 이러한 노동조합의 파업에

145) 대법원 1994.3.25. 선고 93다32828, 32835

대해서 정당한지 여부 등에 관해 판단과 언급을 하지 않았다. 따라서 목적상 불법이거나 점거 농성을 하면서도 노조 측은 불법이라는 부담을 덜 갖는 경향이 커졌다. 예를 들어 H중공업의 D조선 인수 반대 파업사례에서 보듯이 순수 경영권에 관한 불법파업의 경우에도 그 징계가 정당한지를 판단하는데 매우 신중을 기했다. 즉 정당성을 둘러싸고 정부가 명확히 해주는 것을 주저하게 되자 기업이 민사상 책임이나 징계 등 인사상 책임을 묻는 것도 주저하는 현상이 나타나게 된 것이다. 과거 임금협상 및 단체교섭 과정에서의 파업도 주된 목적을 따져 불법으로 본 사례도 문제가 있었지만, 최근 5년처럼 지나치게 판단을 하지 않는 것도 문제라고 본다. 따라서 정당한지를 판단하는 것은 법을 운영하고 행정해석을 하는 정부의 책무이므로 정부가 정권에 관계없이 신중하면서도 일관성 있게 하여 현장에서 예측 가능하게 해주어야 한다. 그것은 불법파업의 확대 또는 지속으로 노조나 그 간부들의 책임이 더 커지는 것을 방지하는 길이기도 하다.

둘째는 목적상 정당성이 없는 정치적 파업이나 경영권에 해당하는 파업에 대항하는 방식의 일관성이 필요하다. 사례에서 살펴보듯이 선진국들도 폭력, 파괴, 불법 점거는 노동조합이든, 일반 조직이든, 개인이든 모두 그에 맞는 형법상 책임을 묻는 것이므로 따질 필요가 없다. 영국이나 미국은 타인의 조업을 방해하는 불법 피켓팅 시위 등에 대해서 형사처벌 하고 있다. 우리나라의 경우 목적상 불법파업과 관련하여 과거에는 조합원이 소극적으로 자기의 노무제공을 거부하는 것도 형법상 업무방해로 보는 경향이 있었다. 이 점에 대해 ILO 등에서 문제 제기가 많았다. 최근 판례는 비조합원 출입방해, 점거 등 업무방해를 적극적으로 하는 경우에 국한하여 왔다. 문재인 정부는 목적상 불법파업의 경우에는 소극적 자기업무 거부는 물론 일정한 형태의 점거 농성 등에 대해서도 형법상 업무방해 여부를 판단하거나 적용을 하지 않으려는 태도를 유지하여 왔다고 본다. 필자는 일반적인 업무 거부에 대해서는 그 목적이 무엇이든 가급적 형법상 죄를 묻는 것은 맞지 않다고 본다. 다만 비조합원의 출입방해, 점거 방식으로 타인의 업무를 적극적으로 방해하는 경우에 대해서는 형사상 책임을 묻는 정부의 태도와 정책의 일관성이 있어야 한다고 본다. 그래야 쟁의행위 질서가 정립될 수 있고 노조간부의 희생도 줄일 수 있다.

셋째, 경영상 이유에 의한 해고 반대 파업에 대해 정당성을 부인하고 책임을 물을 수 있을까 하는 것이다. 앞서 교섭대상에서도 판례는 정리해고를 고도의 경영상 결정으로 보고 쟁의행위의 정당성을 부인해 왔다. 그러나 선진국의 사례에서 보듯이 경영상 해고는 실시과정 자체가 교섭을 필요로 하는 사항들이 들어 있다. 또한 노동조합의 목적상 근로조건 향상은 적법인데 수많은 근로자가 해고되는 것에 대해 교섭과 파업이 안된다고 한다면 해당 근로자 및 노동조합은 쉽게 심정적으로 수긍하기가 어렵다는 점이다. 특히 정리해고 회피를 위해서는 근로시간을 단축하고 상여금을 반납하는 등 현재의 근로조건을 낮춰서라도 최대한 고용을 유지하려는 노력이 노사 간 합의를 통해서 이루어져야 한다. 예를 들어 작년 임금교섭에서 1년 동안 상여금 700%를 지급키로 합의하였다고 하자. 그리고 금년 4월에 고용조정을 위한 협상을 진행하면서 앞으로 상여금 400%를 반납하기로 노사 간 합의하였다고 하자. 이것이 새로운 임금협약의 보충협약 형태로 진행되었다면 새로운 협약이 발효됨으로써 400% 지급의무는 면제되고 해고는 최소화될 수 있다. 그런데 이것이 보충교섭이 아니라 노사 간 협의에 의해 합의되었다면 이미 형성된 상여금의 400% 반납이 된다. 판례에 따르면 이미 형성된 권리의 반납은 노사 간 합의로 정리될 수 있는 것이 아니기 때문에 개개인의 동의를 얻어야 한다. 이 사항은 1998년 현대자동차 구조조정 과정에서 경험한 사실이다. 현재 해석과 판결에서 정립되었듯이 구조조정 사항을 근로기준법에 의한 협의를 통해 진행해서 마무리 하는 것을 원칙으로 하자. 그러면 노동조합의 생리 및 개개인의 근로자 입장에서의 수용성을 높이기 위해 해고회피노력을 위한 상여금 감축, 해고 기준 설정 등이 맞물려 있는 만큼 보충교섭에 해당되는 것으로 인정해 줄 필요가 있다고 본다. 그러면서 오히려 점거·폭력 등에 대해서는 법을 엄격히 집행하게 되면 형평성에도 맞다고 필자는 생각한다.

넷째, 우리나라의 ILO 결사의 자유 비준과 관련해서 새로운 산업현장에서의 고민거리가 생겼다. 일부 언론과 경제단체에서 문제를 제기한 것처럼 ILO 결사의 자유는 기본적으로 자유권적 기본권에서 출발했으므로 특정 정당 지지 등의 순수 정치적 목적의 파업을 제외하고는 모두 교섭과 파업의 대상으로 해석하고 있다. 즉 근로자들의 지위 향상과 관련된 법 개정 사항도 그것이 비록 사용자의 처분권 범위 밖에 있다하여도 정당하다고 보고 있는 것이다. 그러나 국내법은 교섭과 쟁의행위 대상으로 "근로조건의 결정"에 관한 사항으로 한정하고 있어 충돌할 가능성이 크다. 더구나 쟁의행위의 정당성이 없을 경우에는 기업들은 민사·인사상 책임을 물으려고 할 것이고 이로 인한 갈등은 상당할 것이다. 권리분쟁 관련 파업을 해도 ILO 결사의 자유 비준으로 정당성이 인정된다는 것이다. 이에 대해 정부는 2022년 4월 보도자료를 통해 "결사의 자유 관련 ILO 협약(제87호·98호)에는 단체행동권에 관한 명시적인 규정이 없다. 'ILO 결사의 자유 위원회' 판정례에 단체행동권에 관한 내용이 일부 포함되어 있으나, 이는 개별 사안에 대한 판단이므로 국내법적 구속력을 갖는 것은 아니다. 따라서, ILO 핵심협약이 발효되더라도 단체행동권의 범위가 넓어진다고 단정할 수 없다."고 설명하고 있다. 국제법상 조약과 국내법은 동일한 효력을 가지고 있다. 양자관계는 후법 우선의 원칙이 적용된다. 즉 결사의 자유 규약과 국내법이 상충될 경우 후법인 조약이 우선 적용되는 문제가 발생되는 것이다. 따라서 정부는 학계 등과 협의하여 ILO 결사의 자유 비준과 국내법에 따른 목적상 정당성과의 관계를 명확히 해 주어야 한다. 노동계가 목적상 제한 없는 파업이 가능하다고 현장을 선동하지 않도록 해 주어야 한다. 실제 파업에 대해 책임을 물었을 경우 노동계는 ILO에 결사의 자유 위반으로 진정을 제기하여 우리나라가 ILO 다수 진정 국가, 즉 속된 표현대로 'ILO 일거리 주는 국가'로 인식되어 이미지가 실추되는 일이 없도록 해야 한다. 따라서 윤석열 정부는 이 점에 대해 분명하게 해석해서 당사자가 따르도록 해야 한다.

(4) 부당노동행위제도

가. 외국의 사례

1) 독일 : 우리나라형 부당노동행위 제도 없음

독일의 노사관계는 2차세계대전 이후 산별교섭을 전제로 출발하였다. 또한 서로간의 힘의 균형과 상대방에 대한 인정이 전제되어 있어서인지, 우리나라와 같이 노동조합 결성 등에 개입, 단체교섭 거부 및 조합원에 대한 불이익 등을 금지하는 부당노동행위 제도가 없다. 노사 양측은 본인들의 소신을 당당히 밝힌다. 다만 노동관계법상 부당노동행위제도는 없으나 민법상에 정당한 조합활동, 쟁의행위 참가 등을 이유로 사용자가 근로자에게 불이익 조치를 하는 것을 금지하는 규정은 있다. 이것은 부당노동행위제도와 관계 없이 당연한 내용이기도 하다. 집단적 노사관계법에 의한 부당노동행위제도가 없더라도 우리나라의 근로기준법상 정당한 사유 없이 해고, 징계 등을 할 수 없는 것과 같은 정신이라고 본다.

2) 프랑스 : 부당노동행위제도는 없고, 노동법전으로 불이익 방지

프랑스의 경우도 우리나라와 같은 부당노동행위제도는 없다. 이는 유럽의 노사관계가 기본적으로 힘에 의해 자기 입장을 관철하려는 논리에서 출발했기 때문이라고 생각된다. 프랑스는 헌법상 보장된 노동권에 대해 사업주의 개입금지와 차별 금지가 우리나라 근로기준법상 정당한 사유 없이 징계하지 못하도록 한 취지처럼 입법화되어 있다. 즉 프랑스 노동법전 L1132-1조는 조합활동을 이유로 차별하여서는 안된다고 규정되어 있다. 정당한 파업참여, 사업주의 위법사항에 대한 증언을 이유로 한 징계 등의 차별행위를 금지하고 있다.

3) 미국 : 사용자 부당노동행위 및 노조 측의 부당노동행위를 함께 인정

<표 25> 미국의 노사 양측의 부당노동행위 유형

구분	내용
사용자의 부당노동행위 〈NLRA 제8조(a)〉	① 제7조의 권리의 행사에 관해 근로자에게 간섭, 방해 또는 위압을 하는 것(제8조(a)(1)) ② 노동단체의 결성·운영에 대한 지배·개입이나 경비 등의 원조를 행하는 것(제8조(a)(2)) ③ 채용이나 근로조건에 관해 차별함으로써, 노동단체의 조합원이 될 것을 방해 또는 장려하는 것(제8조(a)(3)) ④ 근로자가 NLRA에 따라 제소 또는 증언한 것을 이유로 한 해고 기타 차별대우를 하는 것(제8조(a)(4)) ⑤ 제9조(a)의 근로자 및 대표자와 단체교섭을 거부하는 것(제8조(a)(5))

노동조합의 부당노동행위 〈NLRA 제8조(b)〉	① (A)제7조에서 보장하고 있는 종업원의 권리 행사를 규제 또는 억압하는 행위, (B) 단체교섭 또는 고충 처리의 목적으로 고용주가 대표를 선택하는 것을 중단시키거나 강제하는 행위(제8조(b)(1)) ② 고용주가 종업원을 차별하게 하거나 이를 시도하게 하는 행위 또는 회원 자격 확보나 회원 자격 유지의 조건으로 공통적으로 요구되는 정기 조합비 및 가입비 미납부 이외의 사유로 해당 단체의 회원 자격이 거부 또는 종료된 종업원을 차별하는 행위(제8조(b)(2)) ③ 노동조합 또는 그 대리인이 종업원 대표인 경우, 고용주와의 단체교섭을 거부하는 행위(제8조(b)(3)) ④ 다른 생산자, 가공업자 또는 제조업자의 제품의 사용, 판매, 취급, 운송 또는 처리를 중단하거나 다른 사람과의 사업을 중단하도록 강요하거나 요구할 목적인 경우(제8조(b)(5)B) ⑤ 종업원의 대표로 인정된 노동조합이 있는 경우에도 종업원의 대표로 다른 특정 노동조합을 인정하거나 이러한 노동조합과 교섭을 하도록 고용주에게 강요하거나 요구할 목적인 경우(제8조(b)(5)C) ⑥ 다른 노동조합이나 다른 직업, 직종 또는 직무의 종업원 대신 특정 노동조합이나 특정 직업, 직종 또는 직무의 종업원에게 특정 업무를 할당하도록 고용주에게 강요하거나 요구할 목적인 경우(제8조(b)(5)D)

미국의 경우 사용자 및 노동조합의 부당노동행위에 대해 직접적인 처벌 규정은 없고, NLRB(우리나라의 노동위원회와 유사)를 통한 구제절차만 존재한다. 구제절차의 특징으로, NLRB가 전속적인 관할권을 가진다. 모든 사안에 관해 NLRB가 우선 제1차적인 판단을 내리고, 법원은 이에 대한 사법심사라는 간접적인 형태로만 개입한다. NLRB가 부당노동행위임을 인정하고 피신청인에게 일정한 내용의 명령을 내린 경우, NLRB가 명령의 이행을 확보하는 절차는 3단계로 진행된다. 즉 ① NLRB는 피신청인이 명령을 이행하도록 하는 이행절차를 진행하여 임의의 이행을 촉구한다. ② 피신청인이 명령을 임의로 이행하지 않는 경우 NLRB는 연방항소법원에 집행력부여 소송을 제기하여, 법원으로부터 NLRB의 명령을 인정하는 판정을 받아낸다. ③ NLRB는 피

신청인이 법원의 판정에 따라 임의로 이행하도록 하는 이행절차를 다시 진행하며, 만일 이행하지 않는 경우 법원에 법원모독죄의 처벌을 신청한다. 법원모독의 처벌로는 벌금의 부과 내지 구금이 가능하고, 명령의 불이행에 책임이 있는 경영 담당자인 개인에게도 법원모독의 제재가 가능하다.

4) 영국 : 근로자 개인이 노조 활동으로 불이익을 받지 않을 권리 보장

영국은 조합원이라는 이유로, 또는 조합원이 아니라는 이유로 해고를 하는 것을 불공정 해고라고 규정하고, 사용자로부터 조합원이 될 권리를 보호하고 있다(TULRA제152조 이하). 노동자는 다음을 유일한 또는 주된 목적으로 하는 행위 또는 부작위를 이유로 사용자로부터 개인적인 불이익을 받지 아니할 권리가 있다(제146조(1)).

① 자주적 노동조합에 대한 가입의 금지 또는 가입행위에 대한 불이익

② 적절한 시간[146]에 자주적 노동조합의 활동에 참여 금지 또는 참여행위에 대한 불이익

③ 적절한 시간에 노동조합의 서비스를 제공 받는 것에 대한 금지 또는 제공받은 것에 대한 불이익

④ 특정한 노동조합, 어느 노동조합 또는 특정한 다수의 노동조합 중 하나의 조합원이 되도록 강요하는 행위

노동자는 사용자의 TULRA 제146조 위반행위에 대하여 고용심판소에 소를 제기할 수 있는데, 고용심판소는 청구가 이유 있다고 인정되면 의무위반을

146) 여기서 적절한 시간이란 노동시간 이외의 시간이나 노동조합과 사용자가 합의한 근로시간 내의 시간으로 노동조합의 활동에 참여한 시간 또는 노동조합의 서비스를 이용한 시간을 의미한다(제146조(2)).

선언함과 동시에 금전배상을 명할 수 있다.

5) 일본 : 부당노동행위 시정주의 우선

일본 노동조합법 제7조는 노동자・노동조합의 단결권 등을 보장하기 위하여 사용자의 일정한 침해행위[147)]를 부당노동행위로 금지하고 있다. 우리나라와 유사한 사유를 부당노동행위로 규정하고 있다. 부당노동행위에 대해 노동위원회에 구제신청이 가능하며, 사용자가 노동위원회 구제명령에 불복하는 경우 제재가 가능하다. 즉 사용자가 행정소송으로 확정된 명령에 따르지 않는 경우에는 1년 이하의 징역 또는 100만 엔 이하의 벌금(또는 둘을 병과)을 부과할 수 있다(노동조합법 제28조). 행정소송으로 확정된 명령에 따르지 않는 경우 법인에게는 50만 엔 이하(작위명령의 경우는 명령일의 익일부터 기산하여 5일을 넘는 불이행의 일수 1일 당 10만 엔)의 과태료를 부과할 수 있다(노동조합법 제32조).

나. 우리나라의 미래 모형 : 부당노동행위에 대한 先 시정주의로 전환

우리나라는 일본과 유사한 부당노동행위제도를 두고 있다. 즉 근로자가 노동조합 가입 등 정당한 행위를 한 것을 이유로 해고 등 불이익을 주는 행위, 노동조합의 가입 및 탈퇴를 고용조건으로 하는 행위, 단체교섭을 정당한 사유 없이 거부하는 행위, 노동조합을 조직・운영하는데 개입하는 행위, 근로자가

147) 노동조합 소속 등을 이유로 하는 불이익 취급과 황견계약(제1호), 단체교섭 거부(제2호), 지배・개입과 경비원조(제3조), 노동위원회에의 신청 등을 이유로 한 불이익 취급(제4호)

단체행동 참가나 노동위원회 증언을 했다는 이유로 불이익을 주는 행위 등을 부당노동행위로 규정하고 있다. 다만, 행정해석이나 판결에서 사용자의 발언 등을 부당노동행위로 보는 시각은 우리나라가 미국이나 일본보다 넓다는 것이 학계의 의견이다. 예를 들어 미국에서는 사업주가 공개적으로 특정 노동조합을 싫어한다고 표현해도 부당노동행위로 보지는 않는다. 독일·프랑스 등 북유럽 국가들은 부당노동행위제도 자체는 없고, 정당한 사유없이 해고·징계하지 못한다는 우리나라의 근로기준법과 유사한 취지로 노조활동을 이유로 불이익을 줄 수 없도록 하고 있다. 부당노동행위제도를 두고 있는 미국이나 일본의 경우도 일단은 NLRB나 노동위원회에 구제신청을 하여 시정명령을 내리는 시정에 우선을 두고 있다. 사용자가 시정명령을 따르지 않을 경우에 처벌하는 구조이다. 우리나라는 노동위원회의 구제신청과 일선 지방고용노동청에 형사처벌을 요구하는 고소 등이 동시에 가능하다. 앞서 설명한 것처럼 이제 우리나라 노동조합 및 노동관계 조정제도 전반이 유럽국가 모형, 영미국가 모형, 일본 모형과 비교했을 때 노조 측에 불리한 측면이 거의 없다고 판단된다. 그렇다면 부당노동행위제도도 미국이나 일본처럼 시정주의를 우선으로 하고 노동위원회의 시정명령에 따르지 않을 경우에 처벌하는 방향으로 개선해 나가는 것이 옳다고 본다. 근로기준법상 해고 등 징계나 임금체불에 대해서 바로 처벌 규정을 두었다가, 해고나 징계 등은 노동위원회의 명령에 따르지 않을 경우 처벌하는 것으로 변경되었고 임금체불에 대해서는 반의사불벌죄를 도입한 바 있다. 먼저 시정주의를 택하고 따르지 않을 경우 처벌하는 방향으로 제도를 변경하되, 이때의 형사처벌을 무겁게 하면 부당노동행위가 오히려 남용되지는 않을 것이다. 이를 반복적으로 악용하는 사례가 있으면 수시 또는 특별근로감독으로 충분히 불이익을 줄 수 있다고 본다.

(5) 파업 시 대체근로 제도

가. 외국의 사례

1) 독일 : 일반적 대체 가능, 파견은 불가

파업 시 대체에 대한 일반적 금지조항이 없어 가능하다. 다만, 독일연방헌법재판소는 공공부문에서 파업이 실시되고 있는 경우 당해 사업장에 공무원을 투입하여 근무하게 하는 것은 허용되지 않는다고 판단한 바 있다. 또한 연방노동법원은 사용자가 파업에 참가하지 않은 근로자에게 파업으로 인해 수행되지 않고 있는 일을 하도록 지시하는 경우 근로자는 이러한 지시를 거부할 수 있고 이는 위법한 근로거부가 아니라고 판단한 바 있다. 또한 근로자파견법 제11조제5항은 쟁의행위와 직접적으로 관련되는 사용사업주의 사업에 파견근로자가 일하도록 해서는 안 된다고 규정하고 있다.

2) 프랑스 : 동료 대체 및 하도급 가능, 기간제 및 파견 사용은 금지

파업에 참가하지 않은 근로자에게 기존 업무가 아닌 다른 업무를 하도록 할 경우에는 해당 근로자의 동의를 받아 대체가 가능하다. 일반적인 근로자 채용을 통한 대체 근로가 가능하다. 하도급이나 공장 이전을 통한 대체도 가능하다. 외부 이해관계인의 무보수 근로형태의 대체도 가능하다. 다만 파업 참여 근로자를 대체하기 위해서 기간제근로자를 채용하거나 파견근로자를 사용하는 것은 금지되어 있다. 이 두 가지 사항을 위반하면 3,750유로의 벌금을 물리도록 규정되어 있다.

3) 미국 : 대체 가능, 경제적 파업 시 영구대체도 가능

미국은 파업에 대해 대체근로가 자유롭다. 다만 파업 이후 복귀와 관련해서는 파업 유형에 따라 다르다. 부당노동행위 대항 파업[148](unfair labor practice strike)' 또는 '경제적 파업[149] (economic strike)'인지에 따라 파업 시 대체근로에 대한 취급이 상이하다. 부당노동행위에 대항하는 파업도 NLRA 제7조[150]에 따른 보호를 받는 단체 행동에 해당한다. NLRB는 부당노동행위 파업의 경우, 파업 참가자는 파업을 종료한 후 조건 없이 직장 복귀를 신청함으로써 언제라도 원직에 복귀할 권리를 가지고, 사용자는 대체근로자를 해고해서라도 파업 참가자를 복귀시켜야 한다는 입장[151]이다. 반면 NLRB 및 연방대법원은 경제적 파업의 경우 영구적 대체근로자를 고용한 경우 파업 참가자는 대체근로자를 밀어내고 원직에 복귀할 수 없다는 입장이다.

4) 영국 : 자유로운 대체 가능

파업 참여 근로자를 대체할 근로자의 채용 자체를 금지하는 조항은 없다. 다만 고용알선 기관(Rule 7. The Conduct of Employment Agencies and Employment Businesses Regulations 2003)은 쟁의행위가 발생한 사업장에 구직자(work-seeker)를 제공하는 것을 금지하고 있다.

---

148) 사용자가 행한 부당노동행위에 대한 항의 · 대항을 목적으로 하는 파업이다. 이러한 목적이 일부라도 포함되면 부당노동행위 파업으로 인정된다.

149) 근로조건 등의 개선을 요구하기 위해 행해지는 보통의 파업이다.

150) 근로자는 자기 조직화, 노동조합의 구성, 가입 및 지원, 자신이 선택한 대표를 통한 단체교섭 수행, 단체교섭 또는 기타 상호 구조 또는 보호를 목적으로 하는 기타 단합 행위에 참여할 권리가 있다.

151) Brown Shoe Co., 1 NLRB. 803(1936).

5) 일본 : 자유로운 대체 가능, 파견근로자 받는 것 금지

일반적 금지조항이 없어 대체가 가능하다. 판례[152]도 사용자는 파업 중이라고 하여도 업무의 수행 자체를 정지하여야만 하는 것이 아니라, 조업방해를 목적으로 한 노동자 측의 쟁의수단에 대하여는 조업을 계속하기 위하여 필요한 대항조치를 취하는 것이 가능하다는 입장이다. 다만, 쟁의 시에 새로운 직업소개를 받거나, 파견노동자를 받는 것은 금지하고 있다.[153] 노동조합과 사용자 간에 파업 중의 대체노동자의 채용금지조항이 체결되어 있는 경우 사용자가 그에 위반한다면 협약위반 책임이 발생한다. 구체적으로는 노동조합이 소송을 통해 사용자에 대한 손해배상이나 위반행위의 중지청구가 가능하다.

나. 우리나라 미래 모형 : 일본형의 대체를 허용하는 것이 바람직

현행 노동조합법은 쟁의행위 기간 중에 대체근로를 제한적으로 허용하여 사용자의 영업의 자유와 근로자의 쟁의권을 조화시키고 있다. 다만, 당해 사업 내의 인력을 통한 대체만을 허용하고, 외부근로자의 채용・대체와 신규 도급・하도급, 파견근로자 사용을 금지하고 있다. 다른 나라의 경우에는 파업 시 대체근로를 제한하는 입법례가 거의 없다. 따라서 자율과 책임의 노사관계 형성을 위해 노동쟁의 대상과 함께 완화되어야 한다는 주장이 지속적으로 제기되고 있다.

---

152) 山陽電気軌道事件 · 最2小判昭53 · 11 · 15, 刑集32巻8号1855頁(파업 시에 회사의 영업용 버스를 조합의 지배하에 둔 차량확보행위가 위력에 의한 업무방해죄에 해당하는 것으로 판단하였다).

153) 파견법 제20조, 직업안정법 제20조 · 제34조 · 제42조 등의 쟁의 불개입조항

노동계는 하청업체 또는 파견사업주 소속 노동조합의 파업 시에 원청 또는 사용사업주의 대체근로도 금지하는 규정을 신설하여 대체근로 금지 범위를 확대할 것을 주장한다. 경영계는 파업 시에도 사용자가 조업을 계속할 수 있도록 하는 것은 교섭력 균형 확보 차원에서 필요하므로, 대체근로를 전면 허용해 줄 것을 요구한다. 대체근로가 전면 허용되더라도 실제 대체근로가 쉽지 않기 때문에 노사 간의 힘의 균형을 조정하는 정도에 그칠 것이라고 주장한다. 대법원은 대체근로 금지 규정을 노동조합의 쟁의행위권을 보장하기 위한 규정으로 보고 있다.[154)]

전반적인 노동조합 및 노동쟁의 절차가 일본과 우리나라가 유사하고, 노동조합 결성과 관련한 노조법상 근로자 개념도 유사하다. 문재인 정부 이전에는 판결이나 그에 따른 정부해석이 노동조합법상 근로자 개념을 교섭의 실익을 감안하여 실제 근로계약을 맺고 있어야 함을 강조하여 근로기준법상 근로자와 동일시해 왔었다. 즉 노동조합 설립에 있어서 우리나라가 다른 선진국에 비해 엄격했다고 보아야 한다. 그러나 문재인 정부 들어서 2017년 정책적으로 노동조합법상 근로자 개념을 넓게 보아 특수형태근로종사자에 대해 노동조합 설립을 허용했다.[155)] 대법원도 2018년 학습지교사[156)]에 대해 노조법상 근로자로 인정하여 노조 설립을 인정하였고 그 이후 대리기사 등 대부분의 특수형태근로종사자들에게 노조 설립을 인정하여 왔다. 특히 2021년 노동조합 및 노동

---

154) 쟁의행위 기간 중 사용자의 채용을 제한하는 노동조합법 제43조는 노동조합의 쟁의행위권을 보장하기 위한 규정으로서 채용한 근로자들로 하여금 쟁의행위 기간 중 쟁의행위에 참가한 근로자들의 업무를 수행케 하였다면 위 조항 위반죄를 구성한다. (대법원 2000.11.28. 선고 99도317)

155) CJ대한통운 택배종사자

156) 재능교육 학습지교사

관계조정법 등을 개정하여 ILO 결사의 비준하기 위해 해고자, 실직자들까지 기업단위 노조 설립·가입이 가능토록 하여 노동조합 설립에 있어 어느 선진국과 비교해도 손색이 없다고 본다. 독일, 프랑스 등 유럽 국가들과 비교해 보았을 때, 우리나라는 노동조합의 단체교섭 요구에 응해야 할 의무까지 부여되어 있고 이에 응하지 않으면 부당노동행위가 된다. 이러한 점을 감안할 때 노동조합의 파업권에 대항하는 대체근로를 허용하는 것이 타당하다고 본다. 특히 필자가 대체근로를 허용하여야 한다고 보는 이유는 우리나라 노동조합의 특성을 고려해서이다. 앞서 설명한 대로 노동조합 조직률은 전체 근로자의 14%이지만 노동조합 구성을 보면 그중의 88%가 대기업 노동자들이다. 1987년 이후 투쟁적 노동운동의 영향 등으로 우리나라는 10% 대기업 근로자와 90%의 중소기업 근로자 간 격차가 세계 어느 국가와도 비교되지 않을 만큼 큰 상황이다. 1990년대 초 대기업과 중소기업 간 임금격차는 100:93 정도였으나, 지속적으로 악화되고 있다. 그럼에도 대기업 근로자들에게 유리한 선진국에도 없는 제도를 지속적으로 유지하는 것은 제도가 격차를 더 키우는데 기여하는 꼴이 되는 것이다. 따라서 대체근로를 허용하여 대기업 중심의 자기중심적 노동운동에서 조금은 벗어나게 해주는 것이 옳다고 본다.

(6) 사업장 내 파업 특징 등을 감안하여 직장폐쇄 요건은 현행 유지

근로자의 쟁의행위권은 헌법의 노동3권에 근거를 두고 있는 반면, 사용자의 직장폐쇄 권한은 법률에 근거하고 있다. 노동계는 노동3권을 실질적으로 보장하고, 직장폐쇄가 노동조합 활동을 침해하는 수단으로 악용되지 않도록 그 요건을 엄격하게 규율해야 한다고 주장한다. 그 주장의 내용은 직장폐쇄 개념을 쟁의행위에서 분리하여 별도로 규정하고, 부분적 직장폐쇄, 직장폐쇄를 이유로 한 노조활동 및 쟁의행위 방해 행위, 시설 보호를 명목으로 한 인력·장비 배치 행위를 금지하라는 것이다. 아울러 노동조합의 업무복귀 의사표시가 있을 경우 직장폐쇄를 해제하라는 것이다. 경영계는 직장폐쇄가 노동조합의 쟁의행위에 대한 유일한 방어수단이므로 그 요건 강화는 바람직하지 않다고 주장하고 있다. 대법원은 개개의 구체적인 노동쟁의의 장에서 근로자 측의 쟁의행위로 노사 간의 힘의 균형이 깨지고 오히려 사용자 측이 현저히 불리한 압력을 받는 경우에는 사용자 측에게 그 압력을 저지하고 힘의 균형을 회복하기 위한 대항·방위수단으로서 직장폐쇄를 쟁의권으로 인정하는 것이 형평의 원칙에 맞는다는 입장이다.[157)]

독일의 경우 법 규정은 없으나, 판례는 독일기본법 제9조제3항[158)]을 근거로 무기 대등성의 원칙 또는 노사 대등성 확보 차원에서 직장폐쇄를 인정한다. 아울러 근로자 측의 쟁의행위가 단행되기 이전에 공격적으로 직장폐쇄가 이루어진다고 하여 항상 불법이라고는 할 수 없다고 판례는 보고 있다. 미국은 관련 법 규정을 두고 있지 않으나, 연방대법원은 단체교섭이 교착 상태에 직면한 경우에 직장폐쇄는 정당하다고 본다. 정당성을 판단함에 있어 시점적 차원에서 형식적으로 판단하는 것이 아니라, 당해 직장폐쇄와 단체교섭 상황의 종합적인 판단에 의하여 직장폐쇄의 정당성 여부가 판단되어야 한다고 본다. 이를 통해 시점적으로는 선제적·공격적 직장폐쇄도 가능하다고 해석될

157) 대법원 2000.5.26. 선고 98다34331

158) 독일기본법 제9조제3항 근로조건과 경제조건의 보호 및 개선을 위한 단체를 결성할 권리는 모든 개인 및 모든 직업에 보장된다.

수 있다. 프랑스는 직장폐쇄에 관한 별도의 명문 규정을 두고 있지 않으나, 판례를 통해 직장폐쇄 개념이 어느 정도 구체화되어 있다. 다만, 프랑스의 쟁의행위권은 노동조합이 아닌 개별 근로자에게 부여된 것으로 보고 있기 때문에 독일과 달리 무기 대등성의 원칙이 존재하지 않는다. 기업의 운영이 불가능한 경우에 예외적으로 직장폐쇄를 인정하고 있는 것이다. 일본은 쟁의행위 정의에 직장폐쇄가 포함[159]되어 있으나, 요건 등에 대해 법률에 규정된 사항은 없다. 판례는 선제적 직장폐쇄는 허용되지 않고, 나아가 쟁의행위에 돌입한 이후에 직장폐쇄를 하더라도 방어적 목적을 넘어 사용자의 주장을 관철하기 위한 것은 허용되지 않는다는 입장이다.

우리나라 대법원은 사용자의 쟁의권으로서 직장폐쇄를 인정하는 근거로 노사 형평의 원칙을 제시하고 있다. 따라서 직장폐쇄의 요건은 노동조합의 쟁의권 보장 수준과 형평을 맞추는 수준에서 정해지는 것이 바람직하다. 여기서 우리가 깊이 고려해야 할 사항은 유럽국가이든 영미국가이든 쟁의행위는 사업장 밖에서 피켓 시위를 하는 것이 주축이다. 그러나 우리나라는 일단 사업장에 들어와서 파업하는 형태이다. 즉 파업에 참여하지 않는 동료들에게 주는 압박감이 더 크고 주요시설 점거로 조업 자체가 중단될 가능성이 매우 크다. 2022년 택배노조의 C사 본사건물의 장기점거 농성에서도 알 수가 있다. 이러한 점에서 보면 지금도 우리 판례나 행정해석이 직장폐쇄에 유화적이지는 않다. 그래서 이를 더 강화하는 것은 적절해 보이지 않는다.

159) 일본 노동관계법 제7조 이 법률에서 쟁의행위라 함은 동맹파업, 태업, 직장폐쇄, 기타 노동관계의 당사자가 그 주장을 관철할 것을 목적으로 하는 행위 및 이에 대항하는 행위로서 업무의 정상적인 운영을 저해하는 것을 말한다.

(7) 필수유지업무 범위 축소 여부

과거 필수공익사업의 직권중재제도가 쟁의권을 과도하게 제약한다는 비판이 있어, 노사정 합의를 거쳐 직권중재제도를 폐지하고 필수유지업무제도를 도입하였다.[160] 그러나 최근 필수유지업무제도가 직권중재제도보다 필수공익사업 종사자의 노동3권은 확실하게 보장하지 못하면서 오히려 파업 장기화를 조장한다는 비판이 제기되고 있다.

노동계는 필수공익사업 및 필수유지업무의 범위를 최소화하거나 제도를 폐지할 것을 주장한다. 경영계는 필수공익사업 및 필수유지업무의 범위를 확대할 것을 주장한다. 특히, 철도파업으로 인한 화물 수송 차질을 이유로 철도화물운수사업을 필수공익사업에 포함시키고 열차승무업무를 필수유지업무에 포함시켜야 한다는 건의가 제시되기도 한다. 헌법재판소는 필수유지업무제도는 포괄위임금지원칙, 과잉금지원칙 및 평등원칙을 위반한다고 볼 수 없다는 입장이다.[161] ILO의 경우 직권중재제도 폐지 전에는 직권중재제도가 국제기준에 위반되는 것은 아니지만, 국민의 생명, 신체의 안전이나 건강 등과 관련이 없는 철도, 석유사업 등을 대상에서 제외하라고 권고한 바 있었다. 그러나 필수유지업무제도 도입 이후에는 사업 및 업무 범위에 대해서 권고한 바 없다.

최소유지업무 제도를 운영하고 있는 프랑스는 공공서비스를 담당하는 기

160) 노동조합법 제42조의2제1항 이 법에서 "필수유지업무"라 함은 필수공익사업의 업무 중 그 업무가 정지되거나 폐지되는 경우 공중의 생명·건강 또는 신체의 안전이나 공중의 일상생활을 현저히 위태롭게 하는 업무로서 대통령령이 정하는 업무를 말한다.

161) 2010헌바385, 전원일치 합헌결정

관의 장이 파업 시에도 최소한 유지하여야 할 최소업무와 그 업무를 수행할 근로자를 지정한다. 이는 일반적으로 기관의 규칙으로 정해진다. 이탈리아는 교통, 전기·가스·수도, 건강, 교육 등의 사업의 경우 단체협약을 통해 필요한 최소한의 업무를 유지한다. 노사 간에 합의가 되지 않는 경우 '보장위원회'에서 유지 수준과 방안을 결정한다.

우리나라와 다른 형태로 파업권을 제한하고 있는 사례를 보면, 미국은 하수도, 전력, 교통, 가스, 공항 등 공공부문을 담당하는 공무원의 파업권이 부인되고, 국가적 비상상황 시에는 긴급조정절차를 적용한다.[162] 영국은 특정사업 분야 또는 비상사태 시에 국가가 군대 등 대체인력을 투입할 수 있도록 하여 공익보호를 위한 업무를 지속하고, 가스·수도·전기사업에서는 공급의 대부분을 고의로 중단시키는 근로계약 위반행위를 형벌로써 금지하고 있다. 일본은 공영기업 종사자의 경우 쟁의행위가 금지되며, 그 대상조치로 노동위원회의 결의 또는 주무대신의 신청으로 노동위원회에서 중재가 가능하다.

<표 26> 외국의 필수유지업무제도 운영 사례

국가	해당사업	방 식
이탈리아	버스, 지하철, 전차, 기차, 비행기	노사 간의 교섭 → 최소업무보장위원회의 조정(업무의 50%와 인원의 1/3이 상한선)
이탈리아	수도공급	노사 간의 교섭 → 최소업무보장위원회의 조정
이탈리아	일차적 에너지와 원자재의 공급	노사 간의 교섭 → 최소업무보장위원회의 조정
이탈리아	신체와 생명의 유지(병원)	노사 간의 교섭 → 최소업무보장위원회의 조정
이탈리아	중앙은행(생활에 필수적인 재정의 공급과 관련된 금융)	노사 간의 교섭 → 최소업무보장위원회의 조정

162) 긴급조정절차는 ① 사실조사, ② 대통령이 법무부장관을 통해 연방법원에 파업금지명령 신청, ③ 금지기간 동안 조정, ④ 사용자의 최종제안에 대한 근로자들의 투표로 이루어진다.

스페인	지하철, 시내버스, 철도, 항공	노사 간의 교섭 → 정부
	전기, 가스, 석유	특별법
	생명, 신체적 완전함과 건강의 보호(병원)	노사의 교섭 → 정부
	정보 전달 및 통신의 권리와 자유를 보전하기 위한 업무	
캐나다 (퀘벡)	상하수도 정수 혹은 처리 시스템의 개발·유지	노사의 교섭 → 필수서비스위원회
그리스	물의 여과와 공급	노사의 교섭 → 노동위원회
	전기 및 가스의 생산과 공급, 석유의 생산과 정제	
	그리스 중앙은행 및 공공영역의 직원에 대한 임금 지불관련 업무	
	우편과 원거리 통신	
포르투갈	의료, 병원 및 의약품 공급 서비스	노사의 교섭 → 노동부장관 및 관련 부처 장관
프랑스	병원	노사 교섭 → 사용자의 지명

현행 필수유지업무제도는 노사정 합의를 거쳐 도입되었고, 헌법재판소도 전원일치로 합헌 결정을 내린 바 있다.[163] 현행 필수유지업무 범위도 노사 그리고 관련 전문가의 의견을 수렴하여 우리 현실에 부합하게 합리적으로 도출된 것이며, 국제적 기준에 부합한다. ILO는 근로자들의 파업을 금지하는 국내법상 정당성이 인정되는 공익서비스를 '엄격한 의미의 필수서비스'로 그 중단이 생명, 개인적 안전, 대중의 전체 또는 일부의 보건에 위해를 초래하는 서비스

163) 필수공익사업 중 필수유지업무는 그 정지나 폐지로 공중의 생명·건강 또는 신체의 안전 등을 위태롭게 하는 업무로서 이에 대해 아무런 제한없이 근로자의 쟁의행위를 허용한다면 공중의 생명이나 신체, 건강 등은 위험에 처해질 수밖에 없으므로 이를 보호하기 위해 부득이 필수유지업무에 대해서는 쟁의권 행사를 제한할 수밖에 없고, 필수유지업무제도는 쟁의행위에 대한 사전적 제한이라는 성격을 가지지만, 필수유지업무제도를 통해 보호하려는 공중의 생명이나 건강은 그 침해가 현실화된 이후에는 회복이 어렵다는 점에서 사전제한이라는 이유로 과잉금지원칙을 위반한다고 볼 수 없다. (2010헌바385, 2011.12.29.)

라고 정의했다.[164] 노동계는 현행 필수공익사업 범위에서 철도・지하철 사업, 항공운수 사업, 가스・석유 관련 사업, 우편사업 등 일부 업종을 삭제하는 등의 범위 축소를 주장하고 있으나, 이 업종들은 대부분 ILO 기준에서도 인정되는 것이다.[165] 그간 필수공익사업 근로자의 단체행동권이 점차 확대되는 방향으로 제도 개선이 이루어졌다는 점을 고려할 때, 필수유지업무제도를 폐지하자는 주장은 바람직하지 않다고 본다. 현장에서 합리적 수준의 필수유지업무 협정이 체결되고 준수될 수 있도록 노사 모두 노력하는 것이 바람직하다. 필수공익사업의 범위와 관련해서는 산업의 변화로 그 핵심과 중요성이 변화될 수 있으므로 정부가 필요시 노사 그리고 관련 전문가가 참여하는 실태조사, 의견 수렴을 통해 합리적인 수준으로 보완해 주는 것도 한 방법일 것이다. 아울러, 현실적으로 노동위원회의 필수유지업무 결정 수준이 다소 높게 설정되어 있다는 주장[166]에 대해서도, 서비스가 제공되지 않을 경우 시민들이 겪는 불편 정도를 전문가들이 객관적으로 판단해서 그 수준을 합리적으로 할 수 있을 것이다.

(8) 노동위원회 분쟁조정 기능 강화 여부

노동위원회 조정절차는 노사 당사자의 일방이 노동쟁의의 조정을 신청한 때에 개시되고, 조정절차를 거치지 않으면 쟁의행위를 행할 수 없다. 노동위

164) ILO 결사의 자유위원회 판정집 NO. 583.

165) 도서지역에서의 운송서비스, 국가를 대표하는 항만시설을 관리하는 기업이 제공하는 하역서비스, 지하철서비스, 여객・상품의 운송서비스, 철도서비스, 우편서비스 등에 대한 최소서비스 제도를 설정하는 것은 인정하고 있다. (ILO 결사의 자유위원회 판정해석집 615~626)

166) 서울메트로의 경우 출근시간(07~09시)에는 운행수준 100%를 유지해야 한다는 중앙노동위원회와 서울지방노동위원회의 필수유지업무 결정 수준이 그 사례가 될 수 있다.

원회 조정은 10~15일간, 통상 파업 개시 전 1회에 한해 실시된다. 이러한 현행 노동위원회 조정제도는 파업의 원인이 되는 노사 간의 분쟁을 신속하고 효율적으로 해결토록 지원하는데 미흡하다는 지적이 있어 왔다. 특히, 조정대상을 단체교섭 및 쟁의행위 대상과 동일한 것으로 해석하여 노사 간의 다양한 현안 중 근로조건에 관한 이익분쟁 외에는 노동위원회가 조정력을 발휘하기 어렵다.

노동계는 근로조건 이외의 사항에 대한 이익분쟁, 권리분쟁까지 포함하여 노동쟁의 개념을 확대하고 조정전치주의를 폐지하는 등의 개선을 주장한다. 경영계는 파업권 남용 방지를 위해 노동쟁의 개념은 현행대로 유지하고 조정전치주의를 현행보다 엄격히 운영할 필요가 있다고 주장한다. ILO는 쟁의행위 개시 전에 조정절차를 거치도록 하는 것이 단결권을 침해한다고는 보지 않는다. 다만, 쟁의행위의 대상은 단체교섭사항의 범위를 넘어설 수 있어야 한다는 입장이다.

조정대상에 대해서 다른 나라의 경우 일반적으로 노동쟁의는 근로조건과 관련된 사항으로 인식하고 비교적 폭넓게 인정되고 있으며, 특히 공적 조정의 대상이 되는 집단적 분쟁의 범위에 관해 제약을 하지 않고 있다. 일본은 노동위원회를 통한 공적 조정의 대상인 노동쟁의는 '노동관계에 관한 주장의 불일치로 인하여 쟁의행위가 발생한 상태 또는 발생할 염려가 있는 상태'로 정의되어 있다. 판례와 학설은 이익분쟁과 권리분쟁이 모두 포함된다고 해석하고 있다. 영국은 공적 조정을 담당하는 ACAS(Advisory Conciliation and Arbitration Service, 자문알선중재위원회)의 조정대상에 대하여 법상 어떠한 제한도 두고 있지 않아서 집단적, 개별적 분쟁 모두 조정이 가능하다. 노동조합 및 근로관계(통합)법 제178조는 노동쟁의 대상을 근로조건, 채용·불채용·고용종료, 징계, 편의제공, 교섭대표·절차 등이 포함된 분쟁으로 규정하고 있다. 미국은 노동쟁의를 근로조건 이외의 단체교섭대표 분쟁도 포함하여 규정하고 있으며, 공적 조정기구인 FMCS의 조정서비스 대상으로 하고 있다.[167] 단체협약의 이행과 관련된 권리분쟁은 단체협약에 근거하는 중재절차(사적 권리중재)에 의해 해결하는 관행이 있으며, FMCS의 조정서비스는 최후 또는 예외적으로만 제공한다.[168] 프랑스는 조정대상을 집단적인 분쟁으로 넓게 이해하면서도 조정인은 권리분쟁사항에 대해 조정권한을 갖지 않으며, 법원이나 중재절차로 해결하도록 당사자들에게 권고한다. 공적 조정제도는 거의 이용되지 않고 있고, 단체협약에 기초한 사적 조정제도에 의해 대체되고 있다.

다른 나라의 경우 쟁의행위 개시 전에 충분한 교섭을 하고 노사자율로 조정절차를 거치는 것이 일반적이다. 다만, 전국적으로 중요한 사업이나, 공공부문에 대하여 예외적으로 강제조정을 개시하도록 하는 경우도 있다.

<표 27> 외국의 조정절차

국가	조정절차
일본	• 임의조정주의 • 일반사업은 쌍방의 신청으로, 공익사업 및 국·공영기업은 일방의 신청 또는 직권으로 조정절차 개시 • 공익사업은 쟁의행위 예고 의무(10일 전)
영국	• 임의조정주의 • 7일 전에 파업예고 의무
미국	• 임의조정주의 • 단체협약 개시 60일 전에 상대방에게 통보, 30일 전에 FMCS에 신고
프랑스	• 임의조정주의 • 공공부문에 한하여 5일 전 파업예고 의무 존재
독일	• 임의조정주의 • 노사규약으로 조정절차 규율

167) 미국 전국노사관계법(NLRA) 제2조제9항 및 제203조제a항

168) 미국 전국노사관계법(NLRA) 제203조제d항

1997년 노동조합법 개정 시 노사정 합의를 통해 근로조건에 관한 이익분쟁으로 노동쟁의 범위를 결정하였다. 앞의 표에서 보듯이 외국의 조정제도는 반드시 거쳐야 하는 제도가 아니라 당사자가 임의로 선택하는 제도이다. 그래서 그 대상을 구별하는 실익이 크지 않다. 그러나 우리나라의 경우는 기본적으로 이익분쟁은 단체교섭을 통한 조정제도를 활용토록 되어 있고, 권리분쟁은 노동위원회의 심판제도를 통해 구제받도록 되어 있다. 심판위원회의 결정에 따르지 않으면 벌칙이 부과된다. 그만큼 강한 보호절차를 가지고 있다는 점을 고려해야 한다. 조정대상을 권리분쟁 등까지 확대할 경우 일어날 현상에 대해 고민해 보자. 예를 들어 A라는 사업장에서 해고 사건이 일어났다고 하자. 관할 지방노동위원회의 조정회의와 심판회의에서 각기 다른 조정회의 결정과 심판회의 결정이 났을 경우 혼란을 생각해 보라. 결과는 정부제도에 의해 갈등이 증폭되는 상황이 오는 것이다. 이처럼 우리나라 전체적인 노동법체계에서 보면 조정대상을 현행대로 이익분쟁으로 유지해 가는 것이 바람직하다고 본다. 현재도 조정성립률이 높지 않은데 그 대상이 확대되면 조정의 효율성이 더 떨어질 가능성이 크다. 더 큰 문제는 쟁의행위 정당성을 인정하는 범위가 앞서 설명한 대로 이익분쟁 중심인데, 교섭대상에 권리분쟁 등도 포함할 경우 조정권고를 이유로 단체교섭의 대상이 되지 않는 사항에 대해서까지 무분별한 쟁의행위가 발생할 우려가 있다. 이처럼 우리나라는 의무조정제도라는 점, 쟁의행위 대상이 근로조건의 결정에 관한 이익분쟁에 관한 사항이라는 점, 그리고 해고·체불 등 권리분쟁에 대해 강한 보호 규정을 갖고 있는 점 등을 고려하여 현행 제도를 유지하는 것이 바람직하다고 본다.

조정제도의 활성화를 추진할 필요가 있다. 2007년 노동조합법 개정을 통해 '조정 전 지원, 사후 조정'에 관한 근거가 마련되기는 하였으나, 사실상 조정전치주의에 기초한 조정기능에 국한되고 있는 실정이다. 사전적 알선 내지 간이조정 절차를 도입하여 분쟁의 사전예방을 도모하고, 사후적 조정서비스를 활성화하는 방안도 검토 가능하다. 조정 인프라도 강화될 필요가 있다. 조정인의 경험·전문성에 따라 성립률이 현저하게 달라질 수 있으므로 조정담당 공익위원을 상임화하여 전문성을 높이고 밀도 있는 조정서비스를 제공하여야 한다. 또한, 조정 관련 조사관 수를 증원하여 사전 알선 내지 간이조정 서비스 절차를 내실화하여야 한다.

3. 단체교섭제도에 대한 소결

전체적인 노동조합 및 노동쟁의 절차가 일본과 우리나라가 유사하고, 노조 결성과 관련한 노동조합법상 근로자 개념도 유사하다. 문재인 정부 이전에는 판결이나 그에 따른 정부해석이 노동조합법상 근로자 개념을 교섭의 실익을 감안하여, 실제 근로계약을 맺고 있어야 함을 강조하여 근로기준법상 근로자와 동일시 해 왔었다. 즉 노조 설립에 있어서 우리나라가 미국을 제외한 선진국에 비해 엄격했다고 보아야 한다. 그러나 문재인 정부 들어서 2017년 정책적으로 노동조합법상 근로자 개념을 넓게 보아 특수형태근로종사자에 대해 노조 설립도 허용했다.[169] 대법원도 2018년 학습지교사[170]를 노동조합법상 근로자로 인정하여 노조 설립을 인정하였고 그 이후 대리기사 등 대부분의 특수형태근로종사자들에게 노조 설립을 인정하여 왔다. 특히 2021년 ILO 결사의

169) CJ대한통운 택배종사자

170) 재능교육 학습지교사

자유 협약을 비준하기 위해 노동조합 및 노동관계조정법 등을 개정하여 해고자, 실직자들까지 기업단위 노조 설립·가입이 가능토록 하여 노동조합 설립에 있어 어느 선진국과 비교해도 손색이 없다고 본다. 특히 독일, 프랑스 등 유럽형과 비교해 보았을 때 우리나라는 노동조합의 단체교섭요구에 응해야 할 의무까지 부여되어 있는 점(부당노동행위제도)을 감안할 때 노동조합의 파업권에 대항하는 대체근로를 허용하는 것이 타당하다고 본다. 특히 필자가 대체근로를 허용하여야 한다고 보는 이유는 우리나라 노동조합의 특성을 고려해서이다. 앞서 설명한 대로 전체 근로자의 14%의 조직률이지만 노동조합 구성을 보면 그중의 88%가 대기업·공공기업 근로자들이다. 1987년 이후 투쟁적 노동운동의 영향 등으로 우리나라는 10% 대기업근로자와 90%의 중소기업 근로자 간 격차가 세계 어느 국가와도 비교되지 않을 만큼 격차가 큰 상황이다. 1990년대 초 대기업과 중소기업 간 임금은 100:93 정도였음을 고려하면 지속적으로 악화되고 있음을 알 수 있다. 그럼에도 대기업 근로자들에게 유리한 선진국에도 없는 제도를 지속 유지한다는 것은 제도가 격차를 더 키우는데 기여하는 꼴이 되는 것이다. 따라서 대체근로를 허용하여 대기업 중심의 우리나라 운동이 자기중심적 노동운동에서 조금은 벗어나게 해주는 것이 옳다고 본다.

제5절

노사협의회 제도의 활성화 : 2개의 수레바퀴의 작동

손을 잡는 것은 평생 곁을 지켜준다는 것이다.

영화 <왕이 된 광해>에서 가짜 왕 역할을 하기로 한 광해가 간신배들에 의해 역적집안으로 몰려 폐위가 예상되는 왕비를 구하려 한다. 왕비는 불가하다고 판단하고 체념한 채 광해와 거리를 두려한다. 그러나 광해가 왕비에게 "손을 잡으면 평생 곁을 지켜준다 하지 않았느냐."라고 말한다. 우리는 노사가 손잡는 모습을 자주 본다. 손을 잡는다는 것은 서로가 서로를 지켜준다는 의미일 것이다.

호모 사피엔스에서 호모 심비우스가 되자.

호모 사피엔스(Homo Sapiens)는 라틴어로 현명한 인간이다. 최재천 교수는 이제는 공생하는 인간, 즉 호모 심비우스(Homo Symbious)가 되어야 한다고 강조한다. 즉 앞으로 엄청난 혁명과 대멸종, 대절멸의 시대가 오고 있다는 것이다. 그동안 지구에 5번의 대절멸이 있었다. 운석낙하, 화산폭발과 같은 천재지변 등이 원인이었다. 현재 6번째가 진행 중이다. 그러나 6번째는 숲을 없애는 등 호모 사피엔스의 잘못 때문에 오고 있다고 한다. 이때 변화에 적응하지 못하는 종들에게 대절멸이 온다는 것이다. 그간의 경험으로 보면 유전적 다양성을 가진 종이 살아남는다고 한다.

410년 서로마제국이 게르만족에 멸망한 이유도 유전적 획일화에서 비롯되었다. 대자연사에서 얻은 교훈은 "빨리 손잡은 종들이 미처 손잡지 못한 종들을 밀어 낸다."라는 것이다. 태풍이 지나가면 전봇대는 뽑혀도 대나무는 끄떡없다. 그 이유는 뿌리로 연결되어 있기 때문에, 즉 저항력과 회복력이 크기 때문이다.

이제 각자 호모 사피엔스(현명한 인간)에서 호모 심비우스(공생하는 인간)로 변화하는 것이 생존의 비법이라는 것이다. 그 실례를 재미있게 들었다. 부자가 죽으면서 낙타 17마리를 남겼다. 유언으로 큰 아들에게 1/2을, 둘째에게 1/3을, 셋째에게 1/9을 가지라 하였다. 아들들이 고민하였지만 해답을 구하지 못하고 현명한 아버지 친구에게 가서 물어보았다. 그 노인은 자신의 낙타 한 마리를 가져와 18마리가 되게 한 후 9마리, 6마리, 2마리를 각각 나눠준 후 본인 것 한 마리를 다시 가져가서 해결해 주었다. 그런 유형을 호모 심비우스라고 한다.

디지털 대전환, 대멸종 등으로 2030년에는 세계 실업률이 16% 수준이 된다고도 예측하고 있다. 자본주의 체제의 생존 문제가 등장할 수 있다고 본다. 그런데 실업률 1% 증가 시 살인이 67% 증가할 수 있다고 전문가들은 보고 있다.

우리 노사가 빨리 손잡아야 하는 이유이다. 그 주요 방안으로 우리는 노사협의회제도를 보완하고 활용해야 한다.

1. 한국 노사관계의 특징 : 2개의 수레바퀴 시스템

우리나라의 집단적 노사관계 시스템은 노사가 서로 기업 운영에 관한 제반 정보를 공유하여 협력을 강화함으로써 생산성과 성과를 높이는, 즉 파이를 키우기 위해 공동으로 노력을 하도록 하는 노사협의회 시스템과 노동조합에 의한 단체교섭 시스템이라는 2개의 수레바퀴가 함께 돌아가는 체제이다.

우리나라의 노사협의제도는 1963년 제정된 노동조합법에 의해 도입되었으며, 1980년 별도의 법령인 노사협의회법의 제정을 통해 일정한 사항의 보고와 협의를 의무화하는 경영협의의 요소를 추가하였고, 이후 1997년 제정된 근로자참여 및 협력증진에 관한 법률에 일정한 사항에 대한 의결을 의무화함으로써 경영참가의 요소를 강화하였다. 즉 1997년 4월 7일 제정과 함께 시행된 근로자참여 및 협력증진에 관한 법률은 새로운 노사관계의 정립이라는 개혁 방향에서 기존의 노사협의회법을 폐지하고 형식적으로 운영하던 '노사협의회'의 지위를 크게 강화하였다.

우리나라의 근로자참여 및 협력증진에 관한 법률은 기본적으로 근로자와 사용자 쌍방이 참여와 협력을 통하여 노사 공동의 이익을 증진하는데 기본 목적을 두고 있다. 즉 파이를 키우는데 중점을 두고 있다. 상시 30인 이상 사업장에 설치가 의무화되어 있다. 노사협의회는 노사 각 3명 이상 10명 이하 동수로 구성토록 하고 있고 공동 의장제이다. 노사협의회는 협의사항, 의결사항과 보고사항 등 3가지로 구분하여 노사가 협의토록 되어 있다. 협의사항으로는 생산성 향상과 성과배분 등 16개 사항, 의결사항으로는 근로자의 교육훈련 및 능력개발 기본 계획의 수립 등 5개 사항, 보고사항으로는 경영계획 전반 및 실적에 관한 사항 등 4개 사항 등을 규정하고 있다. 현행 근로자참여 및 협력증진에 관한 법률에서 규정하고 있는 노사협의회는 그 구성 방법이나 근로자위원의 지위, 노사협의회의 권한, 의결사항의 효력 등 일정 부문 한계를 가지고 있지만 근로자위원이 참여사업장 내 경영상황을 청취하고, 고충처리에 참가하는 등 여러가지 측면에서 그 의의가 있다. 우리나라의 노사협의제도는 법령에 의하여 사업 또는 사업장 단위로 그 설치와 운영이 강제된다는 점, 노사 동수로 구성된 협의체방식을 취하고 있다는 점, 노사 공동이익을 추구하는 협의회를 운영하면서 근로자들에게 결정권을 주지 않는 경영협의적인 성격을 갖는다는 점, 과반수 노조에게 근로자위원 위촉권을 주면서도 노동조합과는 기능적으로는 분리하는 체계를 취한다는 점, 보고사항, 협의사항 외에 의결사항을 포함하여 경영참가적 요소를 포함하고 있는 점[171], 고용노동부장관에게 노사협의회의 조직과 운영에 관해 행정지도와 감독을 할 수 있도록 하고 있다는 점에서 외국과는 다른 특징을 가지고 있다.

2. 외국의 노사협의회 운용 사례

(1) 독일의 종업원평의회

경영조직법(Betriebverfassungsgesetz)에 따라 근로자 5인 이상 기업에 근로자로만 구성된 종업원평의회(Betreibsträt)를 임의적으로 설치할 수 있다. 500인 이상 대기업의 경우는 80% 이상 설치되어 있다. 종업원평의회는 근로조건 및 인사 관련 사항에 대한 공동결정권 및 작업공정, 안전 등에 대한 협의권 등을 가진다. 여기서 중요한 것은 공동결정권은 법률이나 노동조합과 체결된 단체협약에 정함이 없는 경우 합의로 결정되도록 하고 있다는 점이다.

관련된 공동결정사항은 근로시간, 임금지불의 시기・장소・방법, 연차유급휴가에 대한 일반원칙 및 휴가계획, 성과급 산업재해 및 직업병의 예방, 복리후생시설, 근로자 임대 주택, 사내 제안제도 등이 있다. 개별 근로자의 인사적 조치에 대해 동의를 필요로 하는 사항은 인사설문지의 작성, 인력선발에 관한 기본지침, 사업 내 직업교육의 실시 등이다. 인사조치가 법률, 법원의 결정, 행정관청의 명령 위반 시 등에는 동의를 거부할 수도 있다. 우리나라의

171) 유성재 · 김기선 "노사협의회 기능강화를 위한 법제 개선 방안" 中央法學 제20집 제1호 223쪽

취업규칙 작성과 비슷한 취지로 이해된다.

(2) 프랑스의 기업위원회

근로자 50인 이상 기업에 사용자, 근로자대표, 노조대표로 구성된 기업위원회(Comité d'entreprise)를 의무적으로 설치토록 되어 있다. 기업의 재정·경제적 상황 등에 대한 정보요구권 및 임금, 근로시간 등에 대한 협의권을 가진다. 기업의 경영방향, 경제·재정적 상황, 기업의 사회적 기여, 근로조건 및 고용에 대해 매년 협의토록 되어 있다. 사용자는 다음과 같은 사항에 대한 정보를 주기적으로 반영하고 기업위원회가 접근할 수 있도록 해야 한다.

① 경제적 사항 : 대차대조표, 근로자·관리자의 보수 구성요소, 자금 제공자에 대한 보수, 기업의 자금흐름, 하도급계약

② 사회적 사항 : 남녀 근로자의 고용·안전·직업훈련 등 남녀 성평등에 관한 사항, 기업의 사회문화적 활동

③ 근로조건 등 : 임금, 근로시간 및 초과근무 시간, 개별 근로자 직업교육, 고용상황, 채용조건 등

우리나라 노사협의회 제도와 독일의 종업원평의회 제도, 프랑스의 기업위원회 제도를 비교할 때 반드시 고려해야 하는 것은 노동조합 시스템이다. 독일이나 프랑스는 대부분 산별 노동조합이다. 즉 노동조합이 사업장 밖에서 활동하는 구조이다. 따라서 사업장 내 세세한 사항은 스스로 결정해 나가야 할 필요성이 큰 것이다. 반면 우리나라는 기업별 노조 중심이며, 산업별 노조의 경우에도 사실상 전임자들이 기업지부에서 주로 활동함으로써 기업 내 주요 의사결정이 노동조합 중심으로 결정되고 있다는 점을 고려해야 한다.

3. 사업장 단위 노사협의회 제도의 개선 방향

(1) 노사협의회 근로자위원 선출의 대표성·민주성 강화

앞서 설명한 바대로, 한 사업장의 근로자대표 방안으로 과반수 노조가 없는 경우에는 노사협의회 근로자위원 전체회의인 근로자위원회의가 사업(장) 내 전체 근로자를 대표하여 사용자위원과 협의·동의 등을 하게 된다. 그 권한과 책임이 막중해짐을 알 수 있다. 이러한 관점에서 볼 때 현재의 제도는 사업장 내 고용형태가 다양해지고 있으나 실제 노사협의회 근로자위원은 정규직 위주로 위촉되고 있는 문제가 있다. 비정규직, 여성 등 소수에 대한 배려 방안이 고려되어야 한다. 현재 전체 근로자위원 중 정규직은 98.4%에 이르러 비정규직 근로자위원은 1.6%에 불과하다.

독일 경영조직법상 종업원평의회 근로자위원은 근로자의 성비(性比)에 따라 선출하고, 18세 미만 연소근로자 또는 25세 미만 직업훈련자가 5명 이상인 경우에는 연소자 또는 직업훈련생 대표를 별도로 선출하도록 하고 있다. 근로자위원의 민주적 정당성을 확보하기 위하여 선거권, 피선거권을 18세 이상 근로자로서 6개월 이상 근로한 자로 법률에 명시하고 있으며, 선거 절차를 구체화한 시행령 '경영조직법의 이행을 위한 제1차 규칙'을 두고 있다. 프랑스 기업위원회는 성별을 고려하여 후보자명부를 작성하도록 하고 있으며, 노무·사무 근로자와 기술·관리·감독직 근로자 등 2개의 직군별 선거구로 나누어 선거를 진행한다. 상시근로자 500명 이상 기업에서는 간부직 등을 위한 선거구를 별도 조직하여 1개 이상의 의석을 할당하며, 간부직 근로자 수가 25명 이상일 때는 근로자수와 무관하게 간부직을 위한 선거구 별도로 조직한다. 프랑스 기업위원회의 근로자위원 선거권, 피선거권을 3개월 이상 근로한 16

세 이상 근로자, 1년 이상 근로한 18세 이상 근로자로 각각 법률에 명시하고 구체적인 선거절차를 마련하고 있다. 또한 1차 투표의 투표율이 50% 미만인 경우 2차 투표를 실시[172]하도록 하여 민주적 정당성을 확보하고 있다. 독일과 프랑스의 근로자 대표성 확보를 위한 세심한 배려를 참고할 필요가 있다.

또한 노사협의회의 근로자위원회의 대표성과 관련해서 과반수 노조의 지위가 변동되어 민주적 정당성을 유지하기 어려운 경우에는 사유발생일로부터 일정기간 이내에 근로자위원 선거를 실시하도록 규정을 마련할 필요가 있다. 과반수 노조가 있는 사업장일지라도 비조합원에 대한 민주성을 확보할 수 있도록 제도적 보완이 필요하다. 과반수 노조가 근로자위원을 위촉하는 경우에도, 비조합원을 대표할 수 있게 근로자위원 중 1인 이상은 비조합원인 근로자를 위촉하도록 하는 규정을 마련할 필요가 있다. 아울러, 근로자위원이 다양한 근로자 특성을 반영할 수 있도록 여성, 비정규직 등 취약근로계층의 노사협의회 참여를 보장하는 것이 바람직하다. 사업장 내 소수 성별 또는 비정규직이 일정 비율 이상인 경우에는 해당 특성의 근로자위원 1인을 비례대표로 선출·위촉할 필요가 있다. 예를 들어, 사업 또는 사업장 내 전체 근로자 중 여성이 20% 이상인 경우에는 여성 근로자위원을 1인 이상 선출하도록 하는 것이다. 이 경우 비례대표 근로자위원은 일반 근로자위원과는 별도의 후보명단을 작성하여 선거단위를 설정하는 방안이 검토되어야 한다.

노사협의회 근로자위원 선거는 근로자위원이 근로자를 대표할 수 있는 민주적 정당성을 부여받기 위해 필수적으로 거쳐야 하는 절차이다. 따라서 근

172) 1차 투표는 기업 내의 노동조합만 근로자위원 후보자명부를 등록할 수 있으며, 2차 투표에서는 비조합원인 근로자도 후보자명부 등록이 가능하다.

로자위원이 사업(장) 내 전체 근로자를 대표하고 있다는 것을 합리적으로 인정할만한 선거제도가 마련되어야 한다. 2022년 5월 근로자참여 및 협력증진에 관한 법률이 개정되어 근로자위원을 직접・비밀・무기명 투표로 선출하도록 개선되었다. 이에 더해 법령에 근로자위원의 선거권과 피선거권을 명시하여 비합리적인 선거권, 피선거권 제한을 방지하여야 한다. 근로자위원의 민주적 정당성을 확보할 수 있도록 시행령 개정 등을 통해 선거준비위원회의 설치 및 운영, 투표기간 및 방식, 개표 절차 등 선거절차를 구체화하는 것이 바람직하다. 또한, 근로자의 과반수로 조직된 노동조합이 없는 사업(장)에서 노사협의회 근로자위원 선거의 투표율이 50% 이상인 경우에는 근로자위원이 사업(장) 내 근로자의 과반수를 대표함을 인정할 필요가 있다.

(2) 원・하청 관계 등을 고려한 노사협의회 참여범위 확대 여부

다양한 원・하청 관계를 고려할 필요가 있다. 노사협의회는 사업(장) 내 전체 근로자를 대표해야 하지만 대체로 직접고용 근로자만으로 구성되고, 파견근로자, 사내하도급근로자의 참여와 관련해서는 별도 규정이 없다. 파견근로자, 사내하도급근로자는 사용사업주, 원청 사업주의 영향을 많이 받음에 따라 자신의 고용사업주와의 협의 체계만으로는 권리 보호에 한계가 있다. 파견근로자, 사내하도급근로자는 하나의 사업장에서 사용사업주, 원청 근로자들과 함께 일하게 된다. 같은 사업(장) 내에서 협력적으로 업무를 수행하는 근로자들이 근로형태의 차이로 인해 갈등과 반목을 겪는 것은 바람직하지 않다. 따라서 파견근로자, 사내하도급근로자가 사용사업체 또는 원청의 노사협의회에 참여할 수 있는 길을 열어주는 것이 바람직하다는 의견들이 제시되고 있다.

노동계는 파견근로자, 사내하도급근로자가 사용사업체 또는 원청의 노사협의회에 참여할 수 있도록 해야 한다고 주장한다. 경영계는 근로계약 관계가 없는 파견근로자, 사내하도급근로자가 사용사업체 또는 원청의 노사협의회에 참여하는 것은 법 체계상 모순되고, 불법파견과 관련한 갈등을 초래할 수 있다는 이유로 반대한다.

독일은 사용사업체에서 3개월 이상 근무한 파견근로자에게 종업원평의회 근로자위원 선거권을 인정하고 있다. 프랑스도 사용사업체에서 3개월 이상 근무한 파견근로자에게 기업위원회 근로자위원 선거권을 인정하며, 6개월 이상 근무한 파견근로자에게는 기업위원회 근로자위원 피선거권을 인정한다.

다른 기업에 고용되어 있더라도 같은 사업장에서 일하는 파견근로자, 사내하도급근로자는 생산공동체라고 볼 수 있는 점에서 사용사업체와 원청의 노사와 밀접한 관련성을 가진다. 이들의 실질적인 근로조건 향상을 도모하고, 사업장 내 갈등을 해소하여 생산・사업 공동체의 동반성장을 촉진하기 위해서는 사용사업체와 원청의 노사협의회에 참여할 수 있도록 할 필요가 있다. 이 경우 어느 정도 수준의 노사협의회 참여를 인정할 지가 관건이 된다. 노사협의회는 해당 사업 또는 사업장의 노사 간 공동이익을 도모하기 위한 협의체이므로, 현행 틀을 유지하면서 해당 사업 또는 사업장의 근로자가 아닌 경우에는 노사협의회에 참여하여 관련 사항에 대해 의견을 개진하는 기회를 주는 것이 바람직하다.

4. 지역별, 업종별, 전국단위 노사협의회 연합회 활성화 검토

우리나라의 경우 동일 업종에서도 원청 대기업과 중소협력업체 간 격차가 크다. 일본은 기업별 노조 및 기업별 교섭체제이지만 원·하청 간 격차가 크지 않다. 그 이유는 임금체계가 일본식 직무·성과급 형태라 할 수 있는 역할급 형태라는 점과 원·하청 노사대표가 다양한 공식·비공식 협의를 통해 상호 협력방안과 격차를 고려한 임금인상 방안을 협의해 나가기 때문이다. 우리나라의 경우 원청 대기업과 그 하도급 협력업체 간의 격차가 노동시장에서 가장 큰 문제점이다. 이를 해소하기 위해서는 지역별, 업종별로 다양한 노사대표 간 협의시스템이 활성화되도록 해야 한다. 노동조합은 스스로 결성하는 단체이지만, 노사협의회는 법상 의무화된 조직이라는 점에서 결코 그 중요성이 낮지 않다. 그렇다면 각 기업의 노사협의회 근로자위원 대표를 중심으로 지역별, 업종별 협의회가 활성화 되어 지역·업종 단위 사업주단체들과 격차 해소, 자치적 최저협약임금 등을 약속하고 지켜나가는 방안이 고려되어야 한다. 이러한 지역별, 업종별 노사협의회 근로자 측 대표들이 또한 전국단위의 노사협의회 대표를 선출하여 전국단위 경제사회노동위원회의 근로자 측 대표가 되게 하면 14%를 대변하는 대기업·공공부문 중심의 양노총이 전체 근로자를 대표하는 한계를 보완해 나갈 수 있다. 업종별, 지역별 노사협의회가 해당 업종 또는 지역 노사의 정책적 현안, 경쟁력 향상, 종사하는 근로자의 권익 증진 등에 대해 협의하고, 그 결과를 해당 업종 또는 지역의 단위기업 노사 당사자가 따르도록 지도해 나갈 수 있을 것이다.

무노조 사업장뿐만 아니라 노동시장의 유연화로 비정규직 및 하도급이 증가함에 따라 이들의 권익을 보호할 기구의 대안으로서도 노사협의회의 활용이 기대되고 있는 것이다.

5. 노사협의회 제도와 노동이사제의 충돌 가능성 및 격차확대 소지

우리나라 노사관계의 큰 특징은 앞서 설명한 바와 같이 2개의 수레바퀴가 함께 굴러가서 근로자의 권익향상, 국민경제의 균형발전, 일자리 창출 등 미래지향성을 동시에 도모해 나가도록 설계되어 있는 특징을 가지고 있다. 즉 노동3권에 의한 근로자의 자발적 결정을 전제로 한 노동조합 중심의 단체교섭 제도라는 하나의 수레바퀴가 있고, 또 하나는 노사가 함께 경영에 관한 정보를 공유하고 협력하여 기업의 성장을 도모해 가는 법상 의무화된 노사협의회 제도라는 수레바퀴가 있다. 단체교섭 제도는 자율성을 기반으로 하지만 노사협의회 제도는 법으로 의무화된 제도라는 특징을 가지고 있다. 그만큼 노사협의회 제도의 의미가 크다는 뜻을 내포하고 있다. 그리고 앞서 설명한 대로 노사협의회 근로자위원회의는 제반 사항에서 근로자를 대표하도록 설계되어 있다. 또한 지역별, 업종별 협의회를 구성하여 대기업과 중소기업 간 격차를 줄이는 중심역할을 하도록 설계되어 있다. 그런데 중간에 불쑥 노동이사제가 들어왔다. 서울시에서 시작했고 20대 대통령 선거를 앞두고 여야 간 합의로 공공부문에 도입되었다. 노동조합이 추천한 노동이사와 법상 의무화 되어 있는 노사협의회의 근로자위원회의가 의견이 다를 경우 어떻게 해야 할까? 노사협의회는 이사회 보고사항보다 결코 범위나 깊이가 부족함이 없는 제도다. 노사협의회는 법상 보고, 의결, 승인사항을 규정하고 있다. 새로이 도입된 노동이사제와 법상 의무사항인 노사협의회 근로자 대표제도는 상황에 따라 중복성과 갈등의 소지를 내포하고 있음을 염두에 두어야 한다.

독일 감독위원회의 노동이사는 우리나라 이사회의 노동조합 추천 이사와는 성격도 다르다. 필자가 1993년 독일 프리드리히 에버트 재단에서 6개월간

통독 이후의 독일 노동시장의 문제점과 극복과정에 대해 공동연구를 할 때, 독일 노동단체, 경영계, 정부 측 관계자들에게 감독위원회 내 노동자추천 이사제의 역할과 그들의 소회를 물어 보았다. 자기 국가의 치부나 미흡함을 잘 드러내지 않는 독일 특유의 성격을 감안할 때, 당시의 필자가 느낀 점은 자기들도 상당한 부정적 효과가 있음을 드러낸 점이었다. 그리고 히틀러 나치체제에 기업들이 동조했다는 부정적 시각에서 출발되었음도 말해 주었다. 그리고 독일은 노동조합은 산별체제라서 평소에 사업장이나 기업 안에서 경영관련 활동은 거의 하지 않는다. 노동조합 간부가 간혹 개별기업의 경영조직법상 근로자위원을 맡는 경우는 있어도 사업장 내 상황에 대해 노동조합이 관여하는 일은 거의 없다. 그런데 우리나라 노동조합의 경우 산업별 노조가 주류형태라 하더라도 중심은 기업별 지부가 대부분의 의사 결정을 해나간다. 큰 제조업의 경우 생산라인 변경 등 웬만한 사항은 사전협의나 합의를 거쳐서 시행한다. 또한 법상 의무화된 노사협의회 근로자위원의 활동에 의한 경영상황과 의견 개진은 부족함이 없다. 그런데 노동조합 추천 노동이사제는 옥상옥이며 법상 근로자대표인 근로자위원회의와 의견 상충 시 기본 철학에 반하는 상황이 있을 수 있다. 또한 한국의 노동조합 조직률이 14%이고 전체 조합원의 88%가 대기업·공기업 근로자임을 감안할 때, 노동조합의 시각에서 이사회에 관여한다면 결국 자기 조합원의 이익이 되는 방향에서만 접근할 가능성이 크다. 이는 우리나라의 가장 큰 문제인 대기업과 중소기업 간 격차를 더 키우는 결과를 가져올 수 있다고 본다. 도입된 공공부문 노동이사제의 운영 상황을 냉철히 분석해 볼 필요가 있다.

제6절

미래 노사관계의 지향점 : 이중구조 해소

홀로선 자본주의!

브랑코 밀라노비치(Branko Milanović)는 <홀로선 자본주의 : Capitalism Alone>에서 현대에 홀로 남은 자본주의가 어디로 갈 것인가에 대해 깊은 질문을 던지고 있다. 그는 마르크스의 자본론도, 애덤 스미스의 국부론도 더 이상 작동하지 않는다고 보았다. 미국 자본주의 노동자와 중국 자본주의 노동자 등 만국의 노동자들이 단결하여 뭉칠 수도 없는 노릇이다. 현재는 자본소득가와 임금노동자 간의 교집합이 커지고 있다. 즉 자본가와 노동자를 분리하는 2분법은 더 이상 통하지 않는다. 지난 30년간 미국 가계소득 추이 분석결과 상위 10% 자본소득 증가 계층 속에 상위 10% 임금소득자가 많이 증가하고 있다는 것이다. 즉 동일한 가구와 개인 안에 자본소득과 임금소득이 결합되어 있다는 것이다. 이를 토대로 동일하다는 의미인 Homo와 부를 뜻하는 Ploutia를 합친 Homo Ploutia라는 신조어가 탄생했다. 노동소득 상위 10%에 해당하면서 자본소득 상위 10%에 해당하는 호모 플로우티아가 1980년대 15%에서 2018년 30%까지 증가했다는 것이다. 고임금을 투자에 활용하거나 부자들이 자녀 교육과 선택적 결혼으로 고임금 계층을 형성하였고, 이들이 새로운 상류층으로 형성되고 있다고 분석하고 있다. 이것은 계층이동을 어렵게 하고 개천에서 용이 나는 것을 불가능하게 만든다는 것이다. 명문대 아이들만 만나게 하는 "스카이피플"도 등장한다고 한다.

우리나라의 동학개미, 서학개미 현상도 이러한 호모 플로우티아에 들어가기 위한 몸부림일 것이다.

대기업·공기업 근로자라고 해서 생활이 여유있는 것은 아니다. 필자도 평생 공직 생활을 해서 그 심정을 잘 안다. 옛날에 월급을 노란 봉투에 넣어 주던 시절에는 월급날 일주일 전쯤부터는 집에서 심경 건드리는 언행은 잘 안한다. 이유는 화 돋구어 괜히 월급날 예정되지 않는 것에 소비(?)하면 더 팍팍해지기 때문이었다. 그럼에도 대한민국 사회가 시간이 갈수록 격차가 더 확대되고 있다. 이것이 필자는 대한민국 사회의 가장 심각한 문제라 본다. 자산에서 부채를 뺀 순자산 기준 지니계수가 2018년 0.588에서 2020년 0.602로 급상승했다. 5분위배율도 2016년 6.06배에서 6.69배로 증가했다.

격차문제를 노사관계체제 모형 설정과 운영에 있어서 중요한 요소로 보아야 하는 이유이다.

1. 현황과 원인

우리 노동시장은 1990년대 중반 이후부터 높은 임금수준과 근로조건, 직장 안정성을 갖춘 대기업·정규직 일자리 10% 그리고 이와 대비되는 중소기업과 비정규직 일자리 90%로 구분된다. 두 부문의 일자리는 임금격차는 물론 근속연수 등 고용안정성 측면에서도 현격한 차이를 보이고 있다. 2020년 고용형태별근로실태조사 결과에 따르면, 대기업 정규직의 임금수준을 100으로 볼 때 대기업 비정규직은 68.9, 중소기업 정규직은 57.3, 중소기업 비정규직은 44.5에 불과하다. 1990년대 초반까지만 해도 대기업 대비 중소기업 근로자

임금 수준이 90%이었는데 시간이 흐를수록 격차가 커지고 있다. 그것도 복지비 등은 계산하지 않고서다. 이를 포함하면 격차는 훨씬 크다. 이러한 임금수준 격차로 인해 정규직의 평균 근속기간은 7년 10개월인데 반해 비정규직은 2년 5개월에 그치고 있다. 중소기업 또는 비정규직 근로자가 대기업 또는 정규직 근로자로 이동하는 경로도 매우 제한적이다.

이러한 노동시장 이중구조와 격차가 발생하는 원인은 대기업과 중소기업 간 경쟁력과 지불능력의 차이, 기업별 노동조합의 자기 중심적 노동운동, 경직적인 노동시장제도와 관행에서 비롯되고 있다고 본다. 이를 좀 더 자세히 살펴보자.

첫째, 기술 발전, 글로벌 경제 진전에 따른 R&D 투자, 경영혁신의 차이로 대기업과 중소기업 간에 생산성과 지불능력의 차이가 발생하고 있다. 아울러, 대기업이 우월한 영향력에 기반한 원·하청 관계를 활용하여 경기변동의 충격을 상당부분 하청업체나 협력사에 전가하는 사례도 존재한다. 대기업과 중소기업을 둘러싼 이러한 경영여건은 기업별 임금 수준 결정시스템을 통해 종사근로자 간 임금수준과 고용안정성의 격차를 초래하고 있다.

둘째, 대기업·공공부문, 정규직 근로자 중심의 노동조합 조직 구조가 노동시장 이중구조 발생에 영향을 미치고 있다. 우리나라 전체 노동조합 조직률은 14.2%에 불과하나, 300명 이상 사업장의 조직률은 49.2%, 공공부문 조직률은 69.3%로 대기업, 공공부문의 노동조합 조직률이 매우 높다. 280만 명의 조합원 중 88.7%에 해당하는 249만 명이 300명 이상의 사업장에 근무하고 있다. 대기업·공공부문 노동조합은 연공서열형 임금체계, 강한 교섭력을 바탕으로 생산성 향상분 이상의 임금을 확보해 오고 있다. 반면에 중소기업, 비정규직 근로자는 원·하청 관계 등을 배경으로 임금 인상이 상대적으로 낮고

복지혜택에서도 배제되고 있다. 송호근 교수는 현대자동차의 예를 들면서 "외환위기로 인한 1998년 정리해고 사태가 노사 간 신뢰를 깨고 고용불안정에 대한 정신적 트라우마를 주는 계기가 되었다고 본다. 이로 인해 대기업 노동조합이 사회적, 공적 역할보다는 조합원의 경제적 이익 확보라는 독점 기능을 강화하게 된다. 이를 통해 비정규직, 협력업체 직원들을 완충지대로 하여 노동 최소화와 보상 극대화라는 목표를 추구하였고, 결과적으로 대·중소기업 근로자, 정규직·비정규직 근로자 간 격차를 확대하는 요인으로 작용하였다."[173] 라고 보고 있다.

세 번째 원인은 경직적인 노동시장제도와 관행이다. 임금, 근로시간, 근로계약 등 노동시장 핵심규범의 공정성, 투명성, 예측가능성이 결여됨에 따라 기업들이 정규직 고용을 회피하고 있다. 여기에 불합리한 비정규직 규제가 더해져 정규직 근로자 자리가 근로조건이 더 열악한 비정규직이나 용역·외주화 등으로 대체되고 있다. 특히, 1997년 외환위기 이후 대기업이 핵심부문의 인력만을 직접 고용하고 나머지는 간접고용 또는 외부화하는 경향이 확대되고 있다. 결국 노동시장 이중구조와 격차 발생은 대기업과 중소기업 간 생산성과 지불능력의 차이, 원·하청 관계에 의한 영향 등 경영환경 측면의 차이에도 기인하지만, 노동시장 측면에서 볼 때 대기업·공공부문 중심의 노동조합과 정규직 중심의 경직적인 제도와 관행이 대기업·有노조·정규직 근로자에게 불균형적으로 유리하게 작용한 측면도 적지 않다고 본다.

그간 정부는 노동시장 이중구조 해소와 상생고용 실현을 위해 다각적인 노력을 전개해 왔다. 대·중소기업 불공정관행 개선, 상생적 노사관계 구축,

---

173) 송호근, 「가 보지 않은 길 - 한국의 성장동력과 현대차 스토리」, 나남, 2017, 204~205쪽

중소·중견기업 경쟁력 강화 등을 위한 노력을 추진하였다. 노사정 대타협을 통해 노동시장 규범 명확화, 대기업 정규직의 양보와 배려, 사회안전망 강화도 합의한 바 있다. 노동시장 이중구조 해소를 위한 상생고용 촉진대책을 발표하여 대기업·정규직 부문의 경직성, 불공정성을 개선하고, 상생고용을 위한 대·중소기업 노사의 협력을 확산하는 등의 노력을 수행하였다.

하지만 여전히 OECD 국가들과 비교할 때 우리 노동시장 이중구조는 심각한 상황이다. 저임금 근로자 비중, 임금 10분위 배율 등이 OECD 국가들 중에서 매우 높은 수준을 유지하고 있으며, 경직적 노동시장제도 관행을 고수하고 있는 대기업, 정규직 근로자들은 과도하게 높은 임금을 누리고 있다. 국내외 전문가 및 OECD 등 국제기구도 노동시장 이중구조화를 우리 경제의 가장 큰 문제점으로 지적하고 지속적으로 개선할 것을 권고하고 있다.

노동시장 격차가 확대되면 우리 사회 전반의 소득격차가 확산되고 결국에는 성장잠재력을 잠식하게 될 것이다. OECD는 지난 30년간 OECD 국가들에 있어 소득격차 확산이 경제성장에 부정적 영향을 미쳐 왔음을 실증적으로 밝히고 있다. 소득격차 확대는 교육 등 인적자원 투자의 격차로 이어져 성장잠재력을 저해하면서 소득격차 구조를 고착화시킨다고 경고하고 있다.

노동시장 격차를 크게 우려할 문제가 아니라고 보는 입장에서는 대기업 중심으로 경제가 성장하더라도 성장이 지속될 수 있고 낙수효과(trickle-down effect)로 인해 중소기업을 포함한 모두가 혜택을 받게 될 거라고 주장한다. 그러한 낙수효과가 시장에서 자연스럽게 발현된 사례는 찾아보기 어렵다. 따라서 우리 경제와 사회통합에 부정적 영향을 미치는 노동시장 이중구조 및 격차 문제를 해소하기 위해서는 관련 법·제도를 개선하는 것과 함께, 산업현장의 자율적 실천과 상생고용 분위기를 확산해 나가야 한다.

노동시장 이중구조 및 격차 해소는 어느 한 부처의 노력만으로는 개선될 수 없다. 일자리 정책을 총괄하는 고용노동부뿐만 아니라 기업에 대한 규제와 지원정책을 담당하고 있는 기획재정부, 산업통상자원부, 공정거래위원회 등의 경제부처가 함께 범정부적으로 협업하면서 추진해 나가야 한다.

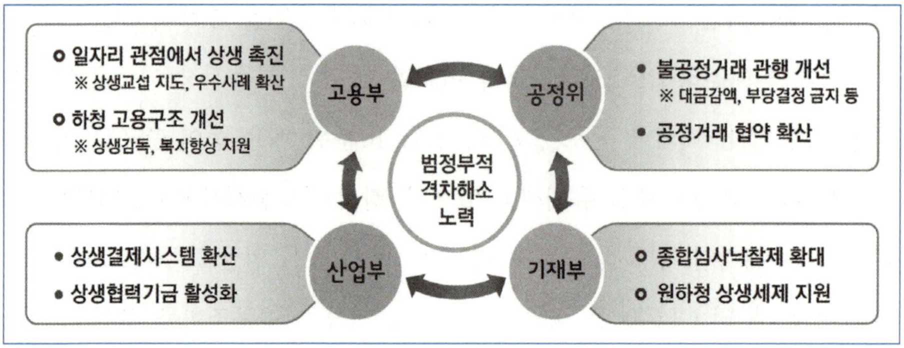

그림 18 | 9.15. 대타협에 기반한 격차해소를 위한 정부역할 방안

윤석열 정부도 공약을 통해 노동시장 이중구조 해소를 위한 의지를 보여주고 있다. 공정거래 관련 법 집행체계를 개선하여 을의 피해를 신속하고 실질적으로 구제할 계획이다. 엄정하고 객관적인 전속고발권을 행사하도록 하되, 중소벤처기업부 등 의무고발요청제와의 조화로운 운용을 추진한다고 한다. 공정거래 분쟁조정 통합법 제정 등 효율성, 전문성, 신속성 제고 방안을 추진하여 대안적 분쟁해결제도(ADR)를 활성화한다고 한다. 납품단가 제도 개선으로 제값 받는 환경을 조성한다는 공약도 제시하였다. 계약기간 중 원자재가격이 일정 수준 이상 오를 경우 의무적으로 납품대금조정협의회에 응하도록 관련 제도를 개선한다고 한다. 아울러 납품단가에 원자재 가격변화를 자동 반영하는 납품단가연동제 도입도 검토하겠다는 입장이다. 이러한 공약들을 토대로 박근혜 정부 때부터 실시되고 있는 원·하청 동반성장의 기조 및

상생노력이 확대 발전해 갈 것으로 기대된다.

대기업과 중소기업 간 격차가 현재와 같이 커지고 있는 상황에서 청년고용 문제는 절대로 해결될 수 없다. 대학진학률이 70%를 상회하여 고학력 청년들의 양질의 일자리에 대한 수요는 늘어나는 반면, 중소기업은 필요한 인재를 구하지 못하는 일자리 미스매치 현상이 발생하고 있다. 2019년 전체 사업체 689만4천 개소 중 99.9%에 해당하는 688만8천 개소가 중소기업이다. 중소기업에 종사하는 근로자는 1,743만9천 명으로 전체 종사자 수의 82.7%를 차지하고 있다.[174] 이처럼 중소기업에 종사하는 근로자가 절대적 비중을 차지하고 있음에도 기업 규모, 고용형태에 따른 임금격차 등으로 중소기업 취업을 선호하지 않는 경향이 지속되고 있다. 대기업 정규직의 시간당 임금이 100이라고 하면 중소기업 비정규직은 44.5에 그칠 정도로 격차가 큰 상황에서 청년들은 낮은 임금, 복지 수준 등의 이유로 중소기업 취업을 기피할 수밖에 없다. 중소기업에 들어갈 바에야 대기업, 금융회사, 공무원이나 공기업 취업준비를 하겠다는 취업준비생이 늘면서 취업준비기간이 길어지고 청년 실업률도 높아지는 현상을 초래한다. 전체 일자리의 82% 이상이 중소기업에 있는 노동시장 상황에서 대기업과 중소기업의 이중구조, 격차가 완화되어 많은 청년들이 자신 있게 중소기업에 갈 수 있어야 비로소 청년 실업문제 해결의 실마리가 생길 수 있다. 그만큼 노동시장 격차 해소는 시급하고 절실한 과제이다.

2016년 당시 제 1야당 대표가 민주노총을 방문하여 노동운동 방식에 대해 지적하고, 노사관계 긴장이 한국경제에 발목을 잡을 수 있다는 취지의 지적을 하였다는 언론보도가 있었다. 이처럼 대다수의 국민들은 10% 대기업,

174) 중소벤처기업부, 중소기업기본통계 2019년

정규직 중심의 운동방식에 대해 분명히 문제점을 인식하고 있음에도 대기업, 정규직 노조의 반대 때문에 노동시장제도 개혁이 제대로 이뤄지지 못하고 있다. 따라서 90%의 중소기업・비정규직 근로자, 일자리를 찾아다니는 절박한 청년과 은퇴 장년세대의 아픔을 헤아려줘야 한다. 그것이 국민들이 피부로 느끼는 진정한 의미의 경제민주화일 것이다.

2. 정부와 사회의 역할 방향

(1) 대기업・정규직 부문의 경직성, 불공정성 개선

무엇보다 10%의 대기업, 정규직이 과도하게 가져가는 과실이 90%의 중소기업, 비정규직의 처우개선과 고용안정에 활용되도록 하여야 한다. 상위 10%에 해당하는 대기업・공기업 노동조합이 막강한 교섭력을 앞세워 기업의 성과를 독점할 것이 아니라 협력업체로 흘러가게 해야 한다. 이는 2015년 9.15. 노사정 대타협 정신의 본질이기도 하다. 청년들이 취업난을 겪으면서도 중소기업의 빈 일자리에 가지 않는 데에는 원・하청, 대・중소기업 간의 격차가 주요 원인으로 작용한다. 따라서 대기업, 정규직의 양보와 배려는 중소기업의 근로조건을 향상시키고 결과적으로는 청년일자리 문제 해결에도 기여할 수 있다.

노사가 특단의 노력을 하지 않는 한 현재 상황 개선은 불가능해 보인다. 2014년 한국노동연구원 분석을 보면 향후 10년간 원청・대기업은 실질임금 증가 없이 물가 상승률만큼 임금인상을 하고 2・3차 협력중소기업은 10% 이상 지속적으로 임금인상을 했을 때 비로소 2024년쯤에야 협력업체 임금수준이 대기업의 60% 정도에 이를 수 있다고 보았다. 격차를 줄여나가기 위해 이처럼 노사정 모두가 특단의 노력을 해도 오랜 시일이 소요된다.

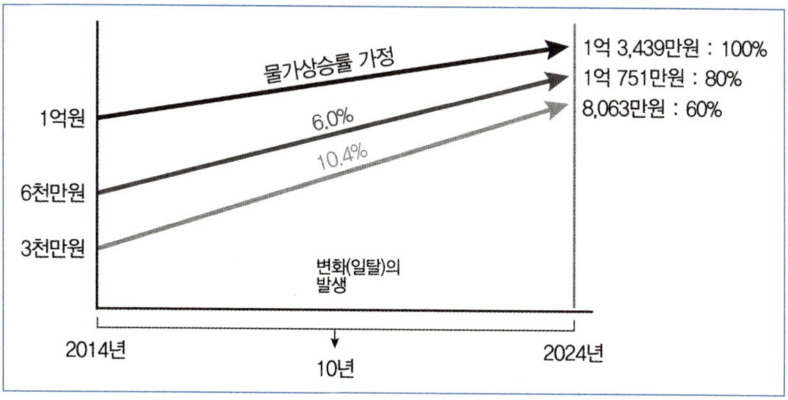

그림 19 | 격차해소를 위한 상생형 임금인상 예측

그러나 청년·중장년 일자리 문제를 실질적으로 해결하려면 대기업의 60% 수준으로는 부족하고, 노동개혁, 대기업의 임금인상 자제, 임금체계 개편, 상생협력 등의 실천 강화를 통해 선진국 수준인 75~85%까지 도달해야 한다고 본다. 실제로 격차가 선진국 수준으로 개선되려면 대기업은 물가수준의 임금인상을 하고 중소기업은 매년 10%씩 하는 방안을 한세대가 흘러가도록 해야만 겨우 가능하다. 만약 향후 10년 이내에 선진국 수준으로 가고자 한다면 지금부터 국가, 사회의 모든 역량을 여기에 두고 실천해나가야 할 정도로 실로 엄청난 노력이 필요하다. 그만큼 노동시장 격차 해소가 시급하고 절실한 과제임을 보여준다. 획기적인 인식전환이 없으면 남는 것은 절망뿐일 것이다.

2015년 9.15. 노사정 대타협 논의 등을 토대로 그간 상생결제시스템, 자진시정 면책제도, 익명제보센터, 종합심사낙찰제과 같은 원·하청 간 공정거래질서 확립을 위한 많은 제도들이 마련되었다. 상생결제시스템은 대기업 및 공공기관이 협력사의 결제대금 지급을 보장하고, 협력사가 결제대금을 결제일 이전에 대기업 수준의 낮은 금융비용으로 현금화할 수 있는 시스템이다. 대기업 및 공공기관은 상생결제시스템을 통해 상생매출채권을 발행하고, 1차 협력사는 이를 기반으로 2·3차 협력사에 결제를 하며 2차 이하 협력사는 대기업의 신용도와 낮은 수수료로 현금화가 가능하다. 예를 들어, 대기업이 납품대금 10억 원을 어음으로 지급한 경우 상생결제시스템을 활용하면 3차 협력사가 이를 현금화하는데 드는 비용을 종전보다 916만 원을 절감할 수 있다. 이는 종전 금융비용의 57%에 해당하는 금액이다. 상생결제시스템을 도입한 기업은 동반성장지수, 공공기관 평가에서 가점을 받을 수 있고, 상생결제금액의 0.15~0.5%에 대해 세액공제를 받게 된다. 다수의 대기업 및 공공기관이 협약을 체결하였고 2018년부터 연간 상생결제 금액이 100조 원을 넘어서고 있다. 또한 하도급대금 지급과 관련하여 자진시정 면책제도를 마련하였다. 공정거래위원회 조사개시 전에 자진시정을 하면 모든 제재조치가 면제되고, 조사개시 후 30일 이내에 자진시정을 하면 벌점과 과징금을 면제받을 수 있다. 불공정거래 관행 개선과 자율적 공정거래문화를 조성하기 위하여 중소기업들이 자신의 신원을 밝히지 않고 불공정행위를 제보할 수 있는 익명제보센터를 운영하고 있고, 표준하도급계약서 보급을 확대하고 있다. 조달 부문에 있어 종전까지는 최저낙찰제를 하다 보니 협력업체는 최저임금 수준으로 일해온 바 있다. 이러한 최저낙찰제를 종합심사낙찰제로 개선하여 협력업체들도 일정부분 근로조건이 확보될 수 있도록 하였다. 낙찰에 있어 원청, 대기업이 정부에 입찰할 때 청년을 얼마나 고용하고 있는지, 또 협력업체의 근로조건 향상을 위해 어떤 노력을 하고 있는지를 평가하여 우대가점을 주는 등 개선해 나가고 있다. 정부는 앞으로 상생결제시스템, 자진시정 면책제도, 익명제보센터, 종합심사낙찰제 확대 등에 따른 효과가 확산되어 원·하청 간 공정거래질서가 확립되도록 노력하여야 한다.

(2) 상생고용을 위한 대·중소기업 노사의 협력 확산

우리의 기업구조가 수직적이고 다단계임을 고려하여 원청은 1차 협력업체에 대해서, 또 1차 협력업체는 2, 3차 협력업체에 대해서 성과공유, 고용구조 개선, 산업안전 협력 등이 이루어지도록 원청이 노력하고, 정부는 이를 적극 지원하여야 한다.

먼저, 원청의 임금인상 자제가 청년 신규채용과 협력업체 처우개선으로 이어지도록 하고, 상생고용지원제도 등 다양한 지원제도를 통해 이러한 움직임이 확산되도록 하여야 한다. 원청이 하청·협력업체를 선정할 때 단기파견 비율 등 고용구조를 고려토록 함으로써 기업들이 자율적으로 고용구조 개선에 나서도록 유도하여야 한다. 파견허용업무 확대 등의 제도개선을 통해 인력활용의 경직성은 완화하되, 일시적 업무 증가 등을 이유로 한 초단기 파견을 지양하고 상시·지속적 업무에는 직접 고용토록 유도하여야 한다.

또한 원청이 하청·협력업체 근로자의 안전보건을 확보할 수 있도록 지원하는 공생협력 프로그램을 확대해 나가야 한다. 이를 통해 원청이 사내·외 협력업체와 공동으로 협력업체의 유해 또는 위험 요인을 자율적으로 개선하는 관행이 정착되어야 한다. 2016년 핸드폰 부품업체 메틸알코올 중독사고가 발생했을 때 당시 고용노동부장관이었던 필자가 원청과 협력업체의 두 대표들을 불러서 이와 같은 방식으로 1차 협력업체를 지도하고, 1차 협력업체가

2, 3차 협력업체를 지도토록 해서 나름의 개선효과가 발생한 바 있다. 이러한 노력과 개선효과를 다른 분야에까지 확산해 나갈 필요가 있다.

아울러 정부는 원청의 동반성장 및 상생노력이 더욱 확산될 수 있도록 지원하여야 한다. 원청이 하청근로자의 근로조건 개선 지원을 위해 상생협력기금에 출연하는 금액에 대해서는 지속적으로 세제지원을 하여야 한다. 협력중소기업 근로자의 근로조건 및 작업환경 개선을 위한 대기업의 노력을 동반성장지수에 반영하고 R&D 지원 및 공공입찰 심사 시에 우대해 주어야 한다. 대기업이 사내근로복지기금을 통해 중소협력업체 근로자를 위한 복지사업을 실시하거나 중소기업 사내근로복지기금에 출연하는 경우에는 재정지원 및 세제혜택 등을 지속적으로 확대 지원하여야 한다.[175] 최근 ESG가 화두다. 여기서 사회적 책임의 근간은 대기업의 완제품이나 서비스가 이뤄지는데 연결되어 있는 수많은 협력업체 근로자들의 근로조건 향상 및 생명·안전 보호가 중심이 되어야 한다. 윤석열 정부가 가장 강조한 공정이라는 철학의 근간도 함께 공헌한 협력업체 근로자들에게 성과가 돌아가게 하는 것이라 본다. 지난 수년간 포스코가 원청보다 협력업체 근로자들의 인금 인상률을 더 높게 하였다. 2021년 원·하청 협력선언을 통해 협력업체 임금이 원청의 80% 수준이 되도록 하겠다고 선언했다. 정부가, 그리고 우리 사회가 그런 고용생태계를 조성해 나가는 기업들의 노력을 국민들께 적극 알려서 다른 기업들도 공감하고 동참토록 해야 한다.

175) 협력업체 근로자의 복지후생 증진사업을 하는 대기업 또는 원청의 사내기금법인과 대기업 또는 원청으로부터 출연금을 지원받은 중소기업 사내기금법인은 지출비용의 50%를 매년 2억원 한도 내에서 지원받을 수 있다. 중소기업을 포함하여 함께 설립된 공동근로복지기금 등은 최대 20억원까지 지원받을 수 있다.

(3) 비정규직 등 취약계층 처우개선 강화

먼저, 정규직 채용관행을 유도하는 등 고용구조를 개선해 나가야 한다. 우리 상황에 맞는 비정규직 규모 등 정책목표와 지표를 설정하고, 이를 위한 정책패키지를 담은 비정규직 로드맵이 마련되어야 한다. 정규직 전환지원 대상을 확대하고, 컨설팅 등을 통해 자율적인 정규직 전환을 지원하여야 한다. 기간제와 사내하도급 근로자 보호를 위한 가이드라인을 제시하고, 준수협약 체결 등을 통해 확산시킴으로써 자율적인 고용구조 개선 분위기를 만들어 나가야 한다.

건설근로자들이 일자리를 찾는데 소요되는 수수료 부담을 줄여주기 위한 무료취업기능도 확대되어야 한다. 청소년들의 근로권익 보호를 강화하기 위하여 근로계약서 체결 등 기초고용질서가 자율적으로 준수될 수 있도록 노력하여야 한다. 정부가 아르바이트 취업포털사이트와 함께 협력하여 사용자와 근로자가 온라인으로 근로계약을 쉽게 체결하도록 한 사례와 같은 노력이 계속되어야 한다.

(4) 중소기업 근로자에 대한 정부지원 강화

정부 정책을 적용함에 있어 종전에는 기업의 부담 여건, 적용을 위한 행정 편의성 등을 고려하여 규모가 큰 기업부터 적용해 오는 관행이 있어 왔다. 고용보험제도의 경우 1995년 도입 당시에는 상시근로자 30인 이상 사업자(고용안정 · 직업능력개발사업은 70인 이상)부터 적용해 오다가 현재는 1인 이상까지 확대되었다. 근로기준법은 아직도 상시 4인 이하의 근로자를 사용하는 사업 또는 사업장에는 일부 규정만이 적용되고 있다. 또한 모든 기업에게 적용되는 제도의 경우에도 기업의 경영 및 재정적 부담 여건, 노동조합의 영향력으로 인해 대기업·공기업의 근로자가 주된 혜택을 받는 사례도 존재한다. 사내근로복지기금제도, 우리사주제도 등이 대표적인 예라고 할 수 있다. 이는 결과적으로 대·중소기업, 원·하청 근로자 간 격차를 심화시키는 간접적인 역할을 하고 있다고 볼 수 있다.

따라서 고용장려금제도 등 근로자에 대한 정부지원 정책을 설계할 때 중소기업 근로자들이 우선적으로 좀 더 혜택을 볼 수 있도록 할 필요가 있다. 육아휴직급여의 경우 자녀를 양육하기 위하여 사용하는 1년의 휴직기간 동안 통상임금의 100분의 80을 지급받게 된다. 육아휴직급여의 상한액은 150만원, 하한액은 70만원이다. 모든 근로자들에게 동일한 지원조건임에도 불구하고, 기업규모에 따른 고용 여건, 재정 여건 등의 영향으로 중소기업 근로자보다는 대기업 근로자들이 육아휴직을 더 많이 활용하고 있다. 만약 정부가 동일한 예산으로 육아휴직급여의 하한액을 늘릴 것인지 또는 상한액을 늘릴 것인지에 대한 선택지를 가지고 있다면, 중소기업 근로자들의 육아휴직을 활성화할 수 있도록 하한액 상향을 우선적으로 고려하여야 한다. 육아휴직의 하한액을 늘릴 경우 중소기업 근로자들의 소득 대체율이 높아짐에 따라 그 혜택이 중소기업 근로자에게 더 많이 돌아갈 수 있다는 것이다.

아울러, 중소기업과 그 근로자들의 특성을 고려한 특화된 정부지원 정책들도 고민하고 설계해 나가야 한다. 청년내일채움공제사업이 대표적인 예이다. 이는 중소·중견기업에 취업한 청년 근로자의 장기근속을 위한 공제사업이다. 청년근로자와 사업주 및 정부가 공동으로 적립한 공제금에 복리이자를 더하여 2년 이상 장기 재직한 근로자는 성과보상금 형태로 만기 공제금 1,200

만 원과 그 이자를 지급받게 된다. 이를 통해 중소기업의 인력난을 해소해 주는 한편, 청년들이 중소기업에 취업할 수 있는 유인을 제공하면서 대・중소기업 근로자 간 소득 격차를 완화하는 역할을 수행하게 된다.

윤석열 정부도 청년도약계좌 도입을 공약으로 내세웠다. 근로・사업소득이 있는 청년(19~34세)의 중장기 재산형성을 돕기 위해 청년도약계좌를 들 수 있도록 한다는 것이다. 청년들이 일정 한도 내에서 저축하면 정부가 가입자 소득에 따라 장려금을 지급하여 10년 만기가 되었을 때 1억 원의 목돈을 제공한다는 것이다. 향후 청년도약계좌를 구체적으로 설계할 때 중소기업 근로자들이 더 많은 혜택을 받을 수 있도록 배려할 필요가 있겠다. 아울러 청년들의 주거 안정을 위한 공약으로 청년원가주택 30만호, 역세권 첫 집 주택 20만호 공급을 제시한 바 있다. 이 공약을 실현할 때에도 중소기업 근로자들에게 주택분양 우선권을 제공하는 방안이 검토되어야 한다고 본다.

(5) 격차해소를 위한 사업장 감독 강화

2021년 대형 IT기업에서 중간간부가 직장 내 괴롭힘으로 자살을 한 사건이 발생했다. 정부가 특별근로감독을 해서 직장 내 괴롭힘 관련 사항은 물론 출입문 태그인, 태그아웃 기록을 전제로 일하는 시간을 가정해서 무려 67억 원의 임금이 미지급 되었다고 판단하여 시정지시한 바 있다. 본인들이 더 일했음에도 불구하고 포괄임금 등으로 덜 지급했다면 제대로 임금을 지급해야 할 일이다. 하지만 한편으로는 이것이 그 대형 IT기업의 원・하도급 관계에서 격차를 분명 더 키웠을 가능성도 고려되었어야 한다. 매년 총 2만여 개 사업장을 대상으로 근로감독을 실시하고 있다. 필자는 근로감독을 함에 있어서도 격차축소라는 시각에서 접근하여야 한다고 본다. 즉 원청의 근로감독 시에 원청 소속의 비정규직 등에 대한 차별 여부, 파견근로자에 대한 산재・고용보험 가입 등 차별적 요소를 감독하는 등을 좀 더 세심히 살펴야 하고, 사업장 내 근로자에게 보편적으로 적용되는 각종 복리후생 등은 비교대상 근로자가 없더라도 비정규직 근로자에게 적용하도록 지도하여야 한다.

필자가 가장 강조하고 싶은 것은 그 원청기업들이 도급을 주고 있는 하도급업체의 근로조건 실태를 파악하고 또한 2~3차 하도급 업체까지 수직적으로 파악해야 한다. 원청이 납품단가 등을 조정해서 전체 하도급업체 근로자들의 근로조건이 향상될 수 있는 방안을 내도록 유도하고 이에 적극 나서는 기업에 대해 인센티브와 사회적 찬사를 보내주는 좀 더 광범위한 감독이어야 한다고 본다. 이것이 미래형 기획감독일 것이다. 고용노동부는 물론 공정거래위원회, 중소기업벤처부가 함께 하면 효과가 더 클 것이다. 그것이 진정한 협업정부일 것이다. 다단계 하도급이 일반화되어 있는 업종인 택배, IT, 시멘트, 자동차・전자부품 제조업 등에 대해 이러한 기획형 근로감독이면서 처벌 중심이 아닌 상생형 감독을 해보면 많은 변화가 올 것이다. 그것이 진정한 의미의 ESG다. 따라서 근로감독의 주안점도 1차적으로는 처벌 중심에서 2~3차 협력업체 등의 근로조건 개선에 대해서 대기업 노사가 보다 적극적인 역할을 수행하도록 설득하고 유도하는데 두어야 한다.

제7절

중층적 협의 시스템 구축이 절실하다.

우리의 노사관계 DNA는 무엇이어야 할까?

고인이 된 스티브 잡스(Steve Jobs)는 혁신적인 제품 개발에도 뛰어났지만, 자신의 철학을 담은 애플 기업과 제품에 대한 발표에 대해서도 최고의 찬사를 받아왔다. 그가 아이패드를 출시하면서 설명한 연설이다. "기술만으로는 만족하지 못하는 게 애플의 DNA입니다. 기술에 인문학이 결합되었을 때만이 우리의 가슴을 뛰게 하는 결과가 나온다는 것을 지금까지의 우리의 경험 하나하나가 알려 주죠. 포스트 PC시대를 맞아 이러한 DNA는 더욱 빛을 발하게 될 것입니다." "앞으로 디바이스는 PC보다 더 쉽고 직관적이어야 하며 하드웨어와 소프트웨어 웹서비스가 더욱 매끄럽게 상호 연결되어야 하죠. 우리는 뼛속까지 이걸 느끼고 있죠. 그래서 우리는 다른 회사들보다 유리한 위치에 있습니다. 우리는 기술에서뿐만 아니라 조직에서도 경쟁력이 있습니다."

그 발표 이후 분석가들은 스티브 잡스의 최고의 유산은 애플이라는 조직이라고 했다. 어떤 기업도 흉내 내기 어려운 조직 DNA를 형성했다는 것이다. 분석가들에 의하면 애플의 DNA는 ① 과거로부터 전승되는 것이다(1981년 매킨토시는 애플3, 애플4 등의 다양한 실패를 토대로 탄생했다는 것이다). ② 조직 DNA는 이상적 여건에서는 생성되지 않는다. 경쟁사보다 역량이 부족하지만 열망이 더 커서 형성된 것이다. ③ 한번 형성된 DNA는 쉽게 사라지지 않는다. 스티브 잡스가 없어도 그 DNA는 여전히 작동 중이다.

후계자 팀 쿡(Tim Cook)은 "애플에서 중요한 것은 사용자 생활에 편리하고 기쁨을 제공하는 제품인가? 우리의 제품이 최고의 제품인가?"라고 DNA의 연속성을 강조하고 있다.

앞으로 형성될 중층형 노사관계 시스템은 '격차를 해소하고 일자리 창출력을 더 높이는 DNA'를 내재하도록 설계할 책무가 우리에게 있다.

1. 현재의 시스템으로 급변하고 있는 사회 · 경제적 변화에 대응할 수 있는가?

우리나라 노사 간 협의 · 교섭은 작업장 및 기업단위에서의 단체교섭과 노사협의를 통해 이루어진다. 전국단위로는 경제사회노동위원회가 설치되어 사회적 대타협 시스템으로 기능하고 있다.

집단적 노사관계는 근로자의 자발적 결사체 또는 이익집단의 성격을 가지는 노동조합을 중심으로 이루어진다. 노동조합은 사용자와의 단체교섭, 단체협약 체결을 통해 근로자의 근로조건을 향상시키고, 근로자의 경제적, 사회적 지위의 개선을 추구한다. 우리나라의 경우에는 1987년 노동조합법 개정으로 노동조합 조직형태, 단체교섭 방식에 대한 제한을 두고 있지 않다. 그러나 종전의 기업별 조직 강제에 대한 영향으로 여전히 기업별 노동조합을 통한 기업별 단체교섭 방식이 일반화되어 있다. 우리나라의 노동조합 조직형태는 그간의 기업별 조직에서 산업별 조직으로 급격히 변해가고 있다. 2020년말을 기준으로 노동조합 총 6,564개 중 623개가 산업별 노조 등 초기업노조이고, 총 조합원 280만 여 명의 60.4%에 해당하는 169만 여 명이 초기업노조에 소속되어 있다. 사회적 조합주의 형태를 지니고 있는 북유럽에서는 산업별 노동조합이 중심이 되어 노동조합 활동을 하고 있으며 단위기업에는 노동조합 업무를 연락해주는 연락관 정도만 있을 뿐 사실상 노동조합 활동은 없다. 이와 달리 우리나라의 산업별 노동조합은 법상으로는 산업별 노동조합이지만 각 기업에 지부라는 형태로 과거 기업별 노동조합과 같은 규모의 노동조합 조직이 있으며 따라서 산별체제 하에서도 상당한 수준의 노동조합 활동이 기업단위에서 계속되고 있다.

노동조합과는 별도로 '근로자참여 및 협력증진에 관한 법률'은 근로자와 사용자가 참여와 협력을 통해 근로자의 복지증진과 기업의 건전한 발전을 도모하도록 하기 위하여 근로조건 결정권이 있는 근로자 30인 이상 사업(장)에 근로자위원·사용자위원 동수로 구성된 노사협의회를 설치하도록 규정하고 있다. 앞서 설명드린 것처럼 노사협의회는 분기마다 정기적으로 회의를 개최하여야 한다. 생산성 향상과 성과 배분, 근로자의 채용·배치 및 교육 훈련, 근로자의 고충처리, 안건, 보건, 그 밖의 작업환경 개선과 근로자의 건강증진, 인사·노무관리의 제도 개선 등 16개 사항을 협의하고, 근로자의 교육훈련 및 능력개발 기본계획의 수립, 복지시설의 설치와 관리, 사내근로복지기금의 설치, 각종 노사공동위원회의 설치 등 5개 사항을 의결한다. 또한, 경영계획 전반 및 실적에 관한 사항, 분기별 생산계획과 실적에 관한 사항, 인력계획에 관한 사항, 기업의 경제적·재정적 상황 등 4개 사항을 보고한다.

1997년 외환위기로 비롯된 경제위기를 극복하기 위해 사회적 대타협 기구인 노사정위원회가 설치되었고 2018년 경제사회노동위원회로 개편되었다. 노사정위원회와 경제사회노동위원회는 이전과 같이 국가가 일방적으로 노동정책을 끌고 가는 것이 아니라, 전국적인 노동조합 총연합단체, 경제단체 등의 노사대표와 중재자로서의 국가가 함께 참여하는 사회적 조합주의 방식의 3자 협의기구를 통해 노동 문제를 풀어내고자 하는 것이다. 외환위기 시 세계사적으로 보기 드물게 90개 항에 달하는 대타협을 이루었으나 민주노총이 심한 내부 갈등을 겪으면서 이를 곧바로 부인하였고 노사정위원회를 탈퇴하였다. 그 후 한국노총은 노사정위원회와 경제사회노동위원회에 계속 참여하고는 있으나, 민주노총을 의식하여 완전히 근로자에게 유리하다고 판단되는 사항 이외에는 노사정 간에 타협하기를 극히 주저하고 있다. 경제사회노동위원회를 통한 사회적 타협의 모색은 노동조합의 단체협약 체결을 넘어 사실상 전체 근로자를 대표하는 노동정책 및 사회정책의 결정과정에서 중요한 역할을 담당한다는 것을 의미한다. 그러나 경제사회노동위원회의 운영이 종종 파행되는 것은 노동조합 조직률이 매우 낮고, 노동계가 한국노총과 민주노총 등으로 분열되어 있다는 사실 등과 밀접한 관련이 있다. 이러한 이유로 경제사회노동위원회는 국가적 경제위기의 시기에만 그 기능이 정상적으로 작동하고, 설사 어려운 과정을 통해 사회적 대타협이 성사되더라도 이를 곧바로 부정하거나 경제사회노동위원회를 탈퇴하는 관행으로 인해 사회적 대타협의 내용들이 현장에서 원활하게 이행되는데 한계를 보이고 있다.

이와 같이 현재의 작업장 및 기업단위에서의 단체교섭과 노사협의 시스템, 경제사회노동위원회를 통한 전국단위의 사회적 대타협 시스템으로는 급변하는 사회·경제적 그리고 노동시장의 변화에 적절히 대응하는데 어려움이 있다. 무엇보다 심화되는 있는 격차 해소를 위해서는 상위 10%에 해당하는 대기업·공기업 노동조합이 막강한 교섭력을 앞세워 기업의 성과를 독점할 것이 아니라 협력업체로 흘러가게 해야 한다. 고용형태가 정규직, 파트타임, 기간제, 계약제, 임시직, 파견직, 특수형태근로종사자 등 다양한 형태로 분화되고 있는 상황에서 현재의 시스템은 정규직 중심으로 조직된 근로자를 대표하고 있다.

2. 산업별 단체교섭은 우리의 대안이 되기 어렵다.

노동계와 이를 대변하는 일부 정치권에서는 이와 같은 현재 시스템의 문제를 해결하기 위한 대안으로서 산업별 단체교섭의 제도화를 도입해야 한다고 주장하고 있다. 노동계는 1997년 외환위기 이후 구조조정, 근로조건 유연화 등에 대응하여 산업별 단체교섭을 통한 결집력, 교섭력 강화를 추진해 왔다. 더 나아가 노동계는 산업・업종 내 정규직-비정규직, 대기업-중소기업 간 격차 문제를 해소하기 위한 방안으로 산업별 단체교섭 법제화를 요구하고 있다. 그 내용은 다음과 같다. 첫째, 노동조합이 복수의 사용자를 대상으로 교섭을 요구한 경우 해당 사용자는 연합하여 단체교섭에 응하도록 하여 산업별 단체교섭을 의무화하는 것이다. 둘째, 산업별 단체협약에 대하여 기업별 협약보다 우월적・강행적 지위를 부여하여 산업별 단체협약을 우선 적용하는 것이다. 셋째, 사용자단체 개념을 사용자 간 동종 이익 증진을 목적으로 구성된 단체로 요건을 완화하여 산별교섭을 촉진하는 것이다. 넷째, 산업별 단체협약 효력 확장제도를 도입하여 당해 산업 조합원의 과반수가 적용되는 단체협약을 당해 산업 전체근로자에게 적용하는 것이다. 노동계의 목소리를 대변하는 정당에서는 초기업단위 협약 우선 적용, 산업・업종・지역단위 단체협력 효력 확장 등의 내용을 포함한 노동조합법 개정을 주장한다.

반면에 경영계는 사용자에 대해 산업별 단체교섭을 강제하는 것은 노사자치 원칙을 훼손하는 것이라고 주장한다. 우리나라와 같은 기업별 단체교섭

체계 하에서는 이중·중복교섭으로 인해 과다한 교섭비용이 발생할 수 있다고 우려한다. ILO는 기업, 지역, 업종 등 단체교섭 수준의 결정은 노사 당사자의 결정에 따르는 것이 원칙이며, 법령이나 행정관청의 결정 또는 판례법에 의해 부과되어서는 안 된다는 입장이다. 교섭수준의 결정은 본질적으로 당사자의 재량에 맡겨야 할 사항이므로 결사의 자유 위원회는 사용자가 특정 수준에서의 교섭을 거부하는 것을 결사의 자유에 대한 침해라고 보지 않는다.

외국의 경우에도 산별교섭을 다른 교섭방식보다 우위에 두고 이를 촉진하는 제도를 운영하는 국가는 없으며, 조합원에 대한 단체협약 적용비율을 기준으로 효력 확장제도를 운용하는 외국의 사례 또한 없는 것으로 파악된다. 일본의 노동조합은 全일본해원조합 등 소수의 산별 노동조합을 제외하고는 우리나라와 같이 기업별로 조직되어 있다. 따라서 기업별 교섭이 일반적인 형태이다. 기업별 노동조합이 상부단체에 소속해 있더라도 상부단체가 기업별 조합의 행동이나 결정을 실질적으로 구속하지는 못한다. 단체협약의 규범적 효력은 원칙적으로 조합원에게만 미치지만, 우리나라와 유사한 사업장 내 일반적 구속력[176] 및 지역적 구속력[177] 제도를 운영하고 있다. 미국의 노동조합의 조직형태는 근로자들이 자유롭게 선택 가능하나, 기업 또는 사업장단위 교섭이 증가하고 있는 상황이다. 교섭단위에서 체결된 단체협약이 교섭단위 내 모든 근로자에 대해 적용되는 수준의 효력 확장제도를 운영하고 있다. 다만, 교섭단위 내의 근로자 과반수의 찬성을 얻는 노동조합에게 배타적 교섭권한을

---

176) 하나의 사업장에 상시 고용된 동종의 근로자 3/4 이상이 하나의 단체협약을 적용받게 된 경우에는 당해 사업장 내 동종 근로자에게도 효력을 미친다.

177) 하나의 지역의 동종 근로자 대부분이 하나의 단체협약을 적용받는 경우에 노동위원회 결의로 결정한다.

부여하는 제도의 특성상, 근로자 과반수가 조합원인 경우가 많아 실제 효력확장의 효과는 크지 않다. 독일은 산별노조의 원칙에 따라 동일산업 종사자는 하나의 노동조합에 가입하며 기업단위 노동조합은 소수이다. 노동조합의 자유설립을 표명한 기본법 규정[178] 외에는 노동조합 설립과 관련 별도의 규정은 두고 있지 않으나, 산별교섭이 일반적인 형태이다. 산업별 단체협약은 사업장 단위의 경영협정 및 개별 근로계약에 대해 규범적 효력을 가지며, 협약사항 중 일부를 사업장 차원의 경영협정에 위임하는 개방조항을 통해 세부적 사항은 사업장 차원에서 경영협정으로 정하고 있다. 일정한 요건[179]이 충족되고, 단체협약 당사자의 신청이 있는 경우 연방노동사회부는 사용자 연합단체 및 근로자 연합단체의 동의를 얻어 단체협약 구속력이 없는 사용자에 대해서도 단체협약 효력 확장이 가능하다. 최근 들어서는 개방조항, 기업별 노조 확대 등으로 산별교섭 영향이 점차 줄어들고 있다. 프랑스의 노동조합 조직형태는 대체로 초기업별 노동조합이나, 산업 또는 직종 단위의 초기업적 교섭과 기업 단위의 교섭 등 다양한 형태의 교섭이 이루어진다. 다만, 기업단위 단체협약은 산업별 단체협약보다 불리하게 체결될 수 있고, 산업별 단체협약의 내용과 다르게 체결할 수 있다. 중층적 교섭으로 인한 2중 또는 3중 파업을 제한하는 규정은 없다. 사용자가 특정 단체협약에 구속받을 경우 조합원, 비조합원 여부와 상관없이 소속 근로자에 대해 단체협약의 효력이 미친다. 사용자가 사용

178) 독일기본법 제9조제3항 근로 · 경제조건의 유지 및 향상을 위하여 단체를 설립할 권리는 모든 자와 모든 직업에 대하여 보장된다. 이러한 권리를 제한하거나 또는 방해를 꾀하는 합의는 무효이며, 이를 목적으로 하는 조치는 위법이다.

179) ① 단체협약 적용을 받는 사용자가 단체협약 적용범위 내에 있는 근로자의 100분의 50 이상을 고용하고 있고, ② 공공의 이익을 위해 일반적 효력이 요구되는 것으로 판단되어야 한다.

자단체에 가입되지 않아서 특정 단체협약에 구속받지 않는 경우에도 노동부장관의 결정으로서 특정 단체협약의 효력이 확장 · 적용될 수 있다.

산업별 교섭은 단체교섭 구조가 중앙단위로 집중되어 단체교섭 비용이 절감되고 기업 간, 직종 간 근로조건 격차를 완화할 수 있는 이점이 있다. 그러나 기업별 교섭을 전제로 하는 우리나라 노동조합법 체계를 고려할 때 산업별 교섭 도입은 신중할 필요가 있다. 무엇보다, 단체교섭 대상이 다를 경우 별도의 단체교섭 및 노동쟁의로 보는 현행법 체계 하에서 이중교섭 및 이중파업 문제는 상시 발생할 수밖에 없다. 이중파업 문제를 해소하기 위해 독일과 같이 개별사업장 단위의 쟁의행위 금지를 시도하는 경우 이를 노동조합이 수용할 지도 의문이다. 산업별 노동조합이 기업단위에서 사실상 지도력이 '미미한 형식적 산업별 노동조합'인 경우가 많은 상황에서, 기업단위 노동조합의 권한 축소에 대한 노사 모두의 반발도 예상된다. 그간 금속, 금융, 보건의료노조가 산별교섭을 하였으나, 기업별 노동조합이 주축을 이루고 있는 우리의 노사관계 체제로 인해 제대로 된 성과를 거두었다고 보기는 어려우며, 최근 금융과 보건의료노조는 사용자단체 해산 등으로 지부 · 대각선 교섭으로 전환되었다. 아울러 복수노조, 교섭창구 단일화제도가 도입되고 정착됨에 따라 산업별 단체교섭은 더욱 어려워진 상황이다. 둘째로, 유럽의 산업별 교섭체계는 노사협의회제도와 서로 보충적 역할을 해준다. 산업수준에서는 노동조합이 임금 등 근로조건에 대한 단체협약을 체결하고, 기업수준에서는 근로자대표가 감사회에 참여하여 감독 역할을 수행한다(독일). 사업장 수준에서는 경영협의회를 통해 업무 관리적 의사결정에 참여하며 사용자와 합의에 이르지 못한 경우라도 쟁의행위는 금지되고 중재위원회를 통해 해결한다. 그러나 우리나라의 경우 기업단위 근로자 참여 및 노사 상호 독립적 운영을 원칙으로 하고 있어 산업별 교섭제도 도입 시에는 법 체계에 혼선이 야기될 수 있다. 셋째로, 산별교섭 의무화의 전제 조건인 사용자단체 구성 의무화, 산별협약 강행적 효력 인정은 헌법상 결사의 자유 및 일반적 행동 자유권 침해 등 위헌 소지도 있다.

따라서 노동계와 이를 대변하는 일부 정치권에서 주장하는 산업별 단체교섭의 제도화는 현재 시스템을 해결하기 위한 대안이 되기는 어려워 보인다.

하지만, 정규직-비정규직, 대기업-중소기업 간 격차 문제를 해소하기 위해서는 산업·업종 수준에서 임금, 근로조건을 조정·협의할 수 있는 별도의 대안이 모색될 필요가 있다. 이를 위해, 산업별 단체교섭을 법으로 강제하기보다는 노사 자율로 산업별 단체교섭 방식을 채택할 경우 정부에서 컨설팅, 인센티브를 지원하는 방안은 검토되어질 필요가 있다. 일본은 기업단위 교섭이 중심을 이루고 있으나, 교섭 과정에서 일부 노조 간 또는 사용자 간에 산업 내 다른 기업의 사업현황, 노동조합 요구사항 등에 관한 제한적 정보교환이 이루어지고 있는 것으로 파악된다. 또한, 일본은 산별노조의 경우에도 개별기업과 대각선교섭을 실시하는 것이 일반적이나, 일부 산업별노조는 산업수준의 노사 간 협의체에서 사전에 임금 등 근로조건에 관한 협의를 거친 후에 기업단위의 대각선 교섭을 실시하고 있다. 1965년 설립되어 약 60만 명의 조합원을 가진 전기연합과 전기·전자·정보경영자연맹(전경련)은 1968년부터 노조대표와 기업노무담당자 간의 노사회의체를 운영하고 있다. 특정한 기업에서 노사회의체 협의 내용보다 낮은 요구안을 제시하는 경우에는 전기연합이 전체파업을 실시하여 기업단위 노동조합의 교섭력을 확보하고 있다. 그 밖에도 일부 산별노조는 노동조합 내부의 사전 논의를 거쳐 산업수준의 요구안을 마련하고, 개별기업과 대각선교섭을 실시하는 사례도 존재한다. 1956년에 설립하여 약 100만 명의 조합원을 가진 UI젠센은 8개의 업종별 부회로 구성되어 있는데, 부회 단위에서 요구안을 결정한 후 그 하부단위인 지부·분회 등에서 단체교섭을 실시한다. 최종적인 단체협약 체결권은 UI젠센 위원장이 행사하여 하부단위의 교섭력을 확보하고 있다. 이 모든 절차는 합리성이 전제되어 있다.

또한, 노동조합이 설립되지 않은 90%의 기업을 대표하면서 산업·업종 수준에서 조정·협의 기능을 수행할 수 있도록 노사협의회의 대표성을 강화하고, 업종·지역별 노사협의회를 신설하는 방안도 검토될 수 있다.

3. 개선 방안

전국단위의 큰 틀에서 노동정책 및 사회정책을 결정하는 경제사회노동위원회가 제대로 작동되지 않고, 기업 및 사업장 단위에서는 대립적·투쟁적 관계를 넘어 협력적 관계가 형성되지 못하고 있다. 이러한 문제점을 해결함과 동시에 대기업·정규직 중심의 노동조합 조직 구조로 인해 심화되고 있는 노동시장 이중구조와 격차를 조율할 수 있는 노사관계 시스템이 필요하다.

또한 다양화되고 있는 고용형태의 근로자와 비조직부문 근로자의 목소리를 노동정책 등에 반영하고, 우리 사회의 격차를 해소하며 노사정위원회의 대표성, 기능 등을 강화하기 위해서도 현재의 시스템을 개선할 필요가 있다.

(1) 중층적인 노사 간 자율적인 대화와 협의가 가능한 체계로 개편

현재의 시스템은 경제사회노동위원회라는 중앙, 단체교섭의 주체인 개별

기업 단위에 집중되어 있어 실효성 있는 정책 수립과 현장 실천·확산에 한계를 노정하고 있다. 총연합단체의 낮은 대표성, 정치·이념적 득실에 따른 협상 구조, 사회적 신뢰 부족 등으로 합의를 이루기 어렵고 산업·지역의 다양성을 반영하지 못하고 있다. 또한 상급단체 노동조합이 기업별 노동조합의 연맹체 성격을 가지고 있어 중앙 단위의 합의가 있더라도 현장에서 이행되는데 어려움이 있다. 기업별 단체교섭은 해당 기업의 노사문제에 집중되어 다른 이해관계를 고려하여 결정되지 못하고 장기적인 이슈보다는 단기적 이슈에 집중하는 경향을 가진다. 특히, 상위 10%에 해당하는 대기업·공기업 노동조합이 막강한 교섭력을 앞세워 기업의 성과를 독점함에 따라 대·중소기업, 원·하청 근로자 간의 격차가 더욱 심화되고 있다.

이에 따라 중앙 단위와 연계한 지역·산업 단위의 중범위 수준의 실효성 있는 정책을 수립하고 현장 실천을 제고하고, 격차를 완화하기 위해서는 지역, 업종 단위에서의 노사 간 협의·교섭을 위한 시스템이 구축되고 활성화될 필요가 있다.

먼저, 초기업 단위 노사협의 시스템을 도입하는 방안이 검토될 수 있다. 초기업 단위 노사협의 시스템은 원청과 하청, 협력업체의 사업주와 근로자 대표가 함께 전체적인 노사의 정책적 현안, 경쟁력 향상, 종사하는 근로자의 권익 증진 등에 대해 협의하고, 그 결과를 그 초기업 단위에 속한 노사가 지켜나가는 것이다. 일본 토요타는 하청, 협력업체, 공공연구기관, 자치단체 등과 클러스터를 구성하고 정보와 지식을 교류하고, 특히 하청, 협력업체와는 협력회를 조직하여 생산일정, 구매정책, 시장상황, 비용, 품질, 안전 등에 대해 의견을 교환해 왔다.[180] 이 과정에서 자연스럽게 원청이 하청, 협력업체의 근로조건에 대해서도 배려하는 관행이 이어져왔다. 송호근 교수는 현대자동차의 생산체제를 함대형 생산체제에 비유한 바 있다. 원청은 항공모함이고, 하청, 협력업체는 항공모함을 따르는 구축함, 전투함, 상륙함 또는 수송선 등이 되는 것이다.[181] 구축함, 전투함, 상륙함 또는 수송선 등은 항공모함과 협력하여 전투를 치러야 하지만, 항공모함도 이들을 지키고 지원할 책임이 있다. 원청인 현대자동차 노사가 과거에 비해 최근 들어 이러한 노력과 인식이 개선되고 있지만 이러한 항공모함의 역할을 제대로 수행하고 있는지에 대해 다시 한번 새겨야 할 것이다. 일본 토요타의 사례를 벤치마킹하여 초기업 단위 노사협의 시스템을 만들고 원청이 하청, 협력업체와 동반 성장하고, 원청 근로자들이 하청 및 협력업체 근로자를 배려하는 체제를 구축하여야 한다. 그리고 이는 다른 대기업, 원청에게도 똑같이 적용될 수 있도록 확산되어야 한다.

더 나아가서는 각 업종 또는 지역별 사업주와 노사협의회 대표가 함께 모여 협의하는 업종 또는 지역별 노사협의회를 신설하여 해당 업종 또는 지역 노사의 정책적 현안, 경쟁력 향상, 종사하는 근로자의 권익 증진 등에 대해 협의하고, 그 결과를 해당 업종 또는 지역의 단위기업 노사 당사자가 따르도록 유도해 나가도록 할 필요가 있다. 업종 또는 지역별 노사협의회는 상위 10%의 대기업·공기업 노동조합이 교섭력을 앞세워 임금 인상을 추진하는 것을 자제시키고, 해당 업종 또는 지역 내 대기업, 원청기업의 성과가 하청, 협력업체에게 흘러갈 수 있도록 지도함으로써 격차 해소에 기여할 수 있다. 아울러 지역·산업별 인적자원위원회[182]와 연계성을 강화하여 인력 수급, 직

180) 복득규, 과학기술정책 통권 140호 「일본 아이치현의 토요타 클러스터」, 과학기술연구원, 2003, 3~4쪽

181) 송호근, 「가 보지 않은 길 - 한국의 성장동력과 현대차 스토리」, 나남, 2017, 127쪽

182) 2021년 12월 기준으로 지역별 인적자원위원회는 총 17개, 산업별 인적자원위원회는 총 19개가 구성되어 운영 중이다.

업훈련을 통한 인력 양성, 일자리 정책 등까지 업무 영역을 확장하여야 한다. 현재 지역노사민정협의회가 설치되어 있기는 하지만, 이러한 역할을 상시적으로 수행하지는 못하고 있다. 따라서 기업 단위의 노사협의회를 대표하는 업종 또는 지역별 노사협의회를 신설하여 이러한 역할과 기능을 부여하는 것이 바람직하다.[183] 일본은 노사협의회가 주축은 아니지만 유사한 시스템으로 기업협의회(Hassanco)를 운영하고 있다. 자동차산업에서는 토요타, 닛산, 철강산업에서는 신일본제철, JFE, 조선산업에서는 미쓰비시중공업, IHI, 전기산업에서는 히타치와 파나소닉 등 4개 산업에서 각각 노동조합과 사용자 간 별도 협의체를 구성하여 운영하고 있다. 기업협의체에서 주요 사업현황에 대한 정보교환, 임금상승률 등에 관한 대략적인 협의가 이루어지고 있다.

이처럼 업종별·지역별 중층적 노사협의시스템이 정착하려면 먼저 노동조합운동이 투쟁에서 협상으로의 큰 변화가 있어야만 가능하다고 본다. 여기서 중요한 것은 업종별·지역별 협의회는 일본처럼 협의라는 틀을 유지해야 한다. 이를 교섭과 파업전략으로 몰고 가면 결코 지속될 수 없다. 그러면 격차해소는 더 어려워질 것이다. 노사단체 모두 이 점을 깊이 인식해야 한다.

(2) 고용형태 변화 등에 따른 참여 주체의 확대

과거에는 정규직 중심의 고용형태가 지배적이었으나, 현재는 고용형태가 정규직, 파트타임, 기간제, 계약제, 임시직, 파견직, 특수형태근로종사자 등 다

183) 1997년 근로자참여법 제정 시 중앙단위의 중앙노사정협의회가 운영되었으나, 노사정위원회와의 기능과 구성이 중복된다는 이유로 2007년 폐지된 바 있다. 업종 또는 지역별 노사협의회가 운영된 적은 없다.

양한 형태로, 그리고 빠르게 분화되고 있다. 그럼에도 비정규직·특수형태근로종사자 등이 노동조합에 소속된 비율은 14.2%로 다른 나라에 비해 상당히 낮은 편이다.

특히 중앙, 지역·산업 단위의 협의체에는 정규직을 대변하는 10%의 조직된 근로자의 대표만이 참여하고 있다. 이는 근로자대표의 포괄성·대표성 측면에서 상당한 문제점을 가질 수밖에 없다. 협의체에 참여하는 노동조합 대표는 자신의 조합원들의 이해가 비조직부문 근로자와 상충되는 경우 전체 근로자의 대표자로서 역할을 수행할 수 없다. 따라서 경제사회노동위원회, 지역·산업별 협의체의 참여 주체를 90%의 조직화되어 있지 않은 근로자들을 대표할 수 있는 자들까지 확대하고, 다양한 고용형태의 근로자의 목소리가 반영되어야 한다. 앞서 설명한 바와 같이 노사협의회 근로자대표를 업종별, 지역별로 구성하여 업종·지역 단위에서 협력을 모색해 가고, 전국 단위의 노사협의회 대표를 선정해서 경제사회노동위원회에 근로자대표로 참석케 하는 방안이 적극 검토되어야 한다. 사용자대표의 경우에도 경제단체 이외에도 경제활동인구의 약 20%를 차지하고 있는 자영업자를 대표할 수 있는 자를 포함시켜야 한다.

이렇게 중앙, 지역·산업 단위의 협의체에 대하여 참여 주체를 확대하면 대표자들의 포괄성·대표성을 개선할 수 있을 뿐만 아니라, 10%의 조직된 근로자의 대표들이 빈번히 수행해오던 협의 테이블에서의 탈퇴 또는 협의 파기 등의 관행도 줄어들 것으로 보인다.

(3) 위기에 선제적으로 대응하기 위한 대화 · 합의

노사정위원회와 경제사회노동위원회가 상설 사회적 대화기구라고 하기에는 무색할 정도로 사회적 대타협은 1998년 외환위기, 2008년 글로벌 금융위기 등 경제위기에 대응하는 시기에만 이루어졌다. 경제위기를 극복하는데 노사가 일정한 역할을 해야 한다는 사회적 분위기를 반영한 사후적 대처라고 볼 수 있다. 그러나 지금은 세계 경제의 연계성이 매우 높아짐에 따라 경제위기의 가능성이 상시화되어 있다. 다른 국가의 무역정책, 금융정책 등이 우리나라 경제, 노동시장에 빠르게 영향을 미치게 된다. 아울러 고용형태의 다양화, 4차 산업혁명과 같은 경제 · 사회적 변화가 빠르게 진전되고 있다. 따라서 위기에 선제적으로 대응하여 미리 대비할 수 있도록 향후 문제로 대두될 수 있는 의제들을 선제적으로 대화 · 합의해 나가는 관행을 지속적으로 만들어 나갈 필요가 있다. 경제사회노동위원회는 근본적으로 노사의 정책 참여 기회를 확대해 준다는 성격이 강하므로 노사 스스로 참여하고 타협하는 정신을 가져야 한다. 정부가 주도하거나 노사단체가 참여 하지 않을 경우는 실질적인 목적을 달성할 수 없기 때문에 운용의 실익이 없음을 노사 당사자가 철저히 인식하여야 한다.

경제사회노동위원회는 노동정책과 이와 관련된 산업 · 경제 · 사회정책 등을 협의하는 사회적 대화기구를 지향하고 있다. 그러나 그간에는 고용노동정책에 대한 논의를 중심으로 이루어진 측면이 있다. 지금은 정책 간 연계성도 과거보다 높아지고 있다. 산업, 복지, 교육, 조세 정책 등이 일자리, 격차, 근로조건 등에 직 · 간접적으로 영향을 미치게 된다. 앞에서 살펴본 것과 같이 노동시장 이중구조와 격차 해소도 고용노동정책의 변화만으로는 그 목적을 달성하기 어렵고 원·하청 간 결제시스템 개선, 불공정거래 관행 개선, 종합심사낙찰제 확대 등 다수의 부처가 함께 범정부적으로 협업하면서 추진해 나가야 한다. 따라서 경제사회노동위원회는 고용노동정책뿐만 아니라 일자리 창출, 격차 해소, 근로조건 향상 등에 직·간접적으로 영향을 미치는 산업, 복지, 교육, 조세 등의 정책적 사항에 대해서도 폭넓게 대화·합의하여야 한다. 그리고 합의된 사항된 사항에 대해서는 관련 부처가 충실히 이행하는지 여부도 관리해 나가야 한다.

4. 법과 원칙의 준수, 합리적 노사관계 관행 형성도 중요하다.

사회적 대타협 등을 토대로 아무리 좋은 법과 원칙을 만든다 하더라도 그 이행이 담보되지 않으면 무용지물이 될 수밖에 없다. 따라서 법과 원칙을 지키는 것이 무엇보다 중요하고, 노사 간에 합리적이고 건전한 관행을 형성해 나가야 한다. 그러나 단체교섭을 통해 체결된 단체협약의 내용을 보면 현장에서는 여전히 위법·불합리한 관행들이 지속되고 있음을 알 수 있다. 위법·불합리한 단체협약은 시대적 변화에 뒤처지게 하는 요인임은 물론이고, 실정법을 위반하고 경영권과 노동권의 상호존중이라는 노사관계의 기본원칙을 지키지 않는 잘못된 관행이다. 즉 헌법과 법률의 취지를 벗어난 일부 대기업, 정규직 노동조합의 지나친 조직 이기주의의 산물이다.

2016년 당시 고용노동부가 100인 이상 사업장 단체협약 2,769개를 분석한 결과를 보면, 절반에 가까운 47%의 단체협약이 위법하거나 불합리한 내용을 포함하고 있는 것으로 나타났다. 42.1%가 위법한 규정을 포함하고 있고, 인사·경영권을 과도하게 제한하는 불합리한 규정을 가진 경우도 13.3%나 되었다.

우선 위법한 단체협약을 보면, 소위 고용세습으로 지탄받는 조합원 자녀 우선채용 또는 특별채용의 경우가 25.1%인 694개에 이른다. 소위 고용세습 조항은 고용정책기본법상 취업기회 균등보장 규정에 위반되고, 다른 구직자의 헌법상 직업선택의 자유와 평등권을 침해하여 판례도 위법으로 보고 있다. 상급단체를 보면, 민주노총사업장에서 가장 높은 위반율을 보였고, 대기업일수록 더 심한 것으로 나타났다. 그 밖에 위법한 내용으로는 유일교섭단체, 노동조합 운영비 원조, 단체협약 해지권 제한 등이 있으며, 이 부분들에 있어서도 민주노총소속 사업장의 위반율이 높았다. 자기 노동조합만을 유일한 협상대상으로 제한한다는 의미의 유일교섭단체 조항은 복수노조가 보장되어 있는 현행 노동조합법을 위반하는 것이다. 더욱이 다른 근로자의 헌법상 노동3권을 침해하는 것으로 판례도 위법한 것으로 판단하고 있다. 노동조합 운영비는 법적 한도 내의 노조전임자 지원을 제외하고는 노동조합 스스로 부담해야 하며, 이를 사업주로부터 원조 받는 것은 노동조합법상 부당노동행위에 해당된다. 특히, 2016년 1월 대법원은 노동조합 운영비 원조가 노동조합의 적극적 요구에 의해 반영된 결과라 하더라도 법 위반임을 분명히 하고 있다.

불합리한 규정의 경우, 위법은 아니지만 노동권과 경영권의 상호존중 취지를 벗어나 사업주의 인사·경영권을 과도하게 제약하는 단체협약 규정을 말한다. 대부분 해고, 전환배치, 신규채용 등에 대한 인사권이나 기업 구조조정, 사업장 이전, 신기술 도입, 하도급 등의 경영권을 행사할 때 노동조합의 동의 또는 합의를 얻도록 한 사례들이다. 이와 같은 인사·경영권에 대한 과도한 제약은 환경변화에 따른 기업의 적응력과 경쟁력을 떨어뜨리고, 정규직 채용 기피와 비정규직, 사내하도급의 확대 등 고용구조를 왜곡시키는 원인이 되고 있다. 특히, 일부 대기업의 경우 위법·불합리한 단체협약을 포함한 노동조합의 무리한 요구를 수용하면서 그에 따른 부담을 사내 하청이나 협력업체에 전가하는 과정에서 노동시장 격차가 확대된 측면도 크다. 이 부분에 있어서도 민주노총소속 사업장의 비율이 가장 높고, 대기업일수록 더 높은 비율을 보이고 있었다.

위법·불합리한 단체협약의 폐해는 심각하다. 청년실업률이 극에 달한 상황에서 청년구직자들의 공정한 취업기회를 박탈하게 된다. 복수노조 보장과 노동조합 운영의 자율성이라는 노동권의 기본가치를 스스로 부정하고, 노사관계 질서도 훼손하는 것이다. 또한 10%의 대기업, 정규직 부분에 이러한 위법·불합리한 조항들이 대부분 들어 있다. 이와 같은 이기적 행태는 노동시장의 격차확대와 고용구조 악화를 초래하는 원인이 되어 왔다. 한 마디로 10%의 이익을 위한 90%의 희생이라는 구도를 함축적으로 보여주는 것이다.

정부는 법과 원칙에 따라 고용세습 등 위법·불합리한 단체협약의 시정을 강력히 추진해 나가야 한다. 우선 노사가 자율적으로 개선하도록 시정기회를 부여하되, 위법사항에 대해서는 자율적으로 시정하지 않을 경우 노동위원회의 의결을 얻어 시정명령을 하고, 시정명령에 따르지 아니할 경우에는 사법조치를 하여야 한다. 불합리한 사항에 대해서는 지속적으로 모니터링, 사업장 방문, 간담회 등 다양한 현장지도를 통해서 노사가 자율적으로 개선할 수 있도록 지도해 나가야 한다. 노사 역시 사회적 책임의식을 갖고, 솔선하여 자율 시정해 나가는 모습을 보여야 할 것이다. 노동조합은 미취업 청년, 중소기업·비정규직 근로자들을 진정으로 배려하여 이와 같은 위법·불합리한 단체협약 시정에 적극 나서야 한다. 기업도 스스로 원칙을 지키는 노력을 다해야 하고, 협력업체 부담전가 등 우회수단에 더 이상 의존하지 않아야 한다. 인사경영에 관한 본질적 사항은 스스로 지켜나가는 의지와 원칙을 가져야 한다. 우리 현행법 체계상 인사경영의 전반에 관한 사항은 노사 동수로 구성된 노사협의회를 통해서 근로자들에게 충분히 알리고 성심껏 협의토록 되어 있어서 이러한 노력도 함께 배가해야 한다고 본다.

이러한 위법하고 불합리한 단체협약이 개선되면, 주요 기업들이 급변하는 경영환경에 빠르게 대응할 수 있게 되어 경쟁력을 확보하게 되고, 이를 통해 현재 재직 중인 근로자의 고용안정은 물론이고 청년채용 확대와 대기업·중소기업 간 상생의 길이 확대될 수 있을 것이다. 변화와 혁신을 통해 상생고용을 가로막는 장벽들은 하나 둘씩 걷어내는 것이 지금 우리가 함께 해야 할 중요한 일이다.

제8절

임금체계 개선이 반드시 필요하다.

본즈 시프트, 변화가 필요하다.

미국 야구사에 가장 빛나는 선수 중 한명이 배리 본즈(Barry L. Bonds)다. 그가 타석에 들어서면 수비수들이 전형적인 수비 패턴에서 본즈에 대비하는 형태로 옮긴다. 이것을 본즈 시프트라고 한다. 포지션을 옮겨 승리를 이끌어 낸다는 의미이다. 시프트 키는 컴퓨터에서 가장 중요한 키다. 생각의 방향, 소통의 방향, 공간의 방향, 서비스의 방향을 바꾸어 준다. 그래서 찰스 다윈(Charles R. Darwin)은 생존하는 것은 강한 종도 아니고 지적인 종도 아니며, 변화에 가장 잘 적응하는 종이라 했다.

TRUST의 저자 프랜시스 후쿠야마(Francis Y. Fukuyama) 교수는 한 나라의 경쟁력과 복리는 그 사회에 내재된 신뢰의 수준에 따라 결정된다고 했다. 정부, 노사, 기업, 국민들이 서로 상대방에 대해 믿음을 갖고 열린 대화가 필요함을 강조한 것이다. 우리나라가 고도성장기에는 생활임금적 성격이 강했다. 그러나 그것이 우리 사회의 중요한 격차의 원인이 되고 있다. 주요 선진국 중 대기업·정규직과 중소기업·비정규직 간 격차가 가장 큰 나라가 우리나라이다. 이를 해소하지 않으면 국가 전체적인 경쟁력 향상도, 다수의 행복도 어렵다.

현재의 상황을 적나라하게 표현해주는 것이 자크 아탈리(Jacques Attali)의 <미래 대예측>이다. 현재의 격차, 일자리 없음 등에서 비롯된 상황은 분노의 경제라는 것이다. 이는 불안정하지만 통제가 가능한 상황을 의미한다. 그러나 아무런 대책 없이 흘러가면 이것이 격분의 경제로 간다는 것이다. 그것은 통제가 불가능하다고 한다. 그는 “현 시대는 정치인의 태만함, 기업인의 파렴치함, 대중의 변덕스러움, 은행가의 거만함, 낙관론자의 순진함, 비관론자의 무기력함, 지식인의 무익함, 경제학자의 허영심, 언론의 소심함 등으로 아무런 조치를 취하지 않는다면 큰 재앙이 닥친다.”고 강조하고 있다. 그 재앙은 고령화, 부의 집중, 난민, 환경오염 등으로 나타나고, 그 결과는 분노의 경제가 격분의 경제로 된다. 즉 경제성장률 저하 등을 넘어 모든 삶을 집어삼킬 수 있다. 질서가 붕괴된다는 것이다.

필자가 6년전 현직에 있을 때 구의역에서 청년이 스크린도어를 고치다가 사망한 안타까운 사건이 있었다. 조용히 지하철을 타고 가서 거기에 붙여진 수많은 포스트잇을 보면서 우리도 아무런 노력을 하지 않으면 현재의 분노의 경제가 ‘격분의 경제’로 변할 수 있음을 실감했다. 너무 미안하고 가슴이 미어져 내렸다. 자크 아탈리는 모든 개인과 경제주체가 이기주의를 버리는 노력과 행동을 솔선하여 분노의 경제를 ‘변화의 경제’로 바꾸어야 한다고 강조하고 있다.

우리는 더 이상 미룰 수 없는 상황이다. 윤석열 정부도 상생형 임금체계 개편을 주요한 공약의 하나로 들고 나왔다. 우리 모두가 한발씩 양보하고 포용하는 용기를 냄으로써 대한민국을 분노의 경제에서 변화의 경제로 바꾸어 나가야 한다.

직무급, 성과급은 페어플레이의 중심이다.

한때 세계에서 가장 높은 빌딩인 엠파이어스테이트 빌딩을 짓는데 얼마만의 기간이 걸렸을까? 1930년대에 지어졌는데 13개월 걸렸다. 원래 있던 월도프 아스토리아 호텔을 철거한 후 설계, 건설 및 마무리 작업까지 1년만에 끝냈다. 그것은 건설을 맡은 폴 스타렛(Paul Starrett) 덕분이라고 한다. 그는 현장 노동자들의 열악한 근로환경을 개선하고 합당하게 대우함으로써 생산성을 끌어 올렸다. 건물이 올라갈 때마다 성과금을 주고 양질의 식사도 제공했다. 하도급업체들이 서로를 신뢰하게 되어 목표를 조기 달성하게 된다. 근로자들은 공정하게 대하고 자신의 능력을 믿어 준다는 것만으로도 충분히 만족했다. 그래서 이직률이 매우 낮았다. 공정하게 대하는 것이 승리의 비법임을 알려주고 있다.

필자는 우리나라 국민소득을 사업소득과 노동소득으로 구분하였을 때 노동분배율이 3만 달러 이상의 선진국에 비해 낮다는 점을 설명한 바 있다. 그래서 분배율을 높이면서 격차를 줄이는 것이 가장 중요함을 다시 한 번 강조하고자 한다. 그 중심에 임금체계 개편이 있다.

1. 임금체계의 합리화 노력과 필요성

우리나라는 과거 고도 경제성장 시기에 각 기업이 유능한 인재를 오래도록 근무하도록 유인하기 위해 연공급 체계로 발전되어 왔다. 그러나 여성과 장년근로자 증가, 고용형태의 다양화, 노동의 이동성 증가 등 고용환경이 급변하는 상황 속에서, 선진 외국에서는 찾아보기 어려운 호봉제에 기초한 연공 중심의 경직적 임금체계는 더 이상 바람직하지 않다. 과도한 연공형 임금체계는 생산성과 보상의 미스매치로 인해 중장년 근로자의 조기 퇴출, 특히 대기업 정규직과 중소기업 비정규직 간 임금격차 확대, 정규직 신규채용 회피 및 비정규 · 간접고용 확산, 근로자의 노동이동성 제약 등 우리 노동시장의 여러 가지 문제들을 악화시키는 주된 요인으로 지적되고 있다. 이에 따라 국회는 60세 정년제를 입법하면서 임금체계 개편을 의무사항으로 규정하였고, 노사정도 2013년 5월 30일 일자리 협약을 체결하면서 임금구조를 단순화하고, 지나친 연공성을 완화하면서 직무능력과 성과 중심으로 임금체계를 합리화하기 위해 노력하기로 한 바 있다.

2010년 일부 행정업무의 외주화를 놓고 노사 간 갈등을 빚던 모 공공병원장에게 청년들을 위해 직접 고용을 유지할 것을 권고한 적이 있다. 당시 병원장은 "직접 고용하면 호봉제 때문에 4~5년 뒤 경쟁 병원에 뒤처지게 될 것"이라고 말했다. 이 병원은 결국 해당 업무에 대해 도급을 줬다. 2016년에 만난 한 대기업 최고경영자(CEO)는 55세가 넘은 현장 근로자들로부터 "희망퇴직할 테니 대신 자녀들을 취업시켜 달라."라는 고용 세습 제의를 받았는데, "인건비를 생각하면 받아들이고 싶었다."라고 고백했다. 한국의 지배적인 임금체계인 연공급제(호봉급)가 근로자들에게 유리하지 않고 청년 직접 채용을 어렵게 한다는 사실을 말해주는 단적인 사례다.

우리나라 제조업 생산직의 초임과 30년 근속 근로자의 임금 차이는 3배 수준에 달한다. 유럽의 주요국가, 일본 등에 비해 그 차이가 매우 크다. 이러한 연공성이 과도한 임금체계는 우리 일자리의 양과 질 모두에 부정적인 영향을 주고 있다.

첫째, 생산성과 상관없이 근속연수에 따라 임금이 자동적으로 오르면 기업이 사람을 채용하는 것에 대해 두려움을 갖게 된다. 우선 장년층의 고용 불안을 초래한다. 기업은 근로자가 오래 근무할수록 인건비 부담이 커지게 된다. 이 때문에 중고령 근로자는 더 오래 일하고 싶어도 희망퇴직 등을 통해 평균 49.3세가 되면 주된 일자리를 떠나게 된다.[184] 우리 노년층이 완전히 노동시장을 떠나는 나이가 73세 내외임을 생각할 때 20년 넘게 상대적으로 질이 낮은 일자리에서 일하게 되는 것이다. 특히, 다른 나라에 비해 높게 나타나는 노인 빈곤율이 노동시장을 떠나기 어렵게 만드는 주된 요인으로 작용하고 있다.[185)]

2017년부터는 중소기업에도 정년 60세가 시행되어 청년들의 일자리 기회는 더 줄어든 것으로 보인다. 경직적인 인건비 부담을 우려한 기업이 신규 채용을 줄이기 때문이다. 또한, 채용하더라도 정규직보다 연공성이 적용되지 않는 비정규직, 직접 채용보다 사내 하청 등 간접 채용을 선호하게 되는 경향이 강해질 것이다. 문재인 정부 들어 비정규직 억제 정책에도 불구하고 비정규직이 가장 많이 늘어나버린 것도 이러한 요인이 작동하고 있을 것이라 사료된다.

둘째, 근속기간이 짧은 비정규직・중소기업 근로자와 상대적으로 고용이 안정된 정규직・대기업 근로자 간의 임금격차를 심화시키고 있다. 대기업 정규직 임금을 100이라 할 때 중소기업 정규직 근로자의 임금은 57.1% 수준에 불과하다. 중소기업이 전체 고용의 90%를 차지하고 있는 상황에서 이러한 격차를 해소하지 않고는 청년 실업문제 해결은 불가능하다.

셋째, 기업과 근로자의 경쟁력을 약화시키고 있다. 급속한 기술발달로 대표되는 4차 산업혁명은 기업의 생존을 위해 지속적인 혁신을 요구하고 있다. 하지만, 직무나 성과와 관계없이 결정되는 임금은 근로자에게 생산성 향상에

---

184) 2021년 5월 경제활동인구조사 부가조사 결과, 주된 일자리를 떠나는 평균 연령은 49.3세이다. 남성은 51.2세, 여성은 47.7세이다.

185) OECD 평균 65세 이상 노인 빈곤율은 13.5%인데 반해, 우리나라는 43.8%에 이른다. 미국 23.1%, 일본 19.6%, 영국 15.3%, 독일 9.6%, 프랑스는 3.4%이다. (OECD, Pensions at a Glance, 2019)

대한 동기를 부여하지 못한다.

직무・성과 중심의 임금체계는 근로자를 '생산 요소'가 아닌 '인적 자원'으로 보는 데서 출발한다. 인적 자원, 즉 사람은 물적 자원과 달리 창의, 열정, 능력개발, 동기부여, 팀워크 등을 통해 생산성을 높인다. 이러한 인적 자원의 특성은 인공지능(AI)이 아무리 발전해도 대체할 수 없다. 직무・성과 중심의 임금체계는 인적 자원의 특성이 최고로 발현되도록 하는 촉매 기능을 한다. 이때 임금은 단순한 생산비용이 아니라 인적 자원의 역량 강화와 성과 제고를 위한 투자가 된다. 직무・능력・성과 중심으로 임금체계를 개편하게 되면 기업과 근로자 간, 대기업・정규직 근로자와 중소기업・비정규직 근로자 간, 장년과 청년 간 3대 일자리 상생이 가능하다.

다행히 이러한 임금체계로의 개편 필요성에 대해서는 노사당사자는 물론 전문가, 국회에서도 공감대가 넓어지고 있다. 1998년 이후 2015년까지 노사정은 9차례에 걸쳐 임금체계를 개편해 나가기로 합의해 왔다. 국회에서는 정년 60세 의무화 입법을 하면서 노사에 대하여 임금체계 개편 등 필요한 조치를 하도록 의무화하였다.

현장도 변화하고 있다. 임금체계를 개편하는 사업장이 증가하고 있다. SK하이닉스, LG이노텍, POSCO 등 대규모 기업에서도 사무직뿐만 아니라 생산직 근로자에 대한 호봉급 제도를 폐지하거나 개편하는 사례가 나오고 있다.

임금피크제[186)]를 시행하고 있는 사업장의 고용성과를 보아도 임금체계 개

186) 임금피크제는 근로자의 계속 고용을 위해 일정연령(피크연령)을 기준으로 임금을 조정하고 소정 기간 동안 고용을 보장하는 제도이다.

편이 중장년의 고용안정과 청년층의 일자리 기회 확대 효과를 동시에 가져온다는 것을 알 수 있다. 2020년 6월까지 임금피크제를 도입한 사업장 비율은 전체 사업장의 22.4%이다. 300인 이상 사업장은 51.7%, 300인 미만 사업장은 22.2%가 도입하였다. 2016년 60세 정년 의무화 당시, 고용보험 DB를 통해 2016년 1월부터 9월까지의 사업장의 피보험자 현황을 분석한 결과 임금피크제 도입 사업장의 전체 근로자 대비 퇴직자 비율이 임금피크제를 도입하지 않은 사업장보다 25.3%p 적었다. 또한 신규채용자는 같은 기간 퇴직자보다 3.4% 많은 가운데 청년 신규자 비율도 미도입 사업장보다 18.1%p 많은 것으로 나타났다.

2. 성과급제에 대해

그간 논란이 많았던 성과연봉제에 대해 짚고 넘어가야 할 필요가 있다. 먼저 다른 나라의 임금체계에 대해 살펴보자. 미국의 임금체계는 기본적으로 직무급체계로, 직무별 임금결정은 서열법, 분류법, 점수법, 직무요소법, 시장임금조사법(market pricing) 등 다양하나 최근에는 시장임금조사법이 대세라고 한다.[187] 2015년 World at Work의 조사결과("직무평가와 Market Pricing 관행", 2015년 11월)에 따르면 기업의 약 70%가 시장임금조사법을 사용하며, 관리직, 행정직, 생산직 등 전체 직무의 60% 이상이 시장임금조사법에 따라 임금을 결정하고 있다고 한다. 이처럼 임금결정이 시장중심으로 변화하는 현상은 경제환경의 변화와 다양한 고용형태의 출현에 기인한다고 볼 수 있

187) 2016.11.29.「글로벌 경제환경 변화와 임금체계 개편 국제심포지움」

다. 개인들이 시장가격으로 단시간동안 서비스를 제공하는 소위 긱 경제(gig economy)가 확산되고, 비정규직, 독립사업자(independent contractor) 등 다양한 고용형태가 등장하고 있기 때문이다. 과거 70년대 형성된 내부노동시장 이론에 의하면 내부노동시장(대기업, 정규직 근로자)의 경우 시장임금과 연계가 상대적으로 적은데 반해 외부노동시장(중소기업, 임시직 등 비정규직)의 경우 시장임금에 크게 영향을 받는다고 알려져 있다. 그러나 최근의 변화는 전통적인 내부노동시장의 영역이 줄고 있으며 내부노동시장에 있어서도 시장임금의 영향력이 매우 커지고 있음을 보여주는 일례라 하겠다. 성과급의 확산도 미국 임금체계의 중요한 변화 중 하나인데, 2016년 한 컨설팅 업체가 1,100개 기업을 조사한 바에 따르면 20년 전에 50%였던 성과급 도입 기업이 90%로 증가하였다. 미국 기업의 성과급은 장래 기본급에 연동되지 않는 보너스(bonus)와 장래 기본급에 연동되는 고과급(merit system)이 있는데 최근 연구결과는 어느 것이든 미래의 성과에 긍정적인 영향이 있다고 보고 있다.

이러한 시장임금 반영 확대와 성과급 확산 등과 같은 미국의 임금체계 변화는 노동시장의 유연성 확대와 맥을 같이 하고 있다. 미국의 노동시장은 선진국 중 가장 유연한 편에 속하고 최근 고용형태의 유연화, 다양화는 더욱 가속화되고 있다. Katz와 Krueger에 따르면 2005년부터 2015년까지의 미국 경제 전체에서 이루어진 순고용 증가는 이러한 대안근무 방식의 증가에 기인한다고 한다.

독일의 경우 임금결정은 법령, 단체협약, 경영협의회 등에 의해 규율되나 단체협약이 가장 중요한 규율 준칙이다. 법령은 최저임금을 제외하고는 임금결정에 영향을 주지 않고, 경영조직법은 단체협약에 규정된 보수와 기타 근로조건을 경영협의회의 사업장협약 대상으로 할 수 없도록 규정하고 있다. 2004년 독일 금속노조는 신임금협약(ERA)을 체결하여 산별교섭의 위기를 극복하고 보다 공정한 임금체계를 구축하고자 했다. 종전 임금체계가 연령등급(똑같은 일을 해도 젊은 근로자 보수가 낮음), 저임금집단(똑같은 일을 해도 육체적으로 덜 힘든 일을 한다는 이유로 여성들이 저임금집단으로 분류됨), 연공급(업무에 변화가 없더라도 근속년수가 길어지면 더 높은 임금집단으로 분류), 수당(작업부하수당이 임금에 비례하여 동일한 작업임에도 임금집단에 따라 수당액이 달라짐)에 있어 불공정하다고 본 것이다. 신임금협약은 이러한 불공정성을 해결하기 위해 종전의 "임금집단"별 임금체계에서 "직무별" 임금체계로 전환하는 것을 내용으로 한다. 종전에는 "사람의 자격 또는 특성"에 따라 임금집단별로 임금을 달리했으나, 이를 "직무평가"를 통해 해당 직무수행에 필요한 요건(능력, 자율적인 행동력 및 의사결정력, 협력, 직원관리 능력)별로 임금을 결정토록 변경했다.

일본의 임금체계는 근속년수에 따라 임금이 인상되는 정기승급제도로 대표되었는데, 최근에는 역할급으로 불리는 대안적 임금체계가 급격히 확산되어 왔다. 전통적인 일본의 임금체계는 직능자격제도로서 근로자가 보유하고 있는 능력을 평가하여 직능등급에 따라 임금을 결정하는 것이나, 실제 담당 직위와 직능등급과는 괴리가 존재했다. 따라서 직능자격제도 하에서도 정기승급이 이루어져 근로자들은 안정적으로 임금인상을 누릴 수 있는 이른바 연공형 직능자격제도인 것이다. 이러한 연공형 직능자격 중심의 임금체계는 노사 모두에게 능력향상과 장기근속의 유인을 준다는 장점이 있었으나 상당한 임금비용이 수반되는 문제점도 존재한다. 이러한 일본의 임금체계에 변화를 초래한 가장 주된 이유는 일본 경제가 더 이상 고비용을 수반하는 기존 임금체계를 유지할 수 없게 된 환경변화 때문이다. 과거에는 유럽·미국을 따라잡는 소위 “catch up” 경제였기 때문에 구미 기업들이 정한 제품과 사양에서 품질과 생산능률만 높이면 안정적 성장이 가능했고 지속적으로 증가하는 임금비용 충당에 큰 문제가 없었다. 그러나 1990년대 이후 일본이 세계경제의 선두에 서면서 catch up 경제의 혜택을 누릴 수 없게 되고 치열한 국제경쟁에 직면하게 됨에 따라 혁신과 성과 중심의 인사관리의 필요성이 대두된 것이다. 이에 따라 기존의 직능자격제도를 새로운 경제환경에서 재설계하려는 움직임이 나타났고, 일본식 직무급으로 이해되는 “역할급”도 급격히 확산되었다. 역할급의 모습은 매우 다양하나 일반적으로 부가가치 창출에 가장 필요한 책임과 성과, 즉 “역할”에 따른 보상을 의미한다. 부여된 책임의 크기와 달성한 성과를 기준으로 임금을 조정하는데, 근속년수에 따른 자동승급이 아닌 성과에 따른 승급체계를 가진다는 점이 특징이다. 하위 등급에서는 성과승급이 관대하게 이루어지는 반면 상위 등급에서는 엄격하게 적용되며 감급하는 경우도 많은데, 이로 인해 전체적인 임금비용이 기업이 목표로 한 수준에서 관리 가능해진다.

이와 같이 임금의 결정에 있어 실제 수행하는 업무의 책임과 그 성과가 중심이 되는 것이 세계 경제를 이끌어가는 국가들의 주된 흐름임을 알 수 있다. 2016년 노벨경제학상을 받은 하트(Hart) 교수와 홀스트롬(Holmstrom) 교수의 계약이론에 따르면 경제주체 간의 계약관계는 양 측의 이익을 극대화하기 위해 기본적으로 성과를 기반으로 이루어지게 된다. 그럼에도 불구하고 그간 공공기관 성과연봉제 도입과 관련한 수많은 논쟁에서 선진국도 성과급제도에 문제가 많아 폐지하고 있다는 주장도 있었다. 이는 2016년에 발표된 맥킨지와 머서 보고서에 기인한 것인데 이 보고서의 중심 내용을 보면 기본적으로는 성과를 임금에 반영하는 것이 전세계적인 트렌드임을 강조하고 있다. 머서보고서에서도 세계 1,056개 기업 중 90% 이상이 개인별 성과와 보상을 연계하고 있음을 밝히고 있다. 일부 노동계가 성과급을 폐지한 사례로 언급하였던 GE, MS, 구글 등도 성과 평가의 방식을 조직의 장기적인 성과를 높이는 방식으로, 상대평가에서 절대 평가, 집단평가 도입 등 평가의 주관성을 최소화하고 보완하는 방식으로 개편하고 있음을 보여주고 있다.

한편에서는 다양한 임금결정의 방법 중 정부가 성과급제도를 공공부문에 일방적으로 추진했다는 비판도 있다. 정부 역시 역할급, 직무급 등 다양한 임금체계를 각 사업장의 형편에 맞게 도입할 것을 권하고 있다. 2015년 9.15. 노사정 대타협 이후 성과급제를 먼저 도입하고자 한 것은 현재 우리의 연공성이 강한 임금결정 체계에서는 성과급이 가장 이해하기 쉽고 도입하기 쉽다고 보았기 때문이다. 직무분석 등이 이제 연구기관 등을 토대로 이뤄지고 있지만 대기업, 공기업 근로자들의 이해를 높이는 데는 상당한 시간이 걸릴 것이다. 또한 공공부문은 대표적으로 우리 사회의 10% 상위부문에 속하는 집단이며 국가 재원으로 운영되고 있기 때문에 노사협의 등 적정한 절차를 거쳐 선도적으로 도입하도록 한 것이다. 성과연봉제의 내용 또한 대부분의 근로자들에게 불이익한 부분이 없도록 설계되었으며 기본적으로 일정 정도의 호봉의 성격을 80% 정도 유지한 가운데 나머지 부분에 대해서만 도입키로 한 것이었다. 그럼에도 불구하고 일부 노조를 중심으로 절차의 적법성을 따져 소송을 제기하고 파업까지 강행한 것은 자신들의 기득권을 잃지 않기 위한 것으로밖에 이해되지 않는다. 더욱이 문재인 정부 들어서는 공무원 및 공공기관의 허리에 해당하는 중간간부들의 성과평가 적용을 오히려 줄인 바 있다. 2022년 5월 대법원의 '정년연장없는 임금피크제가 고령자 고용촉진법상 연령차별이라고 한 판결'은 임금체계 개선관련 갈등과 격차를 키울 것 같아 걱정이다.

물론 성과연봉제의 도입에 있어 공정한 평가시스템 도입이 관건이다. 즉 평가기준을 어떻게 설정하고 도입방식과 평가지표, 평가결과에 대한 이의제기 절차를 어떻게 설계할 것인가에 대한 노사 간의 성실한 협의가 선행되어야 하는 것이다. 따라서 노동조합에서는 성과급제 자체에 대한 반대에서 벗어나 공정한 평가시스템을 만들기 위해 서로 머리를 맞대고 각각의 기업 실정에 맞는 제도를 도입하기 위해 고민하는 것이 올바른 자세라고 할 것이다. 윤석열 정부가 도입하고자 하는 직무급 중심의 임금은 근간이 시장임금이라고 할 수 있을 것이다. 연구기관의 면밀한 분석과 함께 시장임금을 알기 위해 다양한 조사방법을 개선해야 한다.

3. 신정부의 세대 상생형 임금체계 개선 : 공무원, 공공부문이 앞장서야

필자가 사무관 시절이던 1980년대 후반에도 정부 보고서와 관련 정부정책 연구기관의 보고서에도 임금체계 개편이 중요하다고 강조하고 있었다. 35년 이상 재직하고 퇴직한 이후에도 임금체계 개편을 강조하고 있으니 우리 사회가 진정으로 이를 실천할 의지가 있었는지 진지하게 반성해 본다. 필자가 2011년 차관이 되어 정말 임금체계 개편이 현장에서부터 이뤄지도록 하기 위해 주요 민간기업 인사담당 중역, 정부 국책연구기관장, 민간 연구기관장을 모시고 몇 차례 간담회를 하면서 분위기를 만들어 보려 했다. 다들 어려운 과제인지라 용기 내어 추진하려는 의지가 없음을 느꼈다. 2014년부터 장관이 되어 노동시장 개혁을 추진하면서 그 중심에 임금체계 개혁을 핵심 중점에 두었다. 이것이 성공하려면 총 인건비 즉 국민소득 중 근로자 임금으로 지불되는 노동분배율은 더 높아지는 것이 전제가 되어야 한다. 그래야 수용성이 커진다. 즉 인건비 절약이 목적이 되어서는 실현성이 약하다는 점이다. 또한 노동조합원의 88%가 300인 이상 대기업·공기업에 종사하는 근로자임을 고려 할 때 대기업·공기업의 단체협약을 개선하지 않고는 불가능하다는 점을 깊게 인식해야 한다. 그리고 임금 구성 등이 취업규칙이나 별도 합의서에 있는 경우는 취업규칙 등을 변경해야만 가능하다. 취업규칙 변경지침이 중요한 이유이다. 그래서 대타협을 통해서 산업별, 지역별로 그 취지가 확산되도록 국민적 여론이 필요하다고 보았다. 안타깝게도 일부 노동단체는 대타협 반대 및 현장 확산 방지를 위해 대타협이 마치 임금 삭감을 위해서 추진하는 것처럼 호도하여 어려움을 겪었고, 2017년 탄핵 국면에 접어들면서 8부 능선에서 멈춰지고 말았다.

우리나라는 과거 고성장 시기에 장기근속을 전제로 설계된 호봉급이 여전히 지배적으로 강한 연공성이 특징이다. 2021년 기준으로 100인 이상 사업체의 절반이 넘는 55.5%가 호봉급제를 운영 중이다. 이러한 과도한 연공성은 세대 간·고용형태 간 임금격차를 확대시켜 중장년 조기퇴직 압박, 청년층의 노동시장 신규 진입 방해 요인 등으로 작용한다. 직무·성과와 동떨어진 연공형 임금체계가 개선 없이 지속되면 보수의 공정성과 성과혁신 동기가 저해된다.

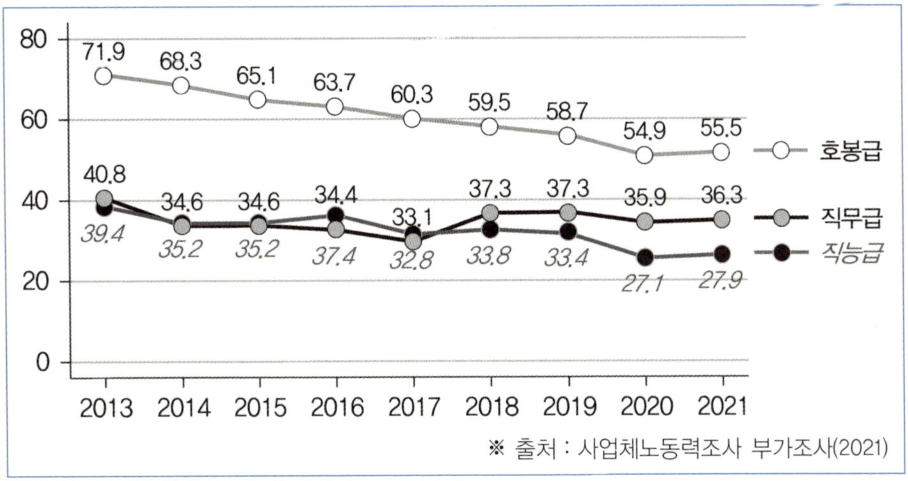

그림 20 | 100인 이상 사업체의 임금체계 변화 추이

윤석열 정부는 이러한 문제점을 해결하기 위해 '세대 상생형 임금체계'로의 개선을 공약으로 제시하였다. 연공급 중심 임금체계를 직무가치 및 성과를 반영한 임금체계로 개선하여 청년고용 활성화와 장년층 고용안정을 동시에 구현한다는 것이다. 이는 세대 상생뿐만 아니라 격차완화를 위해서도 필요하다고 본다. 시장임금을 토대로 한 직무급, 즉 유사한 일을 하면 대기업에 일하든 중소기업에 일하든 비슷하게 받게 하자라는 취지도 담고 있다고 본다. 임금체계는 기본적으로 노사 자율의 영역이다. 직무급 등 임금체계 개편에 대한 노사 인식 차로 단시간 내에 성과 도출에는 한계가 있는 것이 사실이다. 그러나 노사가 각 기업별 특성에 맞는 임금체계 설계를 위한 현장 변화에 노력해야 한다. 상위 10%에 해당하는 기업들이 직무능력 중심으로 임금체계를 개편하고, 능력중심의 인사운영을 해 나가야 한다. 먼저, 공무원, 공공부문과 금융기관이 선도함으로써 민간 대기업으로 확산되도록 하여야 한다. 이를 위해서는 단체협약과 취업규칙이 바뀌어야 하는 만큼 기업의 의

지, 설득, 공감 노력 및 일관성이 중요하다. 상위 10%이면서 연공급 임금체계의 최대 수혜자인 공공・금융기관과 대기업 정규직이 임금 인상에만 집착하고 임금체계 개편에 반대만 한다면 우리 아들딸들의 고용 문제 해결은 요원할 수밖에 없다. 따라서 공공・금융기관, 대기업의 노동조합과 근로자는 성과연봉제, 직무급제 등 법적 의무사항인 임금체계 개편에 적극적으로 임하면서 평가의 공정성 확보 등 구체적인 실행방안 중심으로 대안을 제시하고 논의해야 한다. 기업도 장기적 비전과 대안으로 노동조합과 근로자를 충분히 설득하면서 합의에 이르기 위한 모든 노력을 다하는 등 정성을 다하고 절차를 지켜나가야 한다.

정부는 임금 인프라 구축, 정보제공 강화를 통해 현장의 자율적 임금체계 개편을 지원해야 한다. 먼저 임금정보공시 내실화로 직무 중심 노동시장 발달을 촉진해야 한다. 미국의 경우 정부[188]와 민간부문이 중층적 임금정보 제공시스템을 갖춰 풍부한 시장임금정보를 현장에 제공하고 있다. 우리도 한국형 직무별 임금정보시스템을 구축해서 직무수행에 필요한 업무역량 정보, 시장임금정보 및 고용전망을 제공할 필요가 있겠다. 직무별 시장임금 정보를 제공하면 기업은 기업 내 공정한 보상체계를 구축하고 임금의 대외경쟁력을 확보할 수 있다. 구직자・청년 등 국민은 직업・진로 선택, 능력개발, 이・전직 준비 등에 해당 정보를 활용할 수 있을 것이다. 현재 산업・업종별 단체에서 직무・직업별 임금정보를 제공하고 있거나 민간 직업정보제공업체에서도 일부 기업들의 임금정보를 제공하고 있는데, 이러한 정보도 국가 임금정보시스템과

188) 미국 O*net에서는 표준직업분류(SOC)에 따라 직무를 분류하여 3년 주기로 총 110만 개 사업체를 대상으로 근로자의 직무(job title)와 임금(시간급 · 연간급)을 조사해서 해당 정보를 공개하고 있다.

연계해서 제공할 필요가 있겠다. 아울러 민간부문 임금체계 개편 지원을 위한 일터혁신 컨설팅 서비스를 확대하는 한편, 사업체 특성에 맞는 임금체계 개편 가이드라인, 업종별 직무평가도구 및 활용 매뉴얼을 개발해서 보급하는 것도 필요하다.

직무・성과형 임금체계 도입이 가능하도록 절차를 명확화해야 한다. 사업장 내 직무, 직군, 직급별로 근로자들이 원하는 임금체계가 상이할 경우, 해당 부문 근로자대표와 사용자 간 서면합의로 결정할 수 있도록 해야 한다. 앞에서 설명한 '부분 근로자대표'를 인정하는 등 현장의 수요를 반영해서 근로자대표제도를 조속히 개선해야 한다. 아울러 경제5단체를 중심으로 직무 중심 인사관리로의 전환을 위한 원칙과 방향을 제시하고, 개별 기업 CEO의 인식 전환 등을 위한 다양한 홍보와 캠페인도 병행될 필요가 있겠다.

무엇보다도 문재인 정부 들어 연공서열식으로 뒷걸음친 중간간부들에 대한 직무・성과급화를 위한 노력, 공무원, 공공기관의 과감한 연공급 탈피, 선도적 역할 등이 함께 추진될 때 가능할 것이다.

노동시장 빅스텝

아들딸 일자리,
넘어야 할 3개의 산

CONTENTS

제1절 급격한 기술의 진보는 우리 일자리를 늘릴 것인가, 줄일 것인가?

제2절 생산방식이 달라지면 우리의 일자리는 어떻게 달라질까?

제3절 선진국은 이러한 변화에 어떻게 대응하고 있는가?

제4절 디지털 대전환은 우리 노동시장에 어떠한 변화를 가져올까?

제5절 4차 산업혁명이 가져오는 새로운 고용형태

제6절 새로운 고용형태, 어떻게 (보호)할 것인가?

제4장

세 번째로 넘어야 할 산 : 4차 산업혁명

1급 비밀이 무엇인지 아는가?

영화 <진주만>에는 기억에 남는 명장면들이 많다. 진주만이 공격당하자 미국은 일본 본토를 공격하고자 한다. 그러나 당시 비행기로는 불가능하고 항공모함에 폭격기를 싣고 가서 600km까지 근접한 후 출격해야 본토를 공격할 수 있다. 그러나 다시 항공모함까지는 돌아올 수 없다. 특수임무 수행의 대장인 중령은 인근 중국에 안착하는 방안을 수립하여 대통령의 재가를 받는다. 그리고 정예병들로 공격의 주인공들이 모집된다. 출발 직전에 중령은 묻는다. "1급 비밀이 무엇인지 아는가?" 주인공들은 "예. 가족이 대신 훈장을 받는 것입니다."라고 답한다. 중령은 "역사상 한 번도 수행해본 적도 없고 목적지도 모르는 곳으로 떠나는 것이다."라고 심정을 밝힌다. 안타깝게도 일본 본토 1,000km 부근에서 일본에게 발각되고, 더 이상 항공모함으로 일본 본토에 접근하는 것이 어렵게 되었다. 항공기 원거리 출격은 더 큰 위험에 처하게 된다. 중령은 부대원들에게 "승리는 오래 믿는 자의 것이다."라며 생환 성공가능성이 거의 제로에 가까운 부대원들에게 신념을 심어준다.

2016년 다보스 포럼에서 클라우스 슈밥(Klous Schwab) 회장이 4차 산업혁명을 강조하면서 일자리 시장의 불안도 커져왔다. 그는 "4차 산업혁명은 기대이면서 두려움이다. 속도는 쓰나미처럼 덮친다. 범위는 일상을 망라한다. 깊이는 존재를 흔든다."라고 강조했다. 우리 사회는 우리 아들딸들에게 괜찮은 일자리를 충족시켜 주어야 할 가장 어려운 1급 비밀을 안고 있는 셈이다.

개념설계 능력을 축적할 수 있는 인센티브 체계화가 절실하다.

4차 산업혁명 디지털 대전환 시대에 세계를 주도할 몇 개 국가 안에 포함되느냐의 여부는 매우 중요하다. 미래 우리 청년들에게 괜찮은 일자리(decent work)를 보장해 줄 수 있는지가 달려 있기 때문이다. <축적의 시간>을 저술한 서울대 공대 교수들의 의견은 이렇다. 핵심기술 역량과 관련해서 전문가들은 우리나라가 창조적 개념설계(conceptional design) 역량이 없다는 것이 큰 문제라고 견해를 밝힌다. 여기서 개념설계 역량이란 문제의 속성 자체를 새롭게 정의하고 창의적으로 해법을 제시하는 역량이라고 한다. 우리나라 각 산업에서는 이처럼 개념을 새롭게 정의하고 이를 실현할 최초의 설계도를 그려내는 역량이 부족하다는 것이다. 가치사슬의 앞 단계에 있는 창의적 개념설계 역량을 확보하지 않고는 진정한 선진국이 될 수 없다는 것이 전문가들의 공통된 인식이다.

한국은 지난 50년간 전세계에서 유일하게 경제 발전에서 성공을 이뤄낸 국가이다. 그러나 잠재성장률이 90년대 6%, 2000년대 4%, 2010년대 3%였고, 2020년대는 1~2%로 전망되고 있다. 즉 성장으로 일자리를 확보하는데 한계가 있다는 것이다. 한마디로 "제자리에라도 있고 싶으면 죽어라 뛰어야 한다(거울나라의 앨리스)."라는 것이다. 최소한 주변과 어깨를 나란히 하려고 해도 숨이 턱에 차게 뛰어야 한다는 것이다. 독일과 미국은 제조업과 ICT의 결합을 추구한다. 독일은 경쟁력이 강한 제조업에 ICT를, 미국은 지식강국에 다시 제조업을 불러들여 결합하는 방식을 추진하고 있다. 일본은 지식집약적 부품소재산업에 수십 년 축적된 노하우가 있어 근본적인 경쟁력 유지가 가능하고 모노즈쿠리 운동(제조 중시 운동)을 국가적으로 전개하고 있다. 중국은 거대한 내수시장을 토대로 혁신을 주도하는 산업구조로 업그레이드하는 전략을 추구하고 있다.

이처럼 제조업이 주목받는 것은 상대적으로 안정적인 일자리를 만들어 내는 원천이며 서비스 산업을 포함한 전후방 산업의 발전을 견인하는 국가 경제의 중추이기 때문이다. 우리가 할 수 있는 해답은 사회 전체가 축적 지향의 사회체제를 구축하는 것이다. 우리 사회 전반의 인센티브 체계, 문화를 바꾸어 기업뿐만 아니라 사회의 모든 구성원이 축적을 지향하도록 하는 것이다.

새로운 개념에 도전하는 것을 용인하는 환경 조성, 실패 용인, 창조적 경험 축적을 하고자 노력하는 사람과 조직에게 인센티브가 돌아가도록 사회체제 전반의 개편이 있어야 한다. 다시 말해 우리는 경쟁하는 선진국보다 더 달려야만 한다는 것이다. 특히 제조업 경쟁령 향상에 더 매진해야 한다. 우리나라의 미래 노동시장제도도 이를 뒷받침할 수 있게 설계되어야 한다.

호치민(1890~1969)의 '이불변 응만변(以不變 應萬變)'을 생각하자.

하노이 시의 호치민 무덤 앞에 가보면 평일에도 1km 넘게 참배객이 줄을 선다. 그는 베트남 독립운동가로 디엔비에프 전투에서 프랑스군을 기습 공격하여 격퇴하는 등 게릴라전의 명수였다. 신중한 성격이지만 결단하면 과감하게 실행하는 승부사였다. 1945년 2차 세계대전 패전국 일본 후퇴 시 프랑스, 중국 등 열강들이 호시탐탐 노리는 것을 감안하여 재빨리 봉기하여 베트남 민주공화국을 선포하였다.

그는 적과의 동침을 주저하지 않았다. 2차대전 후 중국이 더 무서운 적이 될 것이라 예상하고 중국을 물리치기 위해 오랜 적이었던 프랑스와 협상하고자 했다. 부하들이 극심히 반대하자 "'이불변 응만변(以不變 應萬變)', 즉 하나의 변하지 않는 원칙으로 수없이 변하는 세상에 대응해야 한다."라고 설득했다. 변하지 않는 원칙을 지키되 상황에 따라 대응방식은 변해야 한다는 점을 강조한 것이다. 민족 독립이라는 불변의 지향점(以不變)을 위해 어떤 것이든 할 수 있어야 한다(應萬變)고 설득을 하였다(전략적 유연성). 그래서 독립을 가져왔다고 평가받고 있다.

디지털 대전환 하에서 하나의 변하지 않는 우리 원칙은 다음 세대에게 괜찮은 일자리를 확보해주는 것이다. 이를 위해서는 어떠한 전략적 변화도 주저해서는 안 된다는 것이다.

제1절

급격한 기술의 진보는 우리 일자리를 늘릴 것인가, 줄일 것인가?

4차 산업혁명으로 일컬어지는 현재의 급격한 기술진보가 일자리에 어떠한 영향을 미칠지에 대해서는 고민해야 할 점이 더욱 많다. 우선 일자리의 양이 줄 것인가, 늘 것인가에 대한 견해가 다양하게 존재한다.[189)]

테슬라의 엘론 머스크(Elon Musk)는 "미래에는 컴퓨터와 AI, 로봇이 사람들의 직업을 대체하고 결국 정부가 국민에게 임금을 주는 시대가 올 것"이라는 비관적 견해와 "자동화가 사회 전반적으로 혜택을 가져오고 기회가 될 수도 있으며, 사람들은 반복적인 노동 외에 다른 일, 좀 더 복잡하고 흥미로운 일을 할 시간이 생길 것"이라는 견해를 동시에 개진하고 있다. Frey와 Osborne(2013년)은 702개 직업의 자동화 가능성을 분석한 뒤 47%의 직업들이 높은 자동화 가능성에 직면해 있다고 진단했다. 맥킨지의 Chui et al(2015년)는 800개 직업의 2,000개 업무 중 45%가 현재 기술로도 자동화가 가능하다고 판단했다.

기계가 사람의 일자리를 빼앗을 것이라는 것에 대한 우려는 일찍이 산업

---

189) 2016년 세계경제포럼(World Economic Forum)은 2020년까지 로봇과 인공지능이 500만 개의 일자리를 대체할 것이라고 보았다. 2020년까지 4차 산업혁명으로 인해 총 710만 개 일자리가 사라지고 신기술이 새롭게 만들어낼 일자리는 210만 개로, 현재 일자리 가운데 500만 개 정도가 사라질 것으로 예상하였다. (The Future of Jobs, 2016)

혁명시기부터 반복되어 왔다. 19세기 산업혁명기에는 직물 기계가 도입되면서 일자리를 잃게 된 직조공들이 기계파괴운동을 벌이는 러다이트 운동이 일어났다. 20세기에 들어와서는 포디즘의 확산과 1960년대 공장자동화 등 새로운 기술로 인한 생산체계의 변화가 있을 때마다 이러한 문제에 부딪쳐왔다. 하지만 현재 우리가 맞이하고 있는 인공지능과 로봇이라는 변화는 그 범위와 속도가 이제까지 인간이 겪어왔던 어떤 변화와도 비교할 수 없는 수준이라는 것이 쟁점이다. 퀴즈쇼에서 인간을 이긴 왓슨, 자율주행차, 아마존과 구글의 무인택배 드론 등을 생각해 보자. 과거 150년간의 기술이 사람의 몸을 대체해 왔다면 이제는 '뇌'를 대체하기 시작하면서, 단순·반복·조작 업무뿐만 아니라 지적인 업무까지 대신하고 있다. 또한 이러한 변화가 세대에 걸쳐서가 아니라 한 세대 내인 10년에서 20년 사이에 적응할 수 있느냐를 요구할 만큼 속도에 대한 우려도 크다. 세계경제포럼 회장 클라우스 슈밥(Klous Schwab)은 새로운 기술혁명이 기존의 산업혁명보다 더 큰 충격을 가져오는 이유는 바로 속도, 범위와 깊이(수많은 분야에서 근본적인 변화가 동시다발적으로 일어나고 있다), 그리고 전체 시스템의 완전한 개편때문이라고 했다. 한마디로 새로운 기술이 산업분야와 직종의 구분없이 모든 노동의 본질을 완전히 바꿔놓을 것이 확실하다는 것이다.

이러한 비관적 시각과는 달리 기술발달이 오히려 고용이나 경제에 도움이 된다고 보는 견해도 있다. 주류를 이루는 경제학자들은 비관론자들이 "노동총량의 오류(lump of labor fallacy)"에 빠져있다고 지적한다(Miller and Atkinson, 2013). 노동총량의 오류란 세상에 필요한 노동의 양이 정해져있어, 로봇이 일자리 하나를 차지하면 인간은 일자리 하나를 잃는다고 생각하는 것은 지나친 단순화라는 것이다. 과거 산업혁명이 농업에서 제조업으로, 제조업에서 서비스업으로 일자리를 이동시켰듯이 로봇과 인공지능은 일자리를 없애는 것이 아니라 새로운 미래의 직업으로 일자리를 이동시킨다는 것이다. 이에 따라 관련 산업으로 인해 새로운 일자리가 창출될 수도 있고, 일자리가 없어진 곳에서는 새로운 일이 생겨날 수 있다는 것이다. 독일 연방노동사회부 역시 2030년까지 노동시장의 변화에 대한 장기 전망 보고서를 통해 디지털화에 따라 27개 업종(소매업, 제지 및 인쇄업 등)에서 75만 개의 일자리가 사라지고, 13개 업종(IT 서비스, 연구개발 등)에서 총 100만 개의 일자리가 늘어난다고 예측하고 있다. 전체적으로는 일자리 25만 개가 더 창출된다고 예측하고 있는 것이다. 이는 실제로 소멸되는 일자리는 저숙련 일부 일자리에 한정되며, 새로 만들어지거나 전환되는 일자리에 부합하는 직무능력과 기술을 보유하는 것이 관건이라고 보고 있는 것이다.

로봇과 인공지능이 어떤 분야에서는 사람의 일자리를 대체하지만, 동시에 로봇과 인공지능의 설계, 관리, 지원, 활용과 관련된 일자리가 생겨날 수 있을 것이다. 과거 F-16전투기의 운용에는 100명 미만의 요원이 필요했다. 그러나 무인정찰기 프레데터(Predator) 1대를 운용하려면 168명의 지원 인력이 필요하다. 이 중 직접관제요원은 55명이고, 나머지는 정비와 자료 분석 등의 임무를 수행한다. 특히, 드론이 제공하는 정보량이 엄청나서, 미군의 전체적인 자료 처리, 분석 업무에만 현재 6.5~7만 명이 투입되고 있다고 한다.

이처럼 실질적인 일자리의 증감은 이러한 기술 진보에 대하여 어떻게 정책적으로 대응할 것인지에 따라 달라진다고 할 수 있다. 단기적으로는 부정적인 영향이 더 커 보일 수 있으나, 관건은 기술 진보에 맞추어 제도를 어떻게 조율해 나가는가에 의존한다는 점에서 일자리의 총량에 대한 장기적인 영향은 좀 더 중립적이라고 보여진다. 그러나 우리는 급격한 기술진보 과정에서 노동시장의 제도나 관행이 뒤따라가지 못하고 산업화 시대에 머물고 있는 국가는 일자리에 부정적 영향이 클 수 있다는 점에 주목해야 한다.

여기서 우리나라 노사정이 함께 고민해야 할 요소를 생각해 본다.

첫째는 디지털 전환에 맞는 선제적 변화를 추진하는 과제이다. 변화의 중심은 과거보다 없어지거나 새로 생기는 일자리가 현저하게 달라지는데 있다기보다는 일자리의 직무내용이 달라지는데 있다고 본다. 왓슨이나 로스와 같은 컴퓨터가 보급된다고 해도 자료검색, 분석 전문가 '직무'가 감소되고 대체될 뿐 변호사나 회계사의 일자리가 줄어든다고 단언하기는 어렵다. 예를 들어 교사의 직무를 생각해보자. 단순히 지식전달자로서의 역할만 상정한다면 교사 역시 인공지능으로 얼마든지 대체가능한 직업이다. 그러나 학생들이 토론을 주도하는 가운데 이를 중재하고 조정해나가는 역할, 학생과 소통하면서 재미와 감동을 주는 역할, 아이들에게 끊임없이 애정을 표시해주는 교사의 역할이 강화된다면 이러한 변화된 직무를 중심으로 교사라는 일자리는 줄어들지 않으면서 변화해 나갈 것이다.

오히려 기술 진보가 광범위하고 급속하게 일어날 때의 전체 일자리의 수보다는 다양한 계층간 소득의 균형을 바꿔놓음으로써 불안정성이 확대되는 것이 주된 도전이 된다. 즉, 직업군이 양분화되어 최첨단 기술을 제작, 관리, 운영하는 소수의 사람들과 단순 서비스 업종에서 종사하는 다수의 사람들로 사회가 양분화될 수 있다는 것이다. 앞으로는 쉽게 대체할 수 없는 고급 기술을 가졌거나 새로운 시대의 흐름에 빠르게 적응하고 대처하는 이들은 살아남고, 그렇지 못한 이들은 빠르게 도태되는 극단적 상황이 펼쳐질 가능성이 높다. 기술의 진보가 심화될수록 사회적, 경제적 양극화 역시 더욱 심화될 것이다. 2016년 12월 미국 백악관은 인공지능 및 자동화가 경제에 미치는 영향에 대한 보고서를 발표했다.[190] 보고서 내용은 산업혁명 이후의 19세기 기술변화가 생산성을 높임과 동시에 불평등을 감소시킨 반면, 20세기 이후의 기술변화는 생산성 향상 대가로 불평등 확대를 초래했다는 것이다. 이 보고서는 또 인공지능의 등장이 올바른 정책적 대응이 없으면 이러한 불평등을 더욱 촉진할 것으로 예상된다고 지적했다. 특히, 인공지능 기술개발, 인공지능 등장에 따른 노동시장 개편 및 요구, 기술변화에 대응하는 교육체계 마련, 그리고 사람들이 직업을 옮기는 과정에서의 고용·복지 지원 등에서 정부의 역할을 강조하고 있다.[191]

둘째 괜찮은 일자리를 놓고 선진국 간의 극심한 경쟁에서 우리가 우위를 확보할 수 있느냐의 문제이다. 앞서 미국, 독일, 일본, 중국 등의 4차 산업혁명 또는 디지털전환 전략을 살펴보았다. 그들은 현재 산업 특성에 따라 강조점이 다르긴 하지만 전체적으로 보면 제조업의 스마트화에 우선적으로 중점을 두고 있음을 설명한 적이 있다. 독일의 스마트 공장에서 사물인터넷의 최강을 자랑하는 시스템을 가진 세탁기를 동일한 인력으로 8배 생산하게 된다고 하자. 이것은 이미 필자가 2016년 노동 4.0(Arbeiten 4.0)에 합의한 독일의 노사정 대표들과의 간담회를 위해 방문했을 때 확인한 사항이기도 하다. 세계 전체의 세탁기 수요는 크게 변하지 않을 것이므로 우리나라의 세탁기 생산공장의 일자리 감소가 우려되는 것이다.

종합해 보면 산업 전반의 디지털화로 일의 형태가 변한다. 이것은 공통된 요소다. 일자리의 중간이 사라지고 소수의 괜찮은 일자리와 다수의 단순 일자

190) Artificial Intelligence, Automation, and the Economy. 2016.12. Executive Office for the President

191) 미국 백악관 보고서가 AI 시대에 던지는 시사점 (한국경제, 2017.1.24., 한철우 영국 더럼대 교수)

리화 가능성이 크다. 그런데 소수의 괜찮은 일자리 경쟁은 디지털화를 주도하고 있는 상위국 간에 더 치열해질 것이라는 점이다. 여기서 우리가 고민해야 할 것이 한 가지 더 있다. 우리나라의 노동시장제도는 경쟁국에 비해 규범의 불확실성이 크고 집단적 노사관계도 갈등이 더 크다는 점이다. 미래를 대비하면서 이 점을 놓쳐서는 안 되는 이유이다. 즉 이러한 제도적 불확실성 해소와 집단적 노사관계 재정립, 그리고 디지털 전환과정에 필요한 유연성을 동시에 추진하여 디지털화에 따른 선진국 간 일자리 경쟁에서 괜찮은 일자리를 우리 청년 세대에게 확보해 줄 책무가 현재의 부모 세대에게 있다는 것이다.

제2절

생산방식이 달라지면 우리의 일자리는 어떻게 달라질까?

일자리는 생산물을 생산하는 활동에 따라 파생되는 노동수요에 의해 공급되고 일자리 형태는 생산이 어떤 방식으로 이루어지는지에 따라 변화하게 된다. 생산의 각 단계마다 시장거래를 통할 수도 있고(to buy) 여러 생산단계를 거칠 수도 있을 것이다(to make through hierarchy). 기업 밖에서 사오는 방식이면 프리랜서 등 독립적인 일자리가 늘어나고, 기업 안에서 만드는 방식(to make)이면 임금을 주고 고용하는 근로자가 늘어날 것이다. 기업들은 비용을 줄이고 핵심 역량에 집중하기 위해 오래전부터 반드시 필요하지 않은 업무나 기능을 외부에 위탁하고 있다. 소매업체는 외부 용역 계약자들로 콜센터 및 고객상담 서비스를 운영하고 있다. 컨설팅 및 회계업체는 기초 조사와 회계업무를, 출판사는 조판과 편집업무를 다른 나라에 맡기고도 있다. 이러한 방식을 통해 시차의 혜택을 보고 적은 비용으로 더욱 빠른 프로젝트의 전환이 가능해진다. 기업의 수요와 성장전략이 변하면서 기업들은 수직적 통합에서 계약적 관계로 전환되어 글로벌 인력을 활용할 수 있다.

한편, 자동화는 인터넷 연결기기와 인공지능과 결부된 디지털화로 인해 과거와 다른 차원으로 전개되고 다양한 직업들의 직무에 변화를 초래한다. 바로 이러한 생각이 로봇과 인공지능 기술이 발달하면서 인간의 일자리를 빼앗아갈 것이라는 우려로 나타나고 있는 것이다. 하지만, 직무변화가 고용에 비치는 영향은 변화된 자동화 방식, 즉 로봇과 인간이 협업하는 방식을 잘 조직하는지에 달려있다고 할 것이다. 이러한 디지털화의 전형인 스마트공장은 실제로 어떠한 모습으로 작동할까?

공장이 스스로 판단하여 이에 따라 작업을 수행하는 스마트공장은 한마디로 빅데이터를 바탕으로 사물인터넷이 공장에서 구현된 것이라고 할 수 있다. 대표적인 기업은 미국의 GE이다. GE는 2015년 2월 인도 뭄바이 지역에 2억 달러를 투자하여 스마트 공장인 '생각하는 공장(Brilliant Factory)'를 가동하였다.[192] 이곳에서 항공, 파워 플랜트, 오일 앤 가스, 운송 등 GE의 전 사업 영역의 제품을 생산하고 있다. 시설과 컴퓨터가 사물인터넷으로 연결된 이 공장에서는 중앙통제시스템에 입력된 값에 따라 시스템이 그 소재를 선택하고 소재에 부착된 RFID 등의 태그에 따라 조립과 부품제조, 가공 등의 다양한 공정이 이루어져 최종 제품이 나오게 된다. 이뿐만 아니라 독일에 소재한 기업이 원격 데이터 컨트롤을 통해 자국에서 중국에 있는 생산공장을 통제할 수도 있다. 애플은 제품의 개발만 할 뿐 실제 생산은 세계 어느 곳에서나 매뉴얼을 통해 가능하다. 기업이 고객 수요에 맞추어 제품의 생산과 서비스를 더욱 유연하게 조정할 수 있는 것이다. 디지털 파일과 3D프린팅으로 제품을 생산하는 것 외에도, 시스템에 저장되는 다양한 정보를 이용하여 제조 이외에 Value Chain(주문, 공급망, 서비스 등)까지 연계가 가능하다.

---

192) GE는 전 세계 500개 이상의 공장이 있는데, 이들 중 "생각하는 공장(Brilliant Factory)"의 특징이 잘 나타나는 7곳은 인도의 푸네(멀티모달 Multi-Modal), 베트남의 하이퐁(멀티모달), 미국의 펜실베니아(GE 운송)와 미시간(GE 항공), 오스트리아의 옌바흐(GE 파워), 일본의 히노(GE 헬스케어), 이탈리아의 피렌체(GE 오일&가스) 등이다.

전통적인 제조업 영역에 스마트 설비가 들어간 예로는 독일의 아디다스 스마트공장의 모습으로 변화를 쉽게 알 수 있다. 신발 한 켤레 만드는데 3주 걸리던 것을 다섯 시간으로 줄였다. 공장직원은 600명이었는데 여기서는 10명만 있으면 되는 것이다. 신발공정은 하나하나 사람 손이 직접 가야했는데 이제 기계로 모두 대체가능하다는 사실을 보여주고 있다. 공장뿐만 아니라 대형마트에서도 이러한 변화는 현실이 되고 있다. 미국 시애틀에 문을 연 '아마존 고'의 모습을 보자. 고객은 휴대전화를 찍고 들어가서 원하는 물건을 골라서 가방에 넣고 나오면 자동적으로 계산이 된다. "No Lines, No Checkout." 계산하려고 줄을 설 필요가 없다. 이곳에서는 계산원뿐만 아니라 재고 관리도 자동으로 이루어진다.

전미경제연구소의 조사에 따르면 2007년 노동자 천명당 로봇의 비율이 0.7대였지만, 2014년에는 1.7대로 늘었다. 로봇 증가로 미국 내 일자리 350만 개가 사라질 것이라 전망하고 있었다. BBC에서는 15년 안에 뉴스의 90%를 로봇기자가 쓸 것이라고 전망했다. 이러한 전망에 따라 한편에서는 로봇이 벌어들이는 소득에도 세금을 매겨야 한다는 '로봇세' 논쟁이 나타나고 있다. 빌 게이츠(Bill Gates)는 노동자들이 수입에 대한 세금을 납부하듯이 그 자리를 로봇이 대체하면 같은 금액의 세금을 내야한다고 주장한다.

제3절
선진국은 이러한 변화에 어떻게 대응하고 있는가?

가장 빨리 변화를 이끌어낸 것은 전통적 제조업 강국인 독일이다. 독일은 인더스트리 4.0 정책을 중심으로 IT와 제조업의 접목을 시도했다. 인더스트리 4.0은 2011년 독일정부가 처음으로 제시한 개념으로 사이버물리시스템(Cyber Physical System)을 기반으로 한 스마트공장 구축을 목표로 한다. 정부 주도로 사물인터넷, 사이버물리시스템, 스마트 공장 등의 관련 생태계를 적극적으로 구축하고 있다. 대표적으로 독일인공지능연구소의 주도 하에 지멘스, 보쉬, 시스코 등의 산업계가 참여하여 미래 제조업의 핵심기반이 될 스마트공장의 구체화 및 시범공장과 표준화 개발을 추진 중에 있다. 그리고 그에 맞는 일자리 변화를 예측하고 노사정이 머리를 맞대고 해답을 찾았다. 그것이 앞서 설명한 바 있는 노동 4.0(Arbeiten 4.0)이라는 노사정 합의였다. 일하는 형태, 고용계약 형태, 일하는 시간과 장소의 다양성이 불가피하다는데 공감한 것이다. 즉 계약방식, 일하는 시간과 장소의 유연성이 필요하다는데 합의한 것이다. 또한 이로부터 오는 위험을 최소화하기 위해 사회안전망 체계를 더 촘촘히 갖추겠다는 것이었다. 그것이 노동 4.0의 골자였다. 합의의 내용도 중요하지만 독일의 특징은 미래 변화에 대한 긍정적인 전망과 노사정 간 대화를 통한 준비태세이다. 2017년 봄 독일에 가서 연방노동사회부 날레스(Andrea Nahles) 장관 등 관계자들과 직접 만나보니 이러한 긍정적인 전망은 독일 제품이 세계

시장에서 가지고 있는 경쟁력, 그리고 이러한 변화에 대한 대응 방법을 노사정 간 진지한 대화와 협력을 통해 준비하고 있기 때문에 생긴 자신감에서 비롯된 것임을 알 수 있었다. 스마트 팩토리를 통해 8배의 생산성 제고를 가져온 지멘스에서도 고용의 규모가 그대로 유지되고 있다. 그것은 세계 시장에 8배의 상품을 팔 수 있다는 자신감에서 비롯된 것이었다. 앞서 설명한 것처럼 경쟁적 제품을 만들고 있는 우리에게는 일자리 축소를 가져올 요소인 것이다. 독일은 디지털 전환 당시 4차 산업혁명이라 불렸던 상황에서 왜 일자리가 늘어난다고 예측했을까? 미국, 일본은 잘 대응하면 일자리가 적게 줄고 잘못 대응하면 일자리 감소가 상당하다고 전망했었다. 어찌되었건 일자리는 줄어든다고 예측하고 있던 상황이었는데, 무슨 근거와 자신감으로 독일 노사정은 일자리가 늘어난다고 예측했을까? 그 당사자들과 토론을 통해 필자는 독일 노사정이 미래에 대한 공감과 양보를 통한 디지털 대전환에 선제적 대응을 하기로 상호 합의한 정신에서 비롯된 것임을 깊이 알게 되었다. 독일이 이러한 미래 변화에 선제적으로 대응하는 분위기와 합의를 만들 수 있었던 것은 이전의 경험에서 서로 간에 신뢰와 자신감을 갖고 있어서일 것이다. 2008년 세계금융위기시에 독일은 노사정 간 협의를 통해 근로시간 단축 등의 방법으로 일자리 충격을 완화한 경험이 있다. 이러한 경험이 그들이 신뢰와 자신감을 갖는 배경이다.

5년이 넘게 흐른 지금도 당시 독일의 연방노동사회부 날레스 장관의 예상치 않은 발언이 기억에 남는다. 요지는 이것이다. "본인은 간담회를 위해 한국의 주요 통계를 보았는데 한국 제조업의 로봇 도입률이 세계 1위라는 사실에 놀랐다."라는 설명이었다. 나에게는 아픈 대목이었다. '디지털 전환 시기에 어떻게 하면 괜찮은 일자리를 안정적으로 유지하고 더 창출해서 미래세대의 걱정을 줄여줄까를 고민하고 해답을 찾기 위해서 선제적으로 대응하고 있는 독일의 사례를 토의하자고 오신 것으로 안다. 환영은 하지만 한국기업이 사람보다 로봇을 선호하는데, 한국의 노동시장이 과연 일자리 중심의 시장인가?'라는 완곡한 반문이었음을 직감하게 되어서였다. 즉 '멀리보다는 지금 노동시장의 문제점을 해소하기 위해서 사람을 채용하는 문화개선이 우선이 아닌가요?'라는 말을 대신 표현한 것 같아서였다. 로봇이 일자리를 대체하는 현상에 대해 국내 주요 일간지에서 상세히 분석 보도한 바 있다.[193] 이 기사에 의하면 장인의 영역이라 하는 자동차 도장검사부터 치킨튀기는 로봇까지 전 분야에서 로봇 대체 확산이 빨라지고 있다. 특히 코로나19 팬데믹은 이러한 대체 현상을 가속화시키고 있고 팬데믹이 끝난 후에도 이러한 현상은 줄어들지 않을 것으로 전망하고 있다. 여기서 일자리 측면에서 보면 안타까운 것은 우리나라의 로봇 도입이 현재도 압도적 세계 1위라는 사실이다. 국제로봇연맹에 의하면 2020년 기준으로 제조업 분야 근로자 1만 명 당 로봇 밀도가 한국은 932대로 1위, 싱가폴은 605대로 2위, 일본은 390대로 3위, 독일은 371대로 4위였다. 제조업 경쟁국인 일본과 독일과 비교해 보아도 우리나라가 2.5배에 달하고 있다. 어떻게 받아들여야 할까?

급격한 고용구조의 변화에 따라 독일에서는 단기적으로는 일하는 사람을 좀 더 많이 포용할 수 있도록 실업보험을 점진적으로 개혁하고, 장기적으로는 개인경제활동계좌를 도입하는 방안을 논의하고 준비하고 있다. 미래에 대한 정확한 예측은 어렵지만 지속적인 직업교육 훈련을 통해 고용가능성(employ ability)을 유지하고 높일 수 있도록 돕는 것이 가장 중요한 기본 원칙이며,

193) 조선일보 2022년 4월 22일자 "로봇이 등떠민다"

이를 효과적으로 보장할 수 있는 방법을 단기, 장기적으로 마련하고 있는 것이다.

미국의 경우, 오바마 정부의 '리메이킹 아메리카(Remaking America)' 프로젝트를 통해 자국 내 제조업 부흥과 혁신 생태계를 강화하는 것에 초점을 맞추었다. 리쇼어링 정책을 통해 해외에 진출한 기업의 본토 복귀를 유도하여 현재까지 GE, 포드 등 많은 기업이 해외에 있던 생산기지를 미국 본토로 유턴시키고 있으며, 혁신 제조업 정책을 통해 제조업과 IT를 접목시켜 함께 관련 분야의 창업 및 기술 혁신 친화적인 산업생태계 조성을 위해 노력하였다. 2022년 5월 한국을 방문한 바이든 대통령이 삼성・현대차 등 미국 투자 확대 기업을 치켜세우는 것도 같은 맥락이다.

중국과 일본 역시 정부가 앞장서서 제조업 육성에 대비하는 양상이다. 중국은 '중국 제조 2025'정책을 통해 10대 미래 유망제조업에 집중 투자할 것이라는 계획을 발표하였다. 최근 중국기업들은 성장이 둔화된 해외 글로벌 기업들을 대상으로 공격적인 M&A를 추진하고 있는데, 이를 단번에 글로벌 기술 리더십을 확보하는 기회로 활용하고 있는 것으로 보인다. 2014년 한 해 동안 중국기업이 추진한 글로벌 기업 M&A 중 246건이 성사되었고, 그 전체 가치는 550억 달러에 이르렀다. 일본 또한 우위에 있는 원천 기술력과 생태계 경쟁력을 기반으로 국가 차원의 제조업 경쟁력 강화를 추진하고 있으며, 아베노믹스 재정정책과 더불어 제조업 부흥을 위한 각종 규제완화 및 산업경쟁력 강화법을 시행한 바 있다.

제4절

디지털 대전환은 우리 노동시장에 어떠한 변화를 가져올까?

4차 산업혁명이 가져올 노동시장의 중요한 변화로 첫째, 시간과 장소를 가리지 않고 노동을 공급할 수 있는 유연성과 아웃소싱에 의한 생산 및 물류기지의 이전이 가능하게 되었다는 점을 들 수 있다. 둘째는 근로자는 자신에게 맡겨진 업무과제를 스스로 찾아내고 조직하는 등 점차 사용자의 지휘명령으로부터 벗어나고 있다는 점이고, 셋째는 노무제공 그 자체가 아니라 노무제공의 결과가 중요해지고 있다는 점이다. 사용자는 성과에 대하여 급여를 지급하려고 할 것이고, 단순히 근로시간에 자리를 지킨다는 이유만으로 근로자에게 급여를 지급하는 것을 꺼리게 될 것이다.[194)]

한편, 정보기술이 생산과정에서의 거래비용을 획기적으로 낮추어 줌에 따라 생산조직과 거래조직이 매우 얇아지고 유연하게 변화하게 된다. 기존에 내부에서 처리하던 기능들을 이제는 저렴하게 외부자원을 이용할 수 있게 됨에 따라 불필요한 기능을 정리하여 조직이 얇아지게 되는 것이다. 또 필요할 때 필요한 만큼 생산하는 on demand 경제로 전환됨에 따라 안정적인 거래를 위해 필요했던 일정한 형식의 조직이 없어지고 유연한 형태로 전환하게 된다.

194) 노동법과 일자리 관련 제도개혁 방안 (박지순, 2016년 4월 4차 산업혁명시대의 청년일자리 정책 토론회)

정보기술은 풍부한 정보를 순식간에 세계 도처에 이동시킬 수 있어 조직이 한 국가 내에 머물러야 하는 제약을 없애고 지리적으로 이점이 있는 곳에 기업이 필요한 조직을 두고 기술로 연결할 수 있게 된다. 플랫폼을 통한 P2P 거래의 확산은 수요자와 공급자를 직접 연결시킬 수 있다.

이러한 조직의 변화에 따라 일자리의 성격도 변화하여 정규직 위주 고용구조에서 프로젝트형 고용구조로 변환될 가능성이 높다. 정보기술이 자원의 특정성과 거래의 복잡성을 감소시킴에 따라 기업 내부에서 정규직을 통해 처리하는 것보다 외주와 임시직 등을 활용할 때 거래비용이 낮아진다. 이에 따라 정규직의 비중이 줄어들고 임시직이나 파견 등의 비중이 높아진다. 플랫폼 경제 또는 긱 경제의 확산으로 취업의 형태가 다양해지고 on demand 거래의 확산으로 임시직, 파견, 재택근무, 파트타임 등 다양한 취업형태가 늘어나게 된다. 온라인근로, 재택근로, 원격근로 등이 확산되어 근로시간과 여가시간의 구분이 모호해지고 근로공간과 비근로공간의 구분 또한 불분명해진다. 한 사람의 근로자가 여러 고용주를 위해 일하는 사례가 늘어나고 고용주뿐만 아니라 근로자도 국경을 넘나들 수 있어 전통적인 고용관계가 느슨해지거나 해체될 가능성도 있다. 지휘・명령을 받는 고용관계가 아니라 상호 약속한 업무를 스스로 결정하고 통제할 수 있는 환경에서 처리하여 넘기는 관계로 변화하게 될 것이다. 불안정 노동이 증가하고 종속노동과 자영업 간 경계가 흐려지며 노동의 자영업화(self-employmentization)가 진행 중이다. 이렇듯 근로자와 기업이 지속적 관계가 아닌 일련의 거래관계로 바뀌어가는 변화에 대해서는 이미 20년 전 다니엘 핑크(Daniel H. Pink)가 그의 저서 "프리 에이전트의 시대(Free Agent Nation)"에서도 예견한 바 있다. 기업조직이 핵심인력 중심으로 슬림화, 임금근로자-자영업자성이 혼합된 계약 확대 등 산업화 과정에서 확립된 기업조직과 노동규범(1일 소정근로시간, 휴게시간 등 근로기준)이 변화하게 되면서 새로운 근로조건에 대한 보호문제가 떠오르게 된다.

제조업 자동화와 함께 서비스, IT, 문화산업 중심으로 산업구조가 재편되면서, 노동력의 이동도 증가하고 있다. 특히 서비스업은 플랫폼 노동으로 뒷받침되는 긱 경제로의 전환이 급진전되고 있다. 노동시장 변화에 따라 두 개 이상 일자리를 병행하는 것이 보편화되고 있으며, 개인의 생애에 있어서도 다양한 고용형태를 경험하게 된다. 미래의 취업자는 디지털 기술 발달에 따라 긱 워커, 프리랜서 등 직업이동이 활발해지고 여러 가지 직업을 옮겨 다니며 살아갈 확률이 더욱 커질 전망이다. 따라서 현재 사업장 중심으로 관리되는 사회보험체계를 일하는 사람 중심으로 구축해 나갈 필요가 있다.

제5절

4차 산업혁명이 가져오는 새로운 고용형태[195)]

4차 산업혁명과 함께 2020년 전 세계로 퍼진 코로나19로 인해 디지털 전환이 가속화되고 비대면 경제가 확산됨에 따라 일하는 방식과 고용형태가 빠르게 다변화하고 있다. EU에 따르면 2021년 기준으로 EU 내에 2,800만 명의 플랫폼 종사자가 있으며, 2025년까지 4,300만 명까지 증가할 것으로 전망하고 있다. 한국은행의 조사에 따르면 2017년 글로벌 디지털 노동 플랫폼 산업의 총 매출액은 약 820억 달러로 전년대비 65% 성장했다고 한다.[196)] 조사 결과는 플랫폼 산업의 성장이 급속도로 진행되고 있음을 보여주는 것이다.

새로운 고용형태의 유형은 크게 세 가지로 범주화 할 수 있다. 첫 번째는 호출 근로(On-call Work)인데 근로계약은 체결하나 미리 정해둔 근로시간 없이 사용자 필요에 따라 호출하면, 근로자는 그에 따라 근로하는 형태이다. 정해진 근로시간이 없기 때문에 "Zero Hours Contracts"로 부르기도 한다. 두 번째는 O2O 근로(Online to Offline)로 온라인 플랫폼을 통해 일의 관리가 진행되지만 실제 일은 오프라인에서 수행되며 운송, 돌봄 서비스 등의 분야에서 주로 나타난다. 온디멘드(On-demand) 경제, 공유경제(Sharing economy)

195) 정부의 다양한 연구용역자료 등을 활용하였다.

196) 글로벌 긱 경제(Gig Economy) 현황 및 시사점 (국제경제리뷰 2019-2호, 한국은행, 2019.1.24) 1쪽

등과 같은 의미로 사용된다. 마지막으로 크라우드 워크(Crowd Work)는 일의 요청과 수락, 이에 따른 업무의 수행 · 완료가 모두 온라인 플랫폼을 통해서 진행되며, 주로 번역 · 법률 서비스 분야에서 볼 수 있다.[197)]

1. 호출 근로(On-call Work)

2000년대 후반부터 영국 · 이탈리아 · 네덜란드 등을 중심으로 확산되고 있으며, 사용규제 · 보호규정 등은 국가마다 상이하다. 주로 숙박 및 요식업, 보건의료 등 업종의 저숙련 직종에서 활용되고 있어 근로조건이 상대적으로 열악한 수준이다. 주로 연령대가 젊고, 학력이 낮으며, 여성이 높은 비중을 차지한다는 특징이 있다. 영국의 경우 호출 근로자 중 16~24세가 37%, 여성이 53%를 차지하고 있으며 고졸자 비율이 높게 나타난다. 네덜란드에서도 15~24세가 67%, 여성은 56%, 저학력 근로자가 40% 정도를 차지하고 있다.

❙ 호출 근로자 각국 현황

① 영국 : 가구조사는 2015년 기준 74만 명(전체 취업자의 2.4%, 전년 대비 19% 증가), 사업체조사는 150만 명(전체 취업자의 4%)으로, 조사방식 간 규모 차이가 있음
- (업종) 음식숙박업 23%, 보건 · 사회복지 13%, 농업을 포함한 생산 9% 순

② 이탈리아 : 2007~2012년 꾸준히 증가(2007년 8만 명 → 2009년 14만 명 → 2012년 22만 명)하다가, 2012년 노동시장제도 개혁을 통해 사용규제가 강화되

---

197) 2018년 ILO에서는 플랫폼 노동을 2가지로 구분하였다. 플랫폼을 통해서 일감만 전달받고 실제 서비스는 정해진 특정 지역에서 이뤄지는 방식의 지역기반형 플랫폼 노동(location-based platform work)과 지리적으로 분산되어 있는 불특정 다수에게 일감을 아웃소싱 하는 방식의 웹기반형 플랫폼 노동(web-based platform work)이 그것이다.

고 난 후 감소(2013년 12만 명)
- (업종) 숙박 및 요식업종 60%, 교육 · 보건 · 사회 및 개인서비스 13%, 상업 11%, 부동산 · 기타 전문적 상업 활동 7%, 공업 5% 순

③ 네덜란드 : 2013년 기준 77.7만 명으로 전체 고용의 9%(2003년 56만 명)
- (업종) 상업, 숙박 및 케이터링, 보건의료, 문화 및 레크리에이션에 집중

* "New forms of employment"(Eurofound, 2015)

이들 호출 근로자는 넓은 의미의 근로자성은 인정되나, 최저임금 · 사회보험 적용 · 해고 등 노동법적 보호 범위가 핵심 쟁점이다. 영국에서는 호출 근로자의 18%가 추가 근로를 희망하고 있으며, 스웨덴의 호출 근로자 임금은 상용직 근로자에 비해 평균 10% 낮은 것으로 나타나고 있다. 특히, 임금과 관련하여 최저임금법 적용뿐만 아니라 최저 근로시간 보장, 비활동 기간에 대한 임금 지급 등도 추가 쟁점으로 논의되고 있다. 이에 대해 각국은 정도의 차이는 있으나 기존의 노동법제 또는 별도 법률 제정을 통해 호출 근로자의 근로조건을 보호하려는 노력을 하고 있다.

<표 28> 각국의 호출 근로자 보호 현황

국가	관련 법규	보호 내용(강 → 약 순서)
네덜란드	유연안정성법 노동법	• (노동법 · 사회보험 등) 정규직 근로자와 동일 적용, 15시간 미만 호출 근로자는 매 호출 시 3시간 근로시간 보장 * 다만, 실제 혜택은 근로시간에 따라 달라짐 ** 유연안정성법에 따라 세 가지 유형의 호출 근로 인정(각 유형에 따라 임금, 상용계약 등 각기 다른 보호규정)
이탈리아	노동시장제도 개혁 (포르네로)	• (시급 · 사회보험) 해당 산업 다른 근로자와 동일 적용 * 비활동기간 임금지급은 노사 합의에 따름 • (사용규제) 1인당 3년간 400일로 제한하고 초과 시 전일제 무기계약 전환, 호출계약 사용 시 고용주는 노동부에 통보, 주말 · 휴일에는 호출 근로 사용 금지 등

영국	고용권법, 노동조합 및 노사관계법	• (임금 등) 최저임금법, 유급휴일 보장, 휴식시간, 불법적 차별 금지 등 노동법 일부 적용(Worker의 법적 지위) * 사업체에서 대기한 시간에 대해서만 임금 지급 • (사회보험) 실근로소득이 일정 이상인 경우 보장
아일랜드	근로시간 조직법	• (임금) 업무가 없는 경우, 15시간 근로 임금과 계약시간의 25%에 해당하는 금액 중 적은 금액 보상 * 최저시급 관련 법 규정 없음, 비활동기간 임금 미지급 • (사회보험) 호출 근로자 관련 규정 없음

2. O2O 근로(Online to Offline)

많은 사람들이 알고 있는 바와 같이 우버, 에어비엔비 등으로 대표되며, 전 세계에서 급격한 증가 추세를 보이고 있다. 운송(uber.com)을 중심으로 돌봄(care.com), 의료(medicast.com), 생활 서비스(Taskrabbit.com) 등 거래 가능한 다양한 영역에서 활성화되고 있는데 최근에는 음식배달(GrubHub), 식료품 구입(Instacart), 애완견 돌보미(Dog vacay), 사무실 공간 예약(Liquid space), 티켓 예약(Gametime) 등의 서비스도 나타나고 있다.

그림 21 | Instacart.com

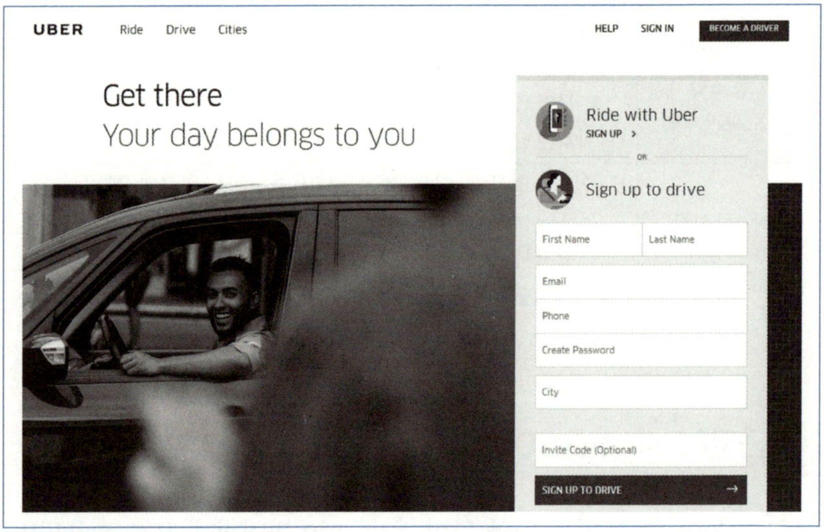

그림 22 | Uber.com

우리나라 또한 기존에 직접고용 형태였던 서비스 업종에서 온라인 플랫폼을 통한 O2O 근로 형태로 점차 변화하는 경향을 보이고 있다. 최근 많은 사람들이 이용하고 있는 음식배달서비스(배달의 민족, 배달통), 승객운송서비스(카카오택시, T맵 택시), 부동산 중개서비스(직방, 다방 등), 인테리어 서비스 등이 그 예이다. 2019년 과학기술정보통신부는 국내 O2O 플랫폼 시장이 2019년 매출액 3조 원 규모로 2018년도에 비해 30% 성장했다고 발표한 바 있듯이, O2O 시장이 빠른 속도로 성장하고 있다.

현재, O2O 근로형태는 일반적으로 근로자성이 부인되어 최저임금 등 노동법 및 사회보험 적용에서 벗어나 있으나, 온라인 플랫폼이 서비스 제공자에게 일정 부분 통제를 하는 직종(우버)을 중심으로 근로자성 여부 소송이 진행 중인 경우도 있다.

3. 크라우드 워크(Crowd Work)

디자인(99designs.com) 등 특정 업종에 한정하는 경우도 있으나, 온라인 업무 수행이 가능한 분야 전체를 포함하는 형태가 더 많다. Twago(웹 프로그래밍, 디자인, 마케팅, 비즈니스 서비스, 번역, 작문 등), Clickworker(작문, 웹 서치, 상품 정보 분석, 설문조사, AI 정보, 번역 등)이 대표적인 크라우드 워크 사이트이다.

▌크라우드 워크 대표 사이트 → 급격한 확산 추세

- Amazon Mechanical Turk : 190여개 국 50만 명의 크라우드 워커가 등록, 1일 평균 3만~6만의 과업(Task) 처리
  * (국적) 미국 47%, 인도 34%, 기타 국가 20%, (연령) 평균 33세, (고용상태) 풀타임 직장 있음 38%, 파트타임 31%, 비고용상태 31%
- Twago : 24.7만 명의 프로그래머, 8.8만 명의 앱 개발자, 18.2만 명의 디자이너, 7만 명의 작가 등이 직종별로 등록, 총 8.4만 개의 프로젝트가 게재(2017년 기준)
- Clickworker : 136개국에서 80만 명의 크라우드 워커 등록(2017년 기준)
  * (국적) 독일, 미국, 유럽 각각 25%, 기타 국가 25%

크라우드 워크는 업무 수행 등과 관련하여 몇 가지 특징[198]을 보면 먼저 세부 단위로 업무가 분화되며 일자리 경쟁이 전 세계를 무대로 벌어지기 때문에 업무당 보수가 낮고, 완성된 성과물에 대한 지불 거절까지도 가능하다. 비록 AMT 크라우드 워커의 22%는 연소득 15,000달러 이하이며, 연 수입의 중간값은 15000~25,000달러, 시간당 수입은 대략 12.5달러(연방 최저임금 7.25

198) "New forms of employment"(Eurofound, 2015년), "Arbeiten 4.0 white paper"(독일, 2016년) 등

달러)라고 한다. 둘째, 고난이도의 업무 수행에 필요한 자격 요건, 수준을 명시하고, 이를 충족하는 크라우드 워커에 한정하여 해당 업무를 선택할 수 있다. 셋째, 자영업자로 분류되어 노동법 등 사회보호가 적용될 여지가 거의 없다. AMT, Twago 등 크라우드 워크 관련 사이트에서는 이들을 Independent contractors(독립 계약자)'로 이용약관에 명시하고 있다. 네 번째, 온라인 플랫폼은 그 역할을 '중개'에만 한정하고, 완성된 성과물의 지적재산권, 분쟁해결 시스템, 산업 안전 등에 대해 관여하지 않는다. Twago 등 대부분의 크라우드 워크에서 업무 의뢰인의 지적 재산권은 보호하나, 크라우드 워커의 지적 재산권은 신경 쓰지 않고 있다.

4. 새로운 고용형태의 성격

공통적으로 온라인 플랫폼을 활용하는 O2O, 크라우드 워크는 전반적인 쟁점사항이 유사하게 나타난다. 다만 일의 수행이 O2O 근로는 오프라인, 크라우드 워크는 온라인을 통하므로 다툼이 주로 일어나는 분야는 다소 상이하다. 이들 근로형태와 관련한 쟁점은 크게 세 가지 측면에서 볼 수 있다.

① 먼저 낮은 수입과 사회보험 미적용으로 대표되는 열악한 업무여건에 대한 문제이다. 이는 O2O 근로형태 중심(우버)으로 각 국에서 진행 중인 근로자(노동자) 지위확인 소송을 통해서도 쉽게 알 수 있다. 캘리포니아 · 플로리다 · 오레곤 주 등에서 우버기사 근로자성 여부 관련 소송이 마무리되거나 계속되고 있다. 2015년 캘리포니아 주 지방법원은 우버 운전기사를 근로자로 인정한 반면, 2017년 플로리다 주 지방법원에서는 산업재해보상보험법상의 근로자성을 부정하였다. 영국 런던의 고용재판소에서도 2016년 우버 택시 기

사를 근로자 또는 노무제공자(worker)에 해당된다고 보고, 최저임금 등이 적용된다고 판단한 바 있다.

O2O 근로형태는 오프라인(운송 · 청소 · 돌봄 서비스 등)을 통해 업무가 진행되다보니 서비스 제공자가 지켜야 할 준칙이 상대적으로 엄격하다. 이에 따라, 서비스 제공자 · 노동계에서는 근로자성 인정을 통해 최저임금법 · 사회보험 적용 등을 통해 기본적 근로조건이 보장되어야 한다고 주장한다. 다만, O2O 근로형태 전체에 대한 근로자성 인정은 사실상 쉽지 않으므로, 노동법 일부 적용 방식으로 보호하려는 움직임도 있다. 미국에서는 O2O 운전자들이 노조를 결성토록 허용하는 조례안이 통과(시애틀, 2015년 12월)된 바 있으며, 프랑스는 2016년 플랫폼의 산재보험 비용 부담, 노동조합 허용 등을 내용으로 하는 노동법 개정을 추진한 바 있다. 독일에서는 '유사 근로자(Arbeitnehmerähnliche Personen)' 개념을 활용하고 협동조합을 통해 플랫폼을 운영하는 방안 등을 검토하고 있다.

한편, 크라우드 워크는 업무 관련 지시가 없고, 수임한 업무를 언제 어디서 이행할지를 본인이 정하고 있어 특정 플랫폼에 경제적 종속성이 적다는 특징 때문에 근로자 및 유사 근로자 기준을 충족하기 어렵다고 보아 근로자성 인정에 대한 다툼보다는 다른 측면에서의 보호가 주로 논의되고 있다. 온라인 플랫폼 일반거래약관[199]의 민법 · 경제법 원칙 등 위반 여부, 최소한의 권익 보호를 위한 정책적 방안 등이 점차 쟁점화되고 있는 상황이다. 이에 대해 각국 정부의 공식적 논의는 미진한 상태이며, 독일의 '노동 4.0(Arbeiten 4.0)'에서는 대략적인 접근방향을 제시하고 있는 수준이다.

199) ▲크라우드 워커 업무 성과물에 대한 지불 거절 가능, ▲경쟁방식의 지불(최고의 업무성과물에 대해서만 보수 지급), ▲성과물에 대한 권리 미보장 등

- 서비스 제공자의 일하는 여건, 사회보험 가입정보 제공을 통한 투명성 강화
- 기업과 서비스 제공자 공동 운영 등 협동조합 형식의 온라인 플랫폼 운영
- 가사서비스 등 사회적으로 필요한 분야 대상으로 정부 자금 지원, (가칭) 가사서비스 계좌 등을 통한 서비스 제공자의 사회보험 가입체계 마련 등

② 온라인 플랫폼을 이용하는 근로형태의 보호에 있어 두 번째 쟁점은 서비스 제공자 산재 및 소비자 피해 보상 문제이다. 이는 업무 수행과정에서 신체·정신적 위험에 노출될 수 있음에도, 산재(피해) 책임 주체 및 범위가 불분명하기 때문이다. 이들이 주로 신체적으로 위험한 근무환경, 부적절한 작업 도구, 고객의 부주의, 감독 부족 등에 노출되어 있으며 장시간 근로하면서도 휴식시간은 보장되고 있지 않아 정신적으로도 건강상 문제가 발생하고 있다. 특히, O2O 근로 중 운송서비스 분야에서는 사고 발생 시 운전자 및 승객 등에 대한 책임 주체 여부가 사회적으로 이슈화되고 있다. 우버 등은 그간 보험 부담을 일체 부인하였으나, 2013년 보행자 사고 발생 이후에는 '우버보험법'[200]이 제정되었다(2014년 9월, 미국 캘리포니아 주). 다만, 산재(피해)보상과 관련하여 O2O 근로 중 운송서비스 외 분야, 크라우드 워크에 대해서는 논의의 진전이 없는 상황이다. 특수성이 있는 운송 서비스 외 다른 분야의 O2O 근로자 산재보상 책임 주체는 근로자성(또는 유사 근로자성) 인정과 긴밀히 연계될 것으로 예상된다.

200) (승차요청 접수~승객 하차) 우버 등 회사가 건당 최소 100만 달러 보험 가입 의무
(승차요청 대기) 운전기사 및 우버 등 회사가 건당 최대 10만 달러 보험 가입 의무

한편, 장시간근로가 많은 크라우드 워크의 경우, 최근 정신 건강에 대한 안전보건 규율 문제가 점차 부각되고 있다. 이는 노동과 정신 질병과의 인과관계 검증, 현 산업안전기준을 디지털 노동에 적용하는 방식 등과 연계하여 논의되고 있으나 아직까지는 초기단계에 불과하다. 독일의 노동 4.0에서 산업안전 4.0을 표어로 노동의학적 연구 추진, 정부・산재보험 운영자 주축의 산업안전보건전략 프로그램 강화 등을 제안한 바 있다.

③ 마지막으로 서비스 제공자 정보 보호 문제에 대한 것이다. 이 문제는 온라인 플랫폼을 활용한 근로형태의 열악한 업무여건, 산재(피해) 보상 미흡 등에 가려져 간헐적으로 이슈화되는 수준이다. 특히, 디지털 기술을 활용한 감시・통제가 일정 수준 이상으로 강화될 경우 서비스 제공자의 근로자성 인정과 연계[201]될 수 있으므로, 대부분의 O2O 온라인 플랫폼은 관련 문제의 쟁점화를 예방하기 위해 통제를 최소화하는 등 중개 기능에 한정할 것으로 예상된다. 오히려 근로자 정보 보호 문제는 점차 디지털화되는 일반 사업장에서 이슈화될 것으로 보인다.

크라우드 워크의 경우, 의뢰인의 성과물 채택 여부(보수 지급)와 관계없이 성과물에 대한 모든 권리가 의뢰인에게 이양되는 문제가 있다. Twago 등에서는 의뢰인이 희망할 시 특정 크라우드 워커에 대해서만 업무 의뢰 내용을 공개한다는 방침으로 업무 의뢰인의 정보 보호는 명시하고 있으나, 서비스 제공자의 지적 재산권 문제는 관여하지 않는다는 입장을 밝히고 있다. 이와 관련한 각국의 문제제기는 아직 적으나 디자인, 웹 프로그래밍 등 분야에서 저작권법 등 위반 여부와 연계하여 문제가 나타날 것으로 보인다.

---

201) 우버 앱의 운전기사의 운행경로, 근로시간 감시가 근로자성 판단에 일부 영향

제6절

새로운 고용형태, 어떻게 (보호)할 것인가?

이러한 다양한 형태의 업무는 기존의 전형적인 업무에 비해 유연성과 자율성이 높다. 동시에 전일제 정규직 근로보다 임금이 대체로 낮은 경향이 있으며 직업능력개발에 대한 접근성이 낮다. 자신이 일한 성과물에 대해 대가를 제대로 받지 못하거나 매우 적게 받을 수도 있고 사회보장 및 기초적인 보호혜택에 취약하기 때문에 불확실성과 위험성이 높다. 반대로 이러한 형태의 근로는 공식 노동시장에서 탈락한 사람들에게 새로운 기회를 가져다주기도 한다. 플랫폼이 거래비용을 줄여주므로 개인은 자영업을 할 수 있는 기회가 늘어난다. 고령자들이나 장애인과 같이 자율적으로 일하고 싶은 사람이나 시간이나 장소의 제약으로 일할 수 없었던 사람들에게 새로운 일자리와 소득의 기회가 주어지는 것이다. 창업을 통해 기업가로서의 자기 결정권이 확보되고 일과 가정의 양립이 가능해지기 때문에 더 큰 매력을 느낄 수도 있을 것이다.

한편 기업의 입장에서 이러한 플랫폼 노동은 최저임금제와 고용 관련 각종 규제 및 세금에서 자유로워지는 이득을 가져다준다. 영국의 MBA&Company 최고 경영자인 다니엘 캘러한(Daniel Callahan)은 파이낸셜타임즈 기고에서 "이제 우리는 원하는 사람을, 원하는 때에, 원하는 방식으로 고용할 수 있습니다. 그들은 우리에게 소속된 노동자가 아니기 때문에 고용과정에서 생기는 성가신 일이나 규정에서 자유로울 수 있습니다."라고 말한 바 있다.

이러한 다양한 형태의 고용이 인터넷 연결만 가능하다면 누구나 기회를 얻을 수 있고 전문인력 부족을 해결할 수 있는 유연한 직업혁명의 시초일까? 아니면 규제가 없는 노동착취로 이어지게 될 것일까? 결국 이러한 문제를 해결하기 위해서는 변화하는 노동시장의 본질에 걸맞는 새로운 형식의 질서를 확립해야 한다. 기업의 일자리 창출을 저해하지 않으면서도 더 많은 사람들이 원하는 방식으로 선택하여 일할 수 있도록 노동관계를 규율하는 법 질서를 새로 정립해야 하는 것이다.

20대 대선 과정에서도 모든 대선 후보들이 4차 산업혁명 진전 등에 따라 일하는 방식과 고용형태가 빠르게 다변화하는 점을 고려한 공약들을 제시한 바 있다. 당시 여당은 특수고용, 플랫폼노동, 프리랜서와 같은 모든 일하는 사람을 포괄적으로 보호하는 '모든 일하는 사람 권리보장 기본법' 제정을 공약으로 내세우기도 하였다. 신산업·신기술 발달로 늘어나고 있는 특수고용직, 플랫폼노동자, 프리랜서와 1인 자영업자 등 일하는 모든 사람을 보호하기 위해 '일하는 사람 권리보장 기본법'을 제정해 누구나 공정한 노무제공 계약을 체결하고 일터에서 불합리하게 차별받지 않으며, 안전과 보건에 대한 보호와 임신·출산 등 모성보호, 그리고 직업능력개발 지원 등의 보편적 권리를 보장받도록 원칙을 세우겠다고 설명한 바 있다. 당시 야당 후보인 윤석열 대통령도 노동법 사각지대 해소를 위한 공약으로 플랫폼종사자, 1인 자영자 등 다양한 고용형태를 포괄한 모든 노무제공자의 기본적 권리 보장 법제화를 약속했다. 디지털화 등 기술변화에 따라 고용형태가 다양화되고 노동이동이 증가하는데, 자영업자, 플랫폼종사자 등은 역량개발 시간 부족 등으로 직업훈련 참여율이 낮은 점에 주목하였다. 이을 해결하기 위해 자영업자, 플랫폼종사자를 대상으로 직업능력개발 기회를 확대하고, 참여 가능한 현장 중심의 연계통합 훈련프로그램을 도입한다고 하였다. 업무 여건을 고려하여 훈련시간, 장소 등의 유연한 적용과 활용을 지원하고, 모듈식 훈련, 온·오프라인 연계훈련 등 통합훈련 프로그램 개설을 제시했다. 대선 과정에서 여야 모두가 관심을 갖고 관련 공약을 제시한 만큼, 4차 산업혁명 등에 따른 새로운 고용형태에 대응하기 위한 방안이 조속히 마련되고 시행될 것으로 기대된다. 그 방향을 고민해 본다.

1. 법적인 보호의 방법

현재 우리 노동법(근로기준법, 노동조합 및 노동관계조정법)은 공장법 시대에 형성된 근로계약 관계에 기초하고 있으며, 이로 인해 전형적 사용종속관계에 해당하는 근로자, 사용자 개념을 토대로 법적 보호영역을 정하고 규율하고 있다. 그러나 기업은 서비스 경제의 발전, 글로벌 경쟁 심화 등 경제 환경변화에 대해 신속하게 대응하고 또한 불확실하고 경직적인 노동법적 책임을 회피하려는 이유 등으로 인력정책을 변화시키고 있다. 이는 필연적으로 다양한 고용형태를 만들어내고 있으며, 이러한 새로운 형태의 노무종사자에 대해 명확한 법적 지위가 없다보니 저임금(최저임금 이하) 근로, 과다한 근로시간, 사회안전망 미비 등 노동법·사회보호법적 보호 영역의 사각지대가 생기는 상황이다.

이러한 기업의 인력운용 형태 변화와 고용형태 다양화는 전세계적인 현상이며, 다른 나라 역시 이러한 특성을 가진 근로에 대해 다양한 보호방안을 마련하고 있다. 독일 등 주요 국가에서도 근로자성 판단에 있어 사용종속성을 주요 지표로 보기 때문에 특수형태근로종사자의 근로자성은 인정되지 않으나, '유사 근로자' 개념 등을 도입하여 노동법의 조항을 일부 적용하고, 경제·사회보험법을 적용하는 등의 방식으로 이들의 근로조건을 보호하고 있다.

독일은 인적 종속성이 약하나, 경제적으로 종속되어 있어 사회적 보호가 필요한 직업군을 '유사 근로자'로 규정하고 있으며, 프랜차이즈 가맹자, 운송업 종사자, 보험대리상, 정보처리기사 등이 주된 유형이다. 이들에 대해서는 각 개별 법률별로 유사근로자 개념을 정의하면서 연방휴가법, 단체협약법, 안전보건법, 사업장 연금법, 취업자보호법 등 노동법적인 보호가 이루어지고 있다. 가내근로자에 대해서는 가내노동법을 통해 사업주의 노동보호의무, 임금보호, 해고 보호, 해고 예고 등을 규정하고 있다.

프랑스는 2016년 '노동과 사회적 대화의 현대화 그리고 직업적 경로의 보장에 관한 법'을 제정하였다. 이 법은 새로운 플랫폼 종사자를 특수형태근로종사자의 범주로 포섭하여 사회보험의 적용, 노동3권 보장 등을 명문화하였다. 아울러 당사자 간에 플랫폼 노동 약관의 제정 등의 자발적 약정을 통해 플랫폼 노동을 규율하도록 하였다.[202)]

미국은 업무 방식 등에 대한 사용종속성이 약하며, 일시적 계약을 통해 업무를 수행하고 이에 따라 보수를 받는 자를 '독립계약자(independent contractor)'로 규정하고 있다. 택시·트럭기사, 간병인, IT 업무 종사자, 금융·보험업 종사자, 배달업 등에 광범위하게 분포하고 있으며, 노동법안(연방법)이 지속적으로 발의되었으나 통과되지 못하였고, 주정부 차원에서만 근로관계 추정 및

202) 디지털 시대의 고용안정망 - 플랫폼 노동 확산에 대한 대응을 중심으로 (한국노동연구원 2020년) 101~106쪽

입증책임 사용자 부과 관련 법률을 별도 제정하고 있는 상황이다. 2019년 캘리포니아 주의회는 AB5법안(Assembly Bill 5)을 통과시켜 2020년부터 시행하고 있다. 이 법은 플랫폼 종사자를 독립계약자라고 주장하는 사용자가 먼저 이를 입증하도록 하고, 독립계약자임을 입증하지 못하면 그 때는 종속적인 근로자로 보게 된다. 다만, 우버 운전자 사건에서 주민 발의에 의해 법률 효력이 제한되고, 다시 주민 발의가 위헌 판결을 받는 등 논란이 계속되고 있다.

영국의 경우에는 노동관계법 적용대상을 노무제공자(worker)와 근로자(employee)로 구분하며, 노무제공자를 판단함에 있어서는 경제적 종속성 등을 핵심 요소로 한다. 지입차주, 보험모집·중개인, 호출형 계약(근로시간을 정하지 않음) 등이 노무제공자에 포함된다고 보며, 근로시간법령, 최저임금법, 차별 및 불이익 처우 금지, 고용관계법 등 일부 개별 노동법령에서 보호대상으로 포함하고 있다.

일본의 경우에는 고용과 자영의 중간형태에 대한 통일적인 법률 용어는 없으나, 후생노동성은 '개인도급형 취업자'로 영업·판매, 이·미용, 경화물 운송 등을 주로 언급하고 있으며, '사적 독점의 금지 및 공정거래 확보에 관한 법률'상 우월적 지위남용 금지 등 경제법적 보호, 산재보상법상 특별가입제도 등의 보호가 이루어지고 있다.

국가적 차원을 넘어 EU는 2019년 종전의 피고용인(employee) 외에 플랫폼 종사자를 포괄하는 노무제공자(worker)를 보호하고자 하는 취지에서 새 지침[203]을 마련하였다. EU 각국은 2022년 8월까지 이 지침을 준수하기 위하여 필요한 조치를 취하여야 한다.

203) Directive 2019/1152-Transparent and predictable working conditions in the EU, 2019.6.20.

2018년 한국노동연구원 조사 결과에 따르면 우리나라 특수형태근로종사자 규모는 166만 명으로 추정되고 있다. 산재보험이 적용되는 14개 특수형태근로종사자 직종의 종사자 규모는 106~133만 명으로 추정된다. 플랫폼 종사자 규모에 대해서는 그간 현황 파악이 이뤄지지 않았으나, 2021년 한국고용정보원은 플랫폼 종사자 규모를 66~220만 명으로 추산한 바 있다. 플랫폼은 기능 및 역할에 따라 '단순히 구인구직 정보를 소개하는 플랫폼'과 '일의 배정 등에 영향을 주는 플랫폼' 구분이 가능한데, 두 유형을 모두 포함한 광의의 개념에 해당하는 플랫폼을 매개로 노무를 제공하는 사람들의 규모는 취업자의 8.5%에 해당하는 220만 명으로 보았다. 일의 배정 등에 영향을 미치는 플랫폼을 매개로 노무를 제공하는 협의의 플랫폼 종사자는 66만 명으로 보았다. 직종은 웹기반의 단순작업, 창작, IT, 전문서비스, 지역기반의 배달, 대리기사, 가사 등이 다수를 차지한 것으로 나타났다.

2000년대 이후 우리나라에서도 특수형태근로종사자 규모가 점차 증가하고 이슈화되면서 노동·사회보험법적 보호에 대한 논의가 지속되었었다. 최근 법원이나 정부는 프리랜서 작가 등에 대해 일정한 상황 즉 '사용자의 상당한 지휘·감독'을 전제로 근로자로 본다는 판결 및 해석을 하고 있다.

❙ 근로기준법 제12조제1항제1호 "근로자"

- 임금을 목적으로 사업이나 사업장에 근로를 제공하는 사람

❙ 대법 판례

- 근로기준법상 근로자에 해당하는지 여부는 …(중략)… 임금을 목적으로 종속적인 관계에서 사용자에게 근로를 제공하였는지 여부에 따라 판단하여야 하고…
- 노조법상 근로자는 근로기준법상 근로자와 전반적으로 일치하나, 노조법상 근로자 범위가 넓은 판례도 일부 있음(실업자, 골프장 캐디)

그러나 전체적으로 변화하는 일자리 추세를 감당하고 해결하는 대안으로는 부족하다. 근로자와 자영자의 이분법적 체계로 되어 있는 현행 법체계, 즉 전면 보호 또는 전면 자율이라는 선택만 가능하게 되어 있는 2분법적 체계를 새롭게 정립해야 할 시기이다.

먼저 적용대상에 있어 '전속성'이라는 조건을 어떠한 범위까지 인정할 것인지가 쟁점인데 기존의 특수형태근로종사자는 특정 사업주에 대한 전속성을 규정하고 있으나 플랫폼 종사자의 경우 여러 사업주와 도급관계에 있음을 고려할 필요가 있다. 현행 산재보험법과 같이 특정 사업주에 대한 전속성을 넓게 인정하는 방식과 사회보험법 등에 한하여 전속성을 거의 규정하지 않는 방법도 생각해볼 수 있다. 직종을 별도로 법령에 규정할 것인지에 대해서는 현재 적용대상이 되는 특수형태근로종사자나 플랫폼 종사자의 경우 정의가 명확하지 않아 형벌규정의 명확성이 위배될 우려가 있고, 지위를 확인하는 데에 행정력이 상당히 소요될 것이라는 점 등을 고려할 때 하위법령에 규정을 하는 것이 적절할 수 있다. 자영인과는 노무 제공에 있어 타인을 사용하지 않는다는 점으로 구별이 가능하다.

(1) 보호영역과 내용

주로 보호가 필요한 영역은 크게 임금과 같은 경제적 보상, 근로시간과 같은 근로조건, 사회보험, 산업안전의 영역으로 나누어 볼 수 있겠다. 먼저 임금 등의 영역에서는 최저임금의 보장에 대한 문제가 있는데 특수형태근로종사자는 실적에 따라 보수가 결정되는 경우가 많고 정확한 근로시간 산출도 어려워 일률적으로 그 수준을 설정하는 것은 어렵다고 본다. 다만 적정 보수 지급 노력, 보수의 구성항목과 계산방법, 지급방식을 포함한 계약 체결 의무 등을 부여하는 것은 보완적으로 필요하다. 퇴직금은 원칙적으로 사용자가 임금 중 일부를 축적하였다가 근로자가 퇴사하는 경우 지급하는 후불적 성격도 아울러 지니는 것으로 비임금 보수형식을 취하는 특수형태근로종사자를 대상으로 적용하는 것은 체계상 어려워 보인다. 기금형 퇴직연금제도 운용을 통해 안전망을 구축해 보는 것도 대안일 것이다. 또한, 특수형태근로종사자는 실적에 따라 보수가 결정되는 경우가 많고 정확한 근로시간 산출도 어려운 경우가 많아 시간외 수당을 지급토록 하는 것보다는 과도한 장시간근로를 방지하기 위한 별도의 대안을 검토하는 것이 바람직해 보인다.

근로시간을 제한하는 방법은 일부 직종에 대해 적용을 검토해 볼만하다. 특수형태근로종사자 특성상 일률적인 제한은 부적절한 측면이 있으나, 특정 직종의 과도한 근로시간 등이 문제가 될 수 있으므로 이를 예방할 수 있는 조치가 필요하다. 특히 과도한 근로가 사고로 이어질 수 있는 운송, 배달 직종(화물차, 택배 기사 등)에 대해서는 보호가 필요하다. 그리고 당사자가 신청할 경우 무급휴가를 부여토록 하여 사업주 부담을 완화하면서 권리로서 어느 정도 휴식을 갖게 하는 방안도 있다.

4대 사회보험과 관련해서는 현재 산재보험법은 2008년 특수형태근로종사자 4개 직종으로 시작하여 현재는 15개 직종까지 확대하여 적용[204]하고 있다. 코로나19 발발로 고용보험 분야에서는 많은 진전이 있었다. 정부는 코

---

204) 산재보험이 적용된 특수형태근로종사자 직종은 적용순서별로 아래와 같다.

- (2008년 7월) 보험설계사, 골프장캐디, 학습지교사, 레미콘기사 → (2012년 5월) 택배기사, 퀵서비스기사 → (2016년 7월) 대출 · 카드모집인, 대리운전기사 → (2019년 1월) 전체 건설기계조종사(레미콘 기사만 적용하다가 전체로 확대) → (2020년 7월) 방판원, 대여제품점검원, 방문교사, 가전제품설치기사, 화물차주 → (2021년 7월) SW 프리랜서

로나19로 인한 피해에도 불구하고 고용보험 등 기존 고용안전망의 사각지대에 놓인 특수형태근로종사자·프리랜서 등의 소득 보전 및 고용안정을 위하여 2020년 5월 '코로나19 긴급고용안정지원금' 지원사업을 긴급히 신설하였다. 이를 통해 2020년부터 2021년까지 2년간 코로나19로 경제적 어려움을 겪는 특수형태근로종사자·프리랜서 등 노동시장 취약계층 179만 명에게 총 3조 4천억 원(1인당 최대 300만 원 지원)을 지원하였다. 하지만 일시적인 지원에는 한계가 있다고 판단하고 2020년 12월 일하는 모든 국민을 고용보험으로 보호하기 위한 전국민 고용보험 로드맵을 발표하였다. 이에 따라 예술인은 2020년 12월부터, 보험설계사 등 12개 직종 특수형태근로종사자는 2021년 7월부터, 퀵서비스·대리운전 등 플랫폼 기반 2개 직종은 2022년 1월부터 고용보험이 적용되었다. 2025년까지 적용되는 특수형태근로종사자, 플랫폼 종사자 직종을 확대하고, 자영업자까지 적용할 계획이다. 여기서 최근 산재보상법이 적용된 배달 종사자분들이 종속성 판단요건인 기준소득 및 시간 미충족으로 다쳐도 산재 신청이 되지 않는다는 언론보도가 있었다. 플랫폼 특성상 대부분의 서비스가 전산화되어 있으므로 수수료에 사업주 및 특수형태근로종사자가 부담해야 할 보험료를 산정할 수 있을 것이다. 산재보험과 고용보험 등의 적용에 대해서는 전산을 통해 다수의 사업주가 분담할 수 있으므로 전속성 개념에서 벗어나도 보호가 가능하다고 생각하고 접근할 필요가 있다. 2022년 5월 산재보험에 있어 전속성 요건을 폐지하는 법안이 국회를 통과한 것은 이러한 문제 인식이 반영된 것으로 바람직하다 할 것이다.

임산부 보호 및 육아휴직, 성희롱 방지 및 예방 등의 영역에서는 전체적으로 보호를 강화해 나가야 한다. 특수형태근로종사자 영역에 여성의 비율이 높음에도 불구하고 모성보호 관련법 규정이 없으므로 근로기준법이나 남녀고용평등법의 관련 규정을 준용할 필요가 있다. 또한, 캐디, 보험설계사, 대리기사의 경우 직장 내 또는 고객의 성희롱 문제가 자주 발생하고 있으므로 남녀고용평등법 규정을 준용하는 방안을 고민해볼 필요가 있다.

산업안전보건 영역에 대해서는 건설기계 종사자 등의 직종이 위험에 상시적으로 노출되어 있음에도 현재 산안법 적용대상에 포함되지 않아 사업주의 안전보건조치가 미흡함을 고려하여 적용범위를 넓히는 방향으로 검토해야 한다. 배달앱(배달의 민족, 요기요), 대리운전앱(카카오드라이브), 이사 및 운송서비스(짐싸), 가사도우미앱(당신의 집사), 청소앱(대리주부) 등에 대해서도 기본적인 안전・보건관리 책임을 보완하는 방안을 고민해 보아야 한다. 2022년 1월 중대재해 처벌법이 시행되어 특수형태근로종사자 등 모든 일하는 분들에 대한 안전 보호는 원청의 책임으로 예방되도록 하고 있지만, 산업안전보건법상의 안전・보건상의 노력사항을 면밀히 살펴 보완할 필요가 있다.

마지막으로 단체결성권과 협의권에 대해서는 이들 대부분이 법적인 근로자가 아니므로 노조법상 권리를 모두 부여하는 것은 적절치 않으나, 협상력을 제고할 수 있는 범위에서 이들 권리를 부여하고 협의 결렬 시 노동위원회 임의 조정, 중재 등 분쟁 해결 절차도 마련할 필요가 있다. 합리적인 사유가 없는 부당한 계약해지를 방지하고 해지할 경우에는 예고절차를 거치도록 하되 적절한 구제절차 등을 두도록 관련 근로기준법을 준용함으로써 고용안정성 측면에서 예측가능성을 높여주는 것이 바람직하다.

(2) 입법 방식

이러한 내용들을 어떠한 형식으로 보호토록 할 것인지도 어려운 문제이다. 그간 국회, 정부 등에서 특별법을 제정하는 방안, 개별법에서 보호해야 하는 영역별로 규정하는 방안, 근로기준법과 노동조합법상 근로자 개념을 확대하는 방안 등이 논의되어 왔다.

첫째, 근로자와 자영인 사이의 별도 보호 영역을 규정하여 특별법을 제정하는 방안이다. 2007년 의원입법의 형식으로 특수형태근로종사자법이 발의되었으나 노사 양측의 반대로 협의가 결렬되어 폐기된 바 있다. 이탈리아와 프랑스가 이와 같은 방식이라 할 수 있는데 특수형태근로종사자의 법적 지위를 명확하게 함으로써 합리적인 수준으로 보호가 가능하며, 지속적으로 증가하고 있는 새로운 고용형태에 대한 대응에도 유리하다는 장점이 있다. 그러나 특수형태근로종사자의 단결을 통한 권리 확보문제가 남아있어 법 통과를 위해서는 노사 간 의견 접근이 필요하다.

최근에는 플랫폼 종사자 보호 입법도 추진되었다. 2020년 12월 정부는 「플랫폼 종사자 보호 대책」을 발표하였고, 의원입법으로 2021년 3월 플랫폼 종사자 보호 및 지원 등에 관한 법률안이 발의되어 국회에 계류중이다. 플랫폼 종사자 보호법은 배달·IT 등 플랫폼 종사자의 기본적 권익 보호 및 공정한 계약관계 확립을 위한 사항들을 규정하고 있다. 우선, 고용형태와 무관하게 모든 플랫폼 종사자를 보호한다고 명시하고 있다. 근로기준법, 노동조합 및 노동관계조정법 등 노동관계법상 근로자에 해당하는 플랫폼 종사자에 대해서는 노동관계법을 우선적으로 적용하며, 플랫폼 종사자 보호법은 유리한 경우 추가적으로 적용한다고 규정하고 있다. 또한, 플랫폼과 종사자와의 공정한 계약관계를 확립하기 위해 플랫폼 이용계약 기간, 이용 수수료 등 주요 정보를 반드시 계약에 포함하도록 규정하고 있으며, 플랫폼 종사자가 일하는 과정에서 기본적 권익을 보호받을 수 있도록 안전과 건강 보호, 차별적 처우 금지 등도 규율하고 있다. 플랫폼 종사자 보호법에 대해서 노동계는 플랫폼 종사자의 근로자성이 인정되어야 한다고 주장하면서 노동3권이 보장되지 못하는 제3신분을 만들어낸다는 이유를 들어 법 제정을 반대하고 있다. 플랫폼 기업은 법 제정은 추가적인 노동규제로서 기업에게 부담을 주어 기업혁신을 저해할 우려가 있다는 입장이다. 플랫폼 기업은 소비자와 개인사업자인 플랫폼 종사자를 이어주는 중개자 역할을 할 뿐이라고 주장한다.

또 한편으로는, 일하는 사람을 위한 기본법 제정에 대한 논의가 이뤄지고 있다. 노동법에서 소외된 특수형태근로종사자, 플랫폼 종사자 등 취약계층을 보호하기 위한 추가적인 법적 보호장치가 필요하다는 것이다. 이 법은 노동법의 사각지대에 놓은 특수형태근로종사자, 플랫폼 종사자들을 보호하자는 취지이지만, 세부적인 내용과 구성, 구체적인 실현방안에 대해서는 여러 가지 시각차가 존재한다. 근로기준법 등 기존 노동법을 대체하는 것이 아니라 기존 노동법 사각지대에 있는 모든 일하는 사람을 노동법으로 포괄하기 위한 잔여적, 보충적 성격을 가져야 한다는 입장과 모든 사람의 기본적, 보편적 권리를 보장하기 위한 기본법으로서의 성격을 가져야 한다는 입장이 함께 존재한다. 20대 대선에서도 어느 정도 공감대가 형성되어 있어 법률 제정 논의가 활발히 이뤄질 것으로 보인다.

필자가 경험한 사실을 한 가지 말씀드리고자 한다. 필자가 근로기준국장

시절 특수형태근로종사자 보호에 관한 법률, 즉 근로시간, 안전 등 가장 필수적인 노동조건 확보 그리고 단결하고 교섭할 권리를 부여하는 법안을 추진했다. 이를 제정하고자 법안을 마련하여 국회에 제출하려 했다. 노동계에서는 완전한 근로자로 보아 근로기준법 등을 전면 적용하고 노동3권도 보장해 달라고 하면서 반대했다. 15년이 흐른 지금 그 때 법이 통과되어 시행되었다면, 즉 근로자와 사업자라는 2분법에서 벗어났더라면 지금은 훨씬 보호받고 안정적인 일자리가 되었을 것이라고 생각된다.

둘째, 보호가 필요한 영역에 대해 관련 개별법을 제정하거나 개정하는 방안도 생각해 볼 수 있다. 산재보험법, 고용보험법에 대해서는 적용을 확대하고 보험업법・예술인 복지법 등 직종별 보호법을 제・개정하거나, 공정거래법과 약관법의 관련 규정을 적용하는 것이다. 이는 정부가 그간 추진해온 보호의 방식이기도 하다. 미국은 공정거래법 등 경제법 일부를 통해 적용하고 있다. 독일이나 영국에서 유사 근로자의 개념을 도입하고 이들에 대해 개별법에서 보호하는 방식과 유사하다. 이 방법은 보호의 필요성이 크면서 노사의 의견대립이 적은 영역 중심으로 개별법 개정을 추진할 수 있고 이 과정에서 직종과 업종에 따라 나타나는 각각의 특성을 감안할 수 있다는 장점이 있다. 따라서 특수형태근로종사자에 대한 법적인 보호를 시작하기에는 용이할 수 있지만, 실질적으로 보호의 영역을 확대하는 데에는 한계가 있다. 각 개별법마다 이해관계자가 상이하고 우선순위 등이 달라 지속적인 동력을 얻기에도 어려움이 있다. 아울러, 다양한 형태의 직종・형태가 빠르게 생겨나고 있는 현재의 흐름을 고려할 때 매번 이를 개별법에서 규정하는 것이 쉽지 않다는 측면도 고려할 필요가 있다.

마지막으로 근로기준법과 노동조합법상 근로자의 개념을 확대하여 특수형태근로종사자 중 보호 필요성이 큰 형태에 대해 법적인 보호를 강화하는 방안이 있다. 이는 특수형태근로종사자에 대해 기존 근로자와 동일한 수준으로 법적인 보호를 함으로써 그간 문제되었던 열악한 근로조건 등의 문제들이 대부분 해결 가능하다는 점에서 큰 장점이 있다. 그러나 디지털화라는 급격한 변화 속에서 일하는 형태, 계약형태, 일하는 장소 및 시간의 유연성이 절대적으로 전제되는 사회가 도래하고 있음을 고려할 때 사실상 접근하기 어려운 방법이다. 또한 특수형태근로종사자 개념을 명확하게 정의하는 것이 현실적으로 쉽지 않고 그 직종과 형태도 나날이 진화하는 양상을 보이고 있어 법적 분쟁이 오히려 증가할 우려도 있다. 따라서 근로자 개념이 지나치게 확대될 경우에는 죄형법정주의와의 관계에서 위헌의 소지가 있다.

이와 같은 점들을 종합적으로 고려할 때 특수형태근로종사자, 플랫폼 종사자 업무 여건의 실질적인 개선 정도, 법 체계적 안정성 등의 측면에서 특별법 제정을 추진할 필요가 있다. 다만, 이를 위해서는 주요 직종별 실태조사, 노사 및 관계기관 협의, 법 문안 마련 등에 상당한 시간이 소요될 것으로 예상되므로, 기존에 추진해 왔던 사회보험법과 경제법적 보호를 두텁게 하는 것을 계속하면서 별도의 법을 만드는 방안에 대해 관계자 간 협의를 밀도 있게 진행하는 것이 바람직해 보인다.

2. 사회안전망 강화 : 근로자(employee) 보호에서 일하는 사람(worker) 보호로

전국민 고용보험 로드맵에 따라 특수형태근로종사자, 플랫폼 종사자 14

개 직종에 대해 고용보험이 적용되고 있다. 특수형태근로종사자에 대해 고용보험·산재보험을 적용함에 있어 비용징수 문제 등 행정적 어려움 때문에 전속성을 중요한 요소로 보아 왔다. 다행히 2022년 국회에서 특수형태근로종사자에 대해 전속성에 구애되지 않고 적용할 수 있도록 산업재해보상보험법이 보완되었다. 대부분의 특수형태근로종사자의 경우 다양한 플랫폼을 이용하더라도 매출과 소득이 어느 정도 파악될 수 있다. 행정적 어려움 등이 있겠지만 서비스 요금에서 일정비율로 보험료를 납부받는 방식을 활용하면 굳이 전속성에 구애되지 않아도 적용이 가능할 것이라 본다. 과감한 결단과 용기가 필요하다. 1998년 김대중 정부 시절 필자가 대통령실 행정관으로 근무할 때의 경험을 사례로 들어 본다. 우리나라에 고용보험이 1995년 도입되었다. 다른 법 적용에서도 그랬듯이 행정처리 가능성과 지불능력을 고려해 30인 이상 사업장부터 고용보험이 적용되었다. 그런데 IMF 외환위기를 맞게 되었다. 고용보험의 확대 적용이 절실한 상황이었다. 단계적 적용을 해야한다는 의견도 많았다. 고민과 고민을 한 후 과단성있게 단기간에 1인 이상 모든 사업장에 적용하는 방안을 보고 드렸고, 받아들여져 실시되었다. IMF 외환위기 극복에 고용보험이 톡톡히 한몫 하게 된 것이다. 모든 일하는 국민, 일할 의사가 있는 국민은 사회안전망틀(Safety Net)로 들어오게 해야 한다. 일하는 모든 사람에 대한 적용을 당연히 전제하고 구체적인 적용 방안을 강구하기 위하여 직종에 대한 추가적인 실태조사, 노·사 및 이해관계자 대화를 토대로 로드맵을 만들어 가야한다. 또한 정부에서 2025년까지 자영업자에 대해서도 고용보험을 적용하는 방안을 계획하고 있으므로 자영업자 실태, 이해관계자 의견 청취 등 절차를 거쳐 사회적 합의를 도출해 나가야 할 것이다. 이렇게 전국민 고용보험 체계를 구축하기 위해서는 임금근로자 중심의 현행 고용보험 관리체계를 일하는 모든 사람(worker)을 대상으로 개편하는 용기를 가져야 한다. 이를 실천하기 위해서는 고용보험 적용기준을 현재의 '근로시간'에서 노동시장에서 얻는 '소득' 기준으로 변경하여야 한다. 특수형태근로종사자, 플랫폼 종사자의 경우 복수의 일자리를 갖는 경우가 많기 때문에 복수의 일자리에서 얻는 소득의 합산 제도, 피보험자격 이중 취득 제도 등 소득기반 고용보험체계로의 전환과 관련된 제반 사항을 검토하여야 한다. 특수형태근로종사자, 플랫폼 종사자의 고용보험 적용은 실업급여 지급으로 끝나지는 않을 것이다. 이들의 개인별 수요 및 특성에 맞춰 임금근로자로의 취업 또는 자영업 창업을 지원하거나, 특수형태근로종사자나 플랫폼 종사자로 일하더라도 더 나은 경력이나 소득을 얻을 수 있도록 경로를 설정해 주기 위한 고용서비스 체계를 구축하여야 한다. 고용센터, 민간기관 및 협회 등이 가지고 있는 여러 가지 취업지원서비스 및 직업훈련을 연계하고, 필요하면 새로운 서비스를 적극적으로 개발해 나갈 필요가 있겠다.

가장 중요한 점은 이러한 사회안전망의 대대적이고 체계적인 구축과 노동시장제도 개혁이 동시에 추진되어야 한다는 것이다. 문재인 정부는 산재·고용보험 확대 적용 등 사회안전망 확대에 적지 않은 노력을 했다. 그 공은 인정한다. 2015년 9.15. 노사정 대타협 안에 구체적으로 담겨 있듯이 사회안전망 확대 등 노동계가 환영할 만한 요소와 노동시장제도 개혁처럼 반대할 요소를 함께 추진했어야 했다. 제2장 및 제3장에서 설명했듯이 노동시장제도 개혁은 일자리 확대를 위해서는 불가피한 일이다. 앞으로는 사회안전망 확대와 노동시장제도 개혁을 동시에 진행하여야 한다.

3. 전통적 산업분야 근로자들의 이 · 전직에 대한 획기적 지원

최근 2~3년간 팬데믹과 조선업종의 쇠퇴 등에서 노동의 변화를 우리는 목도하고 있다. 팬데믹 기간 동안 택시업종에 종사하는 분들 중 2~3만 명이 택배, 대리기사 등 타 업종으로 전직했다고 한다. 2022년 5월 사적 모임 제한 해제 등의 조치 이후, 사람들이 모이기 시작하면서 8시 이후 택시 잡기가 어려워졌다. 또한 앞서 설명한 바 있듯이 조선업종에서 지난 수년간 구조조정이 이루어져 용접분야 숙련기술인 등이 건설이나 택배 등으로 대거 이동을 한 바 있다. 2021년 하반기부터 조선업이 다시 활기를 찾기 시작하여 협력업체에서 인원을 확충하고자 해도 한번 떠난 숙련기술인들이 돌아오지 않고 있다. 과거에는 없었던 사례일 것이다. 앞으로 4차 산업혁명, 저탄소 · 디지털 경제로 전환되면서 산업구조 변화과정에서 신산업, 신기술 일자리가 늘어나기도 하지만, 전통적 산업분야에서는 정체와 축소가 불가피하다. 기업 퇴출, 근로자 실업, 지역경제 침체 등의 피해가 발생할 것이고, 디지털 전환과정에서 준비가 부족한 중소기업과 저숙련 취업근로자에게 피해가 집중되어 노동시장 양극화가 확대될 우려가 있다.

내연기관 자동차, 석탄화력발전이 가장 먼저 어려움을 겪을 것이고, 철강, 석유화학, 시멘트, 정유 산업도 중장기적으로 타격을 입을 것으로 전망된다. 각 산업, 일자리에 대한 분석과 전망을 토대로 선제적으로 대응해 나갈 필요가 있다.

무엇보다 기업들이 산업구조 변화에 사전에 대응할 수 있도록 신산업 분야로의 사업재편 · 전환을 지원해야 한다. 연구개발, 자금융자, 세제지원, 규제 완화 등 전방위적인 지원이 필요하다. 해당 산업의 근로자에 대해서는 신산업분야 직무전환 훈련을 실시하고, 전직지원과 재취업지원을 강화해 나가야 한다. 기업 자체적으로는 버거울 수 있으므로 산업별 인적자원위원회, 지역 산업단지, 대학 등이 가지고 있는 민간 자원을 충분히 활용하여 체계적인 훈련체계를 갖춰 지원할 필요가 있다. 산업구조 재편이 상시적으로 이뤄질 수 있는 점을 고려하여 근로자들의 디지털 직무역량 강화 프로그램을 확대하는 한편, 국민내일배움카드를 통한 직업능력개발, 고용보험, 국민취업지원제도 등을 잘 연계하여 상시적인 직업이동에 대응한 고용안전망을 구축할 필요가 있겠다.

4. 혁신적인 리스킬링(Reskilling) 시스템 구축

(1) 기존의 시스템의 보완

급격한 기술진보로 인한 변화를 볼 때 직업 활동을 하는 동안 고용상태를 유지하기 위해 새로운 기술을 계속해서 습득해야 한다는 것은 명확하다. 사람들은 점점 직업 및 고용상태를 수차례, 그 어느 때보다 빠르게 바꾸게 될 것이다. 또한 수명이 연장됨에 따라 일하는 기간은 선택에 의해서든 필요에 의해서든 더욱 길어지게 될 것이다. 그런데 일부는 이러한 변화를 받아들일 수 있는 능력을 갖추었지만, 모두가 변화에 대응할 수 있는 기술과 역량을 갖춘 것은 아니다.

그동안의 우리 노동시장을 보자. 여성들은 여전히 육아 후 노동시장에 재진입할 때 어려움을 겪는다. 수년간의 학교 교육을 마친 젊은이들 역시 첫 직장을 구하는 데에 가장 큰 어려움을 느낀다. 구조조정으로 실직한 중년층도 새로운 직장을 구하기는 곤란한데 이전의 소득수준과 유사한 직장을 찾기 어렵고 다시 기술을 습득하기에는 너무 나이가 많다고 인식되기 때문이다. 이러한 이유로 직업훈련과 재숙련화는 사람들의 평생 직업생활 전반에 걸쳐 더욱 중요한 문제가 되어가고 있다. 사람들은 늘 주기적으로 자신의 역량을 향상시켜야 한다. 특히 부양과 육아의 책임을 안고 능력을 향상시켜야 할 경우에는 더욱 많은 지원을 필요로 한다.

이것은 이제까지 일반구직자와 고용보험에 가입한 재직자를 직업능력개발의 중심 대상으로 삼아왔던 틀에서 벗어나 전 생애로 확대해야 함을 의미한다. 단기적으로는 기존 직업교육·훈련에서 소외되어왔던 재학생과 퇴직자에 대한 지원을 대폭 강화해나가야 한다. 장기적으로는 일자리를 원하는 국민이면 누구나 직업교육과 훈련에 참여할 수 있도록 제도의 문턱을 낮추고 열어야 한다. 아울러, 현재는 체계적으로 이루어지지 않고 있지만 전 국민을 대상으로 직업능력에 대한 진단과 그 처방을 내어줄 수 있어야 한다. 우리가 건강보험을 통해 정기적으로 건강진단을 받고 생애전환기에는 더 심층적인 진단을 받듯이 직업능력에 대해서도 유사한 서비스가 필요한 시기인 것이다. 따라서 경제활동을 시작하려는 모든 국민에게 내일배움카드(직업능력개발계좌)를 발급하고 전 생애주기에 맞춰 활용토록 하는 방법도 생각해 볼 수 있겠다.

외국의 사례도 살펴보자. 싱가포르에서는 2016년부터 25세 이상의 모든 국민에게 최초 500SGD(한화 45만 7천 원)를 제공하며 정부가 정기적으로 추가적인 장려금을 지급하는 '개인훈련계좌'를 발급하고 있다. 이 계좌를 통해 정부가 승인한 다양한 훈련과정 비용 중 정부 보조금 이외의 부분을 지불할 수 있다. 프랑스에서는 '개인훈련계좌'를 시행하고 있는데 16세 이상이면 개설이 가능하고 평생 동안 이를 통해 원하는 훈련을 받을 수 있다. 사업주는 근로자들에게 직업능력개발을 위한 인터뷰를 2년마다 제공해야 하고 고용센터 등 전문기관에서는 6년을 주기로 심층적인 상담을 실시하고 있다. 독일에서는 노동 4.0(Arbeiten 4.0) 백서를 통해 '개인경제활동계좌'의 도입 필요성에 대해 언급하고 있는데 직업생활을 시작하는 모든 국민이 개설할 수 있는 계좌로 직장을 바꾸어도 계속 유지할 수 있으며 생애 최초로 경제활동을 시작할 때에 여건에 따라 출발자금을 지급하는 방안을 고민하고 있다. 독일 정부는 이 계좌를 일부에서 제기하는 기본소득 주장에 대한 대안으로 생각하고 있다. 즉 단기적으로는 현재의 실업보험을 고용보험과 고용가능성을 안정화하는 방향으로 점진적으로 개혁하고, 장기적으로는 경제활동을 하는 모든 인구에 대해 평생에 걸친 관리가 가능하도록 한다는 취지이다. 즉 노동시장 신규진입자에게 훈련이나 창업 등의 목적으로 사용할 수 있는 일정 금액을 지급하는 개인계좌를 도입한다는 전략적 접근인 것이다. 우리도 이러한 제도를 통해 전 생애에 걸친 직업생활의 각 중요한 단계마다 과도기를 두고 새로운 단계로 진입하여 전환하고 더 발전할 수 있도록 해야 한다.

(2) 디지털 대전환에 선제적 대응을 위한 리스킬링(Reskilling) 구축

코로나 팬데믹 이후 미국의 노동시장에 큰 변화가 일어나고 있다고 한다.[205)]소위 대퇴직시대(The Great Resignation)와 잡 리셔플(The Great Reshuffle)이 일어나고 있다는 것이다. 팬데믹 이후 엄청난 규모의 대퇴직이 일어나고 있고 또한 기존과 다른 직업으로 재취업하는 인력이 폭증하는 현상을 가리키

205) SERI CEO 연구소 2022.5.26 발표 〈인력시장의 신트렌드와 리스킬링〉 자료

는 말이라고 한다. 2021년 '링크드인(Linked In)'의 이직자 대상 연구에 따르면 기존 직업과 무관한 직업으로 재취업하는 Z세대는 전년 대비 80% 증가했다고 한다. 또한 2021년 글로벌 컨설팅기업 맥킨지의 설문조사 결과에 따르면 미국 노동자 700명의 응답자 중 58%가 향후 조직의 필수과제로 직원의 역량개선을 선정했다고 한다. 이와 같은 타 사업장으로 전직을 의미하는 리셔플링과 기존 사업장에서의 역량개선(upskilling)에 공통적으로 필요한 요소가 리스킬링(reskilling)이라고 한다. 리스킬링은 기존과 완전히 다른 분야의 업무를 수행할 수 있도록 스킬을 쌓는 것을 의미한다. 이직자가 새로운 업무에 도전하기 위해서도, 또 같은 직장에서 새로운 업무에 도전하기 위해서도 리스킬링이 필요하다. 리스킬링은 디지털 대전환기에 획기적인 교육·훈련의 차원은 물론이고 직무이동을 활성화하고 나아가 조직을 유연하게 하는데 필수적인 요소가 되고 있다는 점이다. 이처럼 리스킬링이 중요시되는 이유는 크게 3가지 정도로 볼 수 있다.

첫째는 대퇴직으로 기업 외부로부터 적정인력을 확보하기 어렵기 때문에 내부에서 육성하려는(Internal Recruiting) 경향이다.

둘째는 산업트렌드의 변화 때문이다. 세계경제포럼(WEF)는 〈2020 일자리보고서〉에서 2030년까지 세계 일자리의 1/3이 디지털 일자리로 변화할 것이라고 예측하였다. 즉 WEF는 2030년까지 10억 명의 근로자가 리스킬링이 필요하다고 예측했다. 우리나라가 디지털 대전환 선도적 국가군이 되어 미래의 괜찮은 일자리(decent work)를 더 확보하려면 그 변화 비율이 더 높아야만 할 것이라 예측된다. 산업트렌드 변화에 대비하여 기술 재교육 제도가 각국에서 중요하게 도입되고 있다. 유럽 ERT(유럽기업원탁회의)는 유럽 전지역에서 산업과 직무 간 인력이동을 촉진하는 프로그램을 운영하기 시작했고, 여기에 아스트라제네카, 볼보, SAP, 네슬레 등이 참여하고 있다. 2030년까지 500만 명을 재배치한다는 목표이다.

셋째는 MZ세대의 배움에 대한 니즈가 리스킬링 트렌드를 확산시키고 있다. 미국 인재 플랫폼 '레버(Lever)'의 설문조사에 따르면 "직장에서 제공하는 보상보다 기술향상 재교육이 더 중요하다."에 응답한 비율이 Z세대가 다른 세대보다 2배 이상 높다고 한다. 채용서비스 등을 하는 링크드인(Linked In)이 8,000명 이직자를 대상으로 연구한 바에 따르면 Z세대 91%가 향후 직무전환과 직업전환을 희망한다고 답하였다고 한다. 하버드대는 지난 5년간 채용 공고된 5,100만 건을 분석한 결과 글로벌 노동시장에서 스킬을 기반으로 채용하는 트렌드가 뚜렷하다고 했다. 즉 학위보다는 특정 기술에 대한 역량 유무를 채용기준으로 한다는 것이다.

기업들의 동향을 살펴보자. 바이엘(Bayer)은 중요 스킬을 지정하고 그 스킬을 레벨업하면 총보상을 높이는 방식의 기술 보상(Pay for Skill)제도를 시행하고 있다. 맥킨지는 2017년 말에 글로벌기업 임원 1,500여 명을 조사한 결과 66%가 기술격차(skill gap)가 존재한다고 응답하였고, 82%가 리스킬링이 필요하다고 응답했다고 강조하고 있다. 이제 기업에 있어 고용은 선택이지만 리스킬링은 필수인 점을 고려해야 한다.

필자는 노동시장제도 개혁을 추진하면서 미래 노동시장의 변화를 늘 고민했었다. 지금은 세계화 등으로 각 국가가 각자가 가지고 있는 장점을 경쟁력으로 공생적 요소가 크지만, 디지털 대전환 이후에는 세계 경제를 주도할 소수국가와 이를 추종하는 다수국가로 양분될 것이라고 생각한다. 그래서 디지털 대전환과정에 필수적인 괜찮은 일자리는 이를 주도하는 소수 국가군이 더 많이 갖게 될 것이라고 생각해 왔다. 그렇다면 4차 산업혁명을 주도해 나가는 소수 국가군에 포함될 수 있는 요건이 무엇일까? 고민해 보았다. 아마도 3가지일 것이다. ① AI 등 주요분야의 핵심기술 우위, ② 규제완화 등 유연한 생산 및 노동시장제도 구축, ③ 그에 필요한 우수 인력 양성 즉 리스킬링 등 3가지로 본다.

윤석열 정부도 고용·노동분야 7대 국정과제를 제시하였는데 그중에 2개가 직업훈련 즉 리스킬링 관련이다. 〈국정과제54〉 '전 국민 생애단계별 직업능력개발과 일터학습 지원'과 〈국정과제55〉 '중소기업·자영업자 맞춤형 직업 훈련 지원강화'이다. 과거 정부에 비해 리스킬링을 더 강조하고 있는 것으로 보인다.

그동안 필자도 직업능력개발 정책에 관심을 많이 가졌다. 몇가지 조언하고 싶은 점이 있다

첫째, 국가 전체의 리스킬링 수요와 공급 예측을 최대한 정확히 해보자는 것이다. 앞서 필자가 국장 시절이던 2006년 10년 단위 인력수급전망을 한 결과 2015년이 되면 청년이 부족할 것이고 따라서 청년들의 일자리 고민은 훨씬 줄어들 것이라고 예측하고 국민들께 국무회의를 통해서 발표했었는데 실제 10년 후에는 반대 현상이 나타났었다고 고백한 바 있다. 그만큼 어려운 과제이다. 그럼에도 국책 및 민간 특히 기술연구기관들이 참여해서 미래의 리스킬링 수요와 공급전망 그리고 그 갭(gap)에 대한 전망을 해보아야 한다고 본다. 기존의 장기인력 수급전망을 과감히 재설계해야 한다.

둘째, 리스킬링의 공급측면에서 유의사항을 지적하고자 한다. 교육은 필자가 전문가가 아니므로 제외하고 직업훈련에 관해서 짚어본다. 현재는 국가직무능력표준(NCS)을 전문가들이 참여하여 직종별로 세분화해서 만들고 국

가가 지원하는 직업훈련은 여기서 제시한 핵심을 포함한 교육내용으로 할 때 인정하는 형태이다. 이 국가직무능력표준(NCS)은 각 직종별로 현장의 전문가들로 구성된 인적자원위원회에서 만들고 개선하는 작업을 담당하고 있는데 1,000여 개의 직종별 국가직무능력표준(NCS)을 기술 흐름에 맞게 개정하는 데도 몇 년이 걸린다. 이제는 이러한 방식을 계속 유지할 것인지 다시 생각해 볼 필요가 있다. 즉 연구기관・교육・훈련기관・민간기업이 짠 다양한 프로그램에 대해 과감히 인정하는 방안으로 보완해 줄 필요가 있다. 정부지원금을 헛되이 사용했는지에 대해서는 엄격히 사후 통제를 하되, 교육 내용은 재량성을 가급적 부여하는 것이 더 빠른 길임을 인식할 필요가 있다. 리스킬링이 규제방식으로 흘러서는 안된다는 것이다.

또한 국정과제에서도 내포하고 있듯이 그 대상을 전 국민으로 과감히 넓혀 나가야 한다. 과거 직업훈련을 양성훈련, 향상훈련, 전직훈련 등으로 나누는 분류방식에서도 과감히 탈피할 필요가 있다. 선진국에서 리스킬링을 전업과 기업내 전직・전보를 모두 포함하는 개념으로 보는 점을 고려해 볼 필요가 있다. 직업능력개발의 대상 폭을 수평적으로 넓힐 필요도 있다. 점점 고용형태가 복잡해지고 근로자들이 일하는 분야도 다양해지고 있다. 예를 들어 서비스 직종의 경우 감정노동을 하는 분들이 많다. 이러한 분들의 경우에는 일하면서 겪는 스트레스를 해소하고 관리할 수 있는 방법에 대해 알려주는 교육도 정부가 지원할 수 있을 것이다. 영세자영업자와 특수형태근로종사자의 경우 실업자와 재직자의 틀로 이루어져 있는 훈련체계로 인해 본인들이 필요로 하는 직업능력을 개발하기가 곤란하다. 이 분들이 쉽게 접근할 수 있도록 제도의 문호를 넓히고 특화된 훈련과정도 만들어질 수 있도록 유도해야 한다. 이는 단순히 정부가 지원하는 직업훈련에 참여하는 대상을 넓히는 문제가 아니라, 고용보험의 적용대상 자체를 확장하고 일반회계를 재원으로 하는 사회안전망까지 포함하여 사각지대를 줄여나가는 큰 틀에서 접근해야 한다.

5. 일하는 방식과 근로시간 유연화에 대한 선제적 대응

한편 정보기술의 발전과 고용형태의 다양화는 근로시간 및 근무 장소의 경계를 허물고 근로시간과 휴식의 경계도 모호하게 만드는 결과를 가져오고 있다. 스마트 기기를 통해 휴식 시간 중에도 업무를 수행하는 빈도가 늘어나고 있고 재택근로, 텔레워크 등 근무 장소도 특정되어 있지 않다.

이와 동시에 일과 삶의 균형에 대한 선호도 변화하고 있다. MZ세대는 업무형태와 업무에 있어 다양성과 유연성을 바라고 있다. 경력 근로자들, 특히 고숙련 근로자들은 점점 은퇴에 대한 관심은 줄고 유연한 근무형태라도 소속된 직장에서 더 오래 근무하기를 바란다. 재직기간 또한 빠르게 변화하고 있다. 다양한 근로형태와 유연한 근로시간은 일하는 사람으로 하여금 자기주도적인 노동의 선택권을 늘리고 직업생활과 개인생활의 균형을 더 잘 이룰 수 있는 가능성을 열어주게 된다. 하지만 비자발적인 단시간 근로나 업무 시간 이외의 상시적인 업무연락과 이로 인한 무급 초과근무, 지켜지지 않는 휴식 시간 등의 문제도 가져오고 있다. 우리 역시 스마트폰 활용이 대중화되면서 SNS를 통한 업무지시나 연락이 사무실 밖 어디서나 따라다니고 있다.

1일 8시간 근로, 연장근로 시스템, 휴게시간의 경직성, 재택근로나 텔레워크에 대한 엄격한 조건 등 현재 우리가 가지고 있는 근로시간에 대한 규제는 이러한 수요를 제대로 반영하지 못하고 있다. 필자가 2017년 독일 방문 시 Merk사에서 이러한 유연화에 대해 어떻게 대응하고 있는지를 볼 수 있었다. Merk사의 경우 초과근무에 대한 가산임금을 폐지하고 My Work라는 근로시간저축계좌제를 활용하고 있으며 재택근로는 물론 원하는 곳 어디서나 원격으로 근무가 가능하도록 하고 있었다. 또한 시간제 근로와 전일제 근로 간에도 자유로운 전환이 가능하다고 한다. 독일 정부도 이러한 전환권리를 법제화하는 방안을 논의 중에 있다.

이와 같이 근로시간이나 일하는 방식에 대해서는 각 기업의 현황을 고려하여 노사 간에 자율적으로 결정할 수 있는 여지를 넓혀줄 필요가 있다. 다만 근로자들의 휴식시간 보장을 위해 일정 시간 이후 업무연락을 금지토록 하거나 건강을 유지할 수 있는 필요한 조치를 하도록 의무화하는 등의 조치를 하는 것은 필요하다고 하겠다.

6. 다양한 고용형태 인정 : 근로계약법제 적극 검토

우리 근로기준법은 사용종속관계를 전제로 한 근로자 개념을 설정하고 제조업 생산직을 주된 보호대상으로 시작되었고, 전 산업에 대해 일률적이고 획일적인 기준을 정하고 있다. 이러한 모델은 1953년 법이 제정된 이래 현재까지 큰 틀의 변화없이 유지되고 있다. 그러나 이제까지 살펴본 바와 같이 기업의 인력운용 행태 변화, 산업구조 전환 및 급격한 기술의 진보에 따라 이 모델을 통해 보호하고자 하는 대상 자체가 변하고 있다. 근로자 집단 내에서도 기업규모, 노동조합 결성 여부 등에 따라 요구사항이 다르고, 고용형태가 점차 다양해지면서 그 보호의 대상과 필요성도 차이가 크다. 근로기준법이 전제로 하는 형벌의 억제적 효과는 무시할 수 없는 수준이기는 하나, 그간 불필요한 강력한 형사적 제재가 오히려 그 발동을 자제하는 방향으로 작동함으로써 실효성을 저하시키는 요인이 되고 있음도 부인할 수 없는 현실이다. 아울러, 형법의 보충성이라는 관점에서 볼 때에도 다른 규제로는 법익을 보호하기 충분하지 않을 경우 형벌이 적용되는 것이 법체계의 기본원칙이라는 지적도 있다.[206]

이러한 문제의식에 근거하여 근로계약법제의 필요성이 학계를 중심으로 계속해서 논의되어 왔다. 현재 근로기준법이 가지는 한계를 극복하고 고용형태의 다양화 등에 수반하는 노동시장의 새로운 요구에 부합하도록 제도적 개선이 필요하다는 것이다. 이는 '사용종속관계'를 전제로 국가에 의한 감독적 보호로부터 당사자의 진정한 의사를 전제로 대등한 '근로계약' 관계로 이행하는 것을 목표로 한다. 이러한 근로계약법제는 근로기준법과 양립하면서 근로기준법의 한계를 보완하고 실효성도 증진시킬 수 있는 모델이라 할 수 있다. 즉, 계약 내용에 대한 국가의 직접적 관여를 통해 엄격한 근로자 보호가 필요한 영역과 당사자의 계약에 의해 자유롭게 형성될 수 있는 영역에 공정성, 투명성, 예측가능성의 원칙이 적용될 수 있도록 근로기준법의 기능과 역할을 유지 및 강화하면서 상호보완적으로 기능하도록 할 필요가 있다.

민사법으로서의 근로계약법제는 형벌을 전제로 한 근로기준법에 비하여 그 적용범위와 대상을 유연하게 설정할 수 있다. 고용형태와 일하는 방식의 다양화는 종래 근로기준법이 상정할 수 없는 형태로 급속하게 전개되고 있고 더욱 확대될 것이다. 이는 집단적 근로조건 결정 시스템에 있어서도 동일하게 나타나는데 단체협약이나 취업규칙이 어울리지 않는 고용형태에 종사하는 사람에 대해서도 합리적인 근로계약의 룰을 제시하고 규율할 수 있을 것이다.

206) 근로계약제도 개선방안 마련을 위한 연구, 2016.12 한국노동법학회

다만, 계약법제 논의에 있어 분명히 할 것은 그 목적이나 기능이 고용안정성을 악화시키는 것에 있지 않다는 것이다. 노동조합 가입 여부, 사용종속관계 여부, 임금 책정 방식 등에 관계없이 근로계약 관계에 있는 모든 자에 대해 공정하고 합리적인 근로계약 관계의 룰을 적용하는 것이 근로자에게는 보호의 강화로, 사용자에게는 불필요한 법률 리스크의 감소로 이어질 것이다.

노동시장 빅스텝

아들딸 일자리,
—— 넘어야 할 3개의 산

CONTENTS

첫 번째로 넘어야 할 산,

임금, 근로시간, 휴가 등에 대한
불확실성, 경직성을 해소해 나가는 것!

두 번째로 넘어야 할 산,

집단적 노사관계 시스템의 개선!!

세 번째로 넘어야 할 산,

4차 산업혁명,
즉 디지털 대전환에 빠르게 대비하는 것!!!

제5장

[결론] 아들딸 일자리를 위해 우리는 지금 무엇을, 어떻게 해야 하는가?

결론

아들딸 일자리를 위해 우리는 지금 무엇을, 어떻게 해야 하는가?

창조는 번뜩이는 영감이 아니라 비난을 견디는 과정에서 이루어진다.

케빈 에쉬튼(Kevin Ashton)은 저서 <창조의 탄생>에서 "창조는 번뜩이는 영감이 아니라 실패를 거듭하면서 사람들의 비난을 견디는 과정에서 이루어진다."라고 강조했다. 그는 "아이큐 151 이상과 100 정도 그룹을 35년간 추적 분석해보니 아이큐와 창조성과는 무관하다."라고 입증했다. 오히려 "창조혁신은 인내와 노동이다. 그리고 어디서부터 시작해야 할지 막막할 때도 멈추지 않고 나아갈 때 창조가 시작된다."라고 했다.

창조는 단계적 문제해결 과정이다. 혁신은 반복되는 실패의 결과이고 수많은 실험의 결과다. 그 예로 제임스 다이슨(James Dyson)은 진공청소기 개발 시 5,000번 실험을 했다.

창조란 있는 그대로 보는 것에서 출발한다. "확신을 적으로 만들고 의심을 친구로 만들라."라고 강조한다. 우리 아들딸들에게 괜찮은 일자리를 확보하기 위한 노동시장제도 개혁은 하루아침에 되지 않는다. 우리 사회 모두가 한 몸처럼 실패를 두려워하지 않고 새로운 제도와 길을 갈 때 비로소 조금이라도 가능성을 갖게 되는 것이다.

우리는 함께 더 샷(The Shot)을 해야 한다.

스포츠에 더 샷이란 용어가 있다. 이 시대의 가장 위대한 스포츠계의 단 하나의 샷을 뜻한다. 미국 프로농구의 가장 위대한 샷을 의미하며 동시에 사회적으로는 가장 위대한 해결사라는 의미이기도 하다. 스토리는 이렇다. 1989년 NBA 플레이오프 1라운드 시카고 불스와 클리블랜드 캐벌리어스 간의 1차전에서 3.2초를 남기고 시카고 불스가 1점 뒤진 상태였다. 공격에 나서면서 마이클 조던이 샷을 할 거라 상대팀도 관중도 모두 인식하였고 집중 마크를 받는 상황이 되었다. 점프하면서 롱패스를 받아 부저와 동시에 3점라인에서 샷을 날려 성공하였다. 순간 역전의 부저가 울렸다. 그래서 탄생한 이름이 더 샷이다. 이름 탄생 직후 인터뷰에서 "어떻게 성공시켰는가?"라는 질문에 "100% 넣어야 한다는 생각만 했다."라고 답변했다. 인간의 한계를 넘어선 몰입이 가져다준 것이다. 우리는 박세리, 김연아 등의 경기에서도 그 몰입을 보곤 했다. 이제 우리 사회는 우리 아들딸들의 일자리 창출이라는 더 샷을 100% 성공시키기 위해 모두의 집단 몰입을 꾀해야 한다.

한쪽 어깨가 젖으면서도 우산을 함께 쓰는 사랑으로

필자는 김수환 추기경님의 우산이란 시를 무척 좋아한다.

사랑이란 한쪽 어깨가 젖는데도 하나의 우산을 둘이 함께 쓰는 것이요.

(중략)

비를 맞으며 혼자 걸어가는 사람에게 우산을 내밀 줄 알면 인생의 의미를 아는 사람이다.

한 사람이 또 한 사람의 우산이 되어 줄 때 한 사람은 또 한 사람의 마른 가슴에 단비가 되어 준다.

우리는 아들딸들의 일자리 창출에 있어 서로가 서로에게 우산이 되어야 한다. 어떤 변화가 예상되고 어떻게 대응해야 할지를 종합적으로 요약해 본다.

2021년 청년 실업률은 7.8%로 전체 실업률 3.7%보다 2배 이상 높은 상황이다. 그러나 청년 실업률만으로 노동시장의 실상을 판단하기에는 부족하다. 원하는 일자리를 구하지 못해 아르바이트로 근무하고 있는 청년, 졸업을 미루고 취업을 위해 자격증 시험이나 취업시험 준비를 하고 있는 청년, 취업이 계속 되지 않아 더 이상 구직활동을 하지 않고 취업을 포기한 청년을 포함한 고용보조지표를 적용하면 일하고 싶은 욕구가 있음에도 일을 하고 있지 못한 청년은 20%를 넘는다. 결국 청년 4~5명 중 1명이 취업에 어려움을 겪고 있는 것이다. IMF 외환위기 이전 1990년대까지만 해도 대학 졸업생들이 3~4개 기업 이상으로부터 입사를 확정해 놓고, 여러 가지 조건을 따져가며 기업을 선택해 취업했다. 그 시절은 옛 추억일 수밖에 없다. 이런 상황을 우리 아들딸들도 알기에 대학교에 입학하면 캠퍼스의 낭만을 즐길 겨를도 없이 취업 준비를 시작하고 있는 상황이다. 앞서 설명한 대로 2015년 서울대학교 김난도 교수의 입학식 축사가 이를 생생히 말해주고 있다. 청년들의 취업문제는 여러 가지 요인들이 복합적으로 작용한 결과이지만, 가장 근원적인 것은 절대적으로 일자리, 특히 청년들이 원하는 괜찮은 일자리가 늘어나지 않기 때문이다. 20대 대통령선거에서도 모든 대선 후보들이 일자리 창출과 이와 관련된 정책들을 최우선 공약으로 내세운 것도 청년 일자리 문제의 시급성과 중요성을 보여주고 있다.

그러면 우리들은 아들딸들의 일자리를 위해 지금 무엇을 해야 하는가? 무엇보다 우리 경제의 현재의 일자리 창출력, 즉 고용탄성치를 높여야 한다.

성장의 저해 요인으로 작용하여 기업들이 투자를 주저하게 하고 있는 노동시장제도의 불확실성, 경직성, 고비용성을 해소하여야 한다.

필자는 이 책을 쓰게 된 배경을 서문에서 밝힌 바 있다. 방향을 알았음에도 처절하게 추진하지 못해 오늘날 청년 일자리의 어려움을 가중시킨 3가지 사안에 대한 진솔한 반성도 했다. 앞으로 정부와 공직자, 더 나아가서 노사단체의 주요 리더들은 방향을 알면서도 이해관계, 정치적 득실 등으로 실기를 해서는 안 된다고 본다.

이를 위해 우리는 앞에서 살펴 본 3개의 산을 넘어야 한다. 그 핵심만을 다시 종합해 보기로 한다.

1. 그 첫 번째는 개별적 근로관계를 규율하는 법제도의 불확실성을 해소해 주는 문제이다.

마이클 헬러(Michael Heller)는 〈소유의 역습 : Gridlock〉에서 라인강을 따라 수많은 성들이 강을 막고 세금을 걷자 물류가 흐르지 않아 그 지역의 발전을 오히려 저해하게 되었다는 역사적 사례를 설명했다. 영화 〈관상〉에서는 결과인 파도를 볼 것이 아니라 시대의 흐름을 가늠할 바람의 방향을 예측하는 노력을 해야 함을 강조한다. 일본의 경우 대형 로펌에 노동팀이 없다. 기업의 합병을 주도하는 부서에 소수의 노동담당 변호사가 함께 하는 정도라고 한다. 우리나라의 모든 주요 대형 로펌은 노동팀을 두고 있다. 갈등과 다툼이 많기 때문이다. 노사정이 각자의 입장에서 과감히 벗어나는 용기를 보여주고 상대방을 배려하는 포용을 발휘할 때 일자리는 창출된다. 그렇게 되기 위해서는 3개의 큰 산을 넘어야 한다. 그 첫 번째인 개별적 근로관계를 규율하는 법제도의 불확실성, 비예측성을 어떻게 개선하는 것이 바람직한지 축약해 본다.

① 통상임금 개념을 명확히 해야 한다.

통상임금 범위에 관한 2013년 대법원 판결 이후에도 신의칙의 적용에 관한 갈등과 재직자 요건 등 고정성에 관한 하급심 판결들이 다르게 나오고 있다. 통상임금의 범위를 확대하는 판결들도 계속되고 있다. 판결 이후 10여 년이 지나가고 있음에도 갈등이 지속되고 있다. 무엇보다도 상여금을 통상임금 범위에 포함시켜 결국 대기업과 중소기업 간의 격차가 확대된 현실도 직시했다. 이러한 갈등을 줄이기 위해서는 하루빨리 법으로 통상임금 정의 규정을 신설해주어야 한다. 이때 제외되는 금품도 법으로 명확히 해줄 필요가 있다. 그럼에도 불구하고 장기적으로 갈등을 해소하기 위해서는 일정 소득 이상의 근로자에 대해서는 당사자가 통상임금 범위를 자율적으로 정하면 이를 법으로 인정해 주는 것이 바람직하다.

② 다가오는 평균임금 갈등을 미연에 방지하자.

성과급의 평균임금 산입을 둘러싼 갈등과 평균임금 산입기간에 대한 불합리성을 지적하였다. 경영성과급은 앞으로 임금체계 개편에서도 중요한 부문이다. 평균임금은 퇴직금 계산에 적용되므로 판결의 변경이 미칠 영향은 상상을 초월할 것으로 보인다. 그 높은 파고가 눈앞에 와 있다. 수많은 대기업에서 경영성과급의 평균임금 산입 관련 소송이 진행 중이다. 유사한 사안에 대해 재판부별로도 전혀 다른 시각에서 접근하고 있다. 대법원에서 기존과 다른 판결을 했을 경우 성과급제도가 없는 중소기업과 판결의 혜택을 누릴 대기업

·공기업 근로자 간의 격차는 더 커지게 될 것이다. 우리 사회가 치유하기 어려운 격차로 갈 소지도 있다. 이를 해소하기 위해서는 평균임금 산정기간을 현행 3개월에서 1년으로 확대하여야 한다. 근로의 대가를 놓고 다투고 있는 실비변상적 성격, 순수한 경영성과금 등의 영역에 대해 입법을 통해 명확히 해주어야 한다. 퇴직금제도를 퇴직연금제도로 전환하여 갈등의 소지를 줄여주어야 한다. 여기서도 일정 소득 이상의 계층에 대해서는 자율적으로 평균임금을 규정하였을 경우에는 이를 인정하는 법적 근거를 둘 필요가 있다.

③ 최저임금제도 개편에 대해서는 '미움받을 용기'가 필요하다.

문재인 정부는 매월 지급되는 상여금 및 수당 등을 최저임금의 산입범위에 넣도록 최저임금법을 개정하였다. 그러나 노동조합이 강한 대기업·공기업은 수백 퍼센트의 상여금을 받으면서 1개월을 넘는 지급기간을 그대로 유지하고 있어 결과적으로 격차 확대 요인이 되고 있다. 또한 초기에 급격한 최저임금 인상으로 일자리 축소에 영향을 끼쳤다. 특히 5분위 중 1분위에 속하는 가구의 상시 일하는 비율이 2017년 54.4%에서 2018년 44.3%로 낮아짐으로써 그 계층의 근로소득이 최저임금 인상에도 오히려 29%가 낮아지는 결과를 초래했다. 그 감소분을 공적 연금 등 이전소득으로 보전하였다. 중소기업의 지급능력의 한계로 수조 원 정도의 보조금을 지급하였다. 외국인 근로자도 지급 대상에 포함되어 있어 우리나라 60세 이상 근로자 대신에 젊은 외국인을 선호하는 현상도 더 커지고 있다. 개선방안으로 1임금지급기를 넘어선 상여금 등도 통상임금에 포함하여 통상임금과 최저임금 산입범위를 가급적 일치시켜 나가야 한다. 법 개정이 필요하다. 특히 기본임금의 16.7%를 차지하는 주휴수당을 폐지하되, 매년 일정부분 최저임금 인상 시 이를 반영해 줌으로써 초단시간 일자리로의 이동 등 부작용을 해소해야 한다. 업종별·지역별 최저임금제도는 영향률이 현재처럼 높은 상황에서는 현실성이 없다. 산입범위·주휴제도 개선으로 당분간 영향률을 낮추어 나가면서 업종별·지역별 노사단체 간 자율협약에 의한 협약임금제를 시행해서 처벌보다는 자치주의를 키워 나가야 한다. 그래서 영향률이 일본 등 선진국 수준으로 낮아지면 업종별·지역별 최저임금제로 전환할 수 있을 것이다. 최저임금의 급격한 인상은 일자리에 남아 있는, 즉 근로자 내에서의 격차완화에는 긍정적일 수 있다. 그러나 일자리를 찾고 있는 계층까지 포함한 가구 중심의 소득 격차는 오히려 확대되고 있음이 입증되었다. 급격한 최저임금 인상보다는 근로장려세제(EITC) 확대·인상으로 보완해 일자리에 미치는 영향을 줄여야 한다. 즉 최저임금의 영향률이 OECD 국가 중 단연 1위라는 점을 고려하여 영향률을 낮추어 나가야 한다. 그래야 다양한 정책 수단이 가능해진다. 최저임금 결정방식도 공익위원 중심의 구간설정위원회와 최저임금위원회로 이원화하자. 또한 우리나라의 65세 이상 인구 비중이 급격히 상승하고 있다. 그런데 연금 역사가 짧아 65세 이후 연금만으로는 생활이 불가능하다. 그래서 OECD 국가 중 일자리를 완전히 은퇴하는 연령이 최고령이다. 65세 이상의 일자리가 절박하다는 점이다. 이분들께 최저임금의 10% 정도 감액 적용을 통해 일자리를 확보해 주어야 한다. 일자리 정책 중 정부의 직접일자리 창출 정책은 이분들께 매우 중요하다.

④ 근로시간제도의 유연성과 당사자 자율결정성을 확대하자.

2015년 9.15. 노사정 대타협 내용을 토대로 문재인 정부가 주 52시간제를 입법화하였다. 합의 당시보다 시행시기를 단축하고 탄력적 근로시간제 단위기간 등 유연성 부문은 축소되었다. 현재 중소기업 중심으로 어려움이 적지 않다. 또한 공무원에게 적용하는 관공서 공휴일제도를 5인 이상 사업장에도 적용하였다. 8년이 넘는 긴 세월 동안 구조조정을 해왔던 조선업종이 이제 많은 수주로 호황이 예정되어 있다. 그런데 하도급업체에서 70% 이상의 물량을 소화하는데, 구조조정 당시 떠났던 근로자들이 돌아오지 않고 있다. 기존의 수주 가격으로는 시급을 급격히 올릴 수 없는 현실에서 주 52시간 근무로는 건설업, 택배업에서의 수입보다 낮기 때문이다. 2022년 들어 산업통상자원부, 법무부 등이 용접·도급 등의 분야에 외국인력 도입한도를 확대하였다. 그것으로는 해결될 수 없다. 시급을 올릴 수 있는 수주가격이 될 정도까지는 특별연장근로 대상에 포함해주어야 한다. 연간 총근로시간은 줄여가도록 유도하면서 탄력적·선택적 근로, 재량근로 등 유연성을 확대해 주어야 한다. 포괄임금제도를 합리적으로 개선해 나가야 한다. 무엇보다도 연간 평균 상시적인 주 52시간 위반에 대해서만 처벌하고, 일시적이거나 일부 근로자에 한정해서 초과한 것에 대해서는 처벌에 신중을 기해야 한다. 근로시간저축계좌제를 도입하여 일·가정 양립이 가능하게 해주어야 한다. 근로시간 위반으로 형사처벌하는 국가는 OECD 국가 중 우리가 유일하기 때문이다. 퇴직하면서 근로시간 위반으로 고발하는 사례를 줄여야 한다. 궁극적으로는 일정 소득 이상에 대해서는 미국이나 일본처럼 화이트칼라 이그젬션제도를 도입하는 것이 바람직하다. 반면에 장기계획의 일정 하에 4인 이하 사업장에 대해 연장·휴일근로에 대한 가산임금을 지급하도록 하여 격차를 줄여나가야 한다. 현장에서 시작되고 있는 주4일제 근무제 안착과 연간 총근로시간을 줄이기 위해서는 현재 '1일 8시간, 1주 40시간'으로 규정된 기본근로시간제도를 독일처럼 '1주 40시간' 제도로 바꿀 필요가 있다.

⑤ 취업규칙 변경에서 사회통념상 합리성을 인정하자.

1990년대 대기업 노동조합 운동이 극히 투쟁적일 때의 일이다. K자동차 회사는 징계를 할 경우 노사 동수로 구성된 위원회에서 과반수 찬성으로 의결되어야 하고, 해고의 경우는 2/3 찬성이 있어야 된다고 규정하고 있었다. 극단적으로 사회적 비난이 큰 범죄를 저질렀어도 노동조합이 동의해주지 않으면 해고가 불가능한 것이었다. 법원은 이처럼 명백한 해고 사유에도 노동조합이 동의를 하지 않은 경우를 동의권 남용으로 보아 동의를 얻지 못해도 해고가 정당하다고 판결했었다. 유사한 사례가 취업규칙 변경에서도 나타나고 있다. 2013년 국회는 고령자고용법 개정을 통해 정년을 60세로 한다는 입법을 하였다. 그러면서 청년고용 위축, 명예퇴직으로 인한 장년고용 불안 등을 해소하고자 임금체계를 개선하도록 의무화하였다. 최근에는 직장 내 괴롭힘을 한 가해자에 대해서는 상응하는 불이익조치, 즉 징계 등을 하도록 하고 이를 취업규칙에 반영하도록 하였다. 이처럼 법에 의해 의무화 되거나 사회 전체적으로 보아 합리적인 사항을 변경함에 있어 그것이 해당 근로자들에게 불이익한 변경도 포함되어 있으니 끝까지 과반의 동의를 거쳐야 한다면 실현이 어렵다. 따라서 법원은 종합적으로 판단하여 사회통념상 합리성이 명백한 경우 최선을 다해서 취업규칙 변경에 관한 동의를 얻고자 노력했음에도 노동조합 등이 이를 반대할 경우 동의권 남용으로 보아 불이익 변경이 가능하다는 사회통념상 합리성을 인정하기 시작했다. 국회도 상여금을 매월 지급하는 방안으로 개정하여 최저임금 산입범위에 넣고자 취업규칙을 변경하고자 할 경우 동의 없이도 가능하다는 같은 취지를 입법화한 사례도 있다. 최저임금 제도개선 TF에서는 이를 불이익 변경이 아니라고까지 의견을 제시했다. 우리나라와 같은 취업규칙 체계를 갖고 있는 일본의 경우는 계약법제를 통해 사회통념상 합리성을 인정하고 있다. 이러한 시대 흐름을 반영하여 노사가 준수하여야 할 절차를 명확히 하는 내용으로 2016년 취업규칙 변경지침을 정한 바 있다. 이것이 어찌하여 임금 삭감용 취업규칙 변경이겠는가? 시대 흐름에 맞게 취업규칙 변경지침이 우리 노동시장에 작동되도록 하여야 한다. 노사정은 정치논리·운동논리가 아닌 일자리논리로 이 점을 다시 명확히 하여 시행하고 장기적으로는 계약법제 등을 통해 제도화함으로써 갈등을 없애야 한다.

⑥ 근로계약 해지 관련 갈등을 줄여나가야 한다.

해고 등 계약관계 갈등으로 노동위원회 사건 수가 매년 급증하고 있다. 필자는 사람 간의 약속 중 가장 중요한 것이 혼인 약속이고 두 번째가 근로계약 관련 약속이라고 본다. 약속은 당사가가 최소한 50:50의 주고받는 것이 되어야 지속된다. 성철 스님께서도 주례사에서 30을 주고 70을 받으려 하니 결혼생활에서 갈등이 일어난다고 강조하신 바 있다. 내가 일한 만큼 임금 등 처우를 해주지 않으면 근로자는 오늘이라도 더 좋은 곳으로 가면 된다. 반대인 경우는 어찌해야 하는가? 일본은 단순 업무는 엄격히 적용하되 고도의 전문성을 요하는 업무는 평균 이하로 업무능력이 저하될 경우에 해고가 가능한 것으로 하고 있다. 독일은 판례로 동료들 업무성과의 1/3 수준 이하가 될 경우 통상해고가 가능하다고 하고 있다. 우리나라도 9.15. 노사정 대타협을 토대로 2016년 이를 지침화 하였다. 물론 주요 입법을 진행한 후 노동계와 더 논의를 한 후 점진적으로 발표했어야 한다는 학계 등의 지적이 있었다. 당시 상황에 대해서 드릴 말씀은 많으나 그 지적을 겸허히 받아들인다. 2021년 대법원이 2016년 당시 발표한 직무·성과 중심의 인력운용지침과 유사한 취지로 통상해고를 인정하는 판결을 하였다. 이제 현장에서 노사가 서로 지켜야 할 통상

해고 관련 절차와 기준, 평가제도 등에 대해 긴밀히 협의해야 할 시점이다. 2016년 지침 발표 당시 경영계가 그렇게 절차가 까다롭고 몇 년씩 평가해야 한다면 너무 경직적이라고 불평을 한 바 있다. 지침은 누구의 편을 들거나 일방적인 이익을 위한 것이 아니다. 현존하는 갈등을 해소하기 위하여 노사가 지켜야 할 준칙인 것이다. 교통량이 많은 사거리의 신호등 역할을 하는 것이다. 감정으로 판단할 사항이 아니다.

⑦ 4인 이하 사업장에 대해서 점진적으로 가산임금을 적용하여 격차를 줄이자.

4인 이하 사업장은 해고제한 규정은 물론 근로시간 한도, 연장·야간·휴일 가산수당, 연차휴가 등 핵심 근로조건에 관한 조항이 적용되지 않는 것이다. 4인 이하 사업장에 전체 종사자의 약 15%가 종사하고 있다. 이것이 일하는 사람 간의 격차를 확대하고 있는 원인이기도 하다.

국제적으로도 해고제한은 독일, 프랑스의 경우 10인 이상 사업장에 대해 인정하고 있다. 영미 등 신자유주의 국가는 해고제한이 엄격하지 않으므로 이 조항을 논의할 실익이 적다. 그렇지만 연장근로, 휴일근로, 야간근로 가산수당과 연차휴가 등에 대해 사업장 규모별로 적용을 제외하는 외국 사례는 매우 드물다. 근로시간 위반 시 형사처벌하는 국가는 선진국 중 우리나라가 유일하다. 이러한 점을 감안하여 4인 이하 사업장에 해고 및 근로시간 제한을 적용하는 것은 바람직하지 않다고 본다. 그러나 우리나라가 격차가 가장 큰 국가임을 감안해서 연장·야간·휴일 가산임금, 공휴일제도 등은 점차 4인 이하 사업장에도 적용해 나가야 한다. 중소기업의 어려움을 익히 안다. 필자가 현직에 있을 때 근로자 2~3인이 일하는 섬유 소기업들이 모여 있는 동대문구 창신동 골목을 방문했었다. 대표님들과 간담회를 하면서 "최소한 최저임금을 반드시 지켜달라."라고 말씀드렸다. 그러자 대표님 한분이 "알겠습니다. 그런데 저는 금년에 우리 집에 연간 500만 원도 가져다주지 못하고 있습니다. 똑같이 함께 일하는 저는 누가 해결해 줍니까?"라고 말씀하셨다. 안타까웠다. 지금도 소기업들의 어려움은 더 크다. 그럼에도 우리 사회 격차해소를 위한 큰 걸음을 내디뎌야 한다. 주 44시간제와 주 5일 근무제를 8년 정도 걸쳐 단계적으로 시행했다. 같은 방식으로 4인 이하 사업장 가산임금 적용 방안을 노사정이 협의하여 마련하고, 수년에 걸쳐 장기적으로 그리고 단계적으로 시행해 나가면 될 것이다.

⑧ 비정규직 개념을 격차와 비자발성 중심으로 재정비하자.

노동시장이 대기업·공기업 정규직에게는 '놀이터'이지만 중소기업 비정규직에게는 '지옥터'가 되어서는 안 된다. 공공부문 비정규직 제로를 선언한 인천국제공항공사의 비정규직 사태가 우리의 현실을 말해준다. 5년 동안 공공부문 비정규직은 줄었으나 2021년 조사 결과 사회 전체의 비정규직은 사상 최대이다. 원인을 치유하지 않은 억제 중심 정책의 한계를 보여준 것이다. 무엇보다 청년들의 기회 박탈에 대한 기회의 공정성 논란을 불러 일으켰다. 해결책으로 몇 가지 제시해 본다. 단기적으로는 기간제·파견제 사용기간 연장과 파견허용 업종을 확대하여 정규직 전환 가능성을 높이면서 격차를 줄이도록 해주어야 한다. 예를 들어 사용기간을 4년으로 연장해 주면서 만료 후 정규직으로 전환하지 않을 경우에는 퇴직금 이외에 10%의 가산위로금을 지급토록 하는 방안이다. 1년 미만도 일정비율의 퇴직금을 지급하도록 퇴직금제도도 손질해야 한다. 특히 차별에 있어서 비교대상을 넓혀줘서 실효성을 확대해야 한다. 처우를 높이면서 유연성을 높이는 것이 더 처우가 낮은 하도급·용역 일자리로의 이동을 방지할 수 있다. 비정규직 선호 원인을 해소하는데 노사가 함께 해야 한다. 노동시장제도의 불확실성, 경직성이 그 원인임을 인정하고 앞서 설명한 방안대로 그 원인을 해소해야 한다. 여기서 선진국처럼 고용의 유연성 필요에 의해 비정규직을 일정 비율 채용해야 하는 불가피성을 인정하자. 그러나 선진국과 달리 인건비 절약 목적으로 비정규직을 활용하는 것은 앞으로는 없어져야 한다. 경영계도 이 점을 분명히 해야 한다. 지난 5년간 주요 제조업의 사내하도급에 대한 불법파견 논란으로 갈등이 컸었다. 안전을 위해서 같은 전산망을 쓰는 것은 당연하다. 원청이 협력업체 근로자들에게 점심식사 등 복지 혜택을 주는 것을 불법파견 요소로 보다 보니 그동안 무료로 제공된 점심식사가 없어져 비정규직이 강남역 사거리 편의점에서 삼각김밥을 사먹게 되는 현상을 없애 주어야 한다. 즉 정부나 법원은 원청이 협력업체의 근로조건 향상, 안전 확보, 교육훈련 지원 등을 하는 것은 불법파견 요소로 보지 않아야 한다. 협력업체 근무시간에 영향을 미치면 불법파견이 될 수 있다는 방식의 판결과 기준은 너무 지나치다. 특히 다른 선진국은 파견의 제한이 없다. 차별을 피하기 위해 도급으로 위장하고 있는 점을 경계하는 것이다. 우리는 파견을 엄격히 제한하고 있다. 따라서 이러한 점을 감안하여 사업의 독립성, 인사 노무의 독립성 등 기본적인 요소를 불법파견 요소로 보는 것이 바람직하다. 최근 들어 법원이 너무 확대해석하고 있어 제조업에서 적법도급은 사실상 인정받기 어려운 실정이다. 제조업에서의 불법파견과 적법도급 기준을 재정립해야 한다. 경제사회노동위원회 등에서 논의를 통해 마련하면 수용성이 커질 것이다. 그리고 사내하도급에 대해서도 차별을 방지하는 장치를 마련해야 한다. 그것이 임금체계를 개선하는 촉매 역할을 할 것이다. 정년을 넘어 대부분이 용역 등으로 일한다. 이분들께는 파견이 오히려 더 안정적인 일자리이다. 근본적으로 20년이 넘은 포괄적 개념의 2분법적인 정규직, 비정규직 분류 개념을 없애자. 일·가정 양립을 위해 육아휴직 대신 자발적으로 근로시간 단축제도를 활용 중인 근로자가 비정규직 개념으로 분류되는 것은 모순이다. 디지털 대전환 시대에서는 근로계약의 다양성이 불가피하다. 정부가 사회보험, 일자리 보조금 등 지원이 필요한 계층과 스스로 어느 정도 근로조건을 확보할 수 있는 계층 등으로 비정규직에 대한 개념을 새롭게 정립해 나가는 것이 정부의 고용정책 방향과의 연계성을 높이게 될 것이다.

⑨ 사업장의 근로자대표제도를 정비하자.

현행 법령에는 근로기준법 등 7개 법률에 36개 조문으로 다양한 근로자대표제도와 협의 및 동의 절차에 관해 규정하고 있다. 경영상 해고 시 사전협의, 취업규칙 변경 시 협의 및 동의, 파견근로자 사용 및 각종 산업안전사항 조치 시 협의 등 다양하다. 그런데 과반수 노동조합이 없는 사업장에서는 어떤 경우에는 근로자 과반수 대표의 동의, 어떤 경우에는 근로자 과반수 동의 등 다양하게 규정되어 있어 이를 통일시킬 필요성이 절실하다. 과반수 노동조합이 없는 경우 법상 설치가 의무화 되어있는 노사협의회 '근로자위원회의', 즉 근로자위원들의 집단체제(재적의원 과반수 동의체제)를 인정하는 방안이 가장 바람직하다. 노사 양측 그리고 국회 논의과정에서도 어느 정도 공감대가 있었다. 중요한 것은 근로자위원들을 직접·비밀 투표로 정해야 한다. 미해결 쟁점에 대해서 필자는 과반수 노조가 있는 경우 노동3권과의 정합성을 위해 과반수 노조 대표로 하고 자체 규약으로 사전 승인을 위한 조합원 투표절차를 두는 방식이 바람직하다고 본다. 또한 급변하는 경영환경을 고려하고, 근로자의 자율적 선택권을 보장하기 위하여 부분 근로자대표를 인정하는 것이 바람직하다고 본다. 근로기준법 등 7개법의 36개 각종 근로자대표 규정을 목적과 취지를 살리면서도 통일성 있게 명료화하자.

2. 두 번째 산, 즉 집단적 노사관계 시스템을 재구축하는 방안을 정리해본다.

필자는 2015년 9.15. 노사정 대타협으로 개별적 노동시장제도에 관한 법·제도 개선이 어느 정도 완결되면 2단계로 집단적 노사관계 시스템을 개선해야 한다고 판단한 바 있다. 그래서 9.15. 대타협 시 집단적 노사관계에 관한 사항은 크게 다루지 않았다. 이제는 시간이 없다. 함께 개선해야 한다. 그 개선 방향을 종합해 본다.

① 단체교섭 체제의 정비이다.

영미의 신자유주의 모형과 북유럽의 사회적 조합주의 모형, 일본의 사업장 내 협조주의 모형은 각기 역사와 특징을 갖고 있다. 지금 우리나라 노사 양측은 각 모형의 장점 중 자신에게 유리한 사항 중심으로 요구하고 있다. 지난해 문재인 정부에서 공약으로 내세운 결사의 자유 제87호 ILO 협약 등을 비준하였고 이를 위해 국내 노동조합 및 노동관계조정법 등을 개정하였다. 해고자 등의 조합활동 등을 허용하여 결사의 자유를 비준한 것은 의미가 있다. 그런데 노사관계는 특정 정부의 공약 실천용으로 개정되어서는 곤란하다는 점이다. 노동관계법을 개정하는 것은 헌법 개정보다 더 어렵다는 점을 감안해서이다. 개정할 때 공약 실천은 물론 장기적인 노사관계 모형을 설정하고 이에 필요한 입법 사항을 함께 추진했어야 했다. 그 점이 아쉽다. 그러면 우리가 지향해야 할 노사관계 체제 모형에 대해 간략히 정립해 보자. 여기서 우리의 단체교섭 체제는 대기업·공기업 노조활동이 주로 자기 조합원의 이익 극대화라는 전략으로 움직여서 결과적으로는 대기업과 중소기업 간의 격차 확대라는 부작용을 낳고 있다는 점을 염두에 두고 설계하고자 한다.

㉮ 노동조합 설립 신고주의를 유지하되 조합원 자격은 가급적 확대하는 것이 바람직하다고 본다.

다양한 형태의 특수형태근로종사자 및 프리랜서가 증가하는 추세에 있다. 특히 미래 4차 산업혁명이 본격화될 경우 고용형태의 다양성이 더 불가피할 것이라 본다. 빈번한 실직과 취업이라는 변동성도 커질 것이다. 이러한 상황을 고려하여 당사자들이 단결을 통해 권익을 확보해 나가도록 해줄 필요가 있다. 그래서 단결의 대상을 확대해 주는 것이 바람직하다. 즉 노동조합 및 노동관계조합법상 근로자 개념을 넓게 보는 것이 바람직하다고 본다.

㉯ 단체교섭과 쟁의행위 대상 확대 여부이다.

근로조건의 결정에 관한 사항을 대상으로 하고 있는 현행 제도를 확고히 해 나가자. 노사가 관심을 가지고 있는 사항은 근로조건 결정에 관한 사항 즉 이익분쟁사항, 해고나 임금체불 등 개별 권리구제 즉 권리분쟁사항, 기업의 인수 합병 등 인사·경영권의 본질에 관한 사항, 조합활동 등 채무적 사항, 노동관계법 개정 등 정치적 요구사항, 특정 정당 지지 등 순수 정치활동 사항 등으로 구별된다. 우리나라의 경우는 현행법에 "근로조건의 결정에 관한 사항"으로 명시하고 있는 특징을 가지고 있다. 1997년 노사합의를 통해 재정립한 것이다. 우리나라는 권리분쟁사항에 대해서는 노동위원회 구제 절차와 결정에 대한 강제이행 절차 등이 잘 마련되어 있다. 따라서 권리분쟁은 포함하지 않아도 된다. 인사·경영권은 헌법상 재산권의 본질에 관한 사항이므로 노동3권과 함께 존중되어야 한다. 노동법 개정 등 정치적 요구사항은 사용자 처분을 넘어서는 것이므로 교섭 및 파업 대상으로 삼는 것은 바람직하지 않다. 특히 우리의 경우 노동조합의 정치 활동이 활발한 상황임을 감안해야 한다. 조합활동에 필요한 채무적 사항은 임의적 사항으로 현재의 범위 정도에서 인정할 필요가 있다. 여기서 경영상 해고를 둘러싼 당사자 간의 갈등을 포함할 것이냐의 문제가 남는다. 참 어려운 과제이다. 현재는 근로기준법에 과반수 노조 및 근로자 과반수를 대표하는 자와 "성실히 협의"하도록 되어 있다. 근로기준법 근거에 의해 행정해석이나 판결은 경영상 해고 실행 반대파업의 정당성을 인정하지 않고 있다. 당장의 임금 인상을 위해서는 파업도 허용된다. 그러나 아예 일자리를 잃어버릴 수 있는 경영상 해고 방지를 위한 파업은 안 된다는 것이 근로자들에게는 정서상으로 이해하는데 어려움이 있을 것이다. 필자도 이 점을 늘 고민해왔다. 전체적으로 볼 때 경영상 해고제도와 관련하여 급박한 경영상의 이유라는 사유나, 해고회피를 위한 기업의 노력, 기준을 정해가는 노사 간 협의 등 정리해고가 정당하기 위한 절차준수에 대해 법원의 판결이나 행정해석은 매우 엄격하게 적용하고 있다. 그래서 경영계가 노동시장제도의 경직성 완화를 요구하면서 '긴박한 사유'를 제외해줄 것을 늘 요구하고 있다. 경영상 해고에 대해 노동위원회 심판위원회가 정당성 여부를 판정하고 있다. 만약 교섭대상으로 보게 되면 같은 사안을 놓고 조정위원회와 심판위원회가 달리 결정하는 모순도 있을 수 있다. 또한 교섭대상으로 인정하게 되면 타 권리분쟁에 관한 사항, 즉 개별해고도 인정해야 하는 법률적 어려움도 있다. 이러한 사항을 종합해 볼 때 현행 행정해석이나 판결을 존중하는 것이 바람직하다고 본다. 한 가지 제안하고 싶은 것은 경영상 해고의 기준을 설정하는 것을 노동쟁의와 쟁의행위의 대상으로 보는 것이다. 따라서 실제 경영상 해고가 실행되면서 기존의 기준이 없어 기준을 설정하려는 목적이거나 기존의 기준을 변경하려는 목적, 그리고 해고회피를 위한 근로조건 하향협의 등을 보충교섭대상과 쟁의행위 대상으로 보아줌으로써 정서상 문제와 법률적 문제의 갈등을 어느 정도 해소해 줄 수 있다고 본다.

㉰ 쟁의행위의 정당성과 민사, 인사, 형사상 책임 문제를 분명히 해야 한다.

대법원은 쟁의행위의 정당성 판단에 대해 주체, 목적, 절차, 수단으로 구분하여 명확히 하고 있다. 그간 우리나라는 목적상 정당성이 없는 파업의 경우 파업지도부에 대해 형사상으로 업무방해죄를 적용하여 왔다. ILO 등에서는 폭력 등이 수반되지 않는 파업에 대해 형벌을 가하는 것에 대해 문제를 제기해 왔다. 문재인 정부는 노동조합이 자기업무를 거부하는 형태의 파업에 대해 목적상 정당성이 없는 경우에도 형사상 책임을 묻는 수사 등을 하지 않아 왔다. 판례도 소극적 자기업무거부를 업무방해로 보지 않는 경향이다. 이는 올바른 방향이라고 본다. 문제는 정부가 목적상 불법 여부를 가급적 판단하지 않고 있다 보니 기업들의 자구적 대항 수단인 민사상 책임 및 인사상 징계를 해야 되는지에 대해 방향을 잡지 못하는 경우가 많다는 점이다. H조선 노동조합이 D조선과의 합병을 반대하며 실시한 파업과 관련하여, 회사 측이 한 징계에 대해 노동위원회에서도 판정을 매우 어려워했다. 형사상 업무방해에 대해서는 자기업무를 하지 않는 경우에는 적용하지 않되 외국에서처럼 타인의 조업을 방해하는 행위, 특히 최근 건설현장에서 타 조합원 출근 방해 등의 행위, 주요 시설의 점거, 폭력 등에 대해서는 책임을 엄격히 적용하는 관행이 정립되어야 한다. 목적이나 주체상 위법인 경우에는 기업의 인사 및 민사 책임 여부를 당사자가 결정하도록 해야 한다. 따라서 목적상 불법파업에 해당하는지에 대한 질의에 대해 정부가 분명히 답을 해 줄 필요가 있다. 정부의 입장을 분명히 해야 하는 사항이 더 있다. ILO협약 비준으로 언론이나 학계에서는 목적상 불법파업에 대해 책임을 물을 수 없고 이로 인해 정치파업이 비일비재할 것이라고 크게 우려하고 있다. 즉 특정 정당을 지지하는 순수 정치파업을 제외하고는 인사경영권의 본질적 사항, 즉 인수·합병 반대파업, 정리해고 반대파업, 노동법 개정 반대파업 등이 가능하다고 보고 있다. 정부는 이에 대해 국내 노동관계법을 준수해야 한다고 설명하고 있다. 조약과 국내법은 같은 효력을 갖게 되고 후법 우선의 원칙이 적용된다고 한다. 범정부적인 법적 검토와 정부의 대응 의지를 분명히 하고, 그 취지를 노사 당사자에게 충분히 설명하여 이로 인한 새로운 갈등이 없도록 해야 한다.

㉣ 노동위원회의 구제신청과 형사처벌을 동시에 하고 있는 현행 부당노동행위제도를 손질해야 한다.

미국은 부당노동행위에 해당하는 범위가 우리보다 좁다. 또한 시정주의 우선이다. 일본의 경우도 시정주의 원칙이다. 우리도 시정주의로 개선하는 것이 바람직하다. 시정 결정에 따르지 않을 경우에 형사처벌하는 방안으로 보완할 필요가 있다.

㉤ 파업 시 대체근로제도와 관련해서는 ILO 결사의 자유협약 비준 등으로 유럽 국가만큼 노동조합 설립 및 조합원 자격을 확대한 점과 유럽에 비해 우리나라는 교섭에 의무적으로 응해야 하는 부당노동

행위 제도를 가지고 있는 점을 고려해야 한다. 우리나라도 힘의 균형을 위해 일본형 정도의 대체근로를 허용하는 것이 바람직하다.

② 노사협의회 제도를 활성화하자.

우리나라의 집단적 노사관계는 단체교섭과 노사협의라는 2개의 수레바퀴가 작동되도록 설계되어 있다. 따라서 파이를 키우는 노사협의 제도와 그것을 나누는 단체교섭 제도라는 2개의 수레바퀴가 함께 돌아 전진하도록 운영되어야 한다. 노사협의회 근로자위원의 선출 절차를 명확히 해서 대표성을 강화해야 한다. 그 근로자위원회의가 근로기준법 등 7개 법에 다양하게 명시된 각종 협의·동의 주체로 역할을 하도록 관련 법도 정비하자. 최근 공공부문 노동이사제 도입으로 민간부문까지 이를 확산하는 문제가 쟁점이 되어 있다. 독일의 경영조직법상 직장협의회제도 및 노동이사제는 노동조합이 산업별 체계라서 기업 외부에 있음을 감안한 것이다. 우리나라는 산별노조의 경우 그 중심은 기업 지부나 지회에 있고 활동도 기업단위, 즉 사업장 안에 치중되어 있다. 이 점을 고려해야 한다. 노사협의회 근로자위원과 추천된 노동이사와의 지위나 갈등 등을 고려할 때 노동이사제는 우리나라 법체계와는 맞지 않아 보인다.

③ 격차해소에 노사관계 시스템이 작동되게 하자.

1990년대 초 대기업과 중소기업 간 격차는 100:93 정도였다. 30여 년이 지난 지금은 100:52 정도이다. 엄청나게 악화된 것이다. 노동시장 규범의 불확실성, 경직성으로 인해 대기업들이 정규직 직접 채용 대신 다단계 하도급화하는 현상이 한 원인이기도 하다. 또한 우리나라 노동조합원의 88%가 대기업

·공기업 소속이다. 자기 조합원 권익 향상에 주력해서이다. 그 희생이 중소기업, 비정규직들에게 돌아간다. 2015년 한국노동연구원 분석에 의하면 대기업 임금인상을 물가상승분만큼으로 하고 중소기업 임금을 10% 인상할 경우, 격차가 1년에 1% 해소된다고 한다. 대기업과 중소기업 간 격차를 선진국 수준인 100:80 수준으로 향상시키려면 그러한 노력이 30년간 지속되어야 한다는 것이다. 얼마나 격차가 심각한지를 알 수 있다. 격차해소가 얼마나 어려운 것인지도 실감하게 한다. 그런데 산별 교섭방식으로 전환하는 대안은 우리의 경험상 그리고 노동조합 조직이 기업별 지부에 치중하고 있는 현실을 감안했을 때 해결 가능성이 낮다. 그래서 필자는 노사협의회의 근로자 측 대표성을 강화하고 이를 지역·업종별 협의회로 발전시켜 지역·업종별 다양한 협의를 통해 격차를 줄여나가는 것이 대안이라고 본다. 대기업의 노사관계 평가나 ESG 평가에서도 사회적 책임(Social) 부문에서 하도급 근로자에 대한 근로조건 개선을 최우선적으로 중요시해야 하는 것이다.

④ 임금체계 개선이 시급하다.

박근혜 정부 시절 정년 60세 시행과 관련하여 법에 의무화된 임금체계 개선을 위해 취업규칙 변경지침을 마련하였다. 일부 제조공장도 성과급제도를 도입하기도 했다. 그랬더니 수많은 제안으로 생산성이 많이 향상되어 노사 모두 만족했단다. 문재인 정부는 안타깝게도 관련 지침을 폐기하였다. 직무급제 도입을 지향하였으나 연구단계에 머물렀다. 공기업·공무원의 중간 간부들에 대한 성과급제도를 축소하였다. 그 결과는 격차의 확대이다. 1998년 노사정위원회 활동 이후 임금체계 개편에 대해서 9차례 합의하였다. 연공서열식 임금체계가 장기근속 정규직과 단기근속 비정규직 간 격차 확대의 큰 원인이다. 공무원, 공기업부터 과감히 직무·성과급 체제로 바꾸어 나가야 한다. 이를 위해서는 대기업·공기업 단체협약 갱신에 대한 사회적 공감대와 여론을 확실히 형성해야 한다. 임금체계가 취업규칙으로 규정된 사업장은 취업규칙 변경이 불가피하다. 문재인 정부 시절 최저임금 제도개선 TF가 상여금 등 지급시기를 매월 지급하는 것으로 변경하는 것이 불이익 변경이 아니라고 보았다. 사회통념상 합리성을 인정한 것이라 본다. 취업규칙 변경에 있어 사회통념상 합리성 적용이 불가피하다. 다른 대안이 있을까?

3. 세 번째 산을 함께 넘어보자.

디지털 대전환, 즉 4차 산업혁명을 주도하여 양질의 일자리를 확보하기 위한 선제적 노력을 함께 해나가야 한다. 앞서 설명한 첫 번째 개별 근로관계 제도와 두 번째 집단적 노사관계 제도 관련해서 우리와 경쟁하는 선진국에서는 큰 이슈가 없다. 우리는 이 두 개의 산을 넘으면서 동시에 시장의 룰과 관행을 디지털 대전환을 선도할 수 있게 미래지향적으로 고쳐야 하는 것이다. 노동시장제도 개혁이 이루어지면 노동시장의 불확실성, 경직성, 고비용성을 해소함으로써 기업의 투자와 경제 성장의 발판이 되어 우리 노동시장에 엄청난 일자리 창출의 원동력을 부여할 것이다. 이는 특정 정권의 과제가 아닌 우리에게 주어진 시대적 과제다. 독일이 정권이 바뀌었음에도 기민당의 메르켈 총리가 전 사민당 슈뢰더 총리의 하르츠 개혁의 기조를 유지했던 것도 이러한 이유 때문이다.

우리 앞에 놓인 세 번째 산을 넘기 위해 4차 산업혁명에 착실히 대비하여야 한다. 4차 산업혁명 시대는 로봇, 인공지능이 인간의 일자리를 대체할 수도 있지만, 새로운 IT 기술이 다른 산업영역과 접목되면서 다양한 일자리들이 창출될 수도 있다. 따라서 4차 산업혁명은 일자리의 증감에 엄청난 영향을 미치고, 근무시간, 근무장소 등 일하는 방식 및 고용형태에도 획기적인 변화를 가져올 것으로 전망된다. 다보스포럼, 미국 전미경제연구소(NBER)의 발표 내용, 일본의 미래전략보고 등은 4차 산업혁명으로 인해 대부분의 일자리, 특히 중간 단계의 일자리가 감소할 것으로 예상하고 있다. 반면 독일은 4차 산업혁명에도 불구하고 기반기술과 제조업 경쟁력 등을 활용하여 노사가 같이 현명하게 대처한다면 일자리가 증가할 수 있다는 자신감을 내비치고 있다. 이러한 분석들을 종합해 보면 4차 산업혁명을 통해 세계 전체적으로는 일자리가 감소할 것이나, 어떻게 선제적으로 잘 대응하는가에 따라 국가별로 일자리 증감 편차가 크게 나타날 것으로 예상된다. 결국 우리가 어떻게 대비하느냐에 따라 4차 산업혁명은 우리 일자리 시장에 위기일 수도 있고 기회일 수도 있다.

지난 1~3차 산업혁명은 우리가 발 빠른 추격자(fast follower)로서 따라 갔지만, 제4차 산업혁명에서는 선도자(first mover)가 되어야 한다. 1차 산업혁명은 1784년 시작되었으며 증기 및 수력기관, 기계식 생산설비로 대표된다. 이는 수공업시대에서 기계가 물건을 생산하는 기계화시대로의 변화를 의미했다. 1차 산업혁명의 발생지인 영국은 이를 통해 최대 공업국가로 부상하였다. 1774년은 우리나라로 치면 정조 8년이다. 박제가는 당시 상황을 한마디로 정리하고 탄식한다. “현재 백성들의 생활은 날이 갈수록 곤궁해지고, 국가의 재정은 날이 갈수록 궁핍해지고 있다. 상황이 이런데도 불구하고 사대부가 팔짱을 낀 채로 바라만 보고 구제하지 않을 것인가?”[207] 수레와 벽돌도 제대로 만

---

207) 안대회, 「쉽게 읽는 북학의」, 돌베개, 2014, 20쪽

들지 못하고, 조악한 생필품을 사용하면서 대부분의 백성들이 의식주도 해결하지 못하는 상황에 대한 탄식이었다. 개혁을 통한 상공업과 경제 부흥만이 부국강병의 나라를 만들 수 있다고 생각하였다. 청나라의 선진문물을 배우고, 백성의 생활을 편리하게 하고 삶을 풍요롭게 하는 이용후생(利用厚生)에 힘써야 한다고 주장했다. 하지만 이러한 주장은 끝내 받아들여지지 않았고 실현되지 못했다. 1870년 전기, 컨베이어시스템 등을 이용한 대량생산체계가 구축되면서 2차 산업혁명이 시작되었고, 이를 통해 미국이 세계 최강대국의 지위를 구축하게 된다. 당시 우리나라는 고종 7년으로 쇄국정책의 무력함을 적나라하게 보이면서 세계 열강의 각축장이 되고 만다. 3차 산업혁명은 1969년 반도체 소자를 이용한 프로그램 제어기기의 발명으로 자동화시대를 열었고, 인터넷과 컴퓨터는 정보의 생성, 가공, 공유를 가능하게 하여 정보기술시대를 열었다. 우리나라는 1960년부터 본격적으로 경제발전을 추진하여 발 빠른 추격자로서의 모범적인 모습을 보여 주었다. 자동차, 철강, 전기·전자, 반도체 등 주요 산업부문에서 선두 국가와 어깨를 나란히 할 정도로 성장을 이루었다. 특히, 1990년대 말부터 IT, 반도체, 컴퓨터·휴대폰 산업에 대한 관심과 집중 투자로 IT 강국으로의 면모도 갖추었다. 사실상 50여 년 동안 압축 성장을 통해 1~3차 산업혁명의 발전 단계를 거의 동시에 이루어온 것이다. 그러한 압축 성장은 다른 개발도상국의 부러움의 대상이 되고 있으나, 그 과정에서 대기업 근로자와 중소기업 근로자 간, 정규직과 비정규직 간, 대졸과 고졸이하 간, 남성과 여성 간 격차가 심화되고, 노동시장의 불확실성, 경직성, 고비용성 등의 문제점들이 발생하였다. 이에 더해 저출산·고령화 등으로 성장 잠재력도 약화되는 가운데 4차 산업혁명의 큰 변화에 직면하고 있다. 4차 산업혁명은 로봇이나 인공지능(AI) 등을 통해 실재와 가상이 통합돼 사물을 자동적,

지능적으로 제어할 수 있는 가상 물리 시스템이 구축되는 시대이다. 발 빠른 추격자(fast follower)가 아닌 창의성을 기반으로 한 선도자(first mover)가 경쟁력을 가지고 생존할 수 있는 시대, 국가 간에 일자리를 놓고 벌이는 무한 경쟁의 시대는 이미 닥쳤다. 따라서 우리가 할 일은 노동시장제도 개혁을 조속히 마무리 하는 것이다. 시장의 룰과 관행을 미래지향적으로 고치면 장기적으로는 엄청난 일자리 창출의 원동력을 얻을 수 있다. 2016년 1월 스위스 유니언뱅크(UBS)가 발표한 '국가별 4차 산업혁명 준비 정도 순위'에서 한국은 25위를 기록했다. 이는 중국과 비슷한 수준이다. 특히, 세부항목인 노동시장 유연성은 83위에 불과했다. 로봇공학, 인공지능, 사물인터넷, 3D 프린팅, 빅데이터 등 주요 기술 발전을 통한 산업 육성이 무엇보다 우선되어야 할 것이나, 산업 변화에 따라 나타나는 다양한 고용형태에 맞게 노동시장 및 노사관계 법・제도를 개선하고 직업교육 및 훈련을 통한 인력양성, 사회안전망 확충 등도 추진되어야 한다.

맥킨지는 사물인터넷이 2025년까지 미칠 경제적 잠재성이 최대 11조 달러에 달할 것으로 예측하고 있다.[208] 그 중심에 스마트팩토리, 스마트시티, 헬스케어와 바이오 등이 있다. 5세대 이동통신을 기반으로 Mobility Society 시대가 본격적으로 열리고 있다. 차량공유와 자율주행이 완성되면 현재 차량의 1/10로 운행이 가능하다고 한다. 제조업의 경우 독일 안스바흐 아디다스 신발공장은 인건비 상승 등으로 1993년 문을 닫고 해외로 나갔다가 최근 스마트팩토리로 다시 가동을 시작했다. 과거 600명이 하던 일을 현재는 10명이 한다. 2017년 개봉한 봉준호 감독의 영화 〈옥자〉는 사람이 아닌 근육질의 슈퍼

208) SERI CEO 〈제4차산업혁명 미래보고서〉

돼지에 관한 영화다. 한·중 공동연구팀은 특정 유전자를 제거하는 합성생물학 기술로 옥자와 같은 슈퍼돼지를 이미 만들어 냈다. 전통적인 은행이 점차 해체되기 시작하였다고 한다. 2017년 유럽연합의회는 인공지능을 탑재한 로봇의 법적 지위를 "전자인간(Electronic Person)"으로 인정하는 결의안을 채택했다. 미국의 저명한 경제학자 워런 베니스(Warren Bennis)는 이런 농담을 했다. "미래의 공장은 종업원 둘만 있으면 충분히 가능할 것이다. 사람이 기계를 만지지 못하도록 지키는 개 한 마리와 그 개에게 먹이를 주는 사람 한 명이면 충분하지 않겠는가?" 또한 일론 머스크(Elon Musk)는 "가까운 미래에는 사람이 자동차를 운전하는 것이 불법인 시대가 올 것이다."라고 예측했다. 과장된 표현이지만 일자리 시장의 미래를 암시하는 듯하여 마음이 무겁다.

이러한 큰 변화에 독일, 일본 등 선진국은 이미 정부, 경영계, 노동계, 학계가 함께 논의하면서 4차 산업혁명을 준비해 나가고 있다. 독일은 2011년부터 하이테크 산업육성을 위한 'Industry 4.0'과 노동시장 변화에 대응하기 위한 'Arbeiten 4.0'을 마련하여 추진하고 있다. 일본도 4차 산업혁명에 대비하여 산업·기술뿐만 아니라 교육·금융·노동 등 모든 분야를 포괄하는 '4차 산업혁명 선도전략'을 2016년에 마련하였다. 4차 산업혁명은 산업, 기술, 노동시장, 교육시스템, 사회관계망 등 사회 전반에 거쳐 큰 변화를 가져올 것으로 전망된다. 따라서 노사정 그리고 관련 분야 전문가를 포함한 모든 주체들이 시급히 머리를 맞대고 지혜를 모아서 착실히 대비해 나가야 한다. 독일 'Industry 4.0'을 주도한 독일 공학한림원(ACATECH)의 헤닝 카거만(Henning Kagermann)은 노동조합 관련 단체들의 적극적인 참여, 노동조합과의 협력 등을 통한 사회갈등 해소를 4차 산업혁명 성공의 키워드로 제시한 바 있다. 어쩌면 4차 산업혁명을 착실히 준비해 나가기 위해서는 알프레드 아들러

(Alfred Adler)가 말한 공동체 감각(共同體 感覺)이 필요한 건지도 모르겠다. 아들러는 공동체 감각을 타인을 친구로 여기고, 공동체에 대해 내가 있을 곳이라는 소속감을 느끼는 것이라고 보았다. 즉 내가 인생의 주인공이면서 어디까지나 공동체의 일원이자 전체의 일부라고 인식하고, 자기에 대한 집착(self interest)을 타인에 대한 관심(social interest)으로 바꿔야 한다는 것이다.[209)]

4차 산업혁명의 특징은 다양한 고용형태, 근로계약, 근로시간 및 근로장소 등에 있다. 이러한 다양성을 인정하는 노동관계 룰과 체제가 형성된 국가로 괜찮은 일자리(decent work)가 집중될 가능성이 크다. 우리가 그에 속해야 한다.

앞서 설명했듯이 2016년 독일의 'Arbeiten 4.0' 합의(일자리 합의)의 배경과 노하우를 파악하고자 독일을 방문한 적이 있다. 독일 연방노동사회부 날레스(Andrea Nahles) 장관과 토의하는 과정에서 대한민국의 로봇 도입률이 1위라는 그녀의 말에 마음이 많이 아팠다. 칭찬이 아니고 일자리 지향적 시스템이 아니라는 것을 은근히 지적하는 말이었기 때문이다. 2022년 4월 주요 일간지에서 제조업 1만 명 당 로봇 도입률이 우리가 압도적 1위이고 일본·독일의 2.5배에 달한다는 통계를 보면서 심경이 복잡하기만 했다. 4차 산업혁명을 선도하면서도 일자리 중심으로 노사정의 인식과 관행이 크게 변해야 한다. 호출 근로 등 다양한 특수형태근로종사자의 확대와 플랫폼 종사자 등 고용형태와 고용계약의 다양성이 이미 우리 앞에 와있다. 근로자와 사업주라는 2분법적 분류가 이제는 종언을 고하고 있다. 따라서 중간지대 종사자에 대한 다양한 보호방안을 마련하는데 머리를 맞대야 한다. 모두 근로기준법상 근로자

209) 기시미 이치로 · 고가 후미타케, 「미움받을 용기」, 인플루엔셜, 2014, 205~212쪽

로 인정해야 한다는 주장이나 사업자이므로 노동법적 보호대상이 아니라는 판에 박힌 주장은 더 이상 합리성과 타당성이 없다. 중간 형태의 공통분모에 대해 근로시간, 안전, 단결을 통한 권익향상 등 최소한의 장치를 마련해 나가야 한다. 이처럼 급속히 다가오고 있는 디지털 전환에 대비하는 미래지향적인 제도 개선방향을 축약해보기로 한다.

① 특별법 형태의 법적인 보호 방안을 마련하자.

20대 대선과정에서 여야 모두 "일하는 모든 사람들이 보호받게 하겠다."는 데 공감한 바 있다. 최근 급격히 늘어나는 특수형태근로종사자, 플랫폼종사자, 프리랜서 등에 대한 기본적인 법적 보호방안을 만들어야 한다. 임금·근로시간 등 경제적 보호 방안은 업종 특성상 시간 산출이 어려우므로 시간비례성보다는 실적에 의한 적정 보수지급 노력, 서면계약 체결 의무 등을 부여하는 것이다. 운송 배달 업무 등 일정 직종은 과도한 근무시간 제한, 무급 휴가 부여 방안이 포함되는 방안이 바람직해 보인다. 고객에 의한 성희롱 방지, 임산부 보호, 육아휴직 등은 남녀고용평등법의 일부 조항을 의무화(노력조항)하는 것도 가능해 보인다. 산업안전 분야에 있어서는 이미 중대재해처벌법이 근로자를 넘어 광범위하게 종사자 전체를 포함하고 있어서 어느 정도 보호방향이 잡혔다고 본다. 여기서 예방적 역할을 하는 산업안전보건법상의 예방조치 대상에 대해서도 좀더 촘촘히 보완하는 방안을 함께 강구할 필요가 있다. 단체결성권과 협의권에 대해서는 협상력을 제고할 수 있도록 인정하고, 노동위원회의 임의 조정·중재 등 분쟁 해결절차도 지원해 줄 필요가 있다. 계약해지와 관련해서는 최소한 예고절차를 두도록 하여 일자리 안정성을 유지해 줄 필요가 있다.

입법형식도 논의 대상이다. 결론적으로 필자는 2021년 국회에서 논의되었던 플랫폼 종사자 보호법 형태의 특별입법이 효용성이 크다고 본다. 노동계는 순수 자영업자를 제외하고는 일하는 모든 사람은 근로기준법상 근로자로 보아야 한다고 주장하며 반대하고 있고, 경영계는 새로운 규제라며 반대하고 있다. 그러나 미래의 변화에 대응하면서 일하는 분들의 최소한의 보호를 위한 우리 사회 전체의 연대성을 감안했을 때 필자는 우선적으로 특별법 형태로 보호방안을 만들어 시행하면서 변화 상황에 따라 대처해 나가는 것이 현실적이라고 본다. 필자가 근로기준국장 시절에 '특수형태근로종사자 보호에 관한 법률'의 초안을 마련했었다. 그 때 노사와 정치권이 한발씩 양보해서 법률이 제정·시행되었다면 14년이 지난 지금은 상당히 정착되었을 것이라는 생각이 강하다. 서로가 완벽과 이상적인 상황을 주장하면서 또 시기를 놓치면 일자리 내 격차는 더 커질 수 있음을 깊이 감안해야 한다고 본다. 전문가에 따라 근로기준법과 노동조합 및 노동쟁의조정법상 근로자 개념을 과감히 확대하는 방안, 보호가 필요한 각 업종별 개별법으로 보호하는 방안을 제시하고 있으나 죄형법정주의와의 관계, 새롭게 생겨나는 직종에 대한 대응의 어려움 등을 감안했을 때 특별법 형태가 바람직하다고 본다.

② 사회안전망을 강화해야 한다.

기본적으로 고용보험, 산재보험 등 사회안전망은 근로자(employee) 보호에서 일하는 사람(worker) 보호로 확대해 나가야 한다. 그간 행정적 어려움 등으로 전속성이 강조되어 왔으나 이제는 서비스나 매출이 전산·온라인으로 계약이 성립되므로 매출과 소득이 어느 정도 파악이 가능하다고 본다. 따라서 요금에 일정 비율을 고용보험료와 산재보험료로 산정해 나가면 정부의 행정적 일은 많아지겠지만 실현 가능하다고 본다. 이를 위해서는 복수의 일자리에서 얻는 소득합산제도, 피보험 이중취득제도 등 소득기반 고용보험제도로의 전환이 필요하다. 이러한 특수형태근로종사자 및 플랫폼 종사자분들에 대한 사회안전망 보호와 함께 병행해서 더 나은 일자리로의 이동을 지원하기 위한 직업훈련 지원, 취업지원서비스를 연계하는 노력도 병행되어야 한다.

③ 산업변동에 따른 촘촘한 고용서비스 구축이 중요하다.

디지털 대변혁과 저탄소 경제로의 전환과정에서 전통적 산업의 일자리는 줄어들고 신산업·신기술 일자리는 늘어난다. 이는 기업퇴출·실업양산·노동시장의 양극화라는 어려움이 수반될 것이다. 정부는 지역·업종단위로 노사가 함께 참여하는 직무전환 훈련, 재취업지원서비스를 제공하여야 한다.

④ 혁신적인 리스킬링(reskilling) 시스템 구축이 필요하다.

앞으로는 개개인은 직업 및 고용상태를 수차례 바꿀 수밖에 없다. 미국 노동시장에서 팬데믹 이후 대퇴직시대(The Great Resignation)와 잡 리셔플(The Great Reshuffle)이 일어나고 있다. 맥킨지 설문조사에 의하면 미국 노동자 700명 중 58%가 향후 조직의 필수과제로 직원의 역량개선을 선정했다고 한다. 타 직장으로의 이동을 의미하는 리셔플링과 기존 사업장에서의 역량개선에 공통적으로 필요한 요소가 리스킬링이다. 리스킬링은 기존과 완전히 다른 업무를 수행할 수 있도록 스킬을 쌓는 것이다. 리스킬링은 직무이동의 활성화는 물론 조직을 유연화하는 데도 반드시 필요하다. 미래 노동시장에 대응하기 위해 리스킬링이 더욱 더 중요한 이유는 인재를 기업 안에서 찾아야 하는 점과, 사업트렌드의 대변혁이 오고 있다는 점 때문이다. 또한 세계경제포럼(WEF)은 일자리의 1/3이 리스킬링에 해당한다고 예측하고 있다. MZ세대의 배움에 대한 니즈 증대 등도 중요한 이유이다. 하버드 대학이 지난 5년간 5,100만 건의 채용공고를 분석한 결과, 글로벌 노동시장에서 학위보다는 특정 기술을 중심으로 채용한다는 점이 분명하다고 했다. 링크드인이 8,000명의 이직자를 대상으로 연구한 바에 따르면, Z세대 91%가 향후 직무전환과 직업전환을 희망한다고 답했다고 한다. 세계적 기업들도 빠르게 대응하고 있다. 바이엘(Bayer)은 스킬을 레벨업하면 총 보상을 높이는 방식의 보상제(Pay for Skill)를 실시하고 있다. 윤석열 정부도 직업능력개발 분야에 국정과제를 2개 제시하는 등 강조하고 있다. 여기서 유의점을 말하고자 한다. 국가 전체의 리스킬링 수요와 공급을 최대한 정확히 예측해보자. 수요・공급예측과정에서 그간 정부가 이루어 놓은 국가직무능력표준(NCS)에 의한 인적자원개발에 너무 의존하지 말고 민간기업의 다양한 프로그램을 과감히 수용하자는 것이다. 그 대상도 일하는 모든 국민으로, 영역도 감정노동자의 스트레스 해소 교육까지 과감히 확대하자는 것이다.

⑤ 일하는 방식과 근로시간 유연화에 선제적으로 대응해 나가는 것이다.

특히 각 기업의 현황을 고려하여 노사 간에 자율적 합의를 존중해 주는 것이 중요하다고 본다.

⑥ 다양한 고용형태를 인정하고 근로계약법제를 적극 검토하자.

근로계약법제는 사용종속관계와 국가에 의한 감독과 형사처벌이라는 근로기준법이 가지는 한계를 보완해줄 수 있다는 의견이 학계를 중심으로 점증하고 있다. 앞서 제4장에서 설명했듯이 고용계약 형태, 일하는 방식, 일하는 시간, 일하는 장소의 다양화는 근로기준법이 상정할 수 없는 상황으로 급속하게 전개되고 있다. 이 영역에 있는 당사자들이 서로 지켜가도록 하는 룰을 정해주는 것이 고용안정성을 높이고 다툼을 줄여주는 길이라고 본다. 즉 일하는 분에게는 보호 강화로, 일을 요구한 분에게는 불필요한 법적 다툼 리스크를 줄여주는 길이다.

드라마 〈미생〉의 주인공 장그래는 드라마 시작과 함께 이렇게 독백한다. "길이란 걷는 것이 아니라, 걸으면서 나아가는 것이 중요하다. 나아가지 못하는 길은 길이 아니다. 길은 모두에게 열려 있지만, 모두가 그 길을 가질 수 있는 것은 아니다." 우리 아들딸들의 일자리의 심각성을 알고 있는 국민들에게 오래 기억되는 독백이었다. 장그래는 드라마가 끝나기 직전에 같은 독백을 한다. 그러나 뒤에 추가되는 말이 있다. "다시 길이다. 그리고 혼자가 아니다." 이 말이 우리가 어떻게 해야 하는지를 알려주는 것은 아닐까? 그리고 그 길은 우리만의 길이 아니라 우리 아들딸들의 길이기도 하기에 중요하다. 이 모든 것은 노동계, 경영계, 정부, 그리고 국민 모두가 조금은 양보하는 포용과 미래를 위해 변화를 두려워하지 않는 용기를 가져야 일자리가 늘어난다는데 공감해야만이 가능하다고 본다. 앞서 소개드린 것처럼 우리 사회의 큰 어른이셨던 김수환 추기경님의 〈우산〉이라는 시 한 구절이 크게 와 닿는다. "사랑이란 한쪽 어깨가 젖는데도 하나의 우산을 둘이 함께 쓰는 것이요. (중략) 한 사람이 또 한 사람의 우산이 되어줄 때 한 사람은 또 한 사람의 마른 가슴에 단비가 된다." 그래서 우리에게 가장 절실한 일자리 확대를 위해서는 당사자 간의 포용과 용기가 절대적으로 필요하다고 본다. 우리나라 산악인들의 동료애와 희생정신을 담아낸 영화인 〈히말라야〉와 비슷한 주제인 호주영화 〈에베레스트〉

가 있다. 주인공 롬은 프로 산악인으로 아마추어들의 에베레스트 등정을 위해 루트를 개발한 후에 아마추어들을 모집하여 등정에 나선다. 아마추어 산악인들이 등정을 어려워하자 주인공은 산 등정에 대한 깊은 철학을 말한다. "정상을 너무 오래 쳐다보지 마라. 그저 땅을 보고 한 발 한 발 내딛는 것이 정상을 정복하는 길이다." 우리에게는 아들딸 세대의 일자리 확대를 위해 경쟁국과 달리 3개의 산을 한꺼번에 넘어야 한다. 콧노래 부르면서 넘을 수 있는 산이 아니다. 그러나 너무 두려워 할 필요는 없다. 그저 한 발 한 발 내딛는 것이다. 우주여행과 개발의 획기적인 변화를 가져온 스페이스X의 탄생 배경을 보면 창조와 개혁의 길을 알아볼 수 있다. 우주로 발사되는 로켓은 대기권을 벗어날 때 1단 로켓이 버려진다고 한다. 그래서 엄청난 비용이 들어간다. 일론 머스크는 "1단 로켓을 재활용 할 수는 없을까"라고 질문을 던졌다고 한다. 자신이 답을 알아서가 아니라 필요하다고 판단해 질문을 한 것이다. 그 해답은 수많은 과학자들이 찾았다. 1단 로켓은 분리된 후 버려지는 것이 아니라 비행체의 역방향으로 날아와 예정된 장소에 도착, 다시 사용하게 되는 것이다. 그것이 오늘날 재활용이 가능한 스페이스X 탄생의 배경이라고 한다.

이 책이 아들딸들에게 괜찮은 일자리를 확대해주는 개혁 과정에 작은 질문이기를 소망해본다. 더 구체적인 답은 노・사・정・학계 전문가들이 찾아낼 것이다. 김형석 교수님이 말씀하셨듯이 오늘날 대한민국의 위상은 근로자・기업・노사단체・정부 모두가 과거 노력과 헌신의 결과다. 앞으로 개혁과정에서도 서로 존중하며 3개의 산을 넘을 수 있기를 희망해본다.

저 자 소 개

- **이 기 권(李基權)**

- **1957년, 전라남도 함평 출생**

- **학력사항**
  - 중앙대학교 행정학 학사
  - 서울대학교 행정대학원 행정학석사
  - 중앙대학교 행정학 박사
  - 독일 프리드리히 에버트 재단 "통일 독일 노동시장연구"
  - 미국 Michigan State University 노사관계대학원 연수

- **경력사항**
  - 제25회 행정고시합격(1981)
  - 주쿠웨이트 한국대사관 노무관, 대통령실 행정관, 노동부 노정과장, 총무과장(1986~2002)
  - 노사정위원회 운영국장, 노동부 홍보관리관, 광주지방노동청장 감사관, 고용정책관, 근로기준국장(2002~2008)
  - 노동부 서울지방노동위원회 위원장(2009.4)
  - 대통령실 고용노사비서관(2010.7)
  - 경제사회발전노사정위원회 상임위원(2011.3~2011.6)
  - 고용노동부 차관(2011.6)
  - 제7대 한국기술교육대학교 총장(2012.8~2014.7)
  - 고용노동부 장관(2014.7~2017.7)
  - 인하대학교 석좌 · 초빙 교수(2018.3~2021.3)

- **수상내역**
  - 한국의 영향력 있는 CEO 인재경영부문(2013, 2014)
  - 한국을 빛낸 창조경영 인재경영부문 대상(2014)